KB241157

언론매체와 군대

First published in English under the title Peter Young and Peter Jesser,
The Media and the Military, 1st edition
by Palgrave Macmillan, a division of Macmillan Publishers Limited
This edition has been translated and published under licence from Palgrave Macmillan
All rights reserved

Korean Translation Copyright © 2005 by Yeonkyong Publishing Company
Korean edition is published by arrangement with
Palgrave Macmillan, a division of Macmillan Publishers Limited
through Imprima Korea Agency

이 책의 한국어판 저작권은 Imprima Korea Agency를 통해
Palgrave Macmillan, a division of Macmillan Publishers Limited와의
독점 계약으로 연경문화사에 있습니다.
저작권번에 의해 한국 내에서 보호를 받는 저작물이므로
무단전재와 무단복제를 금합니다.

언론매체와 군대

Peter Young, Peter Jesser 지음

권영근, 강태원 옮김

연경문화사

언론매체와 군대

차례

역자서문

　이 책은 "언론매체와 군대 : 크림전쟁에서 '사막의 공격' 작전까지 (*The Media and The Military : From the Crimea to Desert Strike*)"란 제목의 책을 번역한 것이다.

　이 책에서 저자는 인류 최초로 종군기자가 등장한 1850년대의 크림전쟁에서 시작해 1997년의 '사막의 공격' 작전에 이르는 주요 전쟁을 군대와 언론매체와의 관계란 측면에서 분석하고 있다. 국민의 알권리를 보장해줄 목적에서 언론매체는 가능한 한 많은 정보를 국민에게 전달해줄 책임이 있는 반면, 작전보안(作戰保安)과 관련해 군이 정립해 놓은 규제 사항을 준수할 의무가 있다. 이 책은 국민의 알권리와 작전보안 간의 미묘한 관계를 다루고 있다.

　미국 등 주요 국가의 육·해·공군 대학에서 필독서로 간주되고 있는 이 책을 번역하게 된 배경은 다음과 같다.

　첫째, 정보화시대의 주요 전쟁인 정보전(Information Warfare)의 주요 분야 중 하나인 언론매체를 놓고 벌어지는 전쟁을 이 책이 심도 높은 수준에서 다루고 있다는 점 때문이다.

프로이센의 유명한 군사전략가인 클라우제비츠(Clausewitz)는 전쟁을 "적으로 하여금 아측의 의지(意志)를 수용토록 할 목적의 폭력 행위"로 정의하였다. 아측의 의지를 적에게 강요할 목적의 수단, 즉 '국력의 수단'은 일반적으로 외교(정치) · 경제 및 군대로 분류된다. 그런데 오늘날의 서구 국가에서는 국력의 또 다른 수단으로 정보(Information)를 포함시키고 있는 실정이다.

손자(孫子) 이후 정보는 전쟁에서 매우 중요한 요소였다. 그러나 첨단 정보통신 기술의 비약적인 발전으로 인해 오늘날 정보를 놓고 벌어지는 전쟁은 예전과 달리 엄청날 정도의 의미가 있게 되었다. 이같은 정보를 놓고 벌어지는 전쟁 중에서도 언론매체를 통한 전쟁은 오늘날 매우 위력적인데, 우리는 이것을 1991년의 걸프전 등 최근의 주요 전쟁을 통해 확인한 바 있다. 이 같은 중요한 문제를 다루고 있는 이 책을 군의 장교뿐만 아니라 국가안보에 관심이 있는 모든 국민이 필독해야 할 것으로 생각된다.

둘째, 국익을 놓고 언론매체를 통해 벌어지는 전쟁에 우리들이 보다 많은 관심을 기울일 필요가 있다는 점 때문이다.

사람들은 상호협조와 연계를 통해 가능해지는 여타 이점(利點)으로 인해 그리고 생명과 재산의 공동 방위를 위해 함께 모여 살면서 자신의 권리를 정치 집단에 예속시키고 있다. 이 같은 사회계약(社會契約) 이론에 근거해 국민은 국가안보와 같은 사활적 이익을 보호할 목적에서 목숨을 걸고 투쟁할 의무가 있게 된다. 예를 들면, 제1차 및 2차 세계대전 당시 국가방위를 목적으로 분쟁 국가의 수천만의 국민들이 목숨을 바친 것은 이 같은 이유 때문이다. 핵무기가 출현하면서 오늘날 미국·영국 및 오스트레일리아와 같은 국가들은 분쟁 지역, 추구하는 목표, 그리고 사용되는 무기란 측면에서 제한되는 제한전 (Limited War)[1]을 통해 자신들의 대의를 달성하고자 노력하고 있다.

국가생존이 걸려 있던 예전의 전쟁과 달리 이 같은 제한된 분쟁에서는 국가가 추구하는 대의를 국민이 전폭적으로 지지하는 것이 아니고, 개개 사안의 이점에 근거해 의사를 결심할 것으로 예상된다. 이 같은 제한된 분쟁을 성공적으로 수행하고자 하는 경우는 여론의 지지를 확보해 유지할 필요가 있다. 이 같은 목적에서 서구의 군과 정부는 언론매체를 관리할 목적의 정교한 형태의 방안을 강구한 바 있다.

그러면 우리의 경우는 어떠한가? 국가안보와 관련해 한반도 내부에서 전쟁이 발발한다면 이는 제한전이 아니고 국가의 모든 노력이 동원되는 총력전이 될 가능성이 다분하다. 이 같은 전쟁에서의 군과 언론매체와의 관계는 어떠해야 하는가? 인터넷이 보편화되어 있는 한국에서 국민의 알권리를 보장함과 동시에 작전보안을 준수하기 위한 방안은 무엇인가? 이는 평소 우리가 진지하게 고민해야 할 사항으로 생각된다. 이 같은 사고(思考)의 개발이란 측면에서 이 책이 좋은 출발점이 될 것으로 확신하는 바이다.

언론매체를 놓고 벌어지는 전쟁은 평시에서 전시에 이르는 모든 기간 동안 그리고 전략·작전 및 전술이란 전쟁의 모든 수준에서 지

---

1) 이들 국가는 자국이 아니고 외국에서 원정 형태로 전쟁을 수행할 것으로 생각하고 있으며, 실제로 외국에서 전쟁을 수행하고 있다. 이들 국가의 입장에서 보면, 한반도에서 벌어지는 전쟁은 추구하는 목표, 수단 및 분쟁 지역이 제한되는 제한전으로 생각될 수 있다. 그러나 한국국민의 입장에서 보면, 한반도에서 벌어지는 전쟁은 국가생존을 놓고 벌어지는 총력전이 될 가능성이 높다.

속적으로 진행된다. 이 같은 전쟁에 군과 정부는 보다 많은 관심을 기울여야 할 것이다.

시대와 국가의 정치적 형태에 무관하게 국제사회에서 의사결심의 주요 척도는 국익(國益)이다. 인터넷의 데이터와 마찬가지로 빠르게 상황이 진행되고 있는 오늘날 우리는 국익의 문제를 심각히 고민하지 않을 수 없을 것이다. 더욱이 정보화시대인 오늘날에는 이 같은 국익이 인터넷 등 언론매체에 의해 크게 좌우되고 있는 실정이다. 부디 이 책을 통해 군과 언론매체의 관계가 그리고 국익의 문제가 올바로 이해될 수 있기를 기원하는 바이다.

이 책을 번역하는 과정에서 미비한 점이 있다면 그것은 전적으로 역자의 잘못에 기인하는 것으로서 강호제현(江湖諸賢)의 질책과 좋은 의견을 접하게 되면 이를 겸허하게 수용해 고쳐 나갈 것을 약속드린다. 이 책의 교정을 도와준 국방대학교 육군대령 김성옥, 공군중령 문정주, 합참 공보실의 공군중령 이재환, 국방일보의 정호영 기자, 국민일보의 최헌수 기자님께 그리고 본 책자의 출간에 기꺼이 동의해 준 연경문화사의 이정수 사장님께 심심한 감사를 드린다.

역자 일동

저자 소개

이 책은 저자(著者) 서문 등 일반적으로 책의 서두에서 저자가 언급하는 부분이 생략되어 있다. 따라서 역자는 여기서 저자를 소개하고자 한다.

피터 영(Peter Young)은 그리피스(Griffith) 대학의 '오스트레일리아-아시아 관계 연구소(Center for the Study of Australia-Asia Relations)'의 '국방 언론매체(Defense Media Studies)' 분야 부교수다. 그는 '전쟁과 정책(War and Policy)' 분야에서 학사학위를, '국방연구(Defense Studies)' 분야에서 석사학위를 그리고 '국방과 언론매체(Defense and the Media)'란 제목으로 박사학위를 취득하였다. 그는 특수군(Special Force)과 정보(Intelligence) 분야에서 군 생활을 하였다. 그는 비상사태 당시 말레이에서 22 SAS와 함께 부대 지휘관으로 전투를 경험한 바 있다. 정보와 특수군 측면에서 그는 베트남전쟁에 2차례에 걸쳐 근무하였다. 첫 번째 경우(정보)는 미국의 CIA에 그리고 두 번째 경우(특수군)는 사이공에 있던 Assistant Military Attache에서 근무한 바 있다. 그는 오스트레일리아(The Australian)란 명칭의 신문의 국방 분야 편집장을 그리고 'Network Ten Television'의 국외문제 편집장을 역임한 바 있다. 그는 태평양국방기자(Pacific Defense Reporter)의 '창립 편집장(Founding Editor)'와 발행인(Publisher)으로 일한 바 있다. 그는 또한 '오스트레일리아 국방언론매체 자문단(Australian Defense Media Advisory Group)'의 언론 매체반응집단(Media Response Group)에서 TV 기자로 수년간 근무한 바 있다.

피터 제서(Peter Jesser)는 관리(Management)와 국방 분야를 연구하는 학자다. 그는 국제국방언론매체협회(International Defense Media Association)의 사무관이다. 그는 경영 분야에서 학사를 그리고 관리 분야에서 석사를 취득하였다. 또한 그는 '언론매체와 유엔의 평화유지 활동'이란 주제로 박사학위 논문을 쓰고 있다. 제서는 오스트레일리아 육군에서 정규군으로 복무하였다. 그는 2년 동안 파푸아뉴기니(Papua New Guinea) 국방군의 자문 요원으로 근무한 바 있다.

제1장
전쟁 본질의 변화와 전시 국민의 의무

1991년 초반의 걸프전에서는 전황(戰況)이 거의 실시간에 보도되었다. 당시는 전함(戰艦)의 발사대를 떠나 굉음을 내며 하늘로 치솟아 오르는 순항미사일, 표적(標的)을 향해 날아가는 레이저 유도무기, 공중전(空中戰)에 몰두하고 있는 조종사의 음성뿐만 아니라 불타오르는 유정(油井)을 가로질러 진격하는 연합군 기갑전력의 의기양양한 모습이 목격되었다. 이들 모습을 보며 전 세계 시민들은 경탄을 금치 못했다. 사람은 거의 보이지 않았다. 걸프전은 전혀 피를 흘리지 않는 형태로 진행될 가능성이 있었다.

이들 모습을 담은 필름은 이제 정리 보관되어 있는 상태다. 즉 걸프전에 관한 이야기는 과거사가 되었다. 그러나 당시 전 세계 사람들에게 전달된 걸프전 모습은 완벽한 형태가 아니었다. 언론매체를 군이 효과적으로 관리(管理 : Manage)했다는 점으로 인해 당시는 사실이 제대로 전달되지 못했다. 언론매체에 대한 군의 조종(操縱 : Manipula-

전쟁 본질의 변화와 전시 국민의 의무 15

tion)[1] 정도가 분명해진 1991년 5월, '미 신문편집인 협회(American Society of Newspaper Editors)'는 걸프전에서 군이 언론을 다룬 방식을 "언론이란 전문직업에 대한 국제적 모독"[2]이라고 표현하면서 감정이 격앙되어 있었다.

한편에서 보면, 언론은 전시(戰時) 국민의 알권리를 충족시켜 주는 일을 자신의 의무로 생각하고 있다. 또 다른 한편에서 보면, 언론은 서구 자유세계에서 요구되는 작전보안(作戰保安)으로 인해 적정 수준의 규제 사항을 준수해야 할 책임이 있음을 인지하고 있다. 이 책은 작전보안에 근거해 군이 설정한 규제 사항의 준수와 국민의 알권리 충족 간의 불편한 관계를 다루고 있다. 이 책에서 저자는 1850년대의 크림전쟁에서 시작해 1996년 9월의 '사막의 공격(Desert Strike)' 작전에 이르는 국방 저널리즘의 발전을 추적해보고 있다.

군은 국가 및 국제 사회의 지지를 확보해 유지할 목적에서 언론매체의 활동을 제한(制限 : Limit) 및 조종할 필요가 있다고 생각하고 있다. 국민의 알권리를 수용할 목적에서, 군은 언론매체 관리와 관련해 언론매체와 상호협조 성격의 협정을 체결하였다.[3] 그런데 앞의 사실(언론매체의 활동을 제한 및 조종할 필요성)로 인해 이 같은 협정이 무색해졌다는 비난이 군에 제기되고 있다. 이 같은 현상이 발생하게 된 것은 핵·화학 및 생물 전쟁의 출현 이후, 전쟁 본질에 변화가 있었기 때문이다. 전쟁에 관한 새로운 접근 방안에서는 1991년의 걸프전

---

1) 역자주 : 교묘한 방식으로 이용한다는 의미가 강함.
2) American Society of Newspaper Editors Annual Conference, Boston, May 1991.
3) 역자주 : 미군에 의한 그레나다 전역(戰役 : Campaign) 이후 군과 언론매체의 관계에 관한 '시들 보고서(Sidle Report)'가 출현하였다. 이는 이 책의 제6장에 언급되어 있다.

과 같은 제한전(制限戰 : Limited War)을 오늘날의 규범으로 바라볼 가능성이 있다. 이 같은 제한전은 국민의 생존 내지는 국가의 생존뿐만 아니라 국민의 복지란 측면에서 거의 위협이 되지 못한다.4) 그 결과 서구 민주국가의 국민은 자신의 육체적 생존 내지는 국가의 생존을 놓고 벌어지는 전쟁에서 적용되던 국가에 대한 무조건적인 의무를 더 이상 준수하지 않아도 되었다. 즉 이들은 '선택의 자유'를 행사할 수 있게 되었다.

국가생존이란 문제를 놓고 벌어진 예전의 전쟁에서는 국민의 지지가 결집될 수 있었다. 그러나 이 같은 전통적인 형태의 위협을 야기하지 않는 적에 대항해 전쟁을 수행하려면 전쟁 수행의 정당성과 전쟁에 대한 대중의 지지란 문제가 해결되어야 한다. 이 같은 정당성과 대중의 지지를 추구하는 과정에서 정부가 여론을 공략해야 할 주요 표적(標的)으로 간주하게 된 것은 오늘날 부상하고 있는 '선택의 자유'란 부분 때문이다. 이 장(章)에서 우리는 전쟁 본질의 변화와 이들 변화가 국가 및 국제 사회의 갈등 내지는 대립에 영향을 끼치는 방식을 조사해보고 있다. 제한전 시대에서의 '언론에 의한 위협'을 봉쇄(封鎖 : Contain)할 목적에서 군은 사건 취재 목적의 언론의 접근, 언론인 운송 수단 그리고 언론인의 통신 수단을 가혹할 정도로 규제하고 있다. 우리는 이처럼 언론매체의 활동을 규제(規制 : Restrict)하고 있는 것으로 보이는 서구 민주사회 내부의 반작용을 살펴보게 될 것이다. 또한 우리는 사회계약(社會契約)에 따른 시민의 권리와 책임

---

4) 역자주 : 이는 미국·영국 및 오스트레일리아처럼 외국에서 전쟁을 수행하는 국가에 적용되는 논리임. 미국의 입장에서 보면, 한국전쟁은 제한전이었다. 미국국민과 달리 한국국민에게 한국전쟁은 국가와 국민의 생존을 놓고 벌어진 총력전이었음을 상기해야 할 것이다.

에 관한 기존 이론의 타당성을 검토해보고자 한다. 그런데 오늘날의 사회계약 이론은 국가생존을 놓고 벌어진 애국적 전쟁에 관한 20세기 당시의 개념에 근거하고 있다.

우리가 전개하게 될 주장은 두 가지의 주요 전제(前提) 사항에 근거하고 있다. 이들 중 첫째는 핵·생물 및 화학 전쟁에서 목격되는 재앙(災殃)으로 인해 주요 열강들이 개입되는 미래의 국제적 대립이 제한전의 형태로 수행될 가능성이 높다는 점이다. 두 번째는 전쟁 본질의 이 같은 변화로부터 연유되는데, 기존의 사회계약 이론이 더 이상 타당성이 없다는 점이다. 왜냐하면, 전쟁으로 인해 개인 또는 국가가 직접 위협받고 있다는 기본적인 가정이 더 이상 성립되지 않기 때문이다.

이들 전제 사항으로 인해 군이 국가 및 국제 사회의 지지를 확보해 유지할 필요가 있게 되는데, 이는 첨단 기술에 기반을 둔 오늘날의 지구적 차원의 언론매체5)를 규제 또는 봉쇄할 능력을 군이 보유하고 있는지에 무관하게 적용되는 사실이다. 전자시대(電子時代)인 오늘날의 시청자들은 모든 사안과 관련된 모든 측면을 철저히 조사해 TV가 즉각 보도해야 하는 것으로 생각하고 있다. 이 같은 시청자들을 고려해볼 때, 오늘날의 정부가 보도검열(報道檢閱 : Censorship) 내지는 정보 거부에 따른 정치적 부담을 감당할 수 있을 것인가? 반면에 보다 우수한 교육을 받았을 뿐더러 정보에 밝은 오늘날의 대중이 알권리를 포기할 것인가? 특히 해당 사회의 많은 부분이 정부의 정책에 반대하기로 결심한 상황에서 이들 대중이 이 같은 권리를 포기하고자 할 것인가? 여기서 우리는 정부의 정책에 대한 이 같은 대중

---

5) 역자주 : 신문·라디오 및 TV와 같은 대중 전달 매체를 의미.

의 반대에 언론매체가 영합해야 할 의무가 있는가? 그리고 오늘날 군이 제기하는 상호 협조적 성격의 협정을 언론인들이 체결해야 하는가를 질문하게 된다. 예전의 경우를 보면, 평시 군은 언론에 협조적이지 않았다. 또한 언론을 관리 및 조종하고자 하는 정치 및 군사 정책의 부상(浮上)을 고려해보면, 이들 질문은 중요한 의미가 있다.

전쟁 본질의 변화

클라우제비츠(Clausewitz)는 전쟁을 "적으로 하여금 아측의 의지(意志)를 수용토록 할 목적의 폭력 행위"6)로 정의하였다. 이 같은 정의에서는 전쟁을 '정치의 연장(延長)', 즉 외교 또는 정치가 효과적이지 못한 경우 군사적 측면이 우위를 점유하는 현상으로 파악하고 있다. 클라우제비츠와 실재론학파(Realist School)의 관점에 따르면, 전쟁은 국가정책의 합리적인 수단이다. 래퍼포트(Rapaport)가 정의하고 있는 바처럼, 전쟁 수행과 관련된 결심은 합리적이어야 한다. 왜냐하면, 전쟁은 비용/효과, 즉 비용과 비교해 효과가 있어야 하기 때문이다. 전쟁은 목표 달성을 위한 수단이어야 한다. 왜냐하면, 전쟁은 특정 목표를 달성할 목적에서 수행되기 때문이다. 또한 전쟁은 국가적 성격이어야 한다. 왜냐하면, 전쟁에서 추구하는 목표가 민족국가가 추구하는 대의를 발전시켜주며, 전쟁 수행 과정에서 국가의 모든 자산(資産)이 전쟁 목표를 겨냥해 동원되기 때문이다.7) 전쟁에 관한 이 같은

---

6) von Clausewitz, K.M., *Vom Kriege*, Berlin, 1832, p. 1.
7) Rapaport, A., *Three Principles of War*. Introduction to *Clausewitz On War*,

클라우제비츠(1780-1831)

정의에서는 전쟁 당사국 중 한 측에 의한 완벽한 형태의 군사적 승리로 전쟁이 종결될 것으로 기대하고 있다.

클라우제비츠의 미완성 작품인 '전쟁론(On War)'의 1권(Book 1)에 근거해 해먼드(Hammond)와 같은 사람은 정치적 목표가 상황을 주도할 수 있는 제한전을 클라우제비츠가 예견했다고 믿고 있다.8) 그러나 전통적인 클라우제비츠의 사상(思想)에서는 군사적 승리란 절대적 목적과 함께 군사력이 전개되어야 한다는 개념을 조장한 바 있다.9) 지난 수십 년 동안에는 전쟁이 점차 고가(高價)의 파괴적 성격이 되었다. 클라우제비츠에 관한 래퍼포트의 해석에 따르면, 이 같은 결과

Pelican, London, 1968, p. 13.
8) Hammond, G., 'Low Intensity Conflict : War by Another Name', in *Small Wars and insurgencies*, Frank Cass, London, Vol. 1, no. 3, December 1990, p. 226-38.
9) 군사적 승리의 주도란 개념 뒤에 등장하는 오늘날의 군사적 사고에 관해서는 다음을 참조. US Army *FM-100 Operations Series*, 특히 *FM100-5 and FM100-10* Low Intensity Conflict, HQ Department of the Army, Washington, 1976.

로 인해 핵 시대가 도래하기 이전에서조차 전쟁이 비합리적 성격이 될 가능성이 있었다. 1917년 당시 유럽의 서부전선(西部戰線 : Western Front)에서 목격된 정체현상, 즉 무수히 많은 인명이 살육된 반면 전선(戰線)에 거의 변화가 없었던 당시가 종종 그 사례로 인용되고 있다.10)

전문(專門) 군인11)들이 수행하는 국가와 국가 간의 군사적 대립에 관한 이처럼 비용/효과 측면의 접근 방안은 제1차 세계대전 당시 부상한 애국적 민족주의와 그 후 등장해 제2차 세계대전 당시까지 지속된 혁명 이념으로 인해 어느 정도 의미가 퇴색되었다. 이들 분쟁에서는 단기적 차원에서의 방대한 수준의 비용이 장기적인 정치적 이득을 위해 의미가 있어 보였다.12)

제2차 세계대전이 종결된 직후, 국제사회는 핵 대결의 암영(暗影)

---

10) Rapaport, op. cit., p. 47.
11) 역자주 : '군인과 국가(Soldier and State)'란 자신의 명저에서 하버드 대학의 정치학 교수인 사무엘 헌팅턴은 변호사 및 의사와 마찬가지로 군의 장교를 전문가(專門家 : Professional)로 지칭한 바 있다.
12) 핵 위협의 발전에 따른 전쟁과 딜레마에 관한 대립되는 이론들을 상세 살펴보고자 하면 다음을 참조하시오. Aaron R., *Peace and War : A Theory of International Relations*, (Trans) Doubleday, New York, 1966, and *On War*, Anchor Books, New York, 1963, by the same author; Waller, W., *War in the 20th Century*, Dryden Press, New York, 1940; Earle, E. (ed.), *Makers of Modern Strategy : Military Thought from Machiavelli to Hitler*, Princeton University Press, Princeton, 1943; Siger, J., *Deterrence, arms Control and Disarmament*, Ohio State University Press, Ohio 1962; Vagts, A., *A History of Militarism*, Meridian Books, New York, 1959; Khan, H., *On Escalation, Metaphors and Scenarios*, Praeger, New York, 1959; Khan, H., *On Thermonuclear War*, Princeton University Press, Princeton, NJ, 1963; Gavin, K., *War and Peace in the Space Age*, Harvard University Press, New york, 1958;and Hayes, C., *Nationalism, A Religion*, Macmillan, New York, 1960.

가운데 수행된 일련의 반란전(Insurgency)에 직면하였다. 앞에서 언급한 내용은 이 같은 일대 변화의 배경에 해당한다. 대부분 이들 전쟁에서는 '군사력 우위'에 관한 클라우제비츠의 이론이 무시되었다. 즉 이들 전쟁에서는 정치적 사안이 상황을 주도하였다. 알제리 분쟁 그리고 보다 최근의 아프가니스탄 사태(소련의 아프가니스탄 침공)가 입증해주고 있는 바처럼, 동원된 국민은 전장(戰場)에서 승리할 필요가 없었다. 이들은 어느 정도의 수준을 유지하며 지속적으로 저항할 필요만 있었다. 알제리 분쟁과 아프가니스탄 분쟁은 매우 제한된 무기를 갖고 제한된 지역에서 매우 제한된 수준의 작전으로 수행되었다. 대부분 이들 전쟁에는 이념 차원에서 지시하거나 지원해주는 외부 세력(예를 들면, 소련과 미국)이 존재해 있었다. 그럼에도 불구하고 오직 한국전쟁, 그리고 그 정도는 작지만 베트남전쟁에서만 분쟁이 핵 대결로 비화될 가능성이 있었는데, 이는 앞의 사실, 즉 전쟁에서 정치적 사안이 중요해졌기 때문이다. 그러나 이 같은 투쟁이 보다 이념적 성격을 띠게 되면서, 확전에 따른 위기 내지는 베트남전쟁에서 발생했던 바처럼 물질 또는 심리적 비용이 방대해졌는데, 이는 전면(全面) 군사 교전(交戰)에 대한 강력한 경고로 들렸다.13)

이들 사례 외에도 제2차 세계대전 이후 발전된 핵 위협과 '상호 확증 파괴(Mutually Assured Destruction)'에 따른 가공할 수준의 재앙으로 인해 국가와 국가 간의 예전의 대결은 거의 생각할 수 없게 되었다. 사고(事故) 또는 사건으로 인해 인류 최초로 인류문명을 파괴할 수 있을 정도의 전쟁이 가능해졌다. 그 결과 핵무기에 의존하는 형태의 총

---

13) 제2차 세계대전 이후의 분쟁들에 관해 상세히 알고자 하면 이 책의 3장을 그리고 베트남전쟁에 관해서는 4장을 참조하시오.

력전(總力戰)은 군사적으로 무모한 짓이 되었다. 또한 전쟁 억제에 필요한 공세 능력의 유지에 막대한 비용이 소요된다는 점으로 인해 정치적 측면에서 전쟁이 비생산적인 현상이 될 가능성이 있었다. 1972년, 미·소(美·蘇)는 핵무기 감축을 목적으로 전략무기제한협정(SALT : Strategic Arms Limitation Treaty) 1에 동의하였다. 이것을 확대해 1987년, 미·소는 중거리핵협정(Intermediate Range Nuclear Force Treaty)에 서명했으며, 오늘날에도 협상을 지속하고 있는데, 이는 이 같은 이유 때문이다.

이 같은 측면에서 보면, 전쟁 본질에 변화가 있었음이 분명하다. 이미 1957년, 헨리 키신저(Henry Kissinger) 박사는 핵전쟁에 따른 재앙으로 인해 미래의 모든 국제적 야욕이 제한전을 통해 달성되어야 한다는 점을 인지하고 있었다. 또한 그는 제한된 분쟁(Limited Conflict)이 정치-군사적 연속선상의 일부로 관리되어야 할 것이라고 주장하였다.14)

그 후 제한전은 '저강도분쟁(Low Intensity Conflict)'이란 개념으로 공식화되었다. 저강도분쟁은 근대시대의 재래식 전쟁(Conventional War)에 미치지 못하는 유형의 정치-군사적 행위를 기술할 목적에서 1970년대에 미국에서 발전된 개념이었다. 저강도분쟁은 평화유지(Peace Keeping) 활동과 '군사력 시위'에서 시작해 제한된 목표를 놓고 단기간에 수행되는 재래식 형태의 군사작전에 이르는 상황을 설명해주고 있다.15)

---

14) Kissinger, H., *Nuclear Weapons and Foreign Policy*, Harper, New York, 1957, p. 147-9
15) Woodman, S., 'Defining Limited Conflict : A case of mistaken identity', paper delivered to the International Conference on Defence and the Media in Time of

미국이 말하는 제한된 분쟁은 재래식 전쟁과 비교해 수준이 낮은 반면, 국가와 국가 간의 일상적인 평화적 경쟁보다는 수준이 높은 것으로서 국가 내지는 집단들 간의 정치-군사적 대결을 의미한다. 이들 분쟁은 좁은 장소로 국한될 수 있는 반면, 안보 측면에서 지역 또는 지구적 차원의 의미를 가질 수 있다. 통상 이들 분쟁은 군사력뿐만 아니라 정치·경제 및 정보(情報 : Information)란 국력의 수단을 이용해 제한된 기간 동안 수행된다.16) 제한된 분쟁에 관한 영국의 정의는 미국의 경우와 유사하다. 즉 영국은 정치·사회·경제 또는 심리적 목표들을 달성할 목적의 제한된 형태의 정치-군사적 투쟁으로 이것을 정의하고 있다. 제한된 분쟁이 장기간 동안 진행되는 경우도 종종 없지 않다. 제한된 분쟁은 외교·경제 및 심리-사회적 압력에서 시작해 테러와 폭동에 이르는 다양한 모습을 보일 수 있다. 종종, 제한된 분쟁은 폭력의 수준뿐만 아니라 사용되는 무기와 전술 측면에서 제한된다는 특징이 있다.17) 제한된 분쟁에 관해 전통적이지 않은 방식으로 정의하고 있는 유일한 국가는 오스트레일리아인데, 이곳의 정의는 보다 간명한 형태다. 오스트레일리아는 이것을 테러에서 시작해 대규모 차원의 국가적 침공에 이르는 국가가 직면할 수 있는 일군(一群)의 위협과 적대 행위들을 포함하는 개념으로 정의하고 있다.18)

Limited Conflict, Brisbane, April 1991. 다음을 또한 보시오. Godfrey, S., *Low Intensity Conflict Contingencies and Australian Defense Policy*, Canberra Papers on Strategy and Defence, No. 34, SDSC, ANU, Canberra, February 1985.
16) *CLIC Papers Series, JCS Publication 1-02*, Army Air Force Centre for Low Intensity Conflict, Langley, Virginia, May 1988. 다음을 또한 보시오. *Joint Low Intensity Conflict Project : Final Report*, US Army Training and Doctrine Command, Fort Monroe, Virginia, August 1986.
17) Hammond, op. cit., p. 268-72.
18) *RAAF Air Power Manual 1990*, p. 6-7. Quoted by the Governor General, Mr

1981년, 외무 및 국방에 관한 오스트레일리아 의회의 합동위원회는 저급 수준의 우발사태를 국방의 평시 조직과 구조 내부에서 다루어질 수 있는 것들로 정의하였다. 합동위원회는 오스트레일리아를 위협할 가능성이 있는 11가지 종류의 저급, 그리고 5가지 종류의 중급 우발상황을 구체적으로 명시하였다. 이들은 주로 방어적 성격인데, 일반적으로 미국과 영국의 정의를 따르고 있다.19)

이 개념을 보다 다듬어 미 해군은 '우발사태 및 제한된 목표의 전쟁(CALOW : Contingency and Limited Objective Warfare)'이란 개념을 고안해내었다. 이 개념에서는 군사작전의 수준이란 측면에서 가장 낮은 유형인 대마약 또는 대테러와 가장 높은 수준, 즉 전쟁으로 비화될 가능성이 있는 폭력을 구분하고 있다.20)

'정당한 전쟁과 제한전의 수행(Conduct of Just and Limited War)'이란 제목의 오브린(O'Brien)의 저서에서 키신저와 같은 분석가들은 이 같은 분쟁의 개입과 관련된 일군(一群)의 수용 가능한 지침을 가능케 해주는 나름의 합의를 도출해낸 바 있다. 이들 지침을 오브린은 군사적 수단과 비교한 정치적 수단의 우위, 제한된 목표 그리고 교전규칙의 자발적인 강요로 요약하고 있다. 이들 자발적 성격의 제한 사항에는 초강대국과의 직접 대결 회피, 제한된 성격의 전술 내지는 전구(戰區 : Theater) 수준의 무기가 아닌 형태의 핵무기 사용 금지, 지리적 차원에서의 분쟁 봉쇄, 제3자 성격의 조정 및 감독 요원이란 개념을

Bill Hayden, in his address to the International Conference on Defence and the Media in Time of Limited Conflict, Brisbane, April 1991.

19) *Threats to Australia's Security, Their Nature and Probability*, Joint Committee on Foreign Affairs and Defence, AGPS, Canberra, 1981.

20) Hammond, op. cit., p. 234.

도입한 상태에서 싸우고 협상한다는 전략, 확전 회피 의지뿐만 아니라 심리적 수단(다시 말해, 자신의 호전성을 보도, 설명 또는 정당화할 목적에서의 정부의 모든 자원 동원) 사용의 자제가 포함될 것이다.21)

이 같은 제한된 성격의 분쟁에서는 예전의 민족국가들이 수행하던 전쟁에서 누렸던 종류의 전반적인 지지를 거의 기대할 수 없을 것이다. 제한된 분쟁에 대한 국가 차원의 지지란 문제는 일반 국민들과 별도 구분되는 정규 자원(自願) 전력들에 의해 지리적으로 멀리 떨어진 지역에서 분쟁이 수행될 당시 보다 심각해진다. 강제 징집된 형태의 군인이 참여하지 않는 가운데 수행되는 전역(戰役 : Campaign)22)은 일반적으로 본국 국민들의 생활에 거의 영향을 끼치지 못한다. 국가 생존을 놓고 벌어지는 전쟁에서 목격되는 반강제적 성격의 '명령'이 있지 않은 가운데, 정부의 입장을 지지할 것인지에 관한 개개인의 결

---

21) O'Brien, W., *The Conduct of Just and Limited War*, Praeger, New York, 1981. 제한된 분쟁 또는 저강도분쟁에 관해 상세히 알고자 하면 다음을 참조하시오. Konorr, R. & Read, T., *Limited Strategic War*, Pall Mall Press, London, 1962; Osgood, R., *Strategic Thought in the Nuclear Age*, Heinemann, London, 1979, and *Limited War*, University of Chicago Press, Chicago, 1957 by the same author. 다음을 또한 보시오. Halperin, M., *Limited War in the Nuclear Age*, Wiley, 1966 and *Strategy in the Nuclear Age*, Wiley, New York, 1983 by the same author; Khan, H., *Escalation, Metaphors and Scenarios*, Pall Mall Press, London, 1965; Olsen, W., 'The Concept of Small Wars', in *Small Wars and Insurgencies*, Frank Cass, London, vol. 1, no. 1, April 1990; Thompson, L., *Low Intensity Conflict, An Overview*, Lexington, Massachusetts, 1989; and Michael, H., *Restraints on War*, Oxford University Press, Oxford, 1978.

22) 역자주 : 주어진 전략 목표를 달성할 목적에서 군은 일련의 작전들을 수행하는데, 이들 일련의 주요 작전들을 전역으로 지칭하고 있다. 전역이란 매우 일반적인 의미의 용어다. 예를 들면, 미국 대통령 선거유세를 미국은 전역(Campaign)으로 지칭하고 있다. 여기서 추구하는 바는 주어진 시간과 노력을 이용해 그리고 법을 준수하면서 백악관에 입성하는 것이다.

심이 지적(知的) 차원의 선택이 되는 등, 이 같은 전역에서의 행위는 정당성이 또한 문제가 될 수 있다. 그 결과, 우리는 이들 분쟁이 많은 자국 국민의 반대에 직면할 것으로 예견할 수 있다. 베트남전쟁에서 목격된 현상이지만, 이견(異見)의 정도 그리고 이들 이견에 따른 언론 매체의 집중 취재는 사회계약에 내재해 있는 '통치 명령'에 대한 거부로 생각될 수 있을 정도로 심각할 수 있다. 그 결과 정부의 정당성 내지는 합법성이 위협받게 된다.

요약해 말하면, 분쟁의 성격에 무관하게 확전의 가능성을 전적으로 배제할 수 없다. 반면에 국가생존을 놓고 벌어지는 전쟁 내지는 애국적 차원의 전쟁인지에 무관하게 핵전쟁은 파괴 가능성이 너무나 높다. 따라서 국가적 차원에서의 예전의 대립은 오늘날 너무나 많은 비용이 소요된다는 점에서 거의 생각할 수 없는 실정이다. 결과적으로 전쟁의 본질과 국제 분쟁의 형태가 제한된 분쟁으로 바뀌었다. 이들 제한된 분쟁에서는 높은 수준의 대중의 지지가 요구되는데, 이 같은 지지를 교전국들은 열렬히 갈구하고 있다.

또한 분쟁에서 자국 정부가 추구하는 목표의 지원과 관련된 시민의 책무는 국가생존을 놓고 벌어지던 예전의 전쟁에서 기대되던 형태가 더 이상 아니다. 이제 우리는 시민이 감당해야 할 책무의 성격 변화에 관한 이 같은 문제로 관심을 돌리고자 한다.

사회계약 개념

역사적으로 보면, 원시사회에서 근대 민족국가에 이르기까지 전쟁은 국가의 출현·행위 및 생존에 중심적인 부분이었다. 한편 국가의 기원(起源)은 사회계약 개념에 근거하고 있다. 사람들은 상호협조와 연계를 통해 가능해지는 여타 이점을 위해 그리고 생명과 재산의 공동 방위를 위해 함께 모여 살면서 자신의 권리를 정치 집단에 예속시키고 있는데, 사회계약의 본질은 바로 이것이다. 정치 조직의 형태에 무관하게, 여기서의 모든 것은 '공동의 선(善)'(국방은 가장 시급한 문제다.)을 지원할 목적에서의 동의(同意)란 무언(無言)의 약속 그리고 개인과 집단이 자발적으로 권리를 포기한다는 점을 중심으로 이루어졌다. 이 같은 개인과 집단의 권리 포기는 오직 통치자의 명령, 즉 통치자가 집단으로부터 위임받은 권위에 의해서만 제한되었다. 그런데 집단으로부터 위임받은 통치자의 권위는 일반적으로 합리적이라고 생각되는 부분을 해당 정부 또는 국가가 초월하는 경우 철회될 수 있었다.23)

이들 초기 시절부터, 사회계약에 따른 제왕(帝王) 내지는 정치 지도자의 첫 번째 임무는 평화를 수호하고, 침략을 격퇴하며, 집단의 이익을 위해 전쟁을 수행하는 것이었다. 통치자는 전시(戰時) 국민에게 복종의 의무를 강요할 권한이 있었는데, 여기에는 예외가 없었다.

이 같은 관점은 르네상스 시대뿐만 아니라 17세기까지도 수용되었다. 상대방 국가에 의해 정복되어 노예로 전락하거나 죽을 수 있다는

---

23) 사회계약 이론의 출현과 발전에 관해 상세히 알고자 하면 다음을 참조하시오. Barker, E., *Social Contract*, World Classics, OUP, London, 1959 and *Social Contract*, Dover Publications, New York, 1950 by the same author; Lively, J., & Reev, A., *Modern Political Theory from Hobbes to Marx*, Routledge, New York, 1989; Gough, J., *The Social Contract : A Critical Study of its Development*, Clarendon Press, Oxford, 1975; and Plamenatz, J., *Man and Society*, vol. 2, McGraw Hill, New York, 1963.

점, 즉 패전에 따른 재앙(이는 당시 일반적인 현상이었음)이 국익수호를 위해 모든 사람이 상호 협조해야 한다는 개념을 강력히 옹호해주었는데, 이는 정부의 성격에 무관하게 적용되는 현상이었다. 이 같은 개념은 정부와 시민의 관계에 관한 사고(思考)란 측면에서 매우 고착되어 있었다. 그 결과 이 개념은 오늘날까지도 지속적으로 유지되고 있다. 이 같은 개념은 일찍이 자유주의 이론가들에 의한 상세 조사를 극복하였으며, 민주국가의 출현에도 불구하고 지속될 수 있었다.

예를 들면, 존 로크(John Locke)는 국가의 가장 절박한 관심사항은 대외 안보이며, 대외 정책의 최우선적 목표는 "……여타 국가와 비교해 경제 및 군사적 능력의 상대적 우위 유지"로 확신하고 있었다. 전쟁 선포와 관련된 국가의 권리는 "……외국의 무례(無禮)로부터 국가를 방위할 목적"으로 국한되어야 한다고 그는 주장하였다. 전쟁은 "복수(複數)의 통치자를 인정하지 않는다."는 점을 로크는 강조하였다. 대외 문제의 수행과 마찬가지로 전쟁은 통치자의 당연한 특권이었다. 따라서 사람들을 한곳에 모은 사회계약 개념 아래서, 여타의 모든 권리는 전쟁으로 인해 유린되었다.24)

전쟁은 가능하면 피해야 하지만 필요한 경우 '공동의 선(善)'을 위해 수행해야 한다고 홉스(Hobbes)는 주장하였다. 이 경우 "……국민은 공동의 적에 대항한 방위를 포함한 군주의 모든 행위에 권위를 부여해줄 책임이 있었다."25) 마찬가지로 루소(Rousseau)는 국방을 위

---

24) Locke, J., *First Treatise*, Section 92; *Second Treatise*, Sections 3,11,57,134 and 139, paras. 160-1. 다음을 또한 보시오. Laslett, P., *Locke's Two Treatises of Government*, Clarendon Press, London, 1960.
25) Hobbes, T., *Leviathan, or the Matter, Forme and Power of a Commonwealth, Ecclesiastical and Civil*, C. McPherson (ed.), Penguin, London 1975. 다음을 또

장 자크 루소(1772-1778)

해 자신의 목숨을 바치는 행위는 국가로부터 자신이 받은 혜택을 되돌려주는 것에 불과하다며, 국가에 대한 전시(戰時) 의무란 개념을 신봉하였다.26)

또 다른 사회계약 이론가들은 로크의 접근 방안을 옹호하였다. 밴담(Bentham)은 국방과 해외정복이란 개념을 의혹의 눈초리로 바라보

한 보시오. Oakeshott, M., *Hobbes on Civil Association*, University of California Press, Los Angeles, 1975; and Hampton, J., *Hobbes and the Social Contract Tradition*, Cambridge University Press, 1985.

26) Rousseau, J., *The Social Contract or Principles of Political Right*, chaps. v, vii. 다음을 또한 보시오. Cranston, M., *The Social Contract : By Jean Jacques Rousseau*, Penguin, London, 1968; Vaught, E., *The Political Writings of Jean Jacques Rousseau*, Cambridge University Press, Cambridge, 1915; and Vaughan, C., *Jean Jacques Rousseau, Political Writings*. Blackwell, Oxford, 1962.

있다. 그러나 그는 영토는 수호되어야 하며, 영토 방위란 '공동의 선 (善)'을 지원하는 과정에서 희생이 따를 수 있음을 인정하였다. 국민 과 비교해 국가가 한층 우위에 있으며, 국민은 국가생존을 위해 생명 과 재산을 바칠 의무가 있다고 그는 말하였다.27)

이들 이론가의 견해는 이들이 생존해 있던 시점과 연계해 생각해 볼 필요가 있다. 왜냐하면, 이들이 저술한 모든 책은 종교·정치 내 지는 개인적으로 대단히 많이 편향되어 있는 것으로 일반적으로 생 각되고 있기 때문이다. 이들의 대부분은 개인의 권리와 자유가 점차 늘어나야 한다고 주장하고 있다. 그러나 예외 없이, 이들은 전시(戰 時) 국가를 위한 모든 권리의 포기와 국방에 대한 최우선적인 책무를 식별해내었다. 따라서 19세기까지 성행하던 사회계약 이론에 근거해 보면, 국가를 방위할 목적의 전쟁은 철학 및 종교적 차원 모두에서 정당하였다. 즉 이 같은 전쟁의 정당성에 관해 어느 누구도 이의를 제기하지 않았다.

전시 국가에 대한 최우선적인 책무에 관한 이 같은 개념은 산업혁 명(産業革命) 이후에도 지속되었다. 그러나 국가 생존에 관한 이전(以 前)의 의무를 민족주의(民族主義)가 대체하였다. 민족주의 시대 당시, 국가는 국가 및 제국의 영광에 동참하라고 도시의 산업 계층에 권유 했는데, 이는 주로 대중 간행물을 통해 이루어졌다.28) 보어전쟁처럼

---

27) Bentham, J., *Constitutional Code*, p. 127. For an overview of Bentham and his School, 다음을 또한 보시오. Lively & Reev, op. cit.

28) Thomas, H., *An Unfinished History of the World*, Hamish Hamilton, London, 1981; see especially the chapters on 'Population's Great Leap' and 'Urban Man'. For examples of this period of European nationalism and imperialism, see Hobson, J., *Imperialism : A Study*, London, 1902; and Kipling, R., *From Sea to Sea*, London, 1900.

전적으로 식민지 확보를 목적으로 하는 전쟁에 반대한 사람들이 몇 몇 없지 않다. 그러나 이 같은 반대는 대부분 인기가 없었으며 일부 사람으로 국한되어 있었다는 점에서 쉽게 고립되었다.29)

평등주의 사상이 팽배해 있던 오스트레일리아에서는 징집 반대에 관한 논쟁이 있었는데, 어느 정도까지 이는 아일랜드 성향의 한 성직 자(聖職者)에 의해 주도되었다. 징집과 관련해 프랑스에서 몇몇 시위 가 벌어졌다. 그러나 애국 및 국가적 차원에서의 전시 국가에 대한 책무란 개념은 제1차 세계대전 이후에도 사라지지 않았다. 제1차 세 계대전 당시는 그 전례가 없을 정도의 살상이 자행되었다. 그럼에도 불구하고, 이 같은 개념은 사라지지 않았다. 더욱이 교전국들은 광범 위한 수준에서 국민의 지지를 받았다. 이는 전쟁으로 인해 생활의 거 의 모든 부분이 제약받는 반면, 본국의 대부분 국민들이 생존 측면에 서 위협받는 부분이 거의 없었다는 점에도 불구하고 그러하였다.30) 이 같은 국민의 지속적인 지지는 노골적이고도 거의 믿을 수 없을 정도의 선전(宣傳) 책동에 의해 달성되었다고 마윅(Marwick)은 주장하 고 있다.31)

러시아혁명이 일어난 1917년 당시에서조차 전시(戰時) 국가에 대한

---

29) Marwick, A., *War and Social Change in the Twentieth Century*, Bodley Head, London, 1974.
30) 색다른 국가들에 강요된 규제에 관해 상세히 알고자 하면 다음을 참조하시 오. Luddendorf, F., *My War Memoirs 1914-18*, (trans.), London, 1919; Ferro, M., *The Great War*, Macmillan, London, 1973; Steiner, Z., *Britain and the Origins of the First World War*, Macmillan, London, 1977.
31) Marwick, op. cit.; 다음을 또한 보시오. Towle P., 'The Debate on Wartime Censorship in Britain 1902-1914', *War and Society*, 1975; and McKenzie, J., *Propaganda Boom*, John Giffard, London, 1983.

최우선적 의무와 책무란 개념은 크게 도전 받지 않았다. 러시아에서 출현한 공산주의 정권은 위기시 국가에 대한 최우선적인 의무란 개념에 호소하였다. 특히 레닌(Lenin)은 조국의 방위를 위해 개인의 생명과 재산을 국가에 헌납해야 한다고 말했다.32)

이는 전시 국민의 책무가 당연시되었던 제2차 세계대전 당시에도 마찬가지였다. 그러나 주요 참전 국가의 국민들이 당시의 전쟁을 '정당한 전쟁(Just War)'으로 생각했다는 점으로 인해 국가에 대한 의무와 책무란 개념이 보다 강화되었다. 전쟁 초반의 영국에서, 그 후 소련과 독일에서, 제2차 세계대전은 전선(戰線)의 병사들뿐만 아니라 본국의 국민이 죽음과 파괴의 위협을 공유하는 가운데 생존을 놓고 벌어지는 전쟁이 되었다. 민주주의 국가의 국민들은 언론의 자유를 포함해 자신의 모든 권리를 기꺼이 포기하였다.33)

베트남전쟁의 경우를 제외하면, 그 후에도 전시 국민의 권리와 의무에 관한 이 같은 개념에는 거의 변함이 없었다. 오늘날의 정치 사상가들 중에서 국가에 대한 충성심을 분열시킬 가능성이 있는 제한된 분쟁이 갖는 폭넓은 의미를 비슷하게 언급한 사람은 롤스(Rawls)뿐이다. 이들 제한된 분쟁을 그는 '부당한 전쟁(Unjust War)'으로 지칭하고 있다. 그러나 여기서조차 롤스의 주요 관심은 양심에 근거해 반대하는 사람들이 직면하고 있는 사안에 초점이 맞추어져 있었다.34)

---

32) Meyer, A., *Marxism, the Unity of Theory and Practice*, Michigan University Press, Michigan, 1963, p. 4-5.
33) Marwick, A., *Britain in the Century of Total War*, Macmillan, London, 1968.
34) Rawls, J., *A Theory of justice*, Clarendon Press, Oxford, 1972. 롤스의 관점에 관해 추가 자료를 얻고자 하면 다음을 참조하시오. McMurrin, S., *John Rawls : Liberty, Equality and Law*, Tanner Lectures on Moral Philosophy, Cambridge University Press, Cambridge, 1987; and Brennan, G., & Buchanan, J., *The*

롤스의 주장은 국민이 정치적 책무를 지지 않는 형태의, 즉 공정성으로서의 정의(正義)에 대한 개인의 생각에 근거한 천부적(天賦的) 의무만 있는 형태의 사회계약에 의존하고 있다. 공정성으로서의 정의에 관한 개념은 특정 정치 집단 내부에서의 관계들에 국한될 필요가 없으며, 국제관계로 확대될 수 있다고 그는 주장하고 있다. 이들 원칙에는 국가와 국가의 대등성, 자결권(自決權), 외부 공격에 대항한 자위권, 조약 준수에 관한 책임, 전시(戰時) 폭력의 과도한 사용, 국익에 관한 엄격하고도 제한된 형태의 정의(定意)가 포함될 뿐더러 전쟁의 정당한 이유로서의 경제적 이득과 영토확장 및 국가영광이란 부분의 배제가 포함된다고 롤스는 생각하였다.

양심에 근거해 부당하다고 생각되는 전쟁에 대한 참여 거부를 정당화할 목적에서, 국민이 공정성으로서의 이 같은 원칙에 호소할 수 있을 것으로 롤스는 생각하고 있다. 이들 내용을 약간 확장하면, 군인들은 특정 행위가 국제 정의(正義)에 관한 원칙들에 위배된다고 양심에 근거해 생각되는 경우 이 같은 행위에 대한 참여를 거부할 수 있을 것이다. 그러나 롤스가 주장하는 바의 핵심은 심각한 수준의 부당함의 도구가 되어서는 안 된다는 점뿐만 아니라 다른 사람에게 해악을 끼치는 사람이 되어서는 안 된다는 시민으로서의 천부적 의무가 정부에 대한 복종의 의무와 비교해 보다 중요하다는 점이다. 이는 목적 내지는 수행 측면에서 전쟁이 부당하다고 생각되는 경우 국민이 군 복무를 거부할 권한이 있음을 의미한다. 여기서의 이론적 근거는 자신 또는 다른 사람이 소속되어 있는 사회의 기본적 자유를 손

Reason of Rules : Constitutional Political Economy, Cambridge University Press, Cambridge, 1985.

상시켜서는 안 된다는 천부적 의무와 법적인 의무가 대립되는 경우 법적 의무를 무시해야 한다는 점이다. 파렉(Parekh)은 이것을 다음과 같이 해석하고 있다. "전쟁에서 근대 국가가 추구하는 목표는 예상되는 미래에 모든 국민이 군 복무를 정당하게 거부할 수 있을 정도로 부당해질 가능성이 높은 것으로 롤스는 믿고 있다."35)

이것이 선구자적인 이론인 것은 사실이다. 그러나 이는 이들 분야에서 유일하게 새로운 사고(思考)다. 향후에도 지속될 제한전에 개입하는 국가의 입장에서 보면, 롤스의 사고는 큰 의미가 있다. 오늘날의 대부분 서구 자유세계에서의 개인의 권리에 초점을 맞추고 있다는 점을 고려해보면, 롤스의 관점은 간과될 수 없을 것이다. 베트남 전쟁처럼 민족자결주의(民族自決主義)에 근거한 제2차 세계대전 이후의 분쟁들이 암시해주고 있는 경고에도 불구하고, 파렉이 표현하고 있는 바처럼 현실은 다음과 같다.

······재산, 시민권, 정부와 경제의 관계, 그리고 사회계급과 전쟁에 관한 정치 철학적 논의는 19세기의 선조(先祖)들로부터 물려받은 가정(假定)들에 의해 지속적으로 주도되고 있다.36)

---

35) Parekh, B., *Contemporary Political Thinkers*, Martin Robertson, Oxford, 1982, p. 172-4. 다음을 또한 보시오. The Essay by Rawls in Laslett, P., & Fishkin, J. (eds), *Philosophy, Politics and Society, Blackwell*, Oxford, 1979.
36) Parekh, op. cit., p. 199-200.

엘리트주의 및 자유주의 이론들

일반적으로 자유주의 이론은 루소, 흄(Hume), 밀(J.S. Mill)과 같은 고전 민주주의 이론가들이 제기한 주장에 근거하고 있다. 지식에 기반을 둔 토론이 가능해지려면 그 형태에 무관하게 '표현의 자유 (Freedom of Speech)'가 필수적이라고 이들은 믿고 있었다. 완벽히 정보를 받아보지 않은 경우, 국민은 적절히 판단하지 못하게 되며, 민주주의 기능에 효과적으로 참여할 수 없다고 이들은 주장하였다. 근대 언론매체의 성장으로 인해 이 같은 주장에 힘이 실렸다. 사건들을 거의 순간적이고도 포괄적으로 취재함과 관련해 언론매체들이 점차 중요한 역할을 수행하고 있다. 또한 어느 정도까지 이들 언론매체는 여론을 좌우하고 있는데, 권력자들은 이 같은 여론의 향방에 근거해 결심하게 된다.37)

오늘날에는 정부에 대한 공개적인 조사뿐만 아니라 정부의 책임이 민주사회에서 합법성 내지는 정당성을 측정하는 수단으로 생각되고 있다. 이처럼 오늘날에는 박식한 대중이 필요하다고 사람들은 생각하고 있다. 그 결과 알권리 등 국민의 제반 권리가 종종 문서화된 헌법 내지는 관습의 형태로 민주국가에서 보장되고 있다.38) 사실 '표현의 자유'와 '언론의 자유(Freedom of Press)'는 의회의 포럼에서만 절대적

---

37) 오늘날의 언론매체의 성장에 관해 상세히 알고자 하면 다음을 참조하시오. *The Australian Broadcasting Tribunal Annual Report 1990* and Denton, R., & Woodward, C., *Political Communications in America*, Praeger, New York, 1985.
38) Barendt, E., *Freedom of Speech*, Clarendon Press, Oxford, 1987, p. 68. 또한 다음을 보시오. Akehurst, M., *A Modern Introduction to International Law*, Allen & Unwin, London, 1970; and the Constitutions of Australia, The United States, and West Germany for example of Guaranteed Freedom of speech.

존 스튜어트 밀(1806-1873)

인 권리로 인정받고 있다. 그럼에도 불구하고, 이들 관습을 많은 수
준에서 위배하고자 하는 경우 강력한 이유가 있어야 한다. 최근 몇
년 동안에는 다수의 서구 민주국가에 '정보의 자유(Freedom of Infor-
mation)' 법이 도입되면서 이 부분이 보강되었다. 물론 이들 국민의
권리는 재정·행정 및 정치적 규제로 인해 즉각 줄어들었다.39)

　모든 사안에 관해 국민이 알권리가 있다는 자유주의 이론가들의
생각을 보다 제한하는 형태의 관점에서 보면 민주주의 엘리트주의

---

39) The Australian Freedom of Information Act (1981), and similar legislation in the
United States, West Germany and Canada을 보시오. 다음을 또한 보시오. The
report by the (Australian) Senate Standing Committee on Constitutional and
Legal Affairs on the Freedom of Information Bill 1979 and Aspects of the
Archives Bill 1978. 다음을 또한 보시오. Spigelman, J., *Secrecy and Political
Censorship in Australia*, angus & Robertson, Sydney, 1972; Mathams, R., Sub
Rosa, Allen & Unwin, Sydney, 1982; wolfson, S., *The Untapped Power of the
Press*, Praeger, New York, 1985.

이론이 있다. 이 이론에서는 '통치 권한'을 부여받은 민주적으로 선발된 지도자와 이들 지도자의 자문 요원들의 경우 은밀한 부분이 보호되어야 하며, 특권화된 논의의 자유가 보장되어야 한다고 주장하고 있다. 이들 관점은 "투표하게 되면 선거인의 임무는 끝났다."[40]는 슘페터(Schumpeter)의 발언에 요약되어 있다. 이 같은 입장에서는 정치적 엘리트들에 의한 권력 남용을 방지하기 위한 수단으로서의 민주주의 선거의 의미를 수용하고 있다. 그러나 여기서는 국방 및 외교문제와 같은 영역에서의 어느 정도 수준의 비밀 유지가 없이는 효과적이고도 효율적인 정부가 달성될 수 없다고 주장하고 있다. 자신들의 생각이 대중에 의해 정밀 조사 받게 될 것이란 점을 알게 되는 경우 극단적인 성격의 대안 내지는 인기 없는 대안을 제시하거나 검토해보고자 할 행정 및 사법 요원은 거의 없을 것이란 점에서, 이 같은 비밀 보장은 유엔과 다수의 정부 부서에서 절실히 필요한 것으로 생각되고 있다.[41]

---

40) Schumpeter, J., *Capitalism, Socialism and Democracy*, Harper & Row, New York, 1982, p. 289. 또한 다음을 보시오. Buchanan, J., *The Limits of Liberty : Between Anarchy and Leviathan*, University of Chicago Press, Chicago, 1975.
41) 이들 대립되는 2개 이론에 관한 상세 분석을 보고자 하면 다음을 참조하시오. Rosen, B., *Holding Government Bureaucracies Accountable*, Praeger, New York, 1982; Lebedoff, B., *The New Elite*, Franklin Watts, New York, 1981; Frank, M., & Weisband, E., *Secrecy and Foreign Policy*, Oxford University Press, London, 1974; and Struve, W., *Elites Against Democracy*, Princeton University Press, Princeton, 1973.

전시 엘리트주의자들의 권위주의

　그러나 자유주의 이론과 민주사회의 엘리트주의 이론이 전시(戰時)
시험대에 오르는 경우, 이들 간의 투쟁은 불평등해진다.

　자유주의 이론가들은 언론매체를 공보과정(Information Process)의 중
요한 부분으로 바라보고 있다. 이들은 '정당한 전쟁', 즉 국가와 국민
의 생존을 놓고 벌어지는 전쟁의 경우를 제외하면 언론매체가 자유
롭게 보도해야 한다는 주장을 전개하고 있다. 이 같은 주장의 측면에
서 이들은 국민의 대다수로부터 원칙적으로 자신들이 지지 받을 것
으로 생각하고 있는데, 이는 당연한 일이다. 그러나 현실은 그렇지가
않았다. 전시(戰時)에 이 원칙은 미국과 영국 모두에서 대중으로부터
외면을 당했다. 여론조사에 따르면 최근의 제한된 분쟁에서의 언론매
체에 대한 군과 정부의 규제를 국민이 압도적으로 지지한 바 있다.[42]

　권위주의적 엘리트주의자들은 언론매체를 정부의 일 처리 과정에
위험한 형태로 간섭하는 존재로 바라보고 있다. 이들은 법적 행위란
위협을 통해 언론매체에 대한 '규제의 장벽'을 사전에 높이고 있다.
미국과 영국에서 목격되는 앞의 현상은 이 같은 권위주의적 엘리트
주의자의 입장을 지지해주는 형태의 것이다. 국방 및 외교와 같은 영
역에서 권위주의적 엘리트주의자들은 통제(統制 : Control)를 통해 사
건에 대한 언론매체의 접근을 조종하며, 비밀 등급의 사용을 통해 정
보를 거부하고 있다.[43] 국방 및 외교 문제와 관련해 정부가 비밀을

---

42) Gration, P., address to the International Conference on Defence and the Media in
　　Time of Limited Conflict, Brisbane, April 1991. 다음을 또한 보시오. Public at-
　　titude polls in the Falklands, Grenada, panama and the Gulf war in chapters in
　　this work.

유지할 권리가 있다는 점, 이들 분야에서의 정부의 행위를 조사할 수 없다는 점에 거의 모든 시사 해설자들 내지는 권위 부서가 동의하고 있는데, 민주주의 체제에 위험이 야기되는 것은 이 같은 점 때문이다.44) 일반적으로, 대부분 시사 해설자들은 국방 문제와 관련해 비밀이 필요하다는 정부의 주장을 수용하고 있다.

　정보의 전파에 관한 이 같은 엘리트주의자들의 접근 방안은 주요 국제 포럼에서도 반향 되고 있다. 이들 포럼에서 사람들은 언론매체에 보다 많은 자유를 허용해주어야 한다는 입에 발린 말을 할 수 있다. 그러나 분쟁시 언론매체에 자유를 보장해주어야 할 것인 지의 문제에 봉착하는 경우, 이들은 이 같은 입장에서 한 걸음 뒤로 물러서고 있다. 거의 대부분, 유엔과 유럽회의(Council of Europe)45)에서 사람들은 자유롭고도 공개된 형태의 언론매체를 주장하고 있다. 그러나 이들 개개 경우에서 보면, 언론매체의 자유는 이들 언론매체의 자유로운 보도를 정부가 무시할 수 있도록 해주는 몇몇 문구로 인해 제

---

43) See Barendt, op. cit., especially chap. iv 'prior Restraint', and chap. v, 'political Speech'.

44) 보안에 관한 정부의 권리를 지지하는 여론의 사례를 보고자 하면 다음을 참조하시오. Millar, T., *Australia in Peace and War*, ANU Press, Canberra, 1978, and 'A Special Case for Secrecy', Quadrant, June 1981. *Commonwealth of Australia v Jhon Fairfax and Sons Ltd and Others : Commonwealth of Australia v Walsh and Another*, and *Commonwealth of Australia v IPEC Holdings Ltd and Another*, heard before Mr Justice Mason, Canberra November/December 1981. *Australian Law Review Journal*, no. 55, 1981, p. 45-53; also *Attorney-General v Heinemann*, 62 ALJR 1988, p. 345. The Crimes Act 1914, the secrecy provisions, in particular provisions such as Section 16 of the Income Tax Act 1963, and the Copyright Act 1968.

45) 역자주 : 1949년에 창설되었으며, 45개국이 현재 가입되어 있다. 국방 분야를 제외한 모든 정책 영역을 망라하고 있다.

한 받고 있다. 따라서 인권에 관한 1954년의 유엔총회는 보도검열을 공개적으로 권고하고 있는 바와 다름없는 문구에서 다음과 같이 언급하고 있다. '표현의 자유'는 "……정식 절차, 조건, 규제 또는 응징을 수반할 가능성이 있는 의무 및 책임과 함께 법에 규명된 바에 따라 그리고 민주사회에서의 필요에 따라"[46] 구사되어야 한다.

경제 및 사회 그리고 문화 관련 권리에 관한 1966년의 유엔의 국제규약에도 동일한 형태의 단서가 등장하였다. 이들 규약에서는 국가안보 측면에서 국가가 개인의 권리와 자유를 무시할 수 있도록 하고 있다. 동년 유엔이 채택한 민간 및 정치적 권리에 관한 국제규약에서 이들 제약 사항은 '상황의 절박성'에 근거해 전시 전폭적인 지지를 받았다. 이 문서의 제19조는 국가안보를 고려해 "……예술의 형태 내지는 기타 언론매체를 통한 구두·서면 및 인쇄의 방식으로 정보 또는 사상을 추구하고 전달하는……" 자유를 제한하고 있다. 집회 및 뉴스전파에 관한 1969년의 유엔 정기총회에서 작성된 초안 형태의 제4조는 '국민의 알권리'를 주장하고 있다. 그런데 제4조에는 보도검열과 관련된 국가의 권리가 노골적으로 수용되어 있다. 제2조에는 또한 전시(戰時) 모든 국가가 자신의 책임을 취하할 수 있도록 되어 있다.[47]

요약해 말하면, 다수의 포럼과 시대의 변화에도 불구하고, 전달되

---

46) *United Nations Convention on Human Rights*, 1954; *United Nations Yearbook 1955*.

47) *United Nations Yearbook 1966-1967*; 다음을 또한 보시오. *The Statute of the Council of Europe* (Revised), the *Universal Declaration of Human Rights* (1948), the *UN Conversion on Human Rights* (1954), and the *American convention on Human Rights* (1969). 다음을 또한 보시오. Plowman, E., *International Law Governing Communications and Information*, Francis Pinter, London, 1982.

는 메시지에는 변함이 없다. 즉 생존을 놓고 벌어지는 전쟁에서 유행하던 이 같은 사회계약 이론 아래 기대되는 부분뿐만 아니라 사회계약 이론 자체에 전혀 변함이 없다. 문제가 국제적 성격의 것이란 점에도 불구하고, 그리고 롤스(Rawls)에 의한 일부 예외적인 경우가 없지 않지만, 오늘날의 정치이론은 전시 또는 분쟁 당시 국가가 발군의 능력을 발휘하게 된다는 시대에 뒤쳐진 주장을 넘어서지 못하고 있다. 국가안보와 생존에 관한 공통 이익으로 생각되는 부분에 대한 방위를 위해 힘을 모으는 것이 국민과 언론매체의 천부적 의무라는 주장이 아직도 일반적인 현상인데, 이는 분쟁의 형태에 무관하다. 전쟁에 자국의 군사력을 투입하는 경우 서구 민주주의 국가들은 이처럼 시대에 뒤쳐진 이론에 호소하고 있다. 이 책의 개개 사례에서 우리는 이 같은 자세가 두드러지게 나타나고 있음을 목격하게 될 것이다. 전쟁에 돌입하는 경우, 군은 언론매체를 가용한 모든 수단을 동원해 다루어야 할 또 다른 장애 요소라며 냉소적으로 반응하고 있는데, 이는 분쟁의 정당성에 관한 국민의 사고(思考)에 무관하게 적용되는 현상이다.

언론매체-군의 딜레마

오늘날의 시민들은 정보와 관련해 나름의 욕구를 갖고 있다. 이 같은 욕구의 충족이란 측면에서 언론매체가 직면하고 있는 딜레마에 관한 시대에 뒤쳐진 사고(思考)의 주요 사례는 1978년 당시 오스트레일리아 수상인 맬컴 프레이저(Malcolm Fraser)가 '보안편람(Protective

Security Handbook)'이란 책자에서 언급한 논평에 잘 나타나 있다. 프레이저는 다음과 같이 말하였다.

국가가 자국의 방위계획을 비밀로 유지해야 하는 이유와 관련해서는 설명이 거의 필요치 않다. 마찬가지로 정보에 관한 개인 또는 공공의 권리와 비교해 국익 측면에서 기밀이 우선해야만 하는 중요한 분야가 있다는 점 또한 설명이 필요치 않다.48)

모든 서구 민주국가에서 군은 이 같은 접근 방안을 고수하고 있다. 취재를 위해 사건에 접근하도록 할 뿐더러 지원해주는 대가로 군은 자신의 일에 협조하도록 하는 형태의 규제를 언론매체에 강요하고 있는데, 앞의 개념은 이 같은 규제 강요란 측면에서 가장 근본적인 부분이다. 오스트레일리아의 국방장관을 역임한 빌 헤이든(Bill Hayden)은 "전략 또는 전술 배치, 군사정보, 전력 수준, 사상자, 군수, 증원 전력, 무기체계, 잠재 취약 부위 등과 같은 문제에 관해 보도 또는 전파하기 이전에 규제가 필요하다는 점이 나에게는 불합리해 보이지 않는다."49)고 말한 바 있는데, 이는 야전군의 입장을 변호한 발언이었다. 전쟁의 전술 수준50)에서 보면 헤이든의 주장 내지는 앞의 접근 방안에 동의하지 않을 수 없을 것이다.

---

48) *Protective Security Handbook*, 1978, p. 1. 다음을 또한 보시오. Gration, op. cit.
49) Hayden, op. cit.
50) 역자주 : 전쟁의 수준(Level of War)에는 전략·작전 및 전술이 있다. 이것과 관련해서는 다음을 참조하시오. 박덕희 번역, "항공전역", 연경문화사, 2001년 5월, pp. 19-26; 권영근 외 3명 번역, "미 합동작전 교리", 합동참모본부, 2002년 12월, pp. 49-56.

이 같은 태도는 충분히 이해가 간다. 그러나 이는 위기시 국민과 더불어 언론이 국가를 지지할 것으로 간주하는 등 언론매체에 대한 시대에 뒤쳐진 이론에 근거하고 있다. 이미 언급한 바처럼 국민의 대다수가 분쟁 개입을 지지하지 않을 가능성이 있는 제한된 분쟁에 직면할 경우 상황은 어떠한가? 이들 새로운 유형의 제한된 분쟁에서의 언론매체의 역할을 조사해볼 당시 우드워드(Woodward)가 말한 바처럼 이 경우는 다음과 같다.

언론매체는 양측 모두의 적대행위 수행에 영향을 끼치는 능력을 구비한 채 자유롭고도 독자적인 행위자가 될 가능성이 있는데, 특히 대중의 정서(情緖)와 정부의 정책에 대한 영향력 행사를 통해 그러하다. ……또한 언론매체는 정부가 추구하는 목표와 군사전략뿐만 아니라 전쟁의 전술 수준에서의 작전에 관한 세부 사항을 비판적으로 분석할 책임과 능력이 있다고 말할 것이다.51)

오늘날 국제사회의 언론매체는 매우 빠른 속도로 지구적 차원에서 취재할 능력을 구비하고 있다. 이 같은 점으로 인해 작전보안에 구애받지 않으면서 여타 국가들이 특정 국가에 관한 사항을 취재할 수 있게 되었는데, 이는 마찬가지로 중요한 사항이다. 인터넷 자료와 마찬가지로 이 같은 취재는 전혀 규제 받지 않을 뿐더러 지구적 차원의 시스템에 특정 내용을 완벽히 제공해줄 수 있다. 그 결과 이들은 전투원과 본국 모두에 신속히 상황을 전달해줄 수 있는 입장이다. 교

---

51) Woodward, B., *The Commanders*, Simon & Schuster, New York, 1991, p. 278, p. 26-7.

전 국가들이 야전에서 언론매체를 규제할 수 있을 것이다. 그러나 본국 국민이 기대하는 바를 고려해보면 보도검열의 지속적인 유지는 거의 불가능한 일일 것이다.

이외에도 제한전 상황에서는 여행 및 통신의 자유가 보장된다. 그 결과 제한전 상황에서 사람들은 사상(思想)과 잡지를 수반하는 국제 여행자, 객관적 사실을 담고 있으며 우편을 통해 배달되는 신문, 그리고 국제 방송과 인공위성 전송을 이용해 정보를 수집할 수 있다.

전파(電波)를 방해하는 경우 정치 및 기술적으로 문제가 되는 디지털 전화와 인터넷을 통해서 또한 우리는 정보를 수집할 수 있다. 이들 외에 아마추어 비디오가 끼치는 영향이 있다. 결국, 국가생존을 놓고 벌어지는 전쟁에서만이 정부는 노골적인 형태의 기만정책, 오보(誤報) 유포, 규제 성격의 수단들을 강구할 수 있다. 그런데, 이들 수단이 부재한 상황에서는 지구적 차원으로의 정보의 전파는 거의 봉쇄될 수 없을 것이다. 예를 들면, 소련의 모든 공화국에서 징집된 병사들이 본국으로 귀환해 언급한 발언으로 인해 아프가니스탄 전쟁에서의 소련의 패배를 소련 국민이 알게 되었다는 전설적인 증거가 있다.

이들 주장에 반론을 제기하면 다음과 같다. 모든 국제 분쟁은 아닐지라도 대부분의 분쟁에서 언론매체가 영향을 끼치고자 하는 대중은 문제의 사안에 관해 특정 입장을 견지하고 있다. 그 결과 이들이 받아보는 대부분의 뉴스 또한 이 같은 입장을 견지하는 출처로부터 나오고 있다. 이외에도, 언론매체는 대중의 기대를 그대로 반영하는 경향이 있다. 또한 상호 경쟁하고 있다는 점으로 인해, 언론매체는 대중의 성향에 부합할 수밖에 없다.

이처럼 대중의 성향에 언론매체가 부합할 수밖에 없다는 점은 분쟁에 관한 공식 및 비공식 성격의 뉴스가 해당 정부로부터 지속적으로 흘러나온다는 점으로 인해 강화되고 있다. 이 같은 점으로 인해 언론매체의 통제란 측면에서 군과 정부는 나름의 이점을 누리게 된다. 더욱이 필저(Pilger)는 다음과 같이 지적한 바 있다.

전체주의 국가의 경우와 달리, 자유주의 사회에서의 언론매체의 정보 및 견해의 좁은 범위로의 수렴은 통상 우리가 모르는 사이에 진행된다. 한편 언론매체가 국민의 기대를 그대로 반영하는 행위가 객관적이고도 균형 잡힌 것으로 암시 및 각인될 뿐더러 찬양 받기조차 한다. 그 결과 언론에 보도되는 내용의 이면에 숨어 있는 부분에 대한 이해가 어려워지고 있으며, 냉전 당시와 비교해 선전책동이 훨씬 효과가 있게 되었다.[52]

언론매체들은 대중의 기대에 부합하고자 노력하는 경향이 있다. 그럼에도 불구하고 언론매체가 이들 '구속'으로부터 이탈할 가능성은 항상 있는데, 군이 직면하고 있는 딜레마는 이 점에 근거하고 있다.

지구적 차원의 언론매체와 새로운 전자(電子)매체 시청자

통신 관련 과학기술의 비약적인 발전으로 인해 오늘날 기자들은 어느 정도 군과 독자적으로 사건을 취재할 수 있게 되었는데, 이는 군이 직면하고 있는 가장 큰 난제다. 여기서는 기자들을 적절히 지원해주

---

52) Pilger, John, *New Statesman*, vol. 125, no. 4295, 2 August 1996, p. 26.

는 강력한 형태의 언론 기반구조가 지역에 존재해 있는 상태에서 분쟁을 취재하는 경우와 이들 능력이 제한되어 있던 1991년의 걸프전과 같은 경우의 차이를 조명해볼 필요가 있다. 인공위성을 통해 전파되는 TV와 전화 그리고 무선 형태로 전파되는 비디오는 일대 혁신이었다. 인공위성을 이용하는 음성 및 데이터 시스템 외에 저개발 지역들이 '원거리지역망 데이터체계(RAND : Remote Area Network Data Systems)'로 점차 연결되고 있다. 그런데 후자의 경우는 국가 및 국제적 성격의 전자(電子) 매체로 연결될 수 있는 고주파 무선을 이용해 데이터와 음성을 전파하고 있다. 50킬로그램 무게의 단말기를 이용하는 압축된 형태의 비디오 신호와 개선된 인공위성 CODEC 기술 분야에서의 여타 발전으로 인해 오늘날에는 지구의 모든 곳에서 실시간 해상(海上) 전송이 가능한 실정이다. 이외에도, 이 같은 기술로 인해 비디오 자료에서 발췌한 정지(停止) 영상의 이미지를 전송할 수 있는 실정이다. 오늘날에는 최대 20개의 인공위성으로부터 동시에 신호를 수신할 수 있는 다중빔(Multibeam) 안테나에 관한 연구가 진행되고 있다.53)

이들 개개 발전, 특히 인공위성 분야의 발전, 마이크로웨이브와 광섬유 전송체계 분야의 발전은 이동성을 보장해주는 '장비의 소형화'를 향해 나아가고 있다. 사건에 대한 접근이란 측면에서 제약이 크지 않다는 점에서, 오늘날 대부분의 네트워크는 트럭에 탑재되는 인공위성 송신기를 사용하고 있다. 보다 짧은 거리의 가시거리(可視距離) 마

---

53) *The Australian*, 16 December 1991, 23 December 1991 and 29 June 1992. 다음을 또한 보시오. *Beyond 2000* TV Programme, 10 December 1991, on the replacement of the existing Intelsat MCS-D and Marisat F1 by the new geo-synchronous Inmarsat 2-F3 serving the Pacific Region from January 1991.

이크로웨이브 연계 시스템과 더불어 이들 시스템은 주요 뉴스 이벤트에서 친숙한 정경이다. 베트남전쟁의 종전(終戰) 기념행사를 취재할 당시 그러했던 바처럼, 방송망들은 수송기(輸送機)를 이용해 이들 시스템을 멀리 떨어진 곳으로 주기적으로 이동시키고 있다.

언론매체는 취재 장비의 소형화에 관심이 있다. 이는 기술 측면에서 군에 의존하지 않고도 언론매체가 취재할 수 있게 되었다는 점에도 불구하고, 공항(空港)에 접근하는 과정에서뿐만 아니라 시스템 운영의 지원과 관련해 대형 시스템들이 아직도 군에 의존하고 있기 때문이다. 그럼에도 불구하고, 오늘날의 취재 기자들은 3개의 대형 가방에 담겨질 수 있으며, 3명의 요원들이 운반할 수 있는 태양열을 이용한 시스템들을 기술적으로 구비할 수 있는 실정이다. 얼마 지나지 않아, 이 같은 시스템은 보다 소형화될 것이다. 비디오카메라 관련 과학기술 분야의 발전으로 인해 멀지 않은 미래에 비디오-저널리스트들이 군으로부터 기술적으로 완벽히 독립될 것이다. 원거리 통제를 위한 pan과 'Journocam'이라고 지칭되는 Tilt head 시스템에 대한 연구가 이미 진행되고 있다. 기존의 과학기술을 이용해 이들 시스템 모두를 대략 5,000달러의 비용으로 조립할 수 있을 것이다. 최근 연구에 따르면, 이들 시스템은 보통 규모의 단일 가방에 담아 운반될 수 있을 것이다.[54]

최근 몇 년 동안, 오스트레일리아의 언론인 조지 네거스(George

---

54) Interview, Engineering Department. Network Nine, Sydney, Mat 1990. 다음을 또한 보시오. Williams, R., 'Journocam and Beyond - A Look into the Future of ENG', paper delivered to the Society of Motion Picture and Television Engineers, Sydney, September 1992; and Knapp, G., 'Journocam' The One Person News Crew, *Encore!*, 4-17 June 1992, p. 1-2.

Negus)는 소련의 전 지역을 여행하며 생방송으로 사건을 보도한 바 있다. 여기서 입증된 바처럼, 취재 장비의 이동성이 높아짐에 따라 전파 방해를 통한 군의 보도 규제 능력이 보다 제약받게 되었다. 유사한 현상이지만, 초고속 디지털 데이터링크를 이용해 그린피스(Greenpeace)는 무라로아(Muraroa) 산호섬으로부터 전 세계로 TV 자료를 전송할 수 있다. 전 세계로 중계되는 보트 경기를 위해 유사한 시스템들이 사용되고 있다. 그런데 이들 시스템은 ISDN multiplex high-band 비디오 화상회의 링크를 사용하고 있다.55) 이 같은 시스템으로 인해 가능해진 취재 장비의 독립성과 이동성으로 인해 야전에서의 보도검열이 물리적 제재 수준으로 국한되고 있다. 이는 바그다드로부터 직접 보도할 목적에서 인공위성에 기반을 둔 음성 전화를 피터 아넷(Peter Arnett)이 사용했던 1991년의 걸프전 당시 입증되었다.56)

오늘날 이 같은 유형의 보도를 지원할 능력이 있음에는 의문의 여지가 없다. 미국은 지구적 차원에서 디지털 음성·팩스 및 무선전화 링크를 제공해줄 수 있는 인공위성의 '저고도 지구궤도(Low Earth Orbit)' 네트워크를 위한 국제주파수를 할당해달라고 유엔 통신연맹(Telecommunication Union)에 요청하였다.57) 미국의 법에서는 인공위성의

---

55) *Sydney Morning Herald*, 19 August 1991. 다음을 또한 보시오. Cribb, T., 'Greenpeace scores Muraroa Media Victory', AFP, 12 May 1992; and *The Australian*, 8 June 1992.

56) *Washington Post*, 17 March 1991; Arnett, P., *Live from the Battlefield*, Bloomsbury, London, 1994, p. 417-9. 아넷의 경험은 교훈적이다. 한편에서 보면 전송할 수 있는 부분과 관련해 아넷은 이라크의 규제를 받았다. 또 다른 한편에서 보면, 아넷은 서구 정부들이 억압하고자 노력하였을 전쟁의 특정 측면에 관해 서구세계에 방송할 수 있었다.

57) *The Australian*, 6 January 1991. *The Australian*, 22 June, 1992를 또한 보시오.

사적(私的) 소유가 금지되어 있다. 이 같은 점에도 불구하고, 미국의 주요 방송망이 오늘날 이 같은 개인 소유의 인공위성에 접속되고 있다.58) 인터넷과 연계되는 인공위성, 디지털 전화 그리고 여타 통신 분야의 일대 진전으로 인해 전 세계 도처에서 벌어지는 사건에 대한 일반 대중의 인지(認知) 정도가 보다 더 높아질 가능성이 있다. 한편 일반 대중이 이미 알고 있다는 점이 정부와 군의 의도를 제약하는 강력한 요소가 될 수 있다. 방콕에서 발생한 1992년 5월의 폭동 당시 외국의 특파원들은 '인공위성을 이용한 비디오의 본국 전송(Satellite-borne Home Video Coverage)'과 디지털 이동전화를 사용하고 있었다. 이 점이 태국군이 행동을 자제하도록 만든 요인으로 생각되고 있다.59)

오늘날의 예상에 따르면 광섬유, 위성통신, 컴퓨터로 개선된 영상 그리고 디지털 스위칭 및 편집에 관한 신기술의 비용/효과가 향후 10년 동안 적어도 100만 배 이상 증진될 것이다. 향후에는 단일의 컴퓨터 칩이 기존의 20대의 슈퍼컴퓨터의 처리 속도를 능가할 수 있을 것이다. 오늘날의 광섬유 링크는 초당 10억 문자 이상을 전송할 수 있는 실정이다.60)

---

58) *Sunday Times* (London), 24 August 1990.
59) *The Australian*, 25 May 1992.
60) 언론매체와 관련된 첨단 통신 기술의 성장에 관한 입문을 보고자 하면 다음을 참조하시오. Oliver, R., 'Tomorrow the World', *Sydney Morning Herald*, 8 May 1991; and 'China Versus the World in Skywaves War', Knight Ridder Newspapers, reprinted *Sydney Morning Herald*, 19 March 1991; Mecer, D., 'Can the Media be Controlled in World War III', *UK Press Gazette*, Souvenir Issue, 1990; *The Australian*, 26 August 1987 and 14 October 1991; *Weekend Australian*, 17-18 August 1991.

향후 몇 년 뒤에는 이 같은 컴퓨터 처리속도와 광섬유 관련 과학기술이 대중에 널리 보급될 것이다. 새로운 과학기술로 인해, 오늘날 대형의 언론매체 네트워크들만이 접근할 수 있는 정보를 향후에는 개인이 접근할 수 있게 될 것이다. 미래의 시청자들은 카메라의 각도를 선택하고 즉각적인 재전송이란 방식으로 TV에서 자신들이 보는 부분의 성격에 영향을 미칠 수 있을 것이다. 이들은 또한 자신들이 보는 내용의 구성에 직접 참여할 수 있을 것이다. 예를 들면, 오늘날 TV 게임 쇼는 여론조사에 즉각 참여하고 있다. 이들 TV 시청자는 다양한 형태의 국내 및 국제적 전문(專門) 케이블 네트워크에서 자신이 보는 프로를 선별할 수 있다. 또한 소형화된 개인용 컴퓨터에 기반을 둔 장거리통신과 결합되면, 이들 과학기술로 인해 개인의 능력이 그 전례가 없는 정도로 강화될 것이다.61)

오늘날의 언론매체 관련 과학기술(인공위성 등)은 지구 곳곳에 영향을 끼칠 수 있는 수준이다. 이 같은 과학기술과 더불어 오늘날 서구 민주국가에는 라디오와 TV가 거의 100% 보급되어 있다. 1948년 당시, 대부분 서구 국가의 라디오 보급률은 100%에 달했다. 1980년 당시 미국의 TV 보급률은 99%이었다. 즉 7천7백8십만 가구가 TV를 보유하고 있었는데, 이들 중 85%는 칼라 TV를 보유하고 있었다. 최근의 통계에 따르면 미국은 가구 당 TV를 몇 대씩 보유하고 있다. 이는 미국과 서유럽 국가에 이미 10여 년 전에 TV가 완벽히 보급되었다는 점에 따른 결과다. 오늘날 대부분의 산업 국가에서 유사한 수

---

61) Leebert, D. (ed.) *The Future of Computing and Communications*, MIT Press, New York, 1991; and Davidson, B., & Davis, S., *Vision : Winning in the Information Economy*, Simon & Schuster, New York, 1991. *The Australian*, 8 June 1992를 또한 보시오.

준의 보급률이 목격되고 있는데, 제3세계 국가들 또한 비슷한 수준에 신속히 도달하고 있다.

이처럼 전자(電子) 언론매체의 보급률이 높다는 점은 대부분 서구 국가의 적어도 1세대(25년)가 라디오 및 TV와 함께 성장했음을 의미한다. TV 시청자들은 TV를 가장 신뢰할만한 뉴스 출처로 간주하고 있다.62) 또한 이 같은 세대는 자신들의 부모와 비교해 교육 수준이 훨씬 높을 뿐더러 보다 많은 정보에 접하고 있다. 이들의 문자 해독 능력은 거의 100%에 가까우며, 대부분이 고등학교 수준을 이수하고 있다. 또한 점차 많은 사람들이 제3의 학습을 추구하고 있는 실정이다. 이들 중 많은 사람이 자신들의 부모와 비교해 자신들이 훨씬 더 세계적이며 비판적인 것으로 생각하고 있다.63) 이들 시청자가 언론매체에 의존하는 정도뿐만 아니라 이들 새로운 시청자의 삶에서 언

---

62) Merill, J., *Global Journalism*, Longman, New York, 1983, p. 325; 아시아 및 태평양에 관해 Merill이 작성한 부분을 특히 참조하시오. 오늘날의 오스트레일리아 통계자료를 위해서는 다음을 참조하시오. the *Annual Report of the Australian Broadcasting Tribunal* 1989-1996. 지구적 차원의 언론매체 시청자에 관한 상세 조사를 보고자 하면 다음을 참조하시오. Curran, J., Gurevitch, M., & Woollacott, J. (eds), *Mass Communication and Society*, Edward Arnold, London, 1987; Bonney, B., & Wilson, H., *Australia's Commercial Media*, Macmillan, Sydney, 1983; Browne, D., *International Radio Broadcasting*, Praeger, New York, 1982; and Dizard, W., *The Coming Information Age*, Longman, New York, 1982.

63) 교육 수준에 관한 오스트레일리아의 통계를 보고자 하면 다음을 참조하시오. *Annual Reports, Department of Education*, 1985-96, and *Annual Reports Department of Employment Education and Training*, 1989-96. 다음을 또한 보시오. Bing, P., Contemporary Democracies, Harvard University Press, Harvard, 1982; Lerner, A., *The Passing of Traditional Society*, Free Press, Glencoe, 1958; and Fowler, R., & Orenstein, J., *Contemporary Issues in Political Theory*, Praeger, New York, 1940.

론이 수행하는 역할의 정도는 너무나 지대하다. 그 결과 정부에 의한 언론매체의 취재 제한이 매우 어려워졌는데, 보도 검열되지 않은 정보뿐만 아니라 이미지를 순간적으로 제공해주는 오늘날의 인터넷의 경우 특히 그러하다.

전시(戰時) 언론매체가 정부와 군에 협조적으로 사건을 취재해야 한다는 사회계약 이론을 잠식하는 추가의 문제가 있는데, 이는 분쟁과 군에 대한 대중의 지지도가 최근 몇 년 동안 감소했다는 점이다. 이들 변화가 갖는 의미는 아직도 제대로 정리되어 있지 않다. 국방에 대한 오스트레일리아 여론의 변화에 관한 연구에서, 맥알리스터 (McAllister)와 맥카이(Makkai)는 제2차 세계대전 이후의 어느 시점과 비교해도 오스트레일리아의 여론 그리고 대부분 서구 민주국가의 여론이 국방에 우호적이지 않다고 주장하고 있다. 이 같은 현상은 서구 민주국가 내부의 사회 및 정치적 가치 측면에서의 근본적인 변화에 따른 그리고 이들 국민이 색다른 경험과 삶의 기회를 누렸다는 점에 따른 것이라고 이들은 주장하고 있다. 개선되고 있는 국제 환경과 변화되고 있는 가치관이란 두 가지 경향이 결합되면서 다수 사회에서 군에 대한 대중의 태도가 급변하고 있다는 점을 이들은 그 증거로 제시하고 있다.[64]

국가생존을 놓고 벌어지던 예전의 전쟁에서 정부는 국민에게 나름의 책임을 촉구할 수 있었다. 그런데 오늘날에는 전쟁 본질의 변화로 인해 국민이 이 같은 책무로부터 해방되었다. 그 결과 오늘날의 국민

---

64) McAllister, I., & Makkai, T., *Changing Australian Opinions on Defence : Trends, Patterns and Explanations*, International Conference on Defence and the Media in Time of Limited Conflict, Brisbane, April 1991.

은 모든 사안의 모든 측면에 관해 정보를 받아볼 수 있을 것으로 기대하고 있다. 즉 이것을 나름의 권리로 간주하게 되었다. 보다 교육 수준이 높으며, 보다 비판적인 국민들은 자신에게 필요한 정보를 국제적 성격의 전자(電子) 언론매체를 통해 즉각 받아보고 있다. 한편 이들 언론매체는 국가 및 군으로부터 통제 받지 않으면서 업무를 수행할 능력을 구비하게 되었다.

기술적으로 언론매체가 점차 독자성을 확보하고, 여론에 대한 중개자 역할을 수행하고 있다는 점을 고려해 군은 언론매체와 군 간의 상호협조 체제를 제시하였다. 작전보안에 입각해 특파원들이 취재 내용의 사본을 제출하기로 동의한 대가로 일반적으로 군은 이들 특파원이 사건 지역에 접근하도록 해주며, 운송과 통신 수단을 제공해주고 있다. 군과 언론매체 간의 이 같은 상호 협조적인 관계는 '중앙의 공보부대(Central media unit)'로 인해 가능해지고 있다. 오스트레일리아에서 이는 언론과 군으로 구성되어 있는 국방공보자문단(Defence Media Advisory Group)의 형태로 조직되어 있다. 이곳에서는 취재가 승인된 특파원들을 제공해주고 있다. 그런데 이곳은 다양한 범주의 통신 수단으로 무장되어 있는 언론지원부대(Media Support Unit)의 지원을 받고 있다. 유사한 시스템들이 대부분 서구 국가의 군에서 기능하고 있다.

그러나 이처럼 상호 협조에 기반을 둔 제도의 성공 여부는 본국으로부터 어느 정도 멀리 떨어진 지역에서 전역(戰役)이 진행되고 있는지의 여부와 전역의 수행 기간에 따라 크게 달라지는 문제다. 본국으로부터 보다 멀리 떨어진 지역에서 전역이 수행되는 경우 군에 유리한 반면, 분쟁이 장기간 동안 진행되는 경우 언론매체에 유리해진다.

포클랜드 분쟁처럼 민간의 지원 기반구조로부터 멀리 떨어진 지역에서 작전이 진행되는 분쟁은 전적으로 군에 유리하다. 그레나다 및 파나마의 경우 지역의 언론 기반구조가 미약했으며, 접근이 쉽지 않았다는 점이 군에 도움이 되었다. 반면에 1991년의 걸프전에서는 사막으로 인해 언론매체가 외부와 상대적으로 고립되었다. 이들 요인으로 인해 군에 대한 언론매체의 의존도가 높아지고 있으며, 군이 언론매체를 교묘한 방식으로 보다 많이 이용할 수 있게 되었다. 그러나 시간은 주요 제약 요소다. 본국으로부터 멀리 떨어진 지역에서 전역이 진행됨에 따른 이점은 군이 여세(餘勢)를 유지해 신속히 승리할 수 없는 경우 빠르게 소멸된다. 왜냐하면, 해당 이점(利點)이 사라지게 되면서 여론을 놓고 벌어지는 투쟁에서 언론매체가 독자적이고도 매우 경쟁력 있는 요소로 부상하기 때문이다.

결론

개인의 자유 내지는 물리적 생존이란 측면에서 직접 위협받는 사람들은 공동방위의 필요성을 거의 보편적으로 인지하고 있다. 이 같은 인지(認知)로 인해 예전에는 전시(戰時) 중앙정부의 명령과 합법성이 고양되었다. 그러나 제한된 성격의 분쟁이 보편적인 현상이 된 오늘날에는 예전과 상황이 매우 다르다. 특히 해당 분쟁이 대부분 국민의 복지 내지는 생활양식에 거의 영향을 끼치지 않을 가능성이 있는 경우 그러하다. 이 경우는 분쟁 개입에 대다수 국민이 적극 반대할 가능성도 없지 않다. 해당 분쟁이 '공동의 선(善)'에 위협이 되지 않는다고 판단되는 경우, 국민이 감당해야 할 의무와 책임은 무엇인가 란 질문이 제기된다.

이처럼 제한된 분쟁에서 정부는 분쟁의 범주를 제한할 필요가 있 으며, 예전에 사용하던 '선전(宣傳) 책동'이란 무기를 효과적으로 사 용할 수 없게 된다. 이 같은 점에서 정부는 제한된 분쟁의 수행과 관 련해 나름의 제약을 받는 것으로 생각할 수 있는데, 앞의 질문은 이 경우 보다 의미가 있다. 이는 평화유지 활동처럼 '언론의 자유'가 헌 법적으로 보장되는 평시에 해당 분쟁이 발발하는 경우 특히 그러하 다. 과거 어느 때와 비교해보아도 오늘날의 대중은 보다 많은 정보를 접하고 있으며, 교육 수준이 높을 뿐더러 비판적인 시각을 견지하고 있다. 정보와 관련된 이들 대중의 기대를 억압하고자 노력하는 경우 추가의 문제가 있게 된다. 즉 인터넷을 통해 사적인 성격의 비디오와 음성 링크에 접근하고 있으며, 통신 관련 과학기술의 비약적인 발전 으로 인해 가능해진 점차 국제화되는 언론매체의 지원을 받고 있는 대중들의 정보 관련 욕구를 제한하고자 노력하는 경우 추가의 문제 가 따르게 된다. 포클랜드·그레나다 및 파나마 분쟁에서 그리고 1991년의 걸프전에서 군이 언론매체를 봉쇄하는 과정에서 성공을 거 두었다는 점으로 인해 이 같은 주장이 어느 정도 의미를 상실하고 있다. 그러나 이 같은 유형의 봉쇄는 제한된 기간 동안에만 유지될 수 있다. 이 점에서, 이 같은 봉쇄는 필자가 말하고자 하는 주요 논거 에 영향을 끼치지 않는다.

언론인들은 이 같은 상황으로 인해 제기되는 이론 및 경험적인 문 제를 매우 제한된 범주에서만 생각해보았다. 반면에 서구사회 전반에 걸쳐, 군은 이 문제를 오랜 기간 동안 인지해오고 있다. 그 결과 이들 서구국가의 군은 자신에게 유리한 방향으로 작용하는 상호 협조적 성격의 제도에서 언론을 교묘히 이용하기 위한 일관성 있는 시스템들을 강구해내었다. 이 책의 사례들이 보여주겠지만, 문제는 이처럼 변화된 환경에서의 언론매체와 일반대중의 권리에 군이 적절히 경의(敬意)를 표하고 있는 반면, 이들이 설정한 상호 협조적 성격의 제도에서 언론매체와 비교해 군이 이득을 보고 있다는 점이다. 거의 대부분의 경우에서 군이 이 같은 이점을 최대한 이용하고 있는데, 언론매체가 대중의 기대를 그대로 반영하는 경향이 있다는 점으로 인해 이 같은 군의 이점이 강화되고 있다.

그러나 군이 언론매체를 통제하는 이 같은 행복한 환경이 우연히 조성된 것은 아니다. 언론매체가 군에 협조적인 반면, 군이 언론매체를 교묘히 이용하는 형태의 통제에 관한 오늘날의 상황을 야기한 태도들을 알고자 하는 경우는 전장(戰場)에서 언론매체가 직면하고 있는 문제의 배경과 이들 문제의 발전 과정을 살펴볼 필요가 있다.

제2장
언론매체와 군의 갈등 발전

인쇄기가 출현하기 이전에는 교회의 가르침 내지는 국가의 요구에 의해 여론이 주도되었다. 이들 권위 기구에 의해 여론이 형성되었는데, 이들은 국가 내부에 존재해야 할 대표 기구뿐만 아니라 자신들의 이익을 대변해줄 사람들을 임의로 결정하였다.[1]

인쇄기의 출현으로 인해, 특히 신문의 출현으로 인해 이 같은 상황에 변화가 있었다. 자신을 보호할 목적에서 국가는 면허와 보도검열이란 방식을 사용해왔다. 인쇄된 단어들이 이들 면허 및 보도검열이란 족쇄로부터 자유로워지자, 여론을 표현하기 위한 창구가 존재하게 되었다. 한편 이 같은 여론은 의회 내지는 여타 권위 기구 밖에 존재하는 정치적 세력으로 발전하였다.[2] 신문이 나름의 세력으로 등장하

---

1) Burns, T., 'The Organization of Public Opinion'. In *Mass Communication and Society*, Curran, J., Gurevitch, M., & Woollacott, J., (eds), Edward Arnold Press, London, 1977.
2) *Printing Act 1695.*

기 시작할 당시인 1803년, 제임스 매킨토시(James MacIntosh)는 다음과 같이 언급한 바 있다.

신문의 대거 등장으로 인해 공공(公共) 문제에 관해 일종의 판단을 행사하는 사람들의 숫자가 늘어나면서 점진적이나마 정부에 혁신이 야기되었다.[3]

그러나 아직도 매킨토시는 발간 및 배포 수단이란 측면에서 제한적이었을 뿐더러 정치적 엘리트들에 영합하는 형태의 신문을 언급하고 있었다. 보다 많은 사람들이 신문을 받아볼 수 있도록 한 돌파구는 1800년대 초반의 '증기 압력에 의한 인쇄기(Steam Press)'와 더불어 1846년에 '윤전 인쇄기(Rotary Press)'가 발명되면서 가능해졌다. 머건탈러(Mergenthaler)가 1844년에 고안해낸 '자동 주조 식자기(Linotype Composition)'와 이들 혁신이 결합되면서 평균 크기의 신문을 시간당 30,000부까지 인쇄할 수 있게 되었다. 1880년에는 사진을 재생해주는 500킬로그램 중량의 시스템이 도입되면서 동판 내지는 목판에 조각해야 함에 따른 제약으로부터 신문이 해방되었다. 또한 그림 유형의 자료를 거의 즉각 이용할 수 있는 길이 열리게 되었다.[4]

신문의 발간과 관련된 이들 개선과 더불어 정보의 수집 및 전파 측면에서도 일대 진전이 있었다. 전보와 모스 부호의 출현으로 인해 1851년에는 영국해협 너머로 그리고 1866년에는 대서양 건너편으로

---

3) Aspinall, A., *Politics and the Press 1750-1810*, Home & Van, London, 1949.
4) Hancock, A., & MacCullum, H., *Mass Communications : Australia and the World*, Longman, Sydney, 1971.

전송이 가능해졌다. 1877년, 에디슨은 축음기를 발명하였다. 또한 1900년대 초반에는 전화가 널리 사용되었다. 1882년에는 영국 본토와 와이트(Wight) 섬 간에 인류 최초로 무선통신이 있었다. 이것의 뒤를 이어 1899년에는 마르코니의 무선통신이 최초로 시현되었다. 오스트레일리아의 경우를 보면, 1858년에는 전보를 이용해 시드니와 멜버른(Melbourne)이 연결되었다. 1872년에는 오스트레일리아와 영국이 케이블을 이용해 그리고 1903년에는 무선 통신을 이용해 연결되었다.5)

정보의 수집 및 생산 관련 기술 측면에서의 이들 발전과 더불어 철도가 발전을 거듭했으며, 가솔린 엔진이 등장하였다. 이들 발전으로 인해 인쇄된 뉴스를 신속하고도 쉽게 전달할 수 있게 되었다. 산업혁명에 따른 사회적 변화로 인해 도시에 노동자들이 대거 몰려들었다. 그 결과 정보의 전파 과정이 훨씬 더 용이해졌는데, 이는 보다 중요한 사실이었다. 1880년을 기점으로 영국에 의무교육이 도입되면서 뉴스와 오락을 열망하는 식자층(識者層)이 점차 늘어나게 되었다. 대부분의 서구 산업국가에서 또한 유사한 형태의 발전이 목격되었다.6) 이외에도 정치 개혁으로 인해 새로운 유권자들이 대거 등장하였다. 이들은 신문의 구독자였을 뿐더러 신문에서 다루어야 할 주요 대상이었다. 신문의 발간 부수 증가로 인해 신문의 단가가 줄어든 반면 발간 빈도가 빈번해졌다. 그 후 50여 년 동안 노스클리프(Northcliff) 경이 출간한 데일리메일(Daily Mail)과 같은 신문은 매일 50만 부 이상이 팔렸다.7)

---

5) Ibid.
6) Thomas, H., *An Unfinished History of the World*, Hamish Hamilton, London, 1979, p. 610-2.
7) Ibid., p. 399-402.

교육을 받은 독자와 이들에게 정보를 제공해주는 수단이 결합되었다는 점이 얼마 지나지 않아 정치에 영향을 끼쳤다. 새롭게 다수의 독자가 출현하면서 이들 독자에 영향을 끼치기 위한 투쟁이 시작되었다. 이들 독자는 언론의 위력을 통해 영향을 끼쳐야 할 대상으로 인식되었다. 여론 조작(Manipulation)[8]을 겨냥한 이 같은 최초의 공략에는 국방 관련 문제가 제외되어 있었다. 국방 분야에서는 민족주의와 애국심이 아직도 상황을 주도하고 있었으며, 국방과 관련해 언론매체가 정부의 견해를 충실히 대변하고 있었다. 그러나 상황이 이 같은 방식으로 영원히 지속될 가능성은 없어 보였다.

언론매체가 등장하기 이미 오래 전부터, '진실(眞實)'은 전쟁에서 가장 먼저 상처받는 부분이었다. 전쟁에서 추구하는 목표를 지원할 목적에서 정부 내지는 군의 리더들이 여론을 조작하고자 할 것이란 점을 사람들은 잘 알고 있었다. 또한 근대 언론매체가 출현하기 이전에는 이 같은 통제를 비교적 쉽게 강요할 수 있었던 반면, 전장(戰場)에 취재 기자가 등장하면서 이 같은 관계에 변화가 있었다. 언론매체가 독자적으로 정보를 수집해 전파할 능력을 구비하게 됨에 따라 전시(戰時) 여론 통제와 관련된 정부의 능력 그리고 정보 제한과 관련된 군의 능력이 크게 약화되었다. 이 같은 언론매체가 정부의 전쟁 목표가 아닌 또 다른 관점을 제기할 수 있다는 점이 국익에 해가되는 것으로 즉각 인지되었다. 분명히 말하지만, 정부의 견해와 다른 견해를 언론매체가 제기할 수 있다는 점은 군의 입장에서 보면 매우 바람직하지 않은 현상이었다. 그 결과 보도검열 내지는 적어도 정보

---

8) 역자주 : 이 책에서 역자는 여론의 경우(예 : 여론 조작)가 아닌 여타 경우 Manipulation을 조종으로 번역했음.

의 제한(制限 : Limitation)이 전쟁 수행에 필수적인 현상이 되었다. 처음부터, 이는 전쟁에 참여하고 있는 부대의 작전보안에 해가 될 가능성이 있는 정보를 적정 수준에서 제한함과 다름이 없다며 합리화되었다. 서구 민주국가에서 아직도 수용되고 있는 작전보안에 관한 이같은 외침은 아서 웰즐리(Arthur Wellesley)가 최초로 사용하였다. 나폴레옹 전쟁 당시 그는 영국의 육군성(War Office)에 보낸 편지에서 다음과 같이 불만을 토로하였다.

> 아군의 진지(陣地)와 병력의 숫자, 추구하는 목표, 이들 목표를 달성할 목적에서 스페인과 포르투갈에 파견된 영국육군이 보유하고 있는 수단들을 언급하는 기사들이 영국의 신문에 빈번히 등장하고 있는데, 이 점에 주의를 촉구하는 바입니다.……이 같은 정보는 본인에게 도착되는 순간에 적에게도 전달될 것이 틀림없습니다. 적들에게 우리의 정보가 알려지지 않는 것이 가장 중요한 시점에 그들도 정보를 받아 보고 있습니다.9)

격식을 갖춘 형태의 군의 보도검열은 19세기 후반에 도입되었다. 그러나 전략적으로 중요한 의미가 있는 사실들의 보도를 국익 차원에서 유보해야 할 것인지 아니면 보도해야 할 것인 지의 문제는 처음부터 존재해 있었다.10) 이미 오래 전부터, 신문사에는 군이 수행하는 전역(戰役 : Campaign)에 관해 보도하는 장교, 즉 공보장교들이 상

---

9) Letter from Sir Arthur Wellesley, Duke of Wellington, Army Commander in Spain to the Secretary for War, British War Museum.
10) Royle, T., *War Report*, Grafton Books, London, 1989, p. 19.

주해 있었다. 그러나 군이라는 전문직업에 또는 전쟁에서 추구하는 대의에 전혀 책임을 느끼지 않는 전문 언론인들의 출현이 '변화의 기폭제'가 되었다.

전문성을 구비한 인류 최초의 종군기자는 헨리 크래브 로빈슨(Henry Crabb Robinson)이었다. 1807년, 런던타임스(London Times)의 로빈슨은 엘베강(River Elbe)을 따라 나폴레옹이 수행하던 전역(戰役)들을 그리고 1808년에는 이베리아반도 전역에서의 나폴레옹의 행위를 취재하였다. 로빈슨 다음에 모닝포스트(Morning Post)의 찰스 루이스 구네이소(Charles Lewis Guneiso)가 있다. 1835-1837년까지 진행된 스페인내전을 구네이소는 포괄적이고도 균형 있는 시각에서 취재하였다.11) 그러나 근대 전쟁 보도의 위력과 문제점을 최초로 보여준 사람은 런던타임스의 윌리엄 하워드 러셀(William Howard Russell)이었다.

크림전쟁에서 식민지 전쟁까지 : 1850－1860

크림전쟁을 취재할 목적으로 크림반도로 건너간 사람이 러셀만은 아니었다. 또 다른 특파원에는 타임스(Times)의 토머스 체너리(Thomas Chenery), 모닝헤럴드(Morning Herald)의 니콜라스 우즈(Nicholas Woods), 런던뉴스(Illustrated London News)의 크로우(J.A. Crowe)가 있었다. 그러나 자신의 유능한 편집장인 존 새디어스 딜레인(John Thadeus Delane)과 함께 대중의 관심을 모은 사람은 러셀이었다.12) 영국에서 많은 시

---

11) Royle, op. cit.
12) Chapman, C., *Russell of the Times*, Bell & Hyman, London, 1984.

청자를 모은 일련의 객관적인 보도에서, 러셀은 세바스토폴(Sebastopol)에서의 장기간에 걸친 포위 공격 도중 제대로 준비되어 있지 않았을 뿐더러 무장되어 있지 않은 부대가 겪었던 상상할 수 없을 정도의 고통을 보도하였다. 5만 6천여 병사들 중에서 콜레라·이질 또는 말라리아로 인해 병원으로 호송된 대략 30% 정도의 병사들을 기다리고 있던 공포(恐怖)에 대한 그의 보도는 가히 충격적이었다.

시체(屍體)들이 살아 있는 사람과 나란히 누워있었는데, 이는 거의 상상할 수 없는 정경이었다. 병원에는 가장 평범한 물품조차 턱없이 부족하였다. 위생 내지는 품위에 신경 쓸 겨를이 전혀 없었다. 악취가 천지를 진동하였다. 환자를 환자가 그리고 죽은 사람을 죽은 사람이 돌보고 있는 듯 보였다.[13]

군인들이 전투 중에 죽어 가는 놀라운 상황들에 관한 묘사를 통해, 종군기자의 위력이 과시되었다. 당시 전쟁에서의 실패 사례들을 언론매체가 정리해 보도한 결과로 인해 병원 시스템의 개혁에 관한 목소리가 고조되었다. 그 결과 딜레인은 플로렌스 나이팅게일(Florence Nightingale)이 열악한 병원 환경을 개선하는 데 사용할 목적의 자금을 만들 수 있었다. 한편 전쟁 수행에 관한 폭로가 딜레인 자신이 작성한 사설로 인해 힘을 받게 되면서 1855년에는 애버딘(Aberdeen) 정부가 몰락할 정도로 여론이 악화되었다. 러셀이 협잡꾼으로 비난받았던 반

---

13) Ibid., p. 42. 다음을 또한 보시오. Bentley, N, Russell's *Despatches from the Crimea 1854-56*, André Deutsch, London, 1966; and Russell's original dispatches, British War Museum.

플로렌스 나이팅게일
(1820-1910)

면 딜레인이 엄청난 수준의 정치적 압박을 받는 등 전선(戰線)과 런던 모두에서 이들에 대한 적개심이 심각한 수준에 달했다. 그러나 진실 이 승리하였다. 체너리(Chenery)와 함께 딜레인은 종군기자들을 판단하 기 위한 기준이 되었다.

또한 러셀은 작전보안이란 불분명한 영역으로 입성해 들어간 선각 자였다. 신문에 보도될 내용을 군이 검열하도록 했음에도 불구하고, 러셀은 보도를 통해 러시아의 정보 부서를 지원하고 있다는 비난을 받았다. 의료지원 상황과 관련해 러셀로부터 호된 비난을 받았던 래 글런(Raglan)은 자신의 상급자에게 다음과 같은 악의에 찬 내용을 보 고하였다. "……적군은 비밀 내용을 전담할 부서가 필요치 않았습니다. 이들은 타임지(Times)만 보면 되었습니다."[14) 그 결과 전선(戰線)에서 러셀은 자신들의 살상에 러셀이 책임이 있을지 모른다는 의혹을 품고 있던 병사들과 함께 생활해야만 하였다. 자신이 휘두를 수 있던 유일한 무기인 간첩죄를 영국군 최고사령부가 거론하게 되면서, 러셀은 본국에서 또한 심각한 수준의 정치적 압력에 시달렸다.

그러나 무죄(無罪)로 판명되자 러셀은 인도 폭동[15)을 취재할 목적으로 인도로 갔다. 데일리메일(Daily Mail)의 조지 워링턴 스티븐스(George Warrington Steevens)는 수단(Sudan)에서 러셀의 뒤를 쫓아다닌 반면, 여타 사람들은 1856-1897년의 기간 중에 발발한 49개에 달하는 영국의 식민지 전역(戰役) 내지는 원정(遠征) 전역을 취재하였다.[16)

이 같은 유형은 식민지 분쟁 내지는 영토 확장 분쟁을 취재하던 프랑스 · 네덜란드 및 독일 언론의 경우 또한 마찬가지였다. 그러나 이들 식민지 원정 내지는 응징 형태의 원정을 따라간 특파원들은 자신들이 취재하기로 되어 있던 자국 군대를 지원(支援)했는데, 여기에는 예외가 없었다. 이들이 이처럼 할 수밖에 없었던 것은 전쟁의 스릴과 흥분을 열망하는 주전론(主戰論 : Jingoism)에 길들여진 독자들의 비위를 맞추고 있던 제국주의 성향의 경영자가 이들을 고용하고 있었기 때문이었다.[17)

---

14) Royle, op. cit., p. 27.
15) 역자주 : 1857년의 Bengal 원주민들에 의한 폭동
16) Young, P., & Lawford, J., *History of the British Army*, Barker Ltd, London, 1970, p. 173; 다음을 또한 보시오. Fletcher, R., *Revisionism and Empire*, Allen & Unwin, Sydney, 1984.
17) 식민지시대의 보도에 관한 이 같은 유형을 보고자 하면 다음을 참조하시오. Churchill, W., My Early Life, Butterworth, London, 1930.

전쟁 보도의 황금기 : 1860-1910년의 기간

식민지를 상대로 한 전역(戰役)은 좋은 기사거리였다. 그러나 결과적으로 보면, 종군기자와 전쟁의 진정한 시험대는 미국의 남북전쟁(1861-65), 보불전쟁(1870), 수단전쟁(1898), 보어전쟁(1899-1902) 그리고 러일전쟁(1904-05)이었다. 아메리카 대륙의 경우를 보면, 이 시점에는 몇몇 소규모 분쟁뿐만 아니라 미국-스페인 전쟁(1898)이 있었다. 개개 경우에서 군은 국가 및 국제 사회의 여론의 동원뿐만 아니라 보안이란 매우 진지한 문제를 놓고 고민해야만 했다. 케이블통신, 사진 그리고 영상 촬영과 같은 새로운 형태의 과학기술로 무장한 특파원이 새롭고도 중요한 의미에서 우려의 대상이 되었다. 이들 문제와 관련해 군은 공식화되었을 뿐더러 보다 엄격해진 보도검열과 보도 접근 통제, 특파원들에게 제공되는 운송 및 지원 수준에 대한 통제 강화란 방식으로 대응하였다. 특히 군 통신에 대한 언론매체의 접근이 제한되었다.

'국방 보도의 황금기'[18]로 나이틀리(Knightley)가 지칭하고 있는 이 시기에는 전쟁 관련 내용을 다룬 신문들이 매우 잘 팔릴 것이란 확신 아래 신문 기자들이 군을 쫓아 전선으로 향하는 모습이 목격되었다. 규제의 강화에도 불구하고, 이들 신문은 여론을 지속적으로 좌우하였다. 1876년의 불가리아 폭동 당시 터키의 잔혹상을 폭로한 런던 데일리메일(London Daily Mail)의 맥가한(J.A. MacGahan)의 보도는 터키에 대한 국제사회의 비난을 조장하는 과정에서 주요 역할을 하였다. 1894년의 일본군에 의한 만주(滿洲) 침공 당시, 미국-스페인 전쟁

---

18) Knightley, op. cit.

으로 명성을 얻은 미국인 제임스 크릴먼(James Creelman)은 뤼순에서의 일본의 잔혹상을 매우 실감나게 묘사하였다. 그 결과, 그는 미국의 여론이 일본에 불리한 방향으로 돌아서는 과정에서 크게 기여하였다.[19]

그러나 중요한 부분은 그 후 발생하였다. 미국의 남북전쟁은 과학기술이 위력을 떨치기 시작한 최초의 경우였다.

미국의 남북전쟁

러셀은 미국의 남북전쟁을 취재한 수백 명에 달하던 기자들 중 단지 1명에 불과하였다. 그러나 그는 보도와 관련해 편향되지 않은 관점을 견지하고 있던 몇몇 안 되는 사람 중 한 명이었다. 또한 그는 반갑지 않은 형태의 뉴스를 맨 처음 보도함에 따른 관료(官僚)들의 불만을 감수해낸 선구자적인 사람이었다.

불런(Bull Run) 전투에 관해 러셀이 사실에 입각해 영국에서 보도한 내용이 미국으로 재차 전달되었는데, 주요 사례에 이 같은 보도에 대한 반응이 있다. 러셀의 취재를 칭송하면서 딜레인은 다음과 같이 언급한 바 있다. "내가 우려하는 유일한 부분은 이처럼 솔직하게 보도된 진실을 미국이 감당해낼 능력이 없을 것이란 점이다."[20] 러셀의 일기에 따르면 딜레인의 경고는 줄잡아 말한 것이었다. 비애국적인 보도로 생각되던 부분에 대해 북부의 곳곳에서 분노의 목소리가 들

---

19) Ibid., p. 57-8.
20) Cooke, E., *Delane of the Times*, Constable, London 1915, p. 84.

아브라함 링컨(1809-1865)
미국의 16대 대통령

려왔다. 러셀은 암살 위협을 받았으며, 러셀을 비방하는 글들이 곳곳에 게재되었다. 러셀은 '불런(Bull Run) 러셀'이란 별명을 얻었다.[21]

　군의 태도는 지휘관들에 따라 달랐다. 그러나 러셀과 러셀만큼 저명한 사진작가인 매슈 브래디(Matthew Brady)는 미국의 언론과 관련해 미국국민들이 견지하고 있던 불신(不信)을 보도하였다. 언론의 보도와 관련해 군이 주장하는 바에 타당성이 있는 듯 보였다.[22] 남북 모두의 언론매체가 보도하는 거짓 내용을 보며 러셀은 지속적으로 충격을 받았다.[23] 미국의 대부분 특파원들은 30세 미만의 연령이었

---

21) Russell, W., *My Diary. North and South*, Bradbury & Evan, London, 1863.
22) Chapman, op. cit., p. 130.
23) Ibid., p. 115.

으며, 형편없는 수준의 월급을 받고 있었다. 이들은 모든 희생을 감수해서라도 뉴스를 제공해주기를 희망하는 비양심적이고도 지나치게 요구하는 편집장들과 함께 일하고 있었다. 그러나 러셀은 자신이 목격한 사실을 지속적으로 보도하였다. 그 결과 그는 계속해서 선구자가 되었는데, 이번에는 "어느 누구도 환영하지 않는" 취재 기자란 측면에서 그러하였다. 사실에 입각한 그의 보도는 결과적으로 남북 모두가 그에 대한 취재 승인을 철회할 정도로 상대방을 곤혹스럽게 만들었다. 기자로서의 임무를 더 이상 수행할 수 없게 되어 러셀이 영국으로 귀환하게 된 것은 바로 그 시점이었다.

러셀이 아메리카 대륙을 떠난 직후인 1862년, 북군은 보도검열과 관련된 공식 체계를 정립하였다. 당시의 미국(북부)[24]의 전쟁장관 에드윈 스탠턴(Edwin M. Stanton)은 하퍼스 페리(Harpers Ferry)에서의 투항(1862년)에 관한 뉴스를 고의적으로 유보하였으며, 피터즈버그(Petersburg)에서 발생한 북군의 사상자(1864-1865년) 숫자를 바꾸었다. 뿐만 아니라 그는 그랜트(Grant) 장군이 입은 손실을 1/3 이하로 축소하였다. 당시 스탠턴은 언론매체 보도의 미래 유형의 정립이란 측면에서 일조하였다. 그는 또한 정부의 입장을 지지하지 않는 경우 북부 신문들의 발간을 중지시켰으며, 편집장들을 체포하고, 신문사 사주를 군법회의에 회부하겠다고 협박하였다. 급보(急報) 내용을 자신에게 주지 않는다며, 그는 한 특파원을 사살하라고 명령하기조차 하였다.[25]

---

24) 역자주 : 당시 미국은 북부와 남부로 나누어진 상태에서 전쟁을 벌이고 있었음.

25) Knightley, P., *The First Casualty*, Quartet, London, 1975, p. 27; 다음을 또한 보시오. Sims, R., *The Pentagon Reporters*, National defence University Press,

1864년, 스탠턴은 '전쟁소식(War Bulletins)'을 발행하였다. 이는 표면적으로는 뉴욕의 최고군사본부(Chief Military Authority)에서 발행하고 있었지만 AP 통신을 통해 배포되었다.26) 한편 자신들의 공훈(功勳) 보도를 통해 경력 측면에서 이득을 볼 목적에서 언론인들과 긴밀한 관계를 유지했던 몇몇 지휘관들로 인해 오늘날 우리에게 친숙한 나름의 유형이 정립되었다. 사건의 보도 방식에 이의를 제기한 사람도 없지 않았다. 미드(Meade) 대장은 늙은 말에 거꾸로 앉은 상태에서 한 언론인이 가슴에 '언론을 모욕한 사람'이란 표지를 달고서 '불량배의 행진(Rogue's March)'이란 노래에 맞추어 부대를 통과해 지나가도록 만들었다. 그 결과 미드는 남북전쟁의 잔여기간 동안 언론 집단으로부터 배척을 당했다.27)

미국의 남북전쟁 당시, 남북 모두는 자신들이 추구하던 대의를 음양으로 선전하는 등 언론을 통한 국제사회의 지지 확보를 위해 노력하였다.

북부 지역과 달리 풍부한 산업 자원(資源)을 보유하고 있지 않던 미국의 남부는 군수 측면에서 자신들이 직면하고 있던 문제를 영국이 해결해줄 수 있을 것으로 생각하였다. 자신들이 추구하는 대의에 여론이 유리한 방향으로 작용하도록 할 목적에서 남군은 영국의 언론을 매수할 목적의 첩보원을 파견해 나름의 효과를 보았다. 연방주의에 대항한 개개 주(州)의 권리란 문제에서 벗어나28), 당시의 문제

Washington DC, 1983, p. 3-5.
26) Ibid.
27) Ibid.
28) 역자주 : 미국의 남북전쟁은 아메리카 합중국으로부터 남부의 주들이 이탈하고자 했다는 점으로 인해 발생했음을 상기할 필요가 있음.

를 노예철폐란 훨씬 호소력 있는 사안으로 확대하는 방식으로 링컨은 대응하였다.[29]

남북전쟁 당시에는 여론 조작이란 측면에서 새롭고도 재미있는 발전이 있었다. 그러나 언론매체와 군의 관계란 측면에서 미국의 남북전쟁이 끼친 가장 큰 영향은 보도검열 유형의 공식화와 정치 및 군사적 측면에서의 간접 통제에 있었다. 신문의 발간과 배포란 측면에서의 지대한 발전과 더불어 통신과 사진이 발전을 거듭하면서 정보의 전파와 관련해 엄청난 능력이 조성되었는데, 전쟁 관련 보도에 대한 대중들의 열망 또한 이에 못지않았다.

보불전쟁

미국이 남북전쟁에 몰두해 있던 당시, 유럽의 열강들은 국가적 차원의 전쟁을 위해 훨씬 방대한 규모의 군사력을 동원하였다.

1870년, 공석 중에 있던 스페인 왕과 관련해 협상하던 도중 프로이센의 윌리엄(King William)이 자국 대사를 저능아로 취급했다는 점에 격분한 프랑스는 독일에 전쟁을 선포하였다. 당시의 전쟁을 프랑스는 '명예의 문제'로 간주한 반면, 프로이센의 재상인 비스마르크(Count Otto Von Bismark)는 나름의 기회로 생각하였다. 프로이센의 일반참모장 몰트케(Von Moltke)는 휘하 군을 동원했으며, 야전의 병사들을 지

---

29) Adams, E., *Great Britain and the Civil War*, Longmans Green, London, 1925. 다음을 또한 보시오. Andrews, J., *The North Reports the Civil War*, Pittsburgh University Press, 1955 and *The South Reports the Civil War*, Princeton University Press, 1970 by the same author.

원할 목적에서 철도 시스템을 구축하였다. 불과 18일 만에 프로이센은 100만 이상의 병력을 동원해 배치하였다. 당시의 전쟁을 목적으로 언론 또한 동원 체제에 돌입하였다. 당시의 전쟁에서 교전국들은 완벽한 형태의 프랑스의 보도검열에서 시작해 교묘한 방식으로 언론을 이용(Exploitation)[30] 및 조종하던 독일의 방식에 이르기까지 다양한 형태의 언론관리 전략을 적용하였다.

프랑스 황제인 나폴레옹 3세는 휘하 군을 외국의 특파원이 동행하지 못하도록 하였는데, 이는 현명치 못한 처사였다. 러셀에 따르면, 이 같은 현상이 발생하게 된 것은 부분적으로는 프랑스의 특파원이 탐지할 수 없거나 보도를 꺼려하는 부분을 중립적 성격의 관찰자들이 식별해낼 가능성이 있다는 점 때문이었다.[31]

반면에 비스마르크는 자국에 우호적인 언론의 가치를 인지하고 있었다. 그 결과 가장 저명한 언론인인 러셀과 아치볼드 포브스(Archibald Forbes)가 독일군을 동행하였다. 포브스는 전보통신(Telegraphic Communication)을 조직하고, 사건 발발 24시간 이내에 영국에서 사건을 보도하는 등 나름의 표준을 정립하였다. 아마추어로서 명성을 날리고 있던 또 다른 영국의 기자인 라부셰어(Labouchere)는 열풍선을 이용해 공중을 통해 보도 내용을 전달하였다. 이들 모두는 미래의 언론매체가 나아갈 방향을 보여주고 있었다. 그러나 이 점을 제외하면 당시 터득해야 할 교훈은 거의 없었다. 프랑스의 언론은 낙관적인 보도만을 수용하는 주전론(主戰論)적이고도 애국적인 분위기로 인해 제약을 받았다.

---

30) 역자주 : 좋지 못한 의미로의 이용을 의미.
31) Russell, W., *My Diary during the Last Great War*, Routledge, London, 1874, p. 138.

비스마르크(1815-1898)

그러나 지속적이고도 신속한 자국의 승리를 보도하면서 독일의 언론은 검열이 거의 필요치 않았다.

당시 러셀은 프로이센 왕과 나폴레옹 간의 회합에 관해 크라운 왕자(Crown Prince)와 인터뷰한 바 있다. 당시의 전쟁을 통해 얻을 수 있는 가장 중요한 교훈은 비스마르크가 이 같은 인터뷰를 전적으로 부인한 방식이다. 그 후 비스마르크는 자신이 사실을 제대로 알고 있지 못했음을 인정하였다. 그럼에도 불구하고, 독일의 국익(國益)으로 인해 정확한 보도와 관련된 러셀의 명성(名聲)이 손상되었다. 당시 러셀은 입을 꾹 다물고 있을 수밖에 없었다. 왜냐하면 그렇지 않은 경우 자신의 정보 출처가 노출될 수밖에 없기 때문이었다. 그 후 러셀의 말이 옳았음이 입증되었다. 그러나 진실은 너무나 늦은 시점에 밝혀졌다. 언론매체가 보다 국제화되면서 이는 그 후 지속적으로 반복된 기만(欺瞞 : Deception)의 공식 유형이 되었다.[32]

수단

키치너(Kitchener)가 수단으로 파견된 1898년 당시, 특파원에 대한 군의 태도는 경직되어 있었다. 그런데 이는 언론의 위력을 군이 분명히 이해하고 있음을 보여주는 부분이다. 키치너는 엄격한 형태의 보도검열을 강요하였다. 그는 자신을 수행하고 있던 26명의 특파원들에게 하루에 200단어 분량의 전보만을 보도할 수 있도록 하였다.

'만취한 얼간이'로 지칭하는 등, 그는 기자들을 철저히 경멸하였다. 그는 기자들을 지원하지 않을 뿐더러 이들에게 정보를 전혀 제공해주지 않는다는 전략을 고수하였다. 런던타임스의 편집장이 영국정부에 항의한 이후에나 작전지역 안에서 특파원들이 부대를 동행할 수 있었다.[33] 그러나 이들 난관에도 불구하고, 당시 언론매체와 군의 갈등은 죽창에 대항한 기관단총의 승리와 다름이 없었다. 또한 당시의 갈등은 주전론(主戰論 : Jingoism)이 보도 과정에서 길잡이가 되었던 구시대 제국주의 전쟁의 마지막 사례였다.

---

32) Chapman, op. cit., p. 155.
33) Royle, op. cit., p. 45. 다음을 또한 보시오., Steevens, G., *With Kitchener to Khartoum*, Blackwood, London, 1898.

수단에서의 분쟁 이후, 언론과 군의 갈등은 훨씬 심각한 게임이 되었다. 언론은 통제될 수 있었다. 또한 언론의 여론 조성 능력이 교묘한 방식으로 이용될 수도 있었다. 이제 특파원은 국제사회의 지지를 얻기 위한 정책의 연장(延長)으로 간주되었을 뿐더러 이처럼 사용되었다.

보어전쟁(Boer War)

남아프리카의 보어공화국(Boer Republic)을 진압할 목적에서 1899년 10월, 영국의 레드버스 불러(Redvers Buller) 대장은 두노타르(Dunottar) 성곽을 공격하였다. 당시 그는 다수의 저명한 특파원을 대동하였다. 전역(戰役)이 절정에 달할 시점에는 영국·미국 및 유럽의 신문을 대변하는 300명 이상의 언론인이 야전에 있었다. 한때 런던타임스는 20명의 기자를 야전에 배치하였다.34) 또한 당시의 전역(戰役)에는 신문 사진작가들이 참여하였다. 영국 최초로, 불러 대장은 전쟁 영화 촬영 기사를 대동하였다. 전쟁의 실상이 뉴스 영화의 형태로 조기에 방영되었고, 부상자를 돌보는 도중 영국의 적십자 요원이 적으로부터 공격받은 사건이 방영되자 많은 사람들이 열광하였다. 그 후, 당시의 전쟁 관련 뉴스 영화는 대중의 지지를 조장할 목적에서 영국정부가 지원하고, 돈을 받은 배우들이 연출한 허위 보도임이 밝혀졌다. 그 후 각국 정부는 선전을 목적으로 이 같은 언론매체를 지속적으로 이용했는데, 당시는 이 같은 유형을 보여준 최초의 경우였다.35)

---

34) Royle, op. cit., p. 85.

1900년 1월, 불러의 후임으로 임명된 로버트(Roberts)는 일련의 정규 브리핑과 공식 발표를 제정하였다. 그는 또한 군의 전보(電報)에 접근하는 순간, 언론매체에 엄격한 형태의 보도검열을 강요하였다. 로버트가 올바로 지적한 바처럼, 부대의 배치·의도 또는 사기(士氣)와 같은 요인들에 관한 정보는 1시간 이내에 유럽의 수도(首都)로 되돌아가서 보어(Boer)와 같은 정교한 적(敵)에 귀중한 정보가 될 수 있었다. 특히, 영국에 대해 적대 감정을 견지하고 있었다는 점에서 프랑스와 독일이 이 같은 정보를 지속적으로 전달해줄 것임이 분명하였다.

대규모 차원에서 보도 검열한 당시의 경우로 인해 그 후의 군사적 성향(이는 우려의 대상이었다.)이 정립되었다. 다음과 같이 불만을 토로하면서 데일리메일의 에드거 월리스(Edgar Wallace)는 당시의 문제를 요약하고 있다.

상황이 예외적으로 낙관적이라고 타전(打電)하는 경우, 검열관이 여기에 대해 이의를 제기할 것으로 여러분은 생각하십니까? 주변이 보어인들로 가득 차있으며, 반군들이 보어 의용군에 합류하고 있다는 진실을 타전하고자 하는 경우 검열관이 이것을 통과시켜 줄 것으로 여러분은 생각하십니까? 아마도 3주도 되지 않아 나는 키치너에 의해 크게 처벌받게 될 것이며, 보다 많이 검열 받게 될 것입니다.[36]

보도검열을 강요했을 뿐더러 군은 특파원들이 지휘관의 마음에 드

---

35) Ibid.
36) Wallace, E., *Unofficial Dispatches*, Hutchinson, London, 1901, p. 89.

보어전쟁

는 형태의 원고를 작성하도록 분위기를 조성하였다. 마페킹(Mafeking)
에서의 지휘관이던 바덴 파월(Baden Powell)은 언론인들이 포위된 도
시에 들어가도 좋다고 허용하였다. 그러나 대영제국의 병사들이 용감
히 저항하고 있다는 자신의 주장에 위배되는 형태의 소문에 관해 보
도할지 모른다며, 그는 이들이 자유롭게 행동하지 못하도록 하였다.
그가 특히 감추고자 하였던 부분은 흑인 주민들에게 아사(餓死) 수준
의 식량을 제공하고 있다는 점이었다. 보다 많은 식량을 받고자 하는
경우 이들은 보어 반군들과 격렬히 전투해야만 하였다. 은밀히 유출
된 자료를 이용해 런던타임스의 해밀턴(Hamilton)이 이 같은 사실을
보도했을 당시, 런던타임스는 대중으로부터 거의 열광적인 지지를 얻
고 있던 파월의 명성(名聲)에 보도 내용이 위배된다며 발간을 거부하
였다. 언론은 대중이 기대하는 바를 그대로 반영해 보도하는 수준을

감히 넘지 못했다. 이 점에서 보면, 당시의 사건은 언론의 한계를 보여준 완벽한 경우였다.37)

당시의 분쟁을 보어인들은 인기가 없는 반란 유형의 지연전(遲延戰)으로 몰고 갔다. 그 결과 보어전쟁 당시, 영국 내부에서는 주전론(主戰論)·애국심·반문 및 의문과 같은 냉소적 유형38)이 차례로 전개되었다. 이 점에서 보면, 보어전쟁은 향후 있게 될 베트남전쟁의 모습을 보여준 사건으로 생각될 수 있다.39) 키치너는 보도검열을 보다 강화하고, 전쟁 수행과 관련해 군인들이 특파원과 논의하지 못하도록 하는 방식으로 반응하였다. 그러나 1901년 초반에는 보어인들의 처리란 문제를 놓고 벌어진 군의 좌절과 대중의 우려로 인해 협상을 통해 문제를 해결하라는 호소가 있었다. 협상은 1902년 4월에 시작되었다. 당시의 협상과 관련해 키치너가 '보안의 장막'을 씌움에 따라 군과 언론의 관계는 붕괴 직전의 상태가 되었다. 평화회담의 결과를 알릴 목적에서 월리스(Wallace)가 밀고자(密告者)와 '시각 신호(Signal Code)'를 사용할 당시에나 협상의 성공 가능성이 외부로 알려졌다.

그 결과 여타 신문에 앞서서 월리스와 데일리메일은 당시의 상황을 세상에 알릴 수 있었다. 여기에 대한 응징으로 키치너는 월리스가

---

37) Royle, op. cit., p. 88. 다음을 또한 보시오. Churchill, W., *London to Ladysmith Via Pretoria*, Longman, London, 1900.
38) 역자주 : 분쟁 초반의 강경 외교정책 내지는 맹목적인 애국심이 분쟁이 장기화되면서 애국심으로, 다음에 분쟁의 의미에 대해 반문해보게 되며, 결과적으로 분쟁에 의문을 제기하게 된다.
39) Thayer, C., 'Vietnam : A critical analysis', International Conference on Defence and the Media in Time of Limited Conflict, Brisbane, April 1991. 다음을 또한 보시오. Young, P.R. (ed.), *Defence and the Media in Time of Limited War*, Frank Cass, London, 1992.

더 이상 취재하지 못하도록 하였다. 결과적으로 제1차 세계대전을 보도하지 못하게 되는 등, 이는 그의 입장에서 보면 평생 지속된 보도 금지와 다름이 없었다.[40]

보어전쟁은 당시 진행되고 있던 유형을 보다 촉진시킨 사건이었다. 여기서 말하는 당시의 유형은 군의 기대에 부응하지 않는 언론인들에 대한 통신 수단 통제, 보도검열 과정에서의 군의 성향 강요, 그리고 응징 수단을 통한 엄격한 형태의 보도검열을 의미하였다. 당시 본국의 편집장들은 여론에 어긋나는 방향으로 감히 행동하고자 하지 않았다. 이들 편집장과 결합되면서 언론매체 측면에서의 이들 제약 사항은 거의 극복할 수 없는 형태가 되었다. 당시 진행되고 있던 상황이란 측면에서 결여된 부분이 있었다면, 이는 역정보[41]와 오보(誤報 : Misinformation)였다. 그러나 이는 그 후 등장할 예정이었다.

러일전쟁

'전쟁 보도의 황금기'는 만주 영유권을 놓고 일본이 러시아의 막강한 세력에 도전한 1904년에 종료되었다. 취재 승인을 얻기 위해 100명 이상의 특파원들이 도쿄에서 신청서를 제출하였다. 자유롭게 보도할 수 있는 신문이 없었다는 점으로 인해 일본은 이 문제에 관한 해법을 알지 못했다. 일본은 그 후 세계적으로 뿌리를 내린 계략인 '언

---

40) Royle, op. cit., p. 105.
41) 역자주 : 적의 첩보망을 속일 목적의 그릇된 정보를 의미. 영어로는 dis-
    information으로 표기.

기 어려운 형태의 비자(Elusive visa)'를 발급하는 방식으로 여기에 대응하였다.

개개 특파원을 대신해 몇몇 국가의 대사들이 비자를 신청해야만 했다는 점에서 당시 비자 발급과 관련된 문제는 외교적 성격이 되었다. 그 후 이들 비자 신청서는 일본의 관료제도 안에서 쉽게 분실되었다. 이 같은 조치로 인해 당시의 전쟁을 20명 미만의 외국 특파원들이 취재하였다. 여타 분쟁에서는 애국심이란 요소가 국가적 차원의 취재를 방해하였다. 이 같은 애국심으로 인해 제약 받은 것은 사실이지만, 일본 신문의 많은 특파원이 당시의 전쟁을 취재하였다.

외국의 특파원들에게서 목격되는 문화적 차이는 제쳐놓고라도, 일본은 대부분의 언론인을 스파이로 의심하였다. 나이틀리(Knightly)가 지적하고 있는 바처럼, 일부 사람들이 언론인에서 정부 요원으로 쉽게 신분을 바꾸었는데, 이는 오늘날에도 마찬가지다. 이 점이 이 같은 의혹에 어느 정도 타당성을 부여해주었다.42) 또한 러일전쟁은 인류 최초로 라디오, 즉 무선통신의 가치가 과시된 경우였다. 런던타임스의 라이어넬 제임스(Lionel James)는 전세 요트 위에 무선 전송기를 비밀리에 설치하였다. 일본의 정보기관을 위한 사용을 전제(前提)로 하고 있던 것으로 몇몇 사람들이 믿고 있는 공식 인가로 인해, 그는 당시 전쟁의 해전(海戰)에 관해 성공적으로 보도하였다. 그러나 일본은 해안의 통신 링크(Link)를 통제하였으며, 자신들이 원하던 모두를 얻게 되자 제임스가 더 이상 방송하지 못하도록 하였다.43) 이처럼 최초로

---

42) *The Spectator*, 24 September 1904 (library : RMA Sandhurst, UK). 다음을 또한 보시오. Knightley, op. cit., p. 65.
43) Furneaux, R., *The First War Correspondent*, Cassell, London, 1944, p. 197, 다음을 또한 보시오. *News of War*, London, 1964 by the same author.

러일전쟁 당시 여순 일대를 공
격하는 일본군

무선통신을 사용했다는 점 외에, 군사적 관점에서 터득한 가장 큰 교
훈은 사건 취재 목적의 접근을 완벽히 또는 거의 완벽한 형태로 거부
함이 효과적이란 점이다. 당시 터득한 또 다른 교훈은 지리적으로 제
한된 형태의 전장(戰場)의 시대가 종료되었다는 점이다. 일본은 150킬
로미터 이상의 전선(戰線)에서 전쟁을 수행하였다. 이들 거리로 인해
종군기자의 입장에서 새로운 유형의 시련이 제기되었다. 통신 측면에
서 의존하고 있는 바와 마찬가지로 향후에는 운송 측면에서 언론인들
이 군에 의존해야 할 상황이었다. 그 결과 런던에 남아있는 상태에서
제1차 세계대전을 상세 취재한 찰스 레핑턴(Charles a'Court Repington)
과 같은 신종의 특파원이 출현하게 되었다. 이 같은 새로운 역할에 관
해 논평하면서 레핑턴은 다음과 같이 기술하였다.

전선(戰線)에서 러셀과 같은 사람이 보여준 기교를 반복하고자 노력하
는 예전의 종군기자와 비교해 런던의 신경 중추부에 있는 사람이 보
다 유용한 업무를 수행할 수 있음을 처음부터 나는 알고 있었습니다.
언론의 입에 재갈을 물릴 목적에서 모든 군에 정립되어 있는 규제 사

항으로 인해, 이들 언론인은 항상 감시 받을 뿐더러 진실을 말하는 경우 감옥에 갈 것이란 점을 나는 알고 있었습니다. 반면에 런던에서 나는 나를 통제할 보도검열이 거의 존재하지 않는 상태에서 나의 의중을 말할 수 있었습니다.44)

레핑턴은 이들 판단이 근거해야 할 공보(公報 : Public Information)에 대한 완벽한 통제를 예견하지 못했다는 점을 제외하면 모든 점에서 옳았다. 공보의 완벽한 통제는 당시로부터 75년 이상의 기간이 지난 1991년의 걸프전에서 과시되었다. 그러나 전쟁 수행에 관한 그의 명쾌한 분석은 전선에 있던 사람들에 의한 제한된 보도를 훨씬 능가하는 형태의 것이었다.

외국 특파원의 취재를 배제한다는 일본의 정책은 이탈리아의 종군기자인 루이지 바지니(Luigi Barzini)와 2명의 기자만이 당시의 전쟁을 마지막까지 목격할 수 있었다는 점에서 성공적이었다. 이들 중 일본군 사령부 밖에서 이동을 허락 받은 사람은 바지니뿐이었다. 바지니 또한 무관(武官)의 호위가 있을 때만 밖으로 나갈 수 있었다.45)

여타 국가들과 함께 영국은 러일전쟁에 몇몇 군사 관찰단을 파견하였다. 취재를 거부하는 방식으로 보도를 검열한다는 일본의 정책뿐만 아니라 이 같은 정책으로 인해 지휘관이 누렸던 '행동의 자유'를 영국인들은 즉각 인지하였다. 러일전쟁 이후의 일대 시련인 제1차 세계대전 당시의 영국의 정책을 구상하는 과정에서 러일전쟁 당시의 일본의 언론정책이 지대한 역할을 하였다.46)

---

44) a'Court Repington, C., *Vestigia*, Constable, London, 1919, p. 253.
45) Ibid.

제1차 세계대전 : 지나칠 정도의 애국심

회고해보면, 제1차 세계대전은 전쟁에 참전했던 사람들이 보여준 용맹성과 희생정신을 제외하면 권고할만한 부분이 거의 없다. 제1차 세계대전은 대규모 차원에서 잘못 관리된 도살 행위와 다름이 없었다. 그러나 애국심이란 미명 아래 신문과 영화를 포함한 언론매체 모두가 수행한 행위로 인해 당시의 전쟁 목표와 전쟁 수행뿐만 아니라 전쟁에서 사망한 사람들의 숫자를 본국 국민은 거의 알 수 없었다. 나이틀리(Knightley)가 말하고 있는 바처럼, 이 같은 결과와 관련해 종군기자들이 가장 많이 비난받아야 할 것이다.

어느 누구보다도 종군기자들은 유럽의 서부전선(西部戰線)에서 진행되고 있던 소모전(消耗戰)의 본질에 관해 잘 알 수 있는 입장이었다. 그러나 이들은 야전의 군인들과 자신을 철저히 동일시하였다. 이들은 비난받지 않도록 최고사령부를 보호했으며, 참호에서의 생활을 멋지게 기술하였다. 또한 이들은 참호전에서 목격되던 대량 살상과 관련해 침묵으로 일관했으며, 자진해 선전 도구로 기능하였다.47)

이 같은 비난과 관련해 변명의 여지가 없지 않다. 왜냐하면, 전시(戰時) 언론을 규제(規制 : Restriction)해야 한다는 목소리가 얼마 동안 있었기 때문이다. 1904년 11월, 영국의 전쟁장관 아널드 포스터(Arnold-Foster)는 러일전쟁 당시의 경험에 근거해 몇몇 유형의 언론

---

46) Ibid.
47) Knightley, op. cit., p. 65.

관련 규제를 예견하였다.48) 그 후 제국국방위원회(Committee of Imperial Defense) 회합에서의 '전시 또는 위협 당시의 언론에 대한 통제 (Control of the Press in Time of War or Threat)'란 명칭의 육군성(War Office)의 메모에는 전시 또는 국가 위기시 군사문제의 보도를 규제하기 위한 계획이 언급되어 있었다. 그 결과 1912년에는 합동군사공보위원회(Joint Military Press Committee)가 도입되었다. 제1차 세계대전이 발발한 1914년 이후에는 전쟁공보국(War Press Bureau)이 설립되었는데, 이곳의 수장(首長)은 스미스(F.E. Smith)였다.49)

그러나 언론매체 관리를 위한 전쟁성의 계획은 특파원들에 대해 확고한 입장을 견지하고 있던 키치너가 영국육군을 지휘하게 되면서 유명무실해졌다. 키치너가 내린 최초의 명령은 언론매체의 취재를 철저히 배제(排除 : Exclusion)하고 있는 프랑스의 정책을 따르라는 것이었다. 그는 모든 특파원들의 철수를 명령하였다. 그 결과 단 1명의 언론인도 있지 않은 상태에서 영국원정군(BEF : British Expeditionary Force)이 프랑스에 배치되었다.50)

키치너의 명령으로 인해 야전의 모든 특파원이 체포되어 여권이 취소되었다. 결과적으로, 제1차 세계대전 발발 이후 몇 주 동안 군과 무관하게 독자적으로 취재한 영국인은 런던타임스의 아서 무어(Arthur Moore)와 데일리메일의 해밀턴 파이퍼(Hamilton Fyfe)였는데, 이들은 프랑스에서 세르비아를 향해 이동하고 있었다. 이들 특파원 모두는 분쟁 초반의 진행 과정을 목격할 수 있었다. 영국군이 입은 엄청난 수준의

---

48) Bray, M., *The Relationship between the Government and the Media in Time of War*, Unpublished Thesis, Downing College, Cambridge, 1984, p. 10.
49) Royle, op. cit., p. 115. 다음을 또한 보시오. Bray, op. cit., p. 11.
50) Royle, op. cit., p. 119.

제1차 세계대전 당시 영국과
독일의 선전 포스터

인명 손실에 관한 무어의 정확한 보도는 '역부족 상태에서 싸우는 영
국군 연대(聯隊)의 붕괴(Broken British Regiments Battling Against Odds)'란
표제의 기사로 그리고 이것의 일부 내용을 파이퍼가 재차 정리한 "노
도(怒濤)와 같은 독일군의 진격으로 인해 우리의 병사가 압도되고 있
다.(German Tidal Wave, Our Soldier Overwhelmed)"란 표제의 기사로 타임
스(Times)에 게재되었다.[51] '아미앵 급보(Amiens Dispatch)'로 알려진 당
시의 보도를 키치너는 즉각 부인하였다. 또한 타임스는 부정확하고도
비애국적인 내용의 전쟁 뉴스를 보도했다며, 영국의 여타 선도적 신문
들로부터 비난을 받았다. 그러나 이들 두 표제의 글은 런던의 검열관
이 보도를 허락한 것이었다. 당시의 검열관은 타임스가 삭제한 것들의
많은 부분을 재차 포함시켰는데, 이는 경고 성격의 폭로성 기사가 병
력 동원(動員)에 도움이 될 것이란 믿음 때문이었다. 이 점이 어느 정
도 타임스를 변호해주었다. 그러나 이미 보도에 따른 피해가 야기되었

---

51) *The Times : Past Present and Future*, (The History of The Times), *The Times*
(London), 1952.

으며, 얼마 동안 '언론의 자유'가 경각에 달려있는 형국이 되었다.

문제를 해결할 목적에서 영국정부는 어니스트 스윈턴(Ernest Swinton) 대령을 프랑스에서 눈으로 직접 확인해 사건을 취재하는 관리(官吏), 즉 '목격자(Eyewitness)'로 임명하고는 그가 작성한 기사를 신문이 사용토록 하였다. 신문에 보도될 내용은 정보 부서의 수장(首長), 특정 부분에 관여하고 있던 다양한 형태의 장군급 장교가 그리고 몇몇 증언에 따르면 키치너 자신이 심사하였다.[52] 전쟁화보뉴스(Illustrated War News) 및 세계대전(The Great War)과 같은 주간지들은 사진·삽화 및 지도(地圖)를 효과적으로 이용해 적에 대항한 연합군의 전쟁 관련 노력을 미화했을 뿐더러 선전하였다.[53]

1915년 중반까지 지속된 무단 삭제된 그리고 비밀 내용이 삭제된 형태의 '목격자'의 목격에 근거한 보도는 신문사뿐만 아니라 대중도 만족시켜주지 못했다. 그런데 이 같은 일이 있게 된 주요 이유는 분쟁 지역으로부터 멀리 떨어진 지역에서 추론에 근거해 기사를 쓰는 특파원으로 일하던 레핑턴이 당시의 상황을 지속적으로 꿰뚫어보고 있었기 때문이었다. 레핑턴이 탄약 부족과 같은 충격적인 사안을 밝혀냈다는 점으로 인해 타임지가 공개적으로 소각(燒却)되었을 뿐더러 '독일군의 동지(Ally of the Hun)'[54]로 비방하는 플래카드가 타임지를

---

52) 이 시대에 관한 배경 지식을 얻고자 하면 다음을 참조하시오. Swinton, E., 'Eyewitness', Hodder & Stoughton, London, 1923; 다음을 또한 보시오. Knightley, op. cit., p. 70.

53) 예를 들면 다음을 보시오. The Illustrated War News, Part 32, 17 March 1915. 논문에서는 자신의 머리 위에서 탄환이 작열하는 가운데 미소를 지으며 농담하는 캐나다 소년을 최초로 언급하고 있다. 여기서는 또한 프랑스의 참호를 겨냥해 독일군이 화염을 유발하는 액체를 살포하는 비윤리적인 모습을 지칭하고 있다.

둘러쌓았다. 그러나 레핑턴의 통찰력이 옳았음을 보여주는 것이지만, 뉴스 부족에 관해 대중이 불안해하고 있으며, 관료의 현지 확인에 근거한 보도가 만족스럽지 않다는 점으로 인해 보다 적극적이고도 독자적인 보도를 요구하며 언론인과 정치적으로 영향력 있는 신문사들이 점차 압력을 가하는 상황이 벌어졌다. 1915년 4월, 데일리크로니클(Daily Chronicle)의 필립 기브스(Phillip Gibbs)는 다음과 같이 기술하였다.

인간의 심리에 관해 엄청날 정도로 우둔한 우리의 최고사령부조차 보다 많은 뉴스에 관한 국민의 열망을 잠재울 목적에서 군과 함께 몇몇 취재 기자들을 야전에 파견하고는 가장 엄격한 방식으로 보도검열하면 된다고 생각하였다.[55]

'언론의 자유'를 보다 많이 보장해야 한다는 이 같은 압력으로 인해 1915년 5월부터 제1차 세계대전이 종료될 시점까지, 특파원들은 플랑드르(Flanders), 중동(中東) 및 갈리폴리(Gallipoli)에 있던 영국군에 배속되었다. 이들 집단에는 사진기사, 종군 작가, 특히 채플린(Chaplin) 시대에 점차 중요한 역할을 수행하게 될 영화 제작자가 포함되어 있었다.

한편 이 같은 취재 접근에 대항해 언론매체에 대한 정부의 통제는 높아져만 갔다. 1917년에는 비버부룩(Beaverbrook) 휘하에 공보부(Min-

54) Royle, op. cit., p. 131. 다음을 또한 보시오. a'Court Repington, C., *The First World War*, Constable, London, 1921.
55) Gibbs, P., *Realities of War*, Heinemann, London, 1920, p. 27.

istry of Information)가 설치되었다. 다음해에는 '적 선전성(Department of Enemy Propaganda)'이란 공보부의 경쟁 조직이 노스클리프(Northcliffe) 휘하에 설립되었다.56) 그러나 제1차 세계대전 당시의 분위기로 인해 언론매체에 대한 통제는 대부분 필요치 않았다. 왜냐하면, 엄청난 수준의 애국심과 사명감을 견지하고 있었다는 점으로 인해 야전의 언론매체들이 정부의 전쟁 목표 달성을 위해 진력했기 때문이었다. 제1차 세계대전 이후 발간된 회고록에서 기브스(Gibbs)는 당시의 상황을 다음과 같이 설명하였다.

우리는 우리 자신을 야전의 군인들과 전적으로 동일시하였다.……우리는 특종 기사를 발굴해내겠다는 생각, 우리의 장교 및 병사들의 과업을 보다 어렵게 하거나 위태롭게 만들 수 있는 부분을 보도하겠다는 생각을 마음속에서 완전히 떨쳐버렸다. 우리가 작성한 내용과 관련해 보도검열은 필요치 않았다. 우리는 스스로가 검열관이었다.57)

잘못된 계획수립과 그에 따른 대량 살상은 제1차 세계대전을 특징지은 징표인데, 이 같은 언론인들의 태도로 인해 영국과 프랑스 국민들은 전쟁의 실상을 제대로 알 수 없었다. 특파원들은 사실을 보도하지 않았다. 뿐만 아니라 이들은 주로 선전 활동에 그리고 전쟁의 진정한 모습에 관한 소식이 대중에 전달되지 않도록 하기 위한 대규모 음모에 기꺼이 가담하였다. 당시의 전쟁 관련 노력을 가장 먼저 시작

---

56) 이들 조직의 발전 배경과 이들 조직 간의 격렬한 경쟁의식에 관해 알고자 하면 다음을 참조하시오 Ferris, P., *The House of Northcliffe*, Weidenfeld Nicolson, London, 1972.
57) Gibbs, P., op. cit., p. 179.

한 독일의 경우도 상황은 마찬가지였다. 이들 정부가 추구한 목표는 상대방 적을 겨냥한 증오심 조장이었다. 상대방을 악마로 만들기 위한 초기 작업은 주로 잔혹한 이야기에 근거하고 있었는데, 이들 이야기의 대부분은 그 후 터무니없는 것으로 판명되었다.

전쟁 당사국들은 자국 국민이 전쟁에 관해 전혀 알지 못하도록 하는 한편, 자신들이 주장하는 대의와 관련해 해외의 언론매체를 통해 투쟁할 목적의 공세에 돌입했는데, 이들의 주요 공략 대상은 미국이었다. 독일은 미국이 지속적으로 중립을 유지하거나 독일의 편에서 전쟁에 개입해주기를 희망하였다. 미국 내부의 많은 독일계 국민들을 교묘히 이용했음에도 불구하고, 독일은 영국의 비밀경찰이 언론매체를 놓고 전개한 전역(戰役)으로 인해 미국을 자국에 도움이 되도록 만들지 못했다. 미국의 상선(商船) 루지에나 호를 독일군 잠수함이 침몰시킨 것과 같은 특정 요인들이 없지 않았다. 그러나 런던에서 3개의 미국신문을 대변하고 있던 프레더릭 팔머(Frederick Palmer)에 따르면, 미국이 제1차 세계대전에 돌입하게 된 것은 미국의 언론매체 내부에서 영국이 전개한 노력 때문이었다.58)

또한 자신의 주장을 굽히고자 하지 않던 몇몇 비평가들이 있었는데, 오스트레일리아의 키스 머독(Keith Murdoch)과 공식 전쟁역사가인 빈(C.E.W. Bean)이 대표적이었다. 애국심에 근거한 나름의 압력에도 불구하고, 이들은 상황을 정확히 보도하였다. 이들에 의한 보도는 갈리폴리의 상황에 관해 오스트레일리아의 국민과 정부가 관심을 갖도록 하는 과정에서 주요 역할을 하였다. 그러나 이들의 보도는 자국 국민의 복지 내지는 자국 군에 대한 지원 수준과 자국 군의 작전 수

---

58) Gibbs, P., *Adventures in Journalism*, Heinemann, London, 1923, p. 179.

행에 관한 것이었다.59) 일단 발등에 불이 붙자 미국인 또한 훨씬 비판적인 방식으로 접근하였다. 그러나 이 경우 또한 자국 전력의 용맹성을 찬양하고 전반적인 전쟁 목표를 옹호하였다는 점에서 일반적으로 비판의 수준은 제한적이었다.

타임스에 정기 연재되는 '군사 상황(The Military Situation)'이란 제목의 칼럼에서 영국의 레핑턴은 '언론의 자유'에 관한 보다 폭넓은 사안뿐만 아니라 제대로 정보를 받아보는 대중의 필요성을 언급하였다. 그 역시 이처럼 몇몇 되지 않은 비평가 중 한 사람이었다. "보도 검열로 인한 국민의 무지(無知)는 상상할 수 없을 정도로 심각한 수준이다."60)고 그는 언급하였다. 5백만에 달하는 프랑스군이 손실되고, 6만의 영국군이 1시간 만에 파찬달레(Paschaendale)에서 전사했으며, 3백만의 독일군이 사망했음에도 불구하고, 언론에 의해 면밀한 방식으로 무지가 조장되었을 뿐더러 보호되었다. 언론매체들에 의한 무비판적이고도 애국심 차원에서의 지원은 당시 너무나 고착되어 있었다. 언론인과 정치인들은 이 같은 경향에 너무나 깊이 빠져 있었다. 그 결과 이들은 한 걸음도 뒤로 물러설 수 없는 입장이었다. 1917년 12월, 영국수상 로이드 조지(Lloyd George)는 다음과 같이 언급하였다. "국민이 진정 상황을 알고 있다면, 제1차 세계대전은 다음날 종료될 것이다. 그러나 이들은 전쟁의 실상에 관해 알고 있지 못하며, 알 수 없는 실정이다. 특파원들이 사실을 기고하지 않고 있으며, 검열관들

---

59) Serle, G., *John Monash, A Biography*, Melbourne University Press, Melbourne, 1982, p. 247. 다음을 또한 보시오. Bean, C., *The Story of ANZAC*, vol. 11, Angus & Robertson, Sydney, 1935, p. 781-4; ad Rhodes-james, R., *Gallipoli*, Pan Books, London, 1984, p. 312-5.
60) Royle, op. cit., p. 138.

이 사실의 보도를 용납하지 않을 것이다."61) 그러나 보도 검열관들의 눈을 피해 전선(戰線)에서 온 편지들은 보다 생생한 모습을 묘사하고 있었다. 제1차 세계대전 당시 전사(戰死)한 잭 와츠(Jack Watts)는 1916년 5월 30일, 자신의 누이에게 다음과 같은 내용의 편지를 보냈다.

아마도 누이는 믿지 못할 것입니다.……그러나 영국으로 호송될 정도의 상처를 입은 병사들은 매우 운이 좋은 사람입니다. 이곳은 지옥입니다. 얼마 지나지 않아 상황이 보다 악화될 것입니다. 따라서 부상을 입은 행복에 찬 영웅들에 관한 신문 기사를 읽을 당시 누이는 그 이유를 이해할 수 있을 것입니다. 당분간 참호로 돌아갈 필요가 없다는 점에서 이들은 행복합니다.62)

전선에 있던 수백만의 병사들은 전쟁의 실상에 관해 잘 알고 있었다. 그러나 이들조차 당시의 실상에 관해 가족들에게 설명하기가 쉽지 않았는데, 이 점이 가장 큰 비극이었다.63)

당시의 분쟁을 통해 터득해야 할 주요 교훈은 애국적 성격의 전쟁으로 지칭될 수 있는 전쟁에 대한 정치적 술수(術數)와 대중의 기대가 결합되는 경우 언론매체는 대부분 무기력해진다는 점이다. 분명히 말하지만, 국가 및 개인의 생존이란 최우선적인 국익을 지원할 목적에서 '언론의 자유'를 포함한 개인의 권리를 포기하는 일은 예전의

61) *The Times : Past Present and Future*, (The History of The Times), *The Times* (London), 1952, vol. 2, p. 345.
62) 저자가 소장하고 있는 개인 편지들
63) 제1차 세계대전 참전용사인 Mr G.W. Young. MM..MC과의 1970년 3월의 인터뷰 내용임.

사회계약 조건 아래서의 프랑스 그리고 그 후 독일의 경우 타당성이 있었다. 그러나 영국에서 있었던, 특히 제1차 세계대전 초반에 있었던 진실 은폐 과정에서의 규제와 공모(共謀)의 수준은 받아들이기가 쉽지 않다. 시청자의 입장에서 뉴스는 수용 가능한 형태여야 하는데, 이는 '언론의 자유'가 갖는 한계다. 이 같은 점을 우리는 제1차 세계대전을 통해 절감하였다. 그런데, 당시 시청자의 일반적인 정서(情緖)는 애국심에 기반을 둔 낙관론이었다. 제1차 세계대전 초반의 타임스에 의한 객관적인 보도처럼 언론매체가 이 같은 시청자의 일반적인 정서(情緖)와 배치되는 방향으로 나아가면서도 존속할 수 있었을 것인지는 논란의 여지가 있다.

마지막 부분은 전후(戰後) 의회의 논의 내지는 사실 확인을 위한 위원회가 없었다는 점이다. 모든 사람들이 있는 그대로 모든 것을 놓아두고는 작위(爵位)를 수여 받는 것으로 만족해하였는데, 이들 작위 중 40개 이상이 종군기자들에게 돌아갔다. 그 후 이들은 참전 용사들의 용맹성과 희생에 초점을 맞추었다.

스페인과 에티오피아 : 빨치산 선전

제1, 2차 세계대전 사이의 기간 중에는 보도 방식 내지는 과학기술 측면에서 거의 발전이 없었다. 에티오피아에서의 경우를 보면, 이탈리아의 언론매체는 제1차 세계대전 당시의 연합국의 경우처럼 자국의 전쟁 지원에 헌신적이었으며, 국가적 차원의 기대로 인해 나름의 제약을 받고 있었다. 120명 이상의 외국 특파원들이 아디스아바바

(Addis Ababa)로 몰려들었다. 그러나 이들은 언어 · 운송 · 거리 · '사막의 열기' · 질병 · 혼란 그리고 불안전한 형태의 통신으로 인해 행동에 지장을 받았다. 이탈리아군을 수행하기로 한 언론인들을 '보도 및 선전 장관(Ministry of Press and Propaganda)'이 격려한 반면, 군은 저지하였다. 결국, 이탈리아 파견단과 함께 마지막까지 남아있던 10여 명의 외국인 특파원들은 궁극적으로 있게 될 이탈리아의 승리를 충실히 해설하였다.

당시의 분쟁에서는 무선통신이 대거 사용되었다는 점을 제외하면 터득해야 할 교훈이 거의 없다. 그러나 이들 무선통신을 특파원들은 사용할 수 없었다. 에티오피아에서의 취재를 승인 받은 모든 특파원을 이탈리아가 신속히 추방했다는 점에서 보듯이, 전승국(戰勝國)에 대해 제기해야 할 경고사항이 또한 없지 않았다.64)

그러나 에티오피아는 스페인내전(1936-1939)의 서막에 불과하였다. 한편 스페인내전은 제2차 세계대전의 연습 경기와 다름이 없었다. 스페인내전 당시, 취재 요원들은 전적으로 공산주의자와 파시스트들을 옹호하는 형태로 보도하였다. 당시의 보도는 사실에 거의 근거하지 않는 장기간 동안 진행된 선전 책동과 다름이 없었다. 1943년을 회고하며 조지 오웰(George Orwell)은 다음과 같이 말하였다.

나는 사실과 전혀 무관하거나, 일반적인 거짓말에 암시되어 있는 일련의 연계 관계조차 없는 신문 보도를 보았다. 전투가 없던 장소에서 일

---

64) 에티오피아에 관한 배경지식을 얻고자 하면 다음을 참조. Mathews, H., *Eyewitness in Abyssinia*, Secker and Warburg, London, 1937; and Waugh, E., *Waugh in Abyssinia*, Longmans Green, London, 1937.

스페인내전 당시 파시즘에 반대하는
선전 포스터

대 전투가 있었던 것으로 보도한다든지, 수백 명이 전사한 곳에 대해
전적으로 침묵을 유지하는 광경을 나는 목격하였다.……나는 결코 발
생하지 않은 사건들에 관한 '정서적 상부구조65)(Emotional Superstruc-
ture)'를 구축하고자 열망하는 지식인들뿐만 아니라 이들 거짓을 런던
의 신문들이 양산(量産)하는 현상을 목격하였다.66)

빨치산 보도의 표제가 애국심에서 이념(理念)으로 대체되었다는 점
을 제외하면 보도 측면에서 변한 부분은 거의 없었다. 좌익은 좌익을

---

65) 역자주 : 마르크스주의에서의 상부구조를 의미. 이는 하부구조인 경제 구조
위에 형성되는 정치·법률 및 문화 등을 의미.
66) Orwell, G,. *Looking Back on the Spanish Civil War*, Collected Essays, Mercury
Books, london, 1961, p. 211.

그리고 우익은 우익을 취재하였다. 이들의 노력에도 불구하고 양측 모두는 아직도 엄격한 형태의 보도검열을 받아야만 했다.

특파원들이 매우 개선된 형태의 국제전화와 케이블 서비스를 이용할 수 있었음에도 불구하고, 당시의 분쟁에서는 뉴스 수집 내지는 통신 방식이란 측면에서 주요 발전은 없었다. 당시는 세계적으로 라디오, 즉 무선통신이 널리 사용되기 시작하였다. 그러나 직접 방송을 목적으로 라디오가 지속적으로 또는 일관성 있게 사용되었다는 증거는 있지 않다. 영화, 특히 단편 영화가 신뢰성 있는 정보를 제공해주는 주요 출처로 부상하였다. 그러나 전쟁 당사국 모두가 선전 목적의 영화를 지속적으로 제작해내고 있었다는 점을 제외하면, 당시의 전쟁은 대중으로부터 멀리 떨어져 있었다.

선전 내용을 전파할 목적에서 다양한 형태의 언론매체가 사용되었는데, 이 점이 주요 발전인 듯 보인다. 이제 여기에 영화·소설·포스터·사진 및 예술이 포함되었다. 예를 들면, '게르니카(Guernica)의 고통'을 묘사한 자신의 그림과 관련해 피카소가 한 언급은 독일군의 폭격기 군단인 '콘도르 군단(Condor Legion)'이 수행한 높은 수준의 폭격에 관심을 집중시키고 있었다. 반면에 위조된 것은 사실이지만 사살되는 순간 찍은 것으로 보이는 병사에 관한 로버트 카파(Robert Capa)의 유명한 사진은 '공화국 군대(Republican Forces)'의 영웅적 행위에 관해 관심을 불러일으켰다.67)

---

67) Royle, op. cit., p. 15.

제2차 세계대전 : 거의 동일한 모습

민주주의와 나치 국가사회주의 간의 이념적 대결은 히틀러가 권좌에 오른 직후인 1933년에 시작되었다. 이 같은 이념 차원의 대결은 신문과 뉴스 영화에서 주로 진행되었다. 그러나 많은 사람들이 이들 이념 간에 궁극적인 투쟁이 벌어질 것으로 예견하였다.

1935년, 제국국방위원회(Committee of Imperial Defense)가 전시(戰時) 정보의 통제를 계획할 목적으로 소위원회를 설립하게 된 것은 이 같은 배경에서였다.68) 이 같은 과업은 선전과 정보의 모든 측면을 조정할 책임이 있는 단일의 장관이 다루어야 한다고 위원회는 권고하였다.69) 이 같은 계획수립의 결과로 인해 제2차 세계대전이 선포되기 이틀 전인 1939년에는 거의 2천명의 인력으로 구성된 공보부(Ministry of Information)가 설립되었다. 비상조치법(Emergency Powers Act)으로 인해 새로운 장관에게는 편지, 케이블(유선 통신), 무선 통선 내지는 전화란 방식으로 영국을 벗어나는 모든 보도, 상업용 메시지 또는 사적(私的)인 메시지의 검열과 관련해 무제한의 권한이 부여되었다. 신문의 편집장을 포함한 모든 사람이 "……적에게 도움이 될 가능성이 있는 정보를 획득·보도 또는 발간하거나 여타 사람들에게 전달하지 못하도록 되어 있었다."70)

이들 무소불위(無所不爲)의 권력에도 불구하고, 공보장관은 각군의 협조를 받지 못함에 따른 어려움에 직면해 있었다. 가장 중요한 사실

---

68) Minutes of the CID 14 October 1935, cited in Bray, op. cit.
69) *Hansard* (UK), 28 July 1939. 다음을 또한 보시오. Thompson, G., *Blue Pencil Admiral*, Sampson Low, london, 1947; and, particularly, Bray, op. cit., p. 21-2.
70) Knightley, op. cit., p. 202.

은 처칠(Churchill) 자신이 공보장관을 경시했다는 점이다. 언론 부서에 근무한 바 있음에도 불구하고, 처칠은 언론매체를 보안 측면에서 문제가 되는 곳으로 생각하였다. 그는 국민에게 직접 방송하거나 상원에서 발언하는 방식으로 주요 사안들과 관련해 언론을 지속적으로 무시하였다.71)

설상가상으로, 제1차 세계대전 당시의 '목격자(Eyewitness)' 시스템을 모방하고자 한 엉성한 노력은 1914-1915년 당시 이 시스템이 실패하게 된 동일한 이유로 인해 실패하였다. 종군기자들을 야전에 배치한다는 초기의 시도는 이들을 호위했던 장교들의 경멸뿐만 아니라 육군과 공군이 자신들을 그릇된 방향으로 인도하였고, 게다가 해군은 아무 것도 제공해주지 않았다는 특파원들의 불만이 고조되는 등, 유명무실해졌다. 일정한 형태의 보도검열 관련 규약을 공보장관이 마련하게 되기까지는 거의 2년의 기간이 소요되었다.72)

독일은 보다 잘 준비되어 있었다. 자국에 우호적인 노선을 견지하고 있는 한, 독일은 중립국 출신의 특파원들에게 다양한 형태의 서비스를 제공해주었다. 이는 제2차 세계대전 초반 당시, 독일이 전달해야 할 메시지가 '엄청날 정도의 승리'란 부분이기 때문일 수 있다. 또한 독일은 미국의 여론에 영향을 끼칠 목적에서 매우 노골적으로 노력하였다.

독일은 언론매체를 전쟁에서 사용할 수 있는 또 다른 '무기'로 간주하였다. 언론인, 예술인, 방송인, 영화 제작자 그리고 사진기사들이 선전단(Propagandakompien)이란 명칭의 군부대로 소집되었다. 이들의

---

71) Memo from the Prime Minister to Minister for Information, 22 March 1942.
72) Thompson, op. cit., p. 39; Knightley, op. cit., p. 202-13.

과업은 군과 본국 국민에게 정보를 제공해줄 목적에서 자신들의 민간 기술을 활용하는 것이었다. 정규 군사조직의 일부로서 이들은 제복을 착용하고 있었다. 이는 보도검열뿐만 아니라 중립 내지는 객관적인 보도가 전혀 필요치 않았음을 의미하였다. 모든 전선(戰線)을 상대하고 있던 독일군 내부에서 발간되는 시그널(SIGNIAL)이란 잡지와 전쟁의 모든 전구(戰區 : Theater)에 설치되어 있던 방송국을 독일군은 극찬했는데, 이는 이들이 매우 효과적이었음을 입증해주는 부분이다. 독일은 또한 적을 겨냥한 선전에도 적극적이었다. 보도의 객관성에 관해 의문이 제기되는 경우, 이들은 자신들이 처음에 애국적 차원의 전쟁에 그리고 그 후 생존을 놓고 벌어지는 투쟁에 몸담고 있었다는 점으로 인해 이견(異見)을 전혀 수용할 수 없는 입장이었다고 주장하였다.73)

반면에 애국적 성격의 전쟁을 보여주는 전형적인 사례인 러시아 전역(戰役)은 제2차 세계대전에서 가장 방대한 규모의 전투였음에도 불구하고 거의 보도되지 않았다. 독일에 대항해 제2차 세계대전에 참전할 당시 러시아가 수행한 부분이 보도되기 시작하였다. 그러나 이는 제2전선74)의 개설에 대한 지지를 얻어낼 목적의 스탈린(Stalin)과

---

73) Interview, Kapitan Baron Von Lederberger, Defence Attache, German Embassy, Canberra, 1987. 다음을 또한 보시오. Winkler, A., *The Politics of Propaganda*, Yale University Press, New Haven, Conn., 1978; Kris, E., & Spier, H., *German Radio Propaganda and the Media*, Oxford University Press, London, 1944; and Glanz & Elan, *Der Propagandatruppen*, Die Welt, Berlin, 2 May 1970.

74) 역자주 : 유럽의 동부전선에서 독일과 힘겹게 싸우고 있던 러시아는 미국과 영국을 포함한 연합군이 제2전선에서 독일군과 전투를 수행함으로서 자신들이 직면하고 있던 어려움이 줄어들기를 간절히 희망하고 있었다. 스탈린은 제2전선을 개설해 달라고 처칠 수상과 루스벨트 대통령에게 간곡히 호소하였다. 권영근 번역, "미국은 왜? 전쟁을 하는가 : 전쟁과 정치의 관계", 연경

제2차 세계대전 당시 소련
의 선전 포스터

좌익 언론인들에 의한 소란스러운 선전 책동의 형태로 이루어졌다.
향후 이것과 관련해 보다 많은 증거가 나올 가능성이 있다. 그러나
소련 지휘부에 의한 무자비한 형태의 검열과 뉴스 관리와 더불어 전
쟁이 긴박하게 돌아갔다는 점으로 인해 전쟁에서 벌어진 사건들은
러시아 국민들에게 거의 알려지지 않았다. 국제사회의 지지를 얻어낼
목적의 경우와 유사하지만, 러시아 언론매체가 국민들에게 전달해준
대부분 내용은 면밀한 방식으로 조작된 선전과 다름이 없었다. 브레
즌스키(Brzezenski)와 헌팅턴(Huntington)이 언급하고 있는 바처럼, "소
련국민은 바람직한 형태의 정치적 반응을 유도해낼 목적에서 공공
기관이 제공해주는 정보에만 접근할 수 있었다."75)

　여타 사회 또한 거의 동일한 방식으로 관리될 수 있었다. 영국의
입장에서 보면 됭케르크(Dunkirk)76)에서의 영국군의 철수는 분수령(分

　문화사, 2003년, p. 186.
75) Brizezinksi, Z., & Huntiongton, S., *Political Power : USA/USSR*, Chatto &
　　Windus, London, 1963.
76) 역자주 : 도버해협에 위치한 프랑스의 도시. 1940년 당시 영국군은 독일군의

水嶺)에 해당하였다. 이 같은 재앙(災殃)의 가능성에 관해 어느 누구도 영국국민에게 말해준 바가 없었다. 입에 재갈이 물린 그리고 자국의 대의에 헌신적이었던 언론매체의 경우 그러했는데, 이들 중 어느 누구(자유 기고가 출신의 언론인인 데이비드 디바인(David Divine)은 예외임)도 당시의 철수 현장에 있지 않았다. 정부의 통제를 받던 영화와 라디오는 당시의 참담한 철수를 '역경을 이겨낸 사건'으로 대거 선전하였다.77) 영국전투(Battle of Britain)와 전격전(電擊戰)에 관해서도 동일하게 말할 수 있을 것이다. 대부분 노예근성을 견지하고 있었을 뿐더러 제대로 정보를 갖고 있지 않던 언론매체들은 정보장관이 제공해주는 낙관론을 여과 없이 그대로 전달하였다.78)

전격전과 영국전투에 관해서는 다수의 미국의 특파원들 또한 충분히 취급하였다. 그런데, 이들의 보도는 전적으로 영국에 우호적인 성향을 견지하고 있었다. 대서양호송(Atlantic Convoy) 전투에서 영국이 입은 놀라울 정도의 인명 손실에 관해 이들 또한 전혀 견해를 표명할 수 없는 실정이었다. 이들 전투와 관련된 정보는 비밀로 분류되었다. 그 결과 이들 정보는 언론매체 입장에서 사건이 될 수 없는 순간이 되어서야 외부에 공개되었다.79)

일본군에 의한 진주만 폭격으로 인해 미국이 제2차 세계대전에 참

포위 아래 여기서 필사적으로 탈출하였다.

77) Divine, D., *Dunkirk*, Feber and Faber, London, 1954; and Collier, R., *The Sands of Dunkirk*, Collins, London, 191.

78) Hart, L., *Liddell Hart's History of the Second World War*, Pan Books, London, 1970, p. 92-114.

79) Jullian, M., *The Battle of Britain*, Jonathon Cape, London, 1967; 다음을 또한 보시오. Murrow, E., *This is London*, Cassell, London, 1941; and Hart, op. cit., chap. 24, 'The Battle of the Atlantic'.

전하게 된 이후, 미국의 특파원들 또한 동일한 형태의 엄격한 검열을 받았다. 일본군에 의한 진주만 폭격 당시 미 해군은 맨 처음 침몰된 함정의 이름조차 노출을 꺼려했는데, 여기에는 애리조나(Arizona)와 오클라호마(Oklahoma)란 전함(戰艦)이 포함되어 있었다. 콜리어(Collier)의 표현에 따르면 해군은 "······맑은 물 속 50피트 아래에 있는 캘리포니아(California) 함정과 마찬가지로 특파원들이 이들 두 함정을 볼 수 있었음에도 불구하고"[80] 이처럼 행동하였다. 그러나 제2차 세계대전의 수행에 관해 본국 국민에게 전달하는 과정에서의 종군기자의 가치를 인지하게 되면서 이 같은 미군의 태도에 변화가 있었다.

반면에 사무라이 정신에 근거해 작전을 수행하고 있던 일본은 이견을 전혀 용납하지 않았다. 또한 맨 처음, 일본은 외국의 모든 특파원을 스파이로 간주하였다. 결국 일본은 특파원에 대해 관대한 입장을 취했다. 그러나 러일전쟁 및 만주사변 당시와 마찬가지로 일본은 이들 특파원이 제한된 수준에서 사건에 접근하도록 하였다.[81]

영국의 경우를 보면, 제2차 세계대전 초반의 일련의 재앙(災殃) 이후 중동 지역에서 정세가 전환되면서 특파원들에 대한 처우란 측면에서 나름의 진전이 있었다. 이는 본국 국민의 사기를 고양시킬 목적에서 이들 승리를 전파할 필요가 있었다는 점에 주로 기인하였다. 영국은 이동형 검열 체계를 도입했을 뿐더러 신문을 항공기로 우선적으로 운반해주는 등의 언론매체와 관련해 많은 부분을 개선하였다. 그런데 이는 제1차 세계대전 당시의 과오가 재현되어서는 안 된다는

---

80) Collier, R., *The WARCOS : War Correspondents of World War II*, Weidenfeld & Nicolson, London, 1989, p. 118.
81) Ibid., p. 123.

제2차 세계대전 당시 미국의 선전 포스터

지휘관들의 태도 때문이었다. 1942년 당시 북아프리카의 지휘관 알렉산더(Alexander) 대장은 군의 입장을 다음과 같이 요약해 말하였다.

특파원은 많은 비밀을 알고 있는 군의 장교 내지는 요원들만큼이나 훌륭한 친구입니다. 특파원이 고의적으로 여러분을 버리지는 않을 것입니다. 그러나 자신의 글이 신문에 나오지 않는 상황이 되는 경우 특파원이 여러분을 버릴 가능성도 있습니다. 왜냐하면, 신문에 자신의 글이 실려야 한다는 책임으로 인해 특파원들이 무언가 쓸 수밖에 없는데, 이 같은 무언가란 부분이 위험을 초래할 가능성이 있기 때문입니다. 따라서 특파원에게는 적정 자료가 제공되어야 합니다.82)

---

82) McConnagh, J., 'The Army and the Press in War', *Journal of the Royal United*

몽고메리(Montgomery) 또한 종군기자를 열렬히 지원했는데, 이는 병사들의 사기 진작을 위해 노력해야 한다는 자신의 노선에 근거하고 있었다. 유럽 전역(戰役)의 대부분 기간 동안 BBC 특파원으로서 몽고메리와 함께 생활했던 데즈먼드 호킨스(Desmond Hawkins)는 다음과 같이 말하고 있다.

취재 기자들이 전쟁에서 최초로 적정 장비를 구비한 채 이처럼 노르망디에 갈 수 있었던 것은 대부분 몽고메리의 헌신적인 지원 덕분이었다. 몽고메리는 본국 국민과 세계 사람들이 날짜별로 그리고 시간별로 자군의 진척 상황에 관해 알고 있도록 해야 함의 중요성을 인지하고 있었다.[83]

다음에서 보듯이 아이젠하워는 보다 큰 차원에서 동일한 관점을 견지하였다.

나는 종군기자를 참모 장교들에 버금가는 인물로 간주하고 있습니다. 나는 취재 기자들이 막중한 책임을 담당하고 있다는 점을 강조하고자 합니다. 나는 여러분들을 적으로 취급할 생각이 없습니다. 그렇게 생각하고 있다면 나는 여러분들을 위해 아무 것도 하지 않을 것이라고 지금 이 자리에서 단언할 것입니다. 나는 여러분을 신뢰합니다.……그

Services Institute, vol. 98, 1953.
83) Hawkins, D. (ed.), *War Report : D Day to VE Day*, Aeriel Books, BBC, London, 1985, p. 10.

러나 참모장교로서 여러분들에게는 군사적 의무가 무엇보다도 중요합니다. 또한 여러분이 명심해야 할 사실은 적에게 도움이 되는 부분들은 누설해서는 안 된다는 점입니다.84)

한편 태평양에서 맥아더 장군은 언론매체를 능수능란하게 이용하였다. 태평양전쟁에 미국이 전혀 준비되어 있지 않았다는 점이 가장 엄격한 수준의 보도검열로 인해 은폐되었으며, 대중의 우려가 대민관계를 고려한 공공 기관의 낙관적인 발표로 인해 얼버무려졌다. 로일(Royle)은 다음과 같이 말하고 있다.

대부분의 언론인들은 모스비(Moresby) 항구의 방어란 측면에서 군이 제대로 준비되어 있지 않다는 점과 관련해 비판적이었습니다. 그러나 이들은 여기에 관해 한마디도 말할 수 있는 입장이 아니었습니다. 방대한 규모의 연합군 전력이 구축되어 있다는 공식적인 발언이 대민관계를 고려한 허세에 불과하다는 점을 이들은 분명히 알고 있었습니다. 공공 기관에서 발표하는 내용과 실제 상황 간에 커다란 차이가 있다는 점을 이들은 잘 알고 있었습니다.85)

또한 당시는 군에 이의(異意)를 제기해서는 안 된다는 태도가 없지 않았다. 중동 지역에서 특파원으로 이름을 날렸던 체스터 월못(Chester Wilmot)은 오스트레일리아의 토머스 블러미(Thomas Blamey) 대장과 의

---

84) McConnagh, J., *The Army and the Press in War*, op. cit.; 다음을 또한 보시오. Sixsmith, E., *Eisenhower as Military Commander*, Batsford, London, 1973.
85) Royle, op. cit., p. 195.

견이 대립되었다. 오스트레일리아 최고사령부를 비판하는 일은 종군 기자의 과업이 아니라고 블러미는 월못에게 말했는데, 당시는 이 같은 비판으로 인해 오스트레일리아의 전쟁 관련 노력이 좋은 인상을 받지 못하고 있었다. 파파뉴기니에서의 자신의 전역(戰役)을 취재한 것에 대한 보복으로 그 후 블러미는 다음과 같이 말하면서 월못이 더이상 취재하지 못하도록 하였다. "당신이 우리의 일을 방해하는 만큼 적에게 해를 끼칠 수 있는 사람을 일본에 심어 넣으려면 수천 파운드의 돈이 들 겁니다. 따라서 연합군 지상군의 활동과 관련해 더 이상 당신의 취재를 허락할 수 없습니다. 즉시 오스트레일리아로 되돌아가기 바랍니다."86)

그러나 대부분의 경우 오스트레일리아 군은 순종적이며, 군에 호의적인 형태의 보도 기관을 갖고 있었다. 중동에서 오스트레일리아 군을 취재하던 1942년 당시, 케네스 슬레서(Kenneth Slessor)는 다음과 같이 기술한 바 있다. "모든 특파원은 태평양전쟁에서 승리하고자 하는 군의 노력을 도와주고 싶어 합니다. 이들은 전쟁 계획에 부응할 목적에서 자신들이 작성한 보도 내용이 편향되는 현상도 개의지 않고 있습니다."87)

자신들을 전쟁 관련 노력의 일부분으로 기꺼이 간주하고자 한 언론인들뿐만 아니라 제1차 세계대전에서 목격되던 이 같은 풍조의 재현은 당시 보편적인 현상이었다. 보도 당시 자신들의 독자가 적으로부터 침공 받을 가능성(적어도 영국과 오스트레일리아의 경우)이 있었

86) Ibid., p. 198.
87) Semmler, C. (ed.), *The War Diaries of Kenneth Slessor*, University of Queensland Press, Brisbane, 1971.

음을 고려해보면, 이들 특파원을 어느 누구도 비난할 수 없을 것이다. 널리 존경받고 있던 로이터통신이 선전, 역선전, 오보 및 기만이 내포되어 있는 음흉한 성격의 작전에서 영국 외무성과 긴밀히 협조했다는 새로운 증거가 나오고 있다. 이는 특파원들이 정부와 긴밀히 공조했음을 보여주는 단적인 사례다.[88]

전쟁 당사국 모두에서 종군기자들의 숫자가 늘어났는데, 이들은 자국이 추구하던 대의를 무비판적으로 지지하였다. 이는 언론매체 관련 통신 과학기술의 주요 진전과 비교해 대조적인 현상이었다. 당시는 뉴스 영화와 라디오가 주요 통신 수단으로 부상하였다. 영화에 보도되는 내용은 신빙성이 있는 듯 보였다. 반면에 베를린 폭격 현장인 아른헴(Arnhem)과 딤블비(Dimbleby) 상공에서 체스터 윌못(Chester Wilmot)이 취재한 바에 대한 라디오 방송은 즉시성을 제공해주었다. 이들 정보 출처는 군과 정부의 검열뿐만 아니라 자국이 추구하던 대의에 헌신적이던 언론인들 스스로에 의한 검열을 받았다. 그러나 12장의 디스크 레코드에 1시간 분량의 실황 방송을 가능케 해준 경량(18킬로그램 무게의)의 이동형 녹음기의 출현, 원거리 무선통신 분야의 발전, 사진의 무선전송 관련 기술의 발전을 제외하면, 기자들이 사용할 수 있는 도구란 측면에서 커다란 변화는 있지 않았다. 취재한 자료의 전송이란 측면에서 특파원들은 아직도 군에 의존하고 있었다.[89] 그러나 제2차 세계대전을 거치면서 각국 정부는 보도검열 및 정보 관리의 유용성과 관련해 훨씬 세련된 사고(思考)를 견지하게 되었다.

---

88) Lawrenson, J., & Barber, L., *The Price of Truth. The Story of Reuters Millions*, Sphere Books, London, 1985, p. 79-84.
89) Hawkins, op. cit.; 다음을 또한 보시오. Royle, op. cit. p.202

제2차 세계대전 이후, 미국은 보도검열을 거의 즉각 중지하였다. 당시의 전쟁에서 의미 있는 교훈이 터득된 것은 사실이다. 그러나 강력하고도 자신감에 넘쳐 있었으며, 전쟁에서 승리한 민주주의 국가인 미국은 민주주의에 걸맞지 않은 부분인 보도검열을 수용할 준비가 되어 있지 않았다. 그러나 영국에서는 공보부(Ministry of Information)가 훨씬 오랜 기간 동안 유지되었다.90) 오스트레일리아에서 또한 정치가들과 행정 관료들은 곰이 꿀에 의지하는 바와 마찬가지로 보도검열에 의존하였다. 군사적으로 또는 작전적으로 필요치 않은 경우에도 보도 규제가 유지되었다. 몇몇 용감한 편집자와 발행인들이 보도검열과 관련해 오스트레일리아 대법정에 소송을 제기하였다. 결과적으로 이들은 많은 기간 동안 감옥에 투옥되었으며, 간행물을 폐간해야만 하였다.91)

특파원 자신의 실적, 이들이 대변하고 있던 제도 그리고 '언론의 자유'란 보다 폭넓은 사안에 관해 말하면, 터득할만한 교훈이 거의 있지 않았다. 생존을 위해 투쟁하던 국가들의 애국적 요구와 기대에 얽매인 관계로 인해, 특파원들은 제1차 세계대전 당시와 마찬가지로 자국 정부의 전쟁 수행 목표를 지원할 수밖에 없는 실정이었다. 이들은 또한 자신이 소속되어 있는 언론매체가 자국 국민의 애국심을 반영해야 한다는 점으로 인해 처신이 제한되었다. 대부분, 연합국 특파원들은 작전 목적의 보도검열과 통신 제한을 불평 없이 수용했던 듯

---

90) Yass, M., *This is Your War, Home Front Propaganda in the Second World War*, HMSO, London, 1973, p. 58
91) Hilvert, J., *Blue Pencil Warriors*, University of Queensland Press, Brisbane, 1984; 9장 특히 the joint press statement on censorship, April 1944, at Appendix C를 참조하시오.

보인다. 미국과 유럽 국가들이 전시(戰時) 본국 국민에 대한 선전에 열성적이었다는 점, 전혀 이견을 수용하지 않을 정도로 보도검열이 엄격했다는 점, 검열에 이의를 제기하는 경우 엄격한 수준의 규제가 따랐다는 점이 목격되었는데, 이는 중요한 사항이었다.

전문(專門) 군인(장교)과 언론인들을 지나치게 비난함은 옳지 않은 듯 보인다. 왜냐하면, 러시아가 자신의 생존을 위해 싸우고 있었으며, 영국과 미국이 통상 사악한 것으로 인지되고 있던 나치의 국가사회주의에 대항해 성전(聖戰)을 수행하고 있었기 때문이다. 이 점과 더불어 애국심에 따른 책무뿐만 아니라 보안 및 비밀 등급 분류에 따른 제한이란 문제가 있었다. 제2차 세계대전 당시의 언론 분야의 성과를 보다 높이 평가하는 경우도 없지 않다. 그러나 당시의 언론에 대한 최종 판단은 캐나다의 종군기자이던 찰스 린치(Charles Lynch)에게 위임함이 가장 좋을 듯 보인다. 린치는 다음과 같이 말한 바 있다.

제2차 세계대전 당시 우리가 작성한 기사를 보면 부끄럽기 짝이 없습니다. 이는 쓰레기와 다름이 없습니다. 어니 파일(Ernie Pyle)와 앨런 무어해드(Alan Moorhead)의 경우도 상황은 마찬가지입니다. 우리는 정부의 선전 도구에 불과했습니다. 처음에는 보도검열로 인해 그처럼 할 수밖에 없었던 반면, 나중에는 우리 자신이 우리가 작성한 글의 검열관이었습니다. 우리는 전쟁을 독려하는 응원단장과 다름이 없었습니다. 당시는 또 다른 대안이 없었습니다. 당시의 전쟁은 국가 총력전(總力戰)이었습니다. 그러나 제발 우리가 수행한 역할을 미화하지 말기 바랍니다. 이는 훌륭한 형태의 저널리즘이 아니었습니다. 이는 저널리즘이라고 말할 수 있는 수준이 결코 아니었습니다.[92]

결론

요약해 말하면, 제2차 세계대전은 변화를 거듭하던 과학기술의 위력에 의해 형성되고 있던 군과 언론매체 간의 150여 년의 관계란 측면에서 절정(絶頂)의 순간이었다. 그런데 이들 과학기술로 인해 사건들을 보다 즉각적이고도 비판적으로 언론인들이 보도할 수 있었을 뿐더러 전시(戰時) 분쟁에 대한 취재 접근과 '언론의 자유'를 군과 정부가 제한할 수 있었다.

19세기 초반에는 강력한 의지의 언론인들이 독자적으로 전 세계 도처의 분쟁 지역으로 몰려가서는 제국(帝國)의 승리에 따른 환희를 정보에 목말라 있던 시청자들에게 전달해주었다. 크림전쟁 이후, 야전군 지휘관뿐만 아니라 자국의 수도에 위치해 있던 정치 지도자들은 이 점을 새롭고도 놀라운 요인으로 인지하였다. 인류 최초로 군의 행위가 독자적 기관에 의해 상세 조사 받게 되었던 반면, 정치가들이 여론에 노출될 가능성이 있었다. 여기에 대해 군은 보도검열의 강요뿐만 아니라 취재 접근, 운송 그리고 무엇보다도 군 통신에 대한 규제와 같은 제재의 방식으로 즉각 반응하였다.

주로 군의 활동에 대한 언론매체의 이 같은 조사와 조사에 따른 국민의 여론은 식민지 전쟁 내지는 응징 형태의 원정전쟁을 수행하고 있던 자군을 지원하는 형태였다. 종군기자는 주전론(主戰論)적인 자료를 제기할 수밖에 없는 상황이었다. 왜냐하면, 산업혁명을 통해 등장한 도시의 식자층(識者層)의 민족주의 및 애국적 성향에 대중 언론매체가 직접 영합했기 때문이었다. 분쟁이 국제적 성격이 되고, 분

---

92) Knightley, op. cit., p.317

쟁 개입 여부를 시청자들이 정치적으로 선택해야 하는 상황에서만 비상벨이 울리기 시작하였다. 영국인들은 미국의 남북전쟁에 주목하였다. 그러나 보어전쟁은 이 문제, 즉 언론매체에 의한 군사 활동의 조사란 문제를 절감토록 한 사건이었다.

국가 및 국제 사회의 여론에 영향을 끼칠 수 있다는 점으로 인해, 인류 최초로 종군기자가 정치적 역할을 수행하기 시작하였다. 여기에 군과 정부는 사건 취재와 관련된 접근·운송 및 통신을 보다 규제하는 방식으로 대응하였다. 여론에 특파원이 끼치는 영향의 정도가 보다 더 높아지고 있다는 점으로 인해, 언론인을 현장에서 추방시키는 행위를 포함해 제재 방안이 확대되었다. 예를 들면, 미국에서 타임지의 러셀은 보도가 너무나 객관적이란 점으로 인해 현장에서 추방되었다. 당시는 만주사변(滿洲事變)에서 보듯이 작전지역이 보다 더 확대되고 있었다. 그 결과 사건 현장에 접근하기가 보다 어려워지고 있었는데, 군은 이 점을 곧바로 이용하였다. 이외에도 러일전쟁 당시 일본은 외국의 언론인들에 취재 배제 정책을 적용했는데, 이 같은 정책에 따른 이점을 서구의 관찰자들은 곧바로 주목하였다.

객관적이고도 공정한 형태의 전쟁 보도로 인해 군 및 정부와 같은 권위 기구가 위험에 직면하게 되었다. 이 같은 위험 요인은 애국심이란 보다 큰 제약 요소들로 인해 제1차 세계대전 당시 자취를 감추었다. 교전국들의 국민에 영향을 끼치고 있던 애국심과 민족주의로 인해 자국 군대의 용맹성 찬양과 전쟁에 대한 낙관론이 아닌 그리고 해당 정부가 추구하던 전쟁 목표에 대한 절대적인 지지가 아닌 또 다른 견해는 수용될 수 없었다. 그 결과 전쟁에 개입하고 있던 주요 국가들의 언론매체·정부 및 군이 공모한 대규모 차원의 기만(欺瞞)

이 있게 되었다.

제1, 2차 세계대전 사이의 기간 중에는 '전쟁 보도의 황금기'로 회귀하는 현상이 목격되었는데, 이집트 전역(戰役)이 그러하였다. 그러나 이 같은 회귀에도 불구하고, 이탈리아에서 목격된 언론인에 대한 군의 취재 배제 정책 그리고 취재 요원들에 대한 협조 부족이란 현상은 사라지지 않았다. 자유로운 언론 활동과 관련해 남아 있던 한줄기의 불빛이 스페인내전에서 소멸되었다. 제1차 세계대전 당시에는 민족주의와 애국심에 따른 규제가 언론에 가해지고 있었다. 스페인내전 당시는 이념 측면의 몰두가 애국심 내지는 민족주의에 못지않게 언론을 억압하였다. 그 결과 스페인내전에 관한 보도는 선전 책동과 다름이 없었다.

제2차 세계대전이 발발했을 당시, 지구의 민족국가들은 공산주의 및 민주주의와 같은 이념의 대립을 목격하였다. 언론매체가 국가의 전쟁 관련 노력의 일환으로 이용되는 등, 곧바로 애국심이 주도적인 세력이 되었는데, 이는 모든 교전 국가들에게서 공통적으로 목격되던 현상이었다.

이 시기에는 언론이란 직업이 사용하는 도구에 거의 변화가 없었다. 무선통신, 녹음 시스템, 그리고 영화 제작 분야에서 나름의 진전이 있었다. 그러나 크기와 전달 반경 측면에서의 제약으로 인해 이들 기술의 사용은 비교적 원시적 수준에 머물러 있었다. 이들 기술의 발전으로 인해 종군기자들이 일부 이점을 향유했는데, 이 같은 이점은 발전된 형태의 보도검열 시스템, 언론인에 대한 취재 승인 발급과 보도 접근, 운송 및 원거리 통신수단에 대한 군의 선별적인 통제로 인해 곧바로 잠식되었다.

    이 같은 현상은 언론매체 관련 통신을 혁신시킨 두 가지 요인이 출현하는 순간이 되어서야 변화되기 시작하였다. 이들 중 첫째는 정보 전송수단 측면에서의 기술 혁신으로서 뿐만 아니라 지구적 차원의 도구로서의 TV의 출현이었다. 둘째는 식민지 시대 이후, 민족자결주의에 근거한 전쟁이 빈번해지면서 본국 국민이 애국심 부족이란 말을 듣지 않으면서도 다양한 의견을 개진할 수 있게 되었으며, 애국심 내지는 이념의 제약으로부터 벗어나 자유로운 취재를 요구할 수 있게 되었다는 점이다. 한국전쟁, 인도차이나 전쟁 그리고 알제리 전쟁 등 경종(警鐘)을 울린 분쟁을 살펴보면서 우리는 이제 이 같은 변화의 촉매들로 눈을 돌리게 된다.

제3장

전후 민족자결주의 : 주목받지 못한 경고

제2차 세계대전 이후에는 탈식민지화가 가속화되었는데, 이는 대서양헌장(大西洋憲章)으로 인해 정당화된 현상이었다. 미국의 프랭클린 루스벨트(Franklin D. Roosevelt) 대통령과 영국의 윈스턴 처칠(Winston Churchill) 수상이 1941년 8월에 서명한 이 헌장은 무엇보다도 모든 민족의 자결권을 보장하고 있었다.[1] 이는 모든 민족들이 열렬히 추구하던 권리였다.

전후(戰後), 많은 민족들이 프랑스·네덜란드 및 영국과 같은 주요 식민지 열강으로부터의 독립을 주장하였다. 이는 제2차 세계대전 당시 연합국이 추구하던 대의를 지원하는 대가로 제시된 전후 개혁에 관한 약속에 주로 근거하였다.[2] 그 후 몇몇 국가들이 평화적인 방식

---

1) Department of State, *Selected Documents on American Foreign Policy 1941-1945*. Government Printing Office, Washington, 1946.

2) Magdoff, H., *Imperialism : From the Colonial Age to the present*, Monthly Review Press, New York, 1978, p. 68.

을 통해 독립을 쟁취한 반면, 여타 국가들은 장기간 진행된 전쟁을 통해서만 독립을 쟁취할 수 있었다.3)

이 장(章)에서는 분쟁을 통해 독립을 쟁취한 인도차이나 전쟁과 알제리 전쟁, 그리고 제2차 세계대전과 새로운 유형의 전쟁 간의 교량으로 간주될 수 있는 한국전쟁으로 논의를 국한할 것이다.

이들 전쟁이 수행될 당시 발발한 분쟁 중에서 여기서 고려될 수 있는 경우가 다수 없지 않다. 이들 분쟁에는 케냐의 마우마우(Mau Mau) 반란, 공산주의 주도의 말레이 반도 인민해방군의 폭동, 독립을 목적으로 네덜란드에 대항해 인도네시아가 전개한 투쟁 그리고 키프로스(Cyprus)에서 발생한 그리스 주도의 EOKA4) 운동이 있다. 이들 모두는 분쟁에 개입한 서구 국가들의 인명 손실이 비교적 적었다는 점에서 일반적으로 성공적인 경우였다. 이 같은 이유로 인해, 이들 분쟁은 여기서 거론치 않기로 하였다. 이들 분쟁은 또한 서구 국가로부터 멀리 떨어진 지역에서 발발했으며, 국가의 군사력이 전개되었음에도 불구하고 분쟁 지역에서 주요 도전에 직면하지 않았다. 사실 해당 국가의 대중과 언론매체 모두는 이들 분쟁을 제2차 세계대전에서 추구하던 바의 연장선에서 인지하였던 듯 보인다. 말레이 반도의 경우를 보면, 당시의 작전은 제2차 세계대전 이전의 제국(帝國) 경비의

---

3) 식민지주의의 여파, 제국주의, 그리고 평화로운 민족자결주의를 개관하고자 하면 다음을 참조하시오 Reynolds. C., *Modes of Imperialism*, Oxford University Press, London, 1981; Porter, A., & Holland, R., *Money, Finance and Empire 1790-1960*, Frank Cass, London 1985; Hoepli, N., *Aftermath of Colonialism*, H. Wilson Publishing, New York. 1973.

4) 역자주 : 이는 1955년에 결성된 그리스 키프로스 인들의 지하 민족주의 운동이다. 이것이 추구한 바는 키프로스로부터 영국을 몰아내고(1960년에 달성), 키프로스와 그리스를 통합하는 것이었다.

역할로 회귀한 듯 보였다. 그 결과 자국 정부에 대한 시민들의 의무 내지는 책임의 수정을 야기할 정도의 이견이 있지 않았으며, 군에 대한 애국적 차원의 지지란 제2차 세계대전 당시의 역할을 일반적으로 수행한 자국의 언론매체에 대해 어떠한 의문도 제기되지 않았다.5)

그러나 인도차이나 전쟁과 알제리 전쟁은 예외다. 이들은 정치적으로 세련된 형태의 적에 대항해 싸운 진정한 의미에서의 제한전이었다. 이들 전쟁은 혁명을 위협하거나 야기할 정도로 본국(프랑스)에서 폭넓은 이견을 조장한 사안들을 놓고 벌어진 투쟁이었다. 또한 지구 반대편 지역에서 수행된 전쟁과 프랑스의 문턱에서 수행된 전쟁 간에는 현격한 차이가 있었다. 당시까지만 해도 언론매체는 애국적 차원의 전쟁에서 군을 지원하였다. 그런데, 이들 두 분쟁에선 이 같은 언론이 예전의 굴레로부터 벗어나 자신이 목격한 바를 보도할 수 있을 정도로 성장하고 있음이 목격되었다. 마찬가지로 이들 전쟁에서는 인류 최초로 서구 민주국가의 국민이 애국심에 따른 심적 부담 내지는 생존의 절박성에서 벗어나 자국 정부가 추구하던 전쟁 목표의 지원 여부를 결정할 수 있었다. 이들 분쟁에서는 언론매체와 군의 관계란 측면에서 새로운 문제가 부상했지만 대부분 간과되었다.

한국전쟁의 전역(戰役 : Campaign)에서와 마찬가지로 이들 두 전역

---

5) 이들 전역(戰役)과 대중의 반응에 관한 배경 정보를 얻고자 하면 다음을 참조하시오. Osanka, F., *Modern Guerrilla Warfare : Fighting Communist Guerrilla Movements*, Free Press, Glencoe, 1962; Kamin, G., *Nationalism and Revolution in Indonesia*, Ithaca, New York, 1952; Hatta M., *Portrait of a patriot*, Mouton Press, The Hague, 1972; O'Ballance, E., Malaya : *The Communist Insurgent War*, Faber & Faber, London, 1966; Young, P., & Lawford, P. (eds.), *History of the British Army*, Arthur Barker, London, 1970; and Darwin, J., *Britain and De-Colonisation : The Retreat of Empire in the Post War World*, Macmillan, London, 1965.

에서는 과학기술 발전으로 인해 종군기자가 누리게 된 독자성의 정도가 통신 관련 기술의 전송 거리 및 즉시성의 신장과 조화를 이루며 발전해 가는 모습이 목격되었다. 제한전의 시대에서 시민들의 책임과 의무에 관한 변화된 또는 변화되고 있는 기대란 측면에서 그리고 서구 민주국가의 군사력이란 측면에서 경종이 울린 것은 이들 전역에서였다.

그러나 2개의 조그만 사례를 조사해보기 이전에, 그리고 나름의 굴레에서 벗어나 자유롭고도 세련된 방식으로 판단할 수 있게 된 대중을 겨냥한 언론매체의 자유로운 보도의 발전 과정을 추적하기 이전에, 우리는 한국전쟁을 살펴보아야 한다.

한국전쟁은 핵무기가 출현한 이후의 제한전을 보여주는 최초의 사례다. 한국전쟁은 분쟁 지역과 사용된 무기란 측면에서 볼 때 제한된 형태의 분쟁이었다.6) 또한 한국전쟁의 결과는 한국전쟁에 참전한 연합국들의 본국에 직접 위협이 되지 못했다. 그 이전에 목격된 바와 비교해 한국전쟁에서는 본국(미국) 국민이 누릴 수 있던 '선택의 자유'가 보다 더 컸다. 이 점에서 한국전쟁은 애국적 전쟁(Patriotic War)과 진정한 의미에서의 제한전을 연결해주는 경우로 가장 잘 기술될 수 있다. 또한 한국전쟁에서는 언론매체 관련 통신 기술의 발전뿐만 아니라 예전의 분쟁에서 경험하지 못한 수준으로 취재가 국제적 차원에서 심도 있게 진행되었음이 목격되었다.

---

6) 역자주 : 분쟁을 중국 영토로 확대하고 핵무기를 사용하자는 맥아더 장군의 주장을 트루먼 대통령이 거부했는데, 이는 한국전쟁에서 추구하는 정치적 목표가 제한된 성격의 것이었기 때문이다.

한국전쟁 : 이의 제기의 시작

만주(滿洲)로부터 일본을 향해 돌출해 나와 있는 거대 반도국가인 한국은 오랜 기간 동안 중국에 그리고 그 후 잠시 동안 일본에 종속된 바 있다.[7]

1943년의 카이로회담에서 처칠, 장개석 및 루스벨트는 전후 한국의 독립에 동의하였다. 이 같은 결정은 얄타(Yalta)에서 스탈린(Stalin)에 의해 재차 확인되었다. 일본에 대항한 연합 차원의 노력의 일환으로 소련군이 한반도의 38선 이북을 그리고 미군이 38선 이남을 점령하였다. 1945년 8월의 마지막 2주 동안, 소련은 38선 이북 지역에 진주한 반면, 미국은 2주 뒤늦게 한국에 들어왔다. 이 같은 2주의 기간 동안 소련은 김일성 예하에 공산주의 정부를 수립하였다. 여기에 대응해 미국은 이승만을 중심으로 민주적으로 선출된 반면 권위주의적인 정부를 남한에 수립하였다.[8]

모택동 및 스탈린과 김일성의 협정이 있은 이후인 1950년 6월 25

---

7) 한국과 한국전쟁의 역사에 관한 상세 지식을 얻고자 하면 다음을 참조하시오. Bong-young Choy, *Korea : A History*, Charles Tuttle & Co, Rutland, 1971; Ridgeway, M., *The Korean War*, Doubleday, New York, 1965; and Kim Chun Kon, *The Korean War*, Kwangmyong Publishing, Seoul, South Korea, 1973. 대립되는 견해를 보고자 하는 경우 다음을 참조하시오. *History of the Righteous War of Korean People for the Liberation of the Fatherland*, History Research Centre, Pyongyang, North Korea, 1971.

8) Vaizey, J., *The Squandered Peace*, Hodder & Stoughton, London, 1983, p. 158-160. 다음을 또한 보시오. Churchill, W., *The Second World War*, vols. v and vi, Penguin, London, 1985; Dulles, F., *American Policy Towards Communist China 1949-1969*, Thomas Crowell Co., New York, 1972; and Alexander, B., *Korea, the Lost War*, Arrow Books, London, 1986.

일, 매우 우수한 능력의 북한군이 남한을 침공하였다. 1달도 채 되지 않아, 북한군은 부산항을 중심으로 한 조그마한 고립 지역을 제외한 한국의 모든 지역을 점령하였다. 유엔 회원국이 아니란 점에서 한국은 유엔의 도움을 받을 자격이 없었다. 그럼에도 불구하고, 유엔 안전보장이사회에서의 소련의 참가 거부를 이용해 유엔에서 미국은 북한군의 남한 침략을 비난하기 시작하였다. 그 후 남한 방위를 목적으로 유엔 회원국들은 유엔군의 파견에 동의하였다.9) 맥아더(MacArthur) 장군의 지휘 아래 트루먼(Truman) 대통령이 미군의 모든 역량을 한국전쟁에 투입했는데, 맥아더가 유엔군사령관으로 임명되었다.

1951년 당시 50만을 상회한 유엔군은 주로 미군, 영국군, 터키군, 태국군 그리고 벨기에군으로 구성되어 있었다. 나머지 12개국으로부터는 상징적 수준의 전력이 한국전쟁에 참전하였다.10)

핵 대결에 암시되어 있는 위기뿐만 아니라 19개 참전국들의 군사력 전개에도 불구하고 로일(Royle)에 따르면 한국전쟁은 "근대시대에서 가장 잘못된 방식으로 보도된 전쟁이었다."11) 그러나 대략 270여 명의 외국의 특파원이 한국에 와있을 정도로 분쟁 초반, 각국은 한국전쟁에 지대한 관심을 보였다. 이들 대부분의 특파원은 자국의 파견 전력을 취재할 목적으로 한국에 와있었다. 그러나 전쟁 취재를 주도한 것은 미국의 언론매체였는데, 인천에서의 멋진 상륙이 있은 이후

---

9) UN Document *S1511*, Resolution adopted by the Security council, 27 June 1950. 다음을 또한 보시오. White House Press Release, 30 June 1950.
10) *United Nations Yearbook*, 1950, New York, 1950. 다음을 또한 보시오. Kim Chun Kon, op. cit., p. 345-7; and Smith, B., 'The Whitehouse Story : Why We Went to War in Korea', *Saturday Evening Post*, November 1951.
11) Royle, op. cit., p. 223

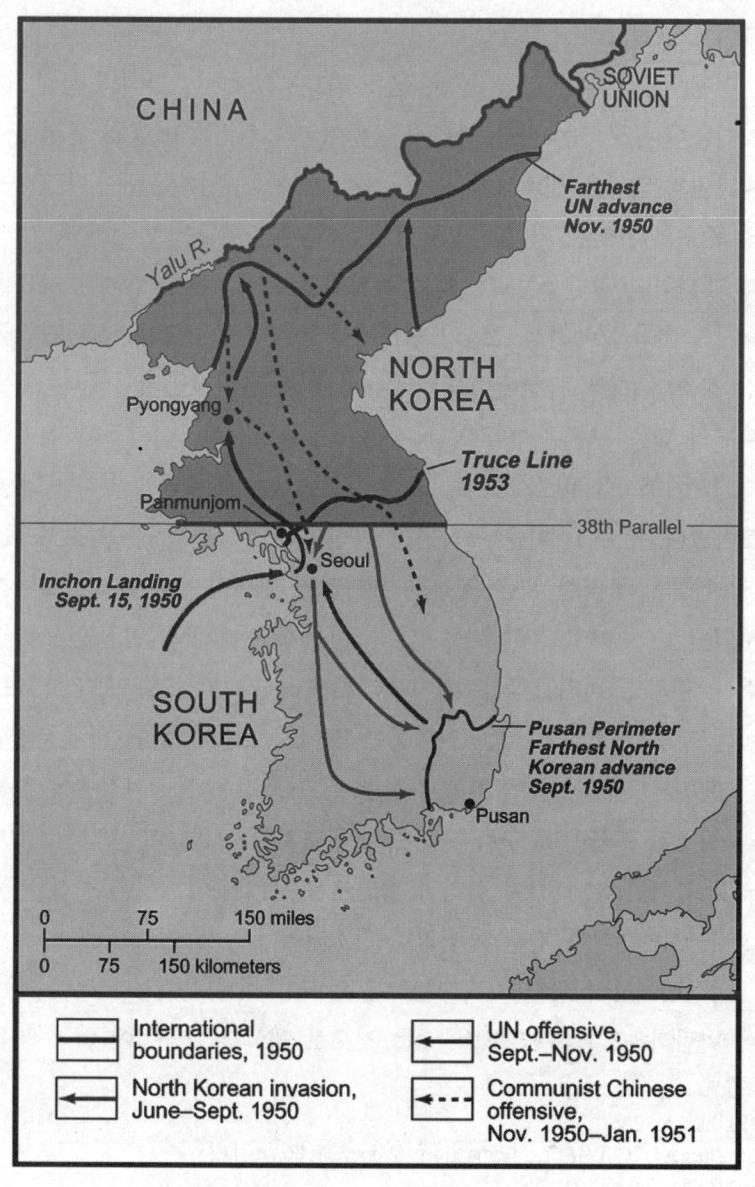

한국전쟁 당시의 전선 변화

특히 그러하였다.

전쟁 발발 이후 몇 달 동안, 군은 제2차 세계대전 당시의 관점, 즉 자신들이 추구하는 바를 지원해주는 애국적 차원의 보도의 관점에서 특파원의 역할을 바라보았다. 그 결과 맨 처음, 언론인들은 작전보안의 준수와 관련된 자발적인 규약에 의해서만 제약을 받았다.12) 그러나 객관적인 판단을 위해, 많은 특파원들이 자신에게 부여된 자유를 구사하였다. 한국전쟁 초반의 언론에서 목격되는 주요 특징은 연합군의 불화(不和)와 불신에 관한 비판적인 보도란 부분이었다.13) 이들 보도의 많은 부분은 미국의 국제적 목표들로 많은 사람들이 인지하고 있는 부분을 비호(庇護)할 목적에서 유엔이 이용되고 있다는 점에 모아졌다.14) 주로 이들 특파원은 자신들이 보았던 부분을 보도했는데, 이들이 목격한 것은 조직화되지 않은 형태의 퇴각(退却), 떨어진 사기(士氣) 그리고 장비 부족이었다. 이들 보도를 군은 민심을 소란케 하는 행위로 바라보았다. 나이틀리(Knightly)가 말하고 있는 바처럼, 이들 보도와 관련이 있는 사람들은 적에게 도움과 위안을 제공해주는 배반자로 낙인이 찍혔다. 작성한 원고를 전송하는 과정에서 신중과 협조란 부분을 준수하지 않았다며 몇몇 특파원들이 추방된 반면, 몇몇 특파원은 사기 및 심리적 측면에서 부대에 악영향을 끼칠 가능성이 있는 정보를 유출한 혐의로 기소되었다.15)

워싱턴에서의 항의 이후 이 같은 압력이 해제되었다. 그러나 부대에 바람직하지 않은 영향을 주는 것으로 해석될 가능성이 있는 부분

---

12) Ibid., p. 226
13) Burgess, P., *WARCO*, Heinneman, Sydney, 1986, p. 112.
14) Royle, op. cit., p. 228.
15) Knightley, op. cit., p. 321

대전에 입성하는 북한군

을 보도함에 따른 죄는 전쟁 수행에 관한 또는 연합군의 실적에 관한 모든 비판으로 확대되었다. 결과적으로 이는 자발적인 성격의 언론매체 지침으로 통합되었다.

한국이 본국으로부터 멀리 떨어져 있을 뿐더러 기후와 지형이 험악하다는 점으로 인해 숙박·식량·운송 및 통신 측면에서 특파원들은 전적으로 군에 의존할 수밖에 없었다. 이 점을 군은 최대한 이용하였다. 한국전쟁 초기에는 실질적으로 보도검열이 거의 있지 않았다. 한국으로부터 직접 나가는 통신 수단이 없었다는 점, 모든 원고가 군사 채널이란 방식으로 도쿄에 있던 육군의 사령부를 통해 밖으로 나갔다는 점을 군은 또한 이용하였다. 그 결과 선별과 지연(遲延)이란 방식으로 보도검열의 가능성이 항상 열려 있었다.16)

반면에 1950년 9월 15일의 인천상륙 당시 맥아더는 몇몇 미국의 언론인들을 자신의 함정에 승선시키고는 당시 작전에 관해 브리핑해 주었다. 이처럼 공식 기관에서 작성한 원고가 맥아더의 함정에 타고 있던 몇몇 미국 특파원을 통해 신속히 외부로 전파되었다. 이들 원고

---

16) Burgess op. cit., p. 113.

인천에 상륙하는 미군

는 도쿄로 직접 전송되었다.[17] 그 결과 인천상륙의 성공과 관련해 공식 기관에서 작성한 원고가 순식간에 전파될 수 있었다. 한편 이 같은 방식의 적용으로 인해, 맥아더는 작전이 실패로 끝나는 경우 언론매체에 자료가 전송되지 못하도록 할 수 있었다.

결과적으로 인천상륙 작전은 일대 성공을 거두었다. 또한 그 후의 진전으로 인해, 주로 미국의 언론매체들은 반공(反共) 성향을 견지하고 있던 독자들의 취향에 맞추고자 할 때 필요한 원고를 받아볼 수 있었다. 당시 군은 이들 특파원에게 모든 것을 기꺼이 제공해주었다. 그 후 11월 초반에는 중공군이 한국전쟁에 참전해 막강한 기세로 반격해왔다. 지속적으로 낙관론을 견지할 목적에서 맥아더 사령부는 필사적으로 노력하였다. 맥아더 사령부는 중공군의 존재조차도 인정하

17) Thompson, R., *Cry Korea*, MacDonald, London, 1951, p. 33-8.

고자 하지 않았다. 그러나 북한군과 중공군은 압도적인 기세를 보였다.

유엔군이 남쪽으로 재차 밀려나기 시작하면서 뉴스가 고갈되었다.[18] 한국전쟁 초반 몇 달의 상황이 재현되면서, 언론매체의 비난과 비판이 재개되었다. 그 결과 미 최고사령부는 취재를 목적으로 언론매체가 사건에 접근하지 못하도록 했으며, 나름의 방식으로 언론매체에 보복하는 관행을 재개하였다. 이번에는 한국전쟁에의 참전이 현명한 선택이었는지에 관해 언론매체가 공공연히 의견을 개진하였다. 뿐만 아니라 언론매체는 이승만 정권 내부에서 자행되고 있던 잔혹성과 보편화된 부패를 조명하기 시작하였다. 나이틀리(Knightley)가 말하고 있는 바처럼, 이승만 정권이 자행한 잔혹한 행위는 국제적 성격의 사건이 되기에 충분한 듯 보였다. 악화되고 있던 군사적 상황과 더불어 이 같은 점에 대한 보도로 인해 남한과 한국전쟁 전반에 관해 많은 사람들이 환멸을 느끼게 되었다.[19] 맥아더는 이 같은 부정적인 보도에 따른 정치적 모험을 감당할 자신이 없었다. 그 결과 12월 21일, 맥아더는 엄격한 형태의 보도검열을 강요하였다.

이들 새로운 규제는 군사보안 내지는 작전보안의 범주를 벗어나는 형태의 것이었다. 이제 모든 군사 활동에 관한 보도뿐만 아니라 연합국의 전쟁 수행에 관해 비판하는 행위 내지는 군 부대와 지휘관을 비하하는 발언 모두가 금지되었다.[20] 이들 전례 없는 수준의 규제와 더

---

18) Personal Interview, Dennis Warner, October 1991. 다음을 또한 보시오. George, A., *The Chinese Communist Army in Action : The Korean War and its Aftermath*, Columbia University Press, New York, 1967.
19) Knightley, op. cit., p. 328-9. 다음을 또한 보시오. Higgins, M., *The Report of a Woman Combat Correspondent*, Doubleday, New York, 1951.

불어 언론매체의 소유주와 편집장들 내부에서 "군의 방침에 동참하자"는 태도가 자연스럽게 부상한 듯 보였는데, 이 점이 당시의 규제에 힘을 실어주었다. 사실 이는 보다 중요한 부분이었다. 정부의 압력에 따른 결과였을 가능성이 있는 편집장들에 의한 이 같은 자체 검열을 보여주는 주요 사례는 제임스 카메론(James Cameron)이 작성한 매우 비판적인 글을 '영국화보(British Picture Post)'의 편집장들이 취하기로 결정했다는 점에서 찾아볼 수 있다.21) 저명(著名) 언론인인 스톤(I. F. Stone)은 '한국전쟁의 이면사(The Hidden History of the Korean War)'란 제목의 비판적인 책을 저술했는데, 이 책은 출판되기 이전 영국의 출판사들에 의해 그리고 그 후 28군데의 미국의 출판사들에 의해 출판이 거부되었다.22)

자신들이 목격한 바를 전혀 거리낌 없이 보도하는 종군기자와 비교적 자유로운 시각의 국내 및 국제 사회의 관점이 결합되는 상황에 군이 최초로 직면하게 되었는데, 문제는 바로 이 점이었다. 여기서 생각할 수 있던 유일한 규제는 작전보안을 고려해 특파원 자신이 설정한 형태의 보도검열이었다. 그러나 작전보안 대상의 해석과 관련된 권한은 특파원 자신이 견지하고 있었다.

군의 입장에서 가장 우려되던 부분은 이 같은 결심을 내리는 특파원들의 자질이 동일한 수준이 아니란 점이었다.23) 한편에서 보면, 이들 특파원(우수한 또는 우수하지 않은 특파원인지에 무관하게)은 장기간 동안 판문점에서 진행될 평화협상으로 연결되는 전선(戰線)의 정

---

20) Higgins, op. cit., p. 132; Knightley, op. cit., p. 330.
21) Royle, op. cit., p. 236-45.
22) Knightley, op. cit., p. 331
23) Ibid., p. 332

1·4 후퇴 당시 한강을 건너는 피난민

체현상을 취재해야 하는 입장이었다. 또한 이들은 맥아더 장군의 해임 이후 부임한 리지웨이(Ridgeway) 대장이 도입한 보다 강력한 형태의 보도검열 시스템에 맞서 싸워야 하는 입장이었다. 그런데 맥아더는 한국전쟁에서의 핵무기 사용뿐만 아니라 전쟁을 한반도 밖으로 확대해야 한다는 점을 옹호한 바 있다.24) 리지웨이 또한 민감한 성격의 국제 분쟁인 한국전쟁에서 언론매체에 의한 위협을 인지하고 있었다. 그 결과 그는 야전과 도쿄 모두에서 보도검열을 도입하였다. 그는 또한 판문점에서 진행되고 있던 평화협상 대화와 관련해 거의

---

24) 이 같은 불화에 관한 보다 상세한 취재를 보고자 하면 다음을 참조하시오. Truman, H., *Memoirs*, Doubleday, New York, 1955 (2 Vols); Whitney, C., *MacArthur : His Rendezvous with History*, Knopf, New York, 1956; and Alexander, op. cit,. chap. 54, 'The MacArthur Hearings'.

완벽히 보도를 금지하는 형태의 검열을 강요하였다.25)

위닝턴(Winnington)과 오스트레일리아의 윌프레드 버체트(Wilfred Burchett)란 두 명의 특파원이 나름의 정보 출처를 찾게 되었던 것은 당시의 진행 상황과 관련된 자료의 유출을 연합군이 전적으로 통제했다는 점 때문이었다. 공산주의자들이 제공하는 정보를 이용해 이들은 당시 진행되고 있던 평화협상과 관련해 원고를 작성할 수 있었다. 협박으로 인해 전쟁포로가 심문 과정에서 마지못해 실토한 부분에 주로 근거해, 이들은 미국이 세균전을 전개할 것이란 내용을 보도하였다. 그 결과 이들은 보도의 신뢰성을 상실하였다.26) 그러나 버체트와 위닝턴은 미국이 공식 발표한 내용에 잘못이 있음을 입증했는데, 이는 보다 중요한 부분이었다.27) 한국전쟁에 관한 이 같은 부분을 제외하면, 당시 언론은 군에 전적으로 의존하고 있었으며, 리지웨이가 설정한 보도검열 수준에 자신의 원고를 엄격히 맞추어야만 하였다. 당시의 보도검열은 적대행위가 종료되는 시점까지 지속되었다.28)

한국전쟁은 1953년 7월 27일에 공식 종료되었다. 한국전쟁에서는 150만 명 이상이 사망했으며, 50만 명 이상이 부상을 입었다.29) 한국

---

25) Hermes, G., *Truce Tent and Fighting Front*, Government Printing Office, Washington, 1966.
26) Personal Interview, Dennis Warner, October 1991, and private correspondence with Burchett, 1977. 다음을 또한 보시오. Knightley, op. cit., p. 339. 정전협상에 관해 상세히 알고자 하는 경우는 다음을 참조하시오. Vatcher, W., *Panmunjon*, Praeger, New York, 1958.
27) Personal Interview, Dennis Warner, October, 1989.
28) 이 책의 공동 저자인 Peter Young의 1985년 5월의 학생 폭동에 대한 취재임. 당시의 사건으로 인해 Young은 체포되어, 공격을 받았으며, 보유하고 있던 장비를 압류 당했다. 또한 한국국적의 카메라 요원이 체포되어 장기간 동안 감옥에서 생활하였다.
29) Alexander, op. cit., p. 483.

한국전쟁에서의 전쟁 고아

전쟁에서의 재정비용과 더불어 유엔의 명성(名聲)이 입은 손실은 이루 말할 수 없는 수준이었다. 예를 들면, 한국전쟁 이후 몇몇 국가들은 유엔을 미국의 이념적 제국주의의 도구에 불과하다고 생각하였다.30) 베트남전쟁 이전까지만 해도, 한국전쟁은 역사상 가장 피를 많이 흘린 제한전이었다. 그러나 당시 인지한 사람은 거의 없었지만, 한국전쟁에서 종군기자들은 애국적 전쟁 이후의 새로운 보도 스타일을 개척하는 등, 새로운 길을 걷고 있었다.

제2차 세계대전 당시처럼, 한국전쟁에서는 자국의 전쟁을 국가적 차원에서 지원해야 할 것이라는 엄청날 정도의 압박이 있었다. 뿐만 아니라 당시는 군의 일에 동참하라는 지속적인 호소가 있었다. 이 같은 점에도 불구하고, 인류 최초로 언론인들은 애국심의 족쇄로부터 벗어나 독자적으로 자유롭게 보도해야 함에 따른 난관에 직면하였다. 이전의 전쟁에서 목격되던 애국심을 많은 부분 대체한 반공(反共) 차원의 순교(殉敎)에 이들이 직면해 있었다는 점 또한 사실인데, 미국의

---

30) Stoessinger, J., *Why Nations Go To War*, Macmillan, London, 1985, p. 79.

경우 특히 그러하였다. 또한 매카시즘(McCarthyism)[31]의 영향을 간과해서는 안 될 것이다. 이전의 전쟁에서 언론매체들이 애국심을 겨냥한 공동의 언약으로 인해 제약받았다면, 한국전쟁에서 이들은 예전에 자신들을 제약한 바 없는 이념의 문제를 다루고 있었다.

이외에도 특파원들은 제3세계를 위협하고 있던 직접 대결에서의 핵무기의 사용 가능성과 같은 중차대(重且大)한 사안에 관해 객관적으로 보도함에 따른 문제에 직면하였다. 이들 모두는 특파원을 고용하고 있던 신문사와 언론매체 소유자들에 대해 점차 적개심을 보이고 있던 군과 정부가 은밀한 방식으로 압력을 가하는 가운데 발생하였다. 당시 이 같은 점을 인지한 사람은 거의 없었다. 그 이전의 관행에서 벗어나 점차 독립 의식을 견지하고 있던 시청자들(반공(反共) 성향을 제외한 모든 규제에서 자유로웠던)에게 사실을 보도해준 용감한 사람들의 행위로 인해, 자국이 추구하는 대의를 헌신적으로 지원하던 예전의 특파원들에게서 목격되던 특성이 사라지게 되었다. 이는 의도적이라기보다는 한국전쟁이 본국으로부터 멀리 떨어진 곳에서 수행된 최초의 제한전이란 점에 기인하였다. 확전에 따른 위협과 자신의 자식이 징집될 가능성이 있다는 점을 제외하면, 한국전쟁은 서구 국민의 생존은 말할 것 없고 복지에 전혀 영향을 끼치지 않는 국제 분쟁이었다. 한국전쟁 당시 시청자들은 여론 조성에 근간이 되는 정보를 군이 거부할 권리가 있다는 점뿐만 아니라 자국 정부가 호소하는 애국심을 인정하지 않았다. 한국전쟁은 이 같은 국제사회의 시청자를 겨냥해 종군기자들이 보도한 인류 최초의 경우였다.

---

31) 역자주 : 극단적 반공(反共) 이념으로서 미국 상원의원 J. R. McCarthy가 주창하였다.

한국전쟁 당시는 과학기술 또한 변화되고 있었다. 미국 가정에 65% 정도 보급되어 있는 등, 이미 10여 년 동안 TV가 미국 내부에서 사용되고 있었다. 서유럽에서도 TV가 유사한 방식으로 영향을 끼칠 기세였다.32) 그러나 시청자는 있었지만, 전장(戰場) 상황을 본국의 시청자들에게 직접 전달해줄 수단이 부재한 경우 TV는 영화와 마찬가지로 전달 속도가 늦었다.

취재된 내용 중 방영된 부분들은 방송사 내부의 엄격한 수준의 자체 검열을 통과해야만 하였다. 또한 사건에 관해 완벽히 알고자 하는 시청자의 욕구와 크게 배치되는 현상이지만, 방송사는 시청자의 기대로부터 크게 벗어날 수 없었다.33) 그런데, 이들 기대는 주로 미군 내부의 자긍심뿐만 아니라 미국이 공산주의에 대항해 성전(聖戰)을 수행하고 있다는 매카시(McCarthy)34) 추종자들의 확고한 신념에 근거하였다. 이들 개념 모두는 맥도널드(MacDonald)가 지칭한 언론매체 화면(畵面)의 '반공산주의(反共産主義) 군사화(軍事化)'로 인해 면밀히 조장되었는데, 해군일지(Navy Log), 항공력(Air Power), '미 육사 이야기 (The West Point Story)'처럼 군에 기반을 둔 프로그램이 바로 그것이었다.35)

---

32) Merill, op. cit., p. 323-6, and chap. 1 'The Reach and Immediacy of the New Global Media'.
33) 역자주 : 당시 미국국민들은 일반적으로 언론이 반공(反共)의 성향을 견지해야 한다고 생각했는데, 이는 언론이 모든 것을 정확히 보도해 국민이 가능한 한 사실을 정확히 알도록 해야 한다는 점과 배치되는 현상이다.
34) 역자주 : 미 공화당 상원의원(1908-1957년), 극단적인 형태의 반공(反共)을 주장하였음.
35) MacDonald, J., *Television and the Red Menace*, Praeger, New York, 1985. 특히 3장인 다음을 보시오. 'The Cold War as Entertainment', and Table 4, 'The Military in TV Series in the 1950's', p. 111.

결과적으로 보면, 한국전쟁과 관련해 대중의 불안을 고조시킨 부분은 단순히 정치적 문제가 아니었다. 이는 한편에서 보면, 국가의 군사력을 지원해야 한다는 점, 또 다른 한편에서 보면, 객관적인 정보에 근거해 한국전쟁을 올바른 시각에서 바라보아야 한다는 점에 따른 불협화음이었다. 이 같은 모순에 직면한 대중들이 느낀 고뇌는 한국전쟁 이후 10여 년 뒤에 발발한 베트남전쟁에 미국이 개입하게 되면서 보다 분명해졌다.

요약해 말하면, 한국전쟁 당시는 TV가 기술적으로 성숙되지 않았다. 이 점에서 영화, 라디오 그리고 신문이 가장 두드러진 수단이었다.36) 이들 언론매체는 과학기술 측면에서 나름의 이점이 있었다. 그러나 이들은 전자(電子) 정보매체의 특질인 생생한 화면과 즉시성의 이용이란 측면에서는 충분치 않았다. 군이 제공해주는 것을 제외하면 자유롭게 사용할 수 있는 시설이 해당 지역에 없었다는 점으로 인해, 이들 언론매체는 전송과 관련해 물리적 측면에서 보도검열을 받았다. 한편 기자들은 멀리 떨어진 지역에서 그리고 지형이 험난할 뿐더러 혹독한 기후에서 원정 형태로 진행되던 한국전쟁에서, 사건 취재를 위한 접근·운송 및 지원이란 측면 모두에서 군에 거의 전적으로 의지하였다.

당시 진행되고 있던 전쟁 보도 측면에서의 철학 및 기술적 변화 모두에 대한 군의 반응은 당혹 그 자체였던 듯 보였다.37) 전쟁 수행

---

36) Ibid., p. 33-4
37) 오늘날의 군사적 사고(思考)에 관한 배경 지식을 얻고자 하면 다음을 참조하시오. Schnabel, J., *Policy and Direction : The First Year*, Office of the Chief of Military History, Washington, 1962; Schnabel, J., & Watson, R., *The History of the Joint Chiefs of Staff and National Policy*, vol. 3, The Korean War, Joint

을 목적으로 정부가 파견한 경우, 그 이전의 전쟁에서와 마찬가지로 자신들이 언론매체로부터 자동적으로 지원 받을 자격이 있다고 군은 생각하고 있었다. 당시 군이 보인 당혹은 이 같은 점에 근거하였다. 이 같은 지원이 있지 않자, 군은 자신들이 보유하고 있던 자산(資産)을 독점적으로 사용하고, 통신 수단의 통제를 통해 또는 전송 거부 및 지연이란 방식으로 보도검열을 강요하지 않을 수 없었다. 자신의 의도에 동참하도록 할 목적에서 군은 특파원들을 격려하다가 이들에 벌칙을 부과하는 방안을 번갈아 사용하였다. 이처럼 당근과 채찍을 이용한 접근 방안과 앞의 방안이 아닌 또 다른 정책을 군이 사용했다는 증거는 보이지 않는다.

　한국전쟁은 한 세기의 불확실한 종말과 또 다른 세기의 시작을 보여주는 나름의 연계 고리에 해당하였다. 한국전쟁은 국가적 차원에서의 지지와 애국적 차원의 지지에 근거한 세계대전이 종료된 지 얼마 지나지 않은 시점에 발발하였다. 한국전쟁에서는 나름의 의사결정 능력이 있는 시청자를 겨냥해 국익에 구애받지 않으면서 특파원들이 자유롭게 보도하는 시대뿐만 아니라 언론매체와 관련된 다수의 기술, 특히 TV 관련 기술이 예고되었다. 통신 관련 과학기술의 비약적인 발전은 아직도 미래의 일이었다. 그러나 철학 측면의 변화 그리고 예전의 사회계약에 근거한 명령에 대한 도전이 한국전쟁에서 시작되었다.

Secretariat, Joint Chiefs of Staff, Washington, 1978-79; MacArthur, D., *Reminiscences*, McGraw Hill, New York, 1964; and Miller, J., & Carroll, J., *Korea 1951-53*, Office of the Chief of Military History, Washington, 1956. 다음을 또한 보시오. MacDonald, op. cit.

인도차이나 반도에서의 프랑스 : 최초의 진정한 시련

베트남은 남북으로 대략 1,600킬로미터, 동서로 최대 400킬로미터 그리고 17도선을 중심으로 최소 70킬로미터에 달하는 국가다. 이곳의 해안선은 중국국경에서부터 태국만(Gulf of Thailand)에 이르는 화살의 모습을 띠고 있다. 캄보디아는 라오스 국경에서 시작해 베트남의 서부 지역을 향해 남쪽으로 뻗어 있다. 1945년 당시 베트남의 인구는 정확히 1천6백만이었다. 이곳은 주요 쌀 생산지였으며, 주석, 고무, 금 및 석탄이 풍부하였다. 일반적인 식민지 유형에 따라 베트남 경제는 원자재를 수출하고, 완제품을 수입하는 등 프랑스 중상주의(重商主義) 정책의 연장선상에 있었다.38)

제2차 세계대전 이전부터, 베트남은 다수의 국제운동의 중심지였다. 일본의 점령 이후, 베트민(Viet Minh)이란 명칭의 공산주의 주도의 연합으로 다양한 형태의 운동이 재차 조직되었는데, 이곳의 지도자는 폭넓은 지지를 받고 있던 민족주의자인 호지명이었다. 얼마 지나지 않아, 베트민은 일본에 대항해 가공할 수준의 저항세력을 결성하였다. 이들 세력은 지압(Giap) 장군이 지휘하였다. 미국의 전략군(Office of Strategic Services)이 베트민을 인정하고 지원해주었는데, 이는 보다 중요한 사실이었다.39)

---

38) 인도차이나 반도를 프랑스가 인수하고는 이것이 결과적으로 일본으로 넘어 가는 과정에 관해 상세히 알고자 하면 다음을 참조하시오. Buttinger, J., *The Smaller Dragon, a Political History of vietnam*, Praeger, New York, 1958; Legrand, J., *L'Indochine à l'heure Japonaise*, Legrand, Paris, 1963; and Devilliers, P., *Histoire de Vietnam du 1940-52*, Seuil, Paris, 1952.
39) Osanka, op. cit., p. 254.

디엔비엔푸에 주둔한 프랑스군

일본이 몰락한 1945년 이후, 호지명은 자타가 공인하는 베트민의 지도자가 그리고 독립 정부의 수장이 되었다. 자국의 이익을 재차 확보하고자 노력했던 프랑스와의 협상이 시작된 1946년 12월, 호지명의 군사력인 베트남인민군(People's Army of Vietnam)은 예전의 식민지 세력인 프랑스를 공격하였다. 그 결과 제1차 인도차이나전쟁이 시작되었다.40)

여기서 우리는 당시의 분쟁이 국내 및 국제 사회의 대중에 영향을 끼친 방식을 조사해보고자 한다. 지면 부족으로 인해 여기서는 당시의 군사적 전역(戰役)을 간략히 언급할 수밖에 없다. 그러나 처음부터

---

40) 민족주의와 베트민의 부상(浮上)에 관해 상세히 알고자 하면 다음을 참조하시오. Buttinger, J., *A Dragon Embattled*, vol. 1, From Colonialism to the Vietminh, Praeger, New York, 1967. 다음을 또한 보시오. Hammer, E., *The Emergence of Vietnam*, Institute of Pacific Relations, New York, 1947.

프랑스는 너무나 엷게 군사력을 펼쳐 놓았다. 그 결과 프랑스군은 많은 희생이 따르는 소모전에서 수세에 몰리지 않을 수 없었다. 지압이 성공적으로 공세를 전개하던 1950년경, 프랑스 국민들은 늘어만 가는 사상자 명단을 보며 불안해하였다. 프랑스 정부는 철군을 고려하지 않을 수 없었으며, 철수 계획을 준비하였다.41) 그러나 당시 미국이 반식민지주의 입장을 철회하고는 반공(反共)을 견지했다는 점에 힘입어 프랑스는 이 같은 상황에서 벗어날 수 있었다.42)

1953년경에는 상황이 재차 악화되었다. 그 결과 프랑스는 나바르(Navarre) 대장을 새로운 지휘관으로 임명하였다. 게릴라전에서 베트민을 격파할 수 없게 되자, 나바르는 지압의 지역에서 전투를 수행하고자 노력하였다. 그는 라오스와 북부 베트남의 국경 산악지대인 디엔비엔푸(Dien Bien Phu)에 요새를 구축하였다. 위험할 정도로 취약한 항공 보급로의 막다른 부분에 프랑스군이 위치해 있음을 인지한 지압은 당시의 분쟁에서 가장 격렬한 방식으로 대포를 이용해 요새를 공격하였다. 일련의 대규모 공격을 통해, 지압은 프랑스의 경계선을 잠식해 들어갔다. 몬순이 다가올 시점에는 악천후로 인해 프랑스의 항공 활동이 지장을 받았다. 그 결과 디엔비엔푸가 함락되었다. 이는 정전(停戰)을 명령한 1954년 7월 21일의 제네바협정으로 곧바로 연결된 일대 재앙이었을 뿐더러 결정적인 형태의 패배였다.43)

---

41) Osanka, op. cit., p. 258.
42) State Department Bulletin, 30 June 1952.
43) 군의 전역(戰役)에 관한 상세 설명을 보고자 하면 다음을 참조하시오. Fall, B., *Street without Joy*, Stackpole Publishing, Pasadena, 1958; Hammer, E., *The Struggle for Indochina*, Stanford University, New York, 1947; A. Cole (ed.), *Conflict in Indochina*, Cornell University Press, New York, 1956; Trager, F., *Why Vietnam*, Praeger, New York, 1966; Giap, Vo Nguyen, *Unforgettable Days*,

처음부터, 베트남은 프랑스에서의 선전 공작의 필요성을 인지하고 있었다. 이 같은 선전 책동 측면에서 이들은 크게 앞서 있었다. 왜냐하면, 19세기 말에서 시작해 디엔비엔푸가 함락되는 시점에 이르기까지 많은 베트남인들이 프랑스의 지성인(知性人) 집단에 완벽히 흡수되어 있었기 때문이었다.44) 전쟁 기간 내내, 프랑스어를 사용하는 베트남 사람들이 프랑스 언론매체를 통해 설득력 있게 주장을 전개하는 등 프랑스의 전쟁 수행이 현명한 처사인지에 관해 높은 수준의 지적(知的)인 논의가 있었다. 이들은 프랑스의 정서와 교육이 자유와 민족자결주의를 강조하고 있다는 점으로 인해 도움을 받았다. 베트남은 소련과 중국 모두로부터 지원을 받았는데, 이는 보다 중요한 부분이었다. 강력한 수준의 사회주의 및 공산주의 정당과 좌익 주도의 프랑스 노동조합은 이 같은 지원을 자신들이 추구하던 대의와 동일시하였다.

전후(戰後)의 프랑스에서 사회주의와 공산주의가 부상하면서, 일반적으로 언론매체는 정책 노선에 따라 분열되었다. 보다 보수적 성향의 간행물이 우익을 선호한 반면 대중(大衆) 언론은 좌익으로 기울어지는 경향이 있었다. 맨 처음, 언론매체는 베트남에서 싸우고 있던 프랑스 원정군을 지원하였다. 아마도 이는 프랑스 제국의 영광스런 과거로의 회귀를 염원하던 국민의 기대를 반영한 결과였을 것이다. 그러나 장기간 지속될 것임이 자명한 당시의 전쟁에서 소요될 전비(戰費)가 분명해지면서, 언론매체들이 정치적으로 재차 분열되었다.45)

Foreign Languages Publishing House, Hanoi, 1978; Honey, P. (ed.), *North Vietnam Today, A Profile of a Communist State*, Praeger, New York, 1962; and Bonnet, G., *Les Guerres Insurrectionelles et Revolutionnaires*, Payot, Paris, 1958.
44) Trager, op. cit., p. 49.

우익의 프랑스 정부가 베트남전쟁에 적극적이었던 반면, 좌익은 베트남 정부에 우호적인 입장을 견지하였다. 프랑스의회(Assembly of the French Union)에서 공산당 좌석에 있던 레이몽 바르(Raymonde Barre)는 다음과 같이 언급하였다.

오직 하나의 문제가 있을 수 있는데, 이는 계략과 다름이 없는 협정의 체결이 아니고, 베트남 국민이 자신의 문제를 자유롭게 결정할 수 있도록 프랑스의 베트남 원정군이 철수하거나 이들 원정군을 본국으로 송환시키는 것이다.46)

바르는 또한 파업 선동, 특히 선원과 부두 노동자들의 선동이란 방식으로 철수를 강요할 목적에서 자신이 할 수 있는 모든 것을 할 것이란 점을 프랑스 정부에 경고하였다.47) 이 같은 위협은 병력과 장비를 운반하던 기차를 철도 조합들이 공격 대상으로 간주했던 마르세(Marseilles)에서 실행에 옮겨졌다. 이 같은 행위를 좌익 성향의 언론매체들이 전폭적으로 지원하였다.48)

이처럼 언론매체를 이용한 전투는 지역 신문과 당의 조직들이 주요 역할을 하는 등 주로 출판물을 통해 진행되었다. 왜냐하면, 파리의 주요 일간지들은 영향력은 있었지만 수도인 파리 밖에서 제한된 부수만 판매되었기 때문이었다. 가장 영향력 있던 신문인 르몽드(Le

---

45) Personal Interview, M Lucien Boz, Directorate of Information (1948-51), Paris, 11 March 1977.
46) *Journal Officiel Assemblee de L'Union Francaise*, 19 January 1950.
47) Hammer, op. cit., p. 269.
48) Interview, M. Lucien Boz, op. cit.; Hammer, op. cit., p. 298.

Monde)는 50만 부 이하가 발간되고 있었다. TV는 아직 초기 단계에 있었다. 1953년의 데이터에 따르면 프랑스에는 오직 6만 대 정도의 TV가 보급되어 있었는데, 이는 유럽에서 가장 저조한 수준이었다.[49] 이외에도 프랑스의 법에서는 법과 정부에 관한 정보 그리고 우리의 입장에서 보다 중요한 부분이지만, 군사정보는 구체적으로 허락 받지 않으면 유출이 금지되어 있었다.[50]

좌익과 우익이란 점차 분열된 관점을 언론매체가 보도하고 있었는데, 이는 프랑스 국민이 누리고 있던 '선택의 자유'를 상징적으로 보여주는 부분이었다. 또한 베트남전쟁의 전비(戰費)와 전쟁에 대한 권태감으로 인해 이념이란 요소가 보다 더 강화되었다.

1952년, 빈센트 오리올(Vincent Auriol) 대통령은 7년에 걸친 베트남전쟁으로 인해 1억 6천만 프랑의 전비가 사용되었다고 밝혔다. 그런데 이는 프랑스의 도심지역을 복구할 목적에서 미국이 제공한 마셜플랜(Marshall Plan) 원조의 2배에 달하는 규모였다. 또한 그는 9만 명 이상의 사상자가 있었다고 밝혔다.[51] 전후 장교단의 핵심 인물들이 거의 모두 전사했다는 점 외에 많은 인력이 손실되었다는 점이 여론에 영향을 끼쳤다. 또한 프랑스군의 일부 행위와 노름(금전 투기)에 관한 보도가 국민들로부터 점차 혐오감을 자아내었다. 영향력 있는 신문의 편집장이 다음과 같이 주장하는 등 이 같은 점이 재차 언론매체에 반영되었다.

---

49) Merill, op. cit., p. 45.
50) Ibid., p. 75.
51) Hammer, op. cit., p. 297.

……몇몇 사건들로 인해 인도차이나 전쟁은 장기화될 수밖에 없다. ……인도차이나에서의 정책으로 인해 우리는 이 같은 재앙으로부터 벗어나기 위한 방안을 찾지 못하고 있다.52)

제한된 분쟁의 시대에서의 시민들의 '선택의 자유'뿐만 아니라 이 같은 자유를 표현할 수 있는 새로운 능력으로 인해 야기된 '신뢰의 위기'와 '의견 분열'에 따른 충격을 가장 잘 요약한 사람은 지압이었다. 그는 다음과 같이 말한 바 있다.

민주주의 국가인 프랑스의 여론은 부질없는 살생을 금지하라고 요구하게 될 것이다. 여론의 이 같은 요구가 있지 않은 경우, 프랑스의 입법부는 분명한 승리가 보이지 않는 전쟁에 얼마나 오랜 기간 동안 천문학적인 자금을 투입해야 할 것인지 알려달라고 요구할 것이다.53)

패배 내지는 지루한 형태의 소모전으로 인해 전쟁에 대한 대중의 지지가 줄어들 것임이 분명하였다. 그러나 앞의 몇몇 이유로 인해 프랑스 국민은 베트남에 대한 프랑스의 간섭이 지속되어야 할 것인 지의 여부를 결정할 권리가 있다고 느끼고 있었다. 당시의 전쟁은 애국적 차원의 전쟁은 아니었다. 당시의 전쟁은 대부분 국민의 안전 내지는 공통의 생존을 위협하지 않는 제한된 분쟁이란 새로운 유형의 것이었다. 비로소 처음으로 서구 자유 국가들의 시민들은 자신들이 지

---

52) Servan-Schrieber, J., Editor of *L'Expresse*, in *Le monde*, Editorial, 30 April 1953 (Courtesy Interview, M. Lucien Boz, op. cit.)

53) Nguyen, Vo Giap. *People's War People's Army*, Foreign Publishing House, Hanoi, 1961, p. 61.

지하지 않는 전쟁에 대한 인력과 물자의 공급을 중단해야 할 것인지의 여부뿐만 아니라 자국 정부 또는 군대에 반하는 형태의 정책을 지지해야 할 것인 지의 여부를 결심할 수 있었다. 군은 이전의 애국적 전쟁에서 자신들이 누렸던 것과 동일한 형태의 지지를 기대하고 있었다. 그러나 몇몇 사람들이 이처럼 지지를 결심한 반면 또 다른 사람들은 그렇지 않았다. 서구 민주국가의 정부와 군의 입장에서 보면 당시의 경종(警鐘)은 진정 적합한 형태의 것이었다.

알제리 : 마지막 경고

서쪽으로 모로코, 동쪽으로 튀니지의 사이에 있는 아프리카의 북부 해안선을 따라 1,000킬로미터에 걸쳐 있으며, 220만 평방킬로미터의 방대한 내륙의 알제리는 프랑스의 완벽한 일부분인 듯 보였다. 1945년 당시의 알제리의 인구는 950만이었는데, 이들 중 840만은 모슬렘이었다. 나머지 100만은 유럽인이었는데, 이들의 대부분은 오랜 기간 동안 콜론(colons) 또는 피에-느와르(pieds noirs)로 알져진 프랑스 이주민이었다. 피에-느와르는 정치 및 경제적 측면에서 엘리트였다. 이들은 개화된 원주민 모두를 수용한다는 프랑스의 식민지 정책에 반대하였다. 모슬렘들 중에서 부유층은 보호받고 있었는데, 이들은 'yes man'으로 지칭되었다. 나머지 모슬렘들을 사람들은 멸시하였다. 그 결과 알제리 국민은 인종과 종교에 따라 분열되어 있었다. 1947년, 이 같은 분열은 모슬렘과 프랑스란 별도의 정치적 선거인을 만들어낸 법으로 인해 공식화되었다. 당시의 법에서는 완벽한 통합이란 프랑스의 언약을 효과적으로 좌절시키고 있었다. 이 점에서 반란의 씨앗이 뿌려지고 있었다.

이 같은 분열에 따른 차별에 크게 의존하면서, 알제리의 민족주의는 페르하트 아바스(Ferhat Abbas)의 지도 아래 그리고 1950년 이후부터는 보다 호전적인 지도자인 벤 벨라(Ben Bella)의 지도 아래 성장을 거듭하였다. 튀니지와 모로코가 독립했다는 점, 프랑스가 베트남에서 패배했다는 점뿐만 아니라 1954년 당시 이집트에서 나세르(Nasser)가 새로운 살라딘(Saladin)으로 권좌에 오르게 되면서, 벨라는 자신이 원하던 기회를 갖게 되었다.

1954년 11월 1일 이른 아침, 알제리 전역(戰域)에 걸쳐 있던 프랑스군 초소를 겨냥한 일련의 공격으로 인해 분쟁이 시작되었다. 새로 편성된 알제리 민족해방전선(Algerian Front for National Liberation)은 카이로 방송을 통해 독립전쟁의 시작을 선포하였다. 민족주의 연합이 프랑스로부터 독립을 쟁취하기까지 7년 6개월 동안 지속된 당시의 분쟁에서는 10만의 인명이 살상되었다.[54]

지면 관계로 인해 우리는 당시의 전역(戰役)을 개략적으로 밖에 설명할 수 없는 입장이다. 그러나 베트남에서의 패배로 인해 독기가 올라있던 프랑스군은 맨 처음 알제리에서 발발한 반란을 어느 정도 성공적으로 봉쇄하였다. 그러나 알제리 사태는 군사적 성격의 대립 이

---

54) Special Operations Research Office, *Casebook on Insurgency and Revolutionary Warfare*, The American University, Washington, 1962, p. 241. 식민지 알제리의 경제 및 정치적 상황에 관해 보다 상세히 알고자 하는 경우 다음을 참조하시오. Julien, C., *L'Afrique Dunord en Marcle*, Juillard, Paris, 1952; and Barbour, N., *A Survey of North West Africa* (The Maghrib), Oxford University Press, London, 1959.

상이 될 상황이었다. 처음부터, 알제리 사람들은 주요 전투가 프랑스와 국제사회에서 여론을 놓고 벌어지는 투쟁이 될 것이란 점을 인지하고 있었다. 이전의 베트남인들과 마찬가지로 알제리 인들은 프랑스 내부의 좌익과 공산주의자들에게 영향력을 행사하고 있던 다수의 알제리 출신 지식인들에 의존할 수 있었다. 이들은 또한 튀니지·카이로 및 다마스쿠스(Damascus)의 대부분 문맹(文盲)자들을 상대로 하는 라디오 방송에 접근할 수 있었다.[55]

알제리 민족해방전선이 첫 라운드를 승리로 장식하였다. 아랍 세계의 호소로 인해 1955년 9월, 유엔은 알제리의 상황에 주목하기 시작하였다.[56] 알제리인들에 대항해 프랑스가 취한 극단의 조치와 프랑스 비밀경찰이 벤 벨라(Ben Bella)를 납치한 사건에 대한 반응으로 카이로에서 시작된 범아랍주의 호소로 인해 세계 여론이 또한 강화되었다. 당시 벨라는 프랑스 좌익 리더들과의 프랑스에서의 논의를 위해 모로코와 튀니지 중간 지점에서 비행하고 있었다. 당시의 납치로 인해 프랑스의 좌익뿐만 아니라 모로코와 튀니지가 격분하였다. 인도차이나 전역(戰役)에서와 마찬가지로 이 사건을 좌익 성향의 신문이 대거 보도하였다.[57]

한편 1956년 10월과 11월에는 수에즈운하 침공에 관여했다는 점으로 인해 프랑스가 아랍 세계를 보다 더 격분시켰다. 미국의 입장에서 보면, 수에즈운하와 관련된 프랑스의 실수는 바람직하지 않았다. 당

55) Special Operations Research Office, op. cit., p. 256.
56) *United Nations Yearbook 1955.*
57) Personal Interview, Colonel Adrian de la Foucould, former member of the Centre d'Instruction a la Guerre Psychologique (1957), Paris, May 1977. 다음을 또한 보시오. Vaizey, op. cit., p. 236.

시의 사건으로 인해 정당할 뿐더러 반공(反共) 및 민족주의를 지향하는 알제리 국민의 열망과 프랑스에 의한 알제리 분쟁이 부합하는 형태가 아니라고 미국이 보다 확신하게 되었다. 미국 정부는 미국에 알제리공보국(Algerian Office of Information)의 설치를 허용했으며, 유엔에서의 논쟁에 참여할 수 있도록 알제리 공화국의 임시정부 요원들에게 비자를 발급해주었다.58) 알제리의 언론매체와 여론의 관점에서 보면, 이는 엄청난 승리였으며, 국제사회에서의 승리였다. 지상에서의 전쟁 수행을 살펴보면 정치적 지원의 정도와 정서의 깊이를 잘 알 수 있었다.

군사적 측면에서 보면 프랑스군은 매우 성공적이었다. 이들의 전술은 반군을 고립시킬 목적에서 모든 주요 인구중심지의 요새화를 요구하는 퀴드리지(Quadrillage) 정책에 의존하였다. 또한 개개 도당(徒黨)들을 발본색원할 목적의 특수 전력에 의한 공세적 성격의 초계가 감행되었다. 여기에 대항해 알제리 민족해방전선은 도시 테러를 고조시키는 방식으로 반응하였다. 프랑스는 보다 엄격한 형태의 통제란 방식으로 대응하였다. 대응 수단 측면에서 보면 프랑스의 보안군들은 '백지 위임장'을 부여받은 것과 다름이 없었다. 이들은 개인 및 집단 책임을 포함한 경계(警戒) 유형의 테러를 제도화하였다. 그 결과 이들은 몇 분 이내에 모든 사람들을 습격할 수 있었다.59)

얼마 지나지 않아, 프랑스군은 또 다른 형태의 베트남 유형의 소모전(消耗戰)에서 허우적거리며 헤매는 형국이 되었다. 그럼에도 불구하

---

58) Special Operations Research Office, op. cit. p. 253.
59) Interview, de la Foucould, op. cit.; 다음을 또한 보시오. Special Operations research Office, op. cit., p. 258.

알제리 전쟁에 참전한 프랑스군

고, 이번에는 프랑스군의 모든 자원(資源)이 가용되었다. 프랑스군은 강력한 형태의 순수 프랑스 인에 대한 신념인 '알제리 내부의 프랑스 인(Algeria Francais)'이란 개념에 매진하였다. 이 개념이 알제리에서 성공을 거두는 경우, 제2차 세계대전과 베트남에서의 실패가 보완될 상황이었다.60) 이는 프랑스군이 점차 공개적으로 피에-느와르의 입장을 지지하는 등 정치화되고 있음을 보여주었다. 프랑스 정부가 화해의 가능성을 엿보고 있었던 반면 피에-느와르들은 보다 강경한 노선을 원하였다.

전쟁이 1957년까지 질질 끌며 지속되자, 전쟁에 대한 권태감과 방향감각 상실 현상이 발생하였다. 군사적으로 보면 프랑스군은 상황을 주도하고 있었다. 그러나 정신적 측면에서의 승리는 어디에서도 찾아볼 수 없었다. 알제리의 독립을 허용해주는 경우 피에-느와르들의 정치적 반발로 인해 프랑스 정부가 붕괴될 수 있는 상황이었다. 점차 프랑스는 은퇴해 사색(思索)에 잠겨 있던 드골(de Gaulle) 장군을 쳐다보았다. 1958년 5월, 알제리의 프랑스군 사령관인 살랑(Salan) 대장과

---

60) Vaizey, op. cit., p. 236.

휘하 장군들은 프랑스 정부에 최후 통첩장을 보냈는데, 그 내용은 군이 알제리 포기에 동의할 수 없다는 점이었다. 당시의 최후통첩은 공수부대 요원들이 주축이 된 무장봉기 계획 형태로 알제리에서 지원을 받았다. 피에르 플림린(Pierre Pflimlin)을 수장으로 파리에 새로 구성된 정부가 알제리 반군들과의 협상을 제의한 5월 13일, 알제리에서 총파업이 선언되었으며, 폭동이 발발하였다. 모반(謀叛) 가능성에 직면하게 된 살랑 대장은 다음날 자신의 심경을 드골에게 고백하였다.

5월 28일, 드골은 군과 알제리 정착민들의 지원에 힘입어 권력을 떠맡았다. 그러나 그 후 몇 년 동안, 드골은 군의 능력을 점차 제거하고는 자신의 입장을 협상의 방향으로 선회하였다. 여기에 알제리에 정착하고 있던 프랑스 인들이 반대하였다. 1960년 초반 이들은 공개적으로 시위를 벌였다. 그러나 당시 드골은 군을 장악하고 있었으며, 피에-느와르는 효과적으로 고립되었다.

1961년 4월에는 알제리 민족해방전선과의 협상이 시작되었다. 이들 협상에 반대해 살랑(Salan), 샬(Challe), 쥬하드(Jouhard) 그리고 젤러(Zeller)란 4명의 퇴역 장군을 중심으로 알제리에서 폭동이 발발하였다. 그러나 프랑스에서의 자신의 입지를 지원하는 형태의 총파업에 힘입어 그리고 알제리에서 징집된 병사들이 장교들에 대한 복종을 거부했다는 점에 힘입어 드골은 신속히 행동을 취하였다. 당시의 폭동은 용두사미로 끝나고 말았다. 샬과 젤러가 항복할 수밖에 없었던 반면 살랑, 쥬하드 그리고 폭동에 가담했던 대부분의 장교들은 지하로 숨어들어 자신들의 주장을 관철시킬 목적의 테러 전쟁을 시작하였다. 이 같은 상황은 알제리에서 종전(終戰)이 서명된 1962년 4월 20일까지 지속되었다. 그 해 7월 3일에는 알제리 민족해방전선이 임시

정부를 수립하였으며, 당시의 분쟁이 종료되었다.61)

당시의 전쟁에 관한 이 같은 간략한 검토가 보여주듯이, 초국가적 정서뿐만 아니라 개인의 사회 · 경제 및 정치적 관점의 추구와 관련된 '선택의 자유'는 거의 무한하였다. 이는 군의 정치화, 총파업, 보이콧, 프랑스에서 발발한 그 전례가 없는 수준의 테러란 형태로 그리고 프랑스 내부의 대규모 분열이란 방식으로 그 절정에 달했다. 이들 분열 중 일부는 오늘날까지 치유되지 않고 있는 실정이다. 그러나 사회계약의 일환으로 국민이 군과 정부의 전쟁 목표를 지지해야 함이 신성한 듯 보였던 제2차 세계대전 이후 10년도 되지 않은 시점에 이 같은 반대 · 파업 및 폭동이 뒤범벅이 된 현상이 목격되었다.

이번에도 당시의 전투는 신문과 라디오를 통해 수행되었다. 그 이유는 아직도 프랑스의 가정에 TV가 널리 보급되어 있지 않았기 때문이었다. 인도차이나 전역(戰役) 당시와 마찬가지로 프랑스의 TV 보급률은 유럽에서 가장 저조한 수준이었다. 더욱이 메릴(Merill)이 언급하고 있는 바처럼 TV의 보급 증가를 막을 목적에서 1955년, 프랑스 국회는 5개년 개혁을 채택했는데, 이는 "……알제리 분쟁을 TV가 취재하는 경우 라디오처럼 화면이 없는 형태의 언론매체에 의한 보도와

---

61) 1957년부터 1962년까지의 군사 및 정치적 갈등에 관해 상세히 알고자 하면 다음을 참조하시오. Crawley, A., *De Gaulle*, Collins, London, 1969; Horne, A., *A Savage War of Peace : Algeria 1945-62*, Macmillan, London, 1969; O'Ballance, E., *The Algerian Insurrection, 1952-62*, Faber & Faber, London, 1967; Gillespie, J., *Algerian Rebellion and Revolutions*, Praeger, New York, 1967; Brace, R., & Brace, R., & Brace, J., *Ordeal in Algeria*, Princeton University Press, Princeton NJ, 1960; Roy, J., *The War in Algeria*, Knopf, New York, 1957; Kraft, J., *The Struggle for Algeria*, Doubleday, New York, 1961; and Mezerick, A., (ed.), *Algeria Development 1959 : De Gaulle*, FLN, UN, International Review, New York, 1960.

비교해 여론이 크게 자극될 가능성이 있다는 프랑스 정부의 우려 때문이었다."62)

프랑스 정부는 시청각 자료에 대해 엄격한 반면 합법적인 형태의 검열을 유지하였다. 알제리는 은밀한 방식으로 발간되는 하나 내지 두개 정도의 신문과 전단(傳單)을 제외하면 지면을 통한 의사전달 수단이 없었다. 이들 지면이 끼치는 영향은 주민들이 문맹(文盲)이란 점으로 인해 제한적이었다. 라디오가 주요 수단이었으며, 알제리 민족해방전선은 자신들이 추구하던 대의에 동정적이던 이웃 아랍 국가들의 라디오 방송국에 접근할 수 있었다. 외부적으로는 제약 사항이 거의 존재하지 않았다. 알제리 민족해방전선은 자신들이 주장하던 바를 변호할 목적에서 국가 및 국제 사회의 언론매체를 이용하였다. 이들은 자신들이 주장하는 바를 유엔과 아랍세계를 포함한 모든 국제사회의 포럼으로 들고 갔다. 이라크 그리고 알제리의 이웃 국가인 튀니지와 모로코가 정치 및 비밀 성격의 군사적 지원뿐만 아니라 성역(聖域)을 제공해주었다. 프랑스 내부에서 알제리 민족해방전선은 자신들의 주장을 지원해주는 서적과 팸플릿의 발간에 동정적인 언론인과 문필가들에 의존하였다. 이들은 프랑스군이 사용한 강압적인 수단에 경악하고 있던 장 폴 사르트르(Jean-Paul Sartre) 및 교회 집단과 같은 인물들을 이용하였다.63)

그러나 알제리 민족해방전선이 공략하고자 한 주요 표적은 프랑스의 진보주의자들이었다. 알제리 전쟁이 부당한 형태이며, 알제리 인들이 프랑스혁명에서 추구한 원칙들을 따르고 있다는 점을 진보주의

---

62) Merill, op. cit., p. 45.
63) Special Operations Research Office, op. cit., p. 256.

자들에게 설득할 목적에서 이들은 선전 책동에 호소하였다. 이들은 또한 대부분의 전 세계 국가의 수도에 정보센터를 개설하였다. 한편 '미 운영분석센터(American Operational Research Center)'가 언급하고 있는 바처럼, "이들 정보센터를 통해 선전 성격의 문학을 대중들이 접할 수 있었던 반면, 이들 사무소의 참모들은 언론매체 및 주요 관료들과 접촉할 목적에서 온갖 노력을 경주하였다. 또한 이들은 알제리 민족해방전선이 추구하던 대의를 변호하기 위한 기회로 스피치와 토론을 최대한 이용하였다."64) 알제리 내부에서, 프랑스는 알제리에 설치되어 있던 12개 방송국과 프랑스어로 발간되는 신문들을 통해 최대한 반격하였다. 프랑스의 공보부(Ministry of Information)는 이들 방송국과 신문을 엄격히 통제하였다.65) 그러나 이들은 이웃 아랍 국가들로부터의 라디오 방송은 중단시킬 수 없었다. 알제리 독립을 곳곳에서 요구하고 있다는 점과 알제리를 둘러싸고 있던 범아랍주의를 고려해보면, 당시의 전쟁은 거의 절망적이었다. 알제리의 입장에서 파농(Fanon)은 다음과 같이 말했다. "진실은 국가적 성격의 대의가 누릴 수 있는 최대의 자산이며, 부인될 수 없다."66)

프랑스 내부에서의 상황 역시 절망적이었다. 프랑스 국민에게 별다른 의미가 없는 전쟁에서 징집된 병사들이 죽어가고 있다는 점이 앞의 파농의 메시지를 프랑스 국민들에게 실감나게 해주었다. 당시의 전쟁을 점차 좌익과 노동조합들이 거부하였다. 이들은 인도차이나 전쟁 당시 전쟁 관련 노력에 자신들이 이용했던 산업 차원의 제재를

---

64) Ibid., p. 257.
65) Ibid., p. 245.
66) Fanon, F., *The Wretched of the Earth*, Penguin, London, 1967, p. 39.

강요하였다. 또한 프랑스는 합법성을 놓고 유엔의 세계 포럼에서 벌어진 투쟁에서 패배하였다. 프랑스혁명과 같은 프랑스의 혁명적 배경을 호소하는 지식인들이 프랑스를 지속적으로 비난했는데, 아마도 이는 보다 중요한 부분이었을 것이다. 사르트르는 다음과 같이 말했다. "어느 측이 야만인인가? 야만이 존재하고 있는 곳은 프랑스인가 아니면 알제리인가?……유럽인들이 모슬렘을 불태워 죽이고 있는 동안 '자동차의 소음(騷音)'이 알제리의 프랑스 인들을 기진맥진케 하고 있다."67)

　이처럼 놀라운 형태의 영상과 호소에 대응해 프랑스 정부와 군이 할 수 있던 부분은 거의 없었다. 그런데 이들 영상과 호소는 극우 성격의 언론매체를 제외한 신문과 라디오 매체를 통해 적절히 보도되고 있었다. 프랑스 정부는 당시의 전쟁 수행과 관련된 정보를 제한할 수 있었다. 그러나 보다 포괄적인 형태의 철학적 논의는 제한할 수 없었다. 당시 주장의 진실과 타당성을 모든 사람들이 인지했는데, 국가생존에 관한 의무에서 해방된 프랑스와 같은 서구 자유주의 국가의 국민은 자신의 의사를 자유롭게 결정할 수 있는 입장에 있었다. 스스로 결심 및 판단할 능력을 구비하고 있던 국민으로 인해 결과적으로 프랑스 내부에 주요 '골'이 형성되었는데, 이 같은 '골'로 인해 알제리 주둔 프랑스군이 폭동을 일으키게 되었다. 알제리 전쟁은 제한된 분쟁에 따른 변화된 상황과 의무를 생생히 보여준 경우였다.

---

67) Sartre, J P, Preface to Fanon, op. cit., p. 23-4.

결론

아마도 알제리 전쟁은 마지막 경고였다. 그러나 이 같은 경고는 말레이 반도, 인도네시아, 인도차이나 반도, 아프리카와 중동에서의 보다 작은 규모의 식민지 시대 이후의 분쟁에도 등장하였다. 사실 모든 곳에서 제국주의(帝國主義) 세력들이 무장 반란에 직면하였다. 한국전쟁을 통해 언론매체가 나아가야 할 새로운 방향이 암시된 것은 사실이다. 그러나 한국전쟁은 제2차 세계대전 이후 얼마 지나지 않은 시점에 발발했으며, 반공(反共) 성격의 성전(聖戰)에서 목격되는 애국심으로 충만해 있었다는 점에서 주요 사례가 될 수 없었다. 당시 미국이 TV를 가장 많이 사용하고 있었다는 점에서 보면, 한국전쟁은 또한 진정한 의미에서 TV의 영향력을 보여주는 시발점으로 생각될 수 있다. 한국전쟁 당시는 TV 시청자는 있었지만 정보의 전달 수단이 결여되어 있었다.

인도차이나 분쟁에서는 정보의 전송 수단이 결여되어 있었다는 점, TV 시청자가 많지 않았다는 점으로 인해 TV가 거의 영향을 끼치지 못했다. 그나마 취재된 내용 또한 프랑스에서 엄격히 보도 검열되었다. 이 같은 점에도 불구하고, 본국으로 귀환하는 병사들과 여타 정보 출처를 통해 프랑스 국민은 사상자가 급증하고 있으며, 올바로 진행되지 않는 전쟁에 엄청날 정도의 전비(戰費)가 사용되고 있다는 점을 알게 되었다. 이들 정보 출처에는 베트민들이 전개하는 면밀히 준비된 형태의 정보 전역(戰役), 그리고 프랑스 정치의 좌익들의 함성이 포함되어 있었다. 자국 군대가 당시의 분쟁에 합법적이고도 적절히 투입되었다는 점에 무관하게, 프랑스 국민은 나름의 방식으로 의사를 결정했는데, 이는 보다 중요한 부분이었다. 프랑스인들은 육체적 생존 내지는 국가적 생존이란 제약에 구애받지 않는 상태에서 전쟁 관련 문제에 '선택의 자유'를 행사하였다.

그 결과 본국에 인접해 있는 알제리에서 유사한 상황에 직면했을 당시 프랑스의 국론이 심각히 분열될 정도로 이 같은 권리가 행사되었는데, 이는 놀라운 일이 아니었다. 새로 발견된 '선택의 자유'에 따른 이 같은 국론 분열로 인해 프랑스군이 폭동을 일으켰다. 한편에서는 그 전례가 없는 수준의 테러 전역(戰役)이 그리고 또 다른 한편에서는 군인들의 불복종과 사보타지가 있었다. 국가와 개인의 생존에 근거한 사회계약 이론에 따라 국민이 자신들을 지원해줄 것이란 믿음에서, 프랑스군은 폭동을 일으킬 각오가 되어 있었다. 당시 프랑스 정부와 군이 인지하지 못한 부분이 있는데, 이는 미국의 사막에서 인류 최초로 핵폭탄이 폭발한 이후 이 같은 개념이 시대에 뒤쳐진 형태가 되었다는 점이다. 그러나 알제리와 인도차이나 전쟁에서의 경고에도 불구하고, 군은 말할 것 없고 어느 누구도 이 같은 사실을 수용하지 않았다. 베트남에서의 미국의 경우를 우리는 상세히 다룰 것인데, 자신이 직면하게 될 새로운 문제들을 서구의 군대가 절감하게 된 것은 베트남전쟁에서였다.

제4장

베트남 : 국가적 차원의 기만

전정한 의미에서, 베트남전쟁은 인류 최초의 TV 전쟁이었다. 즉 1965년의 도미니카공화국에 대한 간섭을 제외하면, 베트남전쟁은 자국의 간섭을 전폭적으로 지원하지 않던 언론매체를 군이 통제하고자 노력했던 최초의 분쟁이었다.[1] 베트남전쟁은 오늘날의 언론매체가 거의 규제 받지 않는 가운데 배치된 최초의 제한된 분쟁이었다.

사상 최초로 언론매체는 분쟁에 반대하는 사람들에 영합해야 함을 인지하였다. 당시의 전쟁은 미 본토로부터 멀리 떨어진 지역에서 수행되었다. 또한 당시의 전쟁은 징집과 관련된 우려를 제외하면 미국 국민 내지는 미국에 직접 위협이 되지 못했다. 베트남전쟁은 또한 사회계약 이론에 근거한 대중의 지지란 시대에 뒤쳐진 기대를 정부와 군이 견지하였던 주요 사례다. 당시 미국 국민은 분쟁의 의미와 관련

---

1) Yates, L., *Power Pack : US Intervention in the Dominican Republic 1955-66*, Combat Studies Institute, Kansas, July 1988, p. 174.

해 나름의 의사를 결정할 수 있는 입장에 있었다. 많은 미국 국민은 정부가 공식적으로 제기하는 전쟁 수행 이유가 미흡하다고 생각하였다. 그런데 이러한 생각에 대해 미국 정부는 전혀 준비되어 있지 않은 상황이었다. 당시까지만 해도 전쟁 수행과 관련된 대중의 지지 확보는 어려운 문제가 아니었다. 이 점에서 군은 당시의 상황에 전혀 준비되어 있지 않았다.[2]

베트남전쟁은 엄격히 제한된 무기와 베트남 내부로의 지리적(地理的) 제한을 준수하는 가운데 수행되었다. 이 점에서 베트남전쟁은 제한된 분쟁의 고전적인 사례다. 그러나 베트남전쟁은 지역 및 지구 안보란 측면에서 나름의 의미가 있었다. 무엇보다도 베트남전쟁은 민주주의 및 공산주의 이론과 이념들의 정치-군사적 대립의 광장이었다. 그 결과 미국은 자신들이 베트남전쟁에 초대받은 국가란 자만에 빠졌다. 기술적으로 보면, 당시의 전쟁은 베트남인들이 수행하고 있었다. 이는 미국이 언론매체의 취재를 전혀 제한할 수 없었음을 의미하였다. 당시 미국은 자신들이 추구하는 목표가 베트남의 민주주의 회복이라고 공공연히 언급하였다. 언론매체의 자유 제한은 이 같은 점에 위배되었는데, 미국은 이 같은 모순에 빠져 있었다.[3] 그러나 민족 자결주의를 표방하던 제2차 세계대전 이후의 몇몇 분쟁과 한국전쟁에서의 경고에도 불구하고, 미국의 군부는 언론매체 통제란 문제를

---

2) Ward, J., *Military Men*, Michael Joseph, London, 1972, p. 1-14. 다음을 또한 보시오. Weigley, R., *History of the United States Army*, Macmillan, New York, 1967; and Ward, J. *The American Way of War*, Macmillan, New York, 1973.
3) *National Security Action Memorandum No. 111*, November 22, 1961. 다음을 또한 보시오. Telegram from Nolting to Rusk, 25 November 1961, cited in Porter, G., *Vietnam : A History in Documents*, Meridian books, New York, 1981.

전혀 생각하지 않은 채 인도차이나 반도로 들어갔다.4)

본 연구의 목적이란 측면에서 보면, 베트남전쟁은 특히 중요한 의미가 있다. 왜냐하면, 1950년대 후반부터 1960년대 중반까지의 베트남에서의 미군의 전력증강 기간이 미국의 모든 가정에 TV가 보급된 시점과 일치하고 있기 때문이다. 당시 점차 증대되고 있던 미국의 TV 시청자들은 최첨단의 TV 뉴스 수집 네트워크에 의해 지원 받고 있었다.5)

미국과 같이 애국심이 충만한 국가에서 예견될 수 있는 일이지만, 베트남전쟁 당시 미국의 언론매체는 일반적으로 군을 지원하였다. 그러나 전쟁의 진전에 관한 공공 기관의 발표가 지나치게 낙관적인 반면, 현장에서 기자들이 직접 목격한 부분과 배치된다는 점에 직면하게 되자 이 같은 지원은 점차 줄어들었다. 한편 언론매체는 보도검열 받지 않은 형태의 정보를 24시간 이내에 미국의 TV 화면에 올려놓을 수 있었다.6) 그 결과, TV 기자뿐만 아니라 라디오 및 신문 분야의 헌신적인 언론인들은 국가적 차원의 기만(欺瞞)으로 인지된 사실의 이면에 숨어 있는 진실을 밝혀내는 과정에서 자신들이 올바른 역할을 수행하고 있다고 생각하였다.

베트남전쟁의 지속과 관련된 정치 및 군사적 의지가 손상되는 과정에서 언론매체가 책임이 있다고 사람들은 일반적으로 생각하고 있

---

4) 본 책의 3장을 참조하시오.
5) Merill, op. cit., p. 45-6 and p. 302-53. 다음을 또한 보시오. Denton, R., & Woodward, G., *Political Communication in America*, Praeger, New York, 1985, p. 164-70.
6) Hammond, W., *Newsmen and National Defence*, L. Mathew (ed.)., Brasseys (US) Virginia, 1991, p. 23. 다음을 또한 보시오. Turner, K., *Lyndon Johnson's Dual War : Vietnam and the Press*, University of Chicago Press, chicago, 1985.

다. 본 연구가 보여주듯이, 당시 상황의 진실에 관해 미국 국민을 교육시키는 과정에서 언론매체가 중요한 역할을 한 것은 사실이다. 그러나 이들 언론매체는 여론을 조성하기보다는 여론을 반영하고 있었다. 베트남전쟁에서 미국의 의지가 상실된 주요 이유는 장기간 동안 지속된 반면 성공적이지 못한 전역(戰役)을 보며 미국국민이 전쟁에 염증을 느꼈다는 점 그리고 정부의 오보, 정보 거부 및 기만을 보며 환멸을 느꼈다는 점에 있다. 그 사례로 본 연구에서는 통킹만 사건, 구정공세(舊正攻勢) 그리고 '전쟁의 베트남화'란 개념을 논의하고 있다. 언론매체의 반응 그리고 대중지원의 수준을 비교 가능토록 하는 연대별로 일어났다는 점에서 이들 사건과 전략을 여기서 언급하고자 한다. 이들 사건은 언론매체를 통제할 수 없게 되자 미국 정부와 군대가 선택한 주요 반응인 고도의 기만을 보여주고 있다. 그런데 이는 본 연구의 관점에서 보다 중요한 의미가 있다. 이들 사건은 정반대의 신빙성 있는 증거를 제시하는 언론매체 앞에서는 '승리의 약속'이 장기간 동안 유지될 수 없음을 또한 보여주고 있다.

당시 전역의 배경

제네바협정으로 인해 1954년, 제1차 인도차이나전쟁이 종료되었다. 당시의 협정은 디엔비엔푸에서 공산주의/민족주의 베트민이 프랑스에 가한 결정적인 패배의 결과였다. 당시의 협정으로 인해 비무장지대를 중심으로 베트남이 17도선에서 분할되었다. 당시의 협정으로 인해 종전(終戰)이 그리고 군사력과 인구의 재분배가 가능해졌다. 당시

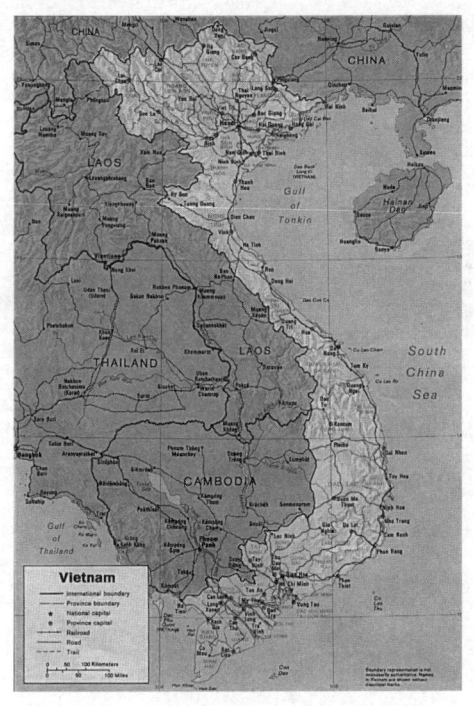

베트남

의 협정에서는 베트남의 통일을 고려한 선거가 2년 이내에 실시되어야 한다고 가정하고 있었다.

열강들에 의한 보다 포괄적인 요구로 인해, 당시의 협정에서 베트민은 군사적 승리에 따른 과실(果實)을 제대로 거두지 못했다. 그러나 이들은 프랑스가 사이공(Saigon)에 수립한 바오다이(Bao Dai) 정부와 싸워서 이길 수 있을 것으로 확신하였다. 1955년, 미국의 지원을 받고 있던 고딘디엠(Ngo Dinh Diem)이 17도선 이남의 대통령으로 취임하면서 상황에 변화가 있었다. 1956년, 고딘디엠은 제네바협정에서 요구한 선거를 거부하였다. 한편 베트민은 자신들의 남부전선(南部戰

線)인 베트콩(Viet Cong)을 통해 군사적 노력을 재개하였다. 고딘디엠의 군사력을 무장시킬 목적에서 미국은 은밀한 방식으로 군사지원을 확대했으며, 경제력 강화를 목적으로 경제적 지원을 제공하였다.

1964년의 통킹만 사건으로 인해, 미국은 베트남의 상황에 보다 직접 개입할 수 있게 되었다. 당시는 노골적인 교전 행위에서 북부 베트남이 미국의 함정을 겨냥해 발사했다는 주장이 제기되었다. 당시의 사건을 미국은 베트남에서의 전력증강을 위한 주요 기회로 생각하였다. 중국과 소련의 지원을 받는 북부 베트남의 주요 전력들의 침투를 봉쇄하고자 노력하는 가운데, 미군은 거의 50만으로 늘어났다. 결과적으로, 미국의 항공력과 화력이 해안선을 따른 광활한 지역을 통제한 반면, 베트콩과 북부 베트남의 주요 전력들이 내륙의 산악지역을 통제하는 현상이 야기되었다.

이 같은 정체현상은 베트남의 주요 공휴일인 구정(舊正) 축제를 이용할 목적의 정치 및 군사적 모험에 북부 베트남이 착수한 1968년 1월까지 지속되었다. 당시는 공세를 통해 기대되었던 민중봉기가 구체화되지 않았던 반면, 공산주의자들의 인명 피해가 심각한 수준이었다. 하노이의 입장에서 보면 당시의 공세는 많은 대가를 지불한 반면 패배한 경우였다. 그럼에도 불구하고, 당시의 공세에서는 미국의 무능력을 부각시킨다는 주요 목표가 달성되었다. 주로 당시의 공세가 언론매체에 비추어진 방식으로 인해, 구정공세는 세계 및 미국의 여론에 심각한 영향을 끼쳤다. 또한 당시로부터 대략 13년 전의 디엔비엔푸에서 벌어진 사건과 마찬가지로, 당시의 공세로 인해 협상을 통한 문제 해결의 길이 열렸다.

구정공세 이후, 미국은 향후의 '평화 대화'에서 자신들의 입지를 강화하기 위한 항공폭격 전역(戰役)을 지속하였다. 한편 '베트남화 (Vietnamisation)'란 개념 아래, 미국은 점차 미군을 감축하기 시작하였다. 이는 재정과 능력 측면에서 방대한 수준의 미군이 실패한 곳에서 보다 규모가 작으며, 제대로 무장되어 있지 않을 뿐더러 제대로 훈련 받지 않은 베트남군이 성공할 수 있다는 가정에 근거하고 있다는 점에서 냉소를 자아내는 정책이었다. 1973년 1월의 평화협정 이후, 그리고 베트남화를 그 근거로 하여 미국은 베트남에서 완전 철수하였다. 남부 베트남은 사기가 저하된 상태에서 싸울 수밖에 없었다. 그 후 18개월 뒤 이들은 중부 고지대로부터 밀려나고는 결정적으로 패배하였다.7)

대규모 차원의 기만 : 통킹만 사건

베트남전쟁 당시, 공보(公報 : Public Relation)를 놓고 벌어진 투쟁은 거의 모든 전선(戰線)에서 뿐만 아니라 전략·작전 및 전술이란 전쟁의 모든 수준에서 진행되었다. 그러나 당시 투쟁의 모든 부분은 언론매체의 능력, 특히 베트남전쟁을 즉각적이고도 검열 받지 않은 방식으로 보도해주는 TV의 능력을 중심으로 이루어졌다. 대규모 병력의

---

7) 당시 분쟁에 관한 배경 지식과 전쟁의 진로에 관해 상세히 알고자 하면 다음을 참조하시오. Kolko, G., Vietnam, *The Anatomy of a War 1940-75*, Allen & Unwin, London, 1986; Halberstam, D., *The Best and the Brightest*, Random House, New York, 1978; and Karnow, S., *Vietnam. A History*, Penguin, London, 1984. 인도차이나 전쟁의 초기 몇 년에 관해 알고자 하는 경우 다음을 또한 보시오. Fall, B., *Street Without Joy*, Schocken Books, New York, 1961.

전개로 인해 베트남전쟁이 뉴스거리가 된 1965년 당시에서조차 미국은 언론매체를 다루기 위한 정책 내지는 기구를 구비하고 있지 않았다.[8] 미국 국민은 베트남을 공산주의를 봉쇄할 목적의 성전(聖戰)의 일부분에 지나지 않는다고 생각하고 있었다. 미국 정부가 언론매체를 조종해 1964년 7월의 통킹만 사건(날조된 것이 분명한)을 사실로 수용하도록 한 것은 아마도 이 같은 국민들의 태도 때문이었을 것이다. 당시의 사건을 미국은 베트남에서의 전력증강을 위한 구실로 이용하였다.

1963년 초반에는 남부 베트남으로의 북부 베트남군들의 유입이 분명해졌다. 하와이에서 있었던 동년 6월의 회합에서 참석자들은 미약한 전력의 남부 베트남 정권이 몰락하지 않도록 하려면 이 같은 북부 베트남의 침략에 대항할 수 있는 수준으로 미군의 주둔이 확대될 필요가 있다는 점에 동의하였다.[9] 그러나 당시 미국의 군사적 노력은 고문관과 항공 및 군수 지원으로 국한되어 있었다. 당시 존재하고 있던 제한된 수준의 공세적 능력은 미 중앙정보부(CIA)의 통제를 받았다.

CIA로부터 임무를 부여받은 특수관찰단(Special Observation Group)이 전개된 1964년 2월에는 미군 전력의 증강이 시작되었다. 여기에는 미국의 특수전력, CIA의 Case Officer들 그리고 베트남의 용병(傭兵)이 포함되어 있었다. 작전계획 34A란 명칭을 부여받은 이 전력의 임

---

8) Sarkesian, S., 'Soldiers, Scholars and the Media', Parameters, September 1987, p. 82-3. Also, Co-author Peter Young interview with H.E. Mt Ngyen Co Thach, DRVN Foreign Minister, Hanoi, 13 May 1983.
9) Graham, S., transcript, International conference on Defence and the Media in Time of Limited Conflict, Brisbane, April 1991.

매독스호를 공격하는 북부베트남
함정

무는 북부 베트남에 대한 양동(陽動) 성격의 기습 공격 감행이었다. 북부 베트남에 대한 이 같은 침공과 더불어 통킹만에서의 전자적(電子的) 임무인 DESOTO로 지칭되는 해군 프로그램이 수행되었다.10) 그러나 쿠바 및 대만의 경우와 마찬가지로 이 같은 확전에는 일부 유형의 의회의 결의가 요구되었다.11) 이 같은 결의가 가능해지려면 나름의 이유가 필요하였다.

7월 31일에는 미 해군함정 매독스(Maddox)가 DESOTO 임무를 수행할 목적에서 통킹만으로 갔다. 이 임무는 작전계획 31A에 따른 활동을 북부베트남 함정들이 방해하지 못하도록 하는 것이었다. 가용한 증거에 따르면, 하노이는 미군의 의도를 사전에 알고 있었다. 그 결과 매독스 호가 공격을 받았다. 이 같은 공격으로 인해 8월 2일에는 소위 말해 통킹만 사건이 발발하였다.12) 이 사건은 이미 장기간 동안

---

10) 이 책의 공동 저자인 Peter Young은 베트남에서 미 중앙정보부의 Combined Studies division에 근무한 바 있다. 그는 OPLAN 34A의 전신의 개발 과정에 몸담은 바 있다. 그 후 1964-64년 그는 Canberra의 군사정보부(Directorate of Military Intelligence)에서 인도차이나 Desk Officer로 근무하였다.

11) Kolko, op. cit., p. 123.

12) Co-author Peter Young interview with Former CIA Station Chief (Danang), Washington, January 1971.

준비되어 왔던 '통킹만 결의'의 근간이 되었다. 당시의 결의로 인해 미국 대통령은 "동남아시아 국가들을 지원할 목적에서 군사력의 사용을 포함한 모든 필요한 조치를 강구할 수 있게 되었다."[13] 그 후 미 국무차관 조지 볼(George Ball)은 DESOTO 임무를 '주로 적의 도발을 야기할 목적의 것'이었다고 기술하였다. 매독스 호의 임무가 이미 결정된 사항을 미 의회가 공식 승인토록 하기 위한 구실을 제공할 목적의 것이었음에는 의문의 여지가 없다. 그 후 3년 뒤, 상원의원 풀브라이트(Fulbright)는 다음과 같이 언급하였다. "당시의 결의와 관련해 우리가 1시간 45분을 소비했음을 상기하시오. 일대 실수였습니다."[14] 오늘날 가용한 방대한 증거를 고려해보면, 당시 미 의회와 국민이 기만당했음에는 의문의 여지가 없다. 콜코(Kolko)는 다음과 같이 표현하고 있다.

통킹만 문제의 세부 사항과 관련해 미 행정부는 미 의회를 기만했습니다. 행정부는 해당 정책이 이미 오래 전에 작성되었을 뿐더러 통킹만에서의 반응을 고려해 사전 결정되었다는 사실을 은폐했습니다. 무엇보다도, 백악관은 자신이 도발의 주체인 상황에서 상대방이 도발해 왔다고 주장했습니다.[15]

당시 존슨(Johnson) 대통령은 미 의회뿐만 아니라 언론매체로부터 전폭적인 지지를 받았다. 미국의 가장 영향력 있는 3대 신문들이 사

---

13) *US Congressional Record*, 4 August 1964.
14) Amter, J., *Vietnam Verdict*, Continuum, New York, 1982, p. 63.
15) Kolko, op. cit., p. 125. 다음을 또한 보시오. US Senate committee on Foreign Relations Hearings, *The Gulf of Tonkin : 1964 Incident*, February 1968.

설에서 '통킹만 결의'를 지지하였다. 그 후 이들 사설은 '통킹만 결의'의 필요성에 관한 논리로 미 의회 기록에 삽입되었다. 워싱턴포스트지의 논설에는 다음과 같은 글이 실려 있었다.

베트남의 위기에 신중하고도 효과적으로 대처했다는 점으로 인해 자유세계로부터 존슨 대통령이 감사의 말을 들었다. 분명한 형태의 미국의 경고를 무시한 채, 공해(公海)에서 미 해군을 공격한 행위가 자멸과 다름없는 어리석은 짓이었음을 북부 베트남 침략자들에게 보여줄 필요가 있다.16)

유사한 방식으로 뉴욕타임스는 "우리는 아직도 전쟁 확대를 원치 않는다."17)고 말했는데, 이는 미국의 언론매체가 미 행정부에 의해 기만당하고 있음을 보여주고 있다. 필라델피아 인콰이어(Philadelphia Inquirer)는 존슨을 위해 대중의 지지를 결집시켰다. 이곳은 "……역사상 이처럼 중요한 순간에 극악무도한 적을 맞이해 국가가 단합하고, 대통령에 대한 지지란 측면에서 하나가 되자."18)고 호소하였다. 대통령의 재임(再任)을 목적으로 유세하는 동안, 존슨은 확전과 관련된 행위를 지연시켰다.19)

국가적 수준의 기만의 첫 번째 사례인 '통킹만 사건'은 성공적이었다. '통킹만 사건'은 베트남에서의 미국의 의도와 정책에 관한 기만

---

16) Amter, op. cit., p. 63. 다음을 또한 보시오. *Congressional Record*, 6 August 1964.
17) *Congressional Record*. 6 August 1964.
18) Ibid.
19) Thompson, R., 'Vietnam'. In Thompson, R. (ed.), *War in Peace*, Orbis Publishing, London 1981, p. 182.

을 보여준 나름의 유형이 되었다. 베트남에서의 미 해병의 역할에 관해 미군이 발표한 것은 1965년 6월이 되어서였다. 그런데 이는 더 이상 숨길 수 없을 정도로 많은 미군이 살상되고 있다는 점에 따른 반응에 불과하였다.20) 성공을 거두었더라면 거부와 기만이란 미국의 정책이 지속될 수 있었을 것이다. 그러나 언론매체가 점차 불신하고 있으며, 미국이 장기전(長期戰)에 돌입하고 있는 순간에 미 행정부는 이 같은 허구의 이야기, 즉 기만을 유지하고자 노력하였다.21) 그 결과 신뢰성 측면에서 갭이 야기되었다. 이 같은 갭은 미 행정부의 주장과 언론매체의 보도가 일치하지 않음을 보며, 베트남전쟁과 관련해 미 의회와 국민이 지지에서 전면 반대로 입장을 선회했을 정도로 점차 벌어졌다.

대중 지지의 잠식

이 같은 신뢰성 측면에서의 갭으로 인해 미국 사회에서 작지만 매우 중요한 집단이 출현했는데, 이곳은 콜코(Kolko)의 표현처럼, "공식적으로 이 같은 기만을 인지하고는 대외정책에 관한 국가의 여론을 서서히 잠식해 들어가기 시작하였다."22) 미국 정부와 베트남전쟁의 수행에 대한 신뢰 상실은 처음에는 대학의 엘리트들 내부에서 분명

20) Co-author Peter Young's own Files when Assistant military Attache (Intelligence) at the Australian Embassy in Saigon 1965-68.
21) Venanzi, G., *Democracy and Protracted War : The Impact of Television*, Air force Review, 1983.
22) Kolko, op. cit., p. 171.

소이탄의 희생자들

해졌다. 미시건 대학(University of Michigan)에서의 최초 토론회에는 30,000명 이상의 학생들이 참여하였다. 베트남전쟁이 비합리적일 뿐더러 비윤리적이란 점을 보다 많은 대중에게 교육시키고자 학생들이 노력하게 되면서, 이 같은 생각이 또 다른 상아탑으로 신속히 확산되었다.[23] 자원과 인명 측면에서의 막대한 손실로 인해, 반전(反戰) 운동이 일반 시민 집단으로 확산되었다. 이는 언론매체의 보급, 특히 TV가 미국의 가정에 대거 보급되었다는 점으로 인해 용이해졌다.[24]

1967년 말경에는 베트남전쟁에 대한 미군의 전개를 지지하는 사람과 비교해 반대하는 사람이 보다 더 많아졌다. 이 같은 경향은 베트남전쟁이 종료된 1975년까지 지속되었다. 당시는 거의 2:1의 비율로 반대가 찬성을 압도하였다.

베트남전쟁 당시 여론 조사원들이 가장 빈번히 제기했던 질문 중 하나는 다음과 같았다. "베트남전쟁에 개입한 이후의 진행 상황의 관

---

23) Amter, op. cit., p. 124-7.
24) Amter, op. cit., p. 124-7. 다음을 또한 보시오. Jacobsen, K., *Television and the War : The Small Picture*, US Naval Institute, Annapolis, 1975.

점에서 보면, 전투 전력의 베트남 파병이 미국의 실수라고 생각합니까?' 미국이 베트남전쟁에 신속히 개입하던 1965년 8월에는 미국국민의 61%가 실수가 아니라고 그리고 24%가 실수라고 답변하였다. 그 후 2년 동안에는 48%에서 59%에 이르는 사람들이 미국이 베트남전쟁에 참전한 것이 실수가 아니라고 믿고 있었다.25) 동일한 질문에 대해 1967년 말경에는 "실수가 아니다."고 답변한 응답자가 "실수다." 고 답변한 응답자보다 많았다. 그러나 그 비율은 46%:45%이었다.

구정공세 이후인 1968년 3월, '실수'라고 답변한 비율이 49%로 늘어난 반면, "실수가 아니다."고 답변한 사람의 비율은 41%로 줄어들었고, 마침내 1968년 8월경에는 오직 35%만이 베트남전쟁에 대한 미국의 참전이 실수가 아니었다고 답변하였다.26)

장기전으로 돌입하고 있던 베트남전쟁의 실상에 관해 정부와 군이 국민을 제대로 교육시키지 못했음이 문제였다. 이들은 모든 분쟁을 국민이 지지해야 한다는 시대에 뒤쳐진 개념에 의존하고 있었다. 베트남전쟁과 관련해 군은 국민들로부터 이 같은 지지를 기대하였다. 그 이유는 당시의 전쟁이 미국이 수행하고 있던 반공산주의(反共産主義) 순교의 일부분이었기 때문이다. 국가안보 내지는 생존이 즉각 위협받지 않는 상황에서 나름의 독자적인 결심을 내릴 기회가 주어지자, 미국국민은 국가에 대한 의무란 개념보다는 분쟁의 이점(利點)에

---

25) Levering, R., *The Public and American Foreign Policy 1918-1979*, William Morrow & Co, New York, 1978, p.128.
26) Gallup Polls, December 1967 and 1968 (courtesy U.S. Information Service, Canberra), and Hallin, D., *The Mass Media and the Crisis in American Politics*, University of California Press, Los Angeles 1981. 다음을 또한 보시오. Angele, A., *US Armed Forces Public Affairs Roles in Low Intensity Conflict*, Army Air Force Center for Low Intensity Conflict, Langlet, Virginia, May 1988.

근거해 사건을 판단하고자 노력하였다. 그 과정에서 충분하고도 독자적인 정보를 얻을 목적에서 미국국민은 과학기술에 기반을 둔 언론매체를 이용하고자 노력했는데, 이는 미국 정부와 군이 인지하지 못한 부분이었다.

기만을 퍼뜨리다 : 언론매체와 대중

베트남 내부 또한 상황은 마찬가지였다. 정보에 대한 공식 소요(所要)는 제대로 정보를 갖고 있지 않던 '미 합동공보(JUSPAO : Joint United States Public Affairs)'가 충족시켜 주었는데, 이곳에는 많은 슬라이드와 시각도구를 구비하고 있던 전문 브리핑 요원들이 포진해 있었다. 여기서 결여되어 있던 유일한 부분은 '진실'이었다. 이는 확전의 논리, 베트남군의 전투 능력에 관한 잘못된 생각의 옹호뿐만 아니라 남부 베트남에서의 끊임없는 쿠데타와 리더십 변화의 정당성을 제공하는 과정에서 군이 미국 정부의 정책에 동참할 수밖에 없었기 때문이었다. 이들은 있지도 않은 승리에 관한 증거를 제시하는 방식으로 이처럼 하였다.27)

당시 언론매체는 작전보안의 필요성을 자발적으로 수용하였다. 그런데 이 같은 자발적인 수용 이상의 효과적인 형태의 보도검열은 존재해 있지 않았다. 따라서 군이 언론매체에 영향을 끼치기 위한 유일

---

27) 이 같은 배경을 보고자 하는 경우 다음을 또한 보시오. Shapiro, M. (ed.), *The Pentagon Papers and the Courts. A Study in Foreign Policy Making and the Freedom of the Press*, Chandler Publishing, 1982.

베트남 전쟁은 대규모 차원의 전역이 아니고 늪지대와 밀림
에서 소규모로 진행되었다.

한 방안은 사건에 관해 공식적인 해석을 제기하는 것이었다. 공보장
교들은 군의 상황이 지속적으로 나아지고 있다는 등의 낙관론 일색
의 주장을 전개하였다. 몇 시간만 야전에 있어보면 이 같은 군의 공
식 노선이 잘못된 것임을 쉽게 입증할 수 있었는데, 문제는 바로 이
점이었다. 군의 이 같은 잘못된 주장을 담은 공보 관련 자료와 '미
합동공보' 부서에 의한 야간 브리핑을 언론매체는 즉각 비난했는데,
당시의 브리핑은 '5시의 어리석은 행동(Five o'Clock folly)'로 지칭되었
다. 당시 '미 합동공보' 부서는 승리의 정도를 측정하는 수단으로 살
해된 적군의 숫자를 언급하였다. 그런데 같은 날 야전을 방문했던 기
자들은 이 같은 측정 수단을 조롱하였다. 이들은 자신이 직접 보고
기록한 상황에 근거해 사건의 해석에 관한 공식 기관의 문제점을 폭
로할 수 있었다.28) 정부가 공식적으로 부인(否認)하는 경우 보다 더

---

28) Lunn, H., *Vietnam : A Reporter's War*, University of Queensland Press, Brisbane,

뉴스 가치가 있게 되는 이 같은 취재는 몇 시간도 되지 않아 미국의
가정으로 그리고 전 세계 곳곳으로 전파되었다. 즉시성과 시각성에
따른 신뢰성으로 인해, TV는 여론에 지대한 영향을 끼쳤다. 특히 성
공적이지 못할 뿐더러 장기간 지속됨이 분명한 베트남전쟁의 최종
결과와 관련해 점차 냉소적이 되고 있던 미국국민에게 TV는 지대한
영향을 끼쳤다.29)

　　1962년, 신문과 TV가 상반되는 내용을 방영하는 경우 어느 것을
믿을 것인가를 묻는 여론조사에 응한 미국인의 48%가 TV를 선택했
고, 신문을 사람은 21%에 불과했다.30) 그 후 5년 뒤의 동일한 설문에
따르면 미국 국민은 신문과 비교해 TV에 압도적으로 의존하였다.31)
이 같은 수치를 보며 호프슈테터(Hofstetter)와 무어(Moore)는 베트남전
쟁에 관한 TV의 취재 방식으로 인해 미국국민의 전쟁관이 형성되었
으며, 당시의 전쟁에서 처음에 국민이 군을 지지하게 되었다고 주장
하였다. 1972년의 연구에서 이들은 TV 뉴스를 시청한 사람들의 69%
가 군을 높이 평가한 반면, 여타 뉴스 출처를 선호한 사람들 중에서
는 이 같은 비율이 59%에 불과함을 발견하였다. 국방비 증액에 대한

　　1985, p. 84-95. 다음을 또한 보시오. Herr, M., Dispatches, Picador, London,
　　1977.
29) Lunn, op. cit., p. 59. 다음을 또한 보시오. Faulkner, F., 'Bao Chi' : The ameri-
　　can News Media in Vietnam, University of California Press, Los Angeles, 1981;
　　Elegant, R., How to Lose a War : Reflections of a Foreign correspondent,
　　Encounter, London, 1981, and Bailey, G., & MacDonald, G., Report or Distort :
　　The Inside Story of the Media's coverage if the Vietnam War, Exposition Press,
　　New York, 1973.
30) Carter, F. & Greenberg, C., 'Newspapers or Television : Which do you
　　Believe?', Journalism Quarterly, Winter 1965.
31) Clarke, P. & Ruggles, L., 'Preferences Among News Media for Coverage of
　　Public Affairs', Journalism Quarterly, Autumn 1970.

지지와 관련해서도 유사한 반응이 있었다.32) 그러나 군에 대한 지지와 베트남전쟁에 대한 지지가 반드시 일치하지는 않았다.

전자(電子) 언론매체의 한계로 인해 이들 매체가 제공해주는 이미지는 압축된 형태였다. 그러나 베트남전쟁에 관한 TV 보도는 국민이 상황을 올바로 파악할 수 있을 정도의 주요 전투 장면을 보여주지 않았다. 구정공세(舊正攻勢) 이전, TV는 베트남전쟁의 특성인 지속적으로 진행되는 반면 결정적이지 않은 행위들을 보여주었다. 미국의 대외정책보다는 고딘디엠 정부와 관련된 사안을 다루던 몇몇 젊은 언론인들에 의한 보도는 예외지만, 1960년대 중반까지만 해도 일반적인 보도 경향은 미 행정부의 노선을 따르고 있었다33)고 세이어(Thayer)는 주장하고 있다. 그럼에도 불구하고, 그는 사상자가 1,000명에서 10,000명으로 10배 증가하자 지지율이 15% 감소하는 등 베트남전쟁에 대한 대중의 지지가 줄어들었다고 믿고 있다. "한국전쟁에서 동일한 유형이 관찰되었다는 점을 고려해보면, 이는 베트남전쟁이 제대로 진행되고 있었는지에 무관하게 나타나는 반응이다."34)고 세이어는 주장하고 있다. 한국전쟁과 베트남전쟁 모두에서 언론매체는 정부·군대 및 국민 사이에서 중계 역할을 수행하였다. 베트남전쟁의 경우를 보면, 그 후 지속된 부정적인 이미지의 근간을 마련한 사람은 뉴욕타임스의 핼버스탬(Halberstam), AP 통신의 맬컴 브라운(Malcom Brown)과 같은 기자

---

32) Hofstetter, R., & Moore, D., 'Watching TV News and Supporting the Military', *Armed Forces and Society*, vol. 5, no. 1, 1979.
33) Hallin, D., *The Uncensored War : The Media and Vietnam*, Oxford University Press, 1986, p. 99.
34) Thayer, C., 'Vietnam : A critical analysis', paper delivered to the International Conference on Defence and the Media in Time of Limited Conflict, Brisbane April 1991. 다음을 또한 보시오. Young, P.R. (ed.), op. cit.

들이었다. 이들의 보도를 보며, 미 야전군사령관 웨스트모어랜드 (Westmoreland) 대장은 자신의 회고록에 다음과 같이 격한 어조로 기술하였다.

비난은 선풍적인 인기를 얻기 위한 방안이었습니다. 한편 서구 유형의 민주주의란 측면에서 거의 배경이 없거나 이 같은 민주주의를 존중하지 않는 동양의 정권을 비난하기는 매우 쉬운 일이었습니다.……이처럼 비난한 사람들의 동료가 본국에서 이들 중 2명(브라운과 핼버스탬)에게 퓰리처상(Pulitzer prize)을 수여해주자, 그 후의 유형은 분명해졌습니다.……베트남전쟁과 관련해 보다 비판적이고 보다 부정적인 시각을 견지할수록, 인정 및 보상받을 가능성이 보다 더 높아졌습니다.35)

이들 잘못된 출발에도 불구하고, 베트남전쟁 당시 언론매체에는 진정한 의미에서 보도검열이 강요되지 않았다. 이처럼 하였더라면, 베트남인들을 통해 일하고 있다는 미국의 주장이 무색해졌을 것이다. 엄격히 통제 받고 있던 소규모의 지역 신문을 제외하면, 베트남에서 취재 승인을 얻고자 노력한 외국인은 거의 없었다. "……작전 요구와 군사보안의 범주 내에서"36) 미국은 취재를 승인해주었다. 이것 외에 부대 이동, 장비 및 위치에 관한 대략 15개 분야를 망라하는 일군(一群)의 자발적 성격의 지침이 있었다.37)

---

35) Westmoreland, W., *A Soldier Reports*, Dell Publishing Company, New York, 1976, p. 82.
36) USMACV/5512/1 5.68.
37) Co-author Peter Young was accredited to the Department of Defence, USMACV, the National Vietnames Press Centre and the Department of Information in

당시 기자단의 규모는 엄청난 수준이었다. 한때 베트남에는 취재를 승인 받은 언론인이 1,000명을 상회하였다. 이들은 경험이 풍부한 기자에서 시작해 대학신문 기자에 이르기까지 다양하였다. 저명한 언론매체 출신의 언론인들은 편집장의 편지만 있으면 취재를 승인 받을 수 있었다. 자유계약(Freelance) 기자들은 공식 편지지에 기술한 2장의 편지가 있는 경우 취재를 승인 받았다. 이 같은 취재 승인서가 있는 언론인들은 Category 3의 우선순위에 근거해 운송과 숙소를 지원받았다. 그런데, 이 같은 우선순위는 휴가를 마치고 귀환하거나 휴식과 오락을 즐기기 위해 놀러가는 병사들과 대략 동일한 수준이었다.[38]

사실 특파원들은 병사들과의 편승에 익숙해졌다. 많은 경우 이들 병사는 특파원들이 자신과 동일한 수준의 위험을 겪고 있다고 생각하였다. 군인들이 야전에 남아있어야 하는 반면 언론매체는 취재 수준과 기간을 임의로 선택할 수 있으며, 언론인들은 사이공의 유명 술집에서 안락을 취할 수 있다는 점을 지적하며 몇몇 군인들이 적개심을 표명할 수 있었다. 그러나 일반적으로 이들 특파원과 군의 관계는 원만하였다. 자신들의 고통을 취재하거나 우군의 사망자 내지는 부상자를 필름에 담는 것을 보며 언론매체에 대해 분개한 군인들이 또한 다수 있었다.[39] 언론매체가 자신들의 활동을 폭로하고 있다고 생각하던 군인들, 특히 고위급 장교들이 언론매체에 적개심을 품었다. 이들은 언론매체가 항상 비판적인 관점을 견지하고 있다고 생각하였

Cambodia, 1971-73.
38) Lunn, op. cit., p. 59.
39) Burgess, P., *WARCO : Australian Reporters at War*, Heinemann, Sydney, 1986, p. 40. 다음을 또한 보시오. Herr, op. cit.

다.40)

TV 요원들이 나름의 방식으로 뉴스를 조작해내고 있으며, 카메라가 근처에 있다는 점만으로도 군인들 내부에 극적(劇的)인 분위기가 조장된다는 주장이 또한 없지 않았다. 1967년 당시 한 언론인은 남부 베트남의 북부 지역에 위치한 케산(Khe Sanh)에서 미 해병대 요원이 카메라 앞에서 존 웨인(John Wayne) 방식으로 행동하는 것을 목격하였다. 또 다른 경우를 보면, 1962년의 불교도폭동 당시, 미국과 일본의 TV 요원들은 경찰 차량을 기어오르라고 어린이들에게 독려한 바 있다. 이들은 다낭(Danang)에서 폭도들이 경찰서장의 차량을 쫓아가며 사납게 날뛰는 모습에 관한 TV 영상을 이처럼 조작해내었다. 베트남전쟁이 장기화되면서 본국의 편집장들은 전투와 행위가 보다 많이 포함된 원고를 요구했는데, 언론인들의 이 같은 행동은 부분적으로는 이 같은 점에 기인했을 것이다.41)

이 같은 취재로 인해 웨스트모어랜드 대장은 당시 취재의 대부분이 다음과 같았다고 주장하였다.

거의 전적으로 과격하며, 애처로운 수준이거나 문제가 있었다. 소총 사격, 쓰러지는 남자, 헬리콥터의 충돌, 붕괴되는 건물, 불타오르는 초가집, 도망치는 피난민, 절규하는 여인이 바로 그러하였다. 건물 한 채가 무너지는 모습을 통해 도시 전체가 파괴되고 있는 듯한 인상을 야기할 수 있었다. 파괴된 C-130 수송기 앞에 서있는 언론의 논설위원을

---

40) Westmoreland, *A Soldier Reports*, op. cit., p. 557.
41) Co-author Peter Young, personal notes taken while serving with the Combined Studies division of the CIA, Danang 1962 and while visiting the Ashau Valley as Assistant Military Attache at the Saigon Embassy 1967.

케산기지에서 카메라 요원들이 촬영하고는 종말을 암시하는 듯한 억양으로 보도하는 일이 너무나 일상적인 현상이 되었다. 평화 활동, 민사 활동, 의료지원뿐만 아니라 대부분의 경우 사람들이 정상적인 생활을 영위하고 있다는 점은 거의 보도되지 않았다.42)

하노이 정권의 행동과 관련해 언론매체가 심증(心證)은 가지만 물증(物證)이 없다는 식의 관점을 견지한 데 대해, 그리고 적어도 자국 군대에 보다 적개심을 표명하고 보다 비판적인 견해를 견지한 반면 하노이 정권을 비판적으로 조사해보고자 하지 않았다는 점에 대해서도 웨스트모어랜드는 비판하였다.

아이러닉하게도 적을 제외하고는 당시의 전쟁과 관련이 있던 모든 부서와 언론매체 사이에 적대관계가 형성되었다. 하노이 정권은 남부베트남에 북부베트남 군인이 한 명도 없으며, 베트남전쟁이 기본적으로 인민혁명이란 점, 당시의 전쟁이 비합법적일 뿐더러 비윤리적이란 허구의 사실을 조작해낼 수 있었다. 하노이 정부의 이 같은 선전에 많은 미국 국민과 기자들이 속아 넘어갔는데, 이는 놀라운 사실이다.……적의 전선(戰線) 너머를 관찰하는 TV 카메라는 있지 않았다. 북부 베트남의 모든 뉴스는 자신들이 추구하는 바에 도움이 되는 선전 일색이었다. 그런데 이 같은 선전은 의도한 바를 다하였다. 적의 어느 곳으로부터도 또 다른 유형의 뉴스는 보도되지 않았다. "거대한 숲에서 거

---

42) Westmoreland, W., paper delivered to the International Conference on Defence and the Media in Time of Limited conflict, Brisbane, April 1991. Paper read by General S. Graham, former ATF Commander.

대한 오크 나무가 쓰러진 반면 그 광경을 어느 누구도 관찰하지 않은 경우 이 같은 나무는 존재하지 않았거나 쓰러지지 않은 것과 다름이 없다."는 의미의 말이 있다. 언론매체들은 자신들이 적에 의해 이용당하고 있다는 점을 분명히 알지 못했다.[43]

다음에서 보듯이, 한때 공산주의자였던 케네스 그랜빌(Kenneth Granville)은 웨스트모어랜드의 이 같은 관점에 동조하고 있다.

국제 공산주의 기구가 생성해내는 영상(映像)에서는 베트콩을 사이공 정부란 '마왕(魔王)'으로부터 불쌍한 사람을 구원해주는 '로빈후드'로 승화시키고 있었다. 그런데 이 같은 환상 가운데, 이들은 민족해방전선(National Liberation Front)이 하노이 정권의 도구란 사실을 숨기고 있었다.[44]

하노이의 지시에 따라 움직이는 평화운동(Peace Movement)에 의해 기만당하고 있던 적대적 성격의 언론매체를 보며 군이 분노와 배신감을 느낀 것은 사실이다. 그러나 군은 이 같은 경향을 바꿀 수 있는 방안뿐만 아니라 통신 수단을 차단하기 위한 방안을 갖고 있지 않았다. 1962년 이후, 이 같은 경향은 전화와 텔레타이프 그리고 몇몇 무선전화의 등장으로 인해 보다 정교해졌다. 이외에도 하루 만에 싱가포르를 통해 미국으로 필름과 비디오를 운반해올 수 있는 운반책들

---

43) Westmoreland, op. cit.
44) Grenville, K., *The Saving of South Vietnam*, Alpha Books, Sydney, 1972, p. 90, 111-5.

이 있었다. '언론의 자유'란 미국사회의 특권을 고려해보면, 미 본토
에 도착한 이들 필름을 검열하기 위한 방안은 있을 수 없었다. 이 같
은 방안이 가능했다고 할지라도 그 형태에 무관하게 여론은 검열을
지지하지 않았을 것이다. 이처럼 독자적인 사고(思考)를 견지하고 있
던 언론매체가 새로운 유형의 독자적인 기술 수단을 발견한 관계로
인해, 취재 제한 내지는 전송 지연이란 군의 '무기'조차 사용이 불가
능해졌다. 여론 조성이란 측면에서 야전에서 강구할 수 있던 유일한
방안은 보다 강력히 사실을 공식적으로 부인하고, 승리의 전망을 강
조하는 것이었다. 그러나 이들 부인(否認)과 승리의 약속은 보다 자주
거짓임이 입증되었다.45)

　　베트남전쟁에 참전한 미국의 동맹국에 대한 언론매체의 취재 또한
상황은 마찬가지였다. 1969년 이후의 반전(反戰) 시위가 절정에 달한
순간에서조차 일반적으로 오스트레일리아의 보도는 이들 군에 우호
적이었다. 그러나 공정히 말하면, 오스트레일리아의 언론매체는 주로
오스트레일리아 군의 작전지역으로 관심을 국한하였다. 알프레드 버
체트(Alfred Burchett)를 제외한 어느 누구도 다음과 같은 2개 사건이
아닌 다른 곳에서의 오스트레일리아 군의 행위에 의문을 제기하지
않았다. 이들 중 한 사건은 병사의 즉결심판에 관한 것인 반면 또 다
른 하나는 베트콩과 관련이 있던 것으로 보인 어린 소녀에 대한 고
문 행위를 군이 서투른 방식으로 감추고자 할 당시 발생하였다.46)

45) Hammond, M., 'The Army and Public Affairs : A Glance Back'. In Mathews, L.
　　(ed.) *Newsman and National Defense*, Brasseys, McLean, Virginia, 1991, p. 1-18.
　　다음을 또한 보시오. Hammond, M., *Public affairs : The Military and the
　　Media 1962-68*, Centre for Military History, Washington, 1988.
46) Interview, Colonel J. Dermody, former G2, HQ 1ATF Canberra, December 1987.

오스트레일리아의 언론매체들은 스스로 보도 검열하고 있었다. 이 같은 점에서 이들 언론매체에 대한 통제는 어려운 일이 아니었다. 결국 베트남에 있던 오스트레일리아 군은 쉽게 식별되었을 뿐더러 널리 인지되고 있던 '전진 방어(Forward Defence)'와 공산주의 봉쇄라는 목표를 추구하고 있었다. 오스트레일리아 군은 제대로 훈련된 전문화된 군대였다. 오스트레일리아의 언론인들은 미국의 일부 동료들이 오스트레일리아 기동부대(Task force)와 함께 일하고 싶어 한다는 점에 대단한 자부심을 느꼈다.[47) 전쟁에 대한 헌신 정도와 전반적인 전쟁 수행과 관련해 정치적으로 심각한 논쟁이 없지 않았지만, 오스트레일리아의 보도는 일반적으로 군에 우호적이었다. 점차 고조되는 본국에서의 반전(反戰) 운동에 야합하던 미국의 동료들을 오스트레일리아의 언론매체가 따라갈 당시에서조차, 거의 절반 정도가 징집된 요원인 이들 오스트레일리아 군은 비난받을 수 있는 입장이 아니었다.[48)

구정공세(舊正攻勢)

베트남의 가장 중요한 공휴일이란 점으로 인해 대부분의 베트남군이 휴식을 취하고 있던 1968년 1월 31일 새벽, 사이공에 있던 미국 대사관을 향해 택시 1대가 다가왔다. 1명의 베트콩 특수부대 요원이

다음을 또한 보시오. Burgess, op. cit., Chapter 17.
47) Stone, G., *War Without Honour*, Jacaranda Press, Sydney, 1972, p. 53.
48) McDougall, D., 'The Australian Press Coverage of the Vietnam War' in 1965, *Australian Outlook*, vol. 20, 1966, p. 303-10. 다음을 또한 보시오. Jones, K., & Flood, E., *Media Images of ANZAC*, Department of Education, Sydney, 1983.

택시에서 내려서는 대사관을 향해 무기를 발사하였다. 구정공세가 시작되고 있었다.

사이공에 있던 규모는 작지만 높은 수준의 비밀 집단들이 보고한 내용을 종합한 결과로 인해 당시 사건에 관한 충분한 수준의 정보가 이미 있었다. 이들 집단이 제공한 분석은 공격 시점과 장소에 관한 상세 판단뿐만 아니라 북부 베트남군 6개 사단이 베트남 전역(全域)에 걸친 표적들을 겨냥해 배치될 것이란 점 등 매우 정확하였다. 그러나 미국무성과 오스트레일리아 외무성은 이들 증거를 부인하고자 노력하였다.[49]

베트남의 내륙 지방을 통제하고 있던 반면 북부 베트남군은 광활한 해안 지역에서 연합군의 화력과 공중우세(空中優勢)에 대항할 수 있을 정도의 군사력을 보유하고 있지 않았다. 이에 따른 정체현상을 타파할 필요가 있었는데, 정보 부서는 이 점이 당시 공세의 이유라고 예견하였다. 결정적인 승리를 거두지 못한 채 지속적으로 남부 지역으로 내려와 희생이 지속되는 경우 북부베트남 군의 사기가 저하될 상황이었다. 북부베트남은 당시의 또는 당시로부터 예상 가능한 미래의 공공연한 전투에서 연합국에 대적할 능력이 없었다. 따라서 이에 대한 해결안은 미국의 전투 지속 의지를 분쇄할 목적의 정치 및 군사적 차원의 주요 도전의 감행이었다. 미국의 최고사령부(High Command)는 이들 경고를 수신하였다. 웨스트모어랜드 대장은 이들 사실을 미 합동참모본부에 전달하였다. 그러나 존슨 대통령은 이 같은 경고를 거부하였다. 존슨 대통령은 '가장 찬란한 낙관론'에 관한 일대

---

49) Warner, D., *Not With Guns Alone*, Hutchinson, Sydney, 1977, p. 147, 157. 이 책의 공동 저자인 Peter Young은 이 같은 정보 판단 분야에 근무한 바 있다.

구정공세 당시 미국 대사관을 지키고 있는 미군

기만(欺滿) 행위가 이 같은 부정적인 정보로 인해 저해되는 것을 원치 않았다.

미 대사관 건물 밖에서의 베트콩의 공격으로 인해 베트남전쟁에 대한 미군의 간섭이 종료되기 시작하였다. 베트남제국 당시의 수도인 휴(Hue)와 사이공은 8만여 명의 북부베트남 군과 지역의 베트콩들에 의한 초기 공격으로 인해 피해를 입은 수백여 도시 중에서 2개 도시에 불과하였다. 결과적으로, 적은 참혹하게 패배하였다. 그러나 이들의 입장에서 보면, 구정공세는 심리적 측면에서의 일대 승리에 해당하였다. 당시 북부 베트남이 거둔 이 같은 승리가 언론매체로 인해 가능해졌다고 많은 사람들이 생각하였다.

1968년 2월과 3월의 구정공세에 대한 언론매체의 취재로 인해 사실이 왜곡되는 결과가 초래되었다. 그런데 이 같은 왜곡은 대외정책은 아닐지라도 미국의 국내 정치에서 주요 영향을 야기할 수 있을 정도였다. 구정공세 당시 베트남에 있던 다수 군인들의 입장에서 보면, 군사적으로 승리했음에도 불구하고, 이 같은 승리를 미국의 언론인들이 패배로 보도했으며, 이 같은 보도를 많은 미국인들이 사실로 받아들였다는 점이 아이러닉했음에 틀림이 없다.[50]

다음과 같이 주장하면서 웨스트모어랜드 대장은 이 점을 강력히 언급하였다.

소름이 끼칠 정도로 왜곡된 내용을 담고 있던 신문과 구정공세에 관한 TV 보도로 인해 처참할 정도의 공산군의 패배가 심리적 차원에서의 승리로 전환되었다.[51]

워싱턴포스트의 피터 브래스트럽(Peter Braestrup)은 자신의 저서인 '커다란 이야기(The Big Story)'에서 웨스트모어랜드와 동일한 주장을 전개하였다. 구정공세에 관한 사건들을 기술 및 해석하면서 문제의 언론들이 사실로부터 너무나 벗어나 있었다고 그는 기술하였다. 그러나 공정히 말하면, 당시 언론매체는 군과 행정부가 지속적으로 퍼뜨린 보안 및 낙관론에 관한 잘못된 부분을 자신들이 눈으로 확인한 증거에 근거해 교정해야 하는 입장에 있었다. 이들 낙관론은 북부베트남군과 베트콩의 사상자·침투·충원 및 사기(士氣)에 관한 잘못된

---

50) Sarkesian, op. cit.
51) Karnow, op. cit., p. 545.

보고서에 근거하고 있었는데, 이들 보고서는 적의 이미지를 저하시키는 경향이 있었다.52) 적이 입은 패배의 정도에 무관하게, 구정공세로 인해 이전의 미국 정부의 공식 노선이 타당성이 없음이 입증되었다. 그러나 군은 전적으로 배신감을 느꼈다. 웨스트모어랜드가 주장한 바처럼 진실이 밝혀진 순간에서조차 언론매체가 전혀 잘못을 인정하고자 하지 않았다는 점으로 인해 이 같은 배신감이 보다 악화되었다. "언론 관련 정책을 통제하는 사람들이 자신들의 과오를 인정할 수 있을 정도의 성숙함과 완전성(Integrity) 내지는 용기를 갖고 있지 않았는데, 이는 서글픈 일이었다."53) 구정공세 이후 이는 몇 주 동안 널리 인지된 사실이었다.

언론매체가 군에 사과했다고 할지라도 별다른 의미는 없었을 것이다. 위기의 순간은 지나갔으며, '분노의 수문(水門)'은 이미 열려져있었다.

콜코(Kolko)가 언급하고 있는 바처럼, 구정공세로 인해 베트남전쟁에 대한 미국국민의 지지율이 급락하였다. 1968년 여름, 미국인들은 2:1의 비율로 베트남 파병을 잘못된 결정으로 믿고 있었다.54) 구정공세에 관한 취재 그리고 그 후의 케산 기지에서의 전투를 담은 TV 화면은 미국 국민들의 입장에서 보면 연이은 불행에 해당하였다. 이들 취재가 베트남전쟁에 대한 반대의 정도를 강화하는 과정에서 중요한

---

52) Braestrup, P., *The Big Story*, Westview Press, Colorado, 1977.
53) Westmoreland, paper delivered to the International Conference on Defence and the Media in Time of Limited Conflict, op. cit. 다음을 또한 보시오. Young, P. (ed.) *Defence and the Media in Time of Limited War*, Frank Cass, London 1992.
54) Kolko, op. cit., p. 319, 345. 다음을 또한 보시오. Hallin, 1986, op. cit., p. 175-8.

역할을 했음은 분명한 사실이다. 그러나 분명히 말하지만, 여론의 방향은 이미 정해져 있었다. 언론매체의 보도는 구정공세 이전에 이미 보편화된 관점, 즉 미국국민이 대규모 차원의 기만의 희생자란 관점을 확인시켜준 것에 불과하였다.

핼린(Hallin)이 언급한 바처럼, 구정공세가 여론에 끼친 영향은 의미가 없지 않았다. 그러나 이는 보다 복잡한 형태인 반면 보다 극적이지 않았다. 구정공세는 전환점이라기보다는 교차점에 해당하였다. 즉 일정 기간 동안 지속되고 있던 특정 경향이 균형에 도달해 또 다른 방향으로 기울어지기 시작한 순간이었다.[55]

베트남화 : 최후의 기만

장기간 동안 진행된 미국 정부의 기만이 구정공세로 인해 노출되었다면, '베트남화'라는 다음의 미봉책은 냉소적 성격의 자기기만과 공보 이미지 조성 과정에서의 최종적인 산물이었다. 구정공세 이후 북부 베트남은 미국이 전쟁 의지를 상실했다는 점뿐 아니라 자국의 승리를 감지하고 있었다. 베트남화란 개념으로 인해 세계인들은 지구상에서 가장 강력한 미군이 할 수 없던 일을 보다 미약하며, 보다 규모가 작을 뿐더러 사기가 저하되어 있던 남부베트남 군이 할 수 있을 것으로 믿어야만 하는 상황에 직면하였다.

---

55) Hallin, 1986, op. cit., p. 168. 다음을 또한 보시오. Bishop, D., 'The Press and the Tet Offensive : A Flawed Institution Under Stress', *Air University Review*, 1978.

미군의 지원을 받고 있지만, 남부베트남 군이 베트남전쟁에서 주요 전력이란 신화(神話)는 베트남에서의 미국의 개입과 관련해 정책적으로 항상 중심적인 사항이었다. 이 같은 신화는 1965년 이후 빠르게 소멸되었다. 그러나 미군이 기동 전력을 제공해준 반면, 베트남 전역(全域)에서의 정적인 방어를 위한 인력 제공이란 측면에서 남부베트남 군은 아직도 주요 역할을 수행하였다. 1973년 당시 남부베트남 군은 110만 정도의 규모였는데, 이는 18세부터 35세까지 남자의 거의 절반에 해당하는 인력이었다. 또한 남부베트남 군은 657대의 최신 헬리콥터와 740대의 최신예 전투기를 포함해 가공할 수준의 첨단 무기로 무장되어 있었다. 그러나 남부베트남은 이 같은 능력의 유지에 필요한 기술 자원이 부족하였다. 또한 구정공세 이후, 남부베트남 군의 사기는 높은 탈영 비율과 대규모 부정부패(不正腐敗)가 말해주듯이 매우 낮은 수준에 있었다.56)

이처럼 미약하고 일반적으로 비효과적인 남부베트남 군을 배경으로 1969년 말과 1970년 초반, 닉슨 행정부는 베트남화란 개념을 들고 나왔다. 그런데 이는 협상을 통한 미군 철수의 논리를 제공해주고, 철수를 은폐할 목적의 정책에 불과하였다.57)

남부베트남의 입장에서 이처럼 새로 발견된 듯 보인 '자립 능력'을 과시할 기회가 다음해 3월과 4월에 있었다. 당시 캄보디아의 시아누크(Sihanouk) 왕자는 친미(親美) 성향의 론놀(Lon Nol) 정권에 의해 타도되었다. 캄보디아에는 북부베트남 군뿐만 아니라 남부베트남에서

---

56) Kolko, op. cit., p. 326, 380-1.
57) Maclear, M., *Vietnam : The Ten Thousand Day War*, Methuen, London, 1981, p. 287.

의 베트콩의 활동을 지원할 목적의 북부베트남 본부가 위치해 있었다. 미국이 조종한 당시의 쿠데타는 캄보디아에 있던 북부베트남 세력들을 베트남-캄보디아 국경지역에서 몰아낼 수 있도록 캄보디아 내부로부터 군사적 노력을 전개할 목적의 것이었다. 이 같은 목적으로 남부베트남 군들이 캄보디아에 있던 북부베트남 지원 본부를 격파할 임무를 띠고 헬리콥터를 타고 캄보디아로 운송되었다. 개방된 지역에서 방대한 규모의 미국의 항공 및 포병 지원을 받으며, 맨 처음 남부베트남 군은 제한된 수준이지만 일부 성공을 거두었다.

당시의 성공은 '베트남화 개념'의 가능성을 입증해주는 증거로 제시되었다. LAMSON 719란 명칭의 다음 작전은 남부 라오스와 북부 캄보디아에 위치해 있던 '호지명 루트'의 남쪽 끝 부분을 공격하고, 적이 이것을 이용하지 못하도록 할 목적의 것이었다. 그러나 이 작전은 일대 실패로 끝났다. 콜코(Kolko)가 말하고 있는 바처럼, LAMSON 719는 남부베트남 군이 주요 전역(戰役)을 조정 및 통제할 능력뿐만 아니라 우수한 전력을 합리적인 방식으로 이용할 능력이 없음을 보여준 사건이었다. 남부베트남 군이 미군을 결코 대체할 수 없으며, 미군과 비교해 결코 우수할 수 없다는 주장에 언론인들이 재차 가세하였다.58)

남부베트남 군의 수준을 잘 알고 있던 언론매체는 베트남화란 개념에 일반적으로 경악해하였으며, 남부베트남 군이 직면하게 될 일대 패배를 우려하였다. 당시 한 특파원은 다음과 같이 기술하였다.

캄보디아에서의 군사적 유희(遊戱)에 해당하는 부분에 남부베트남 군

---

58) Kolko, op. cit., p. 379.

을 초대하는 것과 북부베트남 군의 본거지에서 이들이 북부베트남 군과 대적할 수 있을 것으로 기대함은 전혀 다른 문제다. 하노이가 추구하던 전쟁 목적이란 측면에서 표적(標的) 지역이 보다 중요한 의미가 있을수록, 그 결과는 시작하기도 전에 분명하였다. 해당 국경을 넘자마자 남부베트남 군은 곧바로 수렁에 빠졌으며, 미군은 부대 전체를 구출해낼 목적에서 헬리콥터를 이용해 동분서주(東奔西走)해야만 했다.59)

미군이 담당하던 이동(移動) 역할을 남부베트남 군이 인수할 수 있을 것이란 신화가 LAMSON 719 작전으로 인해 무산되었다. 또한 남부베트남 군이 주요 미군 전력의 철수를 엄호해줄 수 있을 것이란 개념이 터무니없는 것임이 LAMSON 719로 인해 크게 부각되었다. 이 같은 사실은 전투를 통해 단련되었을 뿐더러 일반적으로 비판적인 시각을 견지하고 있던 언론매체를 통해 전 세계로 알려졌는데, 특히 이륙하는 헬리콥터의 활주부(Skid)에 매달려 있는 남부베트남 군을 보여주는 TV 화면을 통해 그러하였다.60)

펜타곤뿐만 아니라 베트남에 있던 야전군 지휘관들은 베트남화란 개념이 눈속임과 다름이 없다는 점을 잘 알고 있었다. 한편 미군의 지속적인 철수가 가능해지려면 공보(公報) 측면에서 이 개념이 성공을 거두어야 한다는 점을 미 행정부는 잘 알고 있었다. 그 결과 미국 정부는 언론매체의 염세주의에 반박하기 위한 공보 관련 전역(戰役)

---

59) Young, P., 'Laos, What's Happening?', *The Bulletin*, vol. 93, no. 4749, 3 April 1971, p. 32-3.
60) Hammond, W., 'The Press in Vietnam as an Agent of Defeat : A Critical Examination', *Reviews in American History*, Washington, 1989.

에 착수하였다. 콜코는 다음과 같이 말하고 있다.

티우(Thieu) 대통령의 군사적 업적에 관한 칭송은 주로 펜타곤의 언론 부서로부터 그리고 미 국방장관 레어드(Laird)로부터 나왔다. 레어드는 라오스에서 남부베트남 군이 일대 패배한 1972년 6월에서조차 그리고 북부베트남 군에 의한 1972년 4월의 공세에 대항해서도 티우의 군사 력이 임무를 매우 적절히 수행했다고 주장하였다.61)

그러나 당시는 미국 정부의 기만 관련 노력이 언론매체는 아닐지 라도 귀환하고 있던 미군 병사들을 통해 폭로되고 있었다.

이 장(章)에서 우리는 베트남전쟁 당시 미 행정부가 전개한 기만의 정도를 완벽히 추적할 수 있는 입장이 아니다. 당시의 기만 모두를 언급하려면 '평화 프로그램(Pacification Program)'과 민방위(民防衛) 측 면의 실패뿐만 아니라 지역 방위 프로그램과 관련된 거짓된 형태의 낙관론 조장을 살펴보아야 한다. 이들 기만은 사이공이 함락되는 순 간까지 지속되었다. 또 다른 사례에 항공전과 폭격 중지, '구호(救護) 프로그램(Aid Program)', 문화 및 경제적 시도, 산업화 시도 등이 있다. 이들 모두는 예외 없이 실패로 끝났으며, 언론에 의해 그 실상이 폭 로되었다. 그러나 예외 없이, '성공에 관한 허구'가 마지막까지 유지 되었다. 북부베트남에 의한 1975년 3월 공세의 실상과 이들 공세에 따른 패배로 인해 사이공이 점령된 모습에 미국 국민이 직면한 순간 이 되어서야 당시의 가식(假飾)은 종료되었다.62)

---

61) Kolko, op. cit., p. 380.
62) Cubbage, T., 'Westmoreland vs CBS : Was Intelligence Corrupted by Policy

결론

베트남전쟁에 관한 분석을 통해 도출되는 최우선적인 결론은 언론매체가 자유롭게 진실을 보도할 수 있으며, 이 같은 진실을 대중이 수용할 뿐더러 국가 내지는 개인의 생존에 구애받지 않으면서 대중이 나름의 결심을 내릴 수 있는 제한된 유형의 분쟁에서, 정부와 군대가 거의 무기력하다는 점이다. 전쟁이 장기화되면서 점차 인기를 잃은 베트남전쟁 당시 대중의 지지가 상실되었음을 우리는 문서를 통해 잘 알 수 있다. 이 같은 대중 지지의 상실이 언론매체에 의해 주도된 것은 사실이다. 그러나 이는 국가안보와 대외정책의 문제를 그것 자체의 장단점에 근거해 국민이 자유롭게 결심할 수 있게 되었다는 점에 주로 기인하였다. 사회계약 이론에 따라 이전의 전쟁 관련 노력을 대중이 무조건적으로 지지했던 바처럼, 베트남에서의 전쟁 목표와 관련해 미군은 대중의 지지가 있을 것으로 당연히 기대하였다. 이처럼 시대에 뒤쳐진 이론에 의존하며 베트남전쟁에 뛰어든 미국 정부와 군의 입장에서 보면, 베트남전쟁에서 언론매체와 미국국민이 보여준 모습은 충격 그 자체였다.

보도검열 관련 권한과 기술 수단의 보유 여부는 베트남전쟁을 둘러싸고 있던 특수 환경에서는 별다른 의미가 없었다. 여기서의 사례가 보여주고 있는 바처럼, 미국은 주권국가인 남부베트남에서 진행되고 있던 전투에 초대받은 동맹국에 불과하였다. 보도검열 관련 권한

Demands?', *Intelligence and Security Review*, United Kingdom, 1985. 다음을 또한 보시오. Kolko, op. cit.; Karnow, op. cit.; and Snepp, op. cit. For the Vienamese position, see Nguyen, T. & Schecter, J. *The Palace File*, Harper & Row, New York, 1986.

을 행사했더라면 남부베트남 정부의 위상이 약화되고, 표면적이나마 미국이 보호하도록 초대받은 민주적 자유가 부인될 형국이었다. 자국 내부에서도 미국은 보도검열을 강요할 수 없었다. 그 이유는 베트남전쟁이 미국에 위협이 되지 않는 제한된 성격이었다는 점과 '언론의 자유'를 보호해주는 헌법상의 장치 때문이었다. 미국은 비밀 등급을 정하고, 취재 거부란 측면에서 또한 행동이 제한되었다. 미국은 통신수단을 통제하지도 못했다.

보도검열 권한을 갖지 못하게 되자, 미국 정부가 사용할 수 있던 유일한 무기는 설득이었다. 이 같은 방안이 실패로 끝나자 비밀 안건(Agenda)을 이행할 목적에서 기만이 사용되었다. 이는 통킹만 사건에서 과시되었는데, 당시는 확전의 이유를 제공할 목적에서 사실이 왜곡되었다. 이는 또한 구정공세 도중 노출된 베트남전쟁의 진전과 성공에 관한 지속적인 기만 그리고 베트남화를 놓고 벌어진 자기기만에서 입증되었다. 결과적으로 보면, 베트남전쟁에서 대중의 지지가 상실된 것은 이들 기만에 대항해 미국 국민이 반기를 들었기 때문이었다. 분명히 말하지만, 언론매체의 역할은 중요하였다. 그러나 사건의 연대별 발생과 여론의 흐름이 입증해주고 있는 바처럼, 언론매체는 여론을 조성했기보다는 여론을 반영했으며, 여론에 많은 영향을 끼쳤다.

회고해보면, 언론을 봉쇄하고, 전쟁에 관한 국민의 인식을 관리하는 일은 전 세계에서 가장 규제 받지 않는 언론매체를 보유하고 있던 미국과 같은 민주주의 국가에서는 거의 불가능한 일이었다. 그러나 헌법상 보장되어 있는 언론의 자유와 적극적으로 활동하는 언론매체에 대항해 미 행정부는 그 의미가 상실된 몇몇 대의에 관한 보도를 제한 및 조종하고자 노력하였다. 이들 지지를 상실한 대의에는 은밀한 형태로 조종된 대외정책, 지속되는 군사적 실패, 구정공세에서의 정치 및 심리적 차원의 결정적인 패배, 붕괴되는 남부베트남군, 예전에 목격된 바 없는 수준의 은밀한 형태의 재래식 폭격 전쟁, 군사적으로 타당성이 없는 형태의 철수와 교전 회피 등이 포함되어 있었다. 설상가상으로, 이들은 미국 내부에서의 인종·경제 및 정치적 이견이 분분한 가운데 시도되었다.

베트남전쟁 초반, 미국 정책의 주요 요소는 가장 올바로 인지된 선(善), 즉 남부베트남에서의 단호한 대처를 통해 동남아시아에서의 중국과 소련의 야망을 봉쇄하는 일이었다. 정부 및 군과 같은 공공 기관이 최악의 상황을 조장하고 있다고 언론매체가 생각하고 있었던 것은 사실이다. 그러나 미국의 언론매체는 베트남전쟁의 의미에 관한 공공 기관의 발표를 국민들에게 전달해주고, 장군들은 아닐지라도 야전의 군인들을 지원하는 등, 이 같은 공공 기관의 경향을 반영하고 강화해주었다. 그러나 무수히 많은 인명이 사망하고, 다수의 모순이 목격되자 시간이 지나면서 방향에 변화가 있었다. 미국 사회의 많은 리더들이 그 이전의 미국 정부의 결심을 거부하기 시작하였다. 이 같은 경향에 발맞추어 언론이 뒤를 쫓아갔다. 그러나 미국 정부와 군은 대응 능력이 결여되어 있었다. 여기에 대해 해먼드(Hammond)는 다음과 같이 표현하고 있다.

국가의 체면을 만회해야 할 입장에 놓이게 되자, 실패로 끝난 베트남에서의 정책과 정서적(情緖的)으로 가장 많이 연계되어 있던 사람들이 언론매체, 즉 자신들을 거부한 것으로 보이던 미국사회의 가장 두드러진 부분에 집중적으로 분노를 표명하였다. 오늘날 우리가 목격하는 언론매체에 대한 분노는 필연적인 현상이었다.[63]

이 같은 정책 측면에서의 실패가 미군의 궁극적인 패배와 수모뿐만 아니라 미국 대통령의 재선 출마 포기에 지대한 역할을 하였다. 그러나 본 연구 측면에서 가장 중요한 부분은 야전에서의 미래 군사작전을 책임지고 있는 사람들에게 언론매체를 통제하지 못했다는 점이 엄중한 경고로 작용했다는 점이다. 그 결과 군이 언론매체를 크게 불신(몇몇 경우 경멸)하게 되었는데, 이 점이 전쟁을 보도하는 언론매체를 다룸과 관련된 군의 판단을 채색(彩色)하였다. 이 같은 분노는 이 문제를 놓고 군과 논의하고자 하였던 사람들이 이미 오래 전부터 인지하고 있던 사실이다. 트레이너(Trainor)가 말하고 있는 바처럼, 베트남전쟁에서의 경험에 유래하고 있는 이 같은 태도는 오늘날까지도 미국의 각군 사관학교와 군사학교에서 지속되고 있다.

언뜻 보면, 'Sir'란 문구로 질문을 시작하는 등 이들은 예의 바르며, 상대방을 존중하고 있는 듯 보인다. 그러나 언론에 대한 자신들의 선입견과 부합되는 상황에 직면하게 되는 경우, 이들의 교양 있는 태도는 물거품처럼 사라지고, 적대감정이 표출된다. 이들의 질문은 일군(一群)의 광적인 비난으로 돌변하게 된다. 이처럼 질문하는 사람은 언론인이 아니다. 이들은 언론에 대해 혐오감을 품고 있는……청년 장교와 사관생도들이다.[64]

---

63) Hammond, 1989, op. cit., p. 312-23.
64) Trainor, B., 'The Military and the Mdia : A Troubled Embrace'. In L. Mathews

이는 서구의 각군 사관학교에서 공통적으로 목격되는 태도다. 이는 언론, 특히 **TV**가 분쟁 취재란 측면에서 무제한의 통제되지 않는 형태로 접근하지 못하도록 해야 한다고 서구 군대뿐만 아니라 공산주의 국가들조차 결심하도록 만든 태도다. 취재를 목적으로 언론매체가 전혀 접근하지 못하도록 함이 보다 더 좋다는 인식이었다.

(ed.), *Newsmen and National Defense*, Brassey's, McLean, Virginia 1991, p. 121-9.

제5장

포클랜드 분쟁 : 언론매체 조종 정책

베트남전쟁으로 인해 세계의 모든 국방 조직이 충격을 받았는데, 특히 서구 민주국가들의 국방 조직이 그러하였다. 이들은 여론이 작전에 끼치는 의미와 영향을 곧바로 인지하였다. 그 결과 베트남전쟁에서와 같은 수준으로 언론매체가 분쟁의 수행과 결과에 영향을 끼치지 못하도록 할 목적의 수단이 강구되었다.

언론매체 관리와 관련해 처음 제안된 방안들은 상호 협조를 통한 통제란 공통점이 있었다. 그러나 주요 분쟁이 상존하지 않는 상황에서의 이들 방안은 언론매체의 편집장 수준에서 군과 언론매체 간의 공식적인 관계 설정으로 국한되었다. 또한 베트남전쟁은 재현될 것만 같지 않은 특정 상황에서의 분쟁으로 널리 인지되었다. 그 결과 언론매체의 역할과 관련해 베트남전쟁 이후 부각된 우려는 곧바로 사라졌으며, 언론매체와 군의 관계란 문제는 참모대학의 임무로 전락하였다. 또한 국방기획 과정에서 이것의 우선순위는 매우 낮았다.

1982년에 발발한 포클랜드 분쟁으로 인해 이 같은 안도감이 깨졌는데, 이전에는 언론매체와 군의 관계란 문제가 학문적 호기심 이상을 넘지 못했다.

포클랜드 전역(戰役 : Campaign)을 감행하면서 영국군, 특히 영국정부는 여론 확보의 중요성을 인지하였다. 그 결과 언론매체 관리에 대한 군의 관심이 재개되었다. 이 문제를 조기에 인지했음에도 불구하고, 당시 언론매체 관련 정책은 주로 군과 정부에 의해 발전되었다. 포클랜드 분쟁이 영국본토로부터 멀리 떨어진 지역에서 진행되고 있음에 따른 이점을 최대한 이용해 영국군은 언론매체를 통제하고자 하였다. 그 결과 언론매체와의 상호 협조란 용어는 대부분 망각되었다. 한편 영국정부는 전쟁 목표의 지원을 위해 언론매체를 조종(操縱 : Manipulation), 즉 교묘히 이용할 목적에서 가용한 모든 수단을 동원하였다.

포클랜드 분쟁은 원정(遠征) 형태의 전역(戰役)을 보여주는 완벽한 사례다. 이는 또한 제한된 분쟁에서의 국가의 정치적 야심과 관련된 시민의 의무에 관한 시대에 뒤쳐진 사고에 의존하고 있던 정부와 군에게 분명한 통찰력을 제공해준 경우였다. 전역(戰役)이 진행되면서 이들 정부와 군의 기대는 정부 주도의 19세기 유형의 주전론(主戰論 : Jingoism)으로 인해 강화되었다. 시청자들의 일반적인 분위기에 야합하면서 일부 언론매체들이 이들 주전론을 열렬히 수용하였다. 그러나 이면을 살펴보면, 전쟁 목표를 지원할 목적에서 영국정부가 언론매체에 강요한 벌칙과 압력은 정교한 형태의 정치적 안건(Agenda) 설정과 공보에 의존하였다. 당시 활용된 전술에는 기만(Deception), 오보(誤報 : Misinformation), 역정보(Disinformation), 취재 거부를 통한 언론매체 조종, 통신수단 통제 그리고 정치적 차원의 보도검열이 포함되어 있었다.

본 사례 연구에서는 포클랜드 전역의 4가지 측면을 살펴볼 것이다. 첫째는 원정 전역에 따른 이점을 최대한 활용해 군이 운송 및 통신 수단을 독점하는 형태로 언론매체를 통제한 방식이다. 둘째는 국가 및 국제 사회의 지원(지지)을 얻어낸다는 정치적 목표를 달성할 목적에서 언론매체 관리뿐만 아니라 보도검열, 기만, 역정보 및 오보를 영국정부가 수용했다는 점이다. 세 번째로 주목되는 부분은 정치화된 군이 보여준 "모든 대가를 지불해서라도 승리해야 한다."는 태도다. 그 결과 국민이 정보를 받아보아야 할 필요가 있다는 민주사회의 요구와 같은 보다 폭넓은 사안을 인식하지 못하거나 거의 인식하지 않는 등, 언론매체가 전쟁의 또 다른 수단으로 동원되었다. 마지막으로 본 연구에서는 영국정부에 의한 '언론매체 이용(Exploitation)'과 '조종(操縱)에 대한 도전'이란 측면에서 영국의 언론매체들이 준비성이 결여되어 있었을 뿐더러 영국정부의 의도에 순응했다는 점 그리고 응집력이 결여되어 있었다는 점을 살펴볼 것이다.

포클랜드 분쟁이 짧은 기간 동안 진행되었다는 점, 분쟁이 성공적으로 종료되었다는 점은 본 논의에서 고려되어야 할 제약 요인이다. 몇몇 좌절이 없지 않았지만, 일군(一群)의 사건들이 신속히 진행되면서 영국은 당시의 전쟁에서 승리하였다. 그 결과 보다 폭넓은 차원의 민주적 사안들을 진지하게 고려해보거나 심도 있는 수준의 군사적 분석이 개발될 수 있을 정도의 시간이 있지 않았다. 이들 모두는 영국의회의 질의에서 그 후 등장하였다. 당시는 정부가 더 이상 보도검열을 강요할 수 없을 것이란 이론이 등장하고 있었다. 그런데, 이 같은 이론을 시험해볼 최신의 통신 시스템을 언론매체가 배치하기도 전에 분쟁이 종료되었다. 이 점이 또 다른 제약 요인이었다.

포클랜드 전역(戰役)의 배경

포클랜드 섬은 '아르헨티나 동쪽(East of Argentina)'으로부터 대략 500킬로미터 떨어진 지역에 위치해 있다. 이곳은 아르헨티나 전투기의 작전반경 안에 포함되어 있었다. 포클랜드 섬의 영유권을 놓고 이곳을 통제하고 있던 영국과 이곳을 자국 영토의 일부로 간주하고 있던 아르헨티나 간에 오랜 기간 동안 논쟁이 있어왔다. 1982년에는 아르헨티나의 영유권을 인정해주는 대신 이곳을 영국이 임차하는 형태의 협정을 체결하기 위한 노력이 시작되었다. 그러나 자신을 영국인으로 간주하고 있으며, 포클랜드를 영연방의 일부 영토로 생각하고 있던 이곳 주민들의 반대로 인해 이 같은 논의가 결렬되었다. 그 후 1982년 4월 2일, 아르헨티나는 이곳을 침공해 점령함으로서 사안을 전면 부각시켰다. 당시의 침공은 내부 경제 문제로부터 아르헨티나의 여론을 다른 곳으로 돌리기 위한 시도였을 가능성이 있다.

그러나 아르헨티나는 신속하고도 결단력 있는 영국의 반응에 준비되어 있지 않았다. 영국은 유럽연합(European Union) 국가들로부터 폭넓은 지원을 받았으며, 미국으로부터 암묵적인 승인과 지지를 얻었다. 4월 5일, 영국은 이들 섬을 재탈환할 목적에서 상륙 전력을 급파하였다.

당시의 전역(戰役)은 제한된 분쟁에 관한 고전적인 사례였다. 영국

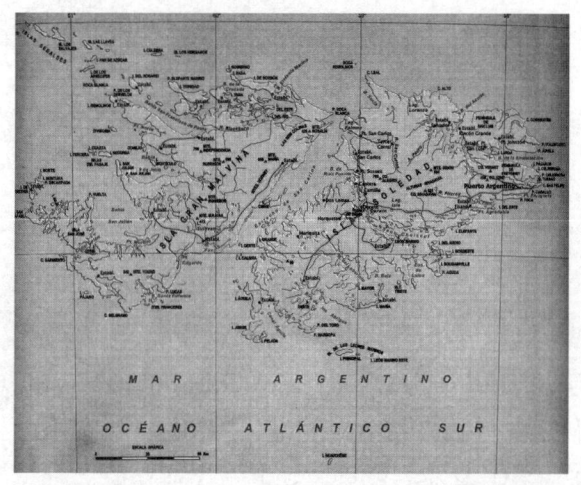

포클랜드 섬

은 포클랜드 섬 주변에 배타지역(Exclusive Zone)을 선포하고는 이 지역 안에서 전쟁을 수행하고자 하였다. 군사 및 정치적 이유로 인해 아르헨티나 본토에 대한 행위는 배제되었다. 영국군의 교전규칙(交戰規則)은 매우 제한된 형태였다. 또한 해당 지역을 초계하고 있던 핵 잠수함과 같은 일부 전력은 포클랜드전쟁을 직접 수행하는 기동부대(Task force) 사령관이 아니고 영국의 최고위급 사령부가 통제하고 있었다.

당시 아르헨티나는 영국이 보유하고 있던 무기에 필적할 만한 수준의 무기들을 배치하고 있었다. 이 같은 적에 대항해 영국은 자국의 보급선이 끝나는 지점(7,500킬로미터 떨어진 해역)으로 자군을 전개 및 유지해야만 했는데, 이는 영국이 직면했던 가장 큰 난제였다. 아르헨티나 해군은 엄청난 수준의 위협이었다. 그러나 영국군 핵 잠수함의 공격으로 인해 전역 초반, 이들은 주요 함정인 벨그라노(General

Belgrano)를 잃었다. 그 결과 아르헨티나의 해상 작전이 효과적으로 억제되었다. 또 다른 문제는 항공모함에 탑재되어 있던 해리어 (Harrier) 항공기가 '짧은 내부 병참선 안'[1])에서 작전을 수행하고 있던 아르헨티나 전투기를 견제해야 했다는 점이었다. 해리어 항공기가 이 같은 임무를 수행할 수 있었다는 점에서 보면, 영국은 운이 좋았다.

공격 과정에서 아르헨티나 조종사들은 놀라운 투지를 보여주었다. 이들은 몇몇 괄목할만한 승리를 거두었다. 그러나 이들은 '사우스 조지아(South Georgia)'의 '사우스 애틀랜틱 아일랜드(South Atlantic Island)' 점령과 5월 21일에 있던 '이스트 포클랜드 아일랜드(East Falkland Island)'에서의 영국의 교두보 설치를 막지 못했다.

상륙에 성공하자, 제대로 훈련되어 있던 영국의 정규 전력은 3주에 걸친 지상전역(地上戰役)에서 아르헨티나 군을 격파하고는 이들을 '이스트 포클랜드' 내륙으로 몰아붙였다. 6월 14일에는 '스탠리항(Port Stanley)'의 주요 도시가 투항한 결과로 인해 영국이 섬을 완벽히 통제하게 되었다. 주요 도시의 투항으로 인해 아르헨티나 대통령 갈티에리(Galtieri)는 사임할 수밖에 없는 입장이 되었다.

그 후 영국은 포클랜드 섬을 요새화 하였다. 정규 수비대가 그곳에 유지되고 있으며, 항공력에 의한 신속한 전력증강을 용이케 할 목적에서 고가의 비행 시설이 설치되었다.

짧은 기간 동안 진행되었음에도 불구하고, 포클랜드 전쟁은 암시해 주는 바가 적지 않다. 그 후 영국군 지상군사령관 제레미 무어(Jeremy

---

1) 역자주 : 이는 아르헨티나 항공기가 이륙해 영국의 항공모함 근처로 짧은 시간에 올 수 있었음을 의미한다. 즉 아르헨티나 항공기가 이륙해 공중에서 장시간 동안 자유롭게 작전을 수행할 수 있었음을 의미한다.

Moore) 대장은 아르헨티나가 항복했을 당시 자신이 병참선의 한계를 경험하고 있었다고 토로하였다.2) 보다 제대로 훈련되어 있으며, 보다 사기가 높았던 것은 사실이지만 영국군은 거의 탈진 상태에 있었다. 해상에서 미사일과 최우선적인 항목들을 미국이 긴급 보충해주었다는 점, 프랑스가 엑조세(Exocet) 미사일에 관한 정보를 제공해주었다는 점이 최근에야 밝혀졌다.3) 영국의 승리로 인해 국제법의 원칙이 강화되었으며, 당시의 경우가 유용한 전례가 되었다는 점을 많은 사람들이 강조하고 있다. 그럼에도 불구하고, 경제적 측면에서 보면 당시의 전역(戰役)은 전혀 말도 되지 않았다. 무엇보다도, 당시의 전역은 대영제국의 향수(鄕愁)와 신 제국주의에서 목격되는 주전론을 중심으로 하는 정치적 당위성에 근거하고 있었다. 또한 당시의 분쟁은 정치 및 군사적으로 많은 모험을 안고서 진행되었다.4)

---

2) 역자주 : 이는 포클랜드 섬이 영국본토로부터 너무나 멀리 떨어져 있었다는 점에 주로 기인하였다.

3) Personal Interview, General Sir Jeremy Moore, Brisbane, April 1991; 다음을 또한 보시오. Sancton, Thomsa, and Gerwin, Larry, Larry, 'How the war was won', *Time*, no. 37, 9 september 1996, p. 40-2.

4) Harris, R., *Gotcha! The Media, the Government and the Falklands Crisis*, Faber and Faber, London, 1983, p. 56. 당시 분쟁의 군사 행위를 상세 조사해보려면 다음을 또한 보시오. Bishop, P., & Witherow, J., *The Winter War : The Falklands*, Quartet Books, London, 1982; Dalyell, T., *One Man's Flaklands*, Cecil Woolf, London, 1982; Fox, R., *Eyewitness Falklands*, Methuen, London, 1982; Frost, J,. *2 Para Falklands, Buchan & Enright*, London, 1983; Hastings, M., & Jenkins, S., *Battle for the Falklands*, Michael Joseph, London, 1983; Sunday Times Insight Team, *The Falklands War*, Sphere Books, London, 1982; Middlebrook, M., *Operation Corporate*, Viking, London, 1985; *The Falklands Campaign : The Lessons*, White Paper, Cmnd 8758, HMSO, London, 1982; and Woodward, S., with Robinson, P., *One Hundred Days*, HarperCollins, London, 1992.

합법성 추구

아르헨티나에 대항해 영국은 전쟁을 공식 선포하지 않았다. 그 대신 영국은 유엔헌장 51조에 명분을 걸었다. 51조에서 유엔은 유엔 회원국들에게 자위권을 부여하고 있는데, 당시 이 권리가 확인되었다. 영국의 행위는 유엔 안전보장이사회 결의안 502의 지원을 받았다. 유엔 결의안 502는 아르헨티나 군의 철수를 요구하였다.5)

당시는 공식적인 전쟁 선포가 없었는데, 이는 재정 및 정치적 요인 때문이었다. 그러나 그 결과 영국정부의 위기조치 담당 세력들이 언론매체를 공식적으로 통제할 수 없게 되었다. 당시 "영국 정부와 군은 언론매체 내지는 국민들에게 '언론의 자유'란 민주주의 권리의 포기를 강요해야 할 정도로 당시의 위기가 영국의 안보를 위협할 것으로 생각하지 않았다."6) 영국 정부와 군이 언론매체를 공식적으로 통제할 수 없다는 점을 편안한 마음에서 받아들인 것은 이 같은 이유 때문이었다. 국가적 차원의 지지 그리고 보다 적게는 국제사회의 지지를 얻는 과정에서의 공보의 중요성을 영국 정부는 조기에 인지하였다. 이는 언론매체를 공식적으로 통제할 수 없다는 점뿐만 아니라 당시의 전역이 영국본토로부터 멀리 떨어진 지역에서 진행될 것이란 점 때문이었다. 대중 승인의 필요성(이는 당시의 전역이 '정당한 전쟁 (Just War)'으로 간주되기 위해 필요한 부분이었다.)은 1982년 4월 3일에 있었던 의회비상논쟁(Emergency Parliamentary Debate)에 그 근원을 두

---

5) U.N. security Council Resolution 502 (1982), 3 April 1982.
6) Mercer, D., Mungham, G., & Williams, K., *The Fog of War*, Heinemann, London, 1987, p. 18.

고 있다. 당시의 논쟁은 아르헨티나의 포클랜드 침공에 대한 반응으로 소집되었다. 포스터(Foster)가 언급하고 있는 바처럼, 이는 영국이란 호랑이가 아직도 상대방을 물어뜯을 능력이 있음을 입증할 목적의 애국적인 성토장과 다름이 없었다.7)

대처(Margaret Thatcher) 수상은 '선악(善惡)의 싸움'이란 자신의 호전적인 발언을 영국 의회가 거의 만장일치로 승인하도록 만들었다. 이 같은 대처의 논리를 다수의 언론매체들이 신속히 수용하였다. 런던타임스는 아르헨티나의 침략을 "교정 불가능한 사악한 행위"8)로 지칭하였다. 선(The Sun), 스타(Star), 그리고 익스프레스메일(Express and Mail) 지는 포클랜드전쟁에 반대하는 사람들을 "유화주의자, 심약한 사람 그리고 반역자"9)라며 비난하였다. '선' 소속의 기자는 "아르헨티나를 비방하는 내용의 농담을 만들어보라고 영국국민들에게 요구하였다."10) 이 같은 태도를 보며, 하원의 반대파 리더인 마이클 푸트(Michael Foot)는 광적으로 살상을 조장하고 있는 몇몇 신문들의 태도를 질책할 준비가 되어 있는가라고 대처 수상에게 질문하였다. 그는 이 같은 태도의 견지는 영국의 저널리즘 입장에서 보면 불명예스런 일이라고 주장하였다. 대처는 이들 신문에 대한 질책을 거부하였다. 이들을 질책했더라면 정부의 정책에 관한 가장 효과적인 지지 세력

---

7) Foster, K., *The Failure of the Falklands Myth*, Unpublished Doctoral Thesis, Monash University, August 1989. 다음을 또한 보시오. Aulich, J. (ed.), *Framing the Falklands War : Nationhood*, Culture and Identity, Open University Press, Philadelphia, 1992.
8) *The Times*, 20 May 1982.
9) Rice, D., & Gavshon, R., *The Sinking of the Belfrano*, secker & Warburg, London, 1984, p. 53.
10) Sunday Times Insight Team, op. cit., p. 214; Hastings and Jenkins, op. cit., p. 333.

의 일부가 침묵하는 결과가 초래되었을 것이라고 포스터(Foster)는 말했는데, 이는 적절한 발언이었다.11)

국가 및 국제 사회의 여론 결집과 유지란 측면에서 영국정부가 헌신적이었다는 점, 일반적으로 영국정부의 정책을 지원하던 일부 언론들이 이견을 용납하지 않는 형태의 주전론(主戰論)적인 분위기를 조장하고 있다는 점을 배경으로 하여, 영국군은 영국의 언론매체를 상대하였다. 설상가상으로, 당시의 분쟁이 영국본토로부터 멀리 떨어진 열악한 지역에서 전개된다는 점으로 인해 주도권을 잡고 있던 군에 대항해 언론매체는 상대해야만 하였다. 영국본토로부터 멀리 떨어진 지역에서 분쟁이 진행되었다는 점으로 인해 영국군은 지원과 통신 측면에서 거의 독점권을 행사하였다. 당시는 지구의 대부분 지역에서 통상 기대할 수 있는 형태의 토착의 언론매체뿐만 아니라 언론매체를 위한 기반구조가, 그리고 사전 준비된 비상계획 내지는 국방 전문가가 결여되어 있었다. 이 점으로 인해 영국의 언론매체는 소속 언론인들이 겪게 될 물리·전문성 내지는 윤리 측면에서의 난제에 대한 대처란 측면에서 전혀 준비되어 있지 않았다.

이 같은 약점을 극복하지 못했다는 점으로 인해 영국 국방성과 정부가 적용한 역정보와 보도검열 관련 정책에 이들 언론매체가 놀아났다는 주장을 전개할 수 있을 것이다. 무어(Moore) 대장에 따르면, 이 같은 언론매체 관리 방안이 "적어도 포클랜드 분쟁의 결과에 긍정적인 효과가 있었던 듯 보였다."12) 언론매체의 입장에서 또 다른

---

11) Foster, op. cit., p. 59. *Observer* 및 *Financial Times*와 같은 신문은 무장 보복에 반대하는 등 훨씬 규제된 방식으로 접근하고 있다. *Guardian*과 같은 신문은 이 같은 행위를 항상 반대하였다. 다음을 보시오. Hastings and Jenkins, op. cit., p. 135-6.

문제는 당시의 분쟁이 조속히 종료되었다는 점이었다. 당시 작전에 소요된 기간은 대략 6.5주에 불과했는데, 지상작전은 24일간 지속되었다. 당시의 작전은 며칠 만에 이행되었다. 이 점으로 인해 군이 나름의 난관에 직면하였다. 그러나 군은 이 같은 위기를 고려해 조직 및 준비되어 있었다. 당시의 분쟁이 단기간에 종료되었다는 점이 군에 유리한 방향으로 작용하였다. 반면에 영국의 언론매체는 이 같은 상황을 이용하기 위한 계획을 준비하고 있지 않았을 뿐더러 조직되어 있지도 않았다.

분쟁이 막바지로 향하면서 군과 정부가 승리의 여세로 인해 즐거워할 당시, 언론매체는 비평적인 내용을 취재하기에도 시간이 충분치 않았다. 이 점에서 언론매체는 나름의 어려움을 겪었다. 또한 언론매체는 영국이 승리에 보다 더 근접해감에 따라 부정적인 보도는 말할 나위 없고 분석 성격의 보도에도 점차 국민이 적대감을 표명하는 현상을 목격하였다.

언론매체의 배치

영국군과 함께 언론매체를 파견하기 위한 준비는 3월 31일에 시작되었다. 당시 영국 국방성의 공보 부서는 취재에 참여해도 되는 언론매체가 어느 곳인지에 관해 각군 참모총장들에게 질문하였다. 여기에

---

12) Moore, Major-General sir Jeremy, 'The Falklands war : A commander's view of the defence-media interface', paper delivered to the International conference on Defence and the Media in Time of Limited Conflict, Brisbane, April 1991.

대해 "한곳도 허용되지 않는다."는 퉁명스런 답변이 있었다. 국방장관이던 테렌스 레윈(Terence Lewin)은 그 후 국방 관련 하원의 선발위원회(Select Committee)에서 다음과 같이 언급하였다.

우리의 최우선적인 관심사항은 군대였다. 향후 작전을 왜곡시키거나, 국민의 생명을 위협하게 될 정보는 그 형태에 무관하게 알리지 않는 것이 가장 중요하였다.13)

"단 한 명의 언론인도 허용되지 않는다."는 각군 참모총장들의 발언에 영국정부는 곧바로 제동을 걸고 나섰다. 영국정부는 언론매체를 통제할 수 없다는 점에서 이들에 편의를 제공해줌이 최선이란 점을 인지하고 있었다. 그 결과 언론매체를 배제한다는 초기의 정책이 6내지 10명의 특파원을 수용하는 정책으로 바뀌었다.

최초 계획은 언론인들을 어센션(Ascension) 섬으로 직접 운반해주는 것이었다. 그러나 그곳에 방공(防空) 시설이 결여되어 있다는 점에 관해 이들이 보도할지 모른다는 점을 고려해 이 계획은 취소되었다. 사실 이들은 기동부대(Task Force) 소속의 함정에 탑승한 채 그곳으로 갔다. 그 결과 해당 함대가 출항하기 이전, 언론매체를 선정 및 조직함과 관련해 장관은 오직 24시간의 여유가 있었다. 1981년 5월에는 이같은 상황에 대비한 지침이 "긴장 내지는 전시 공보에 관한 행정사항(The Administration of Public Relations in Times of Tension or War)"이란 간행물의 형태로 마련되어 있었다. 이 문건에서는 기술적 설비의 Pool에 근거해 12명의 기자를 파견하기 위한 세부 계획이 마련되어 있었

---

13) Evidence before the House of Commons Defence committee, 9 October 1982.

다. 그러나 혼란의 와중에서 이들 계획이 간과되었던 듯 보인다.

영국 국방성에도 문제가 없지 않았다. 당시 영국국방의 공보 부서 책임자는 공보 관련 경험이 없는 이안 맥도널드(Ian McDonald)였다. 그는 대처의 공보비서(Press Secretary)인 버나드 인햄(Bernard Ingham) 의 간섭에 시달려야만 하였다. 인햄은 군의 활동에 긍정적인 관점을 견지하는 언론을 영국정부가 절실히 원하고 있다는 점에 많은 관심을 표명하고 있었다. 얼마나 많은 기자가 그리고 어느 언론매체 소속의 기자가 분쟁 취재를 목적으로 포클랜드로 가야할 것인 지란 문제와 관련해 맥도널드는 그 책임을 '신문발행조합(NPA : Newspaper Publishers Association)'이란 언론매체 조직에 넘겼다.14)

언론매체 곳곳에서 취재에 참여토록 해달라는 요청이 있자, '신문발행조합'은 단일의 TV 요원, 단일의 통신 기술자 그리고 2명의 TV 언론인(BBC에서 1명 그리고 상용 채널인 ITB에서 1명)을 선발하였다. 그 결과 여기서 제외된 언론매체들이 가장 높은 수준에서 즉각 로비를 전개하였다. 결과적으로 취재에 참여하게 될 요원의 숫자가 처음에 15명으로 그리고 그 후 22명으로 늘어났는데, 여기에는 사진기사도 포함되어 있었다. 이들은 처음에 헤르메스(HMS Hermes)와 인빈서블(HMS Invincible) 함정을 이용해 그리고 그 후 4일 뒤에 켄버라(HMS Canberra) 함정을 이용해 2단계로 전개되었다.15)

첫 번째 언론인 집단이 출발하기 몇 시간 전, 영국국방성은 기동부

---

14) *Report of the Study Group on Censorship,* (The Beach Report), Cmnd 9499, 1985. 다음을 또한 보시오. Foster, op. cit.

15) Adams, V., *The Media and the Falklands Campaign,* Macmilln, London, 1986 p. 6. 다음을 또한 보시오. Morrison, D., and Tumber, H., *Journalisists at War,* Sage Publications, London, 1988, p. 6-7.

대가 포클랜드로 항해하기 이전에서의 정보의 제공이 이적(利敵) 행위라는 정책에 근거해 모든 질문에 답변을 거부했는데, 이 정책은 맥도널드에 의한 것이었다.16) 기동부대 요원들의 입장에서 보면, 언론매체를 다루기 위한 유일한 지시는 4월 2일 해군통신(Navy signal)의 형태로 모든 함정에 전달되었다. 여기서는 해군의 모든 문제에 관한 주요 보좌관으로 함대 공보차장(Deputy Fleet Public Relations Officer)을 지명했으며, 대중 지지의 중요성을 언급하고 있었다.17) 그러나 이들 지침은 거의 효과가 없었던 듯 보인다. 해군의 입장에서 보면 이는 새로운 영역이었다. 군이 특파원들에 대해 적대감정을 견지하고 있다는 점, 어느 측도 통제 방법을 제대로 알고 있지 못했다는 점이 곧바로 분명해졌다.18)

이 같은 적대감정의 사례로 남대서양 기동전력(Task Force)의 지휘관인 샌디 우드워드(Sandy Woodward) 제독은 공식적인 정책은 "협조는 좋지만 정보 제공은 곤란하다."는 점이었다고 말하고 있다. 우드워드는 언론매체가 군으로부터 감사의 말을 받을 자격이 거의 없다고 생각하였다. 그 후 그는 언론매체를 "가장 심각한 문제 중 하나……"로 생각했는데, 이는 영국의 내각을 혼란에 빠뜨린 일련의 문제들이 있고 난 이후 그러하였다. 우드워드에 따르면 결과적으로 "승리를 목적으로 말하거나 해야 하는 모든 부분들을 말하고 행동으로 옮겨라"19)란 의식이 출현했다고 말하고 있다. 이는 해군 전반에

---

16) Harris, op. cit., p. 96. 다음을 또한 보시오. Interview, General Sir Jeremy Moore, op. cit,. and Mercer, Mungham & Williams, op. cit., p. 42.

17) RN Signal 'Operation Corporate : PR Policy and Guidance on Press Facilities Afloat', referred to during interview, MOD, London, March 1988.

18) Mercer, Mungham & Williams, op. cit., p. 42.

19) Woodward with Robinson, op. cit., p. 109-13.

걸쳐 팽배해진 것으로 보이던 인식이었다.

이 같은 정책의 적용이란 문제는 제복을 착용한 공보 요원인 'minder'들에게로 넘겨졌다. 일반적으로 언론인들은 이들을 저널이란 전문 분야에서 실패한 인간들로 생각하였다. 이들이 주목되는 개개 사례 연구에서 면면히 등장하는 주제는 이들은 군인도 그리고 일선 언론인도 아니란 점이다. 여타 지역에서와 마찬가지로 포클랜드에서 이들은 군뿐만 아니라 언론이란 전문직업 모두로부터 완벽히 인정받지도 그리고 신뢰받지도 못했다.

이 같은 점을 고려해보면, 이들이 군과 언론매체 사이에서 집중 공격 당한 것은 필연적인 현상이었다. 몇몇 상황에서 이들은 갈등의 원천이었다. 한편 이들의 실적은 당시 전역에 관한 거의 모든 회고(回顧)에서 엄청난 비판을 받았다.

공정히 말하면, 이들이 수행한 임무는 쉽지 않았다. 이들은 언론매체와 동일한 속도로 선발되어 배치되었다. 그런데 이들 중 많은 사람은 부여된 과업을 효과적으로 수행할 수 있을 정도의 자격 내지는 경험뿐만 아니라 계급을 갖고 있지 않았다.[20] 가장 고위급 장교들로부터 가능한 모든 정보를 입수해야 한다는 절박한 심정에서 언론매체들은 이들을 무시하는 경향이 있었다. 기질 또는 훈련 부족으로 인해 몇몇 요원들이 부여된 과업을 담당할 수 없는 등 언론매체 집단 내부에도 일부 문제가 없지 않았다.[21]

또 다른 문제에 외국의 언론기관이 취재 집단에 포함되어 있지 않

---

20) Morrison & Tumber, op. cit., p. 139-43.
21) Hasting & Jenkins, op. cit., p. 332. 다음을 또한 보시오. Harris, op. cit., p. 21-3.

았다는 점이 있다. 그 결과 영국이 선전(宣傳)을 관리하고 있다는 주장이 제기되었다.22) 1982년 7월 20일, 영국하원의 국방위원회(Defence Committee)에 보낸 비망록에서 외국언론협회(Foreign Press Association)는 자신들이 배제되었다는 점과 브리핑이 없었다는 점에 불만을 토로하였다. 뿐만 아니라 이들은 자신들을 대신해 영국 국방성과 협의하는 과정에서 영국외무성의 뉴스국(News Department)이 비협조적이었다는 점을 지적하였다.23) 이들이 배제된 것과 관련해 당시 보도의 신뢰성이 결여되었다는 비난이 제기되었다.

통신의 문제

첫 번째 함대를 타고 출항한 특파원들이 가장 먼저 직면한 문제는 통신의 문제였다. 이들은 모든 무선 음성통신은 오직 단일 함정에 탑재되어 있던 MARISAT 시스템을 통해 이루어져야 한다는 지시를 받았다. 이는 MARISAT 시스템에 관한 국제협약에 비준한 국가들이 이것을 비전투 함정으로 제한했기 때문이었다. 이 같은 단일의 송신 지점에 접근하려면 함정에서 다른 함정으로 옮겨 타야 하는 등 시간과 위험 측면에서 적지 않은 부담이 따랐다. 전함의 시스템을 통해 수용 가능한 수준의 무선 음성이 전달될 수 있음이 그 후 밝혀졌다. 그러나 이 같은 시스템은 영국국방성으로 연결되는 통신망을 사용하지

---

22) Morris & Tumber, op. cit., p. 97-8.
23) Memorandum to the House of Commons Defence Committee, dated 20 July 1084. 다음을 또한 보시오. *The Handling of the Press and Public Informations during the Falklands Conflict*, HMSO, London, 1983.

않고도 뉴스 편집실과 직접 연결되었다. 이 점에서 보면 MARISAT 시스템의 사용에 따른 노력은 감내할 만한 수준이었다.24) 보안에 저촉되는 내용을 비화(秘話)되지 않은 방식으로 통화하는 경우 Minder들이 통신라인을 두절시킬 것으로 사람들은 알고 있었다. 영국 국방성으로 연결되는 채널을 거치지 않으면서 뉴스 편집실로 직접 연결되는 통신은 Minder들에게는 심각한 우려 사항이었다.

신문은 함정에 탑재되어 있던 음성 텔레타이프 통신을 사용해 밖으로 전파되었다. 그러나 헤르메스(HMS Hermes) 함정에 탑승하고 있던 3명의 언론인들이 외부로 나아가는 통신의 40% 정도를 사용하고 있던 반면, 인빈서블(Invincible) 함정에 탑승하고 있던 요원들이 30%를 소모하고 있다는 주장이 제기되는 등, 이들 체계를 지나치게 많이 사용하고 있음을 해군이 인지하였다. 그 후, 언론인들은 통신이 많지 않은 시간대에만 이들 통신 시설을 이용할 수 있었다. 그 결과 몇몇 언론인들이 마감 시간을 맞추지 못하는 상황이 벌어졌다.25)

TV 관련 통신은 함정에 탑재된 상용 시스템을 이용해 전송할 수 있었을 것이다. 그러나 이 같은 통신은 쉽지 않았을 것이며, 군 위성이 작동하지 않는 시간으로 국한되었을 것이다. 이 같은 통신은 또한 함정의 전기 시스템을 부분적으로 단전하거나 일부 형태의 전기적 차폐가 요구되었을 것이다. 그러나 해군은 이처럼 하지 않았다. 결과적으로 당시의 전역(戰役)에서는 TV 자료의 전송에 평균 8일에서 10일이 걸렸는데, 이는 놀라운 일이었다.26) TV 관련 자료가 보다 적시

24) Adams, *The Media and the Falklands Conflict*, HMSO, London, 1983.
25) Mercer, Mungham & Williams, op. cit., p. 147.
26) Morrison & Tumber, op. cit., p. 168.

에 전송되도록 나름의 노력을 경주하지 않은 결과로 인해 당시 전역에 관한 TV 취재가 부족했는데, 이는 나름의 의미 있는 일이었다. 국방장관인 놋(John Nott)은 다음과 같이 언급하였다.

TV가 우리의 작전 수행을 보다 쉽게 해주었을 것으로 나는 생각지 않습니다. 결국 우리는 전승(戰勝)을 위해 노력하고 있었습니다.……우리는 TV가 전쟁을 취재하지 못하도록 할 생각이었습니다. 그런데 당시는 해결할 수 없는 기술적 문제가 있었습니다.[27]

함정에 탑재되어 있던 군사용 SCOT 시스템을 통해 미 국방의 통신체계인 DSCS 또는 DISCUS에 접근하는 것도 제한되었다. 그런데 DISCUS 위성은 적도(赤道) 상공 한곳에 정지해 있었다. DISCUS 위성과 함께 만족스런 수준의 TV 화면에 필요한 높은 수준의 역량을 발휘했을 영국군의 오래된 SKYNET을 사용하는 방안도 조사되었다.[28] 결국 TV 필름은 남아메리카로 공수(空輸)되어, 그곳에서 상용의 인공위성을 통해 공중으로 올려졌다. 이는 무선통신에 대한 접근을 해군이 나름의 판단에 근거해 통제한 바와 마찬가지로 남아메리카에 있던 지상국으로 TV 필름을 공수하기 위한 능력을 해군이 통제하고 있었음을 의미하였다.

주로 음성통신을 목적으로 인공위성에서 사용되는 협대역을 통해 TV에 요구되는 광대역 신호를 전송함에 적지 않은 어려움이 있었다. 이외에도 당시 전개의 초기 단계에서 SKYNET을 사용했더라면 인공

---

27) Evidence before the House of Commons Defence Committee, vol. 2, p. 440.
28) Harris, op. cit., p. 57; Morrison & Tumer, op. cit., p. 167.

위성이 영향을 미치는 곳으로 옮겨 놓을 목적에서 함정이 수백 마일 돌아가야 할 필요가 있었을 것이다.29) 작전적 이유로 인해 이것의 사용이 거부되었는데, 이는 충분히 이해가 가는 사항이다. 미국의 시스템을 쉽게 이용할 수도 있었을 것이다. 그러나 확인되지 않은 보도에 따르면 미국의 권위 부서와의 접촉이 매우 낮은 수준에서만 이루어졌다고 한다. 이 같은 점으로 인해 영국과 미국이 전송을 용이케 하지 않을 목적의 암묵적인 협의에 도달했다는 의혹이 언론매체 주변에 널리 퍼졌다. 분쟁이 지속되었더라면, 자신의 영향 범위가 포클랜드를 망라하는 상용의 INTELSAT로 연결될 수 있는 지상국(Ground station)으로 비행해 가는 방안을 방송사들이 고려했을 것이다.

요약해 말하면, 당시 군의 작전지역은 위도가 낮았다는 점으로 인해 상용의 인공위성으로부터 제대로 도움을 받을 수 없었다. 함대가 남쪽으로 항해해갈수록 이 같은 인공위성으로부터 도움 받기가 보다 더 어려워졌다. 기동부대는 또한 언론매체의 통신에 낮은 수준의 우선순위를 부여하였다. 비협조적이었던 해군에 문제의 많은 부분이 있었음에는 의문의 여지가 없다. 그러나 이들 문제와 관련해 무언가 할 수 있었다는 점 또한 의문의 여지가 없다. 기술 및 인간적인 이들 문제에 직면해 그리고 공군의 특수작전 위성(衛星)의 사용을 충분히 탐지하기도 전에 TV 요원들은 임무를 포기하고는 본국으로 가는 비행기에 몸을 실었다.30)

결과적으로 셰필드(Sheffield) 함정 관련 사건에 관한 영상이 영국에

---

29) Skynet은 궤도가 일정치 않았다. 이는 분쟁 이후 대략 6주 동안만 포클랜드 지역을 망라하였다.
30) Interview, technical staff, ITN Television, London, March 1988.

도착하는데 23일이, Goose Green 살상 및 Bluff Cove 공격에 관한 취재 내용의 도착에 16일 그리고 아르헨티나의 항복에 관한 영상의 도착에 11일이 소요되었다.[31] 결과적으로 당시 분쟁에서는 실시간 내지는 생중계에 의한 TV 취재는 있지 않았다. 영국 언론매체 내부의 많은 사람들은 이 같은 현상을 영국 정부와 군이 당시 전역(戰役)에 대한 여론의 지지를 저해할 것으로 생각되는 부정적인 보도를 허용할 의도가 없었음을 보여준 것으로 생각하고 있다.[32] 물론 이 같은 주장을 국방성은 일축하였다. 고출력(Heavy Drive)의 TV 송신에 필요한 Spot 빔을 생산해낼 목적에서 자신의 한계 영역에 위치해 있던 군위성의 각도를 조절하는 경우 전송되는 화면의 질이 수용할 수 없을 정도로 떨어지게 된다고 이들은 주장하였다. 이 같은 목적으로 군 인공위성을 이용했더라면 가뜩이나 미약한 군 통신이 크게 위험에 처할 수 있었을 것이라고 이들은 또한 주장하였다.[33]

통신과 관련된 또 다른 우려 부분에 사진이 있다. 언론사 소속 사진사들 중 2명이 당시의 기동부대에 대한 취재를 승인 받았는데, 이들 중 1명은 항공모함에 그리고 또 다른 1명은 그 후의 배치에 합류하였다. 남쪽으로 항해하면서 이들 중 어느 누구도 자신에게 필요한 표준의 송신 도구로 무장해 있지 않았다. 그 결과 필름을 선박을 이용해 보내야 하는 실정이었다. 도착 즉시 이들 필름은 캔버라(Canberra)에서 무선으로 전송되었다.

---

31) Evidence before the House of Commons defence committee, *First Report of the defence Committee*, HMSO, London, 1983.
32) Morrison & Tumber, op. cit., p. 170.
33) Evidence before the House of Commons defence Committee, vol. 2, 12 July 1982, para 64.

TV 실황 취재를 허용할 의사가 없는 듯 보였다는 점과 당시 분쟁의 초기 단계에 관한 영상 취재가 부족했다는 점이 결합되면서 간접 내지는 자유재량 성격의 보도 검열이 있었다는 주장이 제기되었다. 이 같은 문제는 상륙 이후 보다 악화되었다. 머서(Mercer)와 먼햄(Mungham)은 다음과 같이 지적한 바 있다.

Antelope 폭발에 관한 사진은 당시의 폭발이 불발탄의 폭발로 인해 야기되었다는 구실에 따라 며칠간 지연되었다. 이 점을 언론협회(Press Association) 소속의 마틴 클리버(Martin Cleaver)가 수용하였다. 그는 상륙 이후 12일이 지난 시점에야 상륙이 허용되었다. 그 결과 부상 또는 사망한 사람의 영상이 특히 없게 되었다.[34]

취재를 고의적으로 지연시켰다는 주장에 대한 만족할만한 답변이 있지 않았다. 그러나 당시의 실상에 관해 로버트 해리스(Robert Harris)는 다음과 같이 요약해 설명하고 있다.

당시의 상황은 크림전쟁 당시와 비교해 약간 더 좋지 않았다. 1854년 당시, 라이트 여단(Light Brigade)의 돌격 모습은 돌격이 있은 지 20일 만에 런던타임스에 게재되었다. 1982년, 몇몇 TV 필름은 런던에 도착하는데 23일이나 소요되었다. 최초의 사진(영상)은 사건 발생 이후 3주가 지난 5월 19일이 되어서야 도착하였다.[35]

---

34) Mercer Mungham & Williams, op. cit., p. 149. 다음을 또한 보시오. Morrison & Tumber, op. cit., p. 178-83.
35) Harris, op. cit., p. 56.

보도검열과 정치적 압력

포클랜드 분쟁에 관한 언론매체 취재를 무색케 할 목적의 간접 성격의 보도검열의 징후는 함정에 탑승한 특파원들이 '어센션(Ascension)' 섬에 접근하고자 할 당시 감지되었다. 물론 당시의 접근은 거부되었다. 당시 전역(戰役)의 수행과 관련해 그 후 제기된 증거에서 존 필드하우스(John Fieldhouse) 제독은 이처럼 결심하게 된 이유를 다음과 같이 설명하였다. 언론인들이 상용의 무선-전화 서비스를 이용해 섬의 취약성에 관해 보도하고, 그곳에서 수행되고 있던 미국의 비밀 활동을 폭로할 가능성이 있었다. 그 결과 접근 제한, 미미한 수준의 운송 지원, 특파원의 안전에 대한 우려 표명 그리고 정보 전송의 지연을 포함한 보다 은밀한 형태의 간접 성격의 보도검열이 도입되었다.

이들 방안은 언론매체 집단이 군에 전적으로 의존하게 되는 원정(遠征) 전역의 이점을 최대한 이용하고 있었다. 그러나 영국이 셰필드(HMS Sheffield) 함정을 잃게 된 5월 4일, 이 같은 관계가 시험대에 올랐다. 갑자기 영국국민의 여론이 반전될 가능성이 있었는데, 영국국민이 면밀히 통제된 형태의 낙관적인 보도만을 받아보고 있었다는 점을 고려하면 특히 그러하였다.[36] 따라서 셰필드 함정의 손실과 관련된 뉴스는 원천 봉쇄되었다. 기동부대와 함께 행동하던 언론인들은 진행 상황을 정확히 알고 있었다. 그러나 이들은 사건을 촬영할 목적의 헬리콥터 지원뿐만 아니라 해당 뉴스를 런던에 전송하기 위한 통신 수단조차 거부되었다. 부서진 함정을 필름에 담을 목적에서 결국

---

36) Hasting & Jenkins, op. cit., p. 125.

1명의 TV 요원에게 헬리콥터가 지원되었다. 그러나 이는 당시의 피해가 충분히 통제되고, 화염이 멈춘 이후 그리고 찍은 필름을 해군에 보여준다는 조건을 언론매체가 수용한 이후에나 가능해졌다.[37]

따라서 통신 수단의 독점에 따른 이점을 이용해, 영국정부는 문제에 대처하기 위한 방안을 결정한 이후에나 침몰하고 있던 함정과 관련된 뉴스를 비밀에서 해제할 수 있었다. 의회의 발표 시점과 관련해 합의가 이루어지자, 영국 국방성 대변인 이안 맥도널드(Ian McDonald)는 정규 TV 프로그램을 잠시 중지시키고는 침몰 관련 내용을 보도하였다. 그는 뉴스 해설자가 사용하는 스타일과 배경을 이용해 침몰 관련 내용을 직접 보도하였다. 이 같은 생방송은 일반적으로 9시 뉴스에 맞추어 이루어졌는데, 제2차 세계대전 당시의 공식발표를 연상케 하였다. 이는 포클랜드 전역(戰役) 당시의 영국정부에 의한 유사한 공식발표의 전형적인 유형이 되었다. 국가가 전쟁 중에 있다는 분위기를 강화해줌과 더불어 이는 정부의 대변인에게 독자적인 특파원의 위상과 권위를 부여해주는 효과가 있었다. 이 같은 이미지를 보며 정규 뉴스 프로그램을 책임지고 있던 프로듀서들이 분개해하였는데, 이는 당연한 일이었다.[38] 그 결과 이 후 BBC는 "……영국정부가 뉴스의 관리와 조종(操縱 : Manipulation)에 근접해 있었다."[39]고 주장하였다.

또한 자신의 입장을 공고히 할 목적에서 영국정부는 본국에서의 매일의 브리핑과 배경 정보를 철저히 통제하였다. 정부의 정책에 맞출 목적에서 영국정부는 전투 관련 뉴스를 선별적으로 조금씩 공개

---

37) Morrison & Tumber, op. cit., p. 102.
38) Evidence before the House of Commons defence committee, vol. 2, 9 November 1982, para 1724.
39) Evidence before the House of Commons defence committee, 11 November 1982.

하였으며, 발표 방식을 조정하였다. 기자회견은 간단한 성명이나 규제된 형태의 질문과 답변으로 국한되었다. 기자회견에는 TV가 제외되었다. TV로 방영되는 부분은 생중계로 직접 전달되거나, 편집 내지 논평의 여지를 남기지 않는 계획 및 사전 구성된 형태로 전달되었다.[40] 필저(Pilger)가 기술하고 있는 바처럼 취재 배제 방식의 보도검열은 언론매체 관리 측면에서 또 다른 요인이었다.

1982년, 영국과 아르헨티나 간의 협상을 통해 문제를 해결할 목적으로 페루가 제기한 계획은 성공의 문턱에 다가가 있었다. 어느 정도 다가가 있었는지 영국국민은 알지 못했다. 1982년 5월 13일, 에드워드 히스(Edward Heath)는 당시의 평화 계획에 아르헨티나가 3개의 조그만 수정을 요구했다고 ITB에 말했다. 이들은 매우 사소한 문제이기 때문에 아마도 거절할 수 없을 것이라고 히스는 말했다. 그러나 대처 수상은 이들 요구를 일언지하에 거절하였다. 히스와의 간략한 인터뷰는 영국정부가 답변해야 할 사안이 있음을 TV 뉴스에서 보여준 유일한 경우였다. 그 후 이야기는 없었던 일이 되었으며, 침공이 추진되었다.[41]

비디오 자료가 부족하다는 점을 보며 언론매체 일각에서는 영국정부의 뉴스 정책이 언론매체 조종에 해당한다는 우려를 표명하였다. 그 결과 미국 내지는 아르헨티나의 TV 매체가 취재한 내용을 이용하는 방식으로 그 공백을 메우고자 하는 경향이 영국 내부에서 목격되

---

40) Foster, op. cit., p. 1; 다음을 또한 보시오. Morrison & Tumber, op. cit., p. 198-200.
41) Pilger, John, *New Statesman*, vol. 125, no. 4295, 2 August 1996, p. 26.

었다. 아르헨티나의 취재가 신뢰성과 정확성에 있어서 신뢰 가치가 있음이 분명해지자, 영국정부 일각에 비상(非常)이 걸렸다. 영국의 몇몇 언론매체들은 진행 상황을 정확히 파악하고, 균형 잡힌 시각을 제시하고자 노력하였다.

영국의 필름이 없게 되자 아르헨티나가 취재한 부분이 얼마 지나지 않아 대부분의 보도 및 배경 분석에서 주요 모습이 되었다. 영국 입장에서의 신속하고도 정확한 정보가 없었다는 점으로 인해 "……아르헨티나를 포함한 비공식 정보 출처에 보다 많이 의존하는 결과가 초래되었다."고 선데이피플(Sunday People)의 편집장은 말한 바 있는데, 이는 당시의 실태를 매우 잘 요약해주고 있다. 이 같은 관점은 실제 상황에 무관하게 영국이 '단어와 화상(畵像)을 중심으로 진행되는 전쟁'에서 패배하고 있다는 점증되고 있던 우려를 매우 잘 반영하고 있었다.[42]

영국의 시사문제 프로그램인 뉴스나이트(Newsnight)의 해설자인 스노(Peter Snow)가 영국정부의 공식 보도의 진실성에 의문을 제기했을 당시, BBC의 시사문제 프로그램인 파노라마(Panorama)에서 반전(反戰) 운동가들의 관점뿐만 아니라 아르헨티나의 관점을 방영했을 당시, 외국에서 제작한 필름을 보다 많이 사용하고 있다는 점이 크게 부각되었다.[43]

이처럼 언론의 입장에서 보면 칭찬 받아야 마땅할 객관적인 보도로 인해, 특히 BBC는 영국의 관점만을 보도해야 한다고 느끼고 있던

---

42) Evidence before the House of commons Defence committee, 22 July 1982.
43) *Newsnight*은 1982년 5월 2일에 그리고 파노라마는 5월 10일에 방영되었다. 다음을 또한 보시오. Morrison & Tumber, op. cit., p. 265-6.

사람들과 영국정부로부터 많은 원성(怨聲)을 샀다. 5월 6일, 대처 수상은 영국 상원에서 다음과 같이 언급하였다.

……영국군의 입장이 완벽하고도 효과적인 방식으로 제기되고 있지 않다며 많은 사람들이 우려를 표명하고 있습니다. 우리와 아르헨티나가 거의 동등한 입장에서 그리고 거의 중립적인 관점에서 다루어지고 있는 듯 보이는 경우가 있음을 나는 알고 있습니다.[44]

영국정부의 발표를 무비판적으로 받아들이는 행위는 수용 가능한 현상이었던 듯 보인다. 그러나 상대방 적국이 제공한 정보를 고려하는 행위는 반역(反逆)에 가까운 듯 보였다. 니(knee)와 스노(Snow) 모두는 반역자로 낙인 찍혔는데, 스노는 선(Sun) 방송국에서 방송한 이후, 니는 그 후 이틀 뒤 영국하원에서의 발언 이후 그러하였다.[45]

그럼에도 불구하고, '진실'이 정부 정책의 희생양이 되거나 전쟁에 관한 높은 수준의 정치적 지지를 유지할 목적으로 교묘히 이용되어서는 안 된다며, BBC는 반격을 퍼부었다. BBC의 밀른(Alistair Milne)은 당시의 전쟁이 총력전(總力戰)이 아니라, 의문스런 목표를 갖고 진행되는 제한된 형태의 분쟁이었다고 주장하였다. BBC가 반역자란 주장은 말도 되지 않는다고 밀른은 말하였다.[46] 보수당의 의회 언론매

---

44) *Hansard*, 6 May 1982.
45) *The Sun, Daily Mail and Daily Express*, 12 May 1982, and Morgan, K., *The Falklands Campaign. A Digest of Debates in the House of Commons*, 2 April to 15 June 1982, Hmso, London, 1982, p. 218.
46) Evidence before the House of Commons Defence Committee, Appendix 1, vol. 2, p. 421.

체위원회(Media Committee)에서 밀른은 이 같은 견해를 고수하였다.47) 감정이 격양된 결과로 인해 BBC를 지원하고 있던 의회의 한 요원은 그 후 일군(一群)의 보수당 요원들로부터 "……국가와 여러분이 몸담고 있는 정파에 부끄러운 존재다."48)는 망언을 들었다.

대부분의 신문이 BBC의 입장을 지지하였다. 그러나 정치적 압력으로 인해 BBC 내부에서조차 분열 조짐이 보였다. 문제의 파노라마 부분이 방영된 다음날 아침의 뉴스 및 현행 문제 관련 회합에서, BBC의 수장이 편집장과 프로듀서들에게 상기시킨 방식을 포스터(Foster)는 다음과 같이 기술하였다.

> ……BBC는 영국의 방송매체였다. 대다수 국민이 이 같은 견해에 공감하고 있었으며, 영국과 괴리된 형태의 보도를 고수하면 불필요한 분란(紛亂)을 야기하게 된다고 BBC 사주가 믿고 있었음이 분명하였다.49)

광적인 형태의 주전론(主戰論)적인 논지에 의도적으로 착수했던 언론 부서들 또한 "BBC의 반역자"50)들을 지칭하는 표제와 함께 대처 수상의 입장을 적극 지지하였다. 당시 대처 수상은 애국심 결여를 보여주는 무책임한 보도로 추정되는 사항들에 관한 국가의 정서(情緒)를 만천하에 알릴 필요가 있다고 전쟁 지도자로서 호소하였다. 앞의 표제는 이 같은 대처 수상의 촉구에 대한 반응으로 생각될 수 있었

---

47) Morrison & Tumber, op. cit., p. 236.
48) Harris, op. cit., p. 84-5.
49) Foster, op. cit.
50) *Sun*, 14 May 1982.

다. 대처 수상의 촉구에 대해 언론매체는 진지하고도 분명하게 반응하였다. "일부 언론매체의 주전론은 영국정부의 강력한 지도자인 대처 수상과 조율되었다."[51)고 그 후 무어(Moore) 대장은 언급하였다.

일부 목소리 큰 소수에 의해 반향 되고 있었지만, 대처 수상의 태도는 자신이 조종(操縱)하고자 노력하였던 다수 국민의 일반적인 성향으로부터 어느 정도 벗어나 있었던 듯 보인다. 애국심에 호소했음에도 불구하고, 5월 10일 BBC가 시행한 여론조사에 따르면 조사에 응한 사람들의 81% 정도는 포클랜드 분쟁의 취재와 관련해 BBC가 책임감 있게 행동했다고 답변하였다. 오직 14%만이 반대 의견을 표명하였다. 이들 81%는 "BBC가 다양한 의견을 반영한다는 전통적인 정책을 고수해야 한다."고 믿고 있었는데, 이는 보다 중요한 사실이었다.

그런데 10% 정도는 달리 생각하고 있었다. 당시 분쟁의 보도란 측면에서 누가 일을 보다 훌륭히 수행했는지에 관한 질문에서, 상용 TV 전파매체인 ITN이 응답자의 40% 정도로부터 매우 잘 하고 있다는 평가를 받은 반면, BBC TV는 36% 그리고 BBC 라디오는 32%를 받았다. 비교적 잘 하고 있는 정도란 측면에서 BBC TV가 51%, ITN이 52% 그리고 BBC 라디오가 57%를 받는 등 이들 3개 방송 매체가 거의 대등하다고 대부분 사람들은 느끼고 있었다.[52) 당시 데일리텔레그래프(Daily Telegraph)가 수행한 갤럽조사에 따르면, 조사에 응한 사람의 62% 정도가 BBC를 지지하였다. 보수 성향 유권자의 57% 정

---

51) Interview, General Sir Jeremy Moore, op. cit.
52) Harris, op. cit., p. 89. 다음을 또한 보시오. Mercer, Mungham & Williams, op. cit., p. 131.

도는 제한된 형태의 분쟁에서의 언론매체의 자유를 지지했는데, 정치적 관점에서 보면 이는 보다 중요한 의미가 있었다. 이는 조사에 응한 노동당(Labor Party), '자유 및 사회 민주당(Liberal and Social Democratic Party)' 지지자들에 의한 평균 65%와 비교해 몇 % 정도 낮은 수치였다.53)

작전 분야의 경우를 보면 보도검열은 관련 요원들을 흥분시킨 주요 원천이었다. 그러나 영국 본토에서의 사건들이 보여주고 있는 바처럼, 보도검열과 정치적 압력 모두가 해당 분쟁이 외부로 표출되는 모습에 영향을 끼쳤다. 맥도널드는 작전보안에 필요한 부분으로 보도검열을 제한하고자 노력하였다. 그럼에도 불구하고, 결과적으로는 보도검열과 관련해 2개 계층에서 조정되지 않은 형태의 노력이 있었는데, 이들 중 하나는 단위 부대에 근무하는 비교적 젊은 장교들에 의한 것인 반면, 또 다른 하나는 언론매체의 취재에 비합리적으로 종종 대응하였던 런던의 비토 세력들에 의한 것이었다.

취재를 승인 받은 언론인들의 대부분이 영국정부에 우호적 성향의 인물이었다는 점에도 불구하고, 상황은 그러하였다. 이들이 고의적으로 영국인들을 위험에 처하게 할 것으로는 생각되지 않았다. 일반적으로 시청자들은 언론매체에 대해 애국적인 성향을 기대하고 있었다. 이 점에서 이들 언론매체는 보도와 관련해 자기 스스로 강요한 제약을 준수하고 있었다. 이들 중 일부는 공식보안법(Official Secrets Act) (취재 승인과 관련된 사전 요구사항에서 철회된 조건임)의 서명에 거부하였다. 그러나 이들 모두는 1982년 4월 8일에 영국 국방성이 발행한

---

53) Harris, op. cit., p. 89. 다음을 또한 보시오. Morrison & Tumber, op. cit., tables 12.27, p. 335 and 12.30, p. 341.

10개 항목의 지침에 서명해야만 하였다. 당시의 지침에서는 다음과 같은 주제의 보도를 금지하고 있었다.

1. 가상의 적이 아측의 세부 의도를 유추해낼 수 있도록 하는 작전 계획들
2. 가능한 방책(Course of Action)에 관한 추론
3. 개개 부대 내지는 제대(梯隊)의 준비 상태와 세부 작전 능력
4. 개개 부대 내지는 제대, 특히 특수 부대의 위치, 활용 및 작전적 이동
5. 현행 전술 및 전법에 관한 특이 사항
6. 모든 유형 장비의 작전 능력
7. 장비 재고 및 군수와 관련된 세부 사항
8. 아르헨티나 군의 배치 내지는 능력에 관한 정보
9. 통신
10. 장비 또는 기타 것들의 결함54)

이들 지침에서 보호하고자 노력하였던 작전보안과 관련해 그 후 리치(Henry Leach) 제독은 의회에서 상세히 언급하였다. 그는 작전보안을 "유출되는 경우 또는 특정 순간에 유출되는 경우 군의 판단에서 볼 때, 작전을 저해할 수 있는" 부분으로 정의하였다. 여기에 리치는 사상자(死傷者)들의 권리를 추가하였다.55)

이들 개념 모두의 문제는 이들이 제대로 엮어지지 않은 '한 오라기

---

54) Foster, op. cit., Appendix A.
55) Evidence before the House of Commons Defence Committee, 27 October 1982.

의 실'에 불과하다는 점이다. 일반적으로 언론인들이 정부 시책에 긍정적인 태도를 견지하고 있다는 점, 작전보안의 필요성을 인지하고 있다는 점과 더불어 특정 부대에 배속된 특파원들 내부에서 필연적으로 발생하게 되는 연대의식이 결합되면서 적절히 다루는 경우, 정부의 정책에 긍정적인 성향의 언론이 만들어져야 당연할 것이다.56) 이는 언론매체들 간에 상존하는 경쟁으로 인해 어느 정도 상쇄되었을 것이다. 그러나 전반적으로 지침, 사전 배치 그리고 승리를 향해 나아가고 있던 것으로 보인 당시의 전역(戰役)이 결합되면서 거의 문제가 야기되지 않았어야 마땅했을 것이다. 결과적으로 보면, 나중의 청문회에 제기된 방대한 자료에서는 조종 성격의 보도검열로 인해 군과 국방성을 비난했는데, 야전에 있던 Minder들에게 가장 강렬한 비난이 그리고 영국정부에서 보도를 비토 하던 세력들에게 두 번째 수준의 비난이 가해졌다. 국방위원회(Defence Committee)에 세계뉴스 (News of the World) 신문 집단이 보낸 비망록에는 언론매체의 이 같은 태도가 요약되어 있다. 비망록에서 이들은 다음과 같이 질문한 바 있다.

국방성이 진정 포클랜드전쟁이 취재되기를 원했는가? 이는 반드시 묻고 넘어가야 할 질문이다.……국익에 관해 인식이 있는 언론매체 전문가의 도움을 받아 국방성이 타당성 있는 보도검열 규정을 입안하지 않은 이유는 무엇인가? 사실 언론매체의 관점에서 보면 작전 전반(全般)에 문제가 있었다. 한편 정보의 오류·생략 및 부족을 감출 목적에서 국익이란 은폐물이 사용되었다.57)

---

56) Adams, *The Media and the Falklands Campaign*, op. cit., p. 137-8.

대체로 17명의 기동부대 소속 특파원들이 상원의 청문회에서 증언하였다. 이들 대부분은 언론매체를 군이 다룬 방식과 관련해 보도검열을 비난하였다. 아마도 가장 경험이 많은 언론인인 맥스 헤이스팅스(Max Hastings)는 보도검열을 담당하던 관료들이 다음의 측면에서 부족했다고 언급하였다.

……이들은 군사 문제에 관한 또는 언론매체가 필요로 하는 부분에 관한 지식이 결여되어 있었다. 이들은 또한 특파원들로부터 존경 내지는 신뢰의 획득이란 측면에서 또는 보다 중요한 부분이지만 기동부대 소속 고위급 장교들의 신뢰 내지는 존경의 획득이란 측면에서 실패하였다. 포클랜드 전쟁과 관련된 보도에 이들이 기여한 부분은 외부로 나가는 뉴스에 관해 점차 잘못된 형태의 규제를 강화한 것이었다.[58]

런던에 있던 국방 및 정치 담당 특파원 중에서 마음에 드는 사람에게는 "야전에서 검열된 또는 유보된 자료의 세부 사항이 제공되었다."[59]고 데일리익스프레스(Daily Express)는 언급하였다. 상원의 언론매체위원회(Media Committee)에 제기된 유사한 증거에 따르면 예전에 보도검열을 통과한 부분들을 삭제하는 등 젊은 장교들에 의한 전선(戰線)에서의 일관성 없는 보도검열 사례가 다수 있었다. 몇몇 경우 전문 언론인들이 작성한 문구에 이들 장교가 자신의 문법과 스타일

---

57) Evidence before the House of Commons Defence Committee, 22 July 1982.
58) Hasting & Jenkins, op. cit., p. 331; Harris, op. cit., p. 137-8.
59) Evidence before the House of Commons Defence Committee, 22 July 1982.

을 강요했다는 주장이 제기되었다. 한 보고서에 따르면, 당시의 전역(戰役)이 승리를 향해 고속 질주하고 있음을 보여주는 내용이 아닌 모든 암시는 언급하지 못하도록 이들 장교가 하였던 듯 보였다.60)

선(Sun)의 특파원 토니 스노(Tony Snow)는 Minder들을 언론의 특성인 긴박성이란 부분을 수용할 능력이 없는 인물들로 기술하면서 이들에 대한 일반적인 느낌을 요약하고 있다. 이들은 비효율적이었으며, 게으르고 정직하지 않았다고 그는 말하고 있다. 스노는 "일을 지연시키는 방식으로 보도 검열하였다."61)며 이들을 비난하였다. 헤르메스(HMS Hermes) 함정에 탑승하고 있던 언론협회(Press Association) 소속의 피터 아처(Peter Archer)는 일관성이 없으며, 자료의 분실이란 방식으로 보도 검열하고 있다고 Minder들을 비난하였다. 즉 보도 검열한 자료들을 잘못된 곳에 놓았다가, 자신이 소속되어 있는 함정의 함장에게 아처가 불만을 토로할 당시 재차 찾게 된다는 이야기였다. 언론인 아처는 셰필드(Sheffield)가 엑조세 미사일에 의해 명중되었을 당시, 2대의 해리어 항공기들이 손실되었을 당시 그리고 글래스고(HMA Glasgow) 함정이 피폭되었을 당시에 관한 뉴스가 전혀 보도되지 못하도록 한 것에 대한 불만들을 정리하였다.62)

보다 경험이 있으며, 친절한 군 요원들과 특파원들이 함께 상륙하게 되자 상황에 약간의 진전이 있었다. 무어 대장은 이것을 다음과

---

60) Evidence before the House of Commons Defence Committee, 22 July 1982 (Bishop).
61) Evidence before the House of Commons Defence Committee, 22 July 1982 (Snow).
62) Evidence before the House of Commons Defence Committee 27 October 1982 (Appendix B) (Archer).

같이 표현하고 있다. "가능한 모든 경우에서 자신들이 공보 장교들을 찾았을 것이라고 우리의 언론 집단이 말했을 것인데, 이들 중 많은 사람이 그처럼 하고 있다."[63] 그러나 이들 개선된 관계에도 불구하고 전반적인 분위기에는 거의 변함이 없었다. 군의 통신 시스템을 통해 흐르는 자료에 대한 직접 및 간접 성격의 보도검열이 지속되었으며, 마지막으로 런던에 있는 두 번째의 검열 부서에서 보고서가 면밀히 검토되었다. 정치적 압력이 있었던 곳은 이 같은 두 번째 계층에서였던 듯 보인다.

두 번째 계층에서의 보도 검열은 처음에는 비숙련된 젊은 장교들이 수행하였다. 그러나 업무량이 늘어난 결과로 인해 민간의 정보 요원이 도입되었다. 분명히 말하지만, 기동부대 검열관들은 이 같은 변화와 관련해 통보 받지 못했다. 정치란 요소가 개입되었다는 증거를 놓고 보면, 두 번째 계층에서의 보도검열은 중요한 의미가 있었다.

런던타임스에서 국방위원회(Defense Committee)로 보낸 비망록에서는 다음과 같이 주장하였다. "……그 후 며칠 뒤 기동부대에 의해 전송되기 이전에 또는 런던에 있는 국방성에 도착 즉시 원고의 일부가 사라짐이 분명해졌다."[64] 런던에서 정보유통을 조정하고 있던 영국 수상의 언론장관(Press Secretary)인 버나드 인햄(Bernard Ingham)은 이 같은 일이 벌어진 것은 "……이들이 정치적 차원에 관해 훨씬 더 냉철히 인지하고 있어야 했기 때문이다."[65]고 말하였다. 그렇지 않았다는 주장에도 불구하고, 정보 관련 정책이 대처 수상의 집무실을 통해

---

63) Interview, General Sit Jeremy Moore, op. cit.
64) Times Memorandum, House of Commons Defence Committee, DF 24, 1982, p. 119.
65) Evidence before the House of Commons Defence Committee, 9 November 1982.

면밀히 통제되었으며, 영국정부 내부의 점검 집단이 이 같은 통제의
일부를 담당했다는 의혹이 아직도 제기되고 있다.

역정보와 기만

전쟁 계획 수립 과정에서 기만은 필요하고도 중요한 부분이다. 사
상자의 발생을 방지할 목적에서 수행되는 전문가들의 게임인 기만에
어느 누구도 반대할 수 없을 것인데, 특히 제2차 세계대전 당시 그러
하였다.[66] 그러나 포클랜드 전쟁은 이 같은 국가적 차원의 절박성이
존재해 있지 않던 제한전이었다. 또한 증거에 따르면 당시의 전쟁에
서는 정치적 이유로 인해 정보가 유보되었다. 국방차관인 프랭크 쿠
퍼(Frank Cooper)가 하원 국방위원회에서 언급한 바처럼, "우리는 거
짓말하지 않았다. 그러나 우리는 모든 진실을 말하지도 않았다."[67]
이는 수단과 방법에 무관하게 전쟁에서 승리해야 함을 최우선적인
의무로 간주했던 군이 복창하던 태도였다. 국가 및 국제 사회의 지지
를 확보해 유지함과 관련된 정부의 최우선적인 임무를 군의 이 같은
접근 방안이 보완해주고 있었다.
민주사회의 의무에 관해 고도의 감각을 견지하고 있던 군인인 무
어 대장조차 작전에 도움이 되는 기만을 목적으로 언론매체의 취재
를 적극 이용해야 한다고 공공연히 언급한 바 있다.[68] 분명히 말하지

---

66) Haswell, J. *The Intelligence and Deception of the D-Day Landings*, Batsford,
   London, 1979, p. 37.
67) Evidence before the House of Commons Defence Committee, November 1982.
68) Interview, General Sir Jeremy Moore, op. cit.

만, 이 같은 작전적 수준69)의 기만은 각군 참모총장의 인가 사항이었다. 1982년 7월의 영국합동군연구소(Royal United Services Institute)에서의 강연에서 레윈(Lewin) 제독은 포클랜드 전쟁 당시 언론에 오보(誤報)가 제공되었다는 점을 언급했다고 한다. 당시의 강연 내용과 관련해 질문을 받자 그는 다음과 같이 답변하였다. "……언론은 우리의 계획에 가장 많은 도움이 되었습니다." 상원 청문회에서의 추가 증언에서 레윈은 다음과 같이 말하였다.

나는 기만을 언론 내지는 대중을 속이는 행위로 생각지 않습니다. 나는 기만을 적을 속이는 행위로 생각하고 있습니다. 내가 지금 얻고자 노력하는 바는 승리입니다. 승리에 도움이 될 목적에서 내가 할 수 있는 것 모두는 옳다고 나는 생각하고 있습니다. 기만을 통해 얻어지는 결과가 우리가 추구하고 있는 바인 승리라면 정부와 대중 그리고 언론매체 또한 기만을 원할 것으로 나는 생각했습니다.70)

포클랜드 섬을 침공하기 이전에서조차 영국정부는 이 같은 기만전술을 활용하고 있었다. 논평이 없었다는 점으로 인한 또는 부인(否認)

---

69) 역자주 : 전쟁에는 전략 · 작전 및 전술 수준이 있다. 일반적으로 전쟁의 전략 수준이란 대통령을 중심으로 한 국가통수기구를, 전쟁의 전술 수준은 공군의 비행단 등 예하 부대를, 그리고 전쟁의 작전적 수준은 전술 행위와 전략 목표를 연계시킬 목적의 계획을 수립하는 제대(梯隊)를 의미한다. 칼로 두부를 자르듯이 정확히 구분할 수 있는 것은 아니지만 한미연합사령관은 한반도에서 작전적 수준의 지휘관이다. 한국의 합참의장은 작전적 수준의 지휘관임과 동시에 전쟁의 전략 수준의 문제에 개입하고 있다. 기만은 전쟁의 전략 · 작전 및 전술 수준 모두에서 수행된다.
70) Evidence before the House of Commons Defence Committee, 27 October 1982.

포클랜드로 항공기를 수송하는 민간 컨테이너선

으로 인한 기만 및 오보의 주요 사례가 3월 29일에 있었다. 당시 언론매체는 슈퍼브(HMS Superb) 함정이 전개된 것으로 믿어야만 하는 상황이 되었다. 그런데 이는 사실이 아니었다. 그러나 이 같은 풍문(風聞)을 어느 누구도 확인하지도 그리고 부인하지도 않았다. 그 후의 증언에서 이안 맥도널드(Ian McDonald)는 이를 다음과 같이 표현하였다.

슈퍼브(HMS Superb) 함정에 관해 언론매체가 잘못 알고 있었다는 점이 우리에게 많은 도움이 되었습니다. 그러나 "여러분도 잘 알고 있듯이, 우리는 핵 잠수함의 위치에 관해 결코 논의하지 않습니다."는 언급말고는 아무 것도 말해서는 안 된다고 나는 참모들에게 분명히 지시했습니다.71)

영국함정 슈퍼브에 관한 추정과 관련해 언론매체가 비난받아야 마땅할 것이다. 그러나 그 결과, 적뿐만 아니라 영국국민이 기만되었다. 특수공군(Special Air Service) 소속의 2대의 헬리콥터가 사우스 조지아(South Georgia)에서의 감시작전 도중 충돌했다는 뉴스가 보도되지 않도록 한 바 있는데, 이는 정치적으로 보다 의혹을 야기한 사건이었다. 작전적 측면에서 어느 정도 즉각 의미가 있었을 이 정보는 자신의 집에 군인이 보낸 편지를 통해 밝혀진 이후에나 사실이 확인되었다.72) 보다 심각한 수준의 또 다른 사례가 있는데, 이는 "……기동부대는 어느 곳에도 상륙하지 않았다."는 의미의 4월 24일의 영국 국방성에 의한 공식 발언이었다. 다음날 당시의 발언은 오직 주요(이 부분이 강조되고 있음) 기동부대만을 지칭하고 있다는 의미로 제한되었다.73)

반면에 스탠리(Stanley) 항구에 있던 아르헨티나 공군 비행장에 대한 영국공군 발칸(Vulcan) 폭격기들의 공격의 성공 정도를 과장해 보도한 부분과 관련해서는 역정보(Disinformation)가 활용되었다. 이 같은 보도를 보며 영국국민은 해당 비행장의 기능이 마비된 것으로 믿었다. 그 후의 증언에서 영국국방성은 이들 보도는 당시 상황에 대한 영국공군의 이해 정도를 반영하고 있다고 주장하였다.74) 공습의 중요성, 대처 수상의 언론장관이 국방성에 연락 요원을 상주시켜 놓았

---

71) Evidence before the House of Commons Defence Committee, 9 November 1982.
72) Interview, General Sir Jeremy Moore, op. cit.
73) Mercer, Mungham & Williams, op. cit., p. 201.
74) Evidence before the House of Commons Defence Committee, vol. 11, Annex B, p. 416.

화염에 휩싸인 함정

다는 점, 거의 실시간에 가용한 항공사진이 있었다는 점을 고려해보면, 이 같은 발언은 수용이 쉽지 않다.

국방성은 발칸의 공습과 관련해 오보(誤報 : Misinformation)를 제공했다는 비난을 또한 들을 수 있는 입장이다. 왜냐하면, 활주로 길이만큼 그려져 있던 폭격선(Bombing line)을 보여주는 TV 화면에 도시된 컴퓨터 그림의 수정이란 측면에서 국방성이 어떠한 조치도 취하지 않았기 때문이다. 정밀성의 문제로 인해 영국공군이 활주로를 가로지른 형태로 폭격하기로 했다는 점을 영국정부는 잘 알고 있었다. 결국, 이들 두 전술 모두는 실패로 끝났다. 영국정부는 해당 과업을 완료하고자 할 때 필요한 것으로 생각되던 추가의 공습을 선언하지 않을 수 없었다. 한편 아르헨티나는 활주로가 사용되고 있음을 보여주는 필름을 공개하였다. 기능이 마비된 것으로 생각되던 비행장으로부터 아르헨티나의 공중 엄호기들이 날아오는 것을 보며 크게 놀란 야전 부대의 발언으로 인해 영국정부의 심기가 보다 더 불편해졌다.[75] 영국군을 기만한 오보를 영국의 공공 기관이 제공해주었다. 이 점에서 보면, 변명의 여지가 있을 수 없을 것이다.

그러나 역정보의 가장 잘못된 경우는 아르헨티나의 전투 순양함인 벨그라노(General Belgrano)의 침몰에 관한 것이었다. 368명의 인명 손실을 야기한 이 함정의 침몰에 따른 충격은 영국함정 셰필드의 손실로 인해 곧바로 사라졌다. 벨그라노의 행위에 관해 영국의 언론매체는 거의 분석한 바가 없다. 그럼에도 불구하고, 벨그라노가 최초 목격된 지점, 이것의 공격을 명령한 사람, 당시 행위의 합법성 여부, 그리고 당시의 의사결심 과정에서 대처 수상의 관여 정도에 관해 논쟁이 지속되고 있다. 포클랜드 분쟁에서의 언론매체를 다룬 걸작(傑作)인 '전쟁의 안개(The Fog of War)'란 책의 저자들은 일관성이 없으며 정확치 않은 발언으로 인해 일부 혼란을 야기했다는 점을 영국정부가 시인했음을 지적하고 있다. 그럼에도 불구하고, 벨그라노와 관련된 문제의 핵심은 벨그라노 그리고 이것과 함께 행동하고 있던 구축함들이 영국군 기동부대 전력을 공격할 목적에서 이동하고 있었다는 공식 발언과 관련이 있다.[76] 사실 벨그라노 전단(戰團)은 해당 기동부대로부터 이탈하는 방향으로 항해하고 있었다. 그런데, 영국해군은 아르헨티나의 주요 해상전력을 격파하기 위한 가장 적절한 순간으로 당시를 지목하였다. 그러나 영국정부는 이 같은 진실이 아닌 거짓을 말하였다. 그 결과 영국의 상원뿐만 아니라 언론매체와 국민이 기만되었다.[77]

---

75) Interview, General sir Jeremy Moore, op. cit.
76) *Hansard*, 4 May 1982.

아직도 문제가 되고 있는 역정보의 영역에 영국 국방차관인 쿠퍼가 5월 20일의 배경 브리핑에서 국방 특파원들에게 그리고 다음날 일군(一群)의 편집장들에게 한 발언이 있다. 여기서 그는 대규모 침공 계획이 없다며, 포클랜드에서의 주요 상륙 가능성을 단호히 일축하였다. 그 대신 그는 소모전(消耗戰)의 가능성을 암시하였다. 그러나 그가 이처럼 말하고 있던 시점에는 침공이 진행되고 있었다.[78] 또 다른 언론매체가 다음을 확인해준 바 있다.

기록하지 않음을 전제로 국방 관련 특파원들에게 한 브리핑에서 쿠퍼와 국방성 관료들은 포클랜드에 대한 대규모 공격이 있기 이전에 페블(Pebble) 섬에서 목격된 치고 빠지는 형태의 기습이 있을 것으로 말하였다. 다음날 3,000여 명의 영국군이 산카를로스(San Carlos) 항구에 상륙하였다.[79]

포클랜드 분쟁 당시 자행된 오보(誤報), 역정보 그리고 기만 중에서 증거를 통해 확인 가능한 경우는 몇몇에 불과하다. 이들을 용인해준

---

77) 이들 발언에 관한 보다 상세한 분석과 기록을 보고자 하면 다음을 참조하시오. Adams, V., Unpublished Thesis. *The Role of the Commentators during the Falklands*, Department of War Studies, Kings College, University of London, 1986. 다음을 또한 보시오. the *Cardiff Study*, Centre for Journalism Studies, University College, Cardiff, 1983; *The Kitson Report*, HMSO, London, 1982; and Wainright, C., 'How the Press Swallowed a Whopper', *The Listener*, 16 December 1982.

78) Appendix to the Memorandum of Evidence to the House of Commons defence Committee by the *Glasgow Herald*, 22 July 1982.

79) Evidence before the House of Commons Defence Committee, 22 July 1982 (Reuters).

포클랜드에 상륙하는 영국군

군과 정부의 태도를 놓고 볼 때, 이 같은 행위들이 보다 많이 자행되었을 가능성이 없지 않다. 알려진 경우 또는 입증된 경우는 '빙산의 일각'에 불과하다고 당시의 분쟁에 관여했던 다수의 언론매체들이 강력히 의혹을 제기하게 된 것은 이 같은 배경에서다.[80] 그러나 언론매체를 고의적으로 기만하고 교묘히 이용했음을 보여주는 기록에도 불구하고, 그 후 우드워드(Woodward) 제독은 "······언론이 자신들을 영국의 편으로 생각하고 있지 않았다."는 의미의 낯익은 불만을 토로하였다. 입증되지는 않았지만 당시는 "아르헨티나 장군들이 영국군 행위에 관한 정보의 90% 이상을 영국의 언론매체를 통해 얻었음을

---

80) Co-author Peter Young, group interview with British defence correspondents, London, March 1988.

전후 시인하였다."[81])는 놀라운 주장이 제기되었다. 적에게 정보를 제공해주었다며 언론매체를 비난하는 과정에서 이 같은 주장을 인용하는 등 우드워드는 유사한 시각을 견지하였다.

또한 포클랜드 분쟁에 관한 언론의 취재에서는 1991년의 걸프전에서 집중 적용될 교훈들이 주목되었다. 이는 퇴역 장교들의 역할이란 부분인데, 이들은 자신의 경험, 지도(地圖)에 대한 연구, 전투서열(Order of Battle)에 관한 상세 지식뿐만 아니라 작전 반경과 능력의 종합에 근거해 당시의 상황을 예견하였다. 포클랜드 분쟁 당시는 언론매체들이 몇몇 퇴역 장교들을 해설자로 고용하였다. 당시의 전쟁에 관한 내용 부족을 보완할 목적에서 주로 TV 매체가 이들을 활용하였다. 결과적으로 보면, 이들 중 일부의 예견은 매우 정확하였다. 이들의 판단은 자유롭게 얻을 수 있는 평범한 정보와 자신이 갖고 있던 배경 지식에 근거하고 있었다. 그런데 이들 두 가지 유형의 정보는 보안 분류와 검열을 초월하는 형태의 것이었다.[82])

군과 정부에 대항한 언론매체의 이 같은 전역(戰役)에 관해 하원 국방위원회가 질문했을 당시, 해군제독 헨리 리치(Henry Leach)는 자신의 동료들과 마찬가지로 자신이 언론매체에 의한 퇴역장교들의 활용을 우려했음을 시인하였다. 그는 "이것이 작전의 성공에 매우 위험하지는 않았지만……위험 가능성은 있었다."고 언급하였다. 그러나 보다 다그쳐 묻자, 그는 최근 퇴역한 일부 장교들을 언론이 이용하도록 하는 방안을 영국 국방성이 고려한 바 있음을 시인하였다. 이들에

---

81) Woodward with Robinson, op. cit., p. 112. 다음을 또한 보시오. Morrison & Tumber, op. cit., p. 205-8.
82) Adams, *The Media and the Falklands Campaign*, op. cit., p. 164-72; Adams, *The Role of the Commentators*, op. cit.

게 군이 사전에 브리핑해줄 수 있을 것인데, 이들은 "……난잡한 형태의 추측을 야기하지 않을 정도로 적절히 조심하였을 것이다."83) 이는 미래의 분쟁에서 언론매체를 조종할 목적으로, 즉 교묘히 이용할 목적으로 사용될 수 있는 또 다른 가능성을 암시해주고 있다. 일부 선별된 장교들이 전문 해설을 제공해줄 수 있을 것인데, 이들 장교는 언론매체가 알고 있지 않은 나름의 지시를 받고 있을 수도 그리고 받고 있지 않을 수도 있으며, 포클랜드 분쟁에서 영국 국방성이 그처럼 곤혹스러워 했던 종류의 예견을 아마도 하지 않을 가능성이 있다.

결론

이 같은 조종(操縱 : Manipulation), 오보 및 역정보, 보도검열로 인해 전선(戰線)에서 진행되고 있던 사건들에 관해 전혀 잘못된 형태의 형상이 그려졌다. 그 결과 영국국민이 혼란에 빠지고 어리둥절해하는 상황이 벌어졌으며, 국제사회에서 영국의 신뢰가 손상되었다. 의심할 여지없이, 그 책임은 정치적 성향의 영국정부에 의한 조정에 있는데, 인햄은 이것을 정보전(情報戰)으로 지칭하였다. 단기적으로 보면 영국정부가 정치적 목표들을 달성했을 가능성이 있다. 그러나 이들은 무력이 자행되는 형태의 전쟁이 종료되기도 전에 인햄이 말한 정보전에서 패배하였다. 그 후 얼마 되지 않아 영국은 취재를 승인 받은 특파원들과 본국의 언론매체로부터 신뢰와 존경심을 잃었다. 5월 초반 이후, 미국의 언론매체는 영국의 보도를 신뢰할만한 뉴스 출처로 간

---

83) Evidence before the House of Commons Defence committee, 27 October 1982.

주하지 않았다.84)

제1장에서 개괄 설명한 몇몇 전제와 질문들을 배경으로 포클랜드 전쟁을 판단해보면, 포클랜드 전쟁은 격식을 벗어난 형태의 전쟁, 언론의 관점에서 보면 지구의 끝에서, 단기간에 그리고 빠른 속도로 결론이 난 원정형태의 식민지 유형의 전역의 마지막 사례였다. 당시의 전쟁은 성공적이었다. 당시의 전쟁이 상세히 분석되지 않았던 것은 이 같은 점 때문이다. 당시의 전역(戰役)은 단기간에 종료되었으며, 통신 수단을 군이 독점하는 가운데 진행되었다. 새로운 유형의 첨단 과학기술에 기반을 둔 지구적 차원의 언론매체가 등장하고 있던 당시, 영국 정부와 군대가 보도검열을 강요할 수 있었을 것인지를 검증해볼 수 없었는데, 이는 이 같은 점 때문이다. 즉 언론매체가 또 다른 유형의 통신 수단을 강구하기도 전에 당시의 분쟁은 종료되었다.

영국 정부와 군대는 가능한 모든 수단을 동원해 모든 유형의 직접 및 간접적인 방식으로 신속하고도 적극적으로 정보 유통을 통제했는데, 이 부분과 관련해 주요 교훈이 부상하고 있다. 당시 군은 사건 취재를 위한 접근 수단뿐만 아니라 운송 및 통신 수단을 독점하고 있다는 점을 최대한 이용했으며, 작전보안에 필요한 수준 이상의 보도검열 체계를 정립한 바 있다. 언론매체를 다룬 방식과 관련해 영국의 하원 국방위원회는 군을 비난하였다. 이 같은 비난에 따르면, 작전보안에 근거한 상호 협조 구도에서 가장 많이 손해를 본 집단은 언론매체였다. 포클랜드 전역을 통해보면, 미래의 군은 언론매체와의 거래에서 자신이 약속한 부분을 취하하고, 자신이 누릴 수 있는 모든

---

84) Co-author Peter Young, interview with ABC and NBC Network New Staff, New York and Washington, July 1988. 다음을 또한 보시오. Harris, op. cit., p. 94.

이점을 최대한 이용할 목적에서 모든 위기상황을 이용할 것으로 기대된다.

마지막으로, 포클랜드 분쟁에서는 오늘날의 분쟁에서 적을 악마로 만드는 과정이 시작되었다. 당시는 아르헨티나 지도자인 갈티에리 (Galtieri) 대장뿐만 아니라 아르헨티나 국민 또한 조롱과 증오의 대상이었다. 영국정부의 시각에서 보면 상대방을 악마로 만드는 행위는 유용한 형태의 전술이었다. 왜냐하면 당시의 전쟁이 적국에 대항한 승리를 목적으로 하고 있었기 때문이다. 미래의 제한된 유형의 분쟁에서는 분쟁 이후의 적 국민들의 해방을 정당화할 목적에서 리더와 국민이 면밀한 방식으로 분리되는 현상이 빈번히 목격될 것이다.

포클랜드 침공에 대한 반응으로 영국정부가 강구한 모든 방안에 영국의 언론매체는 마지못해 동의하였다. 당시의 분쟁과 관련해 이의를 제기한 곳은 BBC와 같은 수준 높은 언론매체뿐이었다. 판매 부수의 증가를 추구하고 있던 대중 언론매체는 영국정부가 조장한 주전론적 성격의 애국심을 충실히 반영하였다.

요약해 말하면, 포클랜드 분쟁은 독특한 형태의 전역(戰役)이었다. 이는 본국(영국본토)으로부터 멀리 떨어진 불편한 지형에서 원정군의 일환으로 정규군이 수행한 핵전쟁 이후의 제한된 유형의 분쟁을 보여준 최초의 경우였다. 이 같은 고전적인 원정 분쟁이 재현될 수 있는 상황은 상상이 쉽지 않다. 그 결과, 포클랜드 분쟁으로부터 우리는 유사한 형태의 전역을 고려한 언론매체 관리 모델의 구상과 관련해 확실한 결론을 도출해내기가 쉽지 않다. 물론 당시는 언론매체의 취재를 제한할 목적에서 정부와 군이 의도적으로 통신의 독점을 최대한 이용했으며, 모든 형태의 오보와 역정보를 제공하고 기만을 수행했음을 보여주는 증거가 다수 없지 않다. 그러나 언론매체의 관점에서 보면, 모든 것을 잃은 것은 아니었다. 즉 포클랜드 전쟁은 나름의 의미 있는 전쟁이었다. 왜냐하면, 이 같은 새로운 유형의 분쟁에서 제기된 문제들을 비판적으로 조사해볼 필요성이 당시의 분쟁을 통해 조명되었기 때문이다. 이것을 쿠퍼는 다음과 같이 표현하였다.

어려운 질문에 답변하고자 할 때 필요한 심도 있는 수준에서, 어느 누구도 이것에 관해 사고한 바 없다. 사실 이들 사안에 관한 간단하거나 짤막한 답변은 없다. 이들은 우리가 생각하고 있는 것 이상으로 모든 형태의 전쟁에 보다 큰 영향을 끼치게 될 주요 및 근본적인 문제다.[85]

이는 계시적 성격의 글이다. 이 글로 인해 서구 민주국가의 군사력들은 서둘러 나름의 준비를 하게 되었다. 포클랜드 분쟁에서의 경험으로 인해 언론매체의 활동을 제한할 목적의 정책이 구상되었다. 그레나다에 관한 연구에서 알게 되겠지만 그 후 미국은 이 정책을 실행에 옮겼다.

---

85) Memorandum to the House of Commons Defence Committee, July 1982.

제6장

그레나다 : 부상하는 통제 유형

언론매체로 인해 미국이 베트남전쟁에서 패배했다는 인식이 부상했는데, 이는 다수의 서구 민주국가들의 군에 경종(警鐘)으로 들렸다. 그러나 베트남전쟁의 경험이 주는 의미에 관해서는 의견이 분분하다. 특정 사고(思考)에서는 냉전 당시의 분쟁을 보여주는 사례인 베트남의 상황이 독특했다는 점에서 베트남에서의 경험의 대부분을 간과할 수 있다고 주장하였다. 또 다른 학파들은 베트남에서의 경험으로부터 보다 일반적인 교훈을 도출하고 있다. 이들은 전장(戰場)에 언론매체가 규제되지 않는 형태로 접근하는 현상이 재현되지 않도록, 언론매체를 교육시키고 조종(操縱 : Manipulate), 즉 교묘히 이용할 목적의 많은 노력이 있어야 한다고 주장하고 있다.

포클랜드 분쟁으로 인해 이 같은 주장이 재차 제기되었다. 당시의 분쟁으로 인해 제한된 분쟁에서의 '언론매체 통제'라는 문제를 사람들이 재차 생각하게 되었다. 국내 및 국제사회의 여론을 자신에게 유리한 방향으로 유도할 목적에서의 영국의 언론매체 조종에 따른 교훈을 사람들은 곧바로 인지하였다. 국가 생존이 직접 위협받지 않거나 간섭의 이유가 강력하지 않은 상황에서 국가 및 국제 사회의 지지를 확보해 유지하려면, 언론매체를 통제하기 위한 폭넓은 수준의 합법성과 필요성 정립이 중요한 의미가 있는데, 이 점을 군과 정부가 곧바로 인지하였다.

이 같은 점에서 보면, 그레나다 작전의 가장 중요한 의미는 포클랜드에서의 영국의 경험을 통해 터득한 교훈을 미국이 실행에 옮기고, 언론매체 배제(Exclusion) 및 봉쇄(Containment)와 관련된 정책을 설정한 최초의 경우란 점에 있다.

1983년 10월의 그레나다에 대한 미국의 간섭은 포클랜드 전쟁을 연상케 하였다. 이는 주요 언론매체의 기반구조가 결여되어 있는 비교적 멀리 떨어진 지역에서 정규군이 수행한 원정(遠征) 형태의 전역(戰役 : Campaign)이었다. 영국의 포클랜드 분쟁 당시와 마찬가지로, 당시의 전역은 철저히 보안을 유지하는 가운데 계획이 수립되었다는 점, 해당 작전계획에 공보 관련 부록(Annex)이 없었다는 점, 맨 처음 언론매체의 취재를 의도적으로 배제했다는 점, 뉴스를 조종 및 관리했다는 점의 특징이 있다. 당시는 최초로 군이 언론매체(의사결정이 정치에 영향을 끼치는 부분에서조차)를 완벽히 통제했는데, 이는 보다 중요한 의미가 있는 부분이다.[1] 그 결과 미국과 세계의 언론매체들이 작전계획 수립 과정에서 그리고 그레나다에 대한 초기 공격 과정에서 배제되었다. 또한 작전 시작 며칠의 취약한 기간, 군사 또는 정

---

1) Combelles, P., *Revue du Centre de Documentation et de Recherche sur La Paix et Les Conflicts*, No 48/9, 1991.

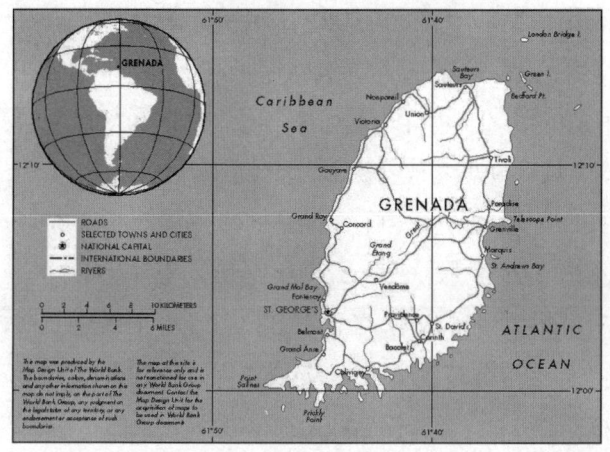

그레나다

치적으로 난감한 상황을 모면할 목적의 체계적 형태의 규제 및 조종 정책을 언론매체가 준수할 수밖에 없었다.

　그레나다 전역(戰役)은 미국의 이 같은 관행에 관한 공식적인 불만과 비난을 초래한 전례가 되었다. 포클랜드 전역에서처럼, 맨 처음 미국 정부의 행위를 미국국민은 압도적으로 지지하였다. 그럼에도 불구하고 당시 전역에서 언론매체를 다룬 방식과 관련해 그 후 진상조사 위원회가 구성되었다.

　그레나다 전역의 배경

　그레나다는 베네수엘라 해안 밖의 트리니다드(Trinidad) 섬 북쪽으로 대략 100킬로미터 떨어진 곳에 위치해 있는 카리브 해의 조그만 섬이다. 이는 베네수엘라 해안으로부터 아이티와 도미니카공화국, 쿠

바, 바하마(Bahamas)를 통해 플로리다로 연결되는 화살 유형의 북쪽
및 서북쪽으로 뻗어 있는 일군(一群)의 섬들 중에서 2번째의 섬이다.
그레나다는 대략 340평방킬로미터의 넓이를 갖고 있다. 1978년 당시
그레나다의 인구는 대략 9만7천명이었다. 이 섬은 콜럼버스가 세 번
째 항해 도중인 1498년에 발견하였다. 1651년에는 프랑스가, 1762년
에는 영국이, 그리고 1779년에는 프랑스가 이 섬을 점령하였다. 마침
내 1782년, 그레나다를 영국이 재차 점령하였다. 영국은 완전 독립된
1974년까지 이 섬을 점령하고 있었다. 1974년 이후 이 섬은 영연방
국가가 되었다.[2]

1979년 3월 13일, 국민을 탄압하는 등 인기는 없었지만 강력한 반공
주의자인 에릭 게이리(Eric Geary) 수상이 모리스 비숍(Maurice Bishop)
이 이끄는 '새로운 보석운동(NJM : New Jewel Movement)'에 따른 무혈
쿠데타로 인해 타도되었다. 점차 신비주의와 성적(性的) 타락 그리고
정치적 기행을 보였던 게이리에 대한 대중의 반응이란 점을 제외하더
라도, 당시의 쿠데타는 게이리가 미확인 비행 물체, 즉 UFO에 관한
사건을 유엔에 조사 의뢰하기 이전에 '새로운 보석운동' 리더들의 숙
청을 명령했다는 인식으로 인해 가속화되었다.[3] 동년, 그레나다는 섬
의 남쪽 끝 부분에 있는 '포인트 살리네(Point Salines)'에 대략 3,300미

---

2) 그레나다의 역사와 발전에 관한 상세 사항을 알고자 하면 다음을 참조하시오.
Brizan, G., *Grenada : Island of Conflict, from Amerindians to People's Revolution
1498-1979*, Zed Books, London, 1984. 다음을 또한 보시오. *Grenada, The
Peaceful Revolution*, Economical Program for Inter-America Community and
Action (EPICA), Washington, 1982; Williams, E., *From Columbus to Castro :
The History of the Caribbean 1492-1969*, Deutsch, London, 1970; and Thorndike,
T., *Grenada : Revolution and Invasion*, Francis Pinter, London, 1985.
3) *Grenada : Whose Freedoms?*, Latin American Brueau, London, 1984.

그레나다의 해변

터 길이의 활주로를 건설할 목적에서 쿠바의 기술자들을 초청하였다.
그레나다는 별다른 항공력을 보유하고 있지 않았다. 따라서 이 같
은 상황 발전을 미국은 섬을 군사화 할 목적의 소련의 지원을 받는
쿠바의 전주곡(前奏曲)으로 해석하였다. 새로 들어선 수상인 비숍이
이 같은 사업을 승인했다는 점, 그레나다가 소련 및 쿠바와 긴밀한
관계를 맺었다는 점 등, 앞의 사실을 암시해주는 징후는 많이 있었
다. 그러나 '새로운 보석운동' 중앙위원회 내부의 많은 사람들은 비
숍을 지나치게 중도적인 인물로 생각하고 있었다. 결과적으로 1983년
10월 12일, '부르주아적 이단주의'란 명분에 따라, 또한 그레나다 사
회를 지나치게 서서히 바꾸고 있다는 이유로 인해 버나드 코어드
(Bernard Coard) 부수상은 비숍을 제거할 목적의 행동을 강행하였다.4)
　10월 14일 비숍은 자택 감금(監禁)되었다. 그 후 5일 뒤, 비숍은 내

4) Statement by US Deputy Secretary of State, Kenneth Dams, Louisville, 4
November 1983, US Department of State, *Western Hemisphere Bulletin*, vol. 83,
no. 2081, December 1983.

각의 여타 요원들과 함께 처형되었다. 그 후 인민혁명군(PRA : People's Revolutionary Force)은 정부를 해체하고는 16명으로 구성된 혁명군사위원회(RMC : Revolutionary Military Council)를 설립한 후, 허드슨 오스틴(Hudson Austin)을 수장으로 임명하였다.

합법성 추구

10월 21일, 그레나다에서의 상황 발전을 보며 경악해하던 '동부 카리브 국가조직(OECS : Organization of Eastern Caribbean States)' 소속의 국가들은 위기에 대처할 목적의 회합을 개최하였다. 여기서는 OECS 규약의 8조에 명시되어 있는 방위 조항에 근거해 미국과 지역의 여타 세력들에게 당시 상황에 대한 간섭을 촉구하였다.5) 이 같은 촉구가 의도하는 바는 법과 질서를 회복하고, 카리브 국가가 아닌 국가들을 그레나다로부터 철수토록 하는 것이라고 OECS는 말하였다.6)

바베이도스(Barbados), 자메이카와 미국이 여기에 응답해왔다. 그런데 미국은 지역의 열강으로서, 바베이도스와 자메이카는 '카리브 집단(CARICOM : Caribbean Community)'의 일원이란 점에서 반응에 동참하였다. 당시의 군사적 반응은 카리브 국가들의 반응을 미국이 보완해주는 형태의 것이었다.7)

---

5) OECS Statement, 25 October 1983. 다음을 또한 보시오. Valienta, J., & Ellison, H., *Grenada and Soviet Cuban Policy : Internal Crisis and US/OEC Intervention*, Westview Press, Boulder, 1986.
6) OECS Statement, 25 October 1983.
7) US Ambassador Middendorf's Statement, OAS Permanent Council, 6 October

로널드 레이건 전 미국 대통령(1911-2004)

미국은 즉각 행동을 취하였다. War Powers Resolution Act[8])에서 요구하는 바를 충족할 목적으로 의회에 보낸 편지에서 레이건 대통령은 다음과 같이 언급하였다.

동부 시간으로 오늘 아침 5시, 대략 1,900명의 미 육군과 해병대가 그레나다에 상륙을 시작했습니다. 이들을 미 해군과 공군이 지원했습니다. 자메이카 및 바베이도스와 함께 OECS 국가들이 대략 300명의 인력을 제공해주었습니다.[9])

1983.

8) 역자주 : 1973년에 제정된 법으로서 파병과 관련된 미국 대통령의 권한을 제한하고 있다.

9) Presidential Letter to Congress, 25 October 1983.

그러나 결과적으로 보면 카리브 파견대들은 전투를 수행하지 않았다. 당시의 침공은 전적으로 미국의 작전이었다.

도미니카공화국의 수상인 유지니아 찰스(Eugenia Charles) 그리고 OECS 의장과 합동으로 개최된 기자 회견에서 레이건 대통령은 당시의 군사력 전개 이유를 다음과 같이 설명하였다.

첫째, 1,000여 명의 미국인을 포함한 무고한 양민들의 보호가 매우 중요한데, 이들의 안녕은 최우선적인 관심사항입니다. 둘째, 추가의 혼란을 방지하는 것입니다. 셋째, 법과 질서 회복을 그리고 그레나다 섬에 정부 제도의 복귀를 지원하는 일입니다. 그런데 그레나다에서는 과격한 좌익분자들이 격렬한 방식으로 권력을 찬탈하고는 수상과 2명의 각료 그리고 2명의 노동 지도자뿐 아니라 어린이들을 포함한 많은 민간인들을 살해했습니다.10)

레이건의 말에 따르면 당시 침공의 주요 이유는 미국인들을 보호하는 일이었다. 그러나 미국인들의 안녕과 안전을 보장해 달라는 바베이도스 주재 미국 대사관의 요청에 대해 10월 23일, RMC, 즉 혁명군사위원회는 이미 긍정적인 답변을 하였다.11) 군사적 행위의 가능성을 예견하고 있던 혁명군사위원회는 여기서 한 걸음 더 나아가 미국 국민의 안전 보장과 관련된 자신들의 약속을 재차 언급하였다. 또

---

10) Reagan/Charles, Press Conference, 25 October 1983. For the full text, see 'Documents on the Invasion', *Caribbean Monthly Bulletin*, Supplement No 1., October 1983, p. 17.

11) *Grenada : Whose Freedoms?*, op. cit., p. 79.

한 혁명군사위원회는 여타 국가를 겨냥해 군사력을 사용하지 않을 것임을 재차 확인하는 등 미국과 유엔에 대한 외교적 발언으로 즉각 반응하였다. 이곳은 CARICOM, 즉 '카리브 집단' 소속 정부들의 결정에 근거하든 아니면 여타 정부에 의하든 그레나다에 대한 모든 침공을 "……그레나다의 주권과 국제법을 무모하게 위배하는 행위"[12]로 간주할 것이라고 경고하였다.

그레나다가 이처럼 안전을 보장했다는 점에서 보면 미국 국민이 위험에 처해 있다는 주장에 의문이 제기된다. 또한 이는 당시의 간섭이 발표되기 이전에 이미 군사적 행위가 계획되어 있었던 것은 아닌지 의문을 품게 하는 부분이다. 한편 OECS 국가들의 요청에 대한 반응 방안과 관련해 '카리브 집단' 내부에서 이견이 있었다. 데이비슨(Davidson)에 따르면, '카리브 집단'의 결정은 만장일치 형태가 되어야만 하였다. 그러나 당시 사안을 논의할 목적으로 소집된 Port of Spain에서 있었던 10월 22-23일의 회합에서 대부분 사람들은 군사적 수단에 근거한 해결안뿐만 아니라 그 형태에 무관하게 외부 간섭에 반대하였다. 군사적 간섭에 미치지 못하는 형태의 제재 내지는 조치들이 강구되어야 한다는 것이 일반적인 의견이었다. 이 같은 분명한 방침에도 불구하고, '카리브 집단' 소속의 2개 국가가 군사적 개입에 동참하였다. 이 같은 참여를 보며 미국은 '카리브 집단'이 당시의 행위를 정당화해준 것으로 생각하였다.[13]

---

12) For the full text of the RMC reply to the United States, circulated to the United Nations, see United Nations:S/PV 2487.

13) *Documents on the Invasion*, op. cit. CARICOM 회합에 관한 상세하고도 제대로 된 조사를 보고자 하면 다음을 참조하시오. Davidson, S., *A Study in Politics and the Limits of International Law*, Aldershot, 1987. 다음을 또한 보시

이미 10월 21일, 바베이도스가 군사 행위의 준비 과정에 참여했으며, 지역의 최고위원회(High Commission)를 통해 애덤스(John Adams) 수상은 영국정부의 참여를 구두 요청하였다. 그 결과 혁명군사위원회가 무장 간섭의 가능성을 알게 되었으며, 미국 국민의 안전을 성급히 재차 보장하게 되었을 가능성이 있다. 분명히 말하지만, 쿠바는 당시 강구되고 있던 조치를 잘 알고 있었다. 쿠바는 미국에 군사 행위의 자제를 촉구하는 메시지를 전달하였다.

그러나 이들 모든 행위는 그레나다 문제가 전면 부각되고 있음을 단순히 보여주었을 가능성이 있다. 이미 1983년 3월에 그레나다 정부가 군사적 간섭의 가능성을 알고 있었음을 보여주는 증거가 있다. 당시 그레나다 정부는 미국의 침공을 막아달라고 유엔에 호소하였다.[14]

미국이 '시급한 분노(Urgent Fury)' 작전을 시작한 10월 25일 아침, 당시의 작전은 유엔에서 즉각 도전에 직면하였다. 유엔 안전보장이사회에서 가이아나(Guiana), 니카라과, 짐바브웨는 당시의 침공을 비난하는 결의안을 지지하였다. 유엔 주재 미국 대사인 진 커크페트릭(Jean Kirkpatrick)은 살인을 자행했다며 새로운 정부를 비난하는 방식으로 여기에 대응하였다. 그 후 그녀는 자국 국민의 안전에 관한 문제를 재차 강조하였다. 커크페트릭 대사는 다음과 같이 언급하였다.

……이들 미치광이가 그곳 섬에 있는 1,000여 명의 미국인들을 인질

오. Seabury, P., & McDougall, W., *The Grenada Papers*, Institute for Contemporary Studies, Washington, 1991.
14) Statement by the Cuban Communist Party, Documents on the Invasion., op. cit., p. 47. 다음을 또한 보시오., 'An Armed Attack is Imminent', address given over Radio Free Grenada, 23 March 1983 (Reprinted *Free West Indian*).

로 잡기 위한 결심을 언제라도 내릴 수 있다고 미국은 결론지었는데, 이는 전적으로 타당합니다.15)

그 후 유엔총회에서의 유사한 연설에서 진 커크페트릭 대사는 군사훈련과 수백만 달러에 달하는 무기를 무상 제공받을 목적의 비밀협정을 그레나다가 북한·쿠바 및 소련과 맺었다는 증거를 제시하였다.16) 당일 미국무성 차관은 그레나다에서의 질서회복을 위해 도와달라며, 그레나다의 총독인 폴 스쿤(Paul Scoon)이 간청해왔다고 밝혔다.17)

스쿤이 이처럼 간섭을 요청할 권한과 권리가 있는지 그리고 그가 실제 이처럼 간청했는지는 장기간 동안 논쟁이 될 것이다. 그의 간청을 미국은 당시의 침공이 합법적인 권위 부서로부터의 요청에 근거해 감행되었다는 증거로 사용하였다.18)

간섭과 관련된 당시의 요청이 합법적인지는 논란의 여지가 있다. 그러나 침공 이유 중 하나인 미국인들의 구출 또한 의문의 여지가 없지 않다. 이미 언급한 바처럼, 혁명군사위원회는 1,000여 명에 달하는 미국인들의 생명을 보장했는데, 이들 대부분은 그곳의 의과대학 학생이었다. 의과대학 학장인 찰스 모디쿠스(Charles Modicus)가 시행

---

15) Ambassador Kirkpatrick's statement to the UN Security Council, 27 October 1983. 전문(全文)을 보려면 다음을 참조하시오. *Western Hemisphere Bulletin.* No. 2081, op. cit., p. 74-6.
16) Ambassador Kirkpatrick's speech to the UN General Assembly, 2 November 1983.
17) Deputy Secretary Dams Loisville, 4 November 1983, in *Western Hemisphere Bulletin,* op. cit., p. 80.
18) Sir Paul Scoon의 행위에 관한 법적 논거를 판단하고자 하는 경우 그리고 이 편지의 전문(全文)을 보려면 다음을 참조하시오. Davidson, op. cit., p. 91-100.

한 여론조사에 따르면 이들 중 오직 10% 정도만이 그곳을 떠나고 싶어 하였다.[19] 이들의 안전이 즉각 위협받고 있다는 증거는 있지 않았다. 결국 미국인들만이 철수하였다. 자국 국민과 관련해 여타 국가는 어떠한 조치도 취하지 않았다. 여기에는 당시 상황을 바베이도스에 있던 영국 최고위원회가 조사하도록 하고는 그곳에 그대로 남아 있던 대규모의 영국 파견대가 포함되어 있었다.

당시 침공과 관련해 지구상 국가들은 곧바로 반응해왔다. 유엔 안전보장이사회에 제출된 초안 성격의 결의안에서 관련 국가들은 당시의 간섭을 비난하고 있었다. 더욱이 이들은 즉각적인 정전(停戰)뿐만 아니라 유엔헌장 2조의 관점에 따른 침공 전력의 즉각적인 철수를 요구하였다. 유엔헌장 2조에는 유엔 회원국들이 여타 국가를 군사적으로 위협해서는, 안 된다고 명시되어 있다.[20]

당시의 결의안을 진 커크페트릭 대사가 즉각 비난하였다. 그러나 이 결의안은 108개 국가가 참석한 가운데 8개 국가의 반대와 27개 국가의 기권이란 방식으로 통과되었다. 침공에 참여하고 있던 국가 중 안보 측면에서 직접 위협받고 있던 국가는 없으며, 당시의 간섭이 유엔이 추구하는 목표에 직접 위배된다는 점이 논쟁을 통해 확인되었다. 소련 공산당 기관지인 타스(Tass)는 당시의 침공을 "대낮의 날강도들의 행위"[21]이라고 묘사했는데, 이는 예견된 사항이었다. 당시

---

19) *Death of a Revolution : An Analysis of the Grenada Tragedy and the US Invasion*, Ecumenical Program for Inter-American Communication and Action (EPICA), Washington 1982, p. 13. 다음을 또한 보시오. the statement by the Grenadan representative to the United Nations, United Nations:S/PV 2487, October 1983.

20) Five point 결의안의 전문을 보고자 하면 다음을 참조하시오. United Nations Document S/16077, October 1983.

의 침공을 비난한 국가가 소련만은 아니었다.

미국의 가장 가까운 동맹국들 또한 미국을 구체적으로 비난하였다. 영연방 국가가 침공 당했음에도 불구하고 영국은 애매한 태도를 취했다. 영국의 이 같은 태도는 포클랜드 분쟁 당시 대처 수상이 레이건 대통령의 도움을 받은 바 있다는 점에 기인하였을 것이다. 그러나 프랑스, 벨기에 그리고 독일은 당시의 침공을 강력히 비난하였다. 당시의 침공을 이탈리아는 "국제법을 심각하게 위배한 사례"로 간주하였다. "미국의 행위가 내부 문제를 외부 수단에 의해 해결한 것으로 입증되는 경우 오스트레일리아의 심기가 불편해질 것이다."[22]고 헤이든(Bill Hayden) 외무장관은 언급하였다. 전반적으로 침공을 반대하는 결의안에 이의를 제기한 국가는 미국과 카리브 동맹국들을 제외하면 엘살바도르와 이스라엘이었다.

국제사회의 심판은 분명하였다. 미국이 주권국가의 내정 간섭을 금지하는 국제법을 위배한 것으로 국제사회는 느끼고 있었다. 미국 국민의 입장에서 그럴듯한 위협은 없는 듯 보였다. 유엔헌장 51조에 근거해 자위권을 허용해줄 수 있는 형태의 위협을 받고 있던 국가 또한 있지 않았다. 유엔헌장의 입장에서 보면, 미국의 행위는 평화유지(Peacekeeping)를 위한 군사력 전개도 아니었다. 왜냐하면 OECS의 요청이 유엔에 접수되지 않았으며, '카리브 집단'의 서명은 무언가 부족한 듯 보였기 때문이다. 이들 요인 측면에서 보면, 다음과 같은 데이비슨(Davidson)의 결론에 동의하지 않을 수 없다. "미국은 당시 행위를 정당화해줄 수 있는 타당성 있는 이유를 갖고 있지 못하며,

---

21) Tass, 25 October 1983.
22) Davidson, op. cit., p. 138.

당시 간섭의 합법성은 국제법 측면에서 의문의 여지가 있다."23) 당시 미국 정부의 유일한 공식 반응은 미국국민이 곤궁에 처해 있다는 점을 지역 및 국제 언론매체를 통해 강조하는 것이었다.24)

군사적 전역

군사적 전역(戰役 : Campaign)은 비교적 간단하였다. 10월 25일 이른 아침, 조셉 메칼프(Joseph Metcalf) 제독 휘하의 2,000여 명의 해병대와 육군 특수부대로 구성된 기동부대가 그레나다를 침공하였다. 이들은 강력한 수준의 해군 및 공군력의 도움을 받았다. 초기 공격으로 인해 1,200여 명의 그레나다 방위군이 사방으로 흩어지고는 민간인 집단으로 스며들었다.25) 그러나 미국은 대략 600명으로 예상되던 쿠바의 건설 노무자들로부터 예상외의 강력한 저항에 직면하였다. 미국의 주장에 따르면, 이들은 군사적 목적으로 건설하고 있던 비행장을 강력히 방어하였다. 이 점으로 인해 초기 전력은 82공정사단 소속의 5,000여 명의 공수요원과 500명의 특수작전 요원으로 보강되었다. 주요 공략 대상은 수도인 세인트 조지(St George)와 펄즈(Pearls) 및 살리네(Salines)란 명칭의 2개 비행장이었다. 백악관의 암시와는 달리 수도인 세인트 조지와 펄즈 비행장은 쉽게 점령되었다. 그러나 살리네 비행장에서 미국은 나름의 저항에 직면하였다. 10월 27일 저녁, 작전

---

23) Ibid., p. 124.
24) 다음을 참조하시오. Gilmore, W., *The Grenada Intervention : Analysis and Documentation*, Mansell Publishing, New York, 1984.
25) *Washington Post*, 30 October 1983.

그레나다 전역에 투입된 미국의 항공모함 인디펜던스 호

전반에 관해 책임지고 있던 웨슬리 맥도널드(Wesley McDonald) 제독은 모든 주요 군사 목표들이 달성되었다고 보고하였다. 물론 그 후 그는 산발적인 저항이 남아 있다는 점을 인정하였다.26)

　군사력 조정과 관련된 문제들은 특수전력 및 레인저 부대들과 주로 관련이 있었다. 이들 문제를 제외하면 당시의 작전은 비교적 순조롭게 진행되었다.27) 미국은 11명의 전사자와 67명의 부상자가 발생하는 손실을 입었다. 인민혁명군이 미국시민을 인질로 잡기 위한 우발계획(偶發計劃 : Contingency Plan)을 갖고 있다는 정보에 따라, 미국은 599명의 미국인과 121명의 제3국 요원들을 17회의 비행을 통해 철수시켰다.28) 당시 의과대학은 쿠바인들이 주둔하고 있던 지역에 매우 근접해 있었다. 그럼에도 불구하고, 이들 미국인 중에서 그 형

26) Pentagon Press Release, 27 October 1983.
27) Co-author Peter Young, interview, admiral J. Metcalf III, Brisbane, 15 April 1991.
28) *Washington Post*, 27 October 1983.

태에 무관하게 피해를 입은 사람은 단 1명도 없었다.

11월 3일, 레이건 대통령은 다음과 같이 발언하면서 전역을 종결지었다.

……그레나다에서의 적대행위가 종결되었으며, 며칠 이내에 그곳에서 우리의 군사력을 철수하라고 지휘관들에게 지시했다는 점을 카스퍼 와인버거(Caspar Weinberger) 국방장관이 나에게 말해주었습니다.[29]

그레나다인과 쿠바인의 사상자 숫자에 관해서는 아직까지 알려진 바가 없다. 당시의 전역에 관해 비밀이 아닌 수준에서 평가한 공식 보고서 또한 아직 나오지 않고 있다.[30] 그러나 그레나다에 있던 쿠바인의 숫자가 매우 과장되었음은 분명한 듯 보인다. 1983년 11월 14일, 아바나(Havana)에서 행한 연설에서 카스트로는 다음과 같이 말하였다.

침공이 진행될 당시 미국 정부의 대변인은 그레나다에 1,000에서 1,500명의 쿠바인이 있으며, 이들 중 수백 명이 산악지대에서 전투를 수행하고 있다고 주장했습니다. 침공 당일 그곳에는 가족과 친척을 대동하고 있던 외교관들을 포함해 784명의 쿠바인이 있었습니다.[31]

---

29) President Reagan, Press Conference, 3 November 1983.
30) 당시 군사작전에 관한 개관을 알고자 하면 다음을 참조하시오. Burrows, R., *Revolution and Rescue in Grenada : An Account of the US Caribbean Invasion*, Greenwood Press, New York, 1980; O'Shaugnessy, H., *Grenada : An Eyewitness Account of the US Invasion and the Caribbean History that Provoked It*, Dodd Mead, New York, 1984; and Adkin, M., *Urgent Fury : The Battle for Grenada*, Lexington Books, Massachusetts, 1989.

500여 명의 노무자 중에서 50% 이상이 50세 이상의 고령이며, 무장해 있기는커녕 이들은 공격 당시 무기를 전혀 소유하고 있지 않았다고 카스트로는 주장하였다. 또한 그는 당시의 비행장이 군사적 목적의 것이었다는 주장을 반박하였다. 당시의 비행장이 평범한 비행장이며, 당시의 노무자들이 민간인이었음을 보여주는 증거로 영국의 건설회사가 비행장의 공사를 책임지고 있었음을 그는 지적하였다.[32]

비밀리에 작성된 계획수립과 언론매체의 취재 배제

전술 지휘관인 메칼프(Metcalf) 제독에 따르면 '시급한 분노' 작전은 "몇 시간 만에 조직되고 지휘구조를 현장에서 즉각 고안해내었음에도 불구하고"[33] 성공적이었다. 그러나 메칼프의 이 같은 주장은 당시의 작전을 전반적으로 책임지고 있던 맥도널드 제독의 미 의회에서의 증언과 배치되는 듯 보인다. 당시의 계획수립이 일정 기간 동안 진행되었던 듯 보인다며, 맥도널드는 다음과 같이 증언하였다.

비숍 수상이 체포된 1983년 10월 13일, 미국은 미국 시민들을 철수시킬 목적의 사전 계획을 시작하였다. 그러나 세부 계획은 그가 사살된

31) Maurice Bishop Speaks, *The Grenada Revolution 1979-83*, Pathfinder Press, New York, 1983, Appendix II, p. 334-5.
32) Ibid.
33) Metcalf, Admiral J. III. 'The press and Grenada, 1983', paper delivered at the International Conference on Defence and the Media in Time of Limited Conflict, Brisbane April 1991.

10월 19일에 시작되었다.34)

10월 25일, 워싱턴에서 개최된 기자회견에서 레이건 대통령은 그레나다의 지원과 관련된 요청이 10월 23일에 있었다고 언급하였다. 그 후 미 국무장관 조지 슐츠(George Schultz)는 이것을 10월 22일 아침으로 수정하였다.35) 그러나 바베이도스의 애덤스(Adams) 수상은 미국이 10월 15일에 자신에게 접근해왔다고 주장하였다.36) 맥도널드 제독은 세부 계획이 10월 19일에 시작되었으며, 다음날 기동부대가 그레나다로 방향을 선회했다고 언급하였다. 메칼프 제독은 상륙 시점으로부터 39시간 전인 10월 25일 아침 9시에 작전을 통보 받았다고 주장했는데, 이는 침공 관련 결정이 10월 23일 정오 이전에 미국에서 이루어졌음을 의미하는 부분이다.37)

당시 행위의 합법성 여부와 마찬가지로 당시 작전의 계획 수립 시점에 관한 사안은 향후 장기간 동안 논의될 것이다. 그럼에도 불구하고, 실제 작전이 시작되기 적어도 1주 이전에 작전 계획이 구체적으로 수립되고 있었음을 앞의 내용은 보여주고 있다. 이 기간 동안에는 비공식 차원에서조차 기자 회견이 있지 않았다. 그 결과 언론매체를 배제할 목적의 의도적인 결심이 있었다고 쉽게 결론지을 수 있을 것이다.

미 국방장관 와인버거에 따르면 언론매체를 배제하기로 결심하게

---

34) Evidence before the House Armed Services committee, *Congressional Record*, January 1984.
35) *Western Hemisphere Bulletin*, op., cit., p. 69.
36) *Grenada : Whose Freedoms?*, op. cit., p. 33.
37) Metcalf, Defence Media Conference, op. cit.

된 것은 합참의장의 다음과 같은 판단 때문이었다고 한다.

……합동참모본부는 어느 누구의 어떠한 형태의 안전도 보장해줄 수 없습니다. 우리는 모든 취재 기자, 사진사, 케이블카 운전사 등을 보호해줄 수 있을 정도의 인력을 별도 준비할 수 있는 입장이 아닙니다.[38]

이 같은 결심을 메칼프와 같은 사람이 반길 수 있었다. 그는 다음과 같이 말하였다.

그레나다 작전의 지휘를 통보받은 시점에서 부대의 최초 상륙 시점까지는 39시간의 여유가 있었습니다. 전투 이전의 이처럼 짧은 기간 동안, 내가 언론매체를 고려한 시간은 오직 6시간에 불과했습니다. 대서양사령부의 공보장교인 한 중령이 나에게 다가와 "언론매체가 작전 현장에 있지 않을 것입니다. 무슨 문제가 있습니까?"고 나에게 물었습니다. 나는 문제없다고 답변했습니다. 나의 답변은 언론매체에 관한 나의 입장을 숙고한 결과라기보다는 작전에 관한 시급한 문제에 정신이 집중되어 있던 상황에서 나온 것이었습니다.[39]

당시의 작전에서 언론매체를 배제하기로 한 결심은 워싱턴으로부터 나왔다. 이 같은 결심으로 인해 당시 작전에 관한 뉴스가 효과적으로 차단되었다. 언론매체의 어느 부서도 군의 의사일정(Agenda)에 관해 알지 못했다. 이것에 관해 백악관의 대변인인 래리 스픽스(Larry Speaks)

---

38) Weinberger, Defence Release, Washington, 27 October 1983.
39) Metcalf, Defence Media Conference, op. cit.

또한 전혀 모르고 있었다. 당시 작전에 관해 알게 되자 스픽스가 대노했다고 한다. 백악관의 참모장인 마이클 디버(Michael Deaver)와 대통령의 보좌관인 에드윈 미즈(Edwin Meese)에게 보낸 메모에서 스픽스는 침공 시점이 되어서야 당시 행위에 관해 통보 받은 결과로 인해 언론매체에 상황을 잘못 말해주었다며 불만을 토로하였다. 언론에 대한 기만으로 인해 레이건 행정부의 신뢰성이 위기에 직면하게 되었다.40)고 그는 말했다. 이 같은 극단적인 입장에서 그 후 그는 일보 후퇴하였다. 그 후 기자들에게 나누어준 보도 자료에서 그는 백악관의 정책은 항상 진실을 말하는 것이라고 언급하였다. 그러나 그는 "자신의 최초 부인(否認)으로 인해 혼란이 야기되었을 가능성이 있다."41)는 점을 인정하였다.

3명의 미국인과 1명의 언론인이 고깃배를 몰고 그레나다 섬에 상륙했을 당시, 언론매체와 관련된 사안이 전면 부각되었다. 군은 이들을 신속히 체포해 메칼프의 지휘함인 괌(USS Guam) 함정으로 호송하였다. 그곳에서 이들은 필름과 노트를 압수당했다. 24시간 동안 이들은 외부와 교신할 수 없었다. 당시 국무성은 이들이 수도인 세인트조지에 있는 호텔에서 안전하게 있다는 내용의 성명서를 발표하였다.42)

그 후에도 그레나다 섬에 상륙하고자 노력한 6명의 기자가 체포되어 괌 함정으로 호송되었다. 워싱턴포스트지의 에드워드 코디(Edward Cody)에 따르면, 이들은 통신 수단을 사용할 수 없었으며, 수면(睡眠)

---

40) *Washington Post*, 27 October 1983.
41) Ibid.
42) Ibid.

도중에도 감시 받았다고 한다.43) 이 사건에 관해 메칼프는 전혀 언급하지 않았다. 그러나 워싱턴포스트지에 따르면 상황은 다음과 같았다.

자신들이 직접 목격한 침공 상황을 기록으로 남기지 못하도록 할 목적에서 메칼프는 이들을 자신의 지휘함인 괌 함정에 18시간 동안 억류하였다. 이들 기자를 억류한 행위와 관련해 기동부대 지휘관은 자신이 워싱턴의 명령에 따랐을 뿐이라고 말했다. 그러나 그는 당시의 명령을 내린 사람이 누구인지 구체적으로 언급하지 않았다.44)

메칼프는 언론매체와의 조우(遭遇)에 관한 나름의 해석을 언급하였는데, 당시의 언급에서는 몇몇 의문 사항에 대한 답변이 포함되어 있지 않았다.

워싱턴포스트의 이 모험심 많은 특파원이 지휘함에 나타나 자신이 취재한 내용을 신문사로 전송해달라고 요구하는 등, 언론매체와 관련된 최초의 사건은 작전 첫날 10시경에 발생했습니다. 작전에 관한 언론의 실황 취재는 인정되지 않는다고 그에게 말해주었습니다.……나의 안내장교가 그를 아래로 호위해 내려갔습니다.45)

방어 대형을 유지하며 일정 속도로 항해하고 있던 전함에 기자가 어

---

43) *Washington Post*, 28 October 1983.
44) *Washington Post*, 30 October 1983.
45) Metcalf, Defence Media Conference, op. cit.

떻게 올라오게 되었는지에 관해 일체 언급이 없었다. 또한 "아래로 호위해 내려갔다."가 의미하는 바가 무엇인지에 관해서도 일체 언급이 없었다. "이들은 커피를 마시고 스위트 롤(Sweet Roll)을 먹으면서 장교 사관실에서 저녁시간을 보냈다."46)고 말하면서 슈워츠코프(Schwarzkopf)는 이들이 외부와 차단된 채 억류되어 있었다는 주장을 부인하였다. 그러나 메칼프에 따르면 당시의 사건이 워싱턴에 알려졌을 당시, 펜타곤은 기자들이 함정에 있게 된 배경을 설명하라고 요구하였다. 이 같은 펜타곤의 요구로 인해 "언론매체가 작전 현장에 있어서는 안 된다는 미 국방성의 정책"이 재차 확인되었다.

기자를 함정에 탑승시켰다는 점으로 인해 메칼프는 주의를 받았다. 메칼프에 따르면 2시간이 지나자 총 400명의 기자를 암시하면서 얼마나 많은 기자를 수용할 수 있는 지 펜타곤의 동일한 관료가 자신에게 물었다고 한다. 이처럼 많은 기자를 아마도 다룰 수 없을 것이라고 그는 답변하였다. 그런데 이는 그레나다 섬에 있던 미군 전투병력의 대략 1/18 정도의 규모였다. 계속해서 메칼프는 다음과 같이 언급하였다. "……기자의 수용과 관련해 더 이상의 지원 내지는 지침은 있지 않았다. 언론매체의 취재 접근과 관련된 책임의 소재가 바뀌었음이 분명해 보였다."47)

둘째 날, 언론매체가 그레나다에 들어갈 수 있도록 해달라고 워싱턴, 즉 미 행정부가 재차 간청해왔다고 메칼프는 주장하고 있다. 재차, 그는 살리네 비행장 주변에서 전투가 진행되고 있으며, 세인트

---

46) Schwarzkopf, H. Norman, *It Doesn't Take a Hero*, Bantam, New York, 1993, p. 296.
47) Metcalf, interview, op. cit.

헬기에서 내리고 있는 미군 병사들

조지가 안전하지 않을 뿐더러 학생들이 구조되지 않았다는 이유를 들어 이 같은 간청을 거부하였다. 기자들이 고깃배를 이용해 섬에 상륙하고자 노력하고 있음을 자신이 알게 된 것은 바로 그 때였다고 메칼프는 말하고 있다. 침공 이틀 째 되던 날 저녁, 그는 다음과 같은 조치를 취했다. "……그레나다 주변에 배타지역(Exclusive Zone)을 설정하고는 이곳을 구축함과 항공기로 보강하였다."48) 4명의 기자들이 억류된 것은 이 단계에서였을 것이다. 3일째 되던 날, 그는 첫 번째 기자 집단을 받아들였다. 그의 표현에 따르면 이들은 우수했을 뿐더러 전문성을 구비하고 있었다. 이 같은 기자 집단은 작전 시작 5일째인 다음날 50명으로 늘어났다.

'세인트 조지(St George)'와 '포인트 살리네(Point Salines)'가 안전해졌을 당시, 메칼프는 그레나다 섬, 그곳 주민 그리고 부대에 언론매체가 자유롭게 접근할 수 있도록 해주었다. 바베이도스로부터 그레나다로 기자들을 운송해올 항공기가 있는 경우 어느 기자나 그레나다

---

48) Ibid.

에 올 수 있었다.49) 결과적으로 기자 파견단은 325명으로 늘어났다. 그러나 당시는 전투가 종료되어 있었다. 자신들이 이전에 보도할 수 있는 입장이 아니었다는 점을 제외하면 이들이 보도할 수 있는 부분은 아무 것도 없었다.

자신의 자서전(自敍傳)에서 슈워츠코프는 언론매체가 사건을 취재하지 못하도록 한 것이 의도적인 결정이었음을 인정하였다. 당시의 작전에 언론매체를 배제함과 관련된 마지막 말은 슈워츠코프로부터 듣는 것이 좋을 것이다.

대서양사령부의 합동계획 수립 회합에서 있었던 사건들을 그 후 언급하면서 슈워츠코프는 다음과 같이 말하였다.

회합이 종료될 당시 누군가가 기자와 관련해 질문했습니다. 우리는 다음날 저녁 5시경에 기자들에게 그레나다를 개방할 것이란 점에 동의했습니다. 왜냐하면 이 시점에는 그레나다가 우리의 수중(手中)에 있을 것이기 때문입니다.

언론매체를 다루는 문제

군이 언론매체를 다룬 방식이 시급한 우려를 자아내었다. 이것과 관련해 쏟아진 불만에서는 군을 크게 비방하고 있었다. 3명의 사진기자들과 함께 타임지의 마이클 룬고(Michael Luongo)는 미국의 군용항공기를 촬영하는 도중 체포되었다. 군인들은 이들의 옷을 벗겨 발가

---

49) Metcalf, interview, op. cit.

숭이로 만들었으며, 석방하기 전에 이들이 갖고 있던 필름을 모두 압수하였다.50) 섬에 출입이 허용된 기자들을 규제하게 된 이유에 관한 와인버거 국방장관의 설명이 있은 이후, 언론매체의 고위급 관리자는 다음과 같이 말하였다.

이처럼 '개 같은 장난'을 나는 결코 본 적이 없습니다. 여기서 벌어진 일은 언론에 대한 황당무계한 조종(操縱 : Manipulation)과 다름이 없다고 생각됩니다. 우리의 안전을 우려하고 있다고 군인들이 지속적으로 말하고 있는데, 이는 정말 낯간지러운 이야기입니다.51)

야전으로부터 올라오는 정보가 없게 되자, 포클랜드 분쟁에서와 마찬가지로 미국의 언론매체는 또 다른 곳으로 눈을 돌리지 않을 수 없었다. 미국의 언론매체는 아바나방송국(Radio Havana)이 제공하는 정보에 즉각 접근했는데, 이곳에서는 당시의 침공을 야만적인 행위로 비난하고 있었다. 또한 언론매체는 해당 지역과 그레나다에 있던 아마추어 무선 통신사들에게 눈을 돌렸다. 이들 노력에 대항해 군은 전파방해, 전투 통신에 대한 보다 엄격한 주파수 통제 그리고 미 연방통신위원회(Communication Commission)에 의한 조치란 방식으로 즉각 반응하였다. 이 위원회는 몇몇 통신사들이 인가되지 않은 주파수를 사용하고 있다며, 이들의 전송 내용을 공중 차단하였다.

그 후 정보거부정책과 함께 언론매체 관리전략이 시작되었다. 그러나 군용기가 3개 방송사 소속의 언론인들을 그레나다 섬으로 운송

---

50) *Washington Post*, 29 October 1983.
51) Ibid.

해왔던 작전 시작 3일 째 되던 날, 이 같은 정책은 언론매체 조종 정책으로 바뀌었다.

미국의 저녁 뉴스 마감 시간 이전에 적어도 몇몇 독립적인 원고가 도착하도록 할 목적에서, 이들 방송사는 군이 자신들의 필름을 조사한다는 점에 동의하였다. 회항(回航) 항공기가 오후 5시에 바베이도스를 향해 출발할 예정이었다. 바베이도스에는 저녁 뉴스에 맞추어 적시에 사진들을 전송할 수 있는 기지국이 있었다. 그러나 포클랜드 전역(戰役)을 연상케 하는 것이지만, 회항할 예정의 항공기는 공중 교통 혼잡을 이유로 저녁 8시에도 그레나다의 활주로에 있었다. 이 같은 전송 지연으로 인해 레이건 대통령은 언론매체에 의한 독자적 성격의 원고가 발표되기 이전에 모든 방송 매체를 통해 자신의 사전 계획된 원고를 발표할 수 있었다. 레이건의 발표를 지원하는 형태의 것이지만, 미국의 청년들이 승리의 V자를 그리고 있는 모습과 구조용 항공기로 걸어 올라가며 카메라에 미소 짓는 학생들의 모습이 그 날 밤 전 세계로 방영되었다.[52]

그 날 밤 NBC의 앵커맨인 탐 브로커(Tom Brokaw)는 미 행정부의 행위가 가증스러우며, 의혹에 찬 형태의 것이라고 언급하였다. TV를 통해 전 세계로 방영된 내용이 보도 검열된 형태의 것이란 점을 모든 방송이 분명한 어투로 언급하였다. 국방 관련 필름을 소개하면서 탐 브로커가 취재가 엄격히 통제되었다는 점을 강조한 반면, NBC 해설자인 마빈 칼브(Marvin Kalb)는 뉴스를 관리했다며 레이건 행정부를 공개적으로 비난하였다. CBS의 댄 라더(Dan Rather)는 자신들이 방금 본 필름은 육군이 촬영한 후 육군이 검열한 것이라고 시청자들에게

---

52) Ibid.

말하였다. CBS 저녁 뉴스의 상임 프로듀서인 하워드 스트링거(Howard Stringer)는 "언론매체의 그레나다 침공 취재에 대한 행정부의 태도에 우려와 의혹뿐만 아니라 회의(懷疑)를 품지 않을 수 없다."[53]고 말하였다. ABC의 '오늘밤의 세계소식(World News Tonight)'의 로버트 프라이(Robert Fry)는 한 걸음 더 나아가 "행정부가 당시 침공에 관한 취재를 통제하기로 결심했다는 점을 우리는 매우 우려하고 있다. 이 상황에서 '언론의 자유'란 개념은 준수되지 않았다. 우리는 정보를 전적으로 차단당했다."[54]고 말했다.

미국의 주요 언론매체 곳곳으로부터 백악관에 항의가 쇄도하였다. 와인버거 국방장관에게 보낸 서신에서 CBS의 회장인 조시(M. Joyce)는 다음과 같이 질책하였다.

우리의 공보장교들이 표명한 태도와 관련해 말하면, 이들 태도는 포클랜드 전쟁에서 영국으로부터 터득한 교훈을 보여주고 있습니다. 여기는 미국이지 영국이 아닙니다.[55]

워싱턴포스트지 편집장인 하워드 사이먼스(Howard Simons)가 말한 부분을 뉴욕타임스는 다음과 같이 인용하였다.

원고 작성에 너무나 많은 시간이 소요된다는 점에서 나는 보도검열과 관련해 절규하고자 합니다. 비밀스런 정부와 마찬가지로 비밀리에 진

53) Authors' survey, US major network Newscasts, 23-29 October 1983.
54) *Washington Post*, 29 October 1983.
55) *Washington Post*, 27 October 1983.

행되는 전쟁은 개방사회(Open Society)와 전적으로 배치됩니다. 이는 전적으로 참을 수 없습니다.56)

뉴욕타임스의 편집장인 시모어 토핑(Seymour Topping)과 '언론의 자유'를 신봉하던 한 사람은 당시의 보도 금지와 관련해 다음과 같이 강력히 항의하였다.

……정부의 행위에 관해 판단할 목적에서 미국 국민이 모든 사실을 요구했을 당시, 펜타곤이 공개한 부분에 당시 작전에 관한 상세 정보가 매우 부족하다는 점을 보며 마음이 편치 않습니다.57)

보도검열 받은 필름 중에서 방영된 부분을 방송사들은 쓰레기와 다름이 없다고 비난하였다. 필름의 품질에 관한 전문 뉴스 참모의 우려와 언론인의 분노로 인해 국방성이 인가해준 그림 대신 검열을 통과하지 못한 그림을 CBS가 방영했다는 일화(逸話)와 같은 증거가 있다.58)

그러나 결과적으로는 미국 정부가 승리하였다. 군사적 결심이 이루어지던 매우 중요한 시점에 미국 정부만이 언론매체를 통제하였다. 공보의 관점에서 보면 당시의 전쟁은 사랑스런 전쟁이었다. 당시는 언론매체의 모든 능력과 기술 능력이 전개될 수도 있었을 근대 언론매체의 역사에서 최초의 경우였다. 그러나 당시의 전쟁에 관한 이미

---

56) *New York Times*, 26 October 1983.
57) Ibid.
58) Interview. Union Official (name withheld), CBS, Washington, January 1989.

지는 전사자(戰死者)가 발생하지 않은 전투 내지는 피를 흘리지 않은 그리고 고통과 민간인 사상자가 없는 전쟁이었다. 당시의 전쟁에 미국이 참전하게 된 이유에 관한 이론적 설명과 승리를 확인해주는 그림들만이 미국과 세계의 TV 화면에 등장하였다.

설상가상으로, 최초 여론조사에 따르면 대부분의 미국인이 언론매체에 대한 당시의 규제를 지지하였다. CNN의 뉴스 제작자인 다니엘소르(Daniel Schorr)에 따르면 그레나다에 관한 필름이 군이 보도 검열한 형태의 것이란 말을 전해들은 사람을 대상으로 CNN이 설문 조사를 했는데, 이들의 80% 정도가 펜타곤의 언론매체 규제를 지지했다고 한다. 보도검열을 통해 삭제된 부분을 CBS 뉴스가 방영하자, 방송국에 항의가 쇄도하였다. 이들 중에는 애국심이 결여되어 있다며 CBS 방송국을 비난하는 내용이 많았다.59) 그 결과 반성할 줄 모르는 미 정부 관료들의 기세가 보다 더 등등해졌다. 예를 들면, 백악관 참모장인 제임스 베이커(James A. Baker)는 당시 전쟁에 관한 뉴스가 전혀 방영되지 않게 된 것과 관련해 논평하면서 "……대부분의 미국인들이 이 같은 뉴스 차단을 지지했다."고 말했다. 기자의 질문에 대한 답변에서 펜타곤의 대변인은 이것을 보다 퉁명스럽게 표현하였다. "얼토당토않은 당신의 질문에 내가 답변해야 한다고 대부분 사람들은 생각지 않을 것입니다."60)

워싱턴포스트지와 ABC TV 네트워크가 1983년 11월 3-7일의 기간 동안 주관한 보다 공식적인 여론조사에서는 색다른 결과가 나왔다. "그레나다에서 외부로 나가는 뉴스를 미국 정부가 필요 이상으로 통

---

59) *Washington Post*, 29 October 1983.
60) *Washington Post*, 29 November 1983.

제했다고 생각합니까?'란 질문에 답변을 요구받자 설문자의 48% 정도가 '예'를 그리고 38% 정도가 '아니다'고 답변했다고 한다. 당시 미국의 사설과 논문들을 일부 검토해보면, 정보의 접근 규제에 관한 우려가 있었다. 이 같은 우려는 행정부가 이전의 주장으로부터 일보 후퇴하고, 실제 보도된 것 이상으로 군이 많은 피를 흘렸음이 분명해지자 보다 높아졌다.61)

그러나 정치적 영역에서 보면, 당시의 규제는 공보 분야의 승리였다. 침공 이전의 갤럽의 여론조사에 따르면 레이건 대통령의 지지율은 46% 정도였으며, 37% 정도는 대통령이 자신의 임무를 제대로 수행하지 못하고 있다고 믿고 있었다. 이들 수치와 더불어 레바논 폭발사고(이는 그레나다 침공과 같은 시기에 발생하였다.)로 인해 225명의 해병대가 전사하자 참담한 수준의 정치적 효과가 야기되면서 레이건의 지지율이 급락할 수 있었을 것이다. 레바논에서의 사고에 따른 충격이 그레나다 침공에 관한 보도로 인해 수그러드는 모습이 목격되었다. 10월 26-27일의 갤럽 조사에 따르면 레이건의 지지율이 48%로 높아졌다. 성공적으로 종료된 그레나다 전역(戰役) 이후 레이건의 지지율이 재차 53%로 높아졌다. 반면에 레이건을 지지하지 않는 비율은 31%로 떨어졌다. 이는 레이건에 대한 미국국민의 지지율이란 측면에서 회복기로 캐저(Caeser)가 기술한 바의 시작에 해당하였다. 1983년 10월 이후 레이건의 인기는 점차 높아졌다.62)

그레나다 침공 당시 군과 언론매체의 관계가 '우려할 만한 상황'63)

61) Ibid.
62) Caeser, J,. 'The Reagan Presidency and American Public Opinion'. In *The Reagan Legacy*, (ed.) Charles Jones, Chattam Publishing, New Jersey, 1988.
63) Metcalf, interview, op. cit.

이었음을 메칼프는 시인하였다. '언론인 배제 정책'은 초기의 작전계획 수립뿐만 아니라 상륙 전력과 함대 전투단을 카리브 해안으로 방향 전환한 사실을 은폐할 목적의 엄격한 형태의 작전보안의 연장선상에서 있었다.[64]고 그는 생각하였다. 그레나다에 관한 보도 금지로 인해 당시의 분쟁보다는 '국민의 알권리'가 논쟁거리가 되었다고 메칼프는 또한 언급하였다. 그 결과 "그레나다와 관련해 미국과 미군에 대한 그레나다 국민의 무한한 감사(感謝)를 미국 국민이 간직하지 않게 되었다."[65]고 그는 말하였다.

민주주의가 작동하다 : 시들 보고서

당시 뉴스의 보도 금지를 승인했던 존 베시(John W. Vesey) 미 합참 의장은 분쟁 상황에서의 언론매체와 군의 관계를 검토할 목적의 군 장교와 언론인들의 회합 계획을 발표하였다. 이들 회합은 당시의 진행 상황과 관련된 군 내부의 분개(憤慨)와 언론매체의 공식적인 불만에 근거하였다. 언론매체와 군의 관계를 검토하는 임무는 퇴역 장교인 위넌트 시들(Winant Sidle)에게 부여되었다.

시들을 중심으로 위원회가 구성되었다. 이곳은 "미국 국민이 언론매체를 통해 정보를 받아보도록 하는 한편, 군의 생명을 보호하고 작전보안을 준수하는 방식으로" 군사작전을 수행함과 관련된 권고안을 강구할 목적의 것이었다. 그러나 여기서의 문제는 향후 작전에 관한

---

64) Ibid.
65) Metcalf, Defence Media Conference, op. cit.

권고안을 요구하고 있는 반면, 그레나다 전역(戰役)에 관한 조사를 구체적으로 언급하고 있지 않았다는 점이었다. 시들은 이 점을 인지하였다. 자신의 최종 보고서에 첨부된 베시 대장에게 보낸 편지에서 그는 다음과 같이 주장하였다.

미국 국민은 미국의 군사작전에 관한 정보를 받아보아야 합니다. 이같은 정보는 언론매체와 정부 모두를 통해 가장 잘 제공될 수 있습니다. 따라서 미국의 언론매체들이 미군의 임무 보안과 안전에 위배되지 않으면서 미국의 군사작전을 최대한 취재함이 매우 중요하다고 위원회는 믿고 있습니다.66)

계속해서 시들은 당시의 위원회에서 그레나다를 언급하고 있지 않은 것은 사실이지만 "그레나다 사태 당시 우리가 권고한 사항이 정립되어 있었더라면 우리의 위원회가 필요치 않았을 것이다."고 주장하였다. 한편 그는 "기자와 편집장 모두는 군사작전 취재란 측면에서 책임이 있다."67)고 말하였다. 한 고위급 언론매체의 입회인은 그의 언급과 관련해 다음과 같이 말했다.

언론매체는 군사작전을 포괄적이고도 지적(知的)으로 그리고 객관적으로 취재해야 합니다. 미국국민은 이 같은 수준의 뉴스를 받아볼 자격이 있습니다. 여기서 조금이라도 뒤쳐지는 수준의 뉴스는 곤란합니다.

---

66) '시들 보고서'의 전문(全文)을 보려면 다음을 참조하시오. Office of the Assistant Secretary of Defence (Public Affairs), News Release No. 450/84, 23 August 1984.
67) *Sidle Report*, op. cit.

물론 언론매체가 이 같은 수준으로 취재할 수 있도록 하는 과정에서 군 또한 책임이 있음은 말할 나위 없습니다.68)

시들 보고서에는 8개 항의 권고 사항이 포함되어 있었다. 이들 중 첫째는 군사작전을 위한 공보계획이 작전계획과 병행적으로 수립되어야 한다는 점이었다. 이는 모든 계획 관련 문서를 검토하고, CINC(Commander-in-Chief)69) 예하 모든 계획가들의 계획에 공보가 포함되도록 하는 방식으로 이루어져야 한다. 공보를 책임지는 국방차관은 가능한 한 조기에 모든 작전에 관해 통보 받아야 하며, 공보 관련 사안이 충분히 취재될 수 있도록 모든 계획 집단 내부의 공보를 감독해야 한다. 두 번째 권고 사항에서는 Pool 시스템의 이행을 촉구하고 있는데, 이는 언론매체에 편의를 제공해주기 위한 유일한 방안이었다. 그러나 Pool은 전면 취재로 전환되기 이전에 가능한 한 짧은 기간 동안 사용되어야 한다고 위원회는 권고하였다.

세 번째 및 네 번째 권고 사항은 위기시 사용 가능한 지속적으로 갱신되고 승인된 형태의 Pool의 설치와 관련이 있었다. 이 같은 Pool에 대한 통제는 언론매체가 자발적 성격의 지침을 수용하는 방식으로 이루어져야 한다고 보고서는 언급하고 있었다. 이들 지침을 위배하면 취재 권한이 상실된다. 이들 지침은 가능한 한 숫자가 작아야 한다. 다음의 2개 권고 사항은 특파원에 대한 야전 지원뿐만 아니라 작전을 취재하는 과정에서 언론매체를 호위해주는 적정 자격을 구비

---

68) Ibid.
69) 역자주 : 미국은 전 세계에 10여 군데의 통합사령부(Unified Command)를 설치하고 있는데, 예를 들면 태평양사령부가 바로 그것이다. 이 같은 통합사령부의 사령관을 미국은 CINC로 표현하고 있다.

한 인물의 제공과 관련이 있다. 군은 또한 충분한 수준의 통신망을 그리고 필요하다면 전용 통신망을 언론매체에 제공해주어야 한다. 일곱 번째 권고 사항에서는 전구(戰區 : Theater)[70] 내부에서의 이동에 그리고 특정 전구에서 또 다른 전구로의 이동에 필요한 운송 수단을 언론매체에 제공해주라고 군에 촉구하였다.

그러나 언론매체와 군 간의 보다 바람직한 관계를 위한 통로를 마련한 것은 마지막 권고 사항이었다. 이 권고 사항에서는 군 및 언론매체의 최고위급 관리 간의 협의 프로그램을 촉구하고 있었다. 이는 군사학교 및 사관학교에서 해당 사안을 촉진시키고, 군의 장교들이 언론 및 뉴스 조직을 방문할 수 있도록 하기 위한 것이었다. 여기서는 또한 "……전장(戰場)에 관한 실시간 내지는 근 실시간 취재 가능성이 있는 경우"[71] 작전보안과 관련된 특정 문제들을 조사해볼 목적에서 기자들과의 실무 모임을 촉구하고 있었다.

보고서의 방침에 관해 어느 누구도 흠을 잡을 수 없었는데, 특히 전장(戰場)에서의 실시간 음성-시각 취재에 관한 선견지명 있는 권고 사항과 관련해 그러하였다. 그러나 결국 보고서는 작전보안에 관한 군의 해석과 '시들 보고서'를 출현하게 한 정치적 절박성의 문제로 요약되었다. 그 후의 브리핑에서 와인버거 국방장관은 그레나다 전역(戰役) 당시 언론매체를 다룬 국방성의 방식과 관련해 반성의 기미를 보이지 않았다. 그러나 그는 Pool 시스템의 설치를 포함해 보고서에

---

70) 역자주 : 미국의 입장에서 보면, 이는 태평양사령부와 같은 통합사령부(Unified Command)의 담당 지역을 의미한다.

71) 권고사항을 상세히 알고자 하면 다음을 참조하시오. Office of the Assistant Secretary of Defence (Public Affairs), News Release No. 450/84, 23 August 1984.

서 권고한 부분을 수용하였다. 그는 또한 작전보안 유지와 관련해 언론매체가 책임지도록 하고, 모든 소집이 실제 상황이 아니란 점을 확인시켜줄 목적에서 시험 성격의 소집을 통해 이 같은 Pool을 검증해보겠다고 약속하였다. 그 후 순환(Rotating) 성격의 Pool이 설립되었다. 그런데 이곳은 작전보안에 저촉되지 않으면서 언론매체가 최대한 취재할 수 있도록 하는 임무를 띠고 있던 저명한 언론인들로 구성된 언론매체자문위원회(MAC : Media Advisory Committee)의 통제 아래 운용되었다.72)

결론

그레나다가 외부에 공개되지 않은 가운데 진행된 원정(遠征) 전역의 극단적인 사례임에는 의문의 여지가 없다. 언론매체의 관점에서 보면, 당시 작전에서 가장 의미 있는 부분은 언론매체를 다루는 방식뿐 아니라, 정치적 문제와 관련해 군이 완벽한 통제 권한을 부여받았다는 점이다. 그 후 있었던 분노를 고려해보면, 이 같은 구도가 재차 자유롭게 적용될 수 있을 것인지는 의문이다. 그러나 언론매체에 대한 통제는 아직도 나름의 문제로 남아있다.

그레나다에서 군이 취한 극단적인 수단으로 인해 '시들 보고서'가 출현하게 되었으며, 노골적 성격의 언론매체 배제 정책이 또 다시 이행되지 못하도록 할 목적의 일군(一群)의 법칙이 출현하였다. 그러나 베트남에서의 수모 이후 언론매체 봉쇄 측면에서 자신들이 거둔 그

---

72) *New York Times*, 10 October 1984; *Washington Post*, 24 August 1984.

레나다에서의 승리를 보며 미군이 고무되어 있었음에는 의문의 여지가 없다. 또한 당시의 승리가 미국·영국·캐나다 및 오스트레일리아 내부에서 공보 관련 경험의 공유를 위한 일련의 회합의 근간이 되었음에도 의문의 여지가 없다. 파나마 개입과 1991년의 걸프전에서 확인된 바처럼, '시들 보고서'에 담겨져 있는 안전장치가 아무리 철저하다고 할지라도, 군사력이 전개되는 작전 초반 며칠 동안 언론매체의 감시를 배제하는 비밀 의사일정(Agenda)을 옹호하는 형태의 결심이 있게 되는 등 이들 안전장치가 의미를 상실할 수 있다.

당시 군은 면밀히 선별된 사진과 군의 사진사들이 찍은 비디오테이프를 제공해주는 방식으로 뉴스를 통제했는데, 이는 그레나다에서 출현한 또 다른 현상이다. 언론매체에 의한 독자적인 취재가 있지 않은 가운데 수천 피트에 달하는 이들 비디오테이프 자료가 미국과 외국의 언론매체에 제공되었다. 예상 가능한 일이지만, 이 같은 필름으로 인해 군의 작전 수행과 관련해 바람직한 이미지가 제시되었다.

이는 또한 미 의과대학생들의 철수를 담고 있는 필름을 적시에 배포하는 등의 방식을 통해 정치적 필요성을 충족시키고 있었다. 사진의 경우에서 또한 동일한 현상이 목격되었다. 정치 및 군사적으로 가장 바람직한 효과를 얻을 목적으로 당시의 전역(戰役)에서 면밀히 선별 및 검열된 사진들이 지구의 언론매체들에 배포되었다. 이것을 보여주는 주요 사례에 다국적군이 함께 작전을 수행하는 모습을 담고 있는 사진을 널리 배포한 경우가 있다. 그런데, 실제로는 카리브 파견대는 전투를 수행하지 않았다.

그러나 미국 정부의 행위에 대한 미국국민의 지지와 레이건이 거둔 정치적 수확은 가장 놀라운 부분인데, 이는 레이건 대통령의 강경한 자세로 인해 가능해졌다. 당시의 전역(戰役) 이후 보다 신중한 판단들이 출현하게 되면서 언론매체 조종과 관련된 구체적인 문제에 대한 국민의 정서에 변화가 있었는데, 이 점을 보여주는 증거들이 없지 않았다. 그러나 정부와 군이 통제한 전역 초반의 전장(戰場) 관련 이미지에 따른 정치적 이점은 줄어들지 않았다.

그레나다로부터 얻게 되는 마지막 교훈은 작전전구(Theater of Operation)가 비교적 멀리 떨어진 곳에 위치해 있는 경우, 지역의 언론매체 기반구조가 강력하지 않은 경우, 정규군을 사용하는 경우 그리고 대중의 신뢰 회복처럼 올바른 형태의 정치적 필요성이 있는 경우, 언론매체의 취재가 성공적으로 배제될 수 있을 것이란 점이다. 오늘날 언론매체는 이 점을 인지하고 있다. 그러나 언론매체의 취재를 배제하고 정보를 독점하는 행위는 제한된 기간 동안에만 그리고 승리를 전제로 해서만 유지될 수 있을 것이다.

결과적으로 보면, 그레나다 전역으로 인해 언론에 대한 군의 취재 제공에 필요한 자발적 성격의 협조 방안과 Media Pool 형태의 기구가 언론매체에 제공되었다. 그러나 그레나다 전역은 언론매체에 대한 보다 많은 통제의 가능성을 열어놓았다. 당시의 작전에서는 언론매체의 통제를 용이케 하는 새로운 형태의 언론매체 관리 유형이 제시되었다.

이들 중 첫 번째는 계획수립 과정에서의 보안 유지와 우발계획(偶發計劃 : Contingency Plan) 내지는 세부계획 수립 당시 언론매체를 배제해 이들이 계획에 관해 전혀 알지 못하도록 하라는 점이었다. 또한, 국민의 복지 내지는 국가에 위협이 되는 인물 또는 적이 부재한 경우 인기 있는 대의(예를 들면, 상대방의 지도자가 반드시 제거되어야 할 악마와 다름이 없다는 등)가 선별되었다.

행위 시작 이전에는 국가·지역 및 국제적 성격의 포럼을 통해 합법성이 추구되었다. 이 같은 목표를 추구하는 과정에서 언론매체가 최대한 이용되었다. 그러나 언론매체는 초기 공격에 관한 취재에서 배제되었다. 상황이 안정되었다고 판단되면 엄격히 통제된 제한된 수준의 Pool에 의한 취재가 허용되었다. 이 같은 정책과 더불어, 이들 언론매체는 당시 행위에서 추구하던 대의를 촉진하고, 대중의 지지를 지속적으로 유지할 목적에서 보도검열을 받았다. 또한 이들에게는 아측에 도움이 되는 형태의 필름 내지는 자료가 제공되었다. 상황이 안정되어 활동해도 좋다는 허락이 떨어지는 순간, 군은 언론매체에 대해 보도검열, 사건에 대한 접근 규제, 운송 수단 제한, 엄격한 형태의 호위 그리고 통신 수단의 통제란 개념을 이행하였다.

파나마 침공에 관한 다음의 연구에서 우리는 이들 일반적인 수단과 태도가 실제 적용되는 모습을 살펴볼 것이다. 그레나다가 과거의 경험으로부터 교훈을 터득해 적용한 경우라고 한다면, 자유 사회의 관점에서 보면 당시 터득한 교훈은 잘못된 형태의 것이었다. 정치적 동기에서 그리고 군사적 측면에서 작전 초반에 언론매체를 철저히 배제하고 봉쇄한다는 정책을 재차 적용함으로 인해 파나마에서는 '시들 보고서'에서 권고한 사항들이 간단히 무시되었다.

제7장

파나마 : 고의적인 언론매체 배제 정책

그레나다 전역(戰役) 당시 미군은 포클랜드 전역에서의 교훈을 재차 점검하고는 정교히 하였다. 군과 정부가 언론을 엄격히 통제하자 그레나다 전역 이후 미국의 언론매체는 강력히 항의하였다. 당시의 항의로 인해 미국의 정치가들은 이 같은 작전에 착수할 당시 국내 및 국제 사회의 지지를 확보할 필요가 있음을 절감하였다. 그 결과 시들 보고서(Sidle Report)가 출현하였다.

언론매체의 특권과 국민의 알권리를 강조하고 있던 '시들 보고서'에서는 언론매체와 군 간의 보다 긴밀한 관계를 권고하였다. 이들 권고 사항의 대부분이 이행되었다. 또한 당시의 보고서에 기인한 새로운 유형의 Pool 시스템은 일반적으로 정당하며 시행 가능한 것으로 생각되었다. 그레나다 이후에는 미국 정부가 서명한 언론매체 취재 접근 및 통제 관련 내용과 새로운 형태의 상호 협조 및 개방 정신으로 인해, 국민의 알권리 보장과 작전보안의 필요성 간에 적절히 균형이 유지될 수 있다는 믿음이 조장되었는데, 이는 '시들 보고서' 덕분이었다.

그러나 정치가와 군은 아직도 작전보안, 운송수단 그리고 취재 접근과 관련된 자신들의 이점을 가능한 한 최대한 이용하고자 노력하였다. 포클랜드 유형의 간섭(干涉)인 파나마에서 군과 정치가들은 이점을 과시하였다.

파나마 전역은 가능한 한 외부에 노출되지 않도록 하는 가운데 진행된 원정 유형의 제한된 분쟁으로 분류될 수 있다. 미군은 계획수립 시점과 보안 모두에서 이점을 누리고 있었다. 이들은 또한 사건에 대한 언론매체의 접근 제한과 관련된 이점을 누리고 있었다. 왜냐하면 당시의 간섭이 비교적 고립되어 있던 반면, 발전되어 있지 않은 국가에서 일어났기 때문이다.[1] 이들 이점을 보며, 군과 정부는 언론매체의 취재 배제를 결심했는데, 적어도 상황이 안정되는 시점까지는 그러하였다. 그 결과 언론매체의 접근을 허용해줄 수 있을 정도로 상황이 안정되었다고 판단된 순간까지 군은 정보의 유통을 통제할 수 있었다. 이론적으로 보면, 이 시점에 독자적 취재를 보장해주면 언론매체가 '군사적 승리'의 신빙성을 배가시켜줄 수 있었다.

파나마의 경우를 보면, 언론매체의 취재 배제와 관련된 결심은 정치 및 군사적으로 가장 높은 수준에서 그리고 '시들 보고서'에서 권고한 사항을 고의적으로 무시하는 가운데 이루어졌다. 이는 승리에 조금이라도 의문을 제기할 가능성이 있는 모든 증거 및 자료 내지는 전역(戰役) 시작 단계에서 예상될 수 있는 일상적인 난관을 취재하지

---

1) Gosnell, P., *Low Intensity Conflict and the US Military*, reviewed in The National Guard, October 1989.

못하도록 해야 한다는 필요성에 근거해 이루어진 계산된 형태의 결심이었다.[2]

분쟁 초기에 제시된 이미지는 그 후 수정되거나 잘못된 것으로 판명된다고 할지라도 신뢰성과 합법성을 추구하는 정부와 군에 나름의 이점을 제공해준다고 생각되었다. 앞의 사고(思考)는 이 같은 점에 근거하고 있었다. 그 결과 파나마에서 미국 정부가 취한 접근 방안에는 여론의 지지를 조장하기 위한 전략뿐만 아니라 전역의 준비 및 초기 단계에서 언론매체를 배제함에 따른 부정적인 결과를 보완할 목적에서 뉴스 가치가 있는 이미지를 연출하는 전략이 포함되어 있었다.

그레나다를 연상케 하는 것이지만, 파나마 작전은 계획수립 당시의 보안, 작전 초반 단계에서의 언론매체 취재 배제란 정치 및 군사적 결심 그리고 언론매체 전개 이후의 추후 규제란 특징이 있다. 그러나 '카리브 집단(CARICOM : Caribbean Community)' 소속 요원들의 요청에 대한 반응이란 점에서 그레나다 간섭이 정당화된 반면, 파나마 전역(戰役)은 국가 지도자인 마누엘 노리에가(Manual Noriega)와 노리에가 정권을 악마로 만드는 과정을 중심으로 간섭의 정당성이 조장되었다. 그런데 합법성 내지는 정당성을 추구할 목적으로 언론매체를 이용하고자 하는 경우는 이 같은 이미지 조성이 매우 중요하였다. 이들 이미지는 유엔과 국제사회의 지지를 얻을 목적으로 또한 사용되었다.

본 사례 연구에서 우리는 당시 채택된 전략에 따른 초기의 정치 및 군사적 이점뿐만 아니라 조종되었으며 무비판적인 언론매체 취재에 따른 당시의 군사력 전개에 대한 대중의 높은 수준의 지지를 살

---

2) Woodward, B., *The Commanders*, Simon & Schuster, New York, 1991, p. 278.

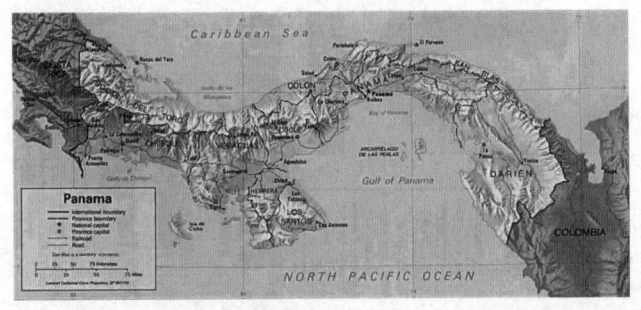

파나마

퍼볼 것이다. 여기서는 규제가 해제되고, 보다 비판적이고도 진실 탐구적인 분석이 가능해진 상황에서의 언론매체의 반응과 역할을 또한 조사해보고 있다.

파나마 전역의 배경

조그마한 국가인 파나마는 북아메리카와 남아메리카를 연결하는 육지 중에서 가장 좁은 부분에 해당한다. 대략 220만 인구의 파나마는 미 국방과 서구의 이익에 사활적 의미가 있는 전략적 교차로에 위치해 있다.

1502년, 스페인의 탐험가들이 파나마를 방문하였다. 그 후 파나마는 스페인의 식민지(植民地)가 되었다. 1821년, 파나마는 스페인으로부터의 독립을 선언하였다. 몇 달 뒤, 파나마는 '콜롬비아 연합(Colombian Union)'에 자진해 가입하였다. 그러나 그 후 몇 년 동안에는 콜롬비아로부터 멀리 떨어져 있다는 점으로 인해 독립 정신이 살아 있었다. 또한 파나마는 잠시 나마 독자성과 독립을 향유하였다. 1850

년대 당시의 파나마철도 건설과 파나마 지협(地峽)을 가로지르는 그 후의 파나마운하 건설 사업에서 자신에게 이득이 되는 부분이 있음을 미국은 인지하였다. 이 같은 점을 보며, 미국은 파나마의 독자성을 독려하였다. 파나마운하 관련 사안은 파나마의 정치에서 중심적인 부분이 되었다.

미국의 입장에서 보면, 파나마 지협에 접근할 수 있는지의 여부가 전략적으로 중요한 의미가 있었다. 그 결과 1800년대 후반, 미국은 이 지역을 본질적으로 미국의 해안으로 간주하였다. 파나마운하의 건설과 관련해 난관에 직면하자, 미국은 혁명을 지원하였다. 혁명의 결과로 인해 1903년 파나마는 '콜롬비아 연합'에서 탈퇴하였다. 이에 대한 대가로 미국은 프랑스의 관리 아래 시작되었지만 실패한 파나마운하 건설 프로젝트 권한을 확보하였다. 파나마운하조약에 따라 미국은 파나마로부터 몇몇 양보를 얻어냈는데, 여기에는 대략 500평방마일에 달하는 지역(그 후 이곳은 운하지역(Canal Zone)으로 알려졌다.)에 대한 영구 권한이 포함되어 있었다. 또한 미국은 파나마의 주권(主權)과 관련된 많은 권리를 통제하게 되었다.

파나마운하 건설 사업이 완료된 1914년 이후, 이곳을 통한 무역이 급증하였다. 그 결과 상업 및 전략적 측면에서의 파나마운하의 가치가 곧바로 확인되었다. 오늘날에서조차 파나마운하는 미국의 국방뿐만 아니라 무역 관련 이익에 사활적인 의미가 있다. 파나마 간섭이 있기 이전인 1988년 1년 동안에는 거의 1억 5천만 톤의 물자를 적재한 12,000여 척의 선박들이 파나마운하를 통과하였다.[3]

---

3) '운하지역'의 전략적 판단에 관해서는 다음을 참조하시오. Sanchez, N., 'US Policy in Central America : A Strategic Perspective', *Defense*, June 1985; Harvey,

82킬로미터에 달하는 운하에 걸려 있는 미국의 이익으로 인해 미국은 파나마를 자신의 보호국으로 만들기 위한 작업에 착수하였다.[4] 미국은 운하지역(Canal Zone)에 방위 기반구조를 구축하였으며, 파나마의 정치에 대한 장악력을 강화하였다. 제2차 세계대전에 돌입한 직후인 1941년, 이들 이익을 추구하고 있던 미국은 민주적으로 선출된 대통령인 아물포 아리아스(Armulfo Arias)를 쿠데타를 통해 전복하라고 파나마 군을 독려하였다.

당시 아리아스는 전쟁과 관련된 미국의 노력에 파나마 소속의 선박이 대거 투입되는 현상을 반대하고 있던 반군사적 정치 지도자였다. 쿠데타로 인해 아리아스의 추종자들이 파나마운하조약의 파기를 요구하고 파나마의 주권을 주장하는 등, 장기간에 걸친 난항이 시작되었다.

1951년 아리아스는 대통령에 복귀했지만, 군사 쿠데타로 인해 재

R., 'Central America : A Potential Vietnam', *World Today*, July/August 1982; Parker, D., 'The Canal is no Longer Crucial to US Security', *Armed Forces International*, Washington, December 1987; Seidenham, P., 'Caribbean, The Urgency Grows', *National Defence*, Washington, December 1982; Seidenham, P., 'Military Aspects of the Canal Issue', *United States Naval Institute Proceedings*, January 1980; and Haskin, F., *The Panama Canal*, William Heinemann, London, 1914.

4) 이 시기의 배경에 관해서는 다음을 참조하시오. Musicant, I., The Banana Wars, Macmillan, New York, 1990; Saxon, J., 'Fix Bayonets, Buckle Diplomatic Spurs', *US Marine Corps Gazette*, August 1989; Kenworthey, E., 'Why the United States is in Central America', *Bulletin of the Atomic Scientist*, October 1983; Leogrande, W., 'United States Security and the Caribbean Basin', *NATO's Sixteen Nations*, November/December 1984; Roberts, K., 'Bullying and Bargaining, the United States, Nicaragua and Conflict Resolution in Central America', *International Security*, vol. 15, no. 2, Autumn 1990.

차 타도되었다. 이들 난관은 극도의 혼란 가운데 지속되었다. 1964년 1월에는 반미(反美) 시위가 발생해 23명의 파나마인과 3명의 미군이 사망하는 등, 이들 난관이 절정에 달했다. 1968년, 아리아스는 세 번째로 대통령에 당선되었지만 곧바로 실각하였다. 1968년의 쿠데타는 오마르 토리호스(Omar Torrijos)가 주도하였다. 그 후 13년 동안 토리호스가 파나마를 통치하였다.5)

파나마의 주권이 주요 안건(Agenda)이 되었다. 1968년의 쿠데타로 인해 미국이 수용할 수 있는 조건에서 이들 안건을 해결할 수 있는 기회가 도래하였다. 1977년에는 1999년까지 파나마운하의 반환을 보장하는 협정이 채결되었다. 협정에 따라, 운하지역에 대한 통제가 단계적으로 파나마에 이관되었다. 미국은 중앙아메리카 전반에 걸친 작전에 매우 중요한 의미가 있던 남부사령부(Southern Command) 소속의 14개 기지만을 유지하였다.6) 그러나 1981년에 토리호스가 항공기 사고로 사망하였다. 사병에서 시작해 장군까지 올라온 육군의 정보부서 수장인 노리에가 장군이 짧은 기간 동안의 권력투쟁 끝에 새로운 군사령관이 되었다. 그 후 2년 뒤인 1983년, 그는 파나마 정부의 비공식적인 수장(首長)이 되었다.

---

5) 이 시기를 상세히 알고자 하면 다음을 참조하시오. *Report on Events in Panama, January 1964*, International Commission of Jurists, Geneva 1964; Montedonico, R., 'Who's Disrupting the Settlement of the Central American Conflict?', *International Review*, Moscow, October 1986; Dinges, J., *Our Man in Panama*, Random House, New York, 1990; and Kempe, F., *Divorcing the Dictator*, G.P. Putnam's Sons, New York, 1990.
6) 남부사령부의 구성에 관한 배경 지식을 얻고자 하면 다음을 참조하시오 Binder, J., 'On the Ramparts in Central America', *Army*, Washington, May 1987; and Myer, D., 'US Southern Command. Latin America, the US' Strategic Front Yard', *Armed Forces International*, Washington, December 1985.

파나마를 인수한 이후 노리에가가 취한 첫 번째 조치는 이듬해에 있을 대통령 선거를 위한 준비였다. 당시의 선거는 16년 만의 최초의 민주적 선거였다. 미국이 호의적인 인물로 간주하고 있다는 점과 군에 대해 우호적인 태도를 견지하고 있다는 점을 고려해, 노리에가는 바를레타(Nicholas Barletta)를 후보로 선정하였다. 당시의 선택은 중요한 의미가 있었다. 왜냐하면 바를레타가 선거에서 패배해야 한다는 것이 노리에가가 의도한 바가 아니었기 때문이다. 그러나 노리에가는 부정한 방식으로만이 바를레타가 승리하도록 할 수 있었다. 그 후의 조사에 따르면 공정하게 개표했더라면 아리아스가 네 번째로 대통령에 당선될 상황이었다. 당시 아리아스는 파나마에서 가장 인기 있는 인물이었다.[7] 권력에 대한 노리에가의 장악력을 강화해주기는커녕, 선거를 통해 야기된 문제로 인해 미국의 지지가 없는 경우 노리에가의 입지가 불안해졌다.

1985년 말경, 바를레타는 사임하지 않을 수 없었다. 이는 군이 개입된 '정치적 살해'를 조사하기 위한 노력을 그가 지시했다는 점과 노리에가에 대항해 음모를 꾸몄지만 이 같은 음모가 실패로 끝났다는 점 때문이었다. 노리에가에 대항한 당시의 음모는 노리에가 휘하의 두 번째 실력자인 디아즈 헤레라(Diaz Herrera)가 주도하였다.[8] 바를레타가 사임할 당시 켐프(Kempe)는 다음과 같이 언급하였다.

대통령임에도 불구하고 바를레타가 모르고 있던 부분이 있었는데, 이는 미국의 가장 영향력 있는 권력 기관의 보호를 받을 목적에서 노리

7) Kempe, op. cit., p. 122-5.
8) Dinges, op. cit., p. 261-5.

에가가 니카라과(Nicaragua) 전쟁과 관련해 CIA에 충분한 수준의 도움을 은밀한 방식으로 제공하고 있었다는 점이다.……미 CIA는 부정한 방식으로 당선된 대통령인 바를레타를 잃는 것과 비교해 헤레라에 의한 독재가 자신들에게 훨씬 위험한 일로 생각하였다.……헤레라가 독재자로 군림하면 콘트라(Contra) 전쟁에서의 자신들의 노력이 지장 받을 것이란 생각이었다.9)

계속해서 1987년, 헤레라는 부패 및 부정선거를 자행했을 뿐더러 미 CIA와 공모해 토리호스 장군을 암살했다며 노리에가를 비난하였다. 또한 헤레라는 CIA를 위해 오랜 기간 동안 영향력을 행사한 사람이었다며 노리에가의 활동에 초점을 맞추기 시작하였다.

그 결과 파나마에 대한 미국의 행위가 크게 부각되었다. 처음에 미국은 부정부패뿐만 아니라 콜롬비아에서의 대규모 마약 거래에 연루되었음에도 불구하고 노리에가를 매우 도움이 되는 인물로 생각하였다. 노리에가의 과오는 닉슨 행정부 당시에서조차 잘 알려져 있었다. 이 부분과 관련해 말하면 미국은 변명의 여지가 없다. 그러나 노리에가가 미국의 이익에 순종적인 한 이 같은 과오는 묵인되었을 뿐더러 장려되기조차 하였다.

미국의 지원도 충분치 않았다. 1987년에는 헤레라의 주장으로 인해 파나마시티에서 노리에가에 대항한 폭넓은 수준의 시위가 발생하였다. 이들 시위는 엄격한 보안 수단에 의해 통제되었다. 그 후 1988년 2월, 또 다른 행위와 관련해 노리에가가 마약거래와 공갈협박 혐

9) Powell, Colin, *A Soldier's Way*, Hutchinson, London, 1995, p. 415. 다음을 또한 보시오. Kempe, op. cit., p. 156.

의로 미 대법원에 기소되었다. 1988년 2월 말, 노리에가의 예전의 보좌관인 브랜든(Jose Blandon)은 보다 폭넓은 형태의 범죄를 거론하며 노리에가를 비난하였다. 그 결과 노리에가에 반대하는 정서(情緖)에 불이 붙으면서, 대규모 시위가 가속화되었다. 일련의 시위가 지속되자, 바를레타를 대신해 노리에가가 지명한 에릭 아트루로 델바레(Eric Arturo Delvalle) 대통령은 파나마 국방군 수장이란 노리에가의 직위를 박탈하고자 노력하였다. 직위가 박탈되기는커녕, 노리에가는 대통령인 델바레를 면직시켜 버렸다.10)

노리에가가 미 대법원에 기소되자 미국 정부는 크게 놀라지 않을 수 없었다. 미 국무장관 조지 슐츠(George Schultz)에 따르면, 노리에가 장군은 "국무성과 적절한 협의가 없는 가운데, 또는 자신이 아는 한 백악관과 협의가 없는 가운데 기소되었다."11) 그러나 분명한 사실이 있는데, 이는 노리에가와 미국이 결별의 수순(手順)을 밟고 있었다는 점이다. 3월에는 쿠데타가 실패로 끝났으며, 노리에가가 비상사태를 선포하였다. 공개적으로 미국 정부가 노리에가의 제거를 요구하기 시작하였다. 미국 정부는 델바레를 지속적으로 대통령으로 인정했으며, 미국에 있던 3억7천5백만 달러에 달하는 파나마의 자산과 자금을 동결하는 방식으로 자신의 의지를 과시하였다. 또한 미국 정부는 파나마운하 위원회가 거둔 임금 중 8천6백5십만 달러를 유보하는 등 경

---

10) 노리에가의 관여와 기소에 관한 배경 지식을 알고자 하면 다음을 참조하시오. Cockburn, A., 'The General's Secrets', *Nation*, Washington, 29 January 1990; also Baker, J. (interview), *Department of State Bulletin*, No 2153, December 1990; and Schultz, G.P., *Turmoil and Triumph : My Years as Secretary of State*, Charles Scribner's Sons, New York, 1993.
11) Schultz, op. cit., p. 1052.

파나마의 수도인 파나마시티

제적 제재를 강요하였다.[12] 그러나 자신의 목표를 추구하는 과정에서 미국은 파나마인들의 불만을 노리에가에 대한 결정적인 형태의 압력으로 전환시키지 못했다. 그 후 슐츠 국무장관은 "미국 내부의 논쟁과 나태로 인해 우리의 관성이 힘을 잃었다."[13]고 언급하였다.

노리에가는 권력을 장악하고 있었다. 1989년, 노리에가는 대통령 선거를 재차 실시하였다. 사기와 협박이 보편화되어 있었음에도 불구하고, 시민반대민주동맹(Civic Opposition Democratic Alliance)을 위해 출마한 길레모 엔다라(Guillermo Endara)가 3:1로 우세를 보였다. 반면

---

12) Smolowe, J., 'Sparring (Again) with a Dictator', *Time*, vol. 133, no. 20. 8 May 1988, p. 46.
13) Schultz, op. cit., p. 1053.

에 노리에가가 추천한 후보인 카를로스 두케(Carlos Duque)는 비참할 정도로 패배하였다. 파나마운하의 반환과 관련된 조약을 구상했던 지미 카터(Jimmy Carter) 전 대통령은 당시의 상황을 "군사독재……사기(詐欺)를 통해 선거에서 당선된 경우"14)로 기술하였다. 이들 비난과 그 후 있었던 전국적인 폭동에 노리에가는 선거 결과를 무효화하는 방식으로 대응하였다. 한편 노리에가는 엔다라가 파나마와 파나마운하를 재차 통제하고자 노력하는 미국의 욕망을 일선(一線)에서 지원하는 인물이라고 주장하였다.15)

미국이 파나마 문제에 수차례에 걸쳐 직접 간섭한 바 있음은 널리 알려진 사실이었다. 그러나 국제외교 문제에서 자신의 능력을 최초로 검증해보는 경우인 당시, 조지 부시(George Bush) 대통령은 노리에가의 저항에 반응하고자 하지 않았다. 왜냐하면, 이처럼 하면 중앙아메리카의 약소국에 대한 협박이라는 예전의 전술로 미국이 되돌아가고 있다고 비난 받을 가능성이 있었기 때문이다. 부시는 백악관에서 성명을 발표하는 방식으로 반응하였다. 여기서 그는 노리에가를 교묘한 방식으로 제거할 목적의 협박과 회유책을 결합해 사용하였다.16) 회유책에는 특별 배당금을 물지 않으면서 스페인에서의 정치적 망명을 허용하는 문제가 포함되어 있었던 듯 보인다. 여기에 노리에가가 거부하자, 얼마 지나지 않아 협박이 현실이 되었다.

5월 초반, 부시 대통령은 파나마에 있던 10,300여 명의 전력을 증

---

14) *Washington Post*, 10 May 1988.
15) UPI, 10 May 1989. 엔다라가 추구하던 전역(戰役)에 워싱턴이 1천만 달러를 제공해준 것으로 보도되었다. ; see Dorner, W.R., 'Lead-Pipe Politics', *Time*, vol. 133, no. 22, 22 May 1989, p. 40-3.
16) White House Statement, 10 May 1989.

강했으며, 미국 대사를 소환하고, 군 가족들을 미국 내지는 파나마에 있는 미군 기지로 철수하라고 명령하였다. 또한 그는 기업들에게 가족의 철수를 요구했으며, 이미 발효 중에 있던 경제 제재 시한을 연장하였다. 또한 그는 운하지역 내부에서의 자유로운 이동과 이곳의 방위 권한을 미군에 부여해준 파나마운하조약의 문건을 강화하였다.17) 이외에도, 부시 대통령은 노리에가의 행위를 비난하라고 라틴 아메리카 국가들에 촉구하였다. 베네수엘라의 카를로스 안드레스 페레스(Carlos Andres Perez) 대통령은 "선거 자체가 사기(詐欺) 이상의 매우 사악한 것이었다.18)"며 당시의 선거를 무효라고 주장하였다. 여타 국가들도 페레스의 선례를 따랐다. 그러나 칠레, 페루 그리고 보다 중요한 의미가 있지만 멕시코는 "……파나마 또는 여타 국가에 대한 외국의 모든 간섭"19)에 우려를 표명하는 방식으로 이들 국가의 지지를 약화시켰다.

이 같은 정서를 인지하고 있던 부시 대통령은 가능한 한 직접 대결을 회피하고자 노력하였다. 군 또한 행동을 주저하고 있는 듯 보였다. 미 합참의장 윌리엄 크로우(William Crow)는 인명 손실 가능성을 경고하였다.20) 크로우의 경고와 더불어 장기간 동안 지역을 관찰해

---

17) Presidential Statement, AP 11 May 1989. 다음을 또한 보시오. Thomas, D., 'Crisis in Panama', *Soldiers*, Washington, September 1989.

18) Presidential Statement, President Carlos Andres Perez, AP, 13 May 1989. 아메리카국가조직을 참여시키는 방식으로 페레스(Peres) 대통령은 미국에 의한 일방적인 행위를 저지하고자 노력했던 것으로 보도되었다. 그러나 당시 베네수엘라는 국내 불안에 시달렸으며, 미국으로부터 빚을 면제 받고자 열심히 노력하고 있었다.

19) AP Report, reprinted *The Weekend Australian*, 13-14 May 1989.

20) Admiral W. Crowe, Evidence to the Senate Armed Services Committee, May 1988.

오던 "주변문제에 관한 비정부기구 위원장(Director of the non-governmental Council on Hemisphere Affairs)"인 로렌스 비른(Laurence Birns)은 군사력 사용을 반대하는 사람들의 정서(情緒)를 다음과 같이 요약해 말하였다. "중앙아메리카에서 부정선거를 치른 독재자를 제거할 목적으로 미군을 파병한 경우가 예전에 있었는가?21)

'아메리카국가조직(OAS : Organization of American States)' 또한 회원국의 내정 불간섭 원칙을 지지하고 있던 자신의 헌장을 인용해 자제를 촉구하였다.22) 해군참모총장을 역임한 엘모 줌발트(Elmo Zumwalt)는 파나마운하는 손상시키기는 쉽지만 방위는 어렵다며 미 하원에 경고하였다. 이집트의 나세르가 수에즈운하에 대해 한 것과 마찬가지로 노리에가가 파나마운하를 쉽게 폐쇄할 수 있을 것이다.23)고 줌발트는 말하였다. 또한 노리에가는 우군이 없지 않았다. 제대로 무장되어 있던 15,000여 명의 육군은 노리에가에 충성을 다하고 있었다. 또한 노리에가는 쿠바와 리비아로부터 지원을 약속받은 바 있었다. 노리에가에 대항해 행동하는 경우 일련의 반미(反美) 정서가 야기될 수도 있다고 줌발트는 경고하였다.

미국이 약자를 못살게 구는 행위를 자행하고 있다고 노리에가는 주장하였다. 그는 파나마가 미국과 전쟁 상태에 있다고 선언했으며, 자신이 '파나마 정부의 수장'24)이라고 공식 천명하였다. 휴가 중에 있던 미군을 괴롭히는 행위가 증대되고 있음에도 불구하고, 부시 대통령은 지속적으로 행동을 자제하였다. 그러나 미국의 신임 합참의장

21) Press Statement, Council on Hemispheric Affairs, 12 May 1988.
22) *New York Times* and AFP, 12 May 1988.
23) Admiral Zumwalt, AFP, 12 May 1988.
24) *The Independent*, 19 December 1989 (McGreal, C. filing from Mexico City).

인 콜린 파월(Colin Powell)은 너무나 미약한 것으로 보인 프레더릭 워너(Frederick Woerner) 대장을 보다 적극적인 성격의 맥스 서먼(Max Thurman)으로 대체하는 방식으로 남부사령부를 강화하였다.25)

10월, 파나마 방위군의 이단자들이 노리에가에 대항해 쿠데타를 감행하겠다며 미 CIA에 접근해왔다. 이 같은 제안을 미국은 매우 형편없는 방식으로 처리하였다. 당시의 처리를 보며, 상원의원 제시 햄(Jesse Helms)은 하원의 행정 부서를 형편없는 친구라고 기술하였다. 당시의 사건 이후 파나마방위군 소속 요원 중 노리에가에 대항해 행동할 것으로 기대되는 사람이 단 1명도 없을 것이라고 햄은 주장하였다. 미국의 언론 편집장들은 이 사건을 카터 대통령에 의한 이란 인질 구출작전에 비유하였다.26) 12월 19일, 1명의 미군이 사살되었으며, 그의 부인이 성적(性的) 모욕을 당하는 사건이 발생하였다. 이는 응징 대응을 강구할 수 있는 완벽한 형태의 정치적 이유에 해당하였다. 12월 20일 이른 아침, 82공정사단 소속의 공수부대 요원과 7경사단(Light Division) 소속의 부대들이 '분명한 대의(Just Cause)' 작전의 최초 대원으로 작전에 투입되었다. 당시는 베트남전쟁 이후 미국의 최대 군사작전이었다.27)

---

25) Woodward, op. cit., p. 83. 다음을 또한 보시오. Galvin, J., interview with Woerner, 'Challenge and Response on the Southern Flank', *Military Review*, August 1986.
26) Woodward, op. cit., p. 127. 다음을 또한 보시오. 'What's next Noriega?', *Bulletin with Newsweek*, (Australia) 24 October 1989;and Smolowe, J. 'The Yanquis Stayed Home', *Time Magazine*, 16 October 1989.
27) 당시 전역의 수행에 관한 상세 수준의 조사를 보고자 하면 다음을 참조하시오. Ropelewski, R., 'Planning, Precision and Surprise Led to Panama Successes', *Armed Forces Journal*, February 1990; Behar, D., & Godferey, H., *Invasion, The American Destruction of the Noriega Regime in Panama*, Americas Group, Los

은밀한 계획수립과 언론매체의 취재 배제

파나마 간섭 가능성을 고려한 '정교한 미로(Elaborate Maze)'란 명칭의 우발계획(偶發計劃 : Contingency Plan)이 당시로부터 몇 년 전에 작성되었다. 1988년 4월에는 다양한 수준의 간섭을 고려한 '기도서(Prayer Book)'란 명칭의 새로운 우발계획이 작성되었다. 이 계획에는 '푸른 수저(Blue Spoon)'란 명칭의 공세적 부분과 지역에 있는 다수의 미국 국민들을 철수시킬 목적의 'Klondike Key'란 명칭의 비전투 철수작전이 포함되어 있었다.28)

1989년 4월에는 새로 취임한 남부사령관 서면(Thurman) 대장이 파나마에 도착하면서 이들 계획이 재차 검토되었다. 그 결과 '푸른 수저'란 명칭의 계획은 브랙(Bragg) 기지에 있는 제18이동군단 사령관 칼 스타이너(Carl Steiner) 대장의 작전통제를 받았다.29) 1989년 10월 30일, 이는 '작전계획 I-90(Operational Plan I-90)'이 되었다. 9월 이후 진행되어온 예행연습이 가속화되었으며, 작전(이는 '분명한 대의' 작전으로 재차 명명되었다.) 시작 이틀 전에 남부사령부 본부에서 스타이너 대장과 그의 참모들이 업무를 시작하였다.30)

Angeles, 1990; Watson, B., & Tsouras, P., *Operation Just Cause : The Us Intervention in Panama*, Westview Press, Boulder, 1991; *A Soldier's Eyewitness Account*, Stackpoole Books, Harrisburg, 1990; *Janes Defence Weekly*, December/January 1989/90; Auster, B., 'Military Lessons of the Invasion', *US News and World Report*, 8 January 1990; and Woodward, op. cit. 다음을 또한 보시오. Powell, op. cit., p. 414-34. For details of the Panamanian Defence Force (PDF) see the *IISS Military Balance*, 1989/90. See Boswell, B. in *The Australian*, 22 December 1989, for a description of the invasion at the time.
28) Woodward, op. cit., p. 85. 다음을 또한 보시오. Galvin, op. cit.
29) Woodward, op. cot., chap. 12.

작전보안의 필요성과 우발계획 관련 보안의 필요성은 충분히 이해가 가는 사항이었다. 그러나 언론매체는 이들 진전 상황에 관해 전혀 전해들은 바가 없었다. 펜타곤 Press Pool 소속 요원들은 작전보안의 준수를 서약한 바 있다. 1985년과 1988년의 온두라스에서의 군사력 출동 당시, 이들은 작전보안을 준수할 능력이 있음을 보여주었다.[31] 그럼에도 불구하고, 이들조차도 당시 작전에 관해 사전에 전해들은 바가 없었다. 언론매체 Pool이 최초 공격에 참여하고자 할 때 필요한 계획을 펜타곤의 관료들이 제시하지 않았다고 펜타곤은 공식 반응하였다.(그렇지 않다는 점을 우드워드(Woodward)가 폭로하기 이전까지만 해도 펜타곤은 이 같은 입장을 고수하였다.)[32] 1990년 당시의 미 육군의 공보 분야 책임자였던 패트릭 브래디(Patrick Brady) 장군에 따르면, 이는 불행한 일이었다.

……쉽게 이해되지 않는 몇몇 이유로 인해 Press Pool을 파견하기로 한 결심이 너무나 뒤늦게 내려졌다. 그 결과 이들은 파나마에 너무나 늦게 도착하였다. 도착했을 당시 그곳에는 지원이 거의 없었다.[33]

상황이 안정되기 이전에는 어떠한 경우에도 전장(戰場)에 TV 매체가 들어오지 못하도록 해야 한다고 브래디(Brady)는 언급한 바 있는

---

30) Ibid., p. 139. 다음을 또한 보시오. Colucci, F., 'Rehearsal Reaps Rewards', *Defence Helicopter World*, June/July 1990.
31) *Christian Science Monitor*, 5 August 1988.
32) *Washington Post*, 19 March 1990.
33) Brady, P., 'Telling the Army Story', *Army*, 22 September 1990. 다음을 또한 보시오. Lowther, W. 'Counting the Hidden Cost : Media Distortions in the Panama Invasion 1989', *McLeans*, 22 January 1990.

데, 이는 아마도 보다 실감나는 부분일 것이다.

'분명한 대의' 작전에서 언론매체를 배제시킨 결과로 인해 취재가 지연되었다. 결과적으로 군이 준비되는 순간이 되어서야 12명의 기자와 TV 요원들이 업무를 시작할 수 있었다. 당시에서조차, 이들은 파나마시티로부터 40킬로미터 정도 떨어진 하워드(Howard) 공군기지에서 24시간 동안 기다리며 무위도식(無爲徒食)해야만 하였다.34) 이들 모두는 계획대로 진행되었다. 우드워드(Woodward)에 따르면 딕 체니(Dick Cheney) 국방장관이 12월 18일에 다음과 같이 결심했다고 한다.

……국방 공보관인 피트 윌리엄스(Pete Williams)가 언론매체 Pool에 사실을 알려주지 못하도록 할 것이다.……다음날 밤의 TV 저녁뉴스가 나간 이후까지는 그렇게 할 것이다. 이는 H-hour 이전 6시간에 해당하는 시점일 것이다. 그 결과 기자들이 '분명한 대의' 작전의 시작에 맞추어 파나마에 정시에 도착하지 못하게 될 것이다.35)

그 후 체니는 이 부분을 확인해주었다. 파나마에서 언론매체를 다룬 방식에 관한 그 후의 검토에 답변하면서 체니는 다음과 같이 솔직히 언급하였다.

……Press Pool에 작전 시작을 통보해줄 것인 지의 여부, 어떠한 상황에서, 어느 정도 사전 통보해줄 것인지를 결심한 사람은 구체적으로

---

34) Bioot, W., 'Wading Around in the Panama Pool', *Columbia Journalism Review*, March/April 1990; and Komarow, S., 'Pooling Around in Panama', *Washington Journalism Review*, March 1990.

35) Woodward, op. cit., p. 178.

파나마에 진주한 미군

말해 나입니다. 이는 나의 책임이었습니다. 내가 내린 결심에 따른 모든 비난을 나는 감수합니다.……그러나 임무 수행 과정에서 이것이 개개 상황에 근거해 내가 내리게 될 결심이란 점을 말하고자 합니다.36)

다음날 이른 아침, 파월은 휘하의 공보 수장(首長)인 빌 스뮬런 (Bill Smullen)에게 파나마 침공에 관해 알려주었다. 그러나 그는 비밀을 유지하라고 말하였다. 당시 군은 이 같은 정치적 결심과 하나가 되어 있었다.37) 그런데 이는 '시들 보고서'의 정신뿐만 아니라 보고서에서 권고하고 있던 사항에 정면 배치되었다.38) 당시의 결심은 또

---

36) Cheney, R., 'Response to the Hoffman Report', in *Newsmen and National Defense*, ed. L.Matthews, Brassey's, Virginia 1991, p. 107-8. 다음을 또한 보시오. Hoffman, F. 'The Panama Pool Deployment : A Critique', *Newsmen and National Defense*, op. cit., p. 91-107, and p. 145.
37) Woodward, op. cit,. p. 178.

한 당시로부터 18개월 전에 정립된 국방정책과 배치되었는데, 이곳에서는 평시 우발작전에서 공보 분야의 수장(首長)이 작전계획 수립 최초 단계부터 참여해야 한다고 명시하고 있었다.39)

공보 장교들이 계획수립 과정에 참여했더라면 보다 좋았을 것이다. 그러나 언론매체의 취재를 배려한 계획은 전혀 이행되지 않았다. 그와는 달리 당시의 계획은 언론매체가 지속적으로 취재하지 못하도록 할 목적의 것이었던 듯 보인다. 파나마로 들어갈 수 있던 유일한 창구인 하워드 공군기지에 군은 전세를 낸 교통수단이 들어가지 못하도록 하였다. 또한 작전전구(作戰戰區)로 선포된 지역에 언론인들이 지상·해상 및 항공 수단을 이용해 들어가지 못하도록 군은 조치하였다. 크리스마스 전날, 취재를 위해 파나마로 비행해간 300여 명의 언론인들은 미국 또는 제3국으로 되돌아가라는 명령과 함께 파나마 시티 공항에서 옴짝달싹 못하는 신세가 되었다.40) 보스웰(Boswell)은 다음과 같이 말하고 있다.

전투가 종료된 이후에나 언론인들의 진입이 허용되었다. 또한 보트를 타고 그곳에 온 사람들은 너무나 뒤늦게 도착한 결과로 인해 전투를 목격할 수 없었다.……TV 뉴스를 통제함으로서 펜타곤은 당시의 전쟁이 작전 첫날에 종료되었으며, 오직 소탕작전만 남아 있다는 인상을 크리스마스 이전에 전달해주었다.41)

---

38) *Sidle Report*. For the full text, see News Release, Office of the Assistant Secretary for Defence (Public Affairs), No. 450/84, 23 August 1984.
39) *US Armed Forces Public Affairs Roles in Low Intensity Conflict*, Army Air Force Centre for Low Intensity Conflict, Langley, Virginia May 1988.
40) *The Australian*, 29 December 1989.
41) Ibid. 다음을 또한 보시오. Jaco, C., 'Missing the Action in Panama', *Quill*,

"전문(專門) 장비들을 구비하고 있는 미국의 언론인은 미군의 작전에 참여해야 한다.……궁극적으로 미국 정부가 책임지게 되는 자유롭고도 개방된 사회의 시민들에게 독자적인 보도가 가능하도록 해야 한다."[42]는 내용의 '시들 보고서'에 언급되어 있던 최우선적인 원칙에 서명한 미국 군대와 정부가 이처럼 행동하였다. 취재가 허용된 순간 일몰에서 일출에 이르는 시간 동안 통행이 금지되었다는 점, 파나마 지역을 왕래할 능력이 없었다는 점 등으로 인해 언론매체들은 행동에 제약을 받았다. 얼마 지나지 않아, 언론매체는 코스타리카를 통한 통제되지 않는 형태의 취재 접근 수단이 있음을 알아내었다. 그러나 진실이 발견될 수 있는 장소인 작전지역에 대한 접근은 철저히 통제되었다. 국방의 공보 부서가 양측의 사상자 숫자 노출을 거부하는 가운데, 오직 긍정적인 성격의 뉴스만이 장려되었다. 한편 공보 부서는 파나마 주민들이 미군에 보여준 열렬한 환영을 크게 부각시켰다.[43]

여론에 끼칠 부정적인 영향을 완화할 목적에서 군의 공보장교들은 파나마에 가해진 피해와 사상자 숫자를 '부수적(附隨的) 피해'란 용어로 지칭하였다. 또한 이들 사상자와 피해는 지속적으로 과소평가되었다. 언론매체를 군이 다룬 방식에 관한 자신의 통렬한 보고서에서 공

November/December 1990; Cloud, S., 'How Reporters Missed the War', *Time Magazine*, January 1990.
42) *Sidle Report*, op. cit.
43) ABC Radio, 29 December 1989. 다음을 또한 보시오. 'No Cigars. Military Allowed Insufficient News Coverage of Panama Invasion', *Broadcasting*, 1 January 1990.

보 분야의 일등 차관이었던 호프만(Hoffman)은 "……당시 작전에 관한 뉴스의 취재와 관련해 시종일관(始終一貫) 언론매체를 잘못된 방식으로 다루었다."[44]며 군을 비난하였다.

증거, 특히 우드워드가 제시한 증거와 체니 국방장관의 고백 모두는 호프만의 관점을 지지해주고 있다. 침공 초반의 중요한 기간에는 비판적인 분석을 저지할 목적에서 언론매체 취재 배제뿐만 아니라 봉쇄 및 조종과 관련된 고의적인 정책이 있었다. 적극적인 방식이 아니라 사건에 제대로 접근하지 못하도록 하고 접근을 지연시키는 등의 수동적인 방식을 통해 뉴스가 검열되었다.

여기서 터득해야 할 가장 중요한 교훈은 언론매체와 상호 협조할 목적에서 정립된 시스템(예를 들면, '시들 보고서'에 언급되어 있는 내용)을 국방성이 거부했는데, 중요한 건 이처럼 거부하는 과정에서 정부와 군이 공모했다는 점이다.

노리에가를 악마로 만들다

신속하고도 결정적인 방식으로 종료되었다는 점으로 인해 '분명한 대의' 작전은 여론의 전폭적인 지지를 받았다. 그러나 이 같은 지지의 많은 부분은 노리에가를 악마로 만든 결과였다. 왜냐 하면, 노리에가에 대항하던 세력들과 파나마 국민은 자신들을 해방시켜주었다며 환호하는 모습으로 묘사될 필요가 있었다는 점에서 공략해야 할 표적(標的)으로 만들기가 어려웠기 때문이다.

---

44) Hoffman, F., 'Early Bird', *Pentagon News Roundup*, 19 March 1990.

제한된 분쟁에서는 국민의 공감대 형성과 지지 확보가 중요한 의미가 있다. 이 같은 효과를 달성할 목적에서 침공 시작 이전과 이후 모두 미 행정부는 노리에가를 가능한 한 가장 좋지 못한 용어로 묘사하였다. 그 과정에서 미 행정부는 언론매체를 이용하고자 온갖 노력을 경주하였다.45) 노리에가는 형편없는 마약 거래자로 묘사되었다. 노리에가는 마약을 재배하고, 처리했으며, 미국에 마약을 운송할 목적으로 군과 정부 차원에서 지원한 것으로 묘사되었다. 이외에도 그는 성적(性的) 이상자, 유아 학대자, 살인 및 고문을 일삼는 자로 비난받았다. 당시 그는 '악마와 같은 히틀러'로 비유되었으며, '악마·사탄 및 요술'에 빠져 있는 것으로 보도되었다. 그는 또한 방탕한 생활로 인해 사회적으로 심각한 질병에 시달리고 있는 것으로 묘사되었다. 그가 AIDS(후천성면역결핍증)를 앓고 있다고 보도한 미국의 신문도 있었다. 이들 주제는 노리에가의 본부를 점령한 이후 그곳에 있던 50킬로그램의 코케인, 성기구 등을 보라며 뉴스 요원들을 초대했을 당시 부각되었다.46)

이들 이야기 중 많은 부분이 사실일 가능성이 있다. 그러나 미국의 대법원이 기소한 마약거래란 부분을 제외하면 나머지 부분과 관련된 증거는 있지 않았다. 노리에가만이 이처럼 특별히 취급받았는데, 이는 이 같은 제한된 유형의 분쟁에서 여론 지지 확보를 위해 적을 악마로 묘사할 필요가 있음을 단정적으로 보여주는 부분이다. 이 같은

---

45) Brady, op. cit. 다음을 또한 보시오. *US Armed Forces Public Affairs Roles in Limited Conflicts*, op. cit., chap. 1.

46) Survey of coverage-*Time Magazine, Washington Post, Washington Times, New York Times, Christian Science Monitor, New York Daily*, AAP, AFP and Knight Ridder News Service, May 1989-January 1990.

전략의 효과는 노리에가를 다음과 같이 묘사한 미국의 뉴스 자막을 통해 입증되었다.

……마약중독자, 테러분자……국제 악당조직에 소속되어 있는 자, 가다피(Gaddafi), 이디아민(Idi Amin), 아야톨라 호메이니(Ayatollah Khomeini)와 같은 인간, 즉 미국인이 증오하고자 하는 그러한 인간.[47]

뉴욕데일리뉴스(New York Daily News)는 노리에가를 수배하는 포스터를 게재하였으며, 뉴욕포스트(New York Post)는 "쥐새끼 어디에 있는가?"란 제목의 글을 신문의 첫 페이지에 게재하였다. 미국의 정보기관에 의해 직접 통제 받았다고는 말할 수 없지만, 일반적으로 영향받은 것으로 생각되는 파나마의 지역 신문은 여기서 할 걸음 더 나아갔다. 악마의 뿔을 단 채 파나마시티 상공을 비행하는 노리에가의 모습을 반 페이지에 걸쳐 게재한 신문도 있었는데, 이 신문의 표지 상단에는 "외교적 주술(呪術)이 효과가 있겠는가?"[48]란 질문이 쓰여 있었다. 오스트레일리아의 한 신문은 표제로 "노리에가, 마약 폭군"[49]이란 글을 게재하였다. 노리에가를 묘사하는 극단적인 모습이지만, 미국은 노리에가의 목숨에 100만 달러의 현상금을 걸었다.[50]
　이 같은 전략은 성공을 거두었다. 이 점은 TV와 라디오에 의해 실시된 여론조사를 통해 즉각 확인되었다. 당시의 여론조사에서는 부시

---

47) Quoted in Kasper, D., *The Panama Deception*, Empowerment Project (film) 1992.
48) *The Independent*, 2 January 1990.
49) *Sun Herald*, 14 May 1989.
50) *The Times*. (London), 22 December 1989.

대통령의 지지율이 70에서 90%에 달함이 확인되었다.51) 미국인의 생명을 구하고, 파나마운하조약과 관련된 권리를 보존하며, 사악한 마약 거래자이자 민주주의의 적(敵)인 노리에가를 추적할 목적에서 군대를 파견한 부시를 다양한 시각의 TV 해설자와 지도자들이 칭송하였다. 워싱턴포스트지는 사설에서 "대통령이 올바로 일하였다."52)고 주장하는 방식으로 이 같은 인식을 요약해 말하였다.

곧바로 미 하원에서는 공화당과 민주당 출신 의원 모두가 대통령의 결심을 지지하였다.53) 민주당(부시 대통령은 공화당 출신이었음) 출신의 상원 리더인 조지 미첼(George Mitchell)은 "노리에가의 무모한 행위로 인해 파병이 필요해졌다."54)고 언급하였다. 반면에 맨 처음 파병에 어느 정도 우려를 표명하던 민주당 출신 하원위원장 토머스 포리(Thomas Foley)는 "……미군이 야전(野戰)에 배치되어 있으며, 사상자가 발생한 상황에서……다수의 복잡한 논쟁은 바람직하지 않다."55)고 말하면서 부시 대통령을 지지하였다. 상원의 공화당 리더인 로버트 돌(Robert Dole)은 대통령이 '올바른 일'56)을 하였다고 간략히 언급하였다. 상원의원인 에드워드 케네디(Edward Kennedy)와 하원의원인 도날드 에드워드(Donald Edwards)만이 우려를 표명하였다. 거의 사상자가 발생하지 않은 것으로 묘사되었으며, 언론매체의 비판적인 분석이 없는 가운데 면밀히 보도 검열된 상태에서 진행된 성공적인 파병(派兵)과 관련해 미 의회는 전적으로 애국적인 반응을 보였다.

---

51) Ibid.
52) *Washington Post*, 22 December 1989.
53) Congressional Record, 20 December 1989
54) UPI, Washington, 21 December 1989.
55) Ibid.
56) Ibid.

모든 수준에서 미국인들은 애국심에 호소했는데, 이는 노리에가를 악마로 표현한 전략과 직접 관련이 있었다. 그런데 이는 매우 중요한 의미가 있는 부분이다. 또한 노리에가를 악마로 표현하는 행위는 비밀을 유지하는 가운데 계획을 수립하고, 언론매체가 상황을 취재하지 못하도록 함으로 인해 보다 용이해졌다. 제한된 분쟁에 대한 지지를 확보하는 과정에서 악마와 같은 인간으로 적을 묘사하는 행위는 곧바로 다수 국가가 선호하는 전략이 되었다.

합법성을 놓고 벌어진 전투에서의 언론매체

국민의 지지를 얻을 목적에서 노리에가를 악마로 묘사하는 등의 감성적이고도 조작 성격의 호소와 더불어, 미국은 파나마 침공의 합법성 구축을 위한 작업에 착수하였다. 여기서의 논리는 유엔헌장 2조와 51조에 따른 자위권에 의존하였다. 또한 테리(Terry)는 당시 행위의 근거로 OAS 헌장, '상호지원에 관한 아메리카 협정(the Inter Amer-ican Treaty of Reciprocal Assistance(The Rio Treaty))', 1977년의 파나마운하협정 그리고 와인버거 국방장관 당시 외국에 대한 간섭과 관련해 1984년에 정립해 놓은 기준들을 인용하였다.[57]

유엔헌장 외에, 미국인 보호의 필요성, 파나마운하를 방위할 책임 그리고 파나마와 미국이 전쟁 상태에 있다는 노리에가의 발언에 미국은 공식적으로 의존하였다. 그러나 파나마는 전쟁을 공식 선포하지

---

57) Terry, J., 'Law in Support of Policy in Panama', *Naval War College Review*, Autumn 1990.

않았으며, 미국 또한 전쟁을 시인 내지 비준하지 않았다.[58] 미국의 법 이행(Law Enforcement) 관리는 미 사법부의 도피범인을 해당 국가의 허락을 얻지 않고도 그 국가에서 체포할 수 있다는 미 사법부의 판결에 의존했을 뿐더러 Posse Comitatus Act[59] 정신에 언급되어 있는 군사력 사용과 관련된 제한은 미국 영토 밖에서는 적용되지 않는다는 점에 추가의 법적 논거를 의존하였다.[60] 다른 국가의 내부에서의 경찰권 행사와 관련된 권리는 국제법에는 존재하지 않는다. 이 같은 점에도 불구하고, 앞의 견해로 인해 미국은 노리에가를 미국으로 송환하고자 할 때 필요한 논거를 가질 수 있었다. 다른 국가의 영토 안에서의 경찰권 행사와 관련된 권리가 국제법에 존재하는 경우 주권국가의 권리가 취소되는 결과가 초래될 것이다.[61]

이들 반대 의견에도 불구하고, 여타 국가 내부에서 자국 국민을 보호할 목적으로 군사력을 사용한 전례가 없지 않은데, 이스라엘에 의한 엔테베(Entebbe) 기습작전과 테헤란의 미국인 인질을 구출할 목적의 기습이 바로 그것이다. 그러나 유엔 회원국들에 대해 이들 논거를 적용하고자 하는 유엔회원국은 특정 국가의 영토 보존 내지는 정치

58) US State Department Press Release, 27 December 1989.
59) 역자주 : 민간의 법 이행(Law Enforcement)을 목적으로 군사력을 사용하지 못하도록 하는 형태의 법임. 이는 민간과 군의 권위 부서를 분리한다는 미국의 원칙을 구현하고 있음.
60) Justice Department Memo to National Security Council, 3 November 1989. 다음을 또한 보시오. Pfaff, W., 'Bush Takes Swing and Misses', *International Herald Tribune*, reprinted in *The Australian*, 27 December 1989; and, Woodward, op. cit., p. 141.
61) Maechling, C., 'Washington's Illegal Invasion', Foreign Policy, Summer 1990. 다음을 또한 보시오. Church, G., 'Showing Muscle', Time Magazine, 1 January 1990; Canberra Times, 27 December 1989; and Sydney Morning Herald, 3 January 1990.

적 독립에 반하는 형태의 군사력 사용을 금지하고 있는 유엔헌장 2조의 검증을 충족해야 한다.

이 같은 점에서 많은 사람들이 침략 행위가 분명한 것으로 생각하고 있던 바를 정당화할 목적에서, 부시 대통령은 국내 및 국제 사회의 지지를 확보해야만 하였다. 유엔은 공략해야 할 첫 번째 대상이었다. 다음에 프랑스 및 영국과 같은 주요 동맹국 그리고 오스트레일리아와 같은 우방 국가가 있었다. 정부와 정부 간의 로비 및 외교와 더불어 여기서의 주요 수단에 언론매체가 있었다. 개개 국가들이 자국의 입장을 지지하도록 할 목적에서 미국은 해외에 있는 정보체계들을 최대한 활용하였다.[62] 공식적인 정보 제공과 더불어 미국은 선별된 언론인들에게 개별적으로 브리핑해주었다.

미국의 행위와 관련해 비동맹운동(Non-Alignment Movement)이 제안한 결의안에 근거한 비난에 대항해, 유엔총회에서 영국과 프랑스는 거부권을 행사하였다. 그런데 그 과정에서는 이 같은 목적으로의 언론매체의 이용이 영향을 주었을 것이다. 이 결의안에서 관련 국가들은 미국의 파나마 간섭을 강력히 비난하고 있었다. 결의안에는 이 같은 간섭이 파나마의 독립과 주권 그리고 영토 보존뿐만 아니라 "……국제법을 극악무도하게 위배한 것과 다름이 없다.……"고 언급되어 있었다.[63] 그 후 4일 뒤에는 유엔총회에서 유사한 형태의 결의안이 통과되었다. 그러나 영국과 프랑스가 거부권을 행사했다는 점뿐만 아니라 국제적 합법성을 추구하는 과정에서 미국이 확보한 여타

---

62) 예를 들면 다음을 참조하시오. United States Information Service releases in Australia, April to December 1989 and January 1990.
63) United Nations Resolution, NAM, 23 December 1989.

동맹국들의 불참으로 인해 유엔이 효과적으로 무력화되었다.[64]

오스트레일리아의 경험은 국민으로부터 정치적 지지를 얻을 목적에서 언론매체를 조종한, 즉 교묘히 이용한 전형적인 경우다.

1989년 12월 18일의 오스트레일리아 외무장관실의 브리핑에서 오스트레일리아 정부는 파나마 문제의 평화적이고도 법에 근거한 해결안을 강력히 지지하며, 파나마와 미국 모두에 자제를 촉구한다.[65]고 언급하였다. 그 후 3일 뒤, 즉 침공 다음날인 12월 21일에는 오스트레일리아 외무장관 밥 호크(Bob Hawke)의 발언에서 알 수 있듯이, 12월 18일의 브리핑 내용과 정반대 내용이 발표되었다. 이처럼 오스트레일리아의 정책이 갑자기 바뀌게 된 것은 부시 대통령이 오스트레일리아 수상에게 직접 전화해 유엔에서의 지지를 호소하고, 침공 이유를 설명했기 때문이었다. 오스트레일리아 정부 문서의 관점에서 보면, 이 같은 변화는 수상에 대한 장관 또는 부처 차원의 조언이 없는 가운데 일어났다. 유엔 주재 오스트레일리아 대사가 수신한 전문(電文)의 내용은 "……이 문제와 관련해 모든 구체적이고도 절차적 측면에서 미국을 지원하라."[66]는 것이었다.

정책 측면에서의 오스트레일리아의 이 같은 변화는 우호적인 여론과 이 같은 여론을 유지해주는 언론매체 환경이 없었더라면 불가능했을 것이다. 한편 여론 측면에서의 이 같은 변화는 파나마로부터 나오는 통제된 형태의 보도와 이들 내용을 지역의 언론매체를 통해 강

---

64) United Nations Resolution, GA, 27 December 1989.

65) *Sydney Morning Herald*, 17 September 1990.

66) Press Statement : Department of Foreign Affairs, 22 December 1989. 유엔에서의 오스트레일리아의 행위에 관한 보다 상세한 비판을 보고자 하면 다음을 참조하시오. *Sydney Morning Herald*, 2 January 1990 and 8 January 1990.

압적으로 방영 및 게재하고자 노력하였던 미 정보 부서의 노력이 없었더라면 달성될 수 없었을 것이다.67)

국제사회 차원에서의 합법성 획득을 목적으로 언론매체를 이용한다는 이 같은 정책은 원정(遠征) 형태로 진행되는 미래의 제한된 분쟁에서 목격되는 특징일 것인데, 이 점을 보여주는 징표가 없지 않다.

언론매체가 속박에서 벗어나다.

종종 제한된 형태의 분쟁에서 추구하는 목표에 민주주의 권리의 회복이 있다. 통상 이는 군사적 행위를 추구하게 되는 이유의 일환으로 제시된다. 정상 상태로의 복귀는 '언론의 자유' 회복과 언론매체에 대한 모든 군사적 규제 해제를 의미한다. 파나마의 상황이 안정되었으며, 엔다라(Endara) 대통령 휘하에서 민주주의가 회복되었다.68)고 부시 대통령이 전 세계에 알렸을 당시, 파나마에서 일어난 부분은 정확히 이것이었다. 군이 언론매체를 다루는 방식 측면에서의 정치적 승리로 시작된 부분('언론의 자유' 회복과 언론매체에 대한 모든 군사적 규제 해제)이 언론매체가 자신의 과업을 자유롭게 수행할 수 있게 됨과 동시에 문제로 돌변했는데, 이는 불행한 일이었다.

언론매체의 관심을 모은 첫 번째의 주요 사건은 당시 전역(戰役)에

---

67) A limited survey of the *Sydney Morning Herald*, *Financial review*, the Melbourne *Age*, *Canberra Times* and Brisbane *Courier Mail*, over the period 3-19 December 1989, showed an 87 per cent reliance on overseas reporting. 다음을 또한 보시오. Editorial, *The Australian* 22 December 1989.
68) Presidential Statement, 5 January 1991.

서의 주요 표적인 노리에가 장군의 생포에 군이 실패했다는 점이었다. 이는 작전이 종료되기도 전에 우스운 꼴이 되어버린 일대 실수였다.

파나마 군의 저항이 무력화된 1989년 크리스마스 전날 밤, 노리에가는 잠시나마 은신(隱身)을 목적으로 파나마시티에 있던 로마 교황 대사의 도움을 요청하였다. 바티칸은 정치적 피신을 거부하였다. 그럼에도 불구하고, 바티칸은 노리에가를 보호해주기로 결심하였다. 그후, 로마 교황대사는 노리에가를 인도해달라는 미국 내지는 새로 구성된 엔다라 정부(이곳을 바티칸은 아직 인정하지 않고 있었다.)의 요청을 거절하였다. 그 이유는 이들 중 어느 국가도 바티칸과 추방 협정을 맺고 있지 않았기 때문이었다.69) 노리에가를 넘겨달라는 미국의 요청에 대해 바티칸은 점령 세력에 노리에가를 넘겨줄 수 없다고 답변하였다. 신생 엔다라 정부의 주권을 저하시킬 가능성이 있는 일을 하고자 하지 않았던 미국은 바티칸이 신생 정권을 인정하게 되자 당시의 협상에서 제3자의 입장이 되었다.70)

한편, 미군은 무장 차량, 저격수, 검문소 그리고 헬리콥터를 이용한 지속적인 초계(哨戒)란 방식으로 로마 교황대사를 포위하였다. 이들은 "도망칠 곳은 없다.", "나는 법에 대항해 싸웠는데, 법이 승리하였다."란 메시지의 노래를 포함한 고음의 격렬한 성격의 록 음악으로 대사관을 '융단 폭격'하였다. 언론매체가 'Maxatollah'로 명명한 서먼 (Thurman) 대장은 무장 차량으로 하여금 로마 교황대사관 앞에서 소음을 내도록 하였다. 그는 미국 정부로부터의 최신의 회유 내지는 협

---

69) AAP, Reuters, Knight Ridder Services, 28 December 1989.
70) Vatican Statement, 30 December 1989. 다음을 또한 보시오. Kneebone, T., statement, US Embassy Spokesman, Panama City 2 January 1990; and *Canberra Times*, 2 January 1990.

박 내용을 전달할 목적에서 하루에 2-3차례 직접 차를 몰고 로마 교황대사관을 방문하기 시작하였다.[71] 로마 교황대사관에서의 상황에 점차 괴이한 방식으로 대처하는 서면의 모습을 언론매체가 보도되었다. 이 같은 내용의 취재로 인해 한 TV 평론가가 다음과 같이 묘사하는 등 곳곳에서 비난이 폭주하였다.

군 지휘관의 행위 중에서 내가 지금까지 목격한 가장 야만적이고도 세련되지 못한 행위……이는 골목길에서 상대방을 향해 야유하는 어린 아이와 같은 행위다.[72]

파나마의 쿠바대사를 미군이 체포해 무장 차량으로 호송하는 모습을 언론매체가 전 세계로 보도하면서 미 행정부가 보다 곤혹스러워졌다. 그 후, 쿠바, 니카라과 그리고 리비아의 대사관을 출입하는 모든 차량들을 미군이 검문하는 모습이 보도되었다. 파나마시티에 있는 니카라과 대사관에 미군이 강제 진입하였으며, 자신과 자신의 참모들이 60여 명의 미군에 의해 대사관으로부터 강제 추방되었다[73]며 앤텐서 페리(Antensor Ferrey) 대사가 불만을 토로하였다. 미군이 총부리를 겨누고 있는 상태에서 바티칸 대사가 서있는 동안 미군 특수부대

---

71) *The Independent*, 30 December 1989. 다음을 또한 보시오. Jaco, S., 'Military to Journalists, Now Hear This', *Washington Journalism Review*, March 1990.
72) Laroque, G., (Director, Centre for Defence Information), statement, Washington, 30 December 1989. 다음을 또한 보시오. *The Times*, 27 December 1989;and editorial, *Sydney Morning Herald*, 27 December 1989.
73) *Sunday Times*, 28 December 1989. 다음을 또한 보시오. AFP. Reuters, Knight Ridder Services, 27 December 1989; *The Independent*, 23 December 1989; and *The Weekend Australian*, 30-31 December 1989.

가 대사의 차를 수색하는 모습이 전 세계로 방영되면서 미국은 보다 더 곤혹스런 상황이 되었다.74) 언론매체가 자유롭게 보도하게 되자, 지연(遲延) 전술이란 방식으로 노리에가가 당시의 침공을 조롱하는 모습뿐만 아니라 엔다라 정부가 허수아비 정권에 불과하다는 인상이 널리 전파되었다.

그러나 이 같은 보도는 총소리가 멈춘 이후, 즉 종전(終戰) 이후에 있게 될 상황을 잠시 보여준 것에 불과하였다.

몇몇 문제가 없지 않았지만 당시의 작전이 매우 성공적이었다고 펜타곤은 맨 처음 주장하였다. 당시의 작전은 제대로 시행되었으며, 미래의 저강도분쟁이 나아가야 할 방향을 보여주었다는 주장이었다. 그러나 "……미군을 중심으로 한 침략 세력들이 패배할 것으로 기대한 사람은 단 1명도 없었다."고 말하는 등 언론매체는 달리 생각하였다. 당시의 승리로 인해 "……미군의 계획이 최근에 작성된 것이 아님을 보여주는 몇몇 의문점"75)이 제기되었다고 언론은 말하였다.

조사가 진행되면서 비난이 보다 정교해지기 시작하였다. 초기 공격이 있은 지 2주도 되지 않은 시점, 한 언론매체는 400여 명의 민간인이 사망하고, 2,000여 명이 부상했다고 보도하였다. 13,000여 명의 파나마 인들이 추방되었으며, 5,000여 명이 집을 잃은 신세가 되었다. 그 결과 "……당시의 전쟁은 마약을 거래하는 독재자의 군사력을 무력화할 목적의 정밀공격이라기보다는 세계대전과 보다 유사한 형태의 투쟁이었다."76)고 언론매체는 기술하였다. 파나마의 미군이 1월

---

74) Associated Press Photo, *Canberra Times*, 29 December 1989.
75) *The Independent*, 2 January 1990.
76) Daniel, L., 'Too Many Innocents Die in Overkill', *Washington Post*, 30 December 1989, reprinted, *The Australian*, 2 January 1990.

중순에 발표한 공식 자료에 따르면, 23명의 미군이 손실된 반면 314명의 파나마 군인과 202명의 민간인이 사망하였다.77) 여기에 대해 CBS의 '60분 프로그램(60 Minutes program)'은 4,000명 이상의 민간인이 살상되었다고 즉각 반박하였다.78) 지속적으로 불만이 고조되자, 4월 엔다라 정부는 당시의 침공에서 사살된 125명의 시체가 매장되어 있던 공동묘지를 발굴하도록 하였다. 이들 모두는 시체를 담을 목적의 미군의 백에 담겨져 있었다. 미군의 침공을 조사할 목적의 진상조사위원회 소속의 이사벨 코로(Isabel Corro)는 이 같은 대규모 무덤이 8개 이상 있다고 주장하였다. 엔다라 정부는 민간인 사망자를 650명으로 산정했는데, 이는 이전의 공식 발표와 비교해 2배 이상 늘어난 수치였다.79)

그 후 몇 달 동안에는 상황이 보다 악화되었다. 1989년 12월의 침공에 관한 이미지는 "……이제 대규모 차원에서 수정되고 있는 허구와 다름이 없다."고 로스앤젤레스타임스(Los Angeles Times)는 주장하였다. 적군의 손실에 관한 펜타곤의 공식 입장은 최초 300여 명에서 50여 명으로 줄어들었다. 또한 노리에가의 사무실에서 발견되었다던 코카인은 운모(雲母) 가루임이 입증되었다. 그런데 이전의 조작된 형태의 뉴스를 전 세계 사람들이 액면 그대로 받아들인 바 있다. 당시의 침공 이후 대략 4개월이 지난 시점, 펜타곤은 전역(戰役) 수행 과정에서 미군이 대략 60회 정도 잘못 행동했음을 인정하였다. 마지막으로, 전투

---

77) Woodward, op. cit., p. 195.
78) Ibid.
79) AFP, 'Panama Exhumes US Massacre Victims', reprinted in The Australian, 30 April 1990. 다음을 또한 보시오. Cockburn, A., 'Beneath a Peak in Darien : The Conquest of Panama', Nation, 29 January 1990.

에서의 미군의 용맹성에 관한 보도가 의문시되었다.80) 하원 군사위원
회의 영향력 있는 요원인 페트리시아 슈레더(Patricia Schroeder)가 다음
과 같이 언급하는 등, 이 문제는 의회에서 논란이 되었다.

전투의 와중에서 여러분은 무언가 왜곡된 일이 벌어질 것으로 기대할
것입니다. 그러나 당시의 전쟁은 거의 공보 차원의 전쟁인 그러한 상
황이 되었습니다. 전쟁 당사국 모두가 자신들의 신뢰성을 깨는 방식으
로 행동하고 있습니다. 전반적인 것들이 보다 광기(狂氣)를 띠고 있습
니다.81)

펜타곤의 공보 대변인인 피트 윌리엄스(Pete Williams)는 군 또한 일
부 정확치 않은 내용을 유포할 수 있지만 고의적으로 오보(誤報 :
Misinformation)를 유포한 경우를 자신은 알고 있지 않다고 언급하였
다.82) 그러나 작전 초반 당시의 취재 규제가 언론이 진실을 보도하지
못하도록 할 목적의 것이란 생각을 보다 분명히 해주는 충분한 증거
가 있다. 당시 대중들은 전선(戰線)으로부터 나오는 군사적으로 통제
된 이미지로 인해 나름의 관점을 형성하고 있었다. 당시의 취재 규제
가 이 같은 대중의 관심을 거의 끌지 못하는 방식으로 이들 언론매
체가 행동하도록 할 목적의 것임을 보여주는 충분한 증거가 있다.83)

---

80) Jhel, D., & Broder, J., 'Facts Got in the Way of Panama Victory', *Los Angeles Times*, reprinted in the *Sydney Morning Herald*, 28 April 1990.

81) *Congressional Record*, April 1990. 다음을 또한 보시오. Press Conference., former Attorney General, Mr Ramsay Clarke, Panama City, 15 August 1990.

82) 'Facts Got in the Way of Panama Victory', op. cit. 다음을 또한 보시오. 'Pentagon Spokesman Speaks', *Editor and Publisher*, 6 April 1991.

83) Cooper, M., 'The Press and the Panama Invasion', *Nation*, 18 June 1990. 다음을

다음과 같이 시인할 당시 파월 합참의장은 이전의 전쟁에서 터득한 군사적 교훈을 반영하고 있었다.

우리의 언론 관련 조정은 당사자 모두를 격분케 하는 형태였습니다. 우리는 Press Pool이 파나마에서 취재하도록 한다는 측면에서 서서히 움직였습니다.……결과적으로 언론매체가 우리를 살아 있는 채로 잡아먹고자 하였는데, 여기에는 어느 정도 타당성이 있었습니다. 미래에는 우리가 훨씬 더 일을 잘 해야 할 것입니다.[84]

결론

나름의 강력한 증거가 있다는 점에서 보면, 파나마 간섭 당시는 먼저 언론매체의 취재를 배제하고, 그 후 언론매체의 활동을 봉쇄하기 위한 고의적인 결심이 있었음에 틀림이 없다. 당시의 사건에 대한 우드워드의 설명과 관련해 파월은 자신의 자서전에서 확인해주지 않았던 반면, 간단히 언급한 바 있다.[85] 그럼에도 불구하고, 언론매체의 취재 제한과 관련된 결심이 정치적으로 가장 높은 수준에서 이루어졌으며, 이 부분과 관련해 군이 동의했다는 점 그리고 '시들 보고서'

또한 보시오. Herstgaard, M,. 'How the News Media Let us Down in Panama', *Rolling Stone*, 8 March 1990; Cranberg, G., 'Behind the Invasion : A Flimsy Story and a Compliant Press', *Washington Journalism Review*, March 1990; and O'Sullivan, G., 'The Free Press, Every Military Should Own One', *Humanist*, May/June 1991.

84) Powell, op. cit., p. 413.
85) Ibid., p. 420.

의 권고 사항에도 불구하고 이 같은 일이 있었다는 점에는 의문의 여지가 없다. 당시의 작전에는 언론매체를 참여시킬 목적의 계획은 없었던 듯 보였다. 이는 작전 초반의 취약한 단계에서 매우 중요한 의미가 있는 국가 및 국제 사회의 여론을 통제할 목적의 언론매체 배제 및 봉쇄에 관한 보다 장기적 관점의 정책이 있었음을 보여주는 부분이다.

정치적 관점에서 보면, 브래디(Brady) 대장이 자랑한 바처럼 파나마에서 미군은 공보 측면에서 놀라운 수준의 성공을 거두었다. 또한 이 같은 엄격한 형태의 통제에 따른 이점에 군과 행정부 모두가 감사해하였음에 틀림이 없다. 언론매체에 대한 통제가 해제되어 이들 언론매체가 적정 기능을 수행할 수 있게 되었을 때만이 실패와 문제가 분명해졌다. 그러나 그 때에는 뉴스로서의 사건의 가치가 반감(半減)되어 있었다. 또한 다양한 부류의 대중들이 올바른 지식에 근거해 판단할 수 있는 기회가 이미 사라져버렸다.

1991년의 걸프전은 해당 지역에 제한된 수준의 언론매체가 존재해 있는 국가에서 거의 원정 형태로 수행된 제한된 분쟁이었다. 이 점에서 걸프전은 파나마의 경우와 유사하다. 이 같은 걸프전에서의 전투 도중 및 이후에서의 언론매체에 대한 통제와 앞의 모델을 비교해보면, 미군이 파나마에서의 교훈을 제대로 습득해 나름의 정책으로 신속히 적용했음이 분명해진다.

비밀이 아닌 사항 중에서 우리가 접할 수 있는 부분은 많지 않다. 이들 정보를 통해 우리는 당시의 계획 수립과 전개가 은밀한 가운데 이루어졌음을 그리고 전투 초반 며칠간의 정치적으로 취약한 시점에 언론매체의 취재가 고의적으로 배제되었음을 분명히 알게 된다. 해당 작전전구(Theater of Operation)에서의 활동이 허용되었을 당시, 언론매체는 작전보안에 필요한 수준을 훨씬 상회하는 형태의 엄격한 통제를 받았다. 국가 및 국제 사회의 지지를 확보하고자 노력하는 과정에서 노리에가를 악마로 표현할 목적으로 언론매체가 또한 이용되었다. 사건 접근 수단과 정보의 전달 수단을 군이 통제하고 있을 당시 억압되었던 부정적인 성격의 정보가 언론매체에 대한 규제가 해제되면서 발굴될 수 있었다. 그 결과 미국의 군과 행정부가 어느 정도 당혹해했는데, 이 점을 보여주는 증거가 있다.

이들 결론으로부터 그리고 그레나다 간섭에서 부상한 요인들에 근거해, 우리는 미래의 원정 성격의 제한된 분쟁에서 군과 정부가 언론매체를 다루는 방식에 관해 보다 많이 추론해볼 수 있게 된다. 이들에는 다음의 모든 요인은 아닐지라도 대부분이 포함될 것이며, 아마도 이들 요인이 순서대로 이행될 것이다. 이들 개개 요인은 분쟁 이전·도중 또는 이후에 언론매체에 영향을 끼칠 것이다.

향후에는 특정인을 악마로 묘사하는 현상이 목격될 것이다. 이는 다음과 같은 두 가지 이유 때문일 것이다. 첫째, 이는 본국에 직접 위협이 제기되지 않는 상황에서 '증오의 초점'을 모을 목적에서 일 것이다. 둘째, 분쟁 이후의 안정회복 과정에서 이용될 수 있다는 점으로 인해, 이는 반대 성격의 지도자 내지는 전반적으로 희생의 제물이 되었던 국민을 이들 악마와 분리해낼 목적일 것이다. 여기서는 제2차 세계대전 당시 안경을 착용한 무감각한 표정의 일본인과 같은 틀에 박힌 모습이 배제될 것이다.

악마화가 지속되는 동안, 은밀한 형태의 계획수립 과정이 시작될 것이다. 이 같은 계획은 타당성 있는 우발계획의 수준을 초월할 것이다. 사전 준비 성격의 정보, 특수 전력 그리고 효과적인 형태의 통신 자산이 여기에 동참할 것이다. 다음에 정보 또는 정치적 수단을 이용해, 공략하고자 하는 정권 내부에 혼란을 야기하게 될 것이다. 이는 공략 대상인 표적(標的)의 처치 곤란 부각에 초점을 맞춘 강력한 형태의 일련의 외교적 신호들에 의해 예견될 것이다. 일련의 외교적 신호와 더불어 제재 내지는 경제적 고립을 위한 프로그램이 있을 것이다. 그 후 우리는 엄격히 보안을 유지하는 가운데 압도적 수준의 전력이 갑자기 전개되거나 구축되는 현상을 목격하게 될 것이다. 이들 전력은 아마도 정보 거부와 기만의 방식으로 은폐될 것이다.

언론매체의 취재를 배제하는 정책 내지는 언론매체의 배치를 지연시키는 행위가 뒤따르게 될 것이다. 그런데 이는 작전 초반 몇 시간 동안 또는 며칠 동안 언론매체의 감독으로부터 해방될 목적의 것이다. 그 후 우리는 작전보안이란 개념에 근거해 그리고 표적(標的)이 본국으로부터 멀리 떨어져 있으며 고립되어 있다는 점뿐만 아니라 해당 지역의 언론매체 수준이 열악하다는 점에 근거해 언론매체를 가능한 한 가장 엄격한 방식으로 배제 및 통제하고자 하는 현상을 기대해볼 수 있다. 이 같은 사항과 더불어 사전 편집되었을 뿐더러 검열 받은 형태의 취재가 늘어나게 될 것이다. 이들 사전 편집된 또는 검열 받은 군 관련 취재가 승리에 관한 인상을 강화해줄 것인데, 정부기관들을 통해 모든 국가 및 국제 사회의 언론매체에 전달될 것이다.

마지막으로 우리는 국지적 차원의 정치 조직과 지역 집단을 통한, 그리고 몇몇 방식으로 도움을 받은 우방 국가들과 유엔을 통한 합법성 확보 관련 노력을 기대해볼 수 있다. 이는 외교적 성격의 로비, 정치적 유인(誘因) 또는 압력이란 방식으로 달성될 것이다. 또한 교전국가가 추구하는 목표를 지원하는 형태의 사전(事前) 정제된 자료를 제공해주고, 일부 선별된 인물에 대해 지속적으로 브리핑해주는 방식으로 국제 언론매체를 이용하게 될 것이다. 그 후, 공략 대상인 인적(人的) 표적이 제거되는 순간 안도감을 표명하는 주민들에게 공개적으로 구호 요원을 파견해 지원하게 되는데, 이들의 정서(情緒)는 영어로 기술된 플래카드에 적절히 표현될 것이다. 뒤를 이어 동맹군의 참여를 극구 찬양하고, 동맹국의 또는 지원해준 국가의 리더들이 기여한 부분을 인정할 목적의 국가원수 수준의 공식 방문이 있게 될 것이다.

파나마 전역 당시는 언론매체들이 정상적으로 활동할 수 있던 순간, 즉 승리에 관한 정의 및 공포(公布)된 시점이 있었다. 이는 파나마 전역(戰役)에서 목격된 일반적인 특성이었다. 그러나 개방적이고도 규제 받지 않는 형태의 언론매체가 존재함에 따른 위험을 군과 정부는 즉각 인지하였다. 이 같은 점에서 보면, 향후 언론매체에 대한 규제가 신속히 해제될 가능성은 높지 않다. 지리 및 정치적 요인에 따른 몇몇 변수와 일부 수정 사항을 제외하면, 앞에서 설정된 일반적인 모델이 널리 적용될 것으로 기대된다. 향후에도 변함없는 부분이 있는데, 이는 국민에게 정보를 제공해줌과 관련된 언론매체의 책임뿐만 아니라 국민의 알권리에 관해 입에 발린 말을 하는 한편, 언론매체를 최대한 배제 및 봉쇄할 목적에서 정부와 군이 비밀 성격의 의사일정(Agenda)을 유지할 것이란 점이다.

제8장

1991년의 걸프전 : 군의 득세

    지금까지의 사례 연구들을 놓고 보면, 세력 균형이 군에 그리고 점차 정치-군사적 연합에 유리한 방향으로 이동해갔음을 알게 된다. 결과적으로 제한된 분쟁(Limited Conflict)에서 언론매체를 통제하는 방향으로 세력균형이 이동해갔다.

    포클랜드 · 그레나다 및 파나마 전역(戰役 : Campaign)은 원정(遠征) 성격의 분쟁이란 공통점이 있다. 그 결과 운송, 취재 접근 및 통신 독점에 따른 이점을 군이 효과적으로 이용할 수 있었다. 그러나 이들 이점은 미국 및 영국 내부의 자유주의 이론가들에 의한 그 후의 불평불만뿐만 아니라 언론매체들이 제기한 강력한 항의로 인해 적절히 조정되어야만 하였다.

    언론매체의 불평불만으로 인해, 포클랜드와 그레나다 전역 이후에는 정부의 최고위 수준에서 청문회가 개최되었다. 영국 의회의 청문회에서 발언한 사람과 시들 보고서(Sidle Report)의 권고 사항을 작성한 사람들은 일반적으로 국민의 알권리를 지지하였다. '시들 보고서'에서는 언론매체와 군의 관계를 관리할 목적의 상호 협조 방안의 도입을 권고하였다. 대부분 이들 보고서는 언론매체가 우려하고 있던 부분을 완화해줄 목적의 것이었다. 그럼에도 불구하고, 언론매체와 군 간의 이들 협정은 이 같은 전역(戰役)이 일회용의 전개, 즉 결코 반복될 수 없는 상황에서 시행된 형태의 것이란 일반적인 관념을 반영하고 있었다.

1991년의 걸프전에서는 분쟁 지역이 미 본토로부터 멀리 떨어져 있었다는 점, 황폐한 지형이란 점으로 인해 원정 전역에 따른 이점을 제공해주는 상황이 재차 등장했는데, 이는 납득이 어려운 부분이었다. 물론 최근의 몇몇 분쟁과 비교해보면 이 같은 이점의 정도는 크지 않았다. 언론매체에 보다 많은 자유를 보장해주고 언론매체와 보다 많이 협조해야 한다고 군과 정부는 공공연히 말하고 있다. 그러나 걸프전에서의 경험과 증거에 따르면, 언론매체를 보다 철저히 통제함이 자신들에게 도움이 된다는 점을 군과 정치가들이 확실히 이해했을 뿐더러 수용했음을 알게 된다.

쿠웨이트로부터 사담 후세인(Saddam Hussein)을 몰아낸 미군 중심의 유엔 원정군들의 계획수립, 지휘, 병참 및 시행은 일대 걸작품이었다. 당시의 분쟁은 엄격히 제한된 지리적 범주 안에서 제한된 무기를 이용해 수행되었다. 이 점에서 당시의 분쟁은 제한된 분쟁에 관한 예전의 정의를 보여주는 고전적인 사례다. 걸프전은 또한 교전국가들 간에 지속적으로 막후에서 협상이 진행되던 경우였다. 그런데 이들 협상에는 유엔, 다양한 형태의 종교 및 지역 집단, 그리고 개인적 차원의 외교적 노력이 관여되어 있었다. 언론매체의 관점에서 보면, 당시의 분쟁은 원정 성격의 전역(戰役)으로 분류될 수 있다. 당시의 전역은 열악한 지형과 악천후 아래 그리고 지원 성격의 기반구조가 거의 없는 지역에서 수행되었다. 걸프 지역에서의 전력증강 단계에서 그리고 실제 전투의 개개 단계에서 연합군은 언론의 독자적인 취재를 최소화할 목적으로 이들 이점을 이용하였다.

걸프전에서 목격되는 또 다른 요인은 연합군의 입장에서 보면, 당시의 전쟁이 정규 및 자원(自願) 성격의 국가방위군과 예비군만을 사용하는 등 강제 징집된 병사가 사용되지 않은 가운데 수행되었다는 점이다. 이 같은 점으로 인해 사상자에 대한 국민의 우려를 불식시키고, 야전에서의 탈영을 최소화할 수 있었다. 그런데 후자는 자신의 의지와 무관하게 강제 징집된 병사들에게서 예견될 수 있는 형태의 것이었다.[1]

오보(誤報 : Misinformation)를 의도적으로 사용한 것은 아니지만, 언론매체를 교묘히 이용하고자 노력했음을 보여주는 증거가 또한 없지 않다. 오스트레일리아의 경우를 보면, 언론매체를 다루는 방식이란 측면에서 우스꽝스런 모습이 없지 않았다. 또한, 정치적 이유로 인해 언론매체의 취재를 배제 및 봉쇄한 측면도 있었다. 국가 및 국제 사회의 여론을 조성하고, 유엔의 지지를 받는 형태의 합법성을 확보할 목적에서 미국 정부는 언론매체를 이용하고자 노력하였다. 그 결과

---

1) Watson, B., *Military Lessons of the Gulf War*, Greenhill Books, California, 1991. 다음을 또한 보시오. Brenner, E., & Harwood, W., *Desert Storm : Weapons of War*, Fontana, London, 1991 (chap. 2, 'Manpower and Materiel'). 그러나 사상자에 대한 우려가 있었다. 또한 이들이 부상당할 수 있다는 이유도 있었다. 'Declare war or come home'. In *The March to War*, J. Ridgeway (ed.), Four Walls Eight Windows, New York, 1991, p. 127-9 (Reprinted from Mercury News (San Jose), 24 October 1990).

걸프전에서는 그레나다·포클랜드 및 파나마 전역에서와 동일한 유형이 목격되었다.

걸프전 이후 5년 뒤에는 군과 정부가 언론매체를 교묘한 방식으로 이용했다는 구체적인 증거가 나타나기 시작하였다. 주요 전투 중에서 전혀 보도되지 않은 경우가 있었으며, 이라크군의 수준이 당시 제기되었던 것의 절반 이하였다는 점, 당시의 전쟁과 관련해 언론매체에서 크게 부각되었던 첨단 무기의 성공 정도가 과장되었다는 점, 등의 주장이 제기되고 있다.[2]

서구 민주주의 국가에서 예전에 경험한 바 없는 수준으로 언론매체가 관리되고 교묘한 방식으로 이용되었음을 보여주는 강력한 증거가 나타나고 있는데, 이는 보다 중요한 사실이다.

걸프전에서는 새로운 요인, 즉 전쟁 당사국 모두가 외교적 차원에서의 의사전달과 정보 수집을 위한 창구(窓口)로 언론매체를 이용했다는 점이 또한 목격되었다. 인류 최초로 해리슨 솔즈베리(Harrison Salisbury)가 적국(敵國)의 수도인 하노이에서 베트남전쟁을 보도하고자 노력한 이후, 걸프전에서는 피터 아넷(Peter Arnett)과 같은 기자들이 전선(戰線) 너머에서 전쟁에 관해 보도하는 모습이 목격되었다. 그런데 아넷은 이념 내지는 정치적으로 어느 곳에도 편향되어 있지 않았다. 또한 방송 매체들은 포클랜드 전역을 무색케 하는 수준으로 전문 해설위원들을 대거 활용하였다.

오스트레일리아의 경우를 보면, 해설위원과 국가적 수준의 방송인들을 겨냥해 전례 없는 수준의 정치적 공세가 전개되었는데, 이는 이들이 연합국에 반하는 형태의 성향을 견지하고 있다는 주장 때문이

---

2) 예를 들면 다음을 참조하시오. *New York Times Weekly Review*, 14 July 1996.

었다. 또한 서구사회는 사담 후세인을 악마로 만들기 위한 노력을 목격하였다.

보안 분류의 문제, 특히 사이버전쟁이란 애매한 부분으로 인해, 걸프전과 관련해서는 아직도 밝혀지지 않은 부분이 많이 남아 있는 듯 보인다. 파나마에서 언론매체의 취재를 고의적으로 배제함과 관련된 진실이 그 후 2년 뒤에 밝혀진 바와 마찬가지로, 걸프전에서의 전쟁수행과 언론매체 관련 정책의 이면(裏面)에 숨겨져 있는 진실이 밝혀지려면 수년의 기간이 소요될 것이다.3) 후세인이 쿠웨이트를 침공할 것이란 정보 부서의 보고를 미국과 영국은 지속적으로 간과하였다. 또한 이들 국가는 쿠웨이트 침공 이후 후세인이 사우디아라비아를 공격할 것으로 세상 사람들이 믿게 하였는데, 이는 사실이 아닌 듯 보였다. 미국과 영국이 왜 이처럼 행동했는지는 언론매체의 관점에서 보면 또 다른 의문 사항이다.

무엇보다도, 미군은 언론매체에 의한 감시를 연합군에 도움이 되는 방향으로 봉쇄 및 최소화할 목적의 제대로 개발된 언론매체 정책을 구비한 채 당시의 분쟁에 참전하였다. 이 같은 정책에 대응해 언론매체는 전혀 반응하지 못했으며, 취재 규제에 관한 군의 사전 준비된 듯한 정책에 순응하였다. 언론매체 통제에 따른 효과를 해크워스(Hackworth)는 다음과 같이 표현하였다.

언론매체가 국방 관련 이야기를 제대로 취재하지 못하고 있는 모습을

---

3) Woodward, B., *The Commanders*, Simon & Schuster, New York, 1991, p. 178; and Salinger, P., *Secret Dossier : The Hidden Agenda Behind the War*, Penguin, New York, 1991. 다음을 또한 보시오. Chapter 8, 'Panama : A Deliberate Policy of Exclusion'.

보며 가슴이 답답해짐을 느낍니다.……공보 장교들이 하는 모든 일은 자군에 관해 기만하고 자군이 하는 일을 과장하는 것입니다. 그 과정에서 수천 명의 인력이 동원되었으며, 납세자들이 낸 수억 달러의 세금이 사용되었습니다.4)

본 사례 연구에서 우리는 언론매체 활동의 원천 봉쇄에 관한 이 같은 정책에 따른 그리고 기밀 등의 바람직하지 못한 부분이 삭제된 취재에 따른 정치 및 군사적 이점을 살펴볼 것이다. 오스트레일리아의 TV 매체는 당시의 전쟁에서 오직 1명의 미군이 전사했다고 보도하였다.5) 그레나다와 파나마 전쟁 이후 그러했던 바처럼, 미국의 기자들은 군의 언론매체 정책과 관련된 사안을 정부에 제기하였다.

서구 군대의 많은 사람들은 베트남전쟁에서의 미군의 패배가 많은 부분 언론 때문이라고 생각하고 있다. 이 같은 언론의 문제점으로 생각되던 부분을 군은 걸프전에서 해결하였다. 걸프전에서의 미군의 경험은 제한전 시대에서의 언론매체와 군의 관계란 측면에서 새로운 유형이 되고 있다. 이 같은 걸프전에서의 미군의 경험을 서구 군대가 곧바로 수용할 것이란 우려가 제기되고 있다.

걸프전에서 군이 언론매체를 다룬 방식은 이 같은 부상(浮上)하는 유형의 전형적인 경우다. 당시 군은 보안을 철저히 유지하는 가운데 계획을 수립하였다. 그 후 전쟁 당사국 모두는 전쟁 목표를 추구하는 과정에서 언론매체를 교묘히 이용할 목적에서 배제·기만 및 오보(誤

---

4) Quoted by Maitre, H. Joachim, 'Taking Issue', *Defense media Review*, July/August 1996, p. 12.
5) Author's survey of the ABC TV (Australia) and Australian Commercial Networks, 16 January-1 March 1991.

報)란 개념을 활용하였다. 연합국에 가담한 서구 국가들은 사담을 악마로 만드는 과정에서 언론매체를 이용하였다. 이들은 여론의 지지를 확보하고, 국제적으로 자신들의 행위를 정당화할 목적에서 부정적인 이미지(사담을 악마에 비유)를 이용하였다. 전역(戰役) 수행 당시 이들은 언론매체를 철저히 규제하였다. 걸프전 이후, 이들 규제는 불만의 대상이었다. 이들 규제와 관련해, 군과 정부는 보다 적합한 형태의 상호 협조적인 협정을 통해 해결할 것이라고 답변하였다. 그런데 예전에도 군은 이처럼 답변한 바 있다. 그 후 군과 정부는 당시 전역(戰役)의 많은 부분에 대한 수정 작업에 들어갔다. 이는 걸프전 당시 군이 기만과 오보(誤報)란 개념을 사용했음을 보여주는 부분이다.

전역(戰役)의 배경

쿠웨이트는 걸프만의 북쪽 끝에 그리고 이라크의 남쪽 지역에 위치해 있다. 쿠웨이트 국민은 보다 강력한 이웃들로부터 위협을 받으며 생활해왔다. 특히 오랜 기간 동안, 이라크는 쿠웨이트에 대한 권리를 주장해왔다. 1937년과 1961년, 이라크는 쿠웨이트에 침략을 위협하였다. 이들 위협은 영국군의 전개로 인해 좌절되었다. 그럼에도 불구하고, 쿠웨이트 합병은 이라크의 뇌리에서 사라지지 않는 숙제였다. 1973년, 이라크는 쿠웨이트에 대해 또 다른 시도를 모색하였다. 당시 이라크의 시도는 국제사회의 여론과 사우디아라비아의 강력한 군사적 대응으로 인해 좌절되었다. 많은 문제를 안고 있던 사담의 입장에서 보면, 쿠웨이트에 대한 이라크의 권리 주장은 이라크 국민의 관심을 외부로 돌리기 위한 이상적(理想的)인 사안이었다. 1978년, 이라크는 샤트알아랍(Shatt al-Arab)으로 접근하는 경로에 해당하는 부비얀(Bubiyan) 주변의 섬들에 대한 소유권을 주장하였다. 그러나 이들 주장은 1980-88년 당시의 이란과의 전쟁이란 보다 절박한 사안들로 인해 잠시 유보되었다.6)

1990년 초반, 이라크는 쿠웨이트에 재차 관심을 표명하였다. 후세인은 석유수출국기구(OPEC)의 유가 인상을 촉구하였다. 또한 그는 루마일라(Rumaila) 유정(油井)으로부터 비합법적인 방식으로 뽑아간 것으로 생각되던 원유와 관련해 대략 24억 달러를 보상하라고 쿠웨이트에 요구하였다.7)

---

6) 쿠웨이트와 이라크의 출현에 관한 역사적 배경을 보다 상세히 알고자 하면 다음을 참조하시오. Cohen, S., *British Policy in Mesopotamia 1903-1914*, Ithaca Press, London, 1976; Abbas Kelidar, *The Integration of Modern Iraq*, Croom Helm, London, 1979; Mansfield, P., *Kuwait : Vanguard of the Gulf*, Hutchinson, London, 1990; Mechjer, H., *Imperial Quest for Oil : Iraq 1910-1928*, Ithaca Press, London, 1976; Hassan Quaid, *A History of Kuwait*, Dar Asharq Doha Quatar, 1990; Hassan Shabr, *Political Parties in Iraq from 1908-1958*, Dar Al Turath Al Arabi, Beirut, 1989; Trevelyn, H., *The Middle East in Revolution*, Macmillan, London, 1970; Dilip Hiro, *The Longest War*, Grafton Press, London, 1989;Devlin, J., *The Ba'athist Party : A History from its Origins in 1966*, Stanford University Press, Palo Alto, Calif., 1976; and Iskander Amir, *Saddam Hussein : The Fighter, The Thinker and the Man*, Hachette, Paris, 1980.
7) Freedman, L., & Karsh, E., *The Gulf Conflict*, Faber & Faber, London, 1994, p.48; Hilsman, R., *George Bush vs. Saddam Hussein*, Lyford Books, Navato, California, 1992, p.41; Pimlott, J., 'The Gulf Crisis and World Politics', in Pimlott, J., & Badsey, S. (eds), *The Gulf War Assessed*, Arms & Armour, London, 1992, p. 35-36. 다음의 책에는 사담이 24억 달러를 요구했다고 보도되어 있다. Darwish, A., & Alexander, G., *Unholy Babylon : The Secret History of Saddam's War*, Gollancz. London, 1991, (see p. 262). 그러나 Darwish & Alexander는 또한 사담이 270억 달러를 요구했다고 보도하였다.(p. 254 참조).

이라크

경제적 논리 외에 사담은 힘의 논리에 근거해 말하고 있었다. 백만에 달하던 그의 군사력은 중동 지역에서 가장 방대하고, 가장 전투경험이 많으며, 가장 숙련된 형태의 재래식 전력이었다. 이라크가 보유하고 있던 첨단 과학기술 무기의 95% 정도는 프랑스, 미국, 서독, 이집트, 브라질 그리고 칠레가 제공한 것이었다.8) 더욱이 이라크는 가공할만한 수준의 화학무기를 보유하고 있었다. 또한 이라크가 생물무기를 보유하고 있다는 주장이 제기되었다. 이외에도 그리고 아마도 가장 중요한 부분이지만, 이라크는 핵무기 프로그램에 착수했는데, 모리스(Morris)에 따르면 이 같은 프로그램으로 인해 "……이라크가

---

8) *IISS Military Balance 1989*. 다음을 또한 보시오 Darwish & Alexander, op. cit., p. xv; and *Sydney Morning Herald*, 26 January 1991.

이스라엘에 버금가는 수준의 핵무기를 보유하게 될 상황이었다.'[9]

또한 사담은 살라딘(Saladin)과 나세르(Nasser)의 계승자뿐만 아니라 아랍 세계의 리더의 입장에서 말하였다. 이라크 대통령인 사담은 이란의 이슬람 근본주의자들에 의한 위협에 대항해 중도주의 성격의 아랍 국가들을 보호하는 인물로 자신을 생각했으며, 주변 국가들도 이처럼 인식하였다. 이처럼 자신들을 보호해주고 있다는 점을 인지해, 이란과의 전쟁 이후 국가를 재건하고 있던 이라크를 부유한 걸프 지역 국가들이 경제적으로 지원해주어야 한다고 그는 생각하였다. 이란-이라크 전쟁 당시 이들 국가가 전적으로 전비(戰費)를 지원한 바 있다는 점에도 불구하고, 상황은 그러하였다.

또 다른 차원에서 보면, 사담은 미국과 소련이란 초강대국 간의 경쟁이 사라짐으로 인해 야기된 지역의 권력 공백을 메워주는 인물로 자신을 생각하였다. 수년에 걸친 이란과의 전쟁 이후, 이라크 국민은 국가적 차원에서의 구심점뿐만 아니라 외부로의 관심 전환이 필요했는데, 이는 가장 중요한 부분이었다. 이처럼 쿠웨이트 합병은 이라크 국민의 관심을 외부로 돌리기 위한 방안에 해당하였다.[10]

이라크의 전쟁 준비는 이라크가 이라크-쿠웨이트 국경에 군사력을

---

9) Bulloch, J., & Morris, H., *Saddam's War : The Origins of the Kuwait Conflict and the International Response*, Faber & Faber, London, 1991, p. 17. 다음을 또한 보시오. *Weekend Australian*, 22-23 December 1990; and *Sydney Morning Herald*, 1 October 1990.

10) 당시 아랍세계의 정치에 관해, 특히 자신의 역할에 관한 사담의 평가에 관해 보다 상세히 알고자 하면 다음을 참조하시오. Bulloch, J., & Morris, H., op. cit. 다음을 또한 보시오. Sciolino, E., *The Outlaw State : Saddam Hussein's Quest for Power*, Wiley, New York, 1992; and *Financial Review*, 21 January 1991.

전개한 1990년 6월 말과 7월 초에 시작되었다. 이들 군사력 전개는 엘리트 공화국수비대 소속의 함무라비 사단을 중심으로 시작되었다. 인공위성을 이용해 미국은 이들의 이동을 샅샅이 파악하였다. 7월 중순에는 일선의 3개 기갑 사단 소속의 35,000명 이상의 병력이 이라크-쿠웨이트 국경으로부터 16에서 50킬로미터 정도 떨어진 지역으로 이동하였다. 그러나 이들 이동에 상응하는 통신의 폭주(暴注), 탄약 비축 및 군수 지원뿐만 아니라 이란과의 전쟁에서 이라크가 보여준 소련 유형의 면밀한 형태의 전쟁 연습은 있지 않았다.[11] 결과적으로, 미국의 정보집단은 이라크의 쿠웨이트 침공이 임박한 것으로 생각하지 않았다. 미 CIA 국장 윌리엄 웹스터(William Webster)는 이들 행위를 "……원유 가격을 올릴 목적의 그리고 이라크가 제기한 또 다른 요구 사항을 달성할 목적의 요란스런 움직임에 불과하다."[12]며 이라크의 쿠웨이트 침공 가능성을 일축하였다.

언론매체와의 오찬석상에서 1990년 7월 19일, 미 국방장관 딕 체니(Dick Cheney)는 "……미국의 이익을 위협하는 행위 내지는 걸프 지역의 미국의 우방국을 위협하는 모든 행위"를 심각하게 간주할 것이라고 언급하였다.[13] 이 같은 발언을 제외하면, 미국은 사담이 쿠웨이트를 침공할 의사가 없으며, 적어도 쿠웨이트 전체를 침공할 의도가 없다는 이라크 주재 미국 대사인 에이프릴 글래스피(April Glaspie)에게 전달된 이라크의 발언을 수용하고 있는 듯 보였다.[14] 이 경우에서

---

11) Woodward, op. cit., p. 210. 다음을 또한 보시오. Friedman, N., *Desert Victory : The War for Kuwait*, Naval Institute Press, Annapolis, 1991/
12) Darwish & Alexander, op. cit., p. 265.
13) Woodward, op. cir., p. 210.
14) Darwish and Alexander, op. cit,. p. 268-9; Hilsman, op. cit., p. 43. 다음을 또한 보시오. the transcript of the meeting between Ambassador Glaspie and Saddam

조차 미국은 경계를 늦추지 않았다. 합동 훈련을 목적으로 걸프 지역에 약간의 해군력을 파견하는 방식으로 미국은 체니의 경고에 힘을 실어주었다. 미국은 또한 24시간 공중 초계를 지원해주는 공중 급유기와 관련된 아랍 에미리트(United Arab Emirate) 공화국의 요청을 수용하였다. 이들 결심은 외교적 차원에서의 신호로 생각되었다.

그러나 7월말, 헬리콥터 공격군이 추가 배치되었다는 보도와 더불어 이라크의 전력이 10만 이상 증강되었다. 펜타곤의 일부 사람들에게는 통신 규모 내지는 지휘 및 군수 지원의 증강이 없는 상태에서의 이 같은 수적(數的) 증강이 아직도 허세로 보였다. 7월 24일, 미 합참의장 파월은 플로리다에 기지를 두고 있던 미 중부사령부(Central Command)의 사령관인 노만 슈워츠코프(Norman Schwarzkopf) 대장에게 대응 전력의 전개와 관련된 작전계획 90-1002를 검토해보라고 지시하였다.

이 계획에서는 30일 이내에 F-15기와 공정부대를 주축으로 하는 10만 인력의 파견을 요구하고 있었다.[15] 또한 파월 대장은 2중의 반응을 요구하였다. 이들 중 하나는 다양한 보복 계획을 포함하는 형태인 반면 나머지 하나는 사담의 행위를 저지시키고 지역을 방어할 목적의 것이었다.[16]

당시의 전역(戰役) 수행, 연합군의 개입 그리고 사용된 전술이 무엇인지는 이 장(章)의 범주를 벗어난다. 그러나 1990년 8월 2일 이른 아침, 사담의 군사력은 거의 저항이 없는 가운데 국경을 넘어 5시간 만

Hussein of 25 July 1990, in Ridgeway, op. cit., p. 50-3.
15) Woodward, op. cit., p. 217-9.
16) Powell, op. cit, p. 460.

에 쿠웨이트를 점령하였다. 당시의 침공을 미국은 즉각 비난하였다.

당시의 분쟁과 관련해 미국은 사우디아라비아가 자국을 초청해주기를 기대하였다. 그러나 사우디아라비아는 미국을 선뜻 초청하고자 하지 않았다. 사우디아라비아로부터 마음에 내키지 않는 초청(사우디아라비아는 미국의 초청을 달가워하지 않았음)을 확보한 이후, 미국은 중부사령관 슈워츠코프를 중심으로 40만에 달하는 연합군, 특히 미군 중심의 전력을 구축하기 시작하였다. 이라크는 서구인을 인질로 붙잡았으며, 이란과의 모든 이견을 해소하였다. 후자로 인해 이라크는 미군을 중심으로 한 연합군과의 남부 지역에서의 전투에 대비해 이란-이라크 국경으로부터 병력을 전용(轉用)할 수 있게 되었다. 그 후 이라크는 유엔의 경제 제재를 기다리며 자신 있게 준비하였다.

그러나 미국 중심의 다국적군은 행위에 전념하였다. 11월 29일, 유엔 안전보장이사회 결의안 678(1990년)에서는 이라크군의 최종 철수 시한으로 1991년 1월 15일을 설정하였다. 준비 과정에서 몇몇 문제가 있은 이후인 1월 17일, '사막의 방패(Desert Shield)'란 명칭의 미국의 전력증강 프로그램은 '사막의 폭풍(Desert Storm)' 작전으로 바뀌었다.

'사막의 폭풍' 작전 당시, 다국적군은 이라크 내부에 위치해 있던 표적들을 항공력을 이용해 공격하였다. 당시의 항공전(航空戰)은 결정적인 형태의 것이었다. 이라크의 방공 및 지휘통제체계에 컴퓨터바이러스를 투입했다는 점으로 인해 당시의 작전이 조금은 도움 받은 것으로 생각된다.17) 그런데, 당시의 컴퓨터바이러스 투입과 관련해 아

---

17) 역자주 : 1991년의 걸프전 당시 이라크의 방공망을 무력화시킬 목적에서 컴퓨터바이러스가 사용되었다는 이야기는 만우절(萬愚節)에 벌어진 에피소드임. 이것과 관련된 자세한 내용을 알고자 하면 다음을 참조하시오. Dorothy E. Denning, "Information Warfare and Security", Addison Wesley, 1999년, pp. 5-6.

직까지 어느 누구도 인정하지 않고 있는 실정이다.[18] 연합군이 전파 방해 능력을 보유하고 있었다는 점과 더불어 이라크군의 컴퓨터가 마비되면서 연합군의 항공력은 이라크를 30여 일 동안 공격할 수 있었다. 완벽한 형태의 공중우세(空中優勢 : Air Superiority)가 확보되자 연합군 지상군은 거의 인명 손실이 없는 가운데 이라크군을 패주시키기 시작하였다. 이라크의 대부분 전력이 쿠웨이트로부터 철수하고, 사담이 이라크를 통치하도록 내버려두기로 결심한 이후가 되어서야 이 같은 추격은 중단되었다.[19]

언론매체의 이용

미국이 추구하는 바를 위장할 목적으로 당시의 전쟁에서 언론매체

---

18) US News & World Report Staff, *Triumph Without Victory : The Unreported History of the Persian Gulf War*, Times Books/Random House, New York, 1992, p.224-5.
19) 당시 전투의 전력구축과 수행에 관해 그리고 당시 작전의 이 같은 모습을 구성해준 새로운 과학기술에 관해 보다 상세히 알고자 하면 다음을 보시오. Morris, M., *H. Norman Schwarzkopf : Road to Triumph*, Pan Books, London, 1991; Brennan, E., & Harwood, S., *Desert Storm : The Weapons of War*, Fontana, London, 1991; and Ball, D., *The Intelligence War in the Gulf*, SDSC, Canberra, 1991. 다음을 또한 보시오. Rochlin, G., & Demchak, C., 'The Gulf War : Technological and Organizational Implications', *Survival*, vol. xxxiii, May/June 1991; Friedman, op. cit.; Dunnigan, J., & Bay, A., *From Shield to Storm : High-Tech Weapons, Military Strategy and Coalition Warfare in the Persian Gulf*, Morrow, New York, 1991; Mason, R., 'The Air War in the Gulf', Survival, May/June 1991; Hiro, D,. *Desert Shield to Desert Storm : The Second Gulf War*, Paladin, London, 1992; and Morrison, D., *Television and the Gulf War*, John Libbey, London, 1992.

가 사용되었음은 분명한 사실이다. 이라크가 쿠웨이트를 침공한 직후, 미국 대통령 조지 부시(George Bush)는 군사적 상황을 논의할 목적에서 파월 대장과 회동하였다. 파월과의 논의 도중 부시는 언론 집단(Press Pool)과 대화할 목적에서 밖으로 나갔다. 우드워드(Woodward)에 따르면 파병(派兵)을 구상하고 있는지에 관한 기자의 질문에 부시는 "파병을 고려하고 있지 않습니다."[20]고 답변하였다. 그러나 당시의 기자회견 직전, 부시는 항공력을 이용한 제한된 공격 내지는 작전계획 90-1002에 따른 완전 간섭을 목적으로 하는 전개계획의 이행에 관해 파월과 슈워츠코프로부터 브리핑을 받은 바 있었다. 사실, 항공력을 이용한 공격계획 측면에서 식별된 전력들이 이미 준비상태(Alert Status)로 격상되어 있었다. 또한 미국 대통령 부시는 사담 정권을 불안정 상태로 몰아넣을 목적의 은밀한 작전을 시작하라고 CIA에 지시하였다.[21]

유엔이 이라크의 침입을 비난했다는 점으로 인해 미국은 이라크에 대한 간섭과 관련해 합법성을 주장할 수 있는 입장에 있었다. 이 같은 합법성 확보로 인해 미국은 자신들이 원유 보호정책만을 추구하고 있다는 비난을 모면할 수 있을 것으로 생각하였다. 이라크에 대한 간섭을 합법화하기 위한 첫 번째 단계로, 부시 대통령은 '노골적인 이라크의 침략'으로부터 자신들을 보호해달라며, 사우디아라비아가 미국에 간청했다고 선언하였다.[22] 이 같은 부시의 발언은 백악관과 펜타곤의 정보망 그리고 유엔정보국을 통해 국제사회 곳곳으로 전파

---

20) Woodward, op. cit,. p. 225.
21) Ibid., p. 227. 다음을 또한 보시오. Powell, op. cit., p. 461-8.
22) Presidential Statement, Washington, 16 October 1990.

되었다. 그러나 우드워드는 다음과 같이 말하고 있다.

이 같은 위협이 있어 보이지 않았다. 이라크의 사우디아라비아 공격에
관한 모든 논의에서는 이 같은 가능성이 보이지 않았다. 쿠웨이트를
점령한 이후, 이라크의 전개는 전적으로 방어적 형태를 띠었다. 또한
사우디아라비아를 향해 이라크 군이 이동하고 있다던 널리 인용되던
보도 또한 전선(戰線)으로부터 전력을 빼어 방어선을 구축할 목적의
것이었음이 분명해졌다. 모든 정황을 놓고 볼 때, 이라크의 사우디아
라비아 침공 가능성에 관한 모든 언급은 전적으로 선전(宣傳) 책동과
다름이 없었다.23)

여기서 한 걸음 더 나아가 알렉산더(Alexander)는 그 후 미국의 관
리들이 다음의 사항을 인정했다고 주장하였다. "사담이 사우디아라비
아를 침공할 것임을 보여주는 증거는 전혀 없다. 사실 미국의 조치는
사우디아라비아의 유정(油井)을 겨냥하고 있던 미사일을 이용해 사담
이 아랍의 원유 정책과 원유 가격을 좌우하지 못하도록 할 목적의
것이었다."24) 분명히 말하지만, CIA가 촬영한 사진은 사우디아라비
아의 유정(油井)으로 진격해 들어가고자 이라크 군이 노력하고 있다
는 징후를 보여주지 않았다.25) 우드워드에 따르면, 사우디아라비아
방위와 관련된 모든 논의에도 불구하고, 연합군의 전력증강이 사담의
제거를 겨냥하고 있음이 분명하였다.26) 부시가 강구하고 있던 보다

---

23) Woodward, op. cit., p. 169-70.
24) Darwish, A., & Alexander, G., op. cit., p. 286.
25) US News & World Report Staff, op. cit., p. 150.
26) Woodward, op. cit., p. 161.

폭넓은 유형의 경제 및 전략적 고려는 사우디아라비아 방위란 개념을 초월하는 형태의 것이었는데, 이 점을 파월 또한 확인하였다. 그는 CIA 국장인 웹스터로부터 다음과 같이 들은 바 있다.

이라크 군이 사우디아라비아 국경으로부터 1마일 떨어진 지역에 위치해 있다. 현재 위치에 머물러 있으면, 사담은 지구상 원유 매장량의 20%를 점유하게 될 것이다. 몇 마일을 더 진격하면 그는 또 다른 20%를 점유할 수 있을 것이다. 그는 쿠웨이트의 항구를 이용해 바다로 쉽게 접근하게 될 것이다. 요르단과 예멘이 사담에 기울어질 것이며, 사담은 여타 국가들에게 자신의 의지를 강요할 수 있는 입장이 될 것이다. 아랍 국가들이 석유 거래를 중단할 것으로 예견된다. 이란이 이라크의 뜻에 따라 움직이고, 이스라엘이 위협받게 될 것이다.27)

사우디아라비아 방위(防衛)에서 쿠웨이트 해방으로의 추구하는 목표 측면에서의 일대 전환은 공세적 능력을 구비한 수준으로 미군 전력이 증강됨과 거의 동시에 이루어졌다. 정보 출처에 따르면 쿠웨이트로부터 이라크를 몰아낸다는 결심은 8월 5일에 이미 있었다. 그런데 당시는 사우디아라비아 방위를 위한 미국의 초대란 문제를 논의할 목적에서 체니 미 국방장관과 사우디아라비아의 파드(Fahd) 왕이 회합하기 이틀 전의 시점이었다.28) 당시 미국 정부는 이라크가 정예 공화국수비대를 쿠웨이트로부터 철수시키고 있다는 내용의 슈워츠코

---

27) Powell, op. cit., p. 463.
28) Smith, J., *George Bush's War*, Holt, 1992, cited in Draper, T., 'The True History of the Gulf War', *New York Review of Books*, 30 January 1992,p. 40.

프 대장이 서명한 비밀문서를 받아보았다.29) 이 같은 점에도 불구하고 상황은 이처럼 진행되었다.

8월 2일에 통과된 유엔 결의안을 준수해 철수하라는 유엔의 요구를 이라크가 거부한 1월 말, 미국의 목표가 재차 변경되었다. 이번에 부시는 다음과 같이 주장하였다. "……최종 목표가 이제 가시화되고 있다. 이는 사담 정권을 붕괴시키고 사담을 생포하는 것이다."30) 미국의 전쟁 목표를 이처럼 확대했다는 점에 관한 공식 발표는 있지 않았다. 이 같은 변화는 미국과 다국적군에 가담한 28개국의 국민들에게 언론을 통해 점진적인 방식으로 전달되었다. 우드워드에 따르면 미 행정부는 사우디아라비아 방위 준비에 17주가 그리고 완벽한 공세능력 구비에 8개월에서 12개월이 소요된다는 점을 잘 알고 있었다. "……그러나 어느 누구도 미국이 이 같은 길로 나아가고 있음을 암시조차 하지 않았다."31)

언론매체를 보다 난해하지 않은 형태로 활용한 행위가 '사막의 방패'란 명칭의 전력증강 단계에서 있었다. 당시 미 해병대에 의한 주요 상륙이 있을 것으로 언론은 보도하였다. 그러나 나중에 밝혀졌지만 이는 의도적인 형태의 기만과 다름이 없었다. 모리스(Morris)는 다음과 같이 말하고 있다.

슈워츠코프는 자신이 추구하는 대의에 언론매체가 도움이 될 수 있음

---

29) US News & World Report Staff, op. cit., p. ix.
30) *The Australian*, 25 January 1991. 다음을 또한 보시오. *The Age* (Melbourne), 28 February 1991. For the full text of the UN Resolutions, see USIS Wireless File, ssF504, February 1991.
31) Woodward, op. cit., p. 280.

을 인지하였다. 그는 Media Pool이 해병대에 의한 상륙공격 연습을 폭넓게 취재하도록 하였다. 군을 담당하던 언론매체 요원들은 곧바로 있을 것으로 예상되던 미 해병대의 쿠웨이트 공격과 관련해 다양한 TV 네트워크를 통해 장시간 동안 논의 및 추정했는데, 이는 이미 예견된 일이었다.32)

이들 언론이 추정한 부분을 미국 정부와 군이 수정하지 않았다는 점이 미국과 미국의 동맹국들에 도움이 되었다. 이는 일종의 수동적 기만(Passive Deception)에 해당하였다. 이 같은 역할로서의 언론매체의 이용에 관해 질문했던 기자들과의 브리핑에서 슈워츠코프는 다음과 같이 답변하였다.

언론매체와 관련해 흡족하게 생각되던 유일한 부분은 작전의 초기 단계에서였다는 점을 나는 말하고자 합니다. 즉 우리가 전력증강 단계인 '사막의 방패' 작전을 시작했던 시점이란 점을 말하고자 합니다. 한편 지상에 많은 전력을 보유하고 있지 않던 당시 여러분은 전반적으로 우리를 크게 도와주었습니다. 그 결과 나는 내가 생각하고 있던 바와 달리 신속히 공격받지 않을 것임을 확신하게 되었습니다. 이 점을 제외하면 나머지 질문에 대해서는 답변하지 않을 생각입니다.33)

전쟁 목표를 조장할 목적으로 언론매체를 이용한 국가가 미국만이 아니었다. 자신이 주장하는 바를 주로 이스라엘을 겨냥한 성전(聖戰)

---

32) Morris, op. cit., p. 64.
33) Press Briefing, Riyadh, 27 February 1991.

으로 아랍 세계에 전달할 목적에서 사담은 국제사회의 언론매체를 이용하였다. 아랍 세계에 대한 피해를 강조하는 방식으로 사담이 지역의 종교적 정서를 자극했다고 미국의 정보 출처 또한 주장하고 있다.34) 또한 사담은 연합군 항공력에 의한 '부수적 피해'를 강조할 목적에서 언론매체를 이용하였다. 사담은 민간인 사상자의 처참한 모습을 TV에 방영하는 방식으로 당시 전쟁을 인간 차원으로 끌어내리는 데 성공하였다. 미국이 제기하고자 노력한 나름의 이미지가 그 과정에서 손상되었다. 이외에도 그는 전쟁의 이면에 서구 제국주의의 원유(原油) 관련 정책이 숨어 있다는 점을 강조하였다.

"……유태인과 미국의 여군들에 의한 메카 성전 및 성지 침입"과 다름없는 것으로 사담이 경고한 당시의 전쟁에 대한 지지를 확보할 목적에서 이라크는 지역의 언론매체를 이용하였다. 그는 아랍 국가 통치 가문(家門)들의 일부 방탕한 생활을 기술할 목적에서 비교적 생생한 반면 가슴에 와 닿는 문구를 사용하였다.35) 인질 관련 상황을 교묘한 방식으로 다루면서 그는 서구의 언론매체, 특히 TV를 이용하였다. 사담은 이 같은 상황이 서구와 세계의 TV 자막에 몇 주에 걸쳐 지속적으로 등장하도록 하였다. 이 같은 폭로는 어린이들로 구성된 인질과 함께 사담이 TV에 출현했을 당시 절정에 달했다.36)

사담은 자신의 이미지에 민감하게 반응하였다. 예를 들면, 여성과 유아 인질의 석방과 관련된 사담의 결심은 "……여자와 어린이를 담보로 하는 행위는 용감치 못하다.'37)는 영국 TV 매체에 등장한 영국

---

34) Levental, T., (USIS Director for Counter-disinformation), *Iraq Disinformation Campaign loses Credibility*, USIS 25 February 1991.
35) Bulloch & Morris, op. cit., p. 168-9.
36) Taped interview, CNN/ABC/BBC and others, 23 August 1990.

화염에 휩싸인 쿠웨이트의 유정

여성의 치욕적인 발언에 따른 결과였다고 알렉산더(Alexander)는 주장
하고 있다. 그러나 그는 또한 허세를 부리며, '모든 전쟁의 어머니'로
당시의 전쟁을 묘사했을 뿐더러 패배할 당시 초토화(焦土化) 정책을
구사하였다. 또한 그는 8년에 걸친 이란과의 전쟁을 통해 이라크가
인명 손실에 익숙해져 있는 반면, 미국은 이 같은 수준의 인명 손실
을 지속적으로 감당해낼 수 없을 것이라며 미국을 조롱하였다. 알렉
산더에 따르면 이 정책은 다음과 같은 결과를 초래했을 정도로 성공
적이었다.

　　……화염에 휩싸인 유정(油井)이 세계 경제에 끼치는 치명적인 영향뿐
　만 아니라 연합군 내부의 높은 비율의 사상자 발생 가능성에 근거해,
　일급의 전략가들을 포함한 다수의 예비역 장교들이 당시 전쟁에 반대
　하는 내용의 지적(知的)인 주장을 전개하고 있었다.38)

37) Darwish & Alexander, op. cit., p. 293.

미국의 입장에서 유엔 주재 미국대사 진 커크패트릭(Jean Kirkpatrick) 이 표현하고 있는 바처럼 사담은 다음과 같았다.

……그는 외국의 수도와 전 세계의 TV 방송국 그리고 유엔에서 언론 매체를 이용한 전역(戰役)을 추구하였다. 이라크 혁명지휘위원회(Revo-lutionary Command Council) 이름으로 나간 평화적 시도에서는 모든 것 을 표적(標的)으로 간주해 공략하였다.39)

선전을 목적으로 국제사회의 언론매체를 이용한 반면 사담은 이라 크 내부에서 서구 기자들의 취재를 규제하였으며, 군의 사상자 숫자 와 같은 민감한 정보를 엄격히 보도 검열하였다. CNN의 피터 아넷 (Peter Arnett)처럼 그곳에 머물고 있던 기자들에게 사담은 연합군 폭 격으로 인해 살상된 이라크 민간인들만 필름에 담아 보도하라고 말 하였다. 어린이 우유공장이 피해를 입었다는 이라크의 주장에서 보듯 이, 미국은 언론매체를 위해 사담이 사건을 연출하고 있다고 비난하 였다.40)

마지막으로 걸프전에서는 미국과 이라크의 정치 지도자들이 상대 방 국가의 언론매체를 통해 상대방 국민에게 방송하는 현상이 목격 되었는데, 이는 그 전례가 없는 일이었다. 9월 12일에 녹화된 부시 대통령의 연설은 이라크의 국영 TV를 통해 전혀 검열되지 않은 상태

---

38) Ibid.
39) *Washington Post*, 18 February 1991.
40) Levental, op. cit. 다음을 또한 보시오. Arnett, P., 'Debriefings, What we Saw, What we Learned', *Columbia Journalism Review*, May/June 1991.

로 9월 16일에 방영되었다. 그러나 당시의 방영에 이어 "세계의 절대 권력자가 되기를 희망하는 인물"41)로 부시 대통령을 비난하는 장시간에 걸친 해설이 있었다. 한편 사담은 인터뷰를 목적으로 ABC 뉴스의 테드 코펠(Ted Koppel)과 CBS 뉴스의 댄 라더(Dan Rather)를 초청하였다. 그 후 그는 세계 시민을 대상으로 CNN의 아넷과 직접 인터뷰하였다.42)

이라크의 언론매체 이용과 관련해 미국은 격렬한 방식으로 반응하였다. '선전(宣傳) 전쟁'으로 간주되던 부분과 관련해 도움을 얻을 목적에서 일찍이 부시 대통령은 언론 전문가의 도움을 요청하였다.43) 그러나 인류 최초로 양국 국민은 자국의 전쟁 관련 노력에 대한 정치 및 군사적 해설이 완벽히 포함되어 있는 언론매체의 취재를 시청할 수 있었다. 사담은 CNN과 미국의 프로그램들을 지속적으로 시청했는데, 이들 취재의 많은 부분이 이라크의 방송망을 통해 재방송되었다.

미국의 시청자를 위해 CNN은 적의 수도(首都)로부터의 논평뿐만 아니라 항공공격에 따른 실시간의 시각적 확인과 같은 생생한 형태

---

41) *Sydney Morning Herald* (Reuters), 18 September 1990. 전문(全文)을 보려면 다음을 참조하시오. USIS official text, 19 September 1990.

42) 사담과의 인터뷰에 관해 아넷이 기술한 부분을 보고자 하면 다음을 참조하시오. Arnett, P., *Live from the Battlefield*, Bloomsbury Publishing, London, 1994, p. 397-405. Channel 10 (Australia) which took the CNN feed was quick to boast, 'Channel 10 has exclusive access to CNN and gives you the coverage Dick Cheney watches' (*The Age*(Melbourne), 18 January 1991).

43) McAvoy, K., 'Group Launches Campaign to 'pull plug' on CNN's Arnett', *Broadcasting*, 18 February 1991, 다음을 또한 보시오. Cassidy J., 'White House Enlists Expert for TV War', *Sunday Times*, reprinted in *The Australian*, 28 August 1991.

의 영상 및 군사정보 관련 정보를 제공해주었다.

CNN과 이곳의 저명한 기자인 아넷은 연합군의 폭격 공격을 취재한 결과로 인해 미군 지도자들을 격분케 했는데, 특히 '유아용 우유공장'에 관해 보도하면서 이라크가 주장한 바가 옳다고 암시할 당시 그러하였다.[44] 아넷에 대해 이견(異見)을 제시할 수 있는 언론인은 거의 없다. 결국 그는 전쟁 현장에 있던 숙련된 언론인이었다. 테일러(Taylor)가 말하고 있는 바처럼, 그가 소속되어 있던 CNN은 4대의 직통 전화 시스템을 구비할 정도의 통찰력을 견지하고 있었다. 이 같은 점으로 인해 CNN은 지역의 전력(電力) 공급에 의존하고 있던 여타 체계들과 달리 외부와 지속적이고도 독자적인 접촉이 가능하였다.[45]

그러나 펜타곤은 유아용 우유공장이 "……생물무기 생산 시설"[46]이었다는 종전의 주장을 되풀이하였다. 그 결과, 베트남전쟁 당시 해리슨 솔즈베리(Harrison Salisbury)와 같은 중립적 성향의 논설위원에게 가해진 형태의 오명(汚名) 중 일부를 아넷은 감수해야만 하였다. 한때, 아넷은 이라크에 동정을 표명하는 인물로 뿐 아니라 베트남전쟁 당시 편향된 내용을 보도한 기자로 그리고 "……베트콩 내부에서 적극 활동한" 친구의 여동생과 결혼한 인물로 미 의회에서 비난을 받

---

44) Smith, P., *How CNN Fought the War*, Carroll Publishing, New York, 1991, ('The Peter Arnett Controversy').
45) Taylor, P., *War and the Media : Propaganda and Persuasion in the Gulf*, Manchester University Press, Manchester/New York, 1992, p. 91. 다음을 또한 보시오. Arnett, op. cit., p. 308-82.
46) Monroe, B., 'Peter Arnett, Anti-Hero of Baghdad', *Washington Journalism Review*, March 1991. 다음을 또한 보시오. *Sydney Morning Herald*, 25 January 1991.

았다. 앨런 심슨(Alan Simpson)이 주장한 이들 비난은 전혀 근거가 없었다.[47] 솔즈베리의 경우와 마찬가지로 아넷의 명성은 자신을 비난하던 사람들을 무색케 할 수 있을 정도로 높았다.[48] CNN의 수장인 테드 터너(Ted Turner)가 말하고 있는 바처럼, CNN은 "……다행히도 가장 어려운 상황에서 현장 보도할 능력을 구비하고 있는 전투 특파원을 가질 수 있었다."[49]

이라크 수도에서의 아넷의 보도를 대부분의 군 장교들은 아직도 부정적인 시각에서 바라보고 있다. 영국군 지휘관인 피터 빌리에르(Peter De La Billiere) 대장은 다음과 같이 언급하였다.

서구의 언론매체들이 바그다드에서 정당한 역할을 수행할 수 있었는지에 관해 나 또한 회의적(懷疑的)으로 생각하고 있습니다. 내가 알고 있는 한, '언론의 자유'에 관한 원칙은 일어난 모든 것을 언론매체가 보도함을 의미합니다. 적 영토의 심장부에 있는 기자들은 완벽한 방식으로 자신의 입에 재갈을 채운 격입니다. 따라서 이들은 사담이 허용한 부분만 외부로 내보낼 수 있었습니다. 사실 이들은 우리들 군인을 파괴 및 살상할 목적의 적의 대변인과 다름이 없었습니다.[50]

이라크는 분쟁 취재를 규제했을 뿐더러 취재 내용을 보도 검열하였다. 이들 행위 외에 양측은 대중의 지지 확보를 위한 노력뿐만 아

---

47) *Sydney Morning Herald*, January 1991.
48) *Washington Post*, 17 March 1991.
49) *Sydney Morning Herald*, January 1991. 다음을 또한 보시오. Smith, P., op. cit.
50) De La Billiere, P., *Storm Command. A Personal Account of the Gulf War*, HarperCollins, London, 1992, p. 65.

니라 선전 공세를 전개하고, 정보를 획득하며, 개인 및 외교적 차원의 접촉을 통해 세계 여론에 영향을 끼칠 목적에서 국가 및 국제 사회의 모든 언론매체를 이용하였다.

사담을 악마로 만드는 행위와 언론

앞의 사례들이 보여주고 있는 바처럼, 제한된 분쟁에서는 정부와 군의 뜻에 따라 일반적으로 언론매체가 이용되고 있다. 그러나 걸프전에서 언론매체를 놓고 벌어진 전쟁은 그 강도란 측면에서 전례가 없었다. 이 같은 목적으로의 언론매체의 이용은 사담을 악마로 만드는 과정에서 특히 두드러졌다. 그런데 당시로부터 몇 년 전까지만 해도 사담은 이란에 대항한 전쟁에서 서구의 지원을 받고 있었다.

적의 리더를 악마로 만들 목적에서의 언론매체의 이용은 제한된 분쟁의 전주곡(前奏曲)으로서 종종 추구되는 전략이다. 본국에 직접 위협이 없는 경우에서뿐만 아니라 분쟁을 해방(解放)이란 윤리적 행위로 정당화할 목적에서 적국의 리더에게 대중의 분노가 집중되어야 할 것이다. 이는 파나마에서의 마누엘 노리에가(Manuel Noriega) 장군 그리고 걸프전에서의 사담의 경우가 그러하였다. 반면에 이라크가 부시 대통령 내지는 그의 각료들을 악마로 묘사했음을 보여주는 증거는 있지 않다. 그 대신 언론매체를 이용한 이라크의 공격은 미국의 리더를 사악한 제국주의자 내지는 이스라엘의 앞잡이로 표현하는 등 이념적인 성격을 띠었다.[51]

---

51) Middle East radio monitoring, Iraqi RCC announcements.

사담은 미국의 다정한 친구에서 하룻밤 사이에 독재자와 야만스런 통치자가 되었다. 자신의 행위로 인해, 사담은 쿠웨이트를 삼켜먹은 자로 묘사되었다. 베트남전쟁, 파나마 전쟁 그리고 그레나다 전쟁에 개입하게 된 미국의 배경이 의문스럽다는 점에서 보면, 이는 흥미로운 묘사였다. 또한 사담은 철수와 관련된 1991년 2월의 제안에서 세계를 상대로 야만적인 거짓말을 자행한 것으로 비난을 받았다.52) 그는 "······'야심의 제대(祭臺)' 위에 이라크 국민의 피를 흘리게 한"53) 침략자와 독재자로 지칭되었다.

친구에서 거의 즉각적으로 변화된 사담의 모습은 유엔의 인권위원회에 미국이 제시한 자료에 가장 잘 요약되어 있다. 여기서 사담은 가혹한 살상을 자행한 인물뿐만 아니라 다음과 같은 인물로 묘사되었다.

암살을 통해 권력을 장악했으며, 살인을 통해 권력을 유지하고, 이란에 대항한 침략 전쟁에서 수십만의 인명을 죽게 만들었을 뿐더러 독가스를 이용해 쿠르드족을 학살하였다.······고문과 학살을 자행했을 뿐더러 권리 및 근본적인 자유를 부정하는 방식으로 쿠웨이트 인들을 억압하였다.······부당한 방식으로 쿠웨이트를 침공해 점령함으로써 자국 국민으로 하여금 전쟁의 공포와 비극을 재차 경험토록 하였다.54)

---

52) Presidential Statement (Address to the American Association for the Advancement of Science), 15 February 1991. 미국의 몇몇 신문의 사설, 특히 침공 첫 주 동안의 사설은 사담을 독재자와 히틀러로 비교하는 한편 미국에 의한 최근의 이라크 지원에 초점을 맞추었다. 예를 들면 다음을 보시오. *Wall Street Journal*, 16 August 1990, and *New York Times*, 18 August 1990.
53) Prime Ministerial Statement, Canberra, 21 January 1991.
54) Blackwell, J., US Evidence to the UN Commission on Human Rights, Geneva,

이 같은 논조를 전 세계 언론매체가 수용했는데, 미국의 동맹에 헌신적인 아랍 국가들이 특히 그러하였다. 이것을 에드워드(Edward) 박사는 다음과 같이 요약하였다.

오늘날 아랍의 언론매체는 부끄러운 존재입니다. 아랍 세계에서는 진실을 발견하기가 쉽지 않은 실정입니다. 거의 예외 없이, 이집트와 사우디아라비아의 언론매체는 이라크를 파괴할 목적에서 혈안(血眼)이 되어 있는 듯 보입니다. 이들 신문의 개개 페이지는 거의 항변을 허용하지 않고 있으며, 주저 내지는 의문의 기색을 보이지 않고 있습니다.55)

사담을 악마로 묘사하고 있는 사설들이 미국·영국 및 오스트레일리아의 언론매체에 등장했는데, 이들 중 많은 부분은 특별 특파원에 의한 것이었다. 또한 이들 중 많은 부분에는 이라크 대통령을 악마로 표현한 삽화가 첨부되었다.56) 영국의 타블로이드판 신문은 특별한

---

25 February 1991. 다음을 또한 보시오. Starr, P., 'No Vietnam', *New Republic*, 18 February 1991 (Reprinted worldwide by USIS). Starr는 제2차 세계대전 당시 파시즘에 대항한 전투와 이라크에 대항한 걸프전 당시의 입장을 비교하였다.
55) *New York Times*. 11 January 1991.
56) 이는 미국·영국 및 오스트레일리아의 선도적인 신문들을 조사해보면 분명해진다. *The Times* (London), 25 July 1990는 사담을 악당으로 표현하였다. 그후 이곳은 사담과 히틀러를 비교 설명하였다. 또한 권력을 유지하는 과정에서 사담이 사용한 극단적인 방안을 상세 설명하였다. 예를 들면 다음을 보시오. *New York Times*, 26 August 1990, 30 September 1990, 6 January 1991 and 2 February 1991; *The Times* (London), 3 March 1991; *The Age* (Melbourne), 13 January 1991, 16 January 1991, 22 January 1991, 23 January 1991 and 24 January 1991;and *Courier Mail* (Brisbane), 26 January 1991.

자극이 필요치 않았다. "악마가 우리 어린이들을 고문하고 있다."[57]
고 데일리스타즈(Daily Stars)가 표현한 반면 2명의 영국인 조종사를
생포한 것을 지칭하며 런던선(London Sun)은 '바그다드의 악마'란 표
제의 글을 신문 전면에 게재하였다. 영국군 지휘관 빌리에르(De La
Billiere)는 사담을 공포를 통해 통치하는 야만적인 인물로 그리고 인
간을 값진 물건 정도로 생각하는 인물로 묘사하였다.[58] 당시 진행되
고 있던 '언론매체의 전쟁'에 관해 보다 잘 알고 있던 파월 대장은
사담 이상(以上)으로 공략해야 할 표적의 범주를 넓히고자 노력하면
서 근심에 쌓여있었다.

한 인간을 악마로 만드는 문제가 나를 불편하게 만들었습니다. 나는
이라크 정권 내지는 후세인 정권에 관한 논의를 원했습니다.……한
인간에 악마가 스며든 것으로 묘사하는 방식으로 대중의 기대를 높여
놓은 이후 그를 원위치로 돌려놓는 것을 현명치 못한 행위로 나는 생
각했습니다.[59]

평화에 따른 정치적 결과를 두려워하며, 부시 대통령은 다음과 같
은 색다른 생각을 하였다.

사담 후세인이 쿠웨이트로부터 완전히 철수해 자군을 국경 근처에 남

---

57) 다음을 보시오. Barrett, G., 'Tabloids wage gutter (Gulf) war', *The Age*
   (Melbourne), 25 January 1991. The Sun also criticised the French with the ques-
   tion 'Where the ---- were you?' as France refrained from the first air strikes.
58) De La Billière, op. cit,. p. 25.
59) Powell, op. cit., p. 491.

겨두는 경우, 우리는 엄청날 정도의 곤궁에 직면할 것입니다.……미국
과 다국적 동맹국들이 쿠웨이트에 방대한 수준의 전력(戰力)을 유지해
야 할 것입니다. 그러나 이 경우 미국의 여론과 의회의 지지가 물거품
처럼 사라질 것입니다.60)

선악(善惡)이란 간단한 용어로 대안을 제시하는 게임에 빠져 있던
부시를 언론매체가 지원해주었다. 걸프만으로 오일을 마구 방출한 행
위를 CBS 방송의 앨런 피지(Alan Pizzey)는 "……자연이 직접 표적(標
的)이 된 인류 최초의 경우"로 묘사하였다. 그런데 이는 베트남전쟁
당시 미국이 5백만 에이커에 달하는 숲에 고엽제(枯葉劑)를 살포했음
을 전적으로 간과한 형태의 것이었다.61)

여론과 합법성의 추구

사담을 파괴되어야 할 악마로 재창조하는 등, 미국은 자신의 행위
에 필요한 국제사회의 합법성을 추구하는 과정에서 오늘날 일정 유
형이 된 부분을 쫓아갔다. 미국의 입장에서 보면, 유엔은 공략해야
할 주요 대상이었다. 그 과정에서 유엔총회와 안전보장이사회를 겨냥
한 긴밀한 형태의 로비가 필요하였다. 그러나 지지의 정도를 높이는
문제는 국제사회의 여론에 의존했는데, 국제사회의 여론은 본국의 언
론매체들에 의해 주로 형성되었다.

---

60) *The Times* (London), 15 January 1996.
61) Hallin, D., 'TV's Clean Little War', *Bulletin of the Atomic Scientist*, May 1991.

USIS[62])가 다국적 소속의 모든 국가들의 언론매체들에 제공한 방대한 규모의 정보와 여론을 선도하는 형태의 논문들이 언론매체의 취재에 영향을 끼쳤음은 분명한 사실이다.[63] 그 결과 1991년 1월 15일까지 쿠웨이트로부터 철수하라고 이라크에 촉구하는 형태의 결의안을 유엔 안전보장이사회가 12:2로 통과시켰다. 그런데, 당시 중국은 투표에 불참하였다. 기한이 만료되자 결의안으로 인해 모든 회원국들은 쿠웨이트와 협조해 다음을 할 수 있었다.

······국제평화와 걸프 지역의 안전 회복을 위해 유엔 안전보장이사회 결의안 666(1990년)뿐만 아니라 관련된 모든 결의안을 지지하고자 할 때 필요한 모든 수단을 사용한다.[64]

그러나 유엔에서의 투표 결과는 전혀 희생이 따르지 않는 가운데 얻어진 것이 아니었다. 드레이퍼(Draper)에 따르면, 미국은 70억 달러에 달하는 이집트의 채무를 탕감해주었으며, 추가로 60억 달러에 달하는 이집트의 어음을 걸프 지역 국가들이 회수해주었다. 시리아가

---

62) 역자주 : 이는 US Investigation Service의 약자임. 이곳은 통합된 미국뿐만 아니라 미국의 국가안보와 관련된 전통적이거나 부상하는 소요를 충족시킬 목적의 다양한 형태의 서비스를 제공하고 있다.
63) 이 같은 노력의 사례로 다음을 보시오. Transcript : Richard Solomon, *USIS Worldnet Television hookup*, 31 December 1990.
64) UN Security Council Resolution 678 (1990), 29 November 1990. 로비를 고려한 유엔의 전역(戰役)에 관해 완벽히 알고자 하면 다음을 참조하시오. Darwish & Alexander, op. cit., especially, the appendix, 'Summary of the United Nations Resolutions Covering the Gulf Crisis'. 다음을 또한 보시오. Sifry, M., & Cerf, C., *The Gulf War Reader : History, Documents and Opinions*, Times Books, New York, 1991, which reproduces the text of all the resolutions on the Gulf War.

거의 30억 달러를, 소련이 사우디아라비아로부터 10억 달러를 그리고 터키가 군사지원의 형태로 매년 5억 달러를 보장받았다. 잘못된 대의를 지지한 결과로 인해 예멘은 매년 7억 달러에 달하는 미국의 원조를 받지 못하게 되었다. 이들 사례가 또 다른 경우에서도 준수된 것으로 가정할 수 있을 것이다.65)

자신에게 필요한 합법성을 확보하게 되자, 유엔은 미국의 관심 대상에서 제외되었는데, 이 점을 언론매체는 거의 주목하지 않았다. 유엔의 지지가 확보되고, 다국적군이 결성되자, 언론매체를 통해 미국이 제공하는 모든 정보는 당시 전쟁에서의 미국의 리더십에 초점이 모아졌다.66) 그러나 이미 주목한 바처럼, 정보와 관련된 노력은 일방적인 성격이 아니었다. 예를 들면, 사담의 공보 장관은 언론매체 조종, 즉 언론매체를 교묘히 이용하는 문제에 생소한 사람이 아니었다.67)

사우디아라비아 또한 당시의 분쟁에 관한 언론의 취재에 영향을 끼치고자 노력하였다. 자신의 입장을 전파할 목적에서 사우디아라비아는 거의 1천2백만 달러를 투입해 저명한 힐 놀턴(Hill Knowlton)을 고용하였다. 이는 쿠웨이트해방(Free Kuwait)으로 지칭된 미국에 기반

---

65) Draper, op. cit., p. 42.
66) Bone, J., 'UN Loses Contril of Conflict in Started', *London Times* (reprinted in *The Australian*, 16 January 1991). 다음을 또한 보시오. USIS Wireless File, Australian issues, December to March 1991.
67) Darwish & Alexander, op. cit., p. 231. Darwish & Alexander는 다음과 같이 주장하고 있다. 1983년까지만 해도 이라크는 3천부 이하가 발행되는 런던에 기반을 둔 아랍 신문에 2백만 달러를 지원했는데, 이는 사담이 원하는 방향을 지시하는 등 아랍의 외교관, 분석가, 경쟁자, 친구 및 중립 요원들에게 특정의 메시지를 전달할 목적의 것이다.

을 둔 시티즌(Citizen)이란 집단을 통해 이루어졌다. '힐 놀턴'의 고위급 인사가 그 후 말한 바처럼, 언론매체를 놓고 벌어진 당시의 전역(戰役)은 '사막의 방패' 작전과 '사막의 폭풍' 작전이 대중으로부터 적정 수준의 지지를 얻을 수 있도록 한다는 단순한 목표를 갖고 있었다. 선전 관련 기법에는 고문(拷問)을 포함한 이라크의 여타 잘못을 보여주는 기자회견, '쿠웨이트해방'이란 문구가 새겨진 수만 장의 셔츠 배포, 대학모임의 조직, 교회에서의 특별 기도모임이 포함되어 있었다. '힐 놀턴'은 정부 관리와 기업인을 위한 프로그램뿐만 아니라 사담이 걸프만에 오일을 방출한 이후에는 환경론자들을 위한 프로그램을 개발하였다. 이 회사에 따르면, 진행 상황과 관련해 부시 대통령이 지속적으로 보고 받았다고 한다.68)

이 같은 과정에서의 선전 책동을 보여주는 사례이지만, 쿠웨이트 병원을 야만적인 방식으로 인수하는 과정에서 이라크 병사들이 인큐베이터에 있던 어린이들을 내던졌다는 주장을 전 세계 언론매체들이 취재하였다. 국제사면위원회(Amnesty International)와 미 의회는 이 이야기를 액면 그대로 수용하였다. 또한 잔혹상을 다룬 그림들이 미 의회에 전시되었다. 이들 이야기가 전적으로 조작된 것으로 밝혀진 이후에나 언론인들이 움츠러들었다.69) 그러나 당시 언론매체는 이들 보도를 열광적으로 수용하였다. 인큐베이터와 관련된 사건의 증인이 미국주재 쿠웨이트 대사의 딸임이 밝혀질 당시에나 그리고 구체적인 증거가 더 이상 나오지 않게 되자, 이 이야기는 거론되지 않았다.70)

---

68) *Sydney Morning Herald*, 16 April 1991.
69) Dickey, C., *Newsweek* Review of MacArthur, J., *Second Front : Censorship and Propaganda in the Gulf War*, Hill & Wang, New York, 1992.
70) MacArthur, J., *Second Front : Censorship and Propaganda in the Gulf War*, Hill

'힐 놀턴'에 지불된 1천2백만 달러 중에서 시티즌이 17,000달러를 그리고 나머지는 쿠웨이트 정부가 지불했다고 한다.[71]

물리 또는 지리적 경계를 초월해 방영된다는 점으로 인해, 라디오가 또한 여론 형성 과정에서 주요 역할을 수행하였다. 걸프전 당시 라디오는 특히 흑색선전(黑色宣傳)과 심리전 목적으로 사용되었다. 걸프전에서의 흑색선전을 테일러(Taylor)는 다음과 같이 말하고 있다.

······흑색선전은 이라크와 쿠웨이트 내부의 불만 세력으로부터 나오고 있는 듯 보였다. 그러나 이들 선전은 다국적군이 통제하고 있던 지역의 송신기를 통해 흘러나오고 있었다.[72]

'자유이라크 소리(Voice of Free Iraq)', '자유이라크 라디오(Radio Free Iraq)' 그리고 쿠웨이트에 기지를 둔 '걸프의 소리(Voice of Gulf)'와 같은 명칭으로 운용되고 있던 이들 방송국은 미 CIA로부터 지원받았던 것으로 생각된다. 소수 종교 및 인종 집단에 반란을 촉구하고, 사담과 사담의 정권을 악마로 묘사하는 과정에서 이들이 주요 역할을 수행하였다. 이들은 또한 이라크의 병사들에게 투항을 촉구하는 내용을 방송하였다.

미군이 전개될 당시 '미국의 소리(VOA : Voice of America)'는 매일 15시간 동안 아랍어로 그리고 18시간 동안 전 세계를 상대로 영어로 뉴스를 방송하였다. 또한 '미국의 소리'는 '바그다드 라디오(Radio

---

& Wang, New York, 1992, p. 54-6.
71) Ibid., p. 49.
72) Taylor, op. cit., p. 150.

Baghdad)'와 동일한 주파수를 이용해 아랍어로 지속적으로 방송하였다. 다란(Dhahran)에 인접해 있었다는 점, 전파(電波)의 위력이 막강했다는 점으로 인해 트랜지스터라디오를 갖고 있던 이라크 사람은 누구나 '미국의 소리' 프로그램을 들을 수 있었다. 1991년 8월 31일, 이라크는 전파를 교란하는 방식으로 '미국의 소리' 방송에 대항해왔다.

슐만(Shulman)에 따르면 9월 1일경, 이라크는 전혀 대적할 수 없는 적에 대항한 이 같은 노력을 포기하였다. '바그다드 라디오' 또한 '검은성전메카라디오(Black Holy Mecca Radio)'와 함께 유사한 형태의 공세적 전역(戰役)을 시도하였다.

이라크 또한 단파(短波) 방송을 이용해 아랍세계를 공략하고자 노력하였다. 북아메리카 대륙을 향해 이라크는 매일 2시간 동안 단파를 방송하였다. 그러나 얼마 지나지 않아, 이들 대부분 방송국은 방송을 중단하였다. 전반적으로 제한된 수준의 이라크의 노력은 미국과 여타 연합국 전파(電波)의 출력으로 인해 무색해졌는데, 영국과 프랑스의 해외 방송이 특히 인상적이었다.73)

진정한 의미에서의 국가적 위협이 존재하지 않는 상황에서 적(敵)의 이미지를 조성하는 과정에서 언론매체가 중요하다는 점, 국가 및 국제 사회의 지지를 조장 및 유지하는 과정에서 언론매체의 이용이 중요하다는 점은 제한된 분쟁에서 아무리 강조해도 지나치지 않다. 이 같은 상황을 버지니아 트리올리(Virginia Trioli)는 다음과 같이 요약해 말하고 있다.

---

73) Shulman, H., 'One Way Radio', *The Nation* (USA), 13 May 1991. 다음을 또한 보시오. Taylor, op. cit., p. 149-53.

국가가 너무나 무서운 결과와 공포(恐怖)가 수반되는 전쟁에 개입되어 있는 관계로 인해 진실이 매우 중요해지는 경우, 언론매체는 군과 대중이 자신을 신뢰하지 않고 있다고 생각하지 않는다.[74]

걸프전 당시는 대중의 지지뿐만 아니라 국제사회로부터 합법성을 확보할 목적의 선전에 전쟁 당사국 모두가 수천만 달러를 소비했는데, 이들 노력의 대부분은 언론매체를 겨냥하였다. 이 같은 행위는 이 책의 사례에서 지속적으로 나타나고 있으며, 향후의 제한된 분쟁에서 목격되는 특징인 듯 보인다.

전장(戰場)에서의 언론매체

걸프전 발발 직후, 펜타곤의 Pool System에는 당시의 분쟁을 취재하고자 하는 기자들로 넘쳐났다.

펜타곤의 Pool은 규모는 작았지만 숙련된 조직이었다. 이는 1987년의 걸프 위기 당시 전개된 바 있다. 또한 이는 다수의 연습훈련 소집을 통해 다듬어진 바 있다.[75] 그러나 이라크의 쿠웨이트 침공은 처음부터 주요 뉴스거리가 될 가능성이 있었다. 또한 Pool에 소속되어 있지 않은 언론매체들의 취재를 배제하는 행위는 안보 측면에서 군이

---

74) *The Age* (Melbourne), 24 January 1991.
75) 이전의 전개에 관한 배경 지식을 얻고자 하면 다음을 보시오. Ahern, T., 'White Smoke in the Persian Gulf', *Washington Journalism Review*, October 1987; and Thompson, M., 'With the Pool Press in the Persian Gulf', *Columbia Journalism Review*, November/December 1987.

그 정당성을 제시할 수 없는 경우 합법적이지 않았다. 이 같은 이유로 인해 Pool System은 즉각 법적인 도전에 직면하였다.

9개 뉴스 조직과 4명의 언론인들은 보안(保安) 관련 규정이 언론매체를 군이 마음대로 조종하도록 할 목적의 위장(僞裝)과 다름이 없다고 주장하였다. 이들은 뉴욕의 미 대법원에 법적 소송을 제기하였다.76) 군은 이처럼 소송을 제기한 언론인들의 취재를 금지시켰다. 그러나 이는 전혀 문제되지 않았다. 왜냐하면 제2차 세계대전 이후의 최대의 군사적 공격을 감행한 지 몇 시간도 되지 않아, 당시 작전을 취재하는 기자들을 지원할 목적의 공식 시스템이 붕괴되었기 때문이다.77)

걸프지역으로의 군사력 투입을 부시 대통령이 최초로 명령한 1990년 8월 8일, 체니 국방장관은 기자들이 이들 군사력을 동행하지 못하도록 하였다. 그러나 언론매체의 격렬한 비난이 제기되자 체니는 자신의 입장을 약간 완화하였다. 8월 13일에는 6명의 언론매체 호위 요원과 17명의 기자로 구성된 Pool이 인가되었다.

정책 측면에서의 이 같은 변화에도 불구하고, 미군은 그레나다와 파나마 개입 당시의 유형을 따랐다. 걸프전 발발 36시간 동안 미군은 보도를 전면 금지하였다. 이것이 언론매체 관리 측면에서의 의도적인 결심이었음에는 의문의 여지가 없다. 슈워츠코프 휘하에서 일하던 안

---

76) Danniston, L., 'Suing the Pentagon for Access to War', *Washington Journalism Review*, April 1991; Gersha, D., 'Journalists Protest Desert Storm Pool', *Editor and Publisher*, 11 May 1991; and Robinson, S., 'And TV Will be there', *The Spectator* (UK), (reprinted in *The Weekend Australian* 12-13 January 1991).
77) Fialka, J., *Hotel Warriors : Covering The Gulf War*, Woodrow Wilson Centre Press, Washington, 1991, p. 11.

드레치오(Andreacchio)는 베트남전쟁이 이 같은 결과를 초래한 촉매역할을 했다고 주장하고 있다. 언론매체와 군 간에는 항상 마찰이 있어왔다는 점을 안드레치오는 다음과 같이 언급하였다.

······그러나 베트남전쟁 당시 이 같은 갈등이 매우 심각해졌다. 베트남에서의 미군의 패배와 관련해 군의 거의 모든 장교들이 언론매체를 비난하였다. 우리가 베트콩과 싸우고 있을 당시 언론매체는 우리와 싸우고 있었다. 우리는 베트콩과의 전투에서 승리한 반면 언론매체와의 전투에서 패배하였다.78)

슈워츠코프가 이 같은 관점에 동의했던 전형적인 장교였다는 점에 주목한 안드레치오는 다음과 같이 언급했다. "아마도 공식적으로 인정하고 있지는 않지만 슈워츠코프는 언론매체를 회의적(懷疑的)으로 바라보고 있다. 언론매체와 마주치는 경우 그는 미소를 지을 것이다. 그러나 기자가 어느 정도 억지를 부리는 경우 그는 자신의 감정을 노출시킬 것이다."79) 슈워츠코프의 영국군 부하인 빌리에르(De La Billiere) 대장은 포클랜드에서의 자신의 경험에 근거해 보다 개방적인 자세를 취하였다. 언론매체로 인해 나름의 문제가 야기되고 있지만 국내에서 정치 및 여론의 지지를 확보하는 과정에서 언론매체가 수행하는 역할로 인해 이 같은 결점이 희석된다고 그는 느끼고 있었다.80)

---

78) Parrish, R, & Andreacchio, N., *Schwarzkopf : An Insider's View of the Commander and his Victory*, Banatam, New York, 1992, p. 178-80.
79) Ibid.
80) De La Billiere, op. cit., p. 63-8. 다음을 또한 보시오. *Despatches*, the Journal

그러나 베트남전쟁에서의 경험이 상황을 주도하였다. 또한 군의 시각에서 보면 언론매체는 위험한 존재였다. 베트남전쟁에서의 경험에 근거해, 사람들은 TV에 장기간 동안 보도되는 전쟁은 여론의 지지를 받지 못하게 된다고 생각하였다. 우드워드에 따르면, 이처럼 TV에 보도되는 전쟁에서는 다음과 같은 결과가 초래된다고 파월 대장은 믿고 있었다.

……베트남전쟁 당시와 비교해 행위, 죽음, 결과 그리고 정서(情緖)가 훨씬 시각적으로 적나라하게 본국에 전달될 것입니다. 개개 단계를 기록할 목적에서 기자와 카메라 요원들이 현장에 있는 관계로 인해, 모든 군사적 과업이 매우 복잡해질 것입니다.[81]

당시의 전쟁과 관련해 전 세계 대중이 제한적이고도 정제된 형태의 내용만을 보아야 한다고 미군은 결심하였다. 언론매체가 사건을 직접 취재하지 못하도록 한다는 생각이었다. 공격용 무기에 장착되어 있는 카메라를 이용해 찍은 사진조차 "전투에 따른 공포를 대중이 인식하지 못하도록 할 목적에서"[82] 왜곡 및 변질될 예정이었다.

작전전구(Theater of Operation)에 도착한 즉시 미국의 언론매체 팀은 다란(Dhahran)의 기지에서 언론매체를 다룰 수 있도록 합동정보국(JIB : Joint Information Bureau)을 신설하였다.[83] 언론인들은 Pool 또는 언론

---

　　of the Territorial Army Pool of Public Information Officers, vols. 2 and 3, Autumn 1991 and Autumn 1992.
81) Woodward, op. cit., p. 315.
82) Ibid., p. 375.
83) LaMay, C., Fitzsimon, M., & Sahadi, J. (eds.), *The Media At War : The Press and the Persian Gulf Conflict*, Freedom Forum Media Studies Centre, New York,

매체 보도팀(MRTs : Media Reporting Teams)으로 조직되었다. 범주와 강도 측면에서 행위가 고조되고, 보다 많은 언론인들이 현장에 도착함에 따라, 이 같은 시스템은 붕괴되었다. 전쟁 발발 30일이 지나자 언론매체 요원이 800명 이상으로 늘어났다. 지상전이 시작되기 직전, 언론매체 요원은 1,600명 이상으로 증가하였다. 숫자가 증가했다는 점으로 인해 새로운 Pool이 설치되었다. 그러나 이들 Pool에는 131명의 기자만이 배정되었다. 나머지 요원들은 Pool이 생산해준 자료와 군이 제공해준 자료에 의존해야만 하였다.[84] 이들 Pool의 조정 및 협조와 관련된 문제는 언론인들에게 위임되었다. 피알카(Fialka)에 따르면 그 결과 "……결코 멈추지 않는 형태의 내부 투쟁이 시작되었다."[85] Pool에 소속되어 있지 않은 언론매체를 슈워츠코프 또한 보안 및 여행 측면에서 강력히 제재하였다. 모리스(Morris)에 따르면

Pool에 배속되어 있지 않은 사람들이 리야드(Riyadh)에서 열린 몇몇 군 브리핑에 참석했는데, 이들 중 하나는 중부사령부가 그리고 나머지는 영국 및 사우디아라비아의 사령부가 주관하였다. 이외에도 방영되지 않은 배경 자료에 근거한 브리핑이 언론매체에 제공되었다. 그렇지 않은 목적(브리핑 참석이 아닌 또 다른 목적)으로의 작전전구(作戰戰區 : Theater of Operation) 내부에서의 언론매체들의 여행이 금지되었다.[86]

1991, p. 16.

84) McMasters, P., 'Cronkite, Williams Trade Pool Views at Senate Hearings : Pentagon and Journalists during the Gulf War', *Quill*, April 1991; Washington Post, 17 March 1991; and co-author Peter Young's personal interview with Colonel David Hackworth, Defence Correspondent Newsweek, Brisbane April 1991.

85) Fialka, op. cit., p. 35.

걸프전을 취재한 기자들 중에서 가장 성공적이었으며, 가장 훈장을 많이 받은 퇴역 대령인 데이비드 해크워스(David Hackworth)는 호위 받지 않은 언론매체들이 적으로 간주되었다고 말하였다. Pool에 소속되어 있지 않던 그는 "……실제 전투에 참전했던 예전의 경우와 비교해 지난 두 달 동안, 기자들을 통제하고 있던 군 요원들이 자신에게 보다 많이 총구를 겨누었다."[87]며 불만을 토로하였다.

언론매체와 관련된 지침은 1991년 1월 7일에 최초로 제정되었다. 그런데 당시는 Press Pool의 출현 시점과 일치하였다. 이 지침은 시들 보고서(Sidle Report)에서 추천하고 있던 자발적 성격의 상호 협조를 반영하고 있었다. 지침에는 보도해서는 안 되는 12개 부류의 정보가 언급되어 있었다. 이들에는 부대의 병력과 무기체계, 향후 작전에 관한 세부 사항, 세부 교전규칙, 군사정보와 관련된 모든 문제, 부대의 전개와 위치 그리고 아측 내지는 적의 효용성에 관한 부분이 포함되어 있었다. 여기서는 또한 항공 활동과 특수전력의 활동, 전술, 탐색 및 구조 체계에 관한 정보, 아측의 능력·전술 및 가능한 손실에 관한 정보를 금지하고 있었다.[88]

그 후 1주 뒤에는 정보수집 방법에 관한 세부 사항을 담고 있는 보완된 형태의 지침으로 이들 지시가 대체되었다. 이들 지침에는 모든 인터뷰가 군 요원이 배석한 가운데 수행되어야 한다는 점, 모든 원고, 비디오테이프 그리고 사진이 전송 이전에 보안성 측면에서 문

86) Morris, op. cit., p. 61.
87) Hackworth, D., co-author Peter Young's personal interview, Brisbane April 1991.
88) LaMay et al., op. cit., p. 17-8.

제가 없어야 한다는 점이 명시되어 있었다. 이의 사항은 합동정보국에 먼저 그리고 그 후 펜타곤에 즉시 제기할 수 있었다. 지속적으로 논란이 되는 자료의 방송 및 발간 여부는 언론매체의 산하 단체가 결정할 문제였다. 실제로는 이 같은 결심을 거쳐 방영되는 뉴스는 이미 진부해진 상태였다. 그러나 보완된 추가 지침에서 가장 중요한 부분은 Pool에 소속되어 있지 않은 기자들이 전선(戰線) 지역에 접근하지 못하도록 구체적으로 명시했다는 점이었다.[89]

이들 규제는 작전보안과 언론매체의 안전에 관해 우리가 많이 들어온 주장에 근거하고 있었다. 뉴욕에 기지를 둔 '자유근간(Freedom Foundation)'이란 조직이 수행한 설문 조사에 따르면, 대부분의 특파원들은 이들 지침을 위배한 바 있었다. 또한 이들의 68% 정도는 이처럼 위배한 동료를 알고 있다고 말하였다. 여기서 한 걸음 더 나아가 이들 지침을 위배한 경우가 없다고 말하는 사람은 거짓말쟁이라고 말하는 특파원까지 있었다.[90]

파월 대장에 따르면, 주요 대변인인 펜타곤의 탐 켈리(Tom Kelly) 중장과 슈워츠코프 휘하 사령부의 작전차장인 리처드 닐(Richard Neal) 준장은 엄격한 심사를 거쳐 선발되었다고 한다.[91] 베트남전쟁에서는 상대방 적의 전사자(戰死者) 숫자를 기준으로 승리의 정도를 판단한 바 있다. 이 같은 시스템에 관한 베트남에서의 경험에 근거해, 닐이 사상자에 관한 어떠한 질문도 허용치 않았다고 모리스(Morris)는 말하고 있다.[92] 그러나 군 또한 언론매체의 자질(資質)과 관련해 불만을

---

89) *Operation Desert Shield : Ground Rules and Supplementary Guidelines*, US Department of Defence, Washington, 14 January 1991.
90) LaMay et al., op. cit., p. 32.
91) Powell, op. cit., p. 529.

토로하고 있었는데, 해크워스(Hackworth)와 같은 사람은 이들 중 일부
는 "똥 덩어리와 탱크도 구분치 못한다."93)고 원색적으로 비난하였다.

군의 Pool 시스템 아래서는 제대로 정보가 없으며, 적합지 않은 사
람들도 순서가 되면 자신의 입장을 주장할 수 있었다. 걸프 지역에서
거의 5개월 동안 생활한 바 있는 피알카(Fialka)는 여군들의 성생활(性
生活)에 관해 그리고 의료 부대들이 사용하는 마약에 관해 글을 쓰며
생활하고 있던 여성지 소속의 기자가 Press Pool에 소속되어 있었다
는 점이 이 같은 관행을 보여주고 있다고 주장하였다.94) 피알카는 또
한 Pool에 소속되어 있지 않은 기자 중에서 마음에 드는 사람에게 통
신 수단을 우선적으로 배정한 3개 경우를 알고 있다고 주장하였다.95)

미국뿐만 아니라 사우디아라비아 또한 걸프전에 관한 언론매체의
취재를 반기지 않았다. 이 같은 점에서 보면 군이 걸프 지역으로부터
의 보도 부족을 우려했다는 점은 이해되지 않는다. 그 후 파월은 다
음과 같이 밝힌 바 있다.

전력증강, 즉 '사막의 방패' 작전 초반, 사우디아라비아는 간단히 말했
습니다. 이들은 자국 내부에 기자를 허용치 않을 예정이었습니다. 이
처럼 할 수 없음을 우리는 잘 알고 있었습니다. 주요 전쟁을 준비할

92) Morris, op. cit. p. 126. 다음을 또한 보시오. Schmeisser, P., 'Shooting Pool :
   How the Press lost the Gulf War', New Republic, 18 March 1991.
93) Hackworth, D., International Conference on Defence and the Media in Time of
   Limited Conflict, Brisbane, April 1991. op. cit. 다음을 또한 보시오. Corn, D.,
   'Flacks, Hacks and Iraq : Military Control of the Media Coverage of Persian
   Gulf War', Nation, 29 April 1991.
94) Fialka, op. cit., p. 40-1.
95) Ibid., p. 9.

목적에서 50여 만에 달하는 미군과 수천의 여타 국가의 군을 지구 반 대편에 보내놓은 상태에서 뉴스의 전면 통제는 생각할 수 없는 일이 었습니다.96)

군에 우호적인 정도를 고려해 선별적으로 배려하는 형태의 또는 군이 정보를 제공하는 형태의 체계는 군이 원하던 바였다. 맨 처음 슈워츠코프는 이 같은 정서(情緒)를 지지하였다. 그 후 그는 모든 기 자를 철수시키라는 사우디아라비아의 요구를 철회하는 과정에서 중 요한 역할을 하였다. 그는 다음과 같이 말하였다. "그레나다에서 우 리가 자행한 실수를 반복하지 않음이 매우 중요했습니다. 그곳에서 우리는 언론매체를 완강히 거부한 바 있습니다." 이번에는 상황이 다 를 것이란 생각에서 그는 언론매체를 다루기 위한 나름의 법칙을 설 계하였다. 여기에는 "미국 국민을 속이지 마라."97)는 문구가 포함되 어 있었다. 그러나 군사 및 정치적 긴박성으로 인해 이들 이상(理想) 은 장기간 동안 유지되지 않았다. "……우리의 신문과 TV에서 보도 한 내용이 이라크 군사정보의 최상의 출처가 되었다고 나 또한 확신 하고 있습니다."98)고 불만을 토로할 당시 슈워츠코프는 특히 작전보 안을 우려하고 있었다. 그런데, 이는 웰링턴(Wellington) 경의 견해를 반영한 것이었다.

그레나다와 파나마에서는 언론매체의 취재 배제란 정책이 성공을 거두었다. 그러나 전쟁 규모와 기간의 측면에서 걸프전은 어느 정도

---

96) Powell, op. cit., p. 494.
97) Schwarzkopf, op. cit., p. 398-9.
98) Ibid., p. 443.

수준이 있었다. 그 결과 처음부터 군은 언론매체의 취재 배제 정책을 노골적으로 이행(履行)할 수 없었다. 그러나 언론매체의 취재가 제한되어야 한다는 일반적인 사고(思考)에 따른 차선책으로 군은 언론매체에 대한 봉쇄 정책을 강요하였다. 이들은 걸프 지역의 지형이 복잡하다는 점, 그 결과 이동 및 통신 측면에서 언론매체가 군에 의존할 수밖에 없다는 점을 최대한 이용하였다. 보도검열의 정도에 관해 질문을 받자, 언론인들의 대다수는 사건에 제한된 수준에서 접근할 수밖에 없었다는 점이 적시의 정확한 보도란 측면에서 가장 큰 걸림돌이었다고 말하였다. 이 같은 언론인들의 발언을 통해, 우리는 군이 언론매체의 취재를 봉쇄할 목적의 정책을 이행했음을 알 수 있다.[99] 분쟁이 보도되는 방식에 관한 부시 행정부의 관점을 이 같은 태도가 그대로 반영하고 있었음에 틀림이 없다. 걸프전 이후 뉴욕타임스에 의한 연구에 따르면

걸프만으로의 군사력 전개 시점에서부터 8월 중순까지, 부시 대통령과 그의 측근들은 자신들의 정치적 목적을 지원해주는 방식으로 정보 유통을 관리하기로 결심하였다. 당시 이들은 "이 같은 언론매체 관리를 국방성의 기능 방식에 관한 모델로 나는 생각하고 있습니다.……이 같은 체계로 인해 역사상 어느 전쟁과 비교해도 언론인들이 보다 훌륭히 취재할 수 있었습니다."는 체니 국방장관의 발언을 인용하였다.[100]

---

99) LaMay et al., op. cit., p. 29-30.
100) *New York Times*, 6 May 1991.

공식적인 관점에서 보면 이는 공보 분야의 승리였다. 오스트레일리아의 저명한 국방 분야 특파원인 피터 로빈슨(Peter Robinson)은 걸프전 전역(戰役) 초반에 다음과 같이 말한 바 있다.

본질적으로 우리는 잘못된 부분이 전혀 없다는 점, 관련 요원들이 전혀 고통 받지 않는 가운데 군사작전이 완벽한 형태로 진행되고 있다는 점을 믿으라는 말을 듣고 있다. 또한 우리는 미약한 수준으로 연계되어 있는 다수의 동맹국들 간에 전혀 갈등이 없다는 점뿐만 아니라 유엔의 지원을 받는 군사력의 효용성을 심각하게 저해할 수도 있는 보급 내지는 지휘구조 측면에서 전혀 문제가 없다는 점을 믿으라는 말을 듣고 있다.[101]

대부분의 언론매체는 당시 전쟁의 취재에 관한 이 같은 해석에 동의하였다. 한편 워싱턴과 야전(野戰) 모두에서 언론인들이 불만을 토로하기 시작하였다. 이들은 Pool System으로 인해 언론매체와 군 간의 세력 균형이 군에 유리한 방향으로 기울어졌다고 불만을 토로하였다. Pool System의 사용과 취재 접근 제한으로 인해 군이 사실상 언론인들에게 과업을 배정해주는 주체가 되었다. 그 결과 군은 기자들이 볼 수 있는 부분뿐만 아니라 볼 수 있는 장소와 시점을 선정할 수 있게 되었다.[102]

---

101) Sun Herald, 13 January 1991. 다음을 또한 보시오. *Sydney Morning Herald*, 7 February 1991.
102) McMasters, op. cit. 다음을 또한 보시오. *Washington Post*, 17 March 1991; and Schmeisser, P., 'How the Press Lost the Gulf War : Shooting Pool', *The New Republic*, 18 March 1991.

이론적으로 보면, 신속 대응이 가능한 집단은 전투가 전개될 당시 한곳에서 다른 곳으로 순간적으로 이동하는 반면 보다 큰 Pool은 보다 큰 단위 부대 간에 순환되어야만 하였을 것이다.103) 그러나 실제적으로 보면 Pool 시스템으로 인해 전장(戰場)에서 예전에 목격된 바 없는 형태의 간접 성격의 보도검열이 가능해졌다. ABC 뉴스의 주드 로즈(Judd Rose)가 토로한 바처럼, 이들 언론인은 B-52 폭격기에 의한 폭격 대신 군용 자동차 Pool에 관한 남들이 알아주지 않는 영웅들을 취재해야만 하였다.

또 다른 문제에 군의 정규 브리핑이 있었다. 전쟁 당사자들로부터 뉴스를 직접 받아본다는 인상을 주게 되면서, 군에 의한 이들 브리핑은 본국 국민에게 즉각 인기가 있었다. 사실 군에 의한 이들 브리핑은 각본에 따라 철저히 관리되고 있었다. 이 점에서 언론매체가 그 내용을 조사하거나 분석해볼 기회가 거의 없었다. 이들 브리핑으로 인해 언론매체가 보도하는 내용의 신뢰성이 저하되는 결과가 초래되었다. 맥아더(MacArthur)가 지적하고 있는 바처럼, 대중은 뚜렷한 목표를 갖고 자신감 있게 보도하는 군과 실책을 자행하며 제대로 정보가 없는 상태에서 보도하는 언론매체를 곧바로 비교하였다.104)

미국의 TV 프로그램인 '토요일 밤의 생방송(Saturday Night Live)'가 언론 집단의 실적을 비방하는 한편, 군을 칭송하는 가벼운 풍자극을 방송할 정도로 당시 언론매체의 상황은 악화되었다.105) 파월 대장의 입장에서 보면, "……당시의 환희(歡喜) 이면에 일말의 진실이 있었

---

103) *New York Times*, 12 March 1991.
104) MacArthur, op. cit., p. 151.
105) US News & World Report Staff, op. cit., p. 413.

다." 또한 "당시의 가벼운 풍자극은……우리가 여론을 놓고 벌어진 전투에서 승리했음을 보여주는 증거였다."106)

B-52 폭격기의 폭격 임무와 같은 민감한 사안에 관한 취재는 전적으로 금지되어 있었다. 이 점에서 일군(一群)의 군용 자동차들에 대한 취재와 같은 사건들이 연출되었다.107) 당시 TV 취재의 많은 부분은 전투기로부터 나온 필름에 근거하였다. 군은 이들 필름을 선별적으로 제공했는데, 여기에 또한 조종(操縱 : Manipulation)과 보도검열이 숨어 있었다. 이것과 관련해 뉴스위크지는 다음과 같이 표현하고 있다.

이들은 가장 성공적인 임무 중에서 가장 절정(絶頂)에 해당하는 부분만 선별해내었다. 기자들에게는 방향을 잃은 미사일 내지는 폭탄을 보여주는 테이프는 제공되지 않았다. 이라크 사람들을 제외한 어느 누구도 벙커에서 몸을 움츠리고 있던 군인들에 다량의 폭탄을 투하하는 거대한 B-52 폭격기의 공격 모습을 목격하지 못했다. B-52는 TV의 감시가 미치지 못하는 곳에 있는 표적들을 공격하였다.108)

앞의 경우처럼 취재 과정에서 부정적인 부분을 삭제하는 형태의 접근 방안이 적극 장려되었다. 그런데 이는 무기가 시청자들에게 끼치는 '피의 효과'를 전면 보도하지 못하도록 하는 행위와 전적으로

---

106) Powell, op. cit., p. 529.
107) Zoglin, R., 'Volleys on the Information Front', *Time*, 4 February 1991. 다음을 또한 보시오. Letter to Secretary of Defence Dick Cheney, Ad Hoc Media Group, 25 June 1991 (copy courtesy American Society of Newspaper Editors), signed by seventeen publishers, editors or chief executives of major news outlets.
108) *Newsweek*, Special Gulf Issue, February 1991, p. 41.

대조되었다. 군의 대변인들은 공격하게 될 표적들을 지칭했는데, 내부에 사람이 있음에도 불구하고 이들 표적은 비디오게임에서의 이미지처럼 시청자들에게 제시되었다.

'우군 살상(Friendly Casualty)'의 문제와 관련해서는 이처럼 좋지 못한 부분을 삭제하는 행위가 보다 두드러지게 나타났다. 환자·의사 및 지휘관의 승인이 없는 경우, 다국적군 부상병들을 기자들이 촬영할 수 없었다. 헬멧을 착용하고서 턱 끈을 조이지 않은 부대원은 언론매체가 촬영하지 못하도록 한 사단장도 있었다. 촬영이 허가되지 않았음은 이 같은 주장을 통해 잘 알 수 있다.109) 더욱이 기자들은 "……고통 중에 있거나 심각한 충격을 받은"110) 사람의 모습 내지는 음성을 기록하지 못했다. 미 본토의 경우를 보면, 도버(Dover) 공군기지에 사망자의 관이 도착하는 모습의 촬영이 또한 금지되었다. 헌법 조항에 근거해, 미 자유시민연합(American Civil Liberty Union)은 이 같은 금지에 이의를 제기하였다. 그러자 법원은 사망한 병사의 도착이 국가안보 측면에서 위기에 해당한다는 점에 근거해 취재 접근을 금지해야 한다고 판결하였다.111)

언론인들은 군의 보안 관련 지침에 관해서 또한 이의를 제기하였다. 통상 그러하듯이 펜타곤은 이들 규칙의 검토를 약속하는 방식으로 대응하였다. 그러나 이들 규칙에는 근본적으로 변함이 없었다. 해크워스(Hackworth)에 따르면, 몇몇 경우 실제로는 규제가 늘어났다.112)

---

109) Draper, op. cit., p. 44.
110) 'Will we see the real war?' *Newsweek*, 1 January 1991.
111) Zoglin, R., 'It was a public relations rout too', *Time*, 11 March 1991. 다음을 또한 보시오. LeMay et al., op. cit., p. 22-3.

이외에도 군의 호위가 없는 가운데 사우디아라비아/쿠웨이트 국경 99킬로미터 이내로 접근하는 경우 기자들을 추방 내지 처형한다는 지역의 비망록으로 인해 이들 규칙은 강화되었다.113) 검토를 목적으로 원고를 제출한 이후 언론인들은 이들 원고를 통제할 수 없었는데, 이는 가장 큰 불만 사항이었다. 군은 원고의 이동을 완벽히 통제했으며, 불특정 기간 동안 이들 원고의 전송을 지연시킬 수 있었다. 워싱턴포스트의 외국 특파원의 말을 인용해, 게틀러(Gettler)는 다음과 같이 말한 바 있다. "이들은 내가 탱크를 운전하는 법을 모르는 바와 마찬가지로 원고의 전송 방법을 알지 못했다."114)

더욱이 군은 기자들이 차량을 운전하지 못하도록 했으며, 핸드폰 내지는 여타 독자적 성격의 통신 수단의 사용을 금지하였다. 기자들에게 호위 요원들은 이들 규칙의 엄격한 준수를 강요하였다. 사우디아라비아의 전화 시스템을 사용하겠다고 기자들이 말하자, "테러 분자들에 의한 위협의 대상"115)이라며 군은 이들이 이것에 접근하지 못하도록 하였다.

언론인들의 불만은 일일이 언급할 수 없을 정도로 많다. 여기서 언급한 불만이 '빙산의 일각'이란 점에는 의문의 여지가 없다. 이들 불만에는 군 호위 요원이 동행하고 있을 뿐더러 사전 허가가 있었음에도 불구하고, 언론매체를 되돌려 보낼 목적에서 길을 차단한 행위, 군 요원들이 기자들을 억류한 행위, 원고의 전송을 지연시킨 행위,

112) *The Australian*, 7 January 1991.
113) Gersh, D., 'Press Restrictions must GO', *Editor and Publisher*, 6 July 1991. 다음을 또한 보시오. *The Times* (London), 25 February 1991.
114) *Washington Post*, 17 February 1991. 다음을 또한 보시오., Rosenberg, J., 'Coping with Copy from the Gulf War', *Editor and Publisher*, 18 May 1991.
115) *Washington Post*, 17 February 1991.

각본에 근거해 연출된 대담(對談)과 사건 그리고 숙련되지 않거나 적대감정을 갖고 있는 호위 요원으로 하여금 기자들을 동행토록 한 행위들이 포함되어 있었다.

호위 요원 내지는 브리핑 장교들의 판단에서 볼 때, 수위(水位)를 벗어난 질문을 했다는 이유로 인해 기자 회견에 참석할 수 없던 기자들도 있었다. 한 보도에 따르면 "……호위 요원과 공보장교들의 익살스런 행동에 근거해 맥스 브라더즈(Max Brothers)가 영화를 제작했다."116)고 한다. 그러나 가장 많은 불만이 쏟아진 부분은 다국적군의 사상자와 종교 의식에 관해 취재할 수 없었다는 점과 Press Pool에 가입할 수 있는 언론인이 제한되었다는 점이었다. 보안 목적으로의 원고 검토에 이의를 제기한 사람은 거의 없었다. 그러나 언론인들은 이 같은 원고 검토가 불필요하다고 생각하였다. 그 이유는 작전보안의 준수란 측면에서 이들이 상식을 적용하고 있었기 때문이었다.

기자들 입장에서의 주요 사안은 특정 지역에 대한 접근을 사전 규제하고 있다는 점이었다. 지나칠 정도로 그리고 종종 어리석게도, 일반 유형의 정보에 보안 분류를 적용하는 행위에 불만을 토로하는 기자도 없지 않았다. 군의 입장에서 바람직한 내용을 취재하는 기자들에게 언론 지침을 완화해주는 경우도 없지 않았다.

완화해준 행위와 관련해 문제가 인지되면 현장을 목격한 개개 병사에게 기자들을 호위하는 요원들이 입 조심하도록 한 경우도 있었는데, 이는 보다 심각한 문제였다. 다단계 검토 시스템과 더불어 원고 지연 행위는 가장 심각한 문제였다.117) 사우디아라비아 정부는 개

---

116) Draper, op. cit.,p. 44.
117) *Problems of News Coverage in the Persian Gulf War*, compiled by the Ad Hoc

개 조직에 오직 하나의 비자만을 발급해주었는데, 이는 보다 은밀한 방식의 보도검열이었다. 맨 처음 사우디아라비아의 정책은 개개 조직에 하나의 비자만을 발급해주는 것이었다.

그러나 미국 정부에 강력한 항의가 전달된 이후, 이 같은 정책에 변화가 있었다.118) 피알카(Fialka)는 기자들의 행위가 지장 받거나 좌절되었던 다수의 사건을 언급하고 있다. 이들 사건은 군의 말도 되지 않는 비효율과 악의(惡意)에서 시작해 물리적 폭력에 이르기까지 다양하였다.119) 드레이퍼(Draper)가 말하고 있는 바처럼, "……너무나 많은 기자들이 동일한 형태의 고통을 겪었다. 그 결과 이들 고통은 시스템 차원의 특성이 되었다."120)

언론인들에게 군의 휘장을 달게 하는 문제와 관련해, 해크워스는 이의를 제기하였다. 휘장 착용으로 인해 이들 언론인 중 일부가 "……군을 사랑하게 되었다."고 그는 주장하였다. 해크워스의 표현에 따르면, '긍정적인 유대관계'121)를 조장할 목적에서 언론인 호위 요원 내지는 '사상경찰(思想警察 : Thought Police)'이 이처럼 언론인들의 군 휘장 착용을 승인해주었다.

국방공보(Defense Public Relations)가 사실보다는 선전에 관심이 있다고 불만을 토로하면서, 로버트 매노프(Robert Manof)는 미국 대통령 선거에서와 마찬가지로 주요 관심을 이미지에 두는 방식으로 사우디

Media Group. 다음을 또한 보시오. 'War Coverage Debriefings', *Columbia Journalism Review*, May/June 1991; and *New York Times Magazine*, 3 March 1991.
118) Schmeisser, op. cit.
119) Fialka, op. cit.
120) Draper, op. cit., p. 44.
121) *Sydney Morning Herald*, 23 February 1991.

아라비아에서의 작전이 적절히 관리되었다고 주장하였다.122) 해크워
스는 이것을 보다 직설적으로 표현하였다.

나는 군의 피해망상증과 관련해 그리고 언론을 통제하는 '사상경찰'들
과 관련해 불만이 많습니다. 나는 나름의 방식으로 밖에 나올 수 있었
습니다. 그러나 우리는 군이 하는 일을 독자적으로 판단하고자 할 때
필요한 이동의 자유가 없었습니다. 우리는 군이 주는 것을 받아먹는
실정이었습니다. 우리는 동물원의 동물과 같았습니다. 언론 담당 장교
들은 간간이 우리에게 고기 덩어리를 던져주는 동물원 관리였습니
다.123)

이들 제한 사항에도 불구하고, Pool에 소속되어 있지 않은 특파원
으로서 해크워스는 당시 전쟁의 결과를 정확히 예견하였을 뿐더러
전쟁 발발 2-3일도 되지 않아 이처럼 예언하였다. 한편 군은 자신들
에 대한 통제란 측면에서 엄격하였다. 군은 언론매체를 외교적 성격
의 신호를 전달하는 과정에서 사용되어야 할 매우 중요한 '무기'로
생각하였다. 그 결과 새로 취임한 미 공군참모총장 마이클 듀간
(Michael Dugan)은 언론에 시의 적절치 않은 내용을 발설했다는 점으
로 인해 체니 국방장관에 의해 해임되었다. 그 후 듀간은 미군이 사
담과 그의 가족을 공격해야 할 표적으로 간주하고 있다는 점을 언론
에 말했음을 시인했는데, 듀간의 죄는 바로 이 부분이었다.

---

122) Manof, R., quoted in Zoglin, op. cit.
123) Hackworth, International Conference on Defence and the Media in Time of
Limited Conflict, op. cit.

체니가 듀간을 해임하면서 열거한 이유에는 "……비밀 정보가 폭로되었을 가능성, 살인을 무기로 인정한 점 그리고 작전계획에 관한 논의"124)가 있었다. 듀간은 자신이 언론과 친숙해지고자 노력했는데, 그 과정에서 언론이 준비한 복병(伏兵)에 걸려들었다고 말했다. 그는 자신이 발언한 부분의 주요 상황 내지는 맥락은 생략된 채 배경 차원에서 간략히 언급한 부분이 확고한 정책으로 전달되었다고 답변하였다.125) 당시 진행되고 있던 미묘한 형태의 외교적 신호 전달에 방해가 되었다는 점으로 인해 듀간은 해임되었다. 그러나 듀간이 견지하고 있던 강경 노선이 듀간의 해임과 결합되면서 이라크는 미국이 전쟁에 돌입하지 않을 것이란 생각을 수정했는데, 이 점을 보여주는 증거가 없지 않다.126)

걸프전에서 목격된 언론매체에 대한 군과 정부의 관리·통제 및 조종(操縱)은 이전의 분쟁에서는 그 전례가 없는 형태의 것이었다. 이 같은 상황을 해크워스는 언론매체에 대한 군과 행정부의 승리, 즉 "……무혈의 사상자 하나 발생하지 않는 전쟁, 정치가들이 사랑하는 형태의 전쟁"127)인 걸프전에서의 승리로 표현하였다. 이라크군이 입은 엄청날 정도의 사상자와 관련해서는 전혀 언급이 없었다. 정치적 이해(利害)로 인해 전쟁 당사국 모두는 사상자 숫자를 철저히 함구하였다.

지구적 차원의 언론매체에서 사용 가능한 과학기술이 보다 정교해지고, 이들 기술을 이용한 정보의 전송 반경이 보다 길어졌으며, 신

---

124) Woodward, op. cit., p. 294.
125) General Michael Dugan, personal interview, Brisbane April 1991.
126) Bulloch & Morris, op. cit., p. 115.
127) Hackworth, personal interview, op. cit.

속 보도란 측면에서 보다 진전이 있었다(이들 이점으로 인해 언론매체가 군의 족쇄로부터 벗어날 수 있었어야 마땅할 것임.). 그럼에도 불구하고, 언론매체 관련 정책의 시행으로 인해 언론매체는 대부분의 전쟁 상황과 관련해 어둠을 헤매는 형국에 있었다. 이 같은 형태의 보도 검열은 필요하지조차 않았다.

사실 걸프전 당시와 이후에 편집된 보고서의 0.035%만이 검토를 목적으로 워싱턴으로 보내졌다. 펜타곤에 따르면 이들 중 내용이 바뀐 경우는 오직 하나뿐이다. 즉 당시는 검토가 필요치 않았다. 간략히 말해, 언론매체는 전장(戰場)에 접근하지 못했다. 걸프전에서의 TV 취재를 Pool 개념에 근거해 검토한 미 방송협회 이사인 월터 포지스(Walter Porges)의 다음과 같은 발언을 피알카는 인용하고 있다. "이것을 여러분은 사건에 접근하지 못하도록 하는 방식의 보도검열로 지칭할 수 있을 것입니다.……당시는 어느 누구도 목격하지 못한 몇몇 대규모 전투가 있었습니다."128)

고정형 진지(陣地)들에 B-52s 폭격기들이 가한 엄청난 수준의 파괴 내지는 쿠웨이트로부터 퇴각하고 있던 이라크 군에 가해진 불필요한 수준의 파괴를 필름으로 담거나 목격할 수 있던 곳은 군대뿐이었다.129) 어느 누구도 주요 기갑전(機甲戰)을 목격하지 못했다.130) 미군

---

128) Fialka, op. cit., p. 6.
129) Garrett, L., 'The Dead : What We Saw, What We Learned', *Columbia Journalism Review*, May/June 1991. 다음을 또한 보시오. Nairn, A., 'When Casualties Don't Count', *Progressive*, 4 May 1991; Dority, B., 'Casualties of War', *Humanist*, May/June 1991. 공식 관점을 알고자 하면 다음을 또한 보시오. US State Department Fact Sheet, Civilian Casualties at Iraqi Sites', statement by Press Secretary Marlon Fitzwater, 18 February 1991.
130) US News & World Report Staff, op. cit., p. 350-70.

이 수행한 여타 전쟁과 비교해 걸프전에서는 우군 사격에 의한 사상자가 10배 정도 발생했는데, 이들 사상자를 어느 누구도 목격하지 못했다.[131] 어느 누구도 이들의 사망과 파괴를 목격 내지 보도할 수 없었다.

AP 통신의 사진 편집장인 도널드 맬(Donald Mell)에 따르면 "사망한 이라크 군은 없었다."고 한다. 피알카에 따르면 맬은 40여 명의 사진사들이 전장에서 촬영한 수천의 사진을 검토하였다. 그는 다음과 같이 증언하였다. "우리가 알고 있지 못한 부분들이 나의 마음을 아프게 했습니다.……우리는 이처럼 대규모 차원의 기갑전을 수행했습니다. 그러나 전투 도중 적의 화력에 의해 공격받은 미군의 탱크에 관한 그림을 나는 본 적이 없습니다."[132] 항공기에 장착되어 있는 카메라를 이용해 촬영한 영상(이미지)처럼 공식적으로 배포되었을 뿐더러 면밀히 정제되고 선택된 필름들 또한 왜곡되어 있었다. 언론매체의 관점에서 보면, 당시의 전쟁은 피 흘리는 모습 내지는 실수를 전혀 보여주지 않는 첨단 과학기술에 의한 비디오게임으로 전락하였다.

당시의 전쟁이 TV 측면에서 장관(壯觀)일 수 있다. 당시의 전쟁이 정부와 군을 즐겁게 해준 형태일 수도 있다. 그러나 당시의 전쟁에서는 저널리즘이 목격되지 않았다. 당시의 전쟁에서는 새롭고도 수동적인 형태의 보도 검열과 조종(操縱 : Manipulation)이 목격되었다. 그런데 이들 검열과 조종은 국민의 알권리뿐만 아니라 국민에게 정보를 제공해주어야 한다는 언론매체의 의무를 그 전례가 없는 수준으로 위협한 경우였다. '미국의 뉴스와 세계보도(US News and World Report)' 팀의

---

131) Ibid., p. 373.
132) Fialka, op. cit., p. 5.

말을 빌려 표현해보면, 이라크 군을 제외하고 당시의 전쟁에서 패배한 자가 있다면 이는 언론매체였다.

제대로 조직되어 있지 않았을 뿐더러 본질적으로 질서가 없었으며, 만성적으로 경쟁을 일삼는 뉴스 기자들은 중부사령부와 펜타곤의 상대가 되지 않았다.……그 결과 걸프 지역으로부터 나오는 뉴스는 군이 보도되었으면 하고 바라는 형태의 것이었다.……자신들의 취재가 충분치 않다는 점을 알고 있던 많은 기자들이 분노하였다. 그러나 간단히 말해, 이들은 취재를 목적으로 사건에 접근할 수 없었다.133)

문제는 국방과 국방 관련 보도가 간단히 말해, 한물갔다는 점이었다. 피터 브래스트럽(Peter Braestrup)은 이것을 다음과 같이 표현하고 있다.

1972년에 징병제가 종료되었다. 그 후 여성들이 언론 부서에 대거 유입되었다. 그 결과 베트남전쟁 당시와 비교해 언론인과 군인 간에 문화적 측면에서 골이 깊어졌다. 점차 전술·병참·무기 및 군 언어들에 관해 대부분의 미국 기자들이 이해하지 못하게 되었다.134)

맥아더(Macarthur)가 말하고 있는 바처럼, "'사막의 폭풍' 작전을 군 보도검열의 부도덕한 승리가 아니라고, 그리고 언론매체의 처절한 패배가 아니라고 생각하는 사람은 거의 없었다." 그러나 그가 계속해서

133) US News & World Report Staff, op. cit., p. 413.
134) Fialka, op. cit., pp. xii-xiii.

말하고 있는 바처럼, 당시 불만을 토로한 미국의 언론인은 거의 없었으며, 군에 대적할 수 있던 언론인은 보다 더 없었다.[135] 피알카에 따르면 대부분의 기자들은 사건의 전개에 따라 이 부대에서 저 부대로 전혀 호위 받지 않으면서 자유롭게 이동할 수 있었던 또 다른 형태의 베트남전쟁을 취재하고자 하였다. 그러나 대부분의 경우 다음과 같았다고 그는 말했다.

……전술 차량, 항법장비, 군의 무선통신 및 보호가 없는 경우 쉽게 길을 잃거나 사살될 수 있던, 궤도(軌道)가 없으며, 매우 위험한 걸프 지역에서 전쟁이 진행되었다. 매우 신속히 이동하며 진행되던 당시의 전쟁에 대부분의 기자들이 준비되어 있지 않았다.[136]

진실이 밝혀지다

걸프전의 상황에 언론매체들이 매우 어두웠다는 점이 미국의 언론매체들이 제시하는 증거로 인해 알려지고 있다. 포클랜드 전쟁, 파나마 및 그레나다 당시와 마찬가지로 완벽한 형태의 군사적 승리라던 예전의 군의 주장이 오늘날 수정되고 있다.

미 하원 군사위원회(Armed Services Committee)가 제기한 보고서에 따르면, 43개 사단 규모라던 이라크의 전투서열(Order of battle)은 실제로는 34% 정도 과대 평가되어 있었다. 펜타곤이 54만으로 예견하

---

135) Macarthur, J., op. cit., p. 8
136) Fialka, op. cit., p. 8

패트리어트 발사 장면

고, 슈워츠코프 대장이 62만 3천 명이라고 주장한 반면, 실제 이라크
군 병력은 30만 미만이었다. 이들 중 최첨단 전력은 5만 수준이었
다.137) 하원 군사위원회 위원장인 하원의원 레스 아스핀(Les Aspin)에
따르면, 70만에 달하던 다국적군에 대적한 이라크 군 병력은 18만 정
도였다고 한다.138)

사우디아라비아에서 다국적군 전력을 증강시킬 당시, 펜타곤은 제
대로 준비되어 있는 방어선을 따라 50만 이상의 이라크 군이 다국적
군에 대적하고 있다는 내용을 전파한 바 있다. 그런데 수정된 정보
판단은 이 같은 모습과 크게 대조되었다. 정면에서 마주보며 진행되
는 전역(戰役)에서 엄청날 정도의 다국적군이 손실될 것이라고 예방
차원에서 언론에 전달한 경고의 의미가 이것으로 인해 손상되었다.

당시의 전쟁에서 10만 이상의 이라크 군이 전사(戰死)했다는 펜타

137) US News & World Report Staff, op. cit., p. 404-5.
138) Aspin, L., Congressional Press Conference, Washington 23 May 1992. (USIS
    Wireless File EPF/508 24 May 1992).

곤과 중부사령부의 예전의 판단 또한 의문이다. 수용 가능한 형태의 사실/희생자 비율에 근거한 신빙성 있는 계산을 이용해 미국의 뉴스 참모(News Staff)는 이라크 군의 전사자 숫자를 판단한 바 있다. 이라크의 군사력 수준이 25만 정도였다는 점을 고려해 이들은 당시의 전쟁에서 12,500에서 25,000여 명의 사상자가 그리고 이들 중 3,000에서 8,000여 명의 전사자가 있었을 것으로 판단하였다.139) 이들은 결코 작은 규모가 아니다. 그러나 이들은 이전에 미국이 공식 주장한 바와 비교해 훨씬 작은 규모다.

수치가 급격히 수정된 또 다른 분야에 정밀유도무기의 성능, 특히 당시의 TV 화면에서 단연 돋보였던 적 미사일 공격에 대항한 패트리어트 미사일의 성능에 관한 것이 있다. 분쟁 당시 펜타곤은 이들 미사일을 47발 발사해 45발이 성공적이었다고 주장했는데, 이는 96%의 명중률에 해당하였다. 1993년 4월, 이 같은 수치는 52% 정도의 성공률로 하향 조정되었다. 당시 펜타곤은 적의 미사일과 교전한 패트리어트 미사일 중 27%에 대해서만 성공을 확신하였다. 적의 미사일에 근접하는 경우를 격추로 간주한 미 국방의 레이더 데이터와 비교하는 등의 보다 엄격한 기준을 적용해 미국의 회계감사원(General Accounting Office)은 패트리어트 미사일의 성공률을 7%로 낮추었다.140)

의회에 제기된 그 후의 자료에서 의회의 연구부서(Research Service)는 육군의 기준을 적용하는 경우에서조차 패트리어트 미사일에 의해 이라크의 스커드미사일이 단 한 발도 격파되지 않았음을 확인해주었

---

139) US News & World Report Staff, op. cit., p. 406-7.
140) The Australian, 13 October, 1992 'Missile Company Defends Patriots' (reprinted from The Economist).

다.[141) 1992년 4월에 미 의회에 제출된 '걸프전 수행(Conduct of the Persian Gulf War)'이란 제목의 평문 보고서에서, 국방장관 체니는 패트리어트 미사일이 스커드미사일에 의한 위협을 억제하는 과정에서 도움이 되었다는 점만 인정하였다.[142)

회고해보면, 당시는 군사정보 분야에서 거의 지지 내지는 수용할 수 없는 형태의 또 다른 성공이 주장되었다. 1992년 1월, 미국의 TV 프로그램인 '언론과의 만남(Meet the Press)'에 출현해 슈워츠코프 대장은 이라크의 스커드미사일 발사를 위한 고정형 사이트 30개 모두가 아군의 폭격으로 인해 파괴되었으며, 20개로 추정되는 이동형 발사대 중에서 16개가 파괴되었다고 선언하였다. 당시 이라크는 고정형 및 이동형을 포함해 50개의 미사일 발사대를 보유하고 있었다. 그런데, 종전(終戰) 당시의 군의 공식 브리핑에 따르면 이들 중 81개가 무력화되었다.[143)

실제 전투 모습을 담은 필름에 근거해, 미 공군은 1대의 항공기가 출격해 4개의 이동형 스커드미사일 발사대를 격파했다고 주장하였다. 이 필름을 미국과 전 세계의 TV가 널리 방영하였다. 그런데, 그 후 이는 요르단의 유조(油槽) 차량에 대한 공격으로 판명되었다. 컴퓨터를 이용한 화질(畵質) 개선으로 인해 그 후 며칠 뒤, 펜타곤의 분석가들은 비디오테이프 자료를 반박하였다. 그 결과 이 같은 주장이 허구

---

141) Weekes, J., 'Patriot Games. What did we see on Desert Storm TV?' *Columbia Journalism Review*, July/August 1992, p. 13-4.
142) *Conduct of the Persian Gulf War*, Final Report to Congerss, Washington, April 1992, p. xiii.
143) *New York Times*, 24 June 1992; Crispin Miller, M., *Spectacle : Operation Desert Storm and the Triumph of Illusion*, Poseidon Press, Washington, 1992.

임을 군은 곧바로 인지하였다. 그러나 공식 입장에서 군이 물러선 경우는 한 번도 없었다. 파월 대장은 다음과 같이 말하였다.

스커드미사일 발사대가 아니고 4대의 유조 차량이 불타고 있음을 보여주는 부인할 수 없는 사진들을 들고서 다음날 영상 정찰 전문가가 나를 찾아왔습니다. 나는 보도된 내용을 수정하지 말고 그대로 내버려두라고 지시했습니다. 슈워츠코프 대장의 심적 부담이 매우 크다는 점, 그의 심적 안정 유지가 매우 중요하다는 점으로 인해 나는 그의 사기를 꺾지 않기로 결심했습니다.

CNN의 카메라 기자가 파괴된 차량을 필름으로 담게 되면서 당시의 보도가 잘못된 것임이 널리 알려졌다.[144]

이라크 무기의 파괴 조사를 담당하고 있던 유엔 특별위원회(Special Committee)가 작성한 전후(戰後) 보고서에 따르면 고정형 발사대 중 오직 12개만이 파괴되었으며, 다국적군의 폭격으로 인해 파괴된 미사일은 전혀 없었다.[145]

언론매체를 엄격히 통제했던 포클랜드·그레나다 및 파나마 전역(戰役)에서와 마찬가지로, 전후 걸프전에 대한 대중의 관심이 줄어든 이후에나 성공의 정도에 대한 주장이 하향 조정되었다. 이 같은 수정은 종종 훌륭한 형태의 조사보고서의 결과인 새롭고도 부인할 수 없는 증거로 인해 이루어졌다. 그러나 이들 예전의 분쟁에서와 마찬가지로, 정부와 군이 제기한 걸프전 초기의 공식 이미지에 따른 정치적

---

144) Powell, op. cit., p. 511.
145) Fialka, op. cit., p. 61-7.

이득과 비교해보면 그 후의 수정은 별다른 의미가 없었다.

이해하기 어렵겠지만, 여론조사에 따르면 제한된 분쟁에서 목격되는 주전론(主戰論 : Jingoism)에 고무되어 있던 미국인들은 언론매체에 대한 군의 규제란 개념을 걸프전 초반 지지하였다. 그런데 이는 그레나다 및 파나마 전역 당시와 마찬가지 현상이었다. 1991년 1월에 갤럽이 실시한 여론조사에 따르면, 언론매체의 취재로 인해 미국의 걸프전 수행이 보다 어려워지고 있다고 대부분의 미국인들은 느끼고 있었다.

또한 미국인들은 군이 언론매체를 충분히 통제하고 있지 않다고 느끼고 있었다. 놀랍게도, 79%의 미국인들이 군의 보도검열을 지지하였다.146) 걸프전에 관한 이야기가 모두 알려진 순간이 되어서야 이같은 수치에 변화가 있었으며, 미국국민은 국민의 알권리와 관련된 폭넓은 사안에 관해 질문하기 시작하였다.

예전에 목격되던 애국심에 근거한 주전론(主戰論)에 대중이 아직도 영향 받고 있다는 점, 이 같은 애국심이 발동하는 경우 보다 폭넓은 사고(思考)가 불가능해진다는 점이 정치가들에게 효과가 없지 않았다. 분명히 말하지만, 이는 부시 대통령 입장에서 효과가 있었다. 포클랜드 전역(戰役) 당시의 대처 수상의 경우와 마찬가지로, 전쟁 지도자로서 부시의 인기는 극적으로 상승하였다.147)

---

146) Ibid.
147) 'Strong US Support for US Effort in the Gulf Continues', USIS Wireless File EPF515, 15 February 1991. 다음을 또한 보시오. Lauterpacht, E., *The Kuwait Crisis : Basic Documents*, Cambridge International Documents Service, Cambridge, 1991.

언론매체의 반응

미국의 언론매체는 펜타곤 Pool의 발전 상황을 예의 주시하였다. 그 후 이들은 걸프 지역에서의 해상(海上) 위기 당시 Pool의 전개 측면에서의 결함으로 인지된 부분과 관련해 미국 정부에 항의하였다.[148] 걸프전 당시는 또한 야전과 워싱턴 모두에서 주로 미국의 언론매체로부터 불만이 고조되었다. 군 및 정부와 언론매체 간의 갈등이 지속되었다. '특별 언론매체 그룹(Ad Hoc Media Group)'과 '미 신문편집장협회(American Society of Newspaper Editors)'는 미국 정부에 주요 사항을 제안하였다. 미국언론협회(Inter American Press Association)는 걸프전에서의 보도검열을 비난하는 내용의 주요 성명을 헌법에 근거해 발표하였다. 일반적으로 정보의 지연 및 통제와 관련해 나름의 불만이 있었다. 또한 이 같은 관행이 지속되어서는 안 된다는 우려의 목소리가 있었다. 따라서 체니 국방장관에게 보낸 1991년 6월 25일의 서신에서 '특별 언론매체 그룹'은 다음과 같이 말하였다.

펜타곤의 Pool System 관련 협약으로 인해, '사막의 폭풍' 작전 당시 기자와 사진사들이 전쟁에 관한 모든 부분을 적시에 국민들에게 알려줄 수 없었다고 생각됩니다. 걸프전이 취재와 관련된 모델이 되어서는 안 됨이 중요한 의미가 있다고 우리는 믿고 있습니다.[149]

---

148) *New York Times*, 23 July 1987. 다음을 또한 보시오. *Under Fire, US Military Restrictions on the Media*, Centre for Public Integrity, Washington, 15 January 1991.

149) Letter to Secretary of Defence Dick Cheney, Ad Hoc Media Group, 25 June 1991 (copy courtesy American Society of Newspaper Editors).

이 서신과 더불어 걸프전 당시 언론매체 요원들이 직면했던 난관에 관한 광범위한 형태의 내용이 전달되었다. 또한 '특별 언론매체 그룹'은 전투에서의 미군의 활동에 관한 뉴스 취재와 관련된 미래의 협정을 좌우해야 할 것으로 생각되던 10대 원칙을 제기하였다. 이들 원칙은 다음과 같다.

1. 미군 작전에 관한 취재는 독자적인 형태의 보도가 주요 수단이 될 것이다.
2. Pool의 사용은 시들 보고서(Sidle Report)에서 명명한 형태로 국한되어야 한다. Pool은 미군의 주요 작전에 최초 참여하는 부대와 함께 기자들을 보낼 목적의 것이다. 이들 Pool은 전개 초기 단계인 24-35시간을 초과해서는 안 되며, 독자적인 취재를 위해 그 후 해산되어야 한다. Pool이 미군의 취재와 관련된 표준이 되어서는 안 된다.
3. 개방된 취재가 물리적으로 불가능한 사건 내지는 장소(예를 들면, 포클랜드 전역)의 경우 특정 Pool이 적합할 수 있다. 그러나 이 같은 특정 목적의 Pool의 존재로 인해 '독자적 취재'의 원칙이 의미를 상실하는 것은 아니다. 새로운 조직들이 Pool된 사건들을 독자적으로 취재할 능력이 있는 경우, 이들은 이처럼 할 수 있다.
4. 전투 지역에 있는 언론인들은 취재와 관련해 미군의 승인을 받게 된다. 이들은 미군과 미군 작전을 보호해주는 군사보안 지침을 준수해야 한다. 이들 지침을 위배하면 취재 권한이 중지되거나 취소되며, 언론인은 전투 지역으로부터 추방될 것이다.
5. 언론인들은 모든 주요 부대에 접근할 수 있다.

6. 군의 공보 장교는 연락 요원으로 기능해야 하지만 보도 과정에 간
   섭해서는 안 된다.
7. 뉴스 자료, 단어 및 그림은 군사보안의 사전 검토 대상이 아니다.
8. 군은 Pool 소속 요원들의 운송을 책임지게 된다. 야전 지휘관들은
   가용한 경우 언론인들이 군용 차량과 항공기를 탈 수 있도록 해주
   어야 한다.
9. 군은 Pool의 자료를 위한 적시의 보안성이 있으며 호환성 있는 송
   신 시설을 공보 장교들에게 제공해주게 된다. 또한 가능하다면 독
   자적으로 취재한 내용을 전송할 목적에서 이들 시설이 항상 가용하
   도록 해야 한다. 정부의 시설이 가용하지 않은 경우 언론인들은 가
   용한 여타 수단들을 이용해 전송하게 되며, 이처럼 하는 과정에서
   방해받지 않을 것이다. 군은 뉴스 조직이 운용하는 통신 시스템의
   사용을 금지하지 않을 것이다.
10. 이들 원칙은 국방성 '국가언론매체 풀체계(National Media Pool Sys-
    tem)'의 운용에 또한 적용될 것이다.[150]

이들 원칙을 '미 신문편집장 협회'가 수용하였다. 이곳은 이들 원
칙에 서명하는 서신을 체니 국방장관에게 보냈다. 또한 이들은 "……
언론과 관련된 걸프전에서의 경험이 재현되어서는 안 된다."는 내용
의 우려를 재차 언급하였다. 독자적인 관찰에 필요한 이동 및 접근의
자유를 걸프전 당시 언론매체가 누리지 못했다고 '미 신문편집장 협
회'는 계속해서 언급하였다.[151]

---

150) Letter to Secretary of Defence Dick Cheney, op. cit.
151) Ibid.

추가의 불만 사항을 공식화할 목적에서 그 해 후반, '미 신문편집장 협회'는 주요 언론매체 집단의 회합을 권고하였다. 1991년 5월에 열렸던 연례 회합에서 '미 신문편집장 협회'의 회장인 벌 오스본(Burl Osborne)은 걸프전 당시 언론이 호되게 당했다고 주장하였다. 그 후 그는 이 같은 상황을 야기한 엄격한 형태의 통제를 일반적으로 미국인들이 지지했다고 경고하였다. 문제는 "……적시에 직접 보도함이 장기적으로 보면 대중의 이익을 가장 잘 지원하는 방안이란 점을 국민들에게 납득시키지 못했다는 점 그리고 우리가 군사보안의 필요성을 이해하지 못했다는 점."152)이었다고 오스본은 말하였다.

워싱턴포스트지의 마이클 게틀러(Michael Gettler)는 국민에게 정보를 전달해줄 목적의 활동이 일반적으로 "……국방성의 관행으로 인해 차단되었으며, 저해되거나 감소되었다."고 말하는 등 언론매체의 전반적인 관점을 요약해 말하였다. 게틀러에 따르면 언론매체는 완벽한 이야기를 말 할 수 있는 입장이 아니었다.153)

반응은 예상한 대로였다. "내일 재차 해야 한다면 나는 우리가 한 바대로 시작할 것이다."154)는 체니의 발언을 제외하면 국방성 내지는 펜타곤으로부터의 어떠한 공식 논평도 있지 않았다. 미국 정부가 권고 사항을 경청할 준비가 되어 있다고 체니는 암시하였다. 그러나 미군은 전혀 양보하지 않았다. 리야드(Riyadh)에서 군의 공식 대변인이

---

152) Osborne, B., address to the Annual Convention of the American Society of Newspaper Editors, Boston, May 1991.
153) Gettler, M., address to the Annual Convention of the American Society of Newspaper Editors, op. cit. 다음을 또한 보시오. Editorial, *The Nation*, 27 May 1991.
154) *New York Times*, 6 May 1991.

던 닐(Neal) 준장은 이 점과 관련해 다음과 같이 언급한 바 있다. "Pool 시스템이 지속되어야 한다는 점을 나는 여러분에게 단언할 수 있습니다."155)

국방성과 22개 뉴스 조직의 고위급 참모들 간에 있었던 8개월에 걸친 협상 이후, 1992년 5월에 도입된 새로운 지침에서는 강경 발언이 득세하였다. 미국이 개입하는 미래의 분쟁에서 취재와 관련된 주요 수단은 공개적이고도 독자적인 보도가 되어야 한다는 점에 관련 요원들이 동의하였다. 언론매체는 향후 보다 준비되어 있는 특파원들을 배치하고자 노력하였다. 시들 보고서(Sidle Report)를 연상케 하는 이들 및 여타 권고 사항에도 불구하고, "……'공개적인 취재(Open Coverage)' 상황에서조차 매우 멀리 떨어진 지역에서 또는 공간이 제한된 장소에서 벌어지는 사건과 같은 특정 사건에 Pool 시스템이 적합할 수 있다."는 점을 언론인들은 인정하였다. Pool은 가능한 한 규모가 커야 하며, 가능한 한 신속히 해체되어야 한다는 점에 관련 요원들이 동의하였다. 그러나 작전보안과 뉴스 요원의 신변 안전이란 예전의 개념이 아직도 득세하였다.156)

걸프전에서 미군은 고통이 없으며, 피를 흘리지 않은 가운데 승리하였다. 이 점이 정치적으로 나름의 의미가 있었다. 이는 정치인들에게 결코 손해되지 않는 부분이었다. 공세작전을 수행할 목적으로 다국적군의 기동부대와 함께 자국 함정을 파견할 것이란 호크(Hawke) 수상의 발언 이후, 오스트레일리아에서 실시된 여론조사에 따르면, 응답자의 80% 정도가 그의 행위를 지지하였다. 그 후 1달 뒤인 2월

---

155) Gettler, address to the Convention, op. cit.
156) *Washington Post*, 21 May 1992.

에도 여론조사에 응한 오스트레일리아 사람의 70% 정도가 호크를 지지하였다.157) 영국의 여론조사에 따르면 56% 정도가 걸프전을 지지했으며, 13%만이 영국군의 활용에 반대하였다.158)

1990년 8월에는 미국 유권자의 60% 정도가 부시 대통령의 업무 처리 방식을 지지하였다. 걸프 위기가 시작되자 여기에 12%가 추가되면서, 4명 중 3명의 미국인이 대통령을 지지하였다.159) 흥미롭게도, 부시 대통령에 대한 대중의 지지는 1990년 11월경에 50% 이하로 떨어졌다.160) 그러나 전투가 시작되자 부시 대통령의 인기가 치솟아 올랐다. 이라크를 공격하기로 한 부시 대통령의 결심을 미국인의 79% 정도가 지지했으며, 70% 정도는 걸프전이 이라크 국경 너머로 비화되어야만 했다고 믿고 있었다.161)

또한 미국 국민은 행정부와 군이 언론매체를 다룬 방식을 일반적으로 지지하였다. 보도검열에 대한 대중의 태도에 관한 설문 조사에 따르면, 1980년대 중반 이후 이 사안에 관해 여론이 균등하게 분할되어 있었다. 그러나 걸프전 당시는 "……주요 뉴스를 보도함과 관련된 언론매체의 능력과 비교해 군의 보도검열이 훨씬 중요하다."162)는

---

157) Saulwick Poll, *Sydney Morning Herald*, 24 January 1991, and Morgan Gallup Poll, February 1991.
158) *The Observer*, Harris and Sunday Times polls, January 1991.
159) *Washington Post*, 31 March 1991. 걸프전에 관한 미국 태도에 관한 보다 상세한 분석을 보고자 하면 다음을 참조하시오. Lauterpacht, op. cit.; and 'Strong Support for US Effort in Gulf Continues', USIS Wireless File. RefEPF515, 15 February 1991.
160) *Australian Financial Review*, 29 November 1990.
161) Roper Centre for Public Opinion, University of Connnecticut, July 1991.
162) *Times Mirror Survey, The People, the Press and the War in the Gulf*, Part II, 14-18 March 1992.

주장을 지지하는 사람이 2 : 1 비율로 높았다. 이처럼 여론에 변화가 있었다. 이 같은 대중의 지지를 놓고 보면, '승리의 구도(構圖)'라고 생각되는 부분을 변경해야 할 이유를 행정부는 찾기가 쉽지 않았다.

결정적인 형태의 군사적 행위에 따른 정치적 이득은 분명하였다. 이 점을 고려해, 1993년 7월 미국은 바그다드의 몇몇 군사정보 관련 표적들을 미사일로 공격하였다. 당시 공격의 이면에는 미국 대통령의 인기를 높이기 위한 노력이 숨어 있었다고 많은 사람들이 주장하였다.163)

4월의 쿠웨이트 방문 도중, 전임 대통령 조지 부시(George Bush)의 목숨을 이라크의 지원을 받는 단체가 위협했다고 주장(부인할 수 없는 증거에 입각해)하면서 빌 클린턴(Bill Clinton) 대통령은 24발의 크루즈미사일로 이라크를 공격하라고 명령하였다.164) 민간인 피해에 관한 보도와 저명한 예술가가 폭격으로 인해 사망했다는 이라크로부터의 보도가 널리 전파되었다. 그럼에도 불구하고, CNN의 여론조사에 따르면 클린턴 대통령의 이 같은 행위를 미국국민이 압도적으로 지지하였다. 여론 조사에 응한 2/3 정도가 지지 의사를, 그리고 23%만이 반대를 표명하였다.165) 베트남전쟁과 관련해 클린턴이 반대 입장을 표명했음을 기억하고 있으며, 군 내부에서 동성연애자들을 지지하는 그의 모습에 분개하고 있던 미국인들은 군에 대한 그의 태도에 우려를 표명하고 있었다. 이라크에 대한 당시의 공격으로 인해 클린턴 대통령은 이 같은 우려를 불식시킬 수 있었다.

---

163) Editorial,. *Sydney Morning Herald*, 28 June 1993.
164) *Time*, 5 July 1993. p. 18.
165) *Sydney Morning Herald*, 29 June 1993.

결론

여기서 곧바로 내릴 수 있는 결론은 다음과 같다. 즉 걸프전에서 군은 작전 초반 단계에서 언론매체가 취재하지 못하도록 고의적으로 행동하고는 그 후 언론매체에 대한 봉쇄 및 제한 정책이란 우리에게 친숙한 유형을 따랐다. 예전과 마찬가지이지만, 언론매체와 군의 협조에 관해 면밀히 강구된 프로그램은 언론매체 통제란 정치적 필요성으로 인해 그 의미가 상실되었다. 재차 말하지만, 군은 지역의 기반시설이 거의 존재하지 않을 뿐더러 본국으로부터 멀리 떨어져 있으며, 열악한 지형에서 원정 형태로 수행되는 전역(戰役)에서 목격되는 이점을 최대한 활용하였다.

당시의 작전이 원거리를 신속히 이동하는 형태로 진행되었다는 점이 앞의 사실과 결합되면서, 언론매체는 운송, 생계유지, 통신 그리고 사건에 대한 접근이란 측면에서 군에 의존할 수밖에 없었다. 또한 이 같은 점으로 인해 군은 언론매체와의 관계를 주도할 수 있었다. 군의 입장에서 부정적인 사안들에 관한 언론매체의 취재를 제한하고, 기자들의 원고를 군이 검토할 수 있도록 해준 언론 관련 지침에 명시되어 있는 규제 사항과 앞의 사항들이 결합되면서, 군은 언론매체가 보아야 할 부분뿐만 아니라 볼 수 있는 장소와 시점을 통제할 수 있었다. 통신 수단을 거의 독점하고 있었다는 점으로 인해 군은 원고의 전송을 지연시킬 수 있었다. 이 점으로 인해 앞에서 언급한 언론매체와 관련된 군의 능력이 보다 더 고양되었다.

언론매체가 군의 통제에 굴복했다는 점과 더불어, 군은 언론매체의 모든 부서에 사전 편집된 긍정적인 형태의 뉴스를 선별적으로 제공해주었다. 그 결과 군은 당시의 분쟁에 관한 언론매체의 이미지를 통제할 수 있었다. 군은 걸프전 전역(戰役)의 초기 이미지를 통제할 수 있었는데, 이는 훨씬 중요한 의미가 있었다. 그 결과 수천 피트에 달하는 TV 필름이 있었을 뿐더러 최신의 과학기술이 배치되어 있었음에도 불구하고, 주요 전투가 보도되지 않았다. 승리만을 보여주는 등 정치적으로 수용 가능하며, 좋지 못한 부분이 삭제된 형태의 전쟁을 위해 전쟁의 실상뿐만 아니라 모든 실제적인 분석이 간과되었다.

가능한 최상의 관점에서 자신의 정책을 제시할 목적에서 뿐 아니라 이라크 국민을 기만 및 오보(誤報)할 목적에서 군이 언론매체를 최대한 이용했음이 또한 분명해졌다. 보도 검열과 관련된 주요 무기인 취재 접근 제한은 모든 수준의 지휘 제대(梯隊)에 비밀 성격의 의사일정(Agenda)이 있을 정도로 보편화되어 있었다. 그런데 이는 언론매체에 의한 충격을 최소화할 목적의 것이었다. 언론매체는 첨단 과학기술 장비로 무장되어 있었다. 그러나 이 같은 장비의 잠재력은 보안성 검토와 취재 접근 제한에 따른 보도 지연(遲延)으로 인해 그 의미가 반감되었다. 이외에도 군은 필요한 순간에 사용할 목적의 전파 교란 능력을 보유하고 있었다.

언론매체는 걸프전에 준비되어 있지 않았다. 이곳은 상호 경쟁으로 인해 분열되어 있었다. 또한 언론매체는 여타 분야에 통상 유지하고 있던 전문가들을 국방 분야에는 배치할 수 없었다. 몇몇 우수한 형태의 분석이 없지 않았지만, 언론매체는 행정부가 선택한 정책 노선을 그대로 반영하는 오류에 빠져 있었다. 이는 사담을 악마로 만드는 과정에서 특히 그러하였다. 마지막으로 그리고 아마도 가장 가슴 아픈 일이지만, 분쟁 당시의 시민의 의무에 관한 시대에 뒤쳐진 인식에 근거해, 대중은 정부와 군이 언론매체에 가한 규제를 신속히 지지하는 모습을 보였다.

언론매체에 대한 이 같은 통제로 인해 행정부와 군이 이득을 보았음은 분명한 사실이다. 파나마 전역에 관한 분석 이후, 언론매체에 대한 통제 방안이 식별되었다. 우리는 언론매체에 대한 군의 통제 방안이 미래의 제한된 분쟁에서 보다 정교한 방식으로 보다 널리 적용되는 현상을 목격하게 될 것이다. 그 결과 향후에도 언론매체에 대한 군의 득세가 확인될 것이다. 또한 다음에서 보듯이, 언론매체 관리에 적용되는 유형이 몇몇 식별 가능한 특성을 보일 것이다.

사전 단계로서 몇몇 인기 있는 대의가 선정될 것이다. 뿐만 아니라 본국에 직접 위협이 되는 적이 없는 경우 수용 가능한 특정인 내지는 특정 집단을 악마로 만드는 과정에서 언론매체가 이용될 것이다.

계획수립 당시에는 엄격한 취재 접근 통제와 언론인에 대한 호위요원 제공이 추가된 매우 통제된 형태의 Pool 시스템, 그리고 기자의 원고를 철저히 검토하는 방안들이 강구될 것이다. 독자적으로 취재하고자 노력하는 언론매체를 봉쇄하기 위한 공식화된 정책이 있게 될 것이다.

이들 조치로 인한 뉴스의 공백을 메울 목적에서, 작전이 시작되면 군이 촬영한 선별적이고도 사전 편집된 필름을 배포하는 행위와 통제된 형태의 기자회견이 늘어날 것이다. TV의 즉시성을 이용해 정부와 군이 대중에 직접 접근하게 될 것이다. 그 결과 감시인과 해설자로서의 언론인의 전통적인 역할이 희생될 것이다. 최초 주장한 바를 수정한 내용이 대중의 관심이 크게 줄어든 시점에 서서히 공개되는 등, 군은 사건이 훨씬 지난 이후에나 언론매체에 제공한 내용을 수정하고자 할 것이다.

이들 모두는 제대로 계획되어 있으며, 신속하고도 성공적으로 시행되는 작전을 배경으로 전개될 것이다. 그 후 공보 분야는 다국적군을 극구 찬양하는 등 작전에 참가한 사람들의 전문성에 초점을 맞추게 될 것이다.

언론이 군을 상세 감시하지 못하도록 하였을 뿐더러 유권자들이 정치가들에게 부여해준 이점이란 측면에서, 이들 요인은 성공적이었다. 이 점에서 보면, 미래에는 언론매체를 통해 정보를 받아봄과 관련된 국민의 권리가 보다 더 줄어들 것이다. 지금까지의 사례 연구를 통해 보면, 이 같은 유형의 언론매체 봉쇄 내지는 부분적인 취재 배제는 제한된 기간 동안에만 기능할 수 있는데, 이는 나름의 위안 사항이다. 베트남전쟁에서 그러했으며, 1991년의 걸프전에서 가능성이 있었듯이, 제한된 분쟁의 수행 기간이 길어지고, 그 과정에서 많은 사상자가 발생하게 되면, 이 같은 군의 득세가 도전 받게 되고 붕괴될 가능성도 없지 않다. 왜냐하면, 독자적인 정보 수집과 통신을 목적으로 지구적 차원의 언론매체들이 자신의 역량을 최대한 동원할 것이기 때문이다.166)

---

166) 당시 분쟁의 결과에 관해 보다 많이 알고자 하면 다음을 참조하시오. Bennis, P., & Mousehabeck, M., *Beyond the Storm*, Olive Branch Press, New York, 1991; and Carpenter, T., *America Entangled : The Persian Gulf Crisis and its Consequences*, Cato Institute, Washington, 1991. 언론매체의 취재와 정부의 기만에 관해 보다 상세 조사해보려면 다음을 또한 보시오. US News & World Report Staff, op. cit.

제9장

유엔의 평화유지 활동과 언론매체

20세기 말에 목격된 전쟁 본질의 변화란 측면에서 보면, 평화유지 (Peace Keeping) 활동은 매우 중요한 부분이다. 1948년부터 1988년의 기간 중 유엔은 평화유지 활동에 13회 참여하였다. 그 후 8년 동안, 유엔은 이 같은 활동에 23회 참여했는데, 이는 이전의 40여 년 동안 있었던 횟수와 비교해 거의 2배에 달하는 수치다. 한편 평화유지 활동 관련 소요(所要)는 줄어들 기미를 보이지 않고 있다.[1)]

오늘날의 세계가 평화유지 활동에 이처럼 열광하는 이유는 '냉전의 긴장'이 가라앉았다는 점 그리고 동서(東西) 경쟁의 주제에 해당하던 다수 상황에서의 초강대국들의 이해(利害)가 줄어들었다는 점과 직접 관련이 있다.[2)] 냉전 종식 이후 부상한 지구적 차원의 상호 협조

---

1) *Weekend Australian*, 1-2 July 1995 (report from The Times).
2) Berdal, M.R., *Whither UN Peacekeeping*, Adelphi Paper 281, International Institute for Strategic Studies, London, October, 1993 p. 3; Boutros-Ghali, B., *An Agenda for Peace*, United Nations, New York, 1992, p. 1-2.

정신으로 인해, 우리는 예전과 비교해 보다 다양한 형태의 분쟁과 국제사회의 관심 사항에 대처하고자 노력하고 있다. 이 같은 취지로 유엔 사무총장실(Office of Secretary General)이 사용될 것으로 오늘날의 세계는 기대하고 있으며, 많은 국가들이 유엔을 바라보고 있는 실정이다.3)

그 결과 평화과정(Peace Process)이 확대되었으며, 평화유지 활동에 참여하는 군 요원들을 위한 새롭고도 색다른 형태의 과업이 식별되었다. 유엔군이 아직도 휴전선(Truce line)을 순찰하고 있다. 그러나 이들의 새로운 임무에는 선거 지원, 인도주의 차원의 재난구호 노력 보호, 지역 경찰에 대한 훈련, 무장 해제 그리고 군의 동원해제와 같은 다양한 형태의 과업들이 포함되어 있다.4)

동서(東西) 간의 대립에서 탈피해 폭력과 억압에 따른 고통으로 초점을 전환하는 등 언론매체는 이들 변화에 신속히 적응하고 있다. 언론매체의 보도로 인해 이들 문제에 관한 대중의 관심이 고조되었으며, 국제사회의 행위의 필요성에 힘이 실리게 되었다. 그러나 평화유지 활동이 전통적인 형태의 분쟁 개입과 같지 않다는 점을 언론매체는 뒤늦게 인지하였다. 이들 간의 구분은 중요하다. 그 이유는 평화유지 활동에 관한 결심에도 '선택의 문제'가 따르지만 이들 선택으로 인해 국민은 제한된 분쟁에서와 전혀 다른 형태의 의사결심 영역에 들어가기 때문이다.

---

3) Evans, G., *Cooperating for Peace*, Allen & Unwin, St Leonards, NSW, 1993, p. 100-3; Boutros-Ghali, B., loc cit.; United Nations, *The Blue Helmets : A Review of United Nations Peace-keeping*, 2nd Edition, United Nations, 1990, p. 7-8.
4) Berdal, loc cit.; Michaels, M., 'Blue-Helmet Blues', *Time Australia*, vol. 8, no. 46, 15 November 1993,p. 50-1.

서구국가 국민들의 입장에서 보면, 평화유지 활동의 지원 여부에 관한 결심에는 국가생존 내지는 개인의 안전의 문제가 따르지 않는다. 그러나 여기서는 국제사회의 시민으로서 유엔헌장의 원칙 고양(高揚)과 관련된 개인의 도덕적 책임이란 문제가 개입되고 있다. 무엇보다도 이들 원칙으로 인해 오늘날의 세계는 다음에 전념하게 된다.

······평화에 위협이 되는 요소들을 방지 및 제거하고, 평화를 깨는 행위 내지는 침략 행위를 억제하며, 평화의 침해로 이어질 가능성이 있는 국제 분쟁 내지는 상황을 국제법과 국제사회의 정의(正義)의 원칙에 따라 평화적인 수단을 이용해 조정하거나 해결하기 위한 효과적인 형태의 집단 안보 수단을 강구한다.5)

평화과정이 확대되면서 유엔에 대한 세계 시민의 책임이 평화유지에 관한 전통적인 형태를 초월해 지역 분쟁의 개입과 국가건설로 지칭될 수 있는 활동으로 확장되고 있다. 국제사회에 대한 책임으로 인해 어느 정도까지 이들 활동이 확대되어야 하는 지에 관해 의문이 제기되고 있는데, 이는 보다 중요한 부분이다. 이들 영역에서의 최근의 노력에서는 "······경제·사회 또는 인도주의적 성격의 국제사회의 문제를 해결하고,······인권과 기본적인 자유의 촉진 및 조장"6)을 추구하는 유엔헌장에 명시되어 있는 원칙과 목적을 수용하고 있다.

결과적으로 보면, 국제사회의 이들 주요 관심 영역에서의 의사결심과 관련해 어느 누구의 가치관이 반영되어야 할 것인가란 문제를

---

5) *Charter of the United Nations*, Article 1.
6) Ibid.

시민들은 제기해야 한다. 자타가 공인하는 초강대국인 미국과 주요 열강이 평화과정을 주도하는 오늘날 이는 매우 중요한 문제다.

이 장(章)에서 우리는 국제 분쟁관리에서의 평화유지 활동의 위상과 평화조성(Peace Making)이란 보다 새로운 개념, 유엔의 평화유지 관리뿐만 아니라 평화과정에 언론매체가 끼칠 수 있는 영향 그리고 유엔에 대한 국가 및 개인의 책임이란 개념을 살펴보고 있다.

캄보디아·아이티 및 소말리아에서의 최근의 평화유지 및 평화조성 노력에서는 국가건설 관련 활동이 엿보였다. 평화과정의 확대가 평화유지 요원의 과업에 영향을 끼친 방식뿐만 아니라 평화유지 상황을 취재할 당시 언론이 특정 태도와 가치관을 투사한 방식을 보일 목적에서 다음의 장(章)들에서는 이들 평화유지 및 평화조성 관련 노력이 논의될 것이다.

언론매체, 평화유지 활동 그리고 제한된 성격의 분쟁

유엔의 평화유지와 관련된 외교 및 군사적 요구사항은 제한된 분쟁의 경우와 전혀 다르다. 국방 주변에서조차 정치 및 군사적 대립이 재래식 전쟁(Conventional War)에서 시작해 제한전을 거쳐 평화유지 활동으로 하향 연결되고 있다고 생각하는 경향이 없지 않다.[7] 그러나 재래식 전쟁 내지는 제한전인지에 무관하게, 상호 대립은 상대방

---

7) 예를 들면 다음을 보시오. *CLIC Papers Series, JCS Publication 1-02*, Army Air Force Centre for Low Intensity Conflict, Langley, Virginia, May 1988; *Joint Low Intensity Conflict Project : Final Report*, US Army Training and Doctrine Command, Fort Monroe, Virginia, August 1986.

에 대한 교전국의 태도로부터 나오게 된다.

그런데 이 같은 대립은 평화유지 철학과 전면 배치되는 형태의 것이다.

평화유지 활동에서는 유엔과 유엔군의 측면에서 편향되지 않은 입장과 선린정신이 요구된다. 추구하는 목표가 분쟁의 방지 내지는 봉쇄를 겨냥한 국제 집단 행위의 정당화인 경우, 이들 유엔군은 편견이 없이 공정해야 하며, 공정한 것으로 보여야 할 것이다.8) 더욱이 새로운 유형의 평화유지 활동을 보여주는 질적으로 색다른 과업을 수행하면서 평화유지 요원들은 고통 완화를 위해 노력하고, 분쟁에 직접 개입하지 않는 상태에서 협상을 통해 상황을 해결하거나 상황을 해결할 수 있는 여건을 조성해야 한다.9)

평화유지 활동 중에도 폭력이 발생할 가능성은 있다. 그러나 긴장완화를 위해 노력하지 않는 상태에서의 인명 손실 강조는 평화유지 관련 노력의 정신에 통상 위배되는데, 이는 앞의 사실(고통 완화를 위해 노력하고, 분쟁에 개입하지 않는 상태에서 협상을 통해 상황을 해결하거나 해결할 수 있는 여건을 조성해야 한다는 점) 때문이다. 관심의 초점이 평화과정을 벗어나면 유엔이 추구하는 목표가 변질될 가능성도 없지 않다.

유엔의 평화유지 활동을 위한 언론매체 환경은 재래식 전쟁 내지는 제한전의 경우와 같지 않다. 비교적 장기간 동안 진행된다는 점으로 인해 재래식 전쟁의 경우는 언론매체 관리를 위한 시스템의 개발

---

8) Holst, J.J., 'Enhancing peace-keeping operations', *Survival*, vol. xxxii, no. 3, May/June 1990, p. 264-75.
9) United Nations, *The Blue Helmets : A Review of United Nations Peace-keeping*, 2nd edition, United Nations, 1990, p. 7-8; Berdal, op. cit., p. 3-4.

이 편리했을 뿐더러 바람직하였다. 또한 국가에 대한 최우선적인 책임을 가정한 결과로 인해 규제 사항을 자발적으로 준수하지 않는 경우, 언론매체에 대한 통제가 정당화되었다. 재래식 전쟁과 비교해 보면, 제한전에서는 통상 여론의 지지에 의존할 수 있는 여지가 많지 않다. 또한 본 책의 사례 연구들이 보여주고 있는 바처럼, 군의 교리는 분쟁에 개입해 과업을 완수하고는 빠져나오는, 바라건 데 언론매체가 상황에 완전히 개입할 기회를 갖기 이전에 그리고 언론매체가 철저히 통제되어 있는 상황에서 이처럼 빠져나오는 형태의 것이다.

언론매체에 대한 통제와 관련해 생각해보면, 평화유지 활동은 앞의 경우와 같지 않을 것이다.

위기를 기록하고, 이들 위기에 대응할 목적의 국제사회의 활동에 관해 논평하는 역할을 통해, 언론매체는 유엔의 평화유지 활동에 영향을 끼치고 있다. 유엔은 자신의 활동이 보도되는 방식에 관심이 있으며, 정보 유통을 어느 정도 통제할 수도 있다. 그러나 일반적으로 유엔은 평화유지 활동을 예의 주시하지 못하도록 언론매체를 규제할 권한은 갖고 있지 않다. 평화유지 활동은 개방성과 신뢰에 의존하게 되는데, 이처럼 언론매체를 규제함은 이 같은 정신에 정면 배치될 것이다.[10]

언론매체가 자신의 활동에 관심을 갖지 못하도록 할 목적에서의

---

10) 평화유지 활동과 같은 국제적 문제에 관한 보도가 기본적인 언론의 자유로 생각될 수 있을 것이다. 그러나 취재 과정에서 언론이 충분히 균형을 유지하지 못한다는 반론을 간과해서는 안 될 것이다. 문제는 뉴스가 상황에 무관하지 않으며, 국익이 이 같은 상황에 크게 영향을 끼친다는 점이다. 다음을 참조하시오. Wilkins, L., & Patterson, P., 'Risk analysis and the construction of news', *Journal of Communication*, vol. 37, no. 3, Summer 1987, p. 80-92.

분쟁의 조속한 종결에 유엔은 의존할 수도 없다. 유엔의 관점에서 보면, 평화유지 활동의 장기간 진행이 '실패의 징표'가 아니라 적대행위의 재개 방지란 측면에서 '성공의 척도'로 간주되는 몇몇 상황이 있다.11)

평화유지 활동과 제한된 분쟁 간의 이들 차이에도 불구하고, 비교적 신속히 종료되는 제한전과 비교하는 결과로 인해 성공적인 형태의 평화유지 활동 또한 단기간에 종료될 것으로 가정하는 경향이 있다. 그러나 쉽게 종결될 가능성이 있는 경우, 국제사회의 소요(騷擾)는 유엔의 관심을 거의 끌지 못할 것이다. 국제적으로 점차 관심의 초점이 되고 있는 지역 분쟁의 신속한 종결은 아무리 좋게 보아도 요원한 일로 보인다.12) 지금까지의 결과가 이것을 입증해주고 있다.

집단과 집단 간의 분쟁에 개입한 평화유지 요원 중 어느 누구도 적대 세력들 간에 평화를 회복시키고 철수한다는 측면에서 성공적이지 못한데, 오늘날의 현실은 이와 같다.13) 30년이 지난 이후에도 긴장 완화 측면에서 어느 정도 효과를 거둔 반면 거의 신뢰를 회복하지 못한 상태에서, 유엔군이 아직도 그리스와 터키 사이의 회랑(回廊 : Corridor) 지역을 순찰하고 있다.14) 레바논에서 유엔군이 자신의 명

---

11) *The Blue Helmets*, op. cit., p. 8.
12) 유엔이 통제하는 군의 타당성(Feasibility)에 관해 논의할 당시 Gerlach는 유엔이 직면하고 있는 과업을 요약하였다. 이 같은 개념은 "난감한 상황에서 무수한 적들과 싸우기 위한 처방전이었다."고 Gerlach는 언급하였다. 가장 어려운 과업이 유엔의 몫이었다. (Gerlach, J.R., 'A U.N. army for the new world order?', *Orbis*, vol. 37, no. 2, Spring 1993, p. 223-36.)
13) Rudolph, J.R., Jr., 'Intervention in Communal Conflicts'. *Orbis*, vol. 39, no. 2, Spring 1995, p. 259-73.
14) 최근의 발전 상황에 관해서는 다음을 참조하시오. *The Times* (London), 16 August 1996; also the *Weekend Australian*, 13-14 January 1996 and 17-18

령(Mandate)을 이행하지 못하고 있음을 유엔은 인정하고 있다.15)

1990년대 당시 레바논과 보스니아에는 해결되지 않은 그리고 아마도 해결될 수 없는 형태의 분쟁 상황이 존재해 있었다.16) 스리랑카에서의 인도군의 경우처럼 평화유지 요원이 지역을 떠나거나 간섭이 종료된 경우 또는 소말리아에서의 유엔군처럼 단순히 철수한 경우, 분쟁은 지속되었다.

그 결과 추구하는 목표와 관련해 많은 사람들이 공감하고 있으며 의도가 매우 훌륭하다는 점에도 불구하고, 실제적으로는 평화유지 성격의 분쟁에 대한 언론의 취재는 재량권이 매우 크다.

유엔군의 간섭과 관련된 사안의 복잡성이 고조됨에 따라, 언론매체와 평화유지 전력 간의 갈등 가능성 또한 높아지고 있다. 이 같은 상황이 발생하는 것은 언론매체가 위기 판단 내지는 평화유지 활동의 성공과 관련해 전혀 책임이 없기 때문이다. 평화유지 전력이 직면하고 있는 문제들은 조심스럽게 신중히 다룰 필요가 있다. 그런데 이는 특정 사건의 경우 언론의 관심이 집중될 가능성이 있다는 점과 정면 배치되는 현상이다. 또한 특정 스토리의 즉시성으로 인해 평화유지 관련 노력을 균형 있는 시각에서 제시할 필요가 있다는 점이 무색해질 가능성도 없지 않다.17) 평화유지 활동의 결과가 기대에 미

August 1996;.

15) *The Blue Helmets*, op. cit., p. 152.

16) 1995년 11월, 보스니아 분쟁에 관해 평화협정이 체결되었다. 그러나 인종을 경계로 효과적으로 분할하고 있던 당시의 협정은 단일의 정치적 실체를 유지하고 있는 환상을 안겨다 준 반면 일반적인 의미에서의 지속적인 평화에 도움이 되지 않은 듯 보인다. 양측을 분리해 놓을 목적에서 6만에 달하는 나토 전력이 계획되었다. (*The Australian*, 24 November 1995).

17) 달리 표현하면, "좋은 뉴스에 관한 특정 언론인의 정의는 또 다른 사람의 입장에서 보면 재앙을 의미한다." Wilkins & Patterson, op. cit., p. 80.

치지 못하면 언론매체의 낙관론이 곧바로 환멸로 바뀔 수도 있다.18)

유엔의 평화유지 활동 관리

이들 문제가 발생하는 것은 부분적으로는 평화유지 활동 관련 대안을 유엔이 전적으로 통제하지 못하고 있기 때문이다. 유엔과 국제연맹 이전부터 존재하고 있던 교리(敎理)에서는 평화유지 활동을 강대국의 임무로 규정하고 있다.19) 오늘날 우리가 이 같은 교리를 의식적으로 표방하지 않을 수도 있다. 그러나 유엔에서 가장 막강한 능력의 국가들이 아직도 자국의 이익에 영향을 끼치는 문제들에 정치 및 경제적 수단을 동원할 수 있는 실정이다. 유엔 사무총장 부트로스 갈리(Boutros-Ghali) 박사는 "평화유지는 유엔이 고안해낸 것이다."20)고 주장하고 있다. 그러나 이 같은 주장은 유엔헌장에 명시되어 있는 분쟁의 평화적 해결에 관한 원칙들을 모든 분쟁 관련국들이 준수하도록 유엔의 평화유지 활동이 요구하는 정도만큼만 사실이다. 즉 이처럼 요구해 준수하는 정도에 비례해 이 같은 주장은 타당성이 있게 된다.

---

18) 다음을 참조하시오. Walsh, J., 'The U.N. at 50 : Who needs it?', *Time Australia*, no. 42, 23 October 1995, p. 28-35. 유엔 측면에서의 실패에 관한 몇몇 판단을 Walsh는 설명하고 있다.
19) Boyd, A., *United Nations : Piety, Myth, and Truth*, Penguin, Harmondsworth, Middlesex, 1961, p. 29-30.
20) Boutros-Ghali, B., *Report on the Work of the Organization from the forty-seventh to the Forty-eighth Session of the General Assembly*, United Nations, New York, September 1993, p. 101.

유엔 조직 내부에서 가장 막강한 회원국의 이익에 편향되어 있는 구조와 절차 아래, 오늘날 유엔의 평화유지 활동은 개념적으로는 분쟁의 평화적 해결에 관한 원칙을 준수하고 있다. 그러나 실질적으로 이들 활동은 유엔 회원국의 이익을 고려해 의사결심 및 이행하는 방식으로 진행되고 있다. 이 같은 현상이 발생하고 있는 것은 전개 가능한 나름의 군사력뿐만 아니라 이 같은 전력을 신속히 조합할 수 있는 구조적 능력을 유엔이 구비하고 있지 않기 때문이다.[21]

군의 시스템에서는 군사작전을 전략·작전 및 전술이란 전쟁의 3개 수준에서 계획 및 조직하고 있는데, 이는 평화유지 활동의 경우도 마찬가지다. 유엔 안정보장이사회는 평화유지 활동의 시작과 관련된 정치적 지시를 전략적 수준에서 내리고 있다. 반면에 야전의 평화유지 요원들은 전술 수준에서 유엔 결의안을 이행하게 된다. 그러나 개개 활동의 전략 및 전술 수준의 연계 고리에 해당하는 작전적 수준의 통제는 유엔의 구조 안에서는 거의 찾아볼 수 없는 실정이다.[22]

유엔의 평화유지 활동에 작전적 수준이 결여되어 있다는 점으로 인해 유엔은 구조적 지원이란 측면에서 회원국들에 점차 많이 의존하고 있다. 이 같은 지원을 제공해주는 국가들에게 유엔은 평화유지 과정과 관련해 지나칠 정도의 권한을 부여해주고 있다. 이는 평화유지에 소요되는 비용을 유엔이 회원국의 기여에 의존하고 있다는 점,

---

21) Urquhart, Sir Brian, 'A U.N. file brigade?', *Time Australia*, no. 42, 23 October 1995, p. 44. Urquhart의 말에 따르면 다음과 같다. "현장에 도착하는데 수개월이 소요되는 여단은 신뢰감을 주지 못할 것이다. 신속 전개 능력이 있는 군사력만이 유엔이 평화유지 임무를 효과적으로 수행할 수 있도록 해줄 것이다."

22) Berdal, op. cit., p. 51.

군수지원과 관련해 첨단의 군사적 기반구조와 과학기술 능력을 보유하고 있는 회원국에 의존하고 있다는 점에서 특히 분명해진다.

평화유지 활동이 빈번해지고 있다는 점에서 보면, 이 같은 활동의 지속이란 측면에서 유엔은 예전과 비교해 오늘날 부유한 국가들에 보다 많이 의존하고 있다.23) 그 결과 다음과 같은 현상이 발생하고 있다. 즉 평화유지 활동은 유엔이 고안해낸 국제적으로 인정받고 있는 활동인데, 이것의 합법성(정당성)은 국제사회에서 벌어지는 특정 사건과 관련해 유엔 회원국들이 윤리적 책임을 널리 공감하고 있다는 인식에 근거하고 있다. 그러나 세계 평화를 위협하는 현상에 대처하는 과정에서 최종적으로 선택되는 대안은 강대국들의 주도와 능력에 의해 크게 영향 받게 된다. 그런데 이들 강대국의 의사결심이 정치적 측면에서의 자국의 이익에 따라 좌우될 가능성이 있다.24)

자국이 추구하는 바에 이들 강대국이 유엔의 대응 방안을 적절히 맞춤에 따른 왜곡은 유엔과 미국의 관계에서 특히 분명해진다. 유엔의 의도에 대한 신속한 지원이란 측면에서 요구되는 재정 및 군수 자원들을 보유하고 있는 유일한 초강대국인 미국은 유엔의 전략적 의사결심에 영향을 끼칠 수 있는 막강한 입장에 있다.25) 예를 들면,

---

23) Evans, op. cit., p. 117-20; Boutros-Ghali 1992, op. cit., p. 28-9.
24) 예를 들면, 1982년 당시 포클랜드의 침공과 관련해 유엔 안전보장이사회는 아르헨티나를 질책하였다. 그러나 그 후 안전보장이사회의 대부분 요원들은 영국이 군사적 행위를 취하지 못하도록 하는 결의안을 지지하였다. 당시의 결의안을 미국과 영국이 거부하였다. 결의안이 효력을 발휘했더라면 1990년 당시의 쿠웨이트에 대한 이라크 침공의 전례가 되었을 것이다. 다음을 참조하시오. Walsh, op. cit., p. 34.
25) 이는 냉전 종식 이후 '신세계 질서(New World Order)'를 미국이 퍼뜨리고자 노력하고 있다는 점에서 특히 타당성이 있다. 본질적으로 이 문제는 '봉쇄교리 이후의 교리(Post-containment Doctrine)'를 미국이 개발하고자 노력하고 있

소말리아 위기 당시는 계획된 일정을 준수하며 반응할 능력이 있는 유일한 강대국이 미국이란 점에 모두가 동의하였다.26)

유엔에 크게 기여하는 국가들은 평화유지 과정에 대한 작전통제 측면에서 막강한 발언권을 행사하고 있다. 그런데 이 점만이 문제는 아니다. 효과적인 형태의 지휘구조(Command Structure)는 유엔 내부에 존재해 있지 않다. 이 점에서, 평화유지 활동의 전술 수준에서 보면 활동에 참여하는 국가의 군대들 간에 권한이 보다 더 분할되고 있다. 역사적으로 평화유지 요원들이 정책 문제와 관련해 자국 정부에 조언을 구하는 경향이 있는데, 이것이 이 점을 입증해주고 있다.27)

전략적 의사결심과 작전통제 측면에서 유엔의 힘이 미약하다는 점에 따른 결과 중 야전에서 관찰되는 부분이 이것만은 아니다. 유엔본부와의 통신을 위한 적정 채널이 있지 않다는 점, 야전(野戰) 정보의 부족, 이동 능력의 부족, 그리고 유엔 평화유지군의 적절치 못한 훈련과 준비로 인해, 전술 수준에서의 평화유지 활동이 제약받을 가능성도 없지 않다.28)

그러나 평화유지 정책에 그 근원(根源)을 두고 있는 사안들을 강조

다는 점을 중심으로 진행되고 있다. 어느 정도까지 이는 소말리아·캄보디아 및 아이티의 경우 분명하다. 논쟁의 개관을 보고자 하면 다음을 참조하시오, Wallop, M., 'America needs a post-containment doctrine', *Orbis*, vol. 37, no. 2, Spring 1993, p. 187-203; Sicherman, H., 'Winning the peace', *Orbis*, vol. 38, no. 4, Fall 1994, p. 523-44; Thies, W.J., 'Rethinking the new world order', *Orbis*, vol. 38, no. 4, Fall 1994, p. 621-34; and Odom, W.E., 'How to create a true world order', *Orbis*, vol. 39, no. 2, Spring 1995, p. 155-72.

26) Kitfield, J., 'Restoring Hope', *Government Executive*, vol. 25, no. 2, February 1993, p. 20-32.

27) Berdal, op. cit., p. 39.

28) Ibid, p. 39-48.

해 말하면 야전에서의 평화유지 요원들의 노고를 올바로 평가하지 못하는 결과가 초래될 것이다. 사실 이들은 매우 어려운 형태의 과업을 수행하고 있다.[29] 전쟁의 전술 수준에서 평화유지 요원들이 직면하고 있는 문제들이 확산되는 과정에서는 구조적 측면에 따른 결함들이 복합적으로 나타나게 된다. 이 같은 문제의 확산으로 인해 유엔이 기대하는 바가 수정되고, 평화유지 요원이 받은 통치 위임(Mandate), 즉 지시에 변화가 있을 수 있다. 또한 이것으로 인해 해당 활동에 대한 언론매체의 관심이 고조되는 경향이 있다. 언론매체의 시각에 따라서는, 확산되고 있는 문제로 인해 평화유지 임무에 관한 대중의 인식과 지원뿐만 아니라 개개 국가의 우선순위가 변할 수 있다.

평화유지 활동 참여와 언론매체의 영향

일반적으로 분쟁에서와 마찬가지로 평화유지 활동에서는 문제를 해결하지 못한 채 시간이 경과됨에 따라 폐해(弊害)가 높아져간다. 언론매체의 입장에서 보면, 확산되는 문제, 고조된 긴장, 그리고 군사력 전개에서 추구하는 목표들을 달성하지 못하는 경우 모두는 뉴스거리다. 이들은 최초 간섭이 제대로 구상되지 않았으며, 추구한 목표가 비현실적이거나 지상의 전력이 과업에 적합지 않음을 보여주는 경고로 들린다.

---

29) 지상의 평화유지 요원들이 직면하고 있는 문제를 간략히 검토해보고자 하면 다음을 참조하시오. Prager, K., 'The limits of peacekeeping', *Time Australia*, no. 42, 23 October 1995, p. 40-6.

특정 사건의 뉴스로서의 가치는 제쳐놓더라도, 언론매체가 평화유지 목적의 분쟁을 취재할 가능성은 이들 매체의 시청자들의 세계관을 반영해주는 방식으로 평화유지 관련 사안이 전개되는 경우 높아진다. 시청자의 관점과 정부의 관점이 일치되는 경우, 언론매체는 국익의 해석이란 측면에서 효과적인 수단이 된다. 그러나 이 같은 해석은 어느 정도 유동적이다. 이 점은 평화유지 활동 참여와 같은 영역에서의 국익과 국제적 관심 사항 간에 발전되는 관계에서 가장 분명히 목격된다.

언론매체를 통해 보도되는 '인간의 비극'은 언론매체가 해당 위기지역에 접근할 수 있는 지란 요인과 언론매체 입장에서의 우선순위란 요인에 의해 결정된다. 어느 정도까지, 이들 비극은 언론매체가 만들어낸 작품이다.30) 냉전 이후의 시대에서도 이는 사실이다. 해당지역에 언론매체가 존재해 있다는 점과 외부 세계로 전달된 사안의 이미지로 인해 사안에 대한 사람들의 인식 수준이 높아지는데, 이 같은 인식은 국제사회의 관심으로 전환된다. 평화유지 활동을 시작하라는 압력은 이 같은 방식으로 만들어진다.

유엔의 소말리아 간섭은 언론매체의 취재에 대한 반응의 형태로 시작되었다.31) 평화유지 활동 차원에서 군사력을 전개한 1992년 이전에도, 유엔은 기근과 난민 문제로 고통 받고 있던 소말리아를 인도

---

30) Benthall, J., Disasters, *Relief and the Media*. I.B. Tauris & Co, London, 1993, p. 26-9. 다음을 또한 보시오. Wilkins & Patterson, op. cit.

31) Evans, op. cit., p. 155; Kaufman, L., 'The Media Monster', *Government Executive*, vol. 25, no. 2, February 1993, p. 34-5. McMullen, R.K., & Norton, A.R., 'Somalia and Other Adventures for the 1990s', *Current History*, vol. 92, no. 573, April 1993, p. 169-74.

주의 차원에서 수년 동안 지원하고 있었다. 그러나 유사한 문제들이 지구의 여타 지역에도 존재해있었다. 예를 들면, 리비아·모잠비크 또는 수단에 대해서도 소말리아 간섭과 동시에 평화유지 차원의 간섭이 고려될 수 있었을 것이다. 르완다에 보다 먼저 관심을 기울였더라면, 지구의 그곳에서 벌어진 '인간 비극'을 사전에 방지할 수도 있었을 것이다. 그러면 평화유지 활동으로 소말리아가 선택된 것은 무슨 이유 때문인가? 여기에 대한 답변 중 하나는 소말리아를 서구, 특히 미국의 언론매체가 선택했다는 점인 듯 보인다.

유엔의 평화유지 관련 노력이 있기 이전의 몇 달 동안, 소말리아의 굶주린 어린이들을 담은 사진을 6시 뉴스에 방영하고, 일요 신문에서 비극적인 이야기를 재차 편집하는 등 언론매체가 작업하고 있었다. 그러나 당시 전달된 이미지는 낯선 문화에서의, 멀리 떨어진 지역에서의 비극에 관한 것만은 아니었다. 필저(Pilger)가 지적한 바처럼, 언론인들의 입장에서 보면 소말리아의 군주(君主)와 총잡이들은 보도에 안성맞춤이었다.32) 인간의 고통을 보여주는 이미지로 인해 대중의 동정심(同情心)이 야기되는 바와 마찬가지로 총잡이들의 활동을 억제할 목적의 국제사회의 간섭을 언론매체가 호소했다는 점이 소말리아 문제의 보도와 관련된 빌미를 마련해주었다.

언론매체는 선정적(煽情的)인 내용을 추구하는 성향이 있는데, 이 점을 또한 분쟁 당사자들이 효과적으로 이용할 수 있다. 캄보디아를 유린한 1979년 이후, 베트남은 크메르루주의 지나친 학정(虐政)에 관심을 모을 목적에서 언론매체를 이용하였다. 특정 측면에서 보면 베

---

32) Pilger, J., 'The US fraud in Africa', *New Statesman and Society*, vol. 6, 8 January 1993, p. 10-1.

트남에 대한 국제사회의 비난이 없지 않았다. 그러나 캄보디아로부터 방영된 공포(恐怖)의 이미지로 인해, 베트남은 캄보디아 국민의 구원이란 측면에서 도덕적으로 우위를 주장할 수 있었다.[33]

보스니아 분쟁을 취재하던 기자들은 당시 분쟁에 개입되어 있던 정파들이 미국에 영향력을 행사할 목적에서 언론매체를 능숙하게 조종했음을 주목한 바 있다. 예를 들면, 이는 보스니아의 외교 사절이 뉴욕의 유엔본부를 방문하기 직전 보스니아가 점령하고 있던 사라예보 지역을 보스니아 정부군이 폭격했다는 유엔의 보도에 의해 확인된다. 당시의 폭격에서 의도했던 바는 보스니아 세르비아(Bosnian Serbs)를 비난하고, 정치적으로 적정 시점에 언론매체에 바람직한 이미지를 전달하는 것이었다.[34]

그러나 언론매체의 보도로 인해 특정 사안이 국가 내지는 국제 사회의 안건(Agenda)이 되었다고 국가적 차원에서 노력할 가치가 있는 부분으로 정부가 해당 사안을 수용하는 것은 아니다. 1991-92년 당시는 소말리아에 관한 많은 취재가 있었다. 그럼에도 불구하고, 워싱턴 포스트지와 런던타임스는 소말리아에서 벌어지는 사건과 비교해 구 유고와 보스니아에서 벌어지는 사건에 보다 많은 지면을 할애하였다. 소말리아의 경우와 비교해 구 유고에서 벌어지는 사건들에 보다 많은 관심을 보이는 등(유고가 유럽과 연관이 있다는 점으로 인해) 유엔 안전보장이사회가 이중적인 잣대를 적용하고 있다고 갈리 유엔 사무

---

33) 캄보디아의 사례 연구가 보여주고 있는 바처럼, 베트남은 아마도 어느 정도 정당하게 그리고 선진국들과 비교해 윤리적으로 보다 올바르게 행동하였다. 그러나 캄보디아에 관한 진실의 입증은 여타 분쟁의 역사와 비교해 훨씬 더 어려울 것이다. 여기서 보스니아의 경우는 예외일 것이다.

34) ABC TV (Australia), *Lateline* program 'Deadly Images', 15 November 1995.

총장이 유엔회원국들을 비난하였다. 이 같은 비난이 있기 이전, 유엔 회원국들, 특히 미국은 전혀 움직일 기미를 보이지 않았다.[35]

붕괴되고 있던 유고와 관련해 유럽의 동맹국들이 보다 강력한 행위를 촉구하고 있는 상황에서, 미국은 소말리아에서 평화유지와 평화조성 활동을 동시에 수행하기로 결심했는데, 이는 국익과 평화유지 활동 참여 간의 연계를 보여주는 부분이다.

평화유지 활동에는 항상 많은 자원(資源)이 소요된다. 소말리아 간섭에 미국의 구미가 당겼던 것은 당시 추구한 목표들이 적절했을 뿐더러 달성 가능한 듯 보였기 때문이다.[36] 보스니아에서의 유엔 활동에 개입하라는 강력한 요구를 거부한 채 소말리아 간섭을 지원하기로 결심한 것에 대한 이유를 미국은 아직도 합리화할 필요가 있었다. 보스니아 지역에 대한 영토 측면에서의 세르비아의 야심이 소말리아 문제와 비교해 국제사회의 안보에 훨씬 위협적이라고 타당성 있게 주장될 수도 있었을 것이다. 그러나 소말리아 간섭이 선포되자, 미국의 언론매체는 미국 정부를 지원하였다. 여기서 암시하는 바는 소말리아가 미국이 감당할 수 있던 형태의 간섭이었다는 점이다. 이 점이 미국 국민에게 효과가 없지 않았다.

당시는 국익의 해석이란 측면에서의 언론매체의 역할에 관한 나름의 모습을 보여주고 있다. 다시 말해, 이는 정부 관리(官吏)의 입장에서 바람직한 관점에, 즉 세상에 관해 공식적으로 인가된 관점에 언론매체가 순응하는 경향을 보여주고 있다. 오늘날 '미국의 오늘(USA

---

35) Clark, J., 'Debacle in Somalia', *Foreign Affairs*, ISS. 'America and the World 1992/93', 1993, p. 109-23; *Le Monde* editorial, 9 August 1992.
36) *The Times*, 2 December 1992.

Today)' 및 타임(Time)과 같은 언론매체가 추구하는 목표는 사실에 대한 완벽한 보도 내지는 편향되지 않은 시각에서의 사건의 기술(記述)이 아니고 정부의 입장을 정당화해주는 국가적 시각의 제시다.37)

당시 미국의 언론매체들이 소말리아 간섭 지원이란 미국 정부의 결심에 동조한 반면, 영국의 언론은 구 유고 공화국에 대한 보다 결정적인 행위를 촉구하는 영국정부의 입장을 지지하고 있었다. 이는 미국과 유럽의 동맹국들이 선택한 우선순위에 차이가 있었음을 보여주는 부분이다.38) 평화유지 목적의 군사력 전개가 시작되는 순간까지, 유럽은 소말리아 간섭의 타당성에 관해 의문을 제기하였다. 군사력 전개가 시작되자 사건(선정적인 스토리) 보도의 절박성으로 인해 이들 사안에 관한 논의가 중단되었다.

따라서 언론매체는 평화유지 활동의 참여에 두 가지 방식으로 영향을 끼칠 수 있다. 첫째 시청자들이 관심을 갖도록 하여 사건을 국가적 안건으로 만든다. 둘째 해당 상황에 관한 정부의 관점을 제기하고 정부의 관점에 대한 대중의 반응을 반영한다. 그 결과 국익과 국제적 관심 사안의 관계가 설정된다.

평화를 염두에 둔 간섭의 지원과 관련된 국제시민으로서의 윤리적 책임은 사안의 중요성보다는 사건에 대한 반응의 형태로 표현되는 경향이 있는데, 이는 이 같은 관계(국익과 국제적 관심 사항의 관계)의

---

37) 정부와 언론매체와의 관계에 관한 완벽한 논의를 보려면 다음을 참조하시오. Chomsky, N., *Necessary Illusions*, CBC Enterprises, Toronto, 1988; and Koch, T., *Journalism in the 21st Century : Online Information, Electronic Databases and the News*, Adamanine Press, Twickenham, UK, 1991, p. 22-7.

38) 예를 들면 다음을 참조하시오. *The Times* (London), 28 July 1992 and 5 August 1992. To support its stand, *The Times* attacked the credibility of the Secretary-General. See Chapter 11, 'Somalia : The Uninvited Intervention'.

결과다. 따라서 "보스니아에서……가장 필요치 않은 부분은 보다 열심히 대화하는 반면 행위를 강구하지 않는 것이다."고 클린턴이 나토의 동료들에게 조언했던 1993년 여름, 사라예보 시장(市場)에서 폭탄이 폭발하기 이전에는 전혀 행위가 없었다. CNN이 당시의 사건을 보도한 결과로 인해 미국국민의 분노가 외부로 표출되었다. 미 행정부가 행동에 착수하게 된 것은 바로 그 순간이었다.[39]

그럼에도 불구하고, 평화유지 활동에 개입할 것인지의 여부를 최종적으로 조정하는 부분은 국익이란 요소다. 이 같은 점에서 보면, 베트남전쟁에서의 교훈이 잊혀지지 않고 있었다. 일련의 사건으로 인해 언론매체가 중심이 되어 국익에 대한 해석이 재차 있을 수도 있다. 이 경우 우리는 일반적으로 정부가 적정 방식으로 반응할 것으로 기대할 수 있다. 군사력 전개에 따른 비용이 문제시되는 경우, 작전적 수준에서 유엔의 평화유지 활동을 지원하는 국가의 국민이 해당 평화유지 활동에 의문을 제기하고, 아마도 활동을 거부할 가능성도 없지 않다.

유엔에 대한 책임이란 개념

유엔은 '세계 정부(World Government)'가 아니다. 갈리 유엔 사무총장이 지적한 바처럼, "유엔은 주권 국가들의 모임이다. 유엔이 할 수 있는 부분은 이들 국가가 이익 및 상호 이해 측면에서 만들어내는 '견해의 일치'에 의존하고 있다."[40] 이 같은 관찰은 언론매체와의 상

---

39) Sicherman, op. cit., p. 533.

호작용에서 유엔의 평화유지 활동이 직면하게 되는 특정 문제들과 관련해 몇몇 통찰력을 제시해주고 있다.

홉스(Hobbes), 로크(Locke) 및 루소(Rousseau)의 주장은 국가 존립과 사회계약 운용의 정당성에 관한 근간을 제공해주는데, 적어도 국가와 개인의 생존이 위협받는 상황에서는 그러하다.41) '법의 정의(Justice of laws)'를 검증해주는 방안으로 사회계약 이론을 사용할 목적에서, 칸트(Kant)는 이들 이론가의 개념을 보다 더 발전시켰다. 여기서 그는 모든 신민(臣民)은 법 앞에 평등해야 하며, 나름의 목표를 추구한다는 측면에서 동등한 수준의 자유를 누려야 한다고 가정하였다. 이들 동일한 결론을 국제관계에 적용할 목적에서 칸트는 자신의 논거를 확대했는데, 이 장(章)의 주안점 측면에서 보면 이는 중요한 의미가 있다.42)

국가와 국가 간의 기존의 관계는 무법(無法) 상태와 다름이 없다고 칸트는 주장하였다. 따라서 사회계약 개념에 근거해, 여타 국가의 내정간섭(內政干涉)을 자제하는 한편 외부 침략으로부터 자신을 보호하기 위한 상호 보호 성격의 동맹을 국가들이 결성할 필요가 있게 된다.43) 사회계약으로 인해 개개인은 자신이 소속되어 있는 사회에서 통용되는 '윤리적 준칙(Moral Code)'과 법을 준수할 의무가 있다.

---

40) Boutros-Ghali, op. cit., p. 1.
41) 이 책의 1장을 참조하시오.
42) Lessnoff, M., *Social Contract*, Macmillan, London, 1986, p. 92.
43) Ibid. 다음을 또한 보시오. Thies, op. cit. Thies는 '신세계 질서(New World Order)'에서 부유한 국가들은 전쟁이 진부해진다는 주장에 의문을 제기하고 있다. 그러나 그는 부유한 국가와 가난한 국가들 간의 격차가 점차 더 벌어진다는 점을 인정하고 있다. 한편 그는 제3체계 소속의 보다 가난한 국가들은 오늘날의 과학기술, 특히 오늘날의 무기 관련 과학기술이 사회 불안을 야기할 가능성이 있다고 암시하고 있다.

앞의 논리에는 이들 개인이 자신의 가치관을 여타 국가의 국민에게 확대 적용하고자 노력할 수 없음이 암시되어 있다. 사회계약 이론에서는 국가와 맺은 계약을 국민이 준수할 책임이 있다고 가정하고 있다. 국제연맹 그리고 제2차 세계대전 이후의 유엔에 표현되어 있는 철학은 이 같은 형태의 것이다.

국가의 책임을 정의하면서, 개인이 국제적 책임을 갖고 있다는 이 같은 철학이 흘러넘친 결과로 인해 국제법의 운용이 되었다. 그러나 '세계 국가(World State)'가 수행할 것으로 생각되는 역할을 개개 국가들이 집단 차원에서 완수할 수 없다는 관점을 법학자들은 표명하고 있다. 국가는 자국의 존재를 보장해주는 정치 및 역사적 이유뿐만 아니라 여타 이유를 갖고 있다. 또한 국제관계의 변화를 고려해, 이들 국가는 국제사회의 노력에 대한 지지의 타당성과 관련해 나름의 판단을 내려야 한다.44) 국제사회의 협약은 해석과 이행이란 측면에서 폭넓은 재량권을 허용해주는 매우 느슨한 형태의 단어로 표현되어 있다. 이처럼 국제법 측면에서 보면, 유엔에 대한 개개 국가의 책임은 매우 제한적이다.

결론

평화유지 활동에 소요되는 비용과 군수 지원의 충족이란 측면에서, 오늘날 유엔은 부유한 회원국들에 전적으로 의존하고 있다. 평화유지

---

44) Carty, A., *The Decay of International Law?* Manchester University Press, Manchester, 1986, p. 5.

활동 관련 소요(所要)가 높은 수준을 유지하는 한 이 같은 현상에는 변함이 없을 것으로 보인다.45) 평화유지 활동의 합법성에 관해 말하면, 유엔은 평화유지 활동이 추구하는 바와 원칙들을 지원해야 한다는 윤리적 책임과 관련해 유엔 회원국들이 보편적으로 공감하고 있다는 점에 의존하고 있다. 그러나 세계 평화를 위협하는 현상에 대처하는 과정에서의 '선택의 문제'는 안전보장이사회 상임이사국을 포함한 강대국들의 능력과 주도에 의해 크게 영향 받고 있는데, 이들의 결심이 국익에 의해 좌우될 가능성이 있다.46) 유엔에 대한 책임이 왜곡되는 곳은 바로 이 부분에서다.

세계 정치가 동서(東西) 간의 경쟁에 의해 주도될 당시에는 자국의 이익을 추구하는 강대국들의 행위로 인해 유엔의 기능이 심각히 지장을 받았다.47) 이들 제한 사항으로 인해 행위 시도와 관련된 결심뿐만 아니라 진행되고 있는 작전의 지속 여부가 영향을 받았다. 또한 이들 제약 사항은 인류 최초의 유엔 평화유지 활동에 강대국들이 미온적인 방식으로 반응했다는 점에서 잘 알 수 있다. 팔레스타인에 소규모 전력을 전개하기 위한 노력이 거부되었음을 지칭하면서, 1948년 당시 보이드(Boyd)는 다음과 같이 말하고 있다.

인류 최초로, 유엔 사무총장은……강력한 형태의 시행이 요구되는 결

---

45) Evans, op. cit., p. 117-20; Boutros-Ghali, op. cit., p. 28-9.
46) 사실 강대국들의 협조란 새로운 개념은 '신세계 질서(New World Order)'에 관한 미국의 사고와 거의 차이가 없다. 다음을 참조하시오. Odom, op. cit, p. 169-70. 유엔 안전보장이사회의 상임이사국으로 일본과 독일을 받아들임이 이 전략과 부합될 것이다.
47) Mueller, J., *Retreat from Doomsday*. Basic Books, New York, 1989, p. 99; Boutros-Ghali, op. cit., p. 5-7.

심을 유엔에 위임할 책임이 있는 강대국들이 이 같은 위임 측면에서
위배되는 행위를 취하고 있음을 발견하였다.[48]

냉전의 긴장이 사라졌다고 이 같은 상황에 변화가 있는 것은 아니
었다. 그와는 달리 유엔은 폭증하는 평화유지 및 평화조성 활동을 지
원한다는 측면에서 예전과 비교해, 서구의 선진국들에 보다 많이 의
존하고 있다. 오늘날 유엔은 대부분의 지원이란 측면에서, 특히 행위
가 조속히 이행되어야 하는 경우 예전과 비교해 단일의 초강대국인
미국에 보다 많이 의존하고 있다.

세계 경찰국가로서의 역할을 즉각 부인하는 반면, 미국은 국제사
회의 몇몇 위기에 대한 대응이란 측면에서 분명한 역할을 갖고 있음
을 인정하고 있다.[49] 한편에서 보면, 냉전 이후의 이 같은 상황으로
인해 미국 또는 유엔 중 어느 곳이 국제적 성격의 주요 작전을 통제
해야 할 것인지에 관한 논쟁이 가열되고 있다.[50] 또 다른 한편에서
보면, 이 같은 상황으로 인해, 표면적으로는 유엔 또는 유엔 안전보
장이사회가 내린 것으로 보이는 선택이 어느 정도까지 미국의 가치
관을 반영하고 있는지에 의문이 제기되고 있다. 민주주의 회복을 위
해 세계가 아이티 사태에 간섭할 권리가 있다고 클린턴 대통령이 천
명했던 1주의 기간 동안, 미국의 상무장관은 인권에 관해 일언반구
(一言半句)도 하지 않은 채 중국에서의 미국의 무역 관련 이익을 조
장할 목적의 과업에 매진해 있었다.[51]

---

48) Boyd, op. cit., p. 93.
49) Bush, G. 'Conditions in Somalia : Creating a secure environment', *Vital
    Speeches of the Day*, vol. 59, no. 6, 1 January 1993, p. 162-3.
50) *The Australian*, 2 November, 1993, p. 11.

세계적 강대국으로서의 미국의 주도를 고려해, 냉전 이후의 세계
에서의 유엔의 평화유지 활동에 미국이 끼치는 영향의 정도를 살펴
봄이 도움이 될 것이다. 미국에 기반을 둔 조직들이 주도하는 국제
언론매체에 의해 이 같은 미국의 개입이 외부에 제기되는 방식을 또
한 고려해봄이 유익할 것이다. 개인 또는 국가로서의 국제사회의 책
임에 관한 모든 개념에도 불구하고, 언론매체와 유엔 평화유지 활동
간의 관계는 언론매체와 국가 간의 관계뿐만 아니라 국익과 분리해
생각할 수 없다.

　유엔의 평화유지 및 평화조성 활동을 보여주는 소말리아·캄보디
아 및 아이티의 사례에서 우리는 미국의 직접 및 간접 개입이 끼친
영향뿐만 아니라 이 같은 개입을 언론매체가 정당화한 방식을 살펴
보게 된다.

---

51) *The Australian*, 16 September 1994; *Courier Mail* (Brisbane), 10 September
　　1994.

제10장

소말리아 : 초대받지 못한 간섭

이론적으로 보면, 유엔활동에 참여하는 모든 국가들은 평화유지 과정에서 동등한 발언권을 행사하게 된다. 실제적으로 보면, 특정 국가가 행사하는 영향력의 정도는 특정 문제에 관한 해당 국가의 능력과 관심 정도에 따라 달라지는 경향이 있는데, 이는 경제 및 정치적 현실 때문이다. 그러나 여타 국가와 달리 미국은 모든 평화유지 활동에 최우선적인 관심을 보이고 있다. 그 결과 미국의 국익이 평화유지 환경에 크게 영향을 끼치고 있다.

이 같은 영향은 유엔의 평화유지 활동에 경제 및 군사적 측면에서 자신이 기여하는 부분을 미국이 통제한다는 점에 단순히 기인하지 않는다. 그와는 달리 미국은 초강대국으로서의 자신의 입지를 보호하고자 노력하고 있다. 그 결과 미국은 국제사회의 간섭에 관한 모든 제안을 나름의 우선순위에 근거해 판단하고 있다.

그러나 외교에 관한 미국의 접근 방안에는 나름의 모순이 목격된다. 헨리 키신저(Henry Kissenger)는 다음과 같이 말한 바 있다.

20세기 들어, 미국만큼 결정적으로 그리고 동시에 애매모호한 방식으로 국제관계에 영향을 끼친 국가는 없다. 여타 국가의 내정 간섭의 부당성에 관해 미국만큼 확고히 주장한 국가도 그리고 자국의 가치관이 보편적으로 적용 가능하다는 점을 열정적으로 주장한 국가도 없었다. 자국의 외교에 관한 이행이란 측면에서 미국만큼 실리적인 국가도 그리고 역사 및 윤리적 확신의 추구란 측면에서 이념적인 국가도 없었다. 그 전례가 없는 수준의 반경과 범주로 동맹과 간섭을 추구하는 한편, 미국만큼 외국에 대한 간섭 측면에서 미온적인 태도를 보인 국가도 없다.[1]

최근 몇 년을 놓고 보면, 유엔의 소말리아 간섭에 대한 미국의 기여란 부분에서 이들 모순이 가장 분명히 나타난 바 있다.

윤리적 관점에서 보면, 소말리아 사태는 가장 가난한 국가의 국민의 존엄성과 가치의 천명이란 측면에서의 국제사회의 의지를 보여준 경우인 듯 보였다. 냉전 종식 이후의 이념적 우위에 대한 확신과 걸프전에서의 군사적 승리에 고무되어 있던 미국의 입장에서 보면, 소말리아 간섭에 대한 미국의 지원은 매우 당연한 현상이었다.

강대국들의 입장에서 보면, 소말리아는 전략적으로 별로 중요치 않았다. 지역의 국가들도 소말리아의 국내 정치에 특별한 이해가 걸려 있지 않았다. 질서 유지와 인도주의적 목표의 달성에 관한 강대국들의 약속뿐만 아니라 고통을 완화하고, 약자를 보호함과 관련된 의

---

1) Kissinger, H., *Diplomacy*, Simon & Schuster, New York, 1994, p. 17-18.

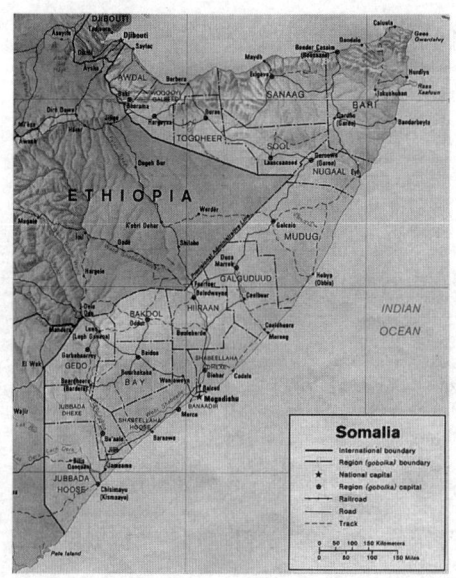

소말리아

지를 전 세계에 과시해주는 형태의 평화유지 활동이 초래된 것은 당시의 상황 때문이었다.

　실용적 측면, 즉 미국 정부의 시각에서 보면, 보스니아 간섭의 촉구에 대한 반응으로 구상했을 여타 대안들과 비교해 소말리아에서의 목표는 보다 비용이 적게 들고, 보다 문제가 없는 반면, 보다 달성 가능한 듯 보였는데, 이는 중요한 의미가 있었다. 사실 갈리 유엔 사무총장에 대한 지지를 강화해주는 한편, 구 유고 공화국에서의 보다 즉각적인 행위 요구를 누그러뜨릴 목적으로 미국은 소말리아 간섭을 이용할 수 있었다.

　이들 요인이 결합되면서 미국이 소말리아 간섭에 적극 개입하게 되었다. 겉보기와 달리, 당시의 작전은 매우 어려웠다. 당시 유엔은 재건된 소말리아 국가를 국제사회가 확연히 인지할 수 있을 정도의 나름의 질서 체계를 정립하고자 노력하였다. 제대로 결실을 거두지 못한 당시의 간섭에는 28,000여 병력과 2,800여 명의 여타 유엔 회원 국들의 요원[2])이 참여하였다. 미국의 영향력이 막강했다는 점으로 인 해 유엔과 미국의 지속적인 관계란 측면에서 몇몇 의문이 제기되었 는데, 이는 간섭 자체에 관한 구실(빌미)을 초월하는 형태의 것이었 다.[3])

여타 위기 지역은 간과한 채 소말리아 사태의 취재에 막대한 자금 을 투자한 국제 언론매체는 이 같은 의문점에 거의 눈을 돌리지 않 았다. 이들 언론매체는 유엔군의 전개 상황에 대한 분석보다는 간섭 관련 결심에 자신들이 끼친 영향의 정도에 보다 관심이 있었다. 그 결과, 언론매체는 애국적 성향의 군사적 행위에서 종종 목격되는 애 국적 차원의 지지를 반향해 주는 열정에 빠져들었다. 한편 군과 무관 하게, 언론매체는 소말리아에서의 독자적 취재 능력 강화를 위해 분 주히 움직였다. 언론매체의 입장에서 보면, 1991년 걸프전에서의 교 훈은 망각될 수 없었다.

본 사례 연구에서는 소말리아 간섭으로 가는 과정에서의 언론매체 의 역할뿐만 아니라 무산된 모하메드 아이디디(Mohamed Aidid) 생포 관련 노력에 대한 취재, 소말리아 전개에서 추구한 목표들을 달성할 수 없게 되자 미국과 유엔이 환멸에 빠지는 과정에서 언론매체가 수 행한 역할을 살펴보고 있다. 이들 사건은 전쟁으로 전락한 소말리아

---

2) *United Nations Peace-Keeping Operations Information Notes 1993 : Update No. 2*, p. 79.
3) 미국과 유엔의 관계에 관한 논의는 다음을 참조하시오. Smith, G., 'What role for America?' *Current History*, vol. 92, no. 573, April 1993, p. 150-4.

평화유지 활동에 대한 언론매체 및 대중 지원의 하강을 보여주고 있다는 점에서 여기서 언급되고 있다.

당시 위기의 배경

소말리아는 북동부 아프리카의 638,000평방킬로미터의 척박한 땅에 위치해 있다. 이곳의 인구는 대략 9백만으로 판단된다.

천연자원이 많지 않은 소말리아는 사막의 샘과 초목 지역에 접근할 목적의 내부 분쟁으로 인해 고통을 받아오고 있다. 동일한 언어를 사용하고 있으며, 동일한 조상의 후손인 반면, 소말리아 인들은 내부 지향적이며, 자신의 영토 이익을 열정적으로 방어하는 종족들로 분열되어 있다. 전통적으로 이들 종족은 내부 균형이 와해된 경우에만 함께 모였으며, 그 후 나름의 배타적인 방식으로 되돌아갔다.4) 내부 분쟁에서 목격되는 이 같은 경향으로 인해, 소말리아에서 안정은 항상 요원한 일이었다. 유엔의 신탁통치 국가인 소말리아는 1960년에 독립하였다. 앞에서 언급한 사실들은 소말리아의 미래란 측면에서 좋은 징조가 아니었다. 또한 이것으로 인해 1990년대에는 소말리아 간섭을 촉구하는 조심스런 호소가 있게 되었다.

전통적인 소말리아 사회의 특성을 놓고 보면, 독립 이후의 소말리아 정부가 족벌주의와 특권 남용의 모습을 보였다는 점이 아마도 놀

---

4) Stevenson, J., 'Hope restored in Somalia?' *Foreign Policy*, no. 91, Summer 1993, p. 138-54; *The Economist*, 'Somalia : Pause to bury', vol. 322, 1 February 1992, p. 44.

라운 일은 아닐 것이다. 그러나 대통령이 암살되고, 쿠데타를 통해 모하메드 시아드 바레(Mohamed Siad Barre)가 정권을 장악한 1969년 이전까지만 해도 소말리아는 비교적 민주주의 국가로 나아가고자 노력하고 있었다.

자신의 정치적 기반을 강화할 목적에서, 바레는 종족들을 억압하고, 수도인 모가디슈로 권력을 중앙 집중화하는 과정에서 혹독한 수단들을 사용하였다. 그는 국민들 내부에 각인되어 있던 종족 중심의 충성심을 자국 국경 너머의 케냐 및 에티오피아에 살고 있던 소말리아 인들을 포함하는 민족 차원의 '소말리아 의식'으로 전환시킨다는 전략을 갖고 있었다. 한편 그는 마르크스 이념을 추구하는 조짐을 보였는데, 이는 소련으로부터의 경제 및 군사적 지원이 증대되고 있다는 점과 동일한 시점에 나타난 현상이었다.5) 그 결과 소련은 인도양에서 지속적으로 활동하고자 할 때 필요한 항만 시설과 근거지를 아프리카의 북동부 지역에 확보하게 되었다.

소련의 지원과 이웃 국가인 에티오피아에서의 혁명적인 격변을 보며 대담해진 1977년, 바레는 자국 영토로 합병할 목적에서 에티오피아의 오그던(Ogden) 지역을 침입하였다. 소말리아 민족주의를 부추겨 자국 국경 너머로 나아가고자 한 이 같은 시도로 인해 불운의 '오그던 전쟁'이 발발하였다.

당시의 전쟁에서 맨 처음 소련은 양측 모두를 지원하였다. 그 후 소련은 경제 및 군사적 지원의 방향을 에티오피아로 전환시켰다. 당시 에티오피아는 그곳 지역에서의 소련의 활동이란 측면에서 보다

---

5) McMullen, R.K., & Norton, A.R., 'Somalia and Other Adventures for the 1990s', *Current History*, vol. 92, no. 573, April 1993, p. 169-74.

확고한 형태의 기지를 제공해줄 수 있던 보다 방대한 국가였다.6) 그 결과, 소말리아는 당시의 전쟁에서 패배했을 뿐더러 오그던으로부터 몰려온 200여만의 난민들로 인해 일대 혼란에 빠졌다. 이들 군사적 상황과 더불어 가뭄과 정치적 억압에 따른 문제가 추가되면서, 기울어져가고 있던 소말리아 정부의 입지가 보다 어려워졌다.7) 바레는 폭넓은 기반의 합법성을 확보할 수 없게 되었다. 당시 그는 자신의 권력 유지에 필요한 군사 및 경제적 자원을 제공해줄 은인(恩人)을 어느 때보다 절실히 필요로 하였다.

1980년에는 미국으로부터 구원의 손길이 다가왔다. 그런데 이는 그곳 지역에 배치되어 있던 미 신속배치군(Rapid Deployment Force)의 지원에 필요한 기반구조 설치 권한과 항만 시설에 대한 접근 권한을 소말리아가 미국에 제공한 결과였다.8) 소말리아 내부의 개혁 독려란 측면에서 미국은 진지하게 노력하지 않았는데, 이는 중요한 의미가 있다. 그 결과 바레의 입지를 강화해줄 목적의 미국의 원조로 인해 소말리아 사회가 보다 퇴보하였다.9)는 주장이 제기될 수 있었다.

자신과 경합을 벌이던 종족뿐만 아니라 정치가들을 대량 학살하는 등 바레가 강구한 강압적인 수단에 대항해 소말리아 국민들은 나름의 방식으로 저항하였다. 종족들은 처음에 개별적으로 그리고 그 후 상호 협조하는 방식으로 무장 저항하였다. 마침내 1989년에는 '소말

---

6) Janke, P., 'The Horn of Africa'. In Sir Robert Keegan (ed.), *War in Peace*, Orbis Publishing, London, 1981, p. 248-53; McMullen & Norton, op. cit., p. 171.
7) Clark, J., 'Debacle in Somalia', *Foreign Affairs*, IISS. 'America and the World' 1992/93, 1993, p. 109-23; Gregory, S.S., 'How Somalia Crumbled', *Time*, vol. 140, no. 24, 14 December 1992, p. 30.
8) McMullen & Norton, op. cit., p. 171.
9) *Guardian Weekly*, vol. 147, no. 23, 6 December 1992, p. 7.

리아연합의회(USC : United Somali Congress)'란 저항 세력이 출현하였다.

소말리아연합의회는 호텔을 소유하고 있던 알리 마디 모하메드(Ali Mahdi Mohamed)란 이름의 소말리아 갑부가 자금을 지원하였다. 이곳의 군사력은 이탈리아와 소련 모두에서 군사훈련을 받은 육군 장교 출신의 아이디디(Aidid) 장군이 인도하였다. 결과적으로 알리 마디와 아이디디는 분열되었다. 그러나 군사 및 정치적 측면에서 반란 분파들 간의 협조가 높아지면서, 종족에 기반을 둔 시민군들이 세력이 약화된 정부군과 비교해 '힘의 우위'를 누릴 수 있게 되었다.

형세가 기울어지자 소말리아 육군이 반란을 일으켰다. 1991년 1월, 바레는 도망해 나이지리아에 정치적 망명을 신청하였다. 측근들의 지원을 받아, 알리 마디는 자신을 대통령이라고 천명하였다.10) 바레에 대항한 군사적 행위를 이끌었던 아이디디는 자신에게 돌아와야 할 '승리의 대가'를 박탈당했다고 생각하였다.

동맹이 깨지면서, 아이디디와 알리 마디는 소말리아의 수도인 모가디슈에서 권력 투쟁을 전개하였다. 도처에서 종족들이 예전의 방식과 나름의 이익을 추구하였다. 제대로 기강이 잡혀 있지 않던 시민군들이 국가의 대부분 지역을 장악하고, 2년에 걸친 가뭄이 악화되면서, 미·소(美·蘇) 강대국들이 제공해준 무기로 무장되어 있던 갱들이 식량과 물품을 약탈하기 시작하였다.11) 가뭄으로 인해 대략 30만

---

10) Clark, op. cit.; McMullen & Norton, op. cit., p. 171.
11) 무기의 상황에 관한 논의를 위해서는 다음을 참조하시오. Janke, op cit.; McMullen & Norton, op. cit., p. 171; and Wollacott, M., 'Why Rambo's boot has no place on Somalia's door, *Guardian Weekly*, vol. 147, no. 23, 6 December 1992, p. 7.

의 소말리아 인이 사망하고, 백여 만의 국민이 이웃 국가들로 도망친 반면, 갱들은 모가디슈에 있던 전선(電線)을 포함해 모든 가치 있는 것들을 약탈하였다. 그 후 이들은 전선을 벗겨 구리로 팔았다.12) 모든 측면에서, 소말리아 국가는 더 이상 존재하지 않았다.

간섭으로 가는 길목

소말리아 정부가 전복되자, 소말리아에 대한 언론매체의 관심이 점차 수그러들었다. 1991년에는 소말리아와 비교해 구 유고와 보스니아가 보다 많이 언론매체의 관심을 모았다. 국제사회의 언론매체는 유럽의 소요(騷擾) 해결에 노력을 집중하라고 유엔에 촉구하고 있었다. 1991년 12월, 유엔 사무총장 페르즈 쿠엘라(Perez de Cuellar)는 소말리아의 평화를 회복시키기 위한 노력을 전개할 의도가 있음을 유엔 안전보장이사회에 통보하였다. 소말리아 사태에 대한 언론매체의 관심이 재차 조성된 것은 바로 그 순간이었다. 재개된 관심에도 불구하고, 언론매체는 소말리아 문제의 피상적인 모습만을 보도하였다.13)

언론매체는 기근으로 인해 소말리아 인들이 받는 고통을 중점 보도하였다. 당시 쿠엘라로 하여금 소말리아 상황을 검토하도록 만든

---

12) McMullen & Norton, op. cit., p. 171. 1993년 1월 21일의 뉴욕타임스 신문은 하수구 파이프를 훔칠 목적으로 모가디슈 거리라 파헤쳐졌다고 주장하였다.
13) 이는 워싱턴포스트, 뉴욕타임스 그리고 더타임스(런던)의 취재 검토에 근거하고 있다. 소말리아 정부가 전복되고 바레가 도망한 1991년 1월에서 시작해 소말리아에 대한 유엔의 관심이 재차 고조된 동년 12월까지의 기간 중에는 소말리아 사건들이 거의 취급되지 않았다.

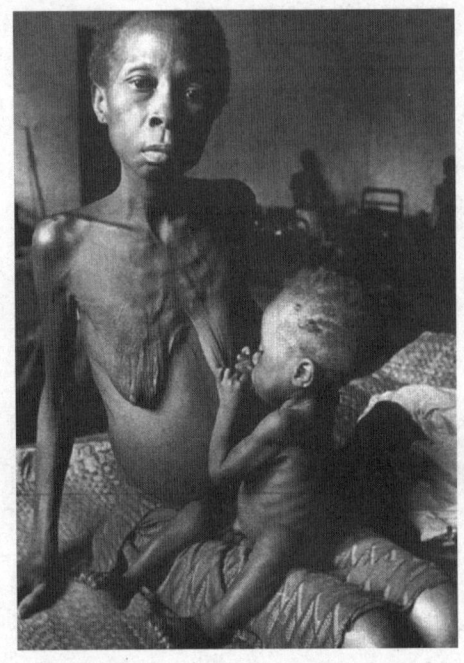

굶주린 소말리아의 어린이

요인은 기근이었다. 또한 기근은 국제사회의 시민들이 대응할 수 있
던 형태의 것이었다. 피골(皮骨)이 상접한 상태에서 굶주리고 있는 소
말리아 인들의 모습을 보며, 서구 시민과 구호 기관들은 냉전 이후의
지구적 차원의 협조 분위기에서 이 같은 고통이 발생하게 된 이유를
묻지 않을 수 없었다. 그러나 기근에 따른 문제를 치유하면 소말리아
에 평화를 되돌려줄 수 있다는 제안은 문제의 본질을 제대로 파악하
고 있지 못한 형태의 것이었다. 소말리아에는 함께 대화를 시작할 수
있는 안정된 형태의 정부 구조가 있지 않았다.14) 또한 초대받지 않은

---

14) Clark, op. cit., p. 116는 이것으로 인해 야기된 몇몇 문제들을 논의하고 있다.
     예를 들면, 1992년의 9개월의 기간 동안에는 소말리아로 지정된 6천8백만 달

국가에 유엔이 간섭을 고려한 경우는 한 번도 있지 않았다. 인도주의 차원의 원조가 아니라 모든 합법적인 정부의 모습이 사라지도록 만든 무정부(無政府) 상태의 혼란에 대처하는 문제가 보다 큰 난제였다.

유엔의 입장에서 보면, 무정부 상태의 혼란은 해결되어야 할 난제에 해당하였다. 그러나 언론매체의 입장에서 보면, 이 같은 무정부 상태로 인해 보다 많은 자유가 가능해졌다. 시민군에게 일정의 돈을 지불하면 언론인들은 원하는 시간에 원하는 곳에 갈 수 있었다.15) 또한 무정부 상태의 소말리아에서 언론매체는 보도해야 할 이상적(理想的)인 대상을 발견하였다. 필저(Pilger)는 다음과 같이 말하였다.

언론매체는 군벌들이 지도하는 소말리아 갱들의 무분별한 모습을 목격하였다. 소말리아인들은 짐승 같은 모습으로 TV에 묘사되었다. 소말리아에는 훌륭하거나 현명한 사람, 전문가 내지는 조직화된 단체가 있지 않았다. 그곳에는 오직 군벌과 이들의 하수인인 총잡이들만이 그리고 이들의 가련한 희생자인 평범한 소말리아 인들만이 있었다.16)

이들 동일한 총잡이에게 돈을 지불하는 경우 사건에 쉽게 접근할 수 있었다는 점, 붕괴된 사회의 모습을 언론인들이 기록할 수 있었다는 점으로 인해, 언론매체가 다루던 사건 중에서 소말리아의 우선순

러를 모가디슈 정부의 서명이 없었다는 점으로 인해 유엔의 관리들이 지불할 수 없었다.

15) Kaufman, L., 'The media monster', *Government Executive*, vol. 25, no. 2, February 1993, p. 34-5.

16) Pilger, J., 'The US fraud in Africa', *New Statesman and Society*, vol. 6, 8 January 1993, p. 34-5.

위가 높아졌다. 이는 여타 지역의 유사한 재앙과 달리 소말리아가 언론으로부터 엄청날 정도의 관심을 끌었음을 의미하였다. 그 결과 소말리아 상황에 대응하라고 보다 많은 사람들이 유엔에 압력을 가하는 현상이 벌어졌다.17) 그러나 소말리아에 관한 언론의 보도는 구호물자 지원 조직들이 직면하고 있던 문제에, 그리고 정부가 몰락한 사회에서의 폭력 행위에 초점이 맞추어졌다. 그런데 언론매체는 이들 구호물자가 무기를 소유하고 있던 사람들이 조속히 통제하게 되는 또 다른 자원(資源)에 불과하다는 당연한 사실을 전혀 언급하지 않았다.

언론매체의 이 같은 취재로 인해 유엔이 직면하고 있던 상황이 보다 악화되었다. 왜냐하면, 언론매체의 취재로 인해 소말리아 위기를 '원조의 문제'로 생각할 수 있다는 기대가 조성되었기 때문이다. 그러나 소말리아 상황에 간섭할 수 있기에는 유엔의 조직은 너무나 미약하였다. 바레 정부가 전복되자 유엔은 소말리아로부터 유엔 요원들을 철수시킨 바 있다. 또한 안정성 있는 통신 수단이 부족했다는 점으로 인해 유엔은 종전(終戰)을 중재하는 과정에서 외교적으로 몇몇 실수를 자행하였다. 평화 촉구에 관한 유엔 사무차장 제임스 조나 (James Jonah)의 발언으로 인해, 알리 마디와 아이디디 간의 긴장만 고조되었으며, 중립 성격의 종족들과 유엔의 입지가 약화되었다. 결국 미약한 형태의 것이지만 휴전이 체결되었으며, 1992년 3월에는 '소말리아에서의 유엔작전(UNOSOM : United Nations Operations in Somalia)' 이 가동되었다.18)

---

17) Evans, op. cit., p. 155-6은 당시 르완다 · 라이베리아 · 수단 및 모잠비크에서 발발한 유사한 형태의 재앙들을 언론매체가 소말리아와 동일한 수준에서 취재하지 않았다고 주장하고 있다.
18) Clark, op. cit., p. 115.

전투가 줄어들자 소말리아에 대한 언론매체의 관심도 수그러들었다.[19] 폭력이 난무해짐에 따라 구호물자가 제대로 전달될 수 없던 1992년 중반에는 '소말리아에서의 유엔작전'이 제대로 이행되고 있지 않다는 인식이 있었다. 유엔의 기구가 제대로 기능하지 못하고 있다는 점으로 인해 소말리아에 대한 언론매체의 관심이 재개되었다.

'소말리아에서의 유엔작전'에 막대한 규모의 자원을 제공하고자 하는 경우, 유엔은 일련의 어려운 선택을 해야 할 입장이었다. 그런데 이는 당시의 상황 때문이었다. 결과적으로 유엔은 우선순위란 문제를 놓고 논쟁에 돌입하였다. 새로 선출된 유엔 사무총장 갈리는 구 유고에서 벌어지는 '부유한 사람들의 전쟁'에 동일 인종이란 측면에서 유럽인들이 보다 많은 관심을 표명하고 있다고 유엔 안전보장이사회를 비난하였다. 우선순위란 문제를 놓고 벌어진 논쟁이 당시 절정에 달했다.[20] 이 같은 비난은 유엔회원국들뿐만 아니라 서구의 언론매체에도 적용되는 형태의 것이었다. 그러나 언론매체는 보스니아 상황과 비교해 소말리아 상황에 거의 관심을 기울이지 않았다. 언론매체는 유엔 결의안을 제대로 준수하지 않는다며 유엔을 열심히 비난하고 있었다.

유엔 사무총장이란 직책이 '간섭의 창구'만을 열어줄 수 있다는 점을 고려해보면, 이 같은 비난은 공정치 못했다.[21] 유엔은 평화유지군

---

19) Reviews of coverage in the *Washington Post*, 31 July 1992; *Le Monde* editorial 9 August 1992.

20) Stevenson, op. cit., p. 138-54; *Washington Post*, 31 July 1992; *Le Monde* editorial 9 August 1992.

21) 유엔 사무총장의 역할의 한계에 관한 논의는 다음을 참조하시오. Picco, G., 'The U.N. and the use of force', *Foreign Affairs*, vol. 73, no. 5, September/October 1994, p. 14-8.

의 파견에 필요한 자원뿐만 아니라 수단도 보유하고 있지 않았다. 또한 강대국들의 반응이 미온적이란 점에는 의문의 여지가 없었다. 1992년 전반 6개월 동안, 미국과 비교해 카보베르데(Cape Verde)란 아프리카의 조그만 국가가 간섭을 위한 보다 야심적인 의사일정(Agenda)을 유엔 안전보장이사회에 제출하였다.22)

무장 요원들이 목숨을 걸고서 약탈하고자 하는 대상이 더 이상 되지 않도록, 소말리아에 충분한 수준의 식량을 제공해주어야 한다는 의견이 미 의회에 개진되었는데, 미국의 관점은 바로 이것이었다. 위기 대응과 관련된 이 같은 단순한 접근 방안에서는 인도주의적 차원의 구호물자 제공이란 바람직한 현상과 평화유지 요원 배치에 따른 폭력의 악화 가능성 중 하나를 선택해야 하는 상황에 유엔과 미국이 처해있는 것으로 생각하였다. 당시 미국과 유엔은 이 점을 주목하는 방식으로 소말리아 간섭의 문제를 다루었다.23) 이 같은 관점은 소말리아 문제를 적절히 이해하고 있지 못함에 따른 결과였다. 그럼에도 불구하고 결과적으로 보면, 이 같은 관점으로 인해 미국이 갈리 유엔 사무총장의 입장을 지지하게 되었다.

갈리 유엔 사무총장이 소말리아 사태에 부여한 높은 수준의 우선순위에 유럽의 언론매체들은 의문을 제기하였는데, 이 같은 상황에서는 미국의 지지가 필요하였다. 한 걸음 더 나아가 영국의 타임스(The Times) 지는 갈리의 진실성을 공격하고는, 갈리가 자신의 입장을 고

---

22) Clark, op. cit., p. 116. 당시 제안을 미국이 반대했다는 점으로 인해 유엔이 500명의 평화유지 요원들을 전개한다는 초기 계획을 취하했다는 보도와 관련해서는 다음을 참조하시오. *New York Times*, 26 April 1992. *New York Times*, 9 May 1992에는 미국이 반대했다는 점을 부인하는 글이 게재되었다.
23) *Washington Post*, 27 July 1992 and 29 July 1992.

수할 수 없을 것이라고 암시하였다. 익명의 서구 외교관의 말을 인용해 타임스는 "이집트 외무장관으로 재직할 당시 자신의 책임이었던 소말리아 문제를 해결하지 못한 것에 대한 '양심의 가책'으로 인해 갈리가 소말리아에서의 행위 강구에 민감하게 반응하고 있다고 말하였다."[24] 그럼에도 불구하고, 갈리의 혹독한 질책으로 인해 유엔회원국들이 행위에 돌입하게 되었다. 그 후 몇 달도 되지 않아, 500여 명으로 구성된 파키스탄의 평화유지 요원들이 소말리아의 수도인 모가디슈로 날아갔다.

그러나 소말리아 문제는 해결의 실마리를 찾지 못했다. 소말리아의 문화 내부에는 폭력이 깊이 각인되어 있었다. 간섭을 '중지-시작(Stop-Start)'이란 방식으로 접근하는 유엔의 태도는 소말리아의 주요 실력자들이 교묘히 이용하고자 하는 약점으로 해석될 수 있었다. 이는 소말리아 문제에 대한 유엔과 미국의 고위급 수준에서의 이해(理解)와 현장에서의 상황 이해 간에 괴리가 있었다는 점으로 인해 보다 복잡해졌다.

소말리아에서 갈리 사무총장의 특별 대변인 역할을 수행하고 있던 알제리 외교관 모하메드 사눈(Mohammed Sahnoun)은 여타 원조 기관과 비교해 효과적이지 못하며, 현실과 제대로 타협하지 못하고 있다며 유엔을 비난하였다.[25] 개인적 차원에서 원조를 제공하고 있던 사람들과 마찬가지로 유엔의 기구들이 구호물자 호송 요원들의 신변보호를 위해 소말리아의 총잡이들에게 돈을 지불하고 있으며, 이 같

24) *The Times* (London), 28 July 1992 and 5 August 1992.
25) *Guardian Weekly*, vol. 147, no. 6, 9 August 1992, and vol. 147, no. 7, 16 August 1992.

은 돈의 지불 중단은 "제2전선을 만드는 것"26)과 다름이 없다고 유엔 관리들이 말한 것으로 인용되었을 당시 언론매체는 발끈하였다.

이들 난관에도 불구하고, 사눈은 최초 계획되었던 500여 명의 평화유지 요원들의 배치가 받아지도록 최선의 노력을 경주하였다. 특히 그는 모가디슈에서 가장 막강한 전력을 유지하고 있으며, 유엔의 침입에 분개하고 있던 아이디디가 유엔군의 배치를 수용하도록 노력하였다. 당시의 배치로 인해 잠시나마 원조 물자가 유통되었다.

그러나 몇 주가 지나지 않아, 미군 수송기가 총탄에 맞게 되면서 원조 물자의 유통이 재차 중단되었다. 당시의 사건은 사적으로 원조 물자를 제공하던 사람들의 행위에 영향을 주지 않은 비교적 사소한 형태의 우발 사건이었다고 필저(Pilger)는 주장하고 있다.27)

그러나 당시의 사건으로 인해 미국의 식량 공수(空輸) 관련 노력이 중단된 반면, 평화유지군의 증강 문제가 논의되었다. 3,000명의 평화유지 요원을 추가 배치하는 방식으로 '소말리아에서의 유엔작전'을 강화하겠다고 갈리 사무총장은 선언하였다. 이 같은 선언으로 인해 사눈이 진행하고 있던 협상이 무산되었다. 당시 사눈은 보다 많은 평화유지군의 배치를 아이디디가 수용하기로 결심한 단계에 와있었다고 느끼고 있었다.28) 아이디디는 새로 증원되는 요원들을 모두 사살해 본국으로 보낼 것이라고 협박하였다. 그 후 1992년 10월, 외교적 측면에서의 자신의 노력이 유엔에 의해 좌절되자 사눈이 자리에서 사임하였다.

---

26) *The Australian*, 11 October 1993.
27) Pilger, op. cit.
28) Stevenson, op. cit., p. 145.

소말리아에 주둔한 유엔 평화유지군

    1992년 10월과 11월 전반에 걸쳐, 소말리아 상황은 지속적으로 악화되었다. 그러나 언론매체는 사눈의 사임 이유를 조사하기보다는 유엔의 재난구호 관련 노력의 실패에 보다 많은 관심을 보였다. 구 유고에서 유엔이 보다 강력한 행위를 강구해야 한다는 점을 강조하던 영국의 타임스지는 사눈이 유엔 관료들과의 불화로 인해 사임했다고 보도하였다.29) 이는 유엔 사무총장이 추구하고 있던 방향에 불만을 표시하는 또 다른 방식으로 생각되었다. 반면에 행정부가 갈리 유엔 사무총장을 지속적으로 지원하고 있었으며, 소말리아에서의 대규모 간섭을 추진하는 방향으로 움직이고 있던 미국의 뉴욕타임스는 사눈이 사임할 수밖에 없었던 것은 자신의 감정을 제대로 통제하지 못한 결과라고 보도하였다.30) 일반적으로 이들 언론매체의 색다른 시각은

---

29) *The Times* (London), 1 December 1992.
30) *New York Times*, 1 November 1992.

자국 정부의 관점을 반영하고 있었다.

유엔 안전보장이사회에 보낸 서신에서 갈리 사무총장이 소말리아 상황의 지속적인 악화를 보고하고, 몇몇 방안을 제기할 당시인 11월 말경에는 이해관계(利害關係)가 보다 첨예해졌다. 이라크의 외교관인 키타니(Ismat Kittani)가 사눈의 후임으로 임명된 지 한 달이 지난 시점, 영국의 타임스지는 소말리아의 복잡한 종족 관계에 대한 이해(理解)와 외교적 수완이란 측면에서 사눈의 손실에 유감을 표명하였다.

뒤늦게 타임스지는 소말리아 임무에 사눈의 전문성이 가미되도록 하라고 유엔 사무총장에게 촉구하였다.[31] 그러나 이는 무력시위를 추진하던 미국의 태도에 반대하고 있던 영국의 노력에 불과하였다.

평화유지 여건의 회복을 위한 반응이 필요하다고 말하면서, 유엔 사무총장은 나름의 행위를 권고하였다. 몇몇 사항을 권고하며, 갈리는 유엔이 이 같은 작전의 수행에 필요한 지휘통제 능력이 없다는 점, 유엔헌장 7장에 따라 회원국들의 집단 행위에 호소할 필요가 있다는 점을 언급하였다. 1992년 12월 3일, 유엔 안전보장이사회는 "소말리아에서의 인도주의적 차원의 재난구호 작전을 위한 안정된 환경을 조속히 조성하고자 할 때 필요한 모든 수단의 사용"[32]을 허용해 주는 유엔결의안 784(1992년)를 만장일치로 통과시켰다.

질서회복을 목적으로 신설된 통합기동부대(UNITAF : Unified Task Force)를 인도하겠다고 미국이 제안하였다. 이 같은 제안과 관련해 미국의 언론매체는 물론이고 어느 누구도 놀라지 않았다. 워싱턴포스트

---

31) *The Times* (London), 1 December 1992.
32) *United Nations Peace-keeping Operations Information Notes 1993 : Update No. 2*, p. 83.

지는 구호물자가 원활히 유통되도록 할 목적의 군사력 사용을 지지했으며, 당시 간섭에서의 미국의 리더십을 당연한 것으로 받아들였다.[33] 몇 달에 걸친 공식 브리핑으로 인해 조화를 이룬 형태의 유엔 차원의 행위를 위한 여건이 조성되었다. 당시의 권고 사항을 신속히 이행할 능력이 있던 유일한 국가가 미국이란 점에 모두들 동의하였다. 그 결과 미국은 미군이 참여하게 될 시점에서의 조건 및 상황의 설정이란 측면에서 뿐 아니라 반응 형태의 명시 과정에서도 적지 않은 영향력을 행사할 수 있었다.[34]

미국의 개입을 선언하면서 미국 대통령 부시는 미국이 독자적으로 행동할 수 없다는 점 그러나 "……세계의 몇몇 위기는 미국의 참여 없이는 해결될 수 없다는 점"[35]을 언급하였다. 얼마 지나지 않아, 참여의 정도가 분명해졌다.

'소말리아에서의 유엔작전'을 책임지는 유엔 사무총장 특별 대표인 키타니의 후임으로 퇴역 미 해군제독 조나단 하우(Jonathan Howe)가 거론되었다. 미군 지휘관의 임명과 관련해 일부 제3세계가 반대하였다. 그러나 나토 국가인 터키 출신의 세빅 비르(Cevick Bir) 중장을 사령관으로 임명하자는 제안에 대부분의 사람들이 동의하였다. 그의 부사령관에 미국인이 임명되었다. 보호와 구호물자 전달을 목적으로 하는 펜타곤의 우발계획(偶發計劃 : Contingency Plan)이 "군사적으로 복잡한 형태가 아니다."[36]고 해병 대장 조셉 호어(Joseph Hoare)가 발언

33) *Washington Post*, 1 December 1992.
34) Kitfield, J., 'Restoring Hope', *Government Executive*, vol. 25, no. 2, February 1993, p. 20-32.
35) Bush, G., 'Conditions in Somalia : Creating a secure environment', reprinted in *Vital Speeches of the Day*, vol. 59, no. 6, 1 January 1993, p. 162-3.
36) *The Times* (London), 2 December 1992.

하는 가운데, 발족을 선언한 지 며칠이 되지 않아 통합기동부대가 이행되었다.

회고해보면, 이전의 몇 달 동안의 언론매체의 취재는 당시의 간섭계획에 관해 알고 있던 미국 관리가 제공한 브리핑 내용을 반영하고 있었던 듯 보인다. 이 같은 방식으로, 언론매체는 정확한 보도가 아니라, 소말리아 상황에 관한 특정 관점을 보도하도록 독려되었다. 그런데 이는 소말리아 간섭을 유도하는 방향으로 여론을 조성할 목적에서였다. 사건의 진로가 분명해지자 언론매체는 더 이상 유의하지 않았다. 소말리아 관련 이야기는 사안보다는 오락적 가치로 인해 보다 의미가 있었다.

'식량을 제공할 목적의 사격(Shoot to feed)'는 통합기동부대의 평화유지 임무를 요약할 목적에서 런던타임스가 사용한 문구였다.37) 보다 많은 언론매체들이 이 주제에 열광하였다. 당시의 작전 기간과 관련해 펜타곤 관리들은 미국 정부와 비교해 낙관적이지 않았다.38) 그럼에도 불구하고, '선(善)의 군대', 특히 미국의 군대가 당시로부터 1년여 전의 걸프전에서처럼 소말리아에서 악(惡)을 제압할 것이란 기대가 이 같은 점으로 인해 저하되지 않았다.

간섭으로 가는 길목에서, 언론매체는 문제의 사안들을 정밀 조사해보지 않았다. 그러나 언론매체는 지속적으로 영향력을 행사하고 있었다. 통합기동부대의 출현을 선포한 지 5일이 지난 1992년 12월 9일, 1,600여명의 미 해병 요원들이 모가디슈 해안으로 무리지어 오르면서 '희망회복(Restore Hope)' 작전이 시작되었다. 당시 이들이 착용

---

37) *The Times* (London) (editorial), 1 December 1992.
38) *Washington Post*, 1 December 1992; *The Times* (London), 5 December 1992.

하고 있던 야시경은 이들의 상륙을 기다리고 있던 250여 명의 기자들이 터뜨리는 TV 및 사진기의 불빛으로 인해 의미를 상실하였다.

걸프전이 절정에 달한 시점에는 언론인과 전투원의 비율이 대략 1:300이었는데, 당시는 이 같은 비율이 1:6이었다. 적어도 당시는 통제되지 않는 상태에서 언론매체가 사건에 접근함에 따른 위험이 있었다.39) 당시는 향후 발생하게 될 상황을 사전에 보여준 경우였다.40) 언론인들이 소말리아의 모든 지역을 무리지어 지나가면서 취재가 폭증하였다. 언론인들은 걸프전에서 자신들을 고통스럽게 했던 Pool 시스템에 의한 규제로부터 해방되었다. 군의 입장에서 보면, 당시는 베트남전쟁에서의 악몽(惡夢)이 재현되는 순간이었다.

---

39) Kaufman, op. cit.; 다음을 또한 보시오. Dobell, G., 'The media's perspective on peacekeeping'; in *Peacekeeping : Challenges for the Future*, ed. Hugh Smith, Australian Defence Studies Centre, Australian Defence Force Academy, Canberra, 1993, p. 41-57. 당시의 상륙에 참여했던 해병대의 말에 따르면, "카메라의 밝은 빛으로 인해 야시경이 완전히 파괴되었다. 우리는 실제적으로 장님이 되었다. 저항 세력이 없었다는 점에 하느님께 감사드립니다." 그러나 해병대의 입장에서 보면 이는 획기적인 사건이었다. 즉 이는 상륙 모습이 TV에 방영된 최초의 경우였다.(*Washington Post*, 9 December 1992).

40) 1992년 12월, 뉴욕타임스는 소말리아에 관해 130회 이상 보도했는데, 이는 지난 12개월 동안에 보도한 회수를 모두 합한 것보다 많았다. 반면에 런던타임스는 70회 보도하였다. 또한 언론매체의 취재 비용에 관해 상세히 알고자 하면 다음을 보시오. Smith, S. 'Light on in the shooting gallery', *New Statesman and Society*, 18 December 1992/1 January 1993, p. 18-9. 자동차, 호위 요원 및 주거에 소요되는 비용이 소말리아의 1년 동안의 국내생산을 능가하였다.

도망에 능숙한 군벌

아이디디는 '소말리아에서의 유엔작전' 평화유지 요원의 전개에 반
대하였다. 그러나 맨 처음, 아이디디와 알리 마디는 미국에 그리고
통합기동부대의 전개에 협조적이었다. 몇몇 측면에서 보면, 이는 놀
라운 일이 아니었다. '희망회복' 작전의 성공은 압도적인 형태의 무
력시위를 통한 상대방 저항의 제압을 전제(前提)로 하였다. 또한 압도
적 능력의 동맹군(미군이 주축이 된)이 구호물품 분배에 장애가 되는
요소들을 제거할 목적에서 모가디슈로부터 소말리아 곳곳으로 뻗어
나갈 당시, 현실을 중시하던 종족 리더들은 저자세를 견지하지 않을
수 없었다.41)

한편 아이디디와 알리 마디는 미래에 대한 안목이 있었다. 이들은
유엔의 평화유지 관련 노력에 대한 참여와 지원을 과시하는 방식으
로 자신들의 정당성을 주장할 수 있었다. 그 결과 당시의 작전은 종
족 리더들이 동맹군의 공보(公報) 관련 전역(戰役)에 기꺼이 공조하고
자 하는 등 우호적인 분위기에서 시작되었다. '새로운 정치가 및 사
회(New Statesman and Society)'에 기고한 글에서 스티븐 스미스(Stephen
Smith)는 작전 초반의 상황을 다음과 같이 기술하였다.

소말리아 땅에 처음 발을 밟은 날, 프랑스군이 도로상의 바리케이드에
서 사격을 가해 2명의 소말리아인이 사망하는 사태가 벌어졌다. 이 문
제와 관련해 아이디디와 알리 마디는 비난하지 않았다. 소말리아인들

---

41) Marlowe, L., 'The gift of hope', *Time*, vol. 7, no. 52, 28 December 1992, p.
22-5; Smith, S., op. cit.

을 태운 트럭이 바리케이드를 거세게 들이받았으며, 프랑스군들이 공격 받은 이후에 무기를 발사했다는 동맹군의 주장에 종족 리더들은 암묵적으로 동의하였다. 그러나 현장에 있던 기자들은 젖은 땅으로 인해 트럭을 신속히 정지시키지 못했다며, 공격을 받은 이후 발사했다는 프랑스군의 주장에 이의를 제기하였다.42)

이 사건을 적절히 설명해 곤궁에서 빠져나갈 당시, 통합기동부대의 뜻에 굴복한 자가 소말리아의 지도자들만은 아니었다. "재미있는 현상이지만, 현장에 기자들을 유지하고 있던 몇몇 뉴스 조직들 또한 다음날 아침의 공공 기관의 발언에 비위를 맞추었다."43) 상황을 제대로 알고 있던 몇몇 언론매체들이 사실을 폭로하지 않았다. 이는 이들이 통합기동부대 팀의 뜻에 동참해 애국적 차원에서 행동하고자 했기 때문이었다.

'희망회복' 작전은 기동부대 요원, 종족 리더들, 그리고 언론매체가 어깨를 마주하며 우호적인 분위기에서 시작된 듯 보인다. 그러나 이들 모두는 회복되어야 할 '희망'과 관련해 색다른 관점을 견지하고 있었다.

미 행정부의 입장에서 보면, 통합기동부대가 추구하는 목표는 인도주의적 차원의 원조 물자가 배분될 수 있도록 상황을 조성하는 일이었다. 그러나 유엔 사무총장 갈리는 인도주의 차원의 임무를 소말리아를 재건할 목적의 보다 구체적인 작전으로 발전시키고자 노력하였다.44) 이처럼 한 차원 높은 목표가 가능해지려면 주민들의 무장해

---

42) Smith, S., op. cit.
43) Ibid.

제가 필수적인 듯 보였다. 당시 언론매체는 주민의 무장해제란 문제를 추구하는 목표의 일부분으로 곧바로 수용하였다. 예를 들면, 워싱턴포스트지는 다음과 같이 주장하였다.

……소말리아 군벌과 총잡이들의 절대 권위를 찬탈하는 방식으로, 미군이 소말리아의 다수 정파(政派)들을 화해시키고자 했던 이전의 모든 노력을 좌절시킨 정치적 장애물들을 제거할 수 있을 것으로 많은 소말리아인들은 기대하고 있다.45)

당시 미 행정부는 이 같은 행위와 관련해 신중하였다. 미국의 특별공사(Special Envoy) 로버트 오크레이(Robert Oakley)는 무기가 소말리아 문화의 중요한 부분이란 점을 지적했으며, 미군이 무기를 압수하고자 하는 경우 이들이 곧바로 적이 될 것으로 추론했는데, 이는 분명한 사실이었다. 그러나 이 같은 관점은 몇 달 이내에 소말리아인들이 완벽히 무장 해제될 수 있다는 또 다른 판단과 함께 제시되었다.

보고서는 다음과 같은 판단과 함께 종료되었다. "미국이 소말리아인의 무장해제, 즉 임무의 이 부분을 시도하고자 하지 않는다면, 그 결과는 걸프전의 경우처럼 과업을 절반만 달성한 것과 다름이 없을 것이다."46)

---

44) Bonner, R., 'The dilemma of disarmament', *Time*, 28 December 1992, p. 24-5.
45) *Washington Post*, 7 December 1992.
46) Bonner, op. cit. 타임지는 소말리아의 경찰 총수가 다음과 같이 말했다고 인용 보도하였다. "오직 외부 권위 부서만이 소말리아를 무장 해제할 수 있다. 왜냐하면, 소말리아인들이 자신을 무장 해제할 능력이 없을 뿐만 아니라 의사가 없기 때문이다." 그는 완벽히 무장 해제하는데 4개월에서 6개월이 소요될 것으로 판단하였다.

통합기동부대가 보유하고 있던 막강한 전력에 관한 이미지와 이 같은 보도가 결합되면서, 서구 시청자들은 소말리아의 질서 회복이 마음만 먹으면 해결되는 '의지의 문제'와 다름이 없다고 생각하였다.

그러나 여타 지역에서의 유사한 상황에서의 교훈에 따르면, 오크레이(Oakley)의 관점에 타당성이 있었다. 또한 이들 교훈은 소말리아 국민을 무장해제하고자 하는 모든 노력이 많은 희생을 치르는 반면 실패로 끝날 가능성이 있음을 암시해주었다. 통합기동부대가 전개되기 이전, 시민군 소속의 기술자들과 대량의 중무장 화기(火器)를 적재한 트럭들이 에티오피아의 안식처(安息處)를 향해 사막을 가로질러가고 있었는데, 이 점을 미국은 인지했을 것이다. 그곳에서 이들 장비는 유엔군이 철수할 시점까지 보관될 예정이었다.47)

유엔 평화유지 활동이 시작될 당시 아이디디와 알리 마디는 적극 협조하였다. 그러나 이 같은 협조와 비교해 앞의 행위들이 종족 리더들이 희망하고 있던 바를 보다 분명히 보여주었다.

처음에 통합기동부대는 반납한 무기들을 접수하거나 개개 소말리아 인들로부터 무기를 압수하였다. 그러나 종족 리더들이 보유하고 있던 무기들은 압수하고자 하지 않았는데, 이는 아마도 이 같은 이유 때문이었을 것이다.48) 그러나 이 같은 정책은 특정의 평화적 해결을 향해 진전이 있는 동안에만 지속될 수 있었다. 종족 지도자들의 입장, 특히 아이디디의 입장이 분명해진 것은 평화를 염두에 둔 의사일정(Agenda)을 결정할 당시였다.

---

47) Smith, S., op. cit.
48) 무장 해제 정책에 관한 판단과 관련해서는 다음을 보시오. Smith, S., op. cit., 자신들의 과업에 관한 해병대의 시각을 알고자 하면 다음을 보시오. Marlowe, op. cit.

1993년 1월 초반, 부시 대통령은 소말리아를 방문해 미군의 활동 지역을 살펴보았다. 부시가 모가디슈에 있을 당시, 이곳의 일부 지역에서 종족들 간에 전투가 벌어졌으며, 유엔 건물 밖에 있던 갈리 사무총장을 겨냥해 격렬한 시위가 있었다. 이들 시위는 아이디디가 조직한 것으로 생각되었다. 그는 평화와 관련된 모든 대화에서 유엔이 아니고 미국의 중재를 원하고 있다고 말했다.49)

소말리아를 떠날 당시, 부시는 '희망회복' 작전이 성공적이라고 주장하였다. 그러나 그는 안전(Security)에 관해 보다 단호한 접근이 필요하다는 점을 또한 주목하였다. 그는 안전이 의문시되는 기간 동안에는 일부 미군이 남아 있을 것이라고 약속하였다.50)

며칠 뒤, 미 해병대는 아이디디가 통제하고 있던 모가디슈 지역을 습격해 건물들을 파괴하고, 무기와 탄약을 압수하였다. 다음에 이들은 모가디슈에 있던 무기시장을 폐쇄하였다. 1993년 1월 14일, 모가디슈 비행장 부근에서의 전투에서 미 해병대가 최초로 총에 맞아 전사하였다.51)

통합기동부대가 강구한 보다 공세적인 자세로 인해, 미군이 아이디디와 직접 대결하는 결과만 초래되었다. 아이디디 휘하의 강력한 전력들이 모가디슈의 대부분 지역을 장악하였다. 당시 아이디디는 소말리아 국민의 대다수로부터 지지를 얻고 있었다. 아이디디를 지지하던 자들은 미국의 행위에 대항해 반대 시위로 맞섰는데, 이는 예견 가능한 일이었다. 또한 소요 진압에 몰두하던 통합기동부대와의 충돌

49) *New York Times*, 2 January, 3 January and 4 January 1993; *The Times* (London), 1 January 1993. 당시는 대략 23,000명의 미군이 소말리아에 전개되었다.
50) *The Times* (London), 5 January 1993.
51) *New York Times*, 7, 9 and 14 January 1993.

로 인해 소말리아의 민간인들이 사망하였다.

이에 대해 아이디디는 자신의 추종자들을 겨냥해 발사했다며 미국을 비난하였다. 무기를 버리라는 요구를 거부하며, 이들 아이디디의 추종자들이 모가디슈 거리를 날뛰며 돌아다녔다.52)

1993년 3월 3일, 갈리 사무총장은 통합기동부대를 UNOSOM II로 전환(轉換)하라고 안전보장이사회에 권고하였다. 그러나 안전을 계속 우려했다는 점으로 인해, "평화·안정·법 및 질서"53) 회복 임무를 지속할 수 있도록 UNOSOM II에 통합기동부대가 갖고 있던 것과 유사한 형태의 능력이 제공되어야 한다고 그는 제안하였다. 평화유지와 평화조성 역할을 결합한다는 그의 결심에는 적지 않은 모험이 따랐다. 이는 이들 과업이 양립될 수 없는 성격이기 때문이 아니고 실패하는 경우 국제사회의 평화과정에서 유엔의 입지가 어려워질 수 있기 때문이었다. 그럼에도 불구하고, 유엔 안전보장이사회는 임무 기간을 1993년 10월 31일까지로 확대하고자 할 때 필요한 위임 통치 권한을 UNOSOM II에 부여해주었다.

한편, 모가디슈에 있던 무기 저장고를 조사하던 6월 5일, 20명 이상의 파키스탄 출신 평화유지 요원들이 살해되었다. 당시는 소말리아에서 폭력이 고조되었다. 유엔 안전보장이사회는 이 같은 행위를 즉각 비난하고는 관련 요원들을 체포해 처벌하라고 촉구하였다. 당시 사건과 관련해 아이디디에게 비난의 화살이 쏟아졌다. 미국은 살인마

---

52) 보다 높은 수준의 폭력을 야기한 사건들을 모든 주요 언론매체들이 취재하였다. 예를 들면 다음을 보시오. *New York Times*, 25 and 26 February 1993.

53) *United Nations Peace-Keeping Operations Information Notes 1993 : Update No. 2*, p. 84-5. UNITAF은 대략 37,000명을 전개했는데, 이들의 대부분은 미군이었다. UNOSOM II는 21,000명 정도를 전개하였다.

들을 법정에 세우기 위한 작전을 주도하겠다고 자청하였다.54)

새로운 전역(戰役)으로 인해 폭력의 수준이 보다 더 고조되었다. 아이디디의 거점을 공격할 목적에서 미국은 첨단의 공중 발사 기지(基地)에 해당하는 AC-130H를 동원하였다. 또한 AC-130H는 지상에서 대규모 작전을 수행하였다. 그러나 유엔이 아이디디의 전쟁 수행 능력을 파괴하는 과정에서 소말리아 측의 희생이 높아질수록 아이디디의 인기는 보다 더 높아졌다. 결과적으로 보면, 유엔 평화유지 요원들은 소말리아와 전쟁을 수행하고 있었다. 그 결과는 필연적이었다.

일대 폭동의 와중에서 유엔 요원들이 50여 명의 소말리아 군중들을 사살하였다. 이들은 주로 여자와 어린이였다. 당시는 유엔 요원들에 의한 최초의 민간인 대량학살이었다는 점에 타임스지는 주목하였다. 분노에 찬 소말리아인들이 모든 외국인을 겨냥해 반격해왔다. 언론인을 포함한 몇몇 외국인이 보복 살해되었다. 소말리아의 라디오 방송국이 자국(自國)을 떠나라고 유엔에 촉구하자, 구호물자 운반 요원들은 모래주머니로 만든 울안으로 숨어들었다.55)

1993년 6월 18일, 전쟁범죄를 이유로 유엔은 아이디디의 체포를 명령하였다. 그 후 며칠 뒤, 도주하고 있던 아이디디가 은밀한 장소에서 미국의 언론매체 조직과 인터뷰하였다. 유엔의 입장에서 보면 이

---

54) *New York Times*, 6 June and 7 June 1993; *The Times* (London), 6 June and 7 June 1993. *The Australian*, 9 June 1993. 저격수들에 의해 둘러싸여 있던 80여 명의 파키스탄 인들을 탱크와 헬리콥터의 지원을 받고 있던 이탈리아 군이 구출하였다.

55) *The Times* (London), 13 June, 14 June, 15 June and 18 June 1993; *The Australian*, 11 June and 18 June 1993. 민간인 사망자는 민간인들을 인간방패로 사용하고 있던 소말리아의 총잡이들에 의해 야기된 것으로 보인다. 적어도 몇몇 경우 그러하였다.

는 당혹스런 현상이었다. 아이디디는 자신에 대한 체포 명령을 거부하고는 파키스탄 요원들의 살해와 관련해 자신의 결백을 주장하였다.

이에 대응해 유엔은 아이디디를 체포할 목적의 현상금 포스터를 발간하였다. 헬리콥터를 이용해 모가디슈 상공에서 투하될 이들 포스터를 언론인들은 'Wild West' 전술로 명명하였다. 이 포스터를 본 사람은 아이디디를 직접 연행해올 수 있을 것이란 유엔의 조언은 '시체 양산'을 유도하는 행위와 다름이 없어 보였다.[56]

언론매체의 입장에서 보면, 이 같은 상황 발전으로 인해 소말리아 관련 스토리의 오락적 가치만 배가되었다. 그러나 아직도 소말리아 국민이 겪는 고통에 관한 이미지로 인해 당시 진행되고 있던 부분(당시의 상황)들에 대한 모든 분석이 무색해졌다. 당시의 상황을 타임지는 다음과 같이 요약하였다.

소말리아 마을에서 수천 명씩 죽어가던 뼈만 앙상히 남은 어린이들에 관한 비극적인 이미지는 사라져버렸다. 이들에 대신해 폭탄으로 온몸이 산산조각이 난 민간인과 모가디슈 폭도들의 처참한 이미지가 들어섰다. 소말리아에서의 유엔의 '평화유지 임무(Peace Keeping Mission)'에 미국이 책임을 이양한 이후의 2개월 동안 목격되었던 폭력에 대항해, 이들은 분노에 떨면서 주먹을 불끈 쥐어 올리고 있었다.[57]

미국의 타임지는 소말리아에서의 미국의 역할, 아이디디를 생포할 목적의 전역(戰役)이 유엔의 임무를 주도한 정도, 소말리아 국민의 분

---

56) The Times (London) 18 June and 23 June 1993; The Australian, 25 June 1993.
57) Michaels, M., 'Peacemaking war', Time, vol. 8, no. 30, 26 July 1993, p. 30-1

미군 시체를 끌고 다니는 모가디슈
시민들

노 그리고 UNOSOM II 내부에서 조짐을 보이고 있던 분열에 관심을
집중시켰다.

분노가 미국에 집중되었다. 민간인 대학살에 책임이 있던 헬리콥
터와 미사일은 거의 전적으로 미제였다. 표면적으로는 터키 대장인
세빅 비르(Cevik Bir)가 유엔군을 지휘하였다. 그러나 사령부 내부에
서 2번째 서열의 인물은 미국인이었으며, 비르의 참모는 절대 다수가
미국인이었다. 또한 소말리아에서의 실질적인 보스는 퇴역 미 해군대
장인 조나단 하우(Jonathan Howe)였다.

유엔은 아이디디 정파(政派)를 제거하기로 결심하였다. 그런데 이
같은 결심은 파키스탄 인들에 대한 매복 공격과 관련해 책임이 있던
소말리아인들의 생포를 촉구한 유엔 결의안의 미국의 해석으로 생각

되었다. 5월 이후 35명의 유엔 평화유지 요원들이 사망했는데, 이들 중 미국인은 단 한명도 없었다. "미국은 항공력을 이용한 공격을 통해 혼란을 조장하고 있다. 그러나 지상에서 어려운 임무를 수행하고 있는 사람은 나의 동료 내지는 제3세계 출신의 군인이다."고 파키스탄 출신의 평화유지 요원은 말했다.58)

UNOSOM II에 분열의 조짐이 보이기 시작한 것은 지상에서였다.

1993년 7월, 불복종을 이유로 유엔은 소말리아의 이탈리아군 파견 대장인 브루노 로이(Bruno Loi) 장군을 소환하라고 로마에 촉구하였다. 자국 정부와 협의하기 이전에는 로이가 명령을 이행하고자 하지 않았다고 유엔은 주장하였다. 이 같은 요구를 거부하고는 UNOSOM II 지휘부와 긴급히 논의할 목적에서 이탈리아 정부가 사절단을 파견하였다.59) 이 사건뿐만 아니라 이 사건과 관련해 모가디슈 밖으로 이탈리아 군을 재배치하기로 한 결심은 제대로 보도된 반면, 대부분의 언론매체는 이 사건의 배경에 거의 관심을 기울이지 않았다.

이 문제를 철저히 조사한 신문은 선데이타임스였다. 이 신문에 따르면, 당시의 논란은 아이디디 군이 통제하고 있던 모가디슈 거리의 모퉁이에 있던 주요 검문소에 대한 공격을 로이가 거부했다는 점으로 인해 발생하였다. 검문소를 점령하기 위한 전투에서 70여 명의 인명을 잃을 수 있다고 로이는 생각하였다. 로마와 협의한 이후 로이는 무기 대신 언변(言辯)을 이용해 아이디디가 일보 양보하도록 하겠다고 결심하였다. 로이는 성공을 거두었으며, 유엔이 설정한 마감일 하

58) Ibid.
59) *New York Times*, 15 July 1993; *Washington Post*, 15 July 1993; *The Times* (London), 15 July 1993 and 16 July 1993; *Weekend Australian*, 17-18 July 1993.

루 전에 검문소를 재차 점령하였다.60)

이탈리아인들이 아이디디와 직접 대화했다는 점이 미국인들의 비위를 건드렸다. 미국인들은 대화의 여지가 있다는 이탈리아의 관점에 동의하지 않았다. 타임지가 지적한 바처럼, 당시의 문제는 로이가 로마와 협의했다는 점이 아니고 UNOSOM II의 평화 임무를 전쟁 성격의 작전으로 전환시키고 있던 소말리아에서의 미국 주도의 침략이었다.61)

당시 언론매체는 평화유지 활동과 평화조성 작전이 양립될 수 있는 것인 지의 문제를 상세 조사하였다. 그러나 현상금이 걸려 있는 군벌이 아닌 또 다른 대상으로 아이디디를 취급함이 바람직한 것인지에 관한 논의는 거의 없었다. 또한 당시의 작전을 미국이 지휘함에 따른 의미에 관한 진지한 논의는 거의 없었다. 로이와 관련해 유엔이 강구한 조치는 모든 군사력이 유엔의 통제를 받고 있다는 점을 상기시킬 목적의 것이었을 가능성이 있다. 그러나 로이와 관련된 문제는 일의 처리 방식에 관한 미국의 리더십과 교리에 이탈리아가 도전했다는 점에 있었다.62)

8월 26일, 유엔은 "……유엔의 기치(旗幟) 아래 근무하고 있던 파키스탄군에 대한 6월 5일의 공격을 아이디디가 허락했다."고 결론짓는 조사 보고서를 발표하였다. 한편 4백여 명에 달하는 미 육군의 레

---

60) *Sunday Times*, 18 July 1993.
61) Michaels, op. cit.
62) 소말리아에서의 미국의 역할에 관한 상세 논의를 보고자 하면 다음을 참조하시오. *The Economist*, vol. 328, 17 July 1993 and vol. 328, no. 7822, 31 July 1993; *New York Times*, 16 July 1993는 유엔이 공정치 못하고 편파적인 듯 보였다는 점을 이탈리아가 우려했다고 주장하였다.

인저 부대원들이 모가디슈에 전개하고 있었다. 이 특수부대의 임무를 묻는 언론매체의 질문에 대해 유엔은 "기동부대 내부의 단위 부대들의 임무에 관해서는 여러분이 나름의 결론을 내려야 할 것입니다."63)고 말하면서 답변을 회피하였다.

얼마 지나지 않아 이들의 과업이 분명해졌다. 8월 30일, 12대의 헬리콥터에 탑승한 50명의 레인저들이 모가디슈의 '인가된 지역' 밖에 위치해 있던 2개 건물을 기습하였다. 이들 중 한 건물은 비어있었다. 그러나 다른 건물에 있던 사람들은 억류되었다. 이들은 유엔이 추진하고 있던 프로그램을 위해 일하는 사람임이 밝혀진 이후에나 풀려났다. 당시의 기습은 아이디디를 생포할 목적의 노력의 일환이었음이 분명하였다. 레인저들은 그곳을 아이디디의 지휘본부로 잘못 알고 있었다.64)

그 후 10일 뒤에는 또 다른 문제가 발생하였다. 뉴욕타임스는 바리케이드를 제거하고자 노력하던 도중 적으로부터 사격을 받은 미국인과 파키스탄 평화유지 요원들을 지원하던 2대의 공격용 코브라 헬리콥터, 파키스탄의 탱크 및 기갑 차량이 개입된 주요 전투를 보도하였다. 당시의 전투에서는 여자와 어린이를 포함해 100여 명의 소말리아인들이 사살된 것으로 보였다. 또한 2명의 미국인을 포함해 4명의 평화유지 요원들이 부상한 반면 2명의 팔레스타인 군인이 사살되었다.

---

63) *The Australian*, 27 August 1993. 미 행정부는 아이디디가 정치 및 군사적으로 혼란을 야기하는 한 미군이 잔류할 것이라고 말하는 등, 같은 달 초반 소말리아에 대한 미국의 약속을 재차 확인하였다.(*New York Times*, 10 August 1993.)

64) *New York Times*, 31 August 1993; *The Australian*, 31 August 1993 and 1 September 1993. 이는 조잡한 정보로 인해 야기된 서투른 공습들 중에서 최초의 경우였다.

모가디슈에 있던 유엔의 수석대변인인 데이비드 스톡웰(David Stockwell) 소령은 여자와 어린이들에 대한 발사를 다음과 같이 정당화하였다.

이는 유엔 요원들을 보호할 목적의 최후의 수단이었습니다. 우리는 차량에 탑승한 채 전투원처럼 무리지어 몰려오는 사람들을 목격했습니다.……우리는 예전에도 이 같은 모습을 본 적이 있습니다. 우리의 군이 있는 곳까지 왔더라면, 이들은 우리 병사들의 사지(四肢)를 갈기갈기 찢어 죽였을 것입니다.65)

유럽의 시청자들의 입장에서 보면 이들 이미지는 유쾌하지 않은 형태일 수 있다. 그러나 이는 소말리아 전투의 실상을 반영하고 있었다. 유엔의 특별 대표인 조나단 하우(Jonathan Howe)에 따르면, 유엔군이 반격해오지 못하도록 소말리아 시민군들이 여자와 어린이들 속으로 잠입해 들어가는 전술을 사용했는데, 이는 아이디디가 선호하던 형태의 것이었다.66) 또한 아이디디에 대한 이 같은 언급은 소말리아에서의 미국과 유엔 임무의 중심에 해당하던 아이디디의 생포와 당시의 전투를 연계시킬 목적에서였다.

그러나 시청자들은 인도주의적 성격의 최초 작전 목표와 실제 진행 상황(폭력이 난무하는 모습)을 연계시킬 수 없었다. 뉴욕타임스는 여자와 어린이들을 포함해 다수의 소말리아인들이 사망한 당시의 사

---

65) *New York Times*, 10 September 1993; *The Australian*, 11 September 1993. *The Australian* 신문의 표제는 다음과 같았다. "여자들이 유엔의 탱크를 공격하고 있다."와 "유엔의 헬리콥터가 어린이들에게 발사하고 있다."
66) *New York Times*, 10 September 1993.

건으로 인해 소말리아에서의 유엔의 역할과 관련해 논쟁이 격화될 것으로 예상하였다. 미 의회는 전투 도중 11명의 미군이 전사했음을 주목하고는 나머지 4,700여 명의 미군을 철수하라고 요구하였다.[67]

그 후 1주일 동안의 참혹한 결과로 인해 아이디디를 생포하겠다던 미국의 결의가 무산되었다.

1993년 10월 초, 아이디디 예하의 시민군과의 주요 전투에서 대략 14명의 미 육군 레인저가 사살되었으며, 77명이 부상을 입었다. 또한 2대의 블랙호크(Blackhawk) 헬리콥터가 격추되었으며, 1명의 조종사가 소말리아군에 생포되었다. 이들 미군을 구출할 목적의 군인들이 10시간에 걸친 사투(死鬪) 끝에 레인저들이 있는 곳에 도달하였다. 전사한 미군의 시체를 소말리아인들이 모가디슈 거리를 가로질러 질질 끌고 가는 모습이 서구의 신문에 게재되었다. 또한 헬리콥터 조종사가 소말리아 인들에 의해 심문 받는 모습이 TV에 방영되었다. 미국의 클린턴 대통령은 소말리아에 2,000명의 추가 파병을 명령하였다.

그러나 그는 향후 6개월 이내에 모든 미군이 소말리아에서 철수하게 될 것이라고 말하였다. 악화되고 있던 당시의 상황으로 인해 미국 국민의 의지가 약화되지 않았다면, 모가디슈 거리에서 소말리아인들이 미군 병사들을 때리고 이들의 얼굴에 침을 뱉는 모습은 미국의 의지를 무너뜨린 마지막 일침에 해당하였다.[68]

---

67) *New York Times*, 26 September 1993.
68) 1993년 10월 4일에서 11일까지의 1주의 기간과 관련해서는 다음과 같은 주요 신문을 참조하시오.(*Washington Post*, *New York Times*, *The Times* (London), *The Australian*) 다음을 또한 보시오. Church, G., 'Anatomy of a disaster', *Time*, vol. 8, no. 42, 18 October 1993, p. 44-55. 1993년 10월 9-10일의 *Weekend Australian* 신문에 따르면, 미군이 사살되었다고 미국이 철수하면 세계적으로 웃음거리가 된다며 클린턴 대통령이 새로운 병력의 전개를 정당화시켰다고

타임지의 조사에 따르면 미국인의 89%가 철수를 원했으며, 설문에 응한 사람들의 96% 정도는 생포된 미군 조종사의 구출을 가장 시급한 사안으로 생각하였다.[69] 소말리아가 '또 다른 베트남'이 될지 모른다는 우려가 제기되었다.

1993년 10월, 소말리아의 유엔 요원들에게 자문해주던 영국인 존 드라이데일(John Drydale)은 불합리하게 아이디디를 겨냥한 결과로 인해 소말리아에서 전쟁이 야기되었다고 미국을 비난하면서 자신의 자리에서 물러났다.[70] 그의 관점은 아이디디에 대한 유엔의 정책에 의문을 제기하며 소말리아를 떠났던 사눈과 로이의 관점을 반영하고 있었다. 한편 아이디디가 일방적으로 명령한 정전(停戰)이 위력을 발휘하였다. 이것을 보며 파키스탄의 이크람 하산(Ikram Hasan) 준장은 시민군을 아이디디가 거의 완벽히 장악하고 있다고 논평하였다. 더욱이 하산은 아이디디가 생존에 필요하다고 생각되는 부분만을 아마도 하고 있을 것이라고 말하였다.[71] 소말리아 내부에서의 보다 큰 그림이란 측면에서 보면 아이디디가 별다른 인물이 아니란 관점에 언론매체가 동조하고 있었다. 그런데, 이 같은 관점의 잘잘못과 관련해 언론매체는 고민하지 않았다.

아이디디가 선포한 정전(停戰) 명령으로 인해 미국은 생포된 미군 조종사의 구출을 협상하기 위한 여유를 가질 수 있었다. 그러나 미국이 아이디디에 대한 추격을 포기하고는 정치적 해결 가능성을 거론하자, 정전으로 인해 미국과 유엔 간에 분열 양상이 조성되었다. 아

한다.
69) Church, op. cit.
70) *The Australian*, 11 October 1993.
71) *Washington Post*, 11 October 1993.

이디디에 대한 추격을 자신의 개인적인 전유물로 만들었다며 미국과 유엔 모두는 하우(Howe)에게 책임을 뒤집어 씌웠다.[72] 자신은 유엔 안전보장이사회가 원하는 바를 실행하고자 노력했을 뿐이라고 하우는 주장하였다. 며칠 뒤, 뉴욕타임스는 이들 모두는 갈리 유엔 사무총장이 독단적일 뿐더러 아이디디에 대해 개인적으로 보복감정을 갖고 있기 때문에 발생했다고 주장하였다.[73]

유엔이 아이디디에 대한 추격을 공식적으로 포기한 것은 당시로부터 대략 2주 뒤인 10월 말경이었다. 유엔의 임무와 관련된 미국의 정책이 유엔과 무관하게 수행되었음을 보여준 당시의 사건뿐만 아니라 당시로부터 몇 달 전의 이탈리아와의 유사한 에피소드는 언론매체의 주목을 끌지 못했다.

미국과 유엔을 효과적으로 물리친 아이디디는 소말리아인들의 반응 조정과 관련해 어느 정도 능력이 있을 뿐더러 소말리아 내부를 어느 정도 통제하고 있었다. 그런데 이 점과 관련해 그는 뒤늦게라도 인정받지 못했다.[74] 당시의 싸움이 종료되자 그는 시민군 지도자도 군사 지도자도 아니었다. 영국의 입장과 다른 방식으로 소말리아에 대한 유엔 간섭을 조장한 미국을 무시하는 발언에서, 런던타임스는 미국의 막강한 힘이 '교활한 지역 족장'[75]의 손에 놀아났다고 암시하였다.

---

72) *Washington Post*, 11 October 1993.
73) *New York Times*, 16 October 1993.
74) *The Times* (London), 5 September 1993; *The Australian*, 6 September 1993. 아이디디의 목숨에 25,000달러의 현상금을 건 반면 보호자금(Protection Money)으로 유엔은 아이디디에게 매달 10만 달러를 지불하였다. 이는 암시해주는 바가 있다.
75) *The Times* (London), 11 October 1993.

1993년 12월, 아이디디는 여타의 소말리아 파벌들과의 화해를 염두에 둔 대화에 참여할 목적에서 미군 항공기를 타고 에티오피아로 날아갔다. 보도에 따르면 아이디디는 알리 마디와 대화하지 않았다.76) 소말리아 전선(戰線)은 시아드 바레(Siad Barre)가 에티오피아로 도망친 1991년 이후의 상황과 거의 동일한 듯 보였다. 그러나 더 이상 소말리아는 언론매체의 주요 뉴스 대상이 아니었다. 미국의 정책 변화에 따라 소말리아에 대한 언론매체의 관심이 수그러들었다.

환멸과 패배

소말리아에서의 작전은 전통적인 형태의 유엔의 평화유지 활동이 아니었다. 통합기동부대가 추구했던 평화유지 관련 목표로 인해 당시의 작전은 제한전으로 전락할 가능성이 항상 있었다. 특히 통합기동부대의 계획수립과 시행 측면에서 보면, 당시의 작전을 미국이 제한전과 다름이 없는 형태의 전역(戰役 : Campaign)으로 구상했다는 결론에 도달하게 된다. 통합기동부대가 추구한 목표들은 6주 이내에 달성되도록 되어 있었다. 당시의 목표는 상황에 개입해 과업을 완료하고는 소말리아로부터 철수하는 것이었다. 유엔의 기치(旗幟) 아래 수행되는 활동에 따른 제약 사항에도 불구하고 당시의 작전은 언론매체와의 관계뿐만 아니라 수행이란 측면에서 제한된 분쟁을 보여주는 전형적인 경우였다.

그레나다 및 파나마에서와 마찬가지로 소말리아에서는 계획수립

---

76) *New York Times*, 3 December 1993; *The Times* (London), 4 December 1993.

측면에서 보안이 철저히 유지되었다. 통합기동부대가 이행되고 있을 당시, 유엔주재 미국 대사인 에드워드 퍼킨스(Edward Perkins)는 미국이 대략 5개월 동안 소말리아에 대한 직접 간섭의 가능성을 검토해 왔다고 주장하였다. 그렇다면 당시의 계획수립은 500여 명의 평화유지 요원을 파견하기로 최초 결심했던 1992년 중반에 시작되었음이 분명하다. 퍼킨스에 따르면 미국은 행위의 강구와 관련해 유엔의 초청만을 기다리고 있었다.77) 그러나 이 같은 점과 관련해 언론매체는 전혀 들은 바가 없었다.

계획이 수립되고 있을 당시, 미국 정부는 소말리아의 지휘부를 악마로 표현하라고 언론매체에 권유하였다. 시간이 지나면서, 시아드 바레(Siad Barre) 정권을 전복시킨 시민군 요원들이 총잡이가 되었으며 이들의 리더는 군벌(軍閥)이 되었다. 고통 받고 있던 소말리아 국민에게 동정을 표시하던 시청자의 입장에서 보면, 이들 총잡이는 적개심의 초점에 해당하였다. 이들 총잡이의 무장해제를 원하고 있는 것으로 보이던 많은 소말리아인들을 보여주는 방식으로 이 같은 동정심이 쉽게 자극되었다.78)

악마로 만드는 과정은 모가디슈에서 가장 막강한 군벌인 아이디디를 중심으로 진행되었다. 또한 아이디디를 겨냥한 전역(戰役)은 그의 권력 기반을 잠식할 목적의 것이었다. 이는 가시적인 통제 기구가 더 이상 존재하지 않는 등 이미 안정을 상실한 국가 내부에서 불안을 조성하기 위한 최선의 전략이었다.

---

77) Ryan, H., 'A New Diplomacy', *Government Executive*, vol. 25. no. 2, February 1993, p. 36-8.
78) Bonner, op. cit.; *Washington Post*, 7 December 1992.

갈리 유엔 사무총장이 소말리아에서의 평화유지 전력을 증강하기로 결심하고, 증원 전력들을 사살해 본국으로 보낼 것이라고 아이디디가 위협한 1992년 후반, 아이디디 생포를 위한 노력이 시작되었다.79) 당시 아이디디가 선린(善隣)의 정신에서 유엔과 협상을 벌이고 있다는 점은 간과된 채, 언론매체는 이 같은 위협을 크게 강조하였다. 그러나 '직접 간섭'으로 가는 과정은 이미 시작되었다. 그 순간부터 아이디디의 이름은 소말리아에서의 유엔 작전을 방해하는 모든 요인들과 결부되었다.

당시 유엔이 강구한 조치는 소말리아 국민이 겪고 있던 고통을 배려한 적정 반응으로 간주되었다. 이 점에서 보면, 소말리아의 경우는 행위의 합법성이 별다른 문제가 되지 않았다. 미국의 입장에서 보면, 행위와 관련해 유엔의 초대를 받았다는 점이 합법성을 부여해주었다. 그런데 당시의 유엔의 초대는 미국이 기다리고 있던 바였다. 또한 당시의 행위는 통합기동부대와 UNOSOM II의 배치에 기여하고 있던 여타 국가들과 연계되어 있다는 점으로 인해 합법성이 강화되었다.

마지막으로 신속히 목표를 달성할 목적에서, 통합기동부대는 압도적인 형태의 군사력 전개란 개념에 의존하였다.80) 이 개념은 그레나다와 파나마에서 그 가치가 입증되었다. 당시로부터 2년 전의 걸프전에서는 사상자 숫자를 줄임과 관련해 관건이었다며, 언론매체와 군이 이 개념을 대거 선전하였다. 이 개념이 성공적이었다는 점이 대중의 이미지를 사로잡았다.

그러나 소말리아에서는 모든 것이 계획대로 진행되지 않았다.

---

79) Stevenson, op. cit. 이는 사눈의 사임을 촉진시킨 결심이었다.
80) Marlowe, op. cit.; Smith, S., op. cit.

평화유지 요원들은 자신들이 통제하고자 노력했던 상황들과 관계가 없었다. 때문에 이들은 작전 관련 정보의 유통 관리와 관련된 권한을 갖고 있지 않았다. 소말리아에서는 걸프전에서와 같은 방식으로 언론매체를 통제할 수 없었다. 포클랜드, 그레나다 및 파나마에서와 달리 소말리아에서는 언론매체를 규제하거나 이들이 취재하지 못하도록 할 수 없었다. 언론매체가 자유롭게 취재했다는 점으로 인해, 군의 입장에서 보면 베트남전쟁의 악몽이 되살아났다. 유엔이 쉽게 승리할 것으로 당시 이들 언론매체가 예상하고 있었음에 틀림없다.

이 같은 예상 아래 처음에 언론매체들은 소말리아에서의 유엔 활동에 대한 자국 정부의 참여를 애국적 차원에서 지지하였다. 통합기동부대의 안보 환경에 균열이 보이기 시작할 시점이 되어서야 언론매체는 당시 임무의 성공 가능성에 의문을 제기하였다. 이들 균열이 보다 더 벌어지고, 임무의 초점이 아이디디에 대한 추격으로 전환되자, 일부 남아 있던 언론매체의 낙관론이 환멸로 급변하였다.

이들 변화는 예견될 수 있었다. 여타 분쟁 상황과 당시의 평화유지 환경은 중요한 측면에서 차이가 있었다. 그러나 시간이 경과하는 반면 상황이 해결되지 않는 경우 부작용이 늘어난다는 기본적인 사실은 당시에도 변함없이 적용되었다.

그러나 전통적인 형태의 재래식 분쟁과 비교해, 평화유지 상황에서는 문제가 확산되면서 이 같은 환멸이 보다 신속히 시작되고 합법성이 보다 신속히 저하되는 경향이 있다. 이는 평화유지 역할을 수행하고 있는 것으로 생각되던 요원들의 사망에 대한 우려 때문도, 언론매체를 통제할 수 없다는 점 때문도 아니다. 이는 평화유지 활동에서는 국익으로 인해 국제사회에 대한 약속 내지는 책임감이 무색해지고, 언론매체와 정부 모두가 실패에 따른 책임을 유엔에 뒤집어씌우기가 용이하다는 점 때문이다.

소말리아의 경우를 보면 미국과 유엔의 이익이 통합기동부대와 UNOSOM II를 통해 직접 연계되어 있었다. 미 행정부가 철수를 결심하고, 유엔이 언론매체의 불만을 뒤집어쓰게 되면서 유엔과 미국은 결별하였다.

아이디디에 대한 추격을 포기한 이후, 클린턴 대통령은 소말리아에서 철수하고자 노력하는 과정에서 미국의 최상의 이익을 반영해 행동하였다.[81] 반면에 유엔요원들에 대한 무장 공격을 조사하고 있던 위원회에 도움이 되도록 할 목적에서 아이디디에 대한 추격을 포기한 것과 관련해, 유엔이 살인 행위를 자행한 군벌에 외교적 면죄부를 부여해준 것으로 언론매체는 기술하였다.[82]

언론매체는 미국을 희생자로 그리고 유엔을 실패자로 묘사하였다. 간섭 시작 이후 거의 1년이 지난 시점에는 상황이 구제 불능 상태가 되었는데, 이것을 타임지는 다음과 같이 기술하고 있다. "본국에서 미국의 관심이 한곳에 초점을 맞추고 있는 반면, 임무 목표 측면에서 위험할 정도의 변화가 있었다."[83] 당시의 임무와 관련해 미국은 처음부터 우려를 표명했다고 타임지는 언급하였다. 또한 타임지는 아이디

---

81) *The Australian*, 11 October 1993.
82) *The Australian*, 18 November 1993.
83) 다음을 보시오. Koch, T., *Journalism in the 21st Century : Online Information, Electronic Databases and the News*, Adamantine Press, Twickenham, UK, 1991, p. 22-7. 다음을 또한 보시오. Church, op. cit. 미국 정부의 입장에 대한 타임지의 변호는 중요한 의미가 있다. *USA Today*와 *Time*과 같은 언론매체들이 추구하는 목표는 사건들을 편파적이지 않은 형태로 기술하는 것이 아니고 정부의 입장을 정당화해주는 국가적 시각의 제시다.

디를 추격하는 과정에서 미군이 손실된 것은 "미군의 구출을 위해 제대로 무장된 부대를 신속히 투입할 수 없었던"84) 유엔의 지휘통제 구조 때문이라고 언급하였다.

그러나 소말리아에서의 작전과 관련해 미국이 거의 영향력을 행사하지 못했다고 말함은 타당성이 없는 듯 보인다. "미국 국민이 유엔의 평화유지에 '예'라고 말하고 있다면 유엔은 '아니요'라고 말할 시점을 알고 있어야 한다."85)고 클린턴 대통령은 발언했는데, 여기에는 어느 정도 아이러니가 있다. 실패한 상태에서는 주변에 관대해지기가 어려운 법이다.

결론

이십여 년의 기간 동안 미국과 소련이 제공한 원조, 특히 군사원조가 소말리아 국가의 몰락에 기여했다는 점은 부인할 수 없을 것이다. 지정학적(地政學的) 측면에서 보면, 소말리아는 미국의 국익이 전혀 걸려 있지 않은 지역이었다. 이 점에서 유엔의 노력에 대한 미국의 기여가 어느 정도 이타적 성격의 것이었고 언론매체는 표명한 바 있다.86)

당시의 미국의 행위가 이타적 성격이었다는 이 같은 관점과 미국이 제공해준 무기가 소말리아의 몰락에 기여했다는 앞의 관점은 조

---

84) Ibid.
85) Pick., 'Clinton sets limits to UN peace role', *Guardian Weekly*, vol. 149, no. 14, 3 October 1993, p. 1.
86) Ryan, op. cit.; *The Times* (London), 9 December 1992.

화가 쉽지 않다. 당시는 지정학적 측면에서 미국의 국익이 걸려 있던 지역이 더 이상 없었다고 말함이 아마도 보다 정확한 표현일 것이다. 당시 위기의 이 같은 측면을 간과하게 되자, '하느님의 일'87)이라는 소말리아 간섭에 대한 부시 대통령의 발언을 언론매체가 무비판적으로 보도하게 되었다. 소말리아 사태의 근거를 마련해준 '무기'를 초강대국들이 제공해줄 당시 이것이 또한 '하느님의 일'이었는지 어느 누구도 묻지 않았다.

기근과 가뭄으로 인해 소말리아에서 위기가 발발했으며, 인도주의 차원의 노력을 유발한 이미지가 조성되었다는 점 또한 부정할 수 없을 것이다. 소말리아의 사회적 붕괴를 배경으로 언론매체가 이들 이미지를 제기하자, 원조물자를 분배해주면 소말리아 주민들이 평화롭고도 질서 있는 생활로 복귀할 것이라고 유엔은 생각하였다.

그러나 소말리아의 문제가 충분한 수준의 식량을 공급해주는 방식으로 해결될 수 있다는 제안88)에서는 충분히 원조해주면 소말리아의 전반적인 사회 및 정치적 구조가 개정될 것으로 가정하고 있었다. 식량을 충분히 제공해주는 경우 소말리아 사회가 자동적으로 서구사회의 이상(理想)을 추구할 것이란 개념이 있었다. 그런데 여기서는 가뭄에 따른 기근은 문제의 일부분에 불과하며, 기근이 소말리아의 일부분에만 영향을 주었다는 점을 간과하고 있었다.

주요 국가들이 소말리아에 제공해준 무기들이 종족 간의 파괴의 수준뿐만 아니라 희생의 수준을 높이는 방식으로 장기간 진행된 가뭄에 따른 문제들을 악화시켰다. 그러나 패권(覇權)을 놓고 벌어진 내

---

87) *The Times* (London), 5 December 1992.
88) *Washington Post*, 27 July 1992.

부 투쟁은 이미 오랜 기간 동안 진행되어온 생존을 놓고 벌어진 소말리아 전쟁의 모습에 불과하였다. 이 점은 언론매체, 미국 그리고 유엔 모두가 수차례에 걸쳐 언급했던 반면 완벽히 고려되지 않은 사항이었다. 당시 상황의 이 같은 측면을 고려하지 못했다는 점으로 인해 유엔은 무기 문제가 갖는 정치적 차원을 간과하게 되었으며, 소말리아 위기를 주로 인도주의 차원에서 바라보게 되었다.[89]

시아드 바레(Siad Barre) 정권을 전복시킨 운동을 주도했던 소말리아의 리더들은 외부로부터 인정받을 수 있을 것으로 기대했는데, 이는 당연한 현상이었다. 그러나 소말리아 내부에 대화할 수 있는 적정형태의 정치적 구조가 존재하지 않는다는 입장을 미국과 유엔이 견지하고 있는 동안에는 이것 또한 가능치 않았다. 종족에 기반을 두고 있던 시민군과 이들의 지도자는 소말리아 사회의 재건과 관련해 현실성 있는 유일한 대안이었다. 그러나 소말리아 국가의 재건과 무관하다며 이들은 간과되었다.

이 같은 행위로 인해 통합기동부대와 UNOSOM II의 전개 이후 폭력이 야기되었다. 유엔군은 폭력의 문제를 숙고하고자 하지 않았다. 그러나 언론매체가 이 문제를 열렬히 거론하면서 소말리아의 문제와 평화유지 요원들이 추구하던 목표 간에 보다 균형 있는 시각이 제기되었다. 시종일관, 소말리아에 관한 기사는 분석보다는 흥미 위주였다. 당시 상황에 관한 좁은 관점에 근거해 그리고 문제가 신속히 해결될 것이란 현실성 없는 미국의 예견에 고무되어, 언론매체는 처음에 낙관론을 견지하였다. 그러나 기대가 충족되지 않자 이 같은 낙관론은 유엔에 '비난의 화살'을 돌리는 형태로 돌변하였다.

---

89) Bonner, op. cit.

회고해보면, 소말리아에서 발생한 것 중 많은 부분은 예견 가능했으며, 아마도 예견되었어야 마땅했을 것이다. 그러나 당시의 간섭에서 정치적 상황을 보다 많이 고려했더라면 소말리아 사태를 모면할 수 있었을 것인지는 의문이다. 무엇보다도, 소말리아 사태가 입증해준 바는 다음과 같다. 나름의 목소리를 내지 못하는 반면 회원국들이 내는 목소리의 관점에서 유엔이 인지되고, 세계 여론의 대변인으로서 행동하는 한, 평화유지 관련 의사일정(Agenda)은 주요 열강들이 결정하게 될 것이다. 유엔 평화유지 메커니즘 내부의 구조적 취약성으로 인해 유엔이 작전 시작과 동시에 평화유지 이행의 측면에서 주요 열강에 의지할 수밖에 없으며, 의사일정을 통제하는 과정에서 나름의 난관에 직면하게 된다는 점으로 인해 이 같은 상황이 보다 악화되고 있다. 이 같은 점은 평화유지와 관련된 소말리아 전개에서 미국이 수행한 역할에서 가장 분명히 목격되었다.

유엔군의 마지막 전력이 소말리아를 떠난 1995년 초반, 소말리아는 재차 내전(內戰)에 돌입하였다. 당시 상황과 관련해 언론매체는 오직 몇 자만 언급하였다. 서구국가의 대부분 군사력이 철수하자 언론매체는 소말리아에 관해 거의 언급하지 않았다. 1995년 9월에는 아이디디와 알리 마디 간에 지속되던 투쟁의 와중에서 서구의 지원 요원들이 난관에 직면하였다. 그 결과 소말리아가 언론매체의 표제로 재차 등장하였다.[90] 그러나 당시의 기사(記事)는 소말리아 인들이 겪는 고통이 아니고 서구의 이해관계에 관한 것이었다.

1996년 6월, 미국은 갈리 유엔 사무총장의 재임을 지원하지 않을 것임을 분명히 하였다. 이 문제와 관련해 언론매체는 다음과 같이 기

90) 예를 들면 다음을 보시오. *The Australian*, 20 September 1995.

술하였다.

몇 년 동안, 미국은 갈리 박사의 리더십에 만족해하지 않았다. 미국은 소말리아와 보스니아에서의 유엔의 임무 실패가 갈리 박사의 리더십 때문이었다고 생각하고 있었다.[91]

그 후 1996년 8월에는 총상에 따른 심장마비로 인해 아이디디가 사망하였다. 아이디디의 사망과 관련해 타임지는 다음과 같이 언급하였다.

아이디디의 제거가 결과적으로 소말리아 평화의 관건이어야 한다면, 유엔과 미국이 그를 지금부터 3년 전에 제거하고자 노력했다는 점은 아이러니일 것이다.[92]

마치 역사의 한 장(章)이 막을 내린 것 같았다. 소말리아에서의 유엔의 노력을 통해 언론매체와의 관계와 관련해 군이 터득한 것이 있다면, 아직도 언론매체의 최우선적인 충성심은 자국에 대한 충성심이란 점이다. 제한전에서의 실패에 따른 정치적 대가는 심각할 수 있다. 그러나 평화유지 활동이 잘못되면 항상 유엔이 비난받게 된다.

---

91) *Weekend Australian*, 22-23 June 1996.
92) Serrill, M., Time, no. 33, 12 August 1996, p. 30; 또한 다음을 보시오. AP, AFP reports, *Weekend Australian*, 3-4 August 1996.

제11장

캄보디아 : 언론이 간과한 전쟁

1990년 초반에는 근 20년 이상 진행되던 캄보디아에서의 정치적 불안이 유엔의 평화유지(Peace Keeping) 관련 노력으로 인해 종결되었다. 캄보디아에서의 유엔의 작전은 소말리아 간섭과 거의 동시에 시작되었다. 이들 국가가 역기능적인 사회였다는 점에서 소말리아 상황과 캄보디아 상황 간에는 유사점이 있었다. 그러나 이들 두 국가에 대한 간섭의 구상 및 이행 방식에는 커다란 차이가 있었다. 소말리아 사태에서는 언론매체가 간섭을 주도했으며, 어느 정도까지는 언론매체의 압력으로 인해 간섭이 종료되었다. 반면에 캄보디아 사태는 언론이 간과한 전쟁이었다.

캄보디아는 냉전 종식보다는 새로운 전략균형에 대한 국제사회의 반응과 관계가 있었다. 그러나 소말리아의 경우와 마찬가지로 캄보디아는 질서 재정립의 시험장이었다.[1) 다수 측면에서, 캄보디아는 베트남전쟁의 희생자였다. 지리적 위치로 인해 캄보디아는 베트남전쟁에

휘말려들어 갔다. 그 후 캄보디아는 승승장구하던 베트남에 대항해 상호 경쟁하던 지역의 국가들이 전략적 위상 확보를 위해 투쟁하는 전장(戰場)이 되었다.

캄보디아에서 발생한 참사의 정도가 분명해진 1980년대 전반(全般)에 걸쳐, 캄보디아 전쟁의 종결을 염원하는 국제사회의 호소가 있었다. 그러나 캄보디아의 수도인 프놈펜에 베트남의 지원을 받는 꼭두각시 정권이 들어서고, 베트남의 팽창주의에 중국, 미국 및 아세안 국가들이 저항하게 되면서, 캄보디아의 평화와 관련된 노력들이 국제사회로부터 지원 받을 가능성이 거의 모두 사라져버렸다.

그 결과 캄보디아 사태는 냉전 종식 이후에나 해결 가능성이 있었다. 캄보디아에서 지속되던 대리인들에 의한 대립은 국내 및 경제적 문제로 지쳐있던 소련이란 베트남의 주요 후원자의 입장에서 보면 말도 되지 않았다. 그 결과 베트남은 주변국들로부터 캄보디아에서 철수하라는 압력을 받게 되었다. 당시의 분쟁에 개입되어 있던 캄보디아의 협조를 설득하는 것은 또 다른 문제였다.

그러나 국제사회가 걸프전에 점차 몰두하게 된 1990년 말경, 캄보디아의 평화를 위해 노력하고 있던 열강들은 다음을 경고하였다. 캄보디아에서 싸우고 있는 당사국들이 곧바로 협정에 도달하지 못하는 경우, 또 다른 지역에서의 이해관계(利害關係)에 깊숙이 관여되어 있다는 점으로 인해 지구 사회는 캄보디아 상황에 더 이상 관심을 표명할 수 없을 것이다.2)

그 결과 유엔이 수행한 활동 중에서 가장 야심적인 형태의 평화유

---

1) McMullen & Norton, op. cit., p. 169-74.
2) *The Age* (Melbourne), 9 January 1991.

지 활동이 있게 되었다. 소말리아에서의 평화조성(Peace Making) 활동에서는 질서 정립을 위해 노력하는 과정에서 다수의 제한전 특성이 목격되었다. 반면에 캄보디아의 경우는 유엔이 당사국들을 대신해 간섭하는 등 주로 외교적인 노력으로 남아 있었다.

색다른 환경으로 인해 그리고 당시의 상황이 소말리아에서처럼 분쟁으로 귀결되지 않았다는 점으로 인해 캄보디아에서 언론매체가 수행한 부분은 소말리아에서 담당했던 사활적인 역할과는 커다란 차이가 있었다. 사실 캄보디아인들이 경험한 부분은 20여 년에 걸친 전쟁이란 역사적 맥락에서 가장 잘 파악될 수 있다. 궁극적으로 진행된 간섭과 관련해 유엔은 성공적이라고 주장하였다. 그러나 20여 년에 걸친 이들 캄보디아의 전쟁 관련 역사는 이 같은 성공에 의문을 제기하고 있다.

분쟁의 배경

베트남 및 라오스와 마찬가지로 캄보디아는 인도차이나 반도에서 프랑스가 소유하고 있던 국가였다. 캄보디아는 동쪽으로는 베트남과, 북쪽으로는 라오스와, 서쪽과 북서쪽으로는 태국과 국경을 접하고 있다. 캄보디아는 181,000평방킬로미터의 넓이를 점유하고 있다. 캄보디아의 남부 해안은 '태국만(Gulf of Siam)'과 접하고 있다. 캄보디아의 인구는 대략 6백만인데, 이들 중 96%는 크메르족인 반면 나머지는 주로 중국과 베트남 계통이다.

캄보디아 영토의 대부분은 국가의 중앙에 위치해 있는 Tonle Sap

앙코르와트 유적

(거대한 호수)로 물이 흘러 들어가는 저지대의 분지(盆地)를 구성하고 있다. Tonle Sap의 물은 이 지역 국가들의 생명줄에 해당하는 메콩강으로 흘러들어 가고 있다. 홍수가 나면 메콩강이 역류해 Tonle Sap 호수로 물이 흘러들게 된다.

캄보디아는 인도 문화의 영향을 받은 고대문명의 역사를 갖고 있다. 반면에 라오스와 베트남은 중국으로부터 보다 많은 영향을 받았다. 9세기에서 15세기의 기간 중, 크메르 주민들은 오늘날의 캄보디아 지역에 거대한 왕국을 건설하였다. 그 후, 태국과 베트남이 지역의 통제를 놓고 교대로 투쟁하는 등 장기간에 걸친 불안정한 시기가 있었다. 나름의 응집력으로 인해 크메르 주민들은 이들을 항상 격파하였다.3) 프랑스가 이 지역에 보호국을 설치한 1863년 직전, 베트남

---

3) Osborne, M., *Before Kampuchea : Preludes to Tragedy*, George Allen & Unwin, Sydney, 1979, p. 10-1. 이 시대에 관한 간략한 역사를 알고자 하면 다음을 또한 보시오, Hood, M., & Ablin, D.A., 'The path to Cambodia's present', in *The Cambodian Agony*, Ablin, DA,. & Hood, M. (eds), M.E. Sharpe, Inc., Armonk,

이 이 지역에서 철수하였다. 당시 베트남의 위대한 관리(官吏)인 판탄 기안(Phan Thanh Gian)은 다음과 같이 말하였다.

원칙적으로 말하면 우리가 의도하는 바는 캄보디아 영토의 인수가 결코 아닙니다. 우리는 이들 국민이 생활 및 생존할 수 있도록 하는 과정에서 '천국(天國)의 사례'를 따르고자 합니다.……4)

그 후 100여 년이 지난 시점, 베트남은 유사한 정서(情緒)를 표명하며 캄보디아로부터 철수했는데, 이는 아이러닉한 일이다.

프랑스 보호국인 캄보디아는 지역 차원의 대립을 진압하였다. 캄보디아는 자국의 쇠퇴를 역전시키고는 국경을 설정했는데, 이것과 관련해서는 오늘날까지 논쟁이 일고 있다. 그러나 캄보디아의 발전이란 측면에서 프랑스는 거의 아무 것도 하지 않았다. 프랑스는 주로 베트남 관리들로 구성된 공무원 제도를 캄보디아에 도입하였다. 프랑스는 자국의 통치를 정당화하는 과정에서 협조적인 캄보디아 왕을 선출하는 등 태국과 베트남에서 정립된 유형을 따랐다.

1941년, 프랑스는 18세의 노로돔 시아누크(Norodom Sihanouk) 왕자를 왕으로 옹립하였다. 나이가 어리다는 점과 순종적인 성격의 인물이란 점으로 인해 시아누크는 식민지 제국인 프랑스의 이익을 보호해줄 수 있는 인물인 듯 보였다.5)

New York, 1987, pp. xv-lix; and Becker, E., *When the War Over*, Simon & Schuster, New York, 1986, p.60-9.

4) Osborne, M., *Region of Revolt : Focus on Southeast Asia*, Penguin, Harmondsworth, Middlesex, 1979, p. 22.

5) Hood & Ablin, op. cit., p. xx.

제2차 세계대전 당시, 일본은 동남아시아의 대부분 영토를 점령하였다. 그러나 캄보디아에 있던 비시(Vichy) 정권 당시의 프랑스 행정부는 1945년 초반까지만 해도 변함없이 유지되었다. 전쟁이 자신들에게 불리한 방향으로 진행되자, 일본은 프랑스를 지역에서 몰아내고는 시아누크로 하여금 독립을 선포토록 하였다. 그 후 일본은 캄보디아의 민족주의자인 손녹 탄(Son Ngoc Thanh)을 수반으로 새로운 정부를 수립하였다.

　캄보디아로 되돌아온 1945년 후반, 프랑스는 캄보디아가 크게 변해 있음을 발견하였다. 시아누크는 프랑스에 항복했으며, 탄은 체포되어 추방되었다.6) 그러나 탄이 수반으로 있던 짧은 기간 동안 캄보디아 국민은 민족의식에 눈을 떴다. 독립에 대한 열망을 제외하면 별다른 통합 이념이 없는 상태에서, 일군의 무장 게릴라들로 인해 캄보디아의 대부분 지역이 통치 불능 상태가 되었다.

　상황이 그러하다 보니, 일부 양보가 불가피해졌다. 다음해 프랑스는 '프랑스 연합(French Union)'7) 내부에서 캄보디아에 자치권을 허용해주었다. 아직도 프랑스는 군과 경찰을 통제하고 있었다. 그러나 절대 왕정이 폐지되고, 헌법에 근거한 국민의회가 설립되는 등의 주요 변화가 있었다. 정당정치에 입문한 젊은 왕 시아누크는 반대 세력에 합류하였다.

---

6) Becker, op. cit을 보시오. Becker에 따르면 제2차 세계대전 초반 캄보디아를 침공하라고 Thanh이 일본에 로비했다고 한다. 그러나 그는 캄보디아를 떠나지 않을 수 없는 입장이었다. 그는 도쿄에 가서 훈련을 받고는 일본군 대위가 되었다. 프랑스가 캄보디아로 되돌아오자 시아누크의 요청에 따라 Thanh은 감금되었다.
7) 역자주 : 1946년의 프랑스헌법에 의해 창설된 정치적 실체.

새로 수립된 캄보디아 정부는 격량의 과정을 계획하였다. 완벽한 형태의 독립과 유럽 유형의 민주주의를 추구하던 민주당이 다수를 차지하였다. 그러나 민주당은 보수 세력의 반대에 직면해 주춤거렸다. 1953년 시아누크에게 기회가 찾아왔다. 그는 실랑이를 벌이고 있던 국민의회를 해산하고는 캄보디아의 독립을 위한 투쟁을 시작하였다. 베트남과의 전쟁에서 패배하고 있으며, 캄보디아에서 동일한 현상을 겪고자 하지 않던 프랑스는 그 해 11월 시아누크의 '캄보디아 왕립정부(Royal Government of Cambodia)'에 권력을 이양해주었다. 캄보디아 국민에게 시아누크는 영웅이 되었다. 그는 국가원수, 왕자, 수상 등의 다양한 직책을 통해 그 후 18년 동안 캄보디아를 통치하였다.8)

캄보디아에서는 오랜 기간 동안 공산주의 운동이 있었다. 그러나 캄보디아는 공산주의자들의 참여가 없는 가운데 독립을 쟁취했는데, 이는 중요한 의미가 있었다.

크메르 공산주의자들은 먼저 베트남에서의 전쟁에서 승리해야 한다는 베트민(Viet Minh)들의 전략에 따라 베트남인들에 합류하였다. 그러나 결과적으로 보면, 이는 많은 대가를 지불한 반면 얻은 것이 별로 없는 일대 실수였다. 프랑스가 베트남에서 항복했을 당시 크메르 공산주의자들은 자국 내부에서 자신들의 기반이 전혀 없으며, 베트민들과 달리 자신들이 국제사회로부터 인정과 지원을 받을 수 없음을 발견하였다. 베트남 및 라오스의 공산주의자들과 달리, 이들은 제네바 평화회의에 참석하지 못했으며, 소외감과 좌절감 속에서 되돌

---

8) Hood & Ablin, op. cit., p. xx-xxi. 독립된 캄보디아를 통제하게 되는 경우 자신은 베트민을 위해서도 그리고 베트민에 대항해서도 싸우지 않을 것임을 시아누크는 분명히 하였다. 프랑스의 입장에서 보면, 이는 중요한 양보였다.(Becker, op. cit., p. 92).

아왔다. 베커(Becker)는 다음과 같이 표현하고 있다.

프랑스·태국 및 일본과의 이전의 경험과 마찬가지로 캄보디아인들에
게 있어 제네바 평화회의는 왜 외국인을 믿을 수 없는지를 보여준 사
례였다.9)

시아누크와 프랑스의 협상 그리고 제네바 회담 이후, 크메르 공산
주의자들은 독립 내지는 민주주의와 같은 투쟁 대상이 존재하지 않
는 상태가 되었다. 그 후 시아누크는 공산주의자들의 미약한 조직을
파괴하고자 노력하였다. 그 결과 공산주의자들은 무(無)에서 시작해
재차 건설해야만 하였다. 공산주의자들의 활동과 노력은 서서히 진행
되었다. 그 과정에서는 시아누크의 모순된 정책과 점차 기이해진 행
동만이 도움이 되었다.10) 또 다른 상황에서였더라면 불안이 야기되
었을 가능성도 없지 않다. 그러나 내부적으로 여타 집단들끼리 싸우
도록 하여 이득을 보는 한편, 초강대국들 및 중국과는 중립주의 정책
을 추구하는 방식으로 일정 기간 동안 시아누크는 자신의 입지를 근
근이 유지해갈 수 있었다.11)
그러나 미국의 지원을 받는 전쟁이 남부 베트남에서 격렬히 진행
되던 1960년대 당시, 캄보디아의 상황이 점차 어려워졌다. 시아누크
는 자국의 이웃인 베트남에서 공산주의자들이 승리할 것으로 예견하

---

9) Becker, op. cit., p. 92-4. 베트남과 라오스의 공산주의자들이 제네바회담에 참
   석했던 반면 크메르 공산주의자들은 그렇지 못했다.
10) 시아누크의 배경, 특히 1960년대의 배경을 알고자 하면 Osborne, 1979, op.
    cit.., p. 44-58를 보시오.
11) Hood & Ablin, op. cit., p. xxi-xxiii; Becker, op. cit., p. 96-7.

였다. 정치적 문제를 저울질하며 보다 실용주의적 성격이 된 시아누크는 캄보디아에서 미국의 입김을 몰아내고자 노력하였다. 1963년 11월의 남부 베트남에서 발생한 고딘디엠(Ngo Dinh Diem) 대통령의 암살 사건에 미국이 연루되어 있음을 목격한 그는 자신의 입지와 관련해 보다 불안한 생각을 갖게 되었다. 시아누크는 미국의 모든 원조를 거부하는 방식으로 반응하였다. 그 후 1965년, 시아누크는 미국과 외교 관계를 단절하였다.12)

미국이 시아누크를 불신하는 가운데, 미 CIA는 공산주의자들에 대항한 남부 베트남에서의 전쟁에서 자신들에게 협조적이던 손녹 탄(Son Ngoc Than)과 '자유 크메르(Free Khmers)'들을 지원하였다. '자유 크메르'들은 종종 크메르 공산주의자들을 기습하였다. 그러나 미국의 입장에서 탄의 진정한 가치는 1940년대 당시 그가 정치적 리더십이 있음을 입증했다는 점, 시아누크를 마음 속 깊이 증오하고 있다는 점에서 시아누크가 제거되는 경우 권력 공백을 메울 능력이 있다는 점이었다.13) 남부 베트남에서의 전쟁이 시간을 끌며 장기간 동안 진행됨에 따라, 시아누크의 제거는 보다 가능성이 있는 듯 보였다.

1960년대 중반 당시의 시아누크의 '정치적 기동(機動)'에 이어 우파 및 중도 좌파 정부들이 신속히 들어섰다. 미국으로부터의 방대한 원조가 중단되자 캄보디아 경제가 점차 불안해졌다. 한편 시아누크는 캄보디아 정치의 곳곳에서 적을 만들기 시작하였다. 예전의 왕으로서 캄보디아 국민들 가운데 누렸던 엄청난 수준의 인기 또한 서서히 잠식되었다. 몇몇 지역에서 농민 봉기가 발발했는데, 시아누크는 이것

---

12) Becker, op. cit., p. 28.
13) Osborne, 1979, op. cit., p .61.

을 무자비한 방식으로 진압하였다.14) 한편 크메르 공산주의 운동이 점차 기세를 드높이고 있었다. 시아누크는 공산주의자들이 캄보디아를 베트남전쟁에 끌어들이고자 노력하고 있다고 주장하였다.15)

1969년에는 론놀(Lon Nol) 장군을 중심으로 한 '국가 구원정부(Government of National Salvation)'이 복귀하였다. 수년 동안 론놀은 시아누크 휘하에서 경찰 수장과 군의 리더로 근무한 바 있었다. 얼마 지나지 않아, 론놀 정부는 실패하고 있던 캄보디아의 경제 프로그램을 해체하고는 캄보디아의 대외정책 통제란 문제를 놓고 시아누크와 경쟁하기 시작하였다.

1970년 1월, 시아누크는 휴일을 보낼 목적에서 프랑스를 방문하였다. 시아누크가 프랑스에 체류해 있을 당시, 남부 베트남에서 싸우고 있던 북부 베트남과 베트콩들이 캄보디아의 북동부 국경 지역을 사용하는 것에 반대해 몇몇 캄보디아 정부 요원들이 대규모 시위를 벌였다. 공산주의 세력들과의 평화로운 관계를 깨고자 노력하고 있다고 생각한 시아누크는 론놀과 그의 추종자들을 제거하겠다고 위협하였다. 그러나 외국에 나가 있었다는 점이 시아누크에게 불리하게 작용하였다. 3월 18일, 론놀과 그의 추종자들은 근대화되고, 민주적이며 진정 중립에 기반을 둔 크메르 공화국의 설립을 약속하며 캄보디아 육군의 지원 아래 쿠데타를 일으켰다.16)

시아누크의 실각에 외부 세력이 개입되었다는 추측이 즉각 제기되었다. 미 CIA와 연계되어 있던 탄이 당시의 계획 수립에 깊이 개입되

---

14) Hood & Ablin, op. cit., pp. xxii-xxiii.
15) Becker, op. cit., p. 30.
16) Hood & Ablin, op. cit., p. 168.

어 있었다는 점17), 캄보디아 내부의 북부 베트남 기지로 생각되던 부분에 대해 미국이 폭격을 시작했다는 점18)을 고려해보면, 이는 놀라운 일이 아니었다. 캄보디아가 몰락하고 있었다는 점을 고려해보면, 국내적으로 또한 당시의 쿠데타를 야기한 강력한 이유가 있었다. 남부 베트남에서의 전쟁이 캄보디아 국경 너머로 비화되면서 공산주의자와 비공산주의 세력들 간의 내전(內戰)에 캄보디아가 점차 말려 들어가는 형국이 되었는데, 이는 론놀 정부가 직면하고 있던 문제였다.

쿠데타를 일으켰던 세력의 리더들은 이들 문제를 시정할 수 있다고 생각하였다. 그러나 공산주의자들을 멀리하기로 한 이들의 조치로 인해 평화가 아니고 전쟁이 야기될 것임이 분명해졌다. 론놀 정부는 중국 및 북부 베트남과의 협조를 거부하였다.

쿠데타 발발 이후 며칠이 지나지 않아, 새로운 정권은 공산주의자들과 국경 분쟁에 휩싸였다. 1970년 5월, 미국은 공산주의자들을 추적할 목적에서 캄보디아를 침공하였다. 미국은 론놀 정권을 지지하는 동지(同志)란 측면에서 이처럼 행동하였다. 그러나 미국은 침공이 시작된 이후에나 론놀 정권에게 침공 사실을 통보해주었다.19)

한편 캄보디아로의 귀환이 금지되어 있던 시아누크는 북경에 정착하였다. 그곳에서 그는 폴포트(Pol Pot)가 이끌던 얼마 되지 않던 크메르루주 전력과 합세하였다. 북경에서 시아누크는 '캄푸치아 민족통합

---

17) Osborne, 1970, op. cit., p. 168.
18) 1969년 5월 18일, 닉슨(Nixon) 대통령은 북부 베트남의 기지로 생각되던 캄보디아의 지역을 공격하라고 B-52 폭격기에 명령하였다. 동년 늦은 시점에는 추가 공격이 있었다. 다음을 보시오. Hung, N.T, & Schecter, J.L., *The Palace File*, Harper & Row, New York, 1989, p. 31.
19) Hood & Ablin, op. cit., p. xxiii-xxv; Becker, op. cit., p. 31.

전선(NUFK : National United Front of Kampuchea)'을 선언하였다. 중국과 베트남은 NUFK를 지원함으로서 자신들의 이익이 가장 잘 보장된다는 점을 즉각 인지하였다. 그런데 이는 캄보디아 역사에서 주요 전환점이었다.[20]

비극으로 가는 길목

새로운 정권이 들어선 이후의 처음 몇 달 동안, 프놈펜은 베트남에 대항한 선전공세를 격렬히 전개하였다. 그 결과 캄보디아에 살고 있던 많은 베트남인이 사망하게 되었으며, 20만 이상의 사람들이 캄보디아를 떠나 난민(難民)이 되었다. 베트남의 공산주의 세력을 몰아낼 목적의 처절할 정도의 군사적 전역(戰役)으로 인해 캄보디아 영토의 주요 부분이 손실되었다.[21]

위기에 처해있던 론놀 정권을 구원해주기로 결심한 미국은 1970년 5월 캄보디아를 침공하였다. 중립을 유지할 수 있을 것이란 론놀 정권의 환상이 31,000명의 미군과 43,000에 달하는 남부 베트남 군의 침입으로 인해 깨지게 되었다. 그러나 당시의 침입은 크메르 국민에게 소외 현상을 야기했는데, 이는 훨씬 중요한 의미가 있었다. 미국이 고백한 바처럼, 제대로 기강이 서있지 않던 남부 베트남군의 행위로 인해 지역의 주민들이 이들에 대해 적개심을 품게 되었다. 캄보디아 지역에서의 북부 베트남 군의 모범적인 행동과 비교해 이들 남부

---

20) Hood & Ablin, op. cit., p. xxiv.
21) Ibid., p. xxv.

베트남 군은 너무나 문제가 많았다.22)

당시의 침공이 시작된 지 대략 2개월 뒤, 미 지상군이 캄보디아에서 철수하였다. 그러나 미국은 대규모 폭격 전역(戰役)과 함께 전투를 지속하였다. 후드(Hood)와 아빈(Abin)에 따르면

당시의 파괴는 상상을 불허하는 수준이었다.……폭격기들이 결혼식장과 장례식장, 논과 물소, 마을, 병원 및 수도원(修道院)을 공격하였다.……당시의 폭격으로 인해 크메르루주 군이 죽은 것만큼이나 론놀의 크메르 공화국을 캄보디아 국민이 멀리하는 현상이 발생하였다.23)

종합해보면, 미국은 제2차 세계대전 당시 일본에 투하한 것과 비교해 훨씬 많은 폭탄을 캄보디아에 투하하였다.24) 1970년대 말경에는 대부분의 도로와 철도가 통행이 불가능해졌으며, 학교의 절반이 폐교되었다. 피난민들로 인해 1년도 되지 않아 프놈펜의 인구가 60만에서 2백만으로 급증하였다.25) 식량이 절대 부족해졌으며, 인플레이션이 걷잡을 수 없는 수준으로 진행되었다.

---

22) Ibid. Hood & Ablin는 1971년 7월 9일의 미 국방정보국(Defens Intelligence Agency)의 보고서를 인용하고 있다. 보고서에 따르면 자신들이 유린한 캄보디아의 마을에서 남부베트남의 군인들이 강간과 약탈을 일삼고 있는 반면, 북부 베트남 군대는 기강이 잡혀 있을 뿐더러 예의범절이 있었다.
23) Ibid., p. xxviii.
24) Hood & Ablin, op. cit., p. xxviii는 일본에 투하된 규모의 3배 이상의 폭탄 (539,129톤)이 투하되었다고 말하고 있는 반면, Becker, op. cit., p. 34는 일본에 투하된 규모의 1.5배(257,465톤)로 산정하고 있다.
25) Hood & Ablin, op. cit., p. xxv-xxvi. 다음을 또한 보시오. Kiljunen, K. (ed.), *Kampuchea : Decade of the Genocide*, Report of a Finnish Inquiry Commission, Zed Books, London, 1984, p. 5-8.

인도주의 차원에서 미국은 캄보디아에 원조물자를 제공하였다. 그러나 방대한 규모의 자금을 별다른 성과 없이 캄보디아 군에 제공한 결과로 인해 캄보디아의 잔여 경제 또한 파괴되었다.[26] 북부 및 남부 베트남 군이 캄보디아에 2년 동안 체류한 결과로 인해 캄보디아가 베트남전쟁의 주요 전장(戰場)으로 돌변하였다.

크메르 농민들이 공산주의자로 변신하는 과정에서 이들 상황이 일조하였다. 공산주의자들은 이 같은 기회를 놓치지 않았다. 시아누크의 육성(肉聲) 테이프를 이용해 크메르루주들은 NUFK의 이름을 빌어 크메르 농민들로부터 신병을 모집하였다. 1970년 초반의 800여 명 미만의 무장 전력에서 시작해 크메르루주는 그 해 말 12,000명으로 그리고 1973년경에 40,000명 수준으로 늘어났다.

캄보디아에 대한 폭격으로 인해 미국 내부에서 베트남전쟁에 반대하는 운동이 힘을 얻게 되었다. 1973년 8월 15일, 미 의회는 캄보디아에서의 폭격 전역(戰役)을 중지시켰다.[27] 곧바로 무너질 것으로 예견되던 크메르 공화국은 그 후 12개월 이상 유지되었다. 반면에 공산주의자들은 지방에서 영향력을 강화하였다. 잔혹할 뿐더러 인기가 없던 크메르루주들의 프로그램으로 인해 보다 많은 크메르인들이 프놈펜으로 몰려들었다. 그러나 무너져 내리고 있던 론놀 정권을 미국이 거의 지탱해주지 않고 있다는 점에서 이들은 그곳에서 거의 안식처를 찾지 못했다.[28]

프놈펜이 함락한 1975년 4월 17일[29] 이전에도 모든 캄보디아인들

---

26) Becker, op. cit., p. 34-5.
27) Hung & Schecter, op. cit., p. 220.
28) Hood & Ablin, op. cit., p. xxxi. 1974년 당시 론놀 정권에 대한 미국의 지원은 1969년 당시 캄보디아의 국가예산 규모를 상회하였다.

이 고통을 느끼고 있었다. 전쟁 발발 당시 6백만 에이커에 달했던 쌀 경작 면적은 폭격 전역(戰役)이 종료될 즈음에는 1백만 에이커로 줄어들었다. 이외에도 후드와 아빈은 다음과 같이 말하고 있다.

> 50만에서 100만의 사람이 목숨을 잃었다. 대략 340만 명이 난민이 되었다. 수도인 프놈펜의 인구가 60만에서 300만으로 급증하였다. 1,400여 개에 달하던 방앗간 중에서 1,100여 개가 파괴되었다. 징발된 동물의 75%가 목숨을 잃었다. 모든 기준을 적용해보아도 결과는 참담하였다.[30]

참사가 멈추지 않았다. 크메르루주들은 시아누크의 냄새가 나는 모든 것들을 제거하기 시작했으며, 크메르와 어울리지 않는 도시 거주자들을 비방하였다. 또한 크메르루주는 베트남을 '숙적(宿敵)'으로 규명하고는 베트남에 동정적이라고 생각되던 캄보디아의 고위급 공산주의자들에 대한 숙청을 시작하였다.[31]

권력을 움켜쥐자 크메르루주는 '민주주의 캄푸치아(Democratic Kampuchea)'란 새로운 국가를 선포하고는 나름의 프로그램을 시작하였다. 몇 년 뒤 이 프로그램은 자국 국민에 대한 대량 학살로 판명되었다. 이들은 국경을 폐쇄하고는 외부 세계로부터 캄보디아를 고립시켰다. 도시 주민들이 시골로 이주되었으며, 거의 모든 주민이 집단농장으로 재배치되었다.

---

29) 남부베트남은 당시로부터 2주도 되지 않은 시점인 1975.년 4월 30일에 몰락하였다.
30) Hood & Ablin, op. cit., p. xxxi.
31) Ibid., p. xxix.

폴포트와 크메르루주는 캄보디아를 진정 무(無)로부터 재건하기로 결심하였다. 그 결과 산업화와 지적(知的)인 세계란 과거 냄새가 나는 모든 부분이 사라져야만 하였다. 캄보디아에서 진행되고 있던 사건을 추적한 얼마 되지 않은 언론인 중 한 사람인 필저(Pilger)는 몇 년 뒤 프놈펜으로 되돌아 왔을 당시 목격한 사항을 다음과 같이 기술하였다.

숲의 한 구석에는 녹슨 차량들이 피라미드처럼 쌓여있었다. 그곳에는 앰뷸런스 차량, 소방차, 경찰 차량, 냉장고, 세탁기, 발전기, TV, 전화 및 타자기 등이 있었다. "여기에 1975년 4월 17일에 버려진 근대시대가 있다."는 글을 주춧돌에 새길 수 있을 것이다. 이 순간부터, 이 같은 호화 물품을 소유한 사람, 도시에서 살았던 사람, 기본 교육 이상의 학력 소지자, 현대 기술을 습득한 사람, 외국인을 알거나 외국인을 위해 일했던 사람 모두는 위기에 직면하였다. 많은 사람이 살해되었다.32)

'민주주의 캄푸치아'의 천명(闡明)과 동시에 캄보디아 국민을 엄습한 비극이 시작되었다. 지구의 나머지 사람들이 전혀 모르는 '비밀의 장막' 뒤에서 수년 동안 크메르루주는 자신의 프로그램을 이행하였다. 본질적으로 크메르루주가 추구한 전략은 예전의 사회 구조 파괴였다. 여기에는 가장 가난한 농민이 수행하던 가장 혹독한 수준의 육

---

32) Pilger, J., *Distant Voices*, Vintage, London, 1992a, p. 171-2. 다음을 또한 보시오. Gomes, C.M., *The Kampuchea Connection*, Grassroots Publisher, London, 1980, p. 147. Gomes은 'Year Zero'란 개념이 프랑스에서 시작되었다고 주장하고 있다. 그는 이것을 캄푸치아의 문서에서 찾을 수 없었다. 그는 또한 크메르루주에 관해 작성된 것들의 대부분 내용을 배격하고 있다.

킬링필드의 유골들

체노동을 중류 및 상류 사회 요원들과 인텔리들에게 강요하는 일이 포함되어 있었다. 따라서 이들 계층의 사람들은 자신들이 받은 교육으로 인해 박해받았을 뿐더러 무산계급(無産階級) 사회의 건설이란 미명 아래 고통을 받았다.

한편 군인, 마을의 리더 그리고 공산주의 간부들이 극빈 농민층에서 충원되었다. 전형적으로 이들은 10대 소년이었다. 크메르루주의 새로운 사회를 건설하는 과정에서는 이들 소년에게서 목격되는 광기(狂氣)와 편협성이 중요한 의미가 있었다. 이들에게 절대 권력이 부여되었다. 그 결과 약간만 반항하는 기색이 있어도 이들은 임의로 사람을 처형할 수 있었다.[33]

내부적으로 보면, 크메르루주가 채택한 전략의 많은 부분은 전문가와 교육받은 엘리트, 종교 및 인종 집단 가운데에서 뿐 아니라 당(黨)의 내부 등 모든 곳에서 폴포트가 자신의 적을 목격했다는 점에 근거하였다.[34] 외부적으로 보면, 동일한 형태의 편협성으로 인해 캄보디아의 대외정책에서 2가지 특성이 나타났는데, 그 후의 상황 발전

---

33) Kiljunen, op. cit., p. 15-7.
34) Hood & Ablin, op. cit., p. xxxvii.

이란 측면에서 이들은 중요한 의미가 있었다. 이들 2가지 특성이란 '민주주의 캄푸치아'가 중공과 긴밀한 관계를 유지한 반면, 베트남에 대해 적대감정을 갖고 있었다는 점이었다.

베트남에 대한 '민주주의 캄푸치아'의 공세 정신과 호전성은 이성적인 판단으로는 이해가 되지 않았다. 후드와 아빈은 다음과 같이 주장하였다.

> ······피곤에 지쳐있던 600만 인구의 국가의 리더가 5천만 인구를 갖고 있으며, 지구상에서 가장 방대한 군대를 운영하고 있던 이웃 국가와 대적하고자 한다는 점이 가소로울 뿐더러 이해될 수 없는 듯 보인다.[35]

폴포트의 국내 정책은 더 이상 합리적이지 않았다. 베트남과의 분쟁은 어느 정도까지는 중공과 캄푸치아가 제휴를 맺고 있다는 점에 기인하였다.

외견상으로 국경 분규의 형태를 띤 당시의 분쟁은 베트남이 상황을 해결하고자 진지하게 노력을 전개한 1978년 2월까지 지속되었다. 베트남은 적대행위를 종료시키고, 국경의 양측으로부터 군사력을 철수시키며, 협정을 체결한 후 협정에서 합의된 부분을 국제기구가 감시토록 하자고 제안하였다. 캄푸치아가 이 같은 제안을 거부하자 베트남은 보다 강력한 형태의 군사 행위를 취하였다. 그 이전, 베트남은 자국의 국제적 위상 강화를 위한 조치를 강구하였다.

베트남 내부에 살고 있던 중국인과 베트남 국민 간에서 뿐 아니라

---

35) Ibid.

중공과의 긴장을 고조시키면서 베트남은 소련 진영으로 다가섰다. 동시에 베트남은 미국과의 외교 정상화를 위한 전제 조건으로 국가재건을 위한 원조를 요구하였다. 미국은 이 같은 요구를 거부하였다. 1978년 5월에는 캄보디아의 동부 지역에서 대규모 폭동이 일어났다. 다음 달에는 베트남과 캄보디아로부터 수천 명의 '보트 피플'이 공해(公海)로 나왔던 반면, 보다 많은 사람들이 캄보디아에서 태국으로 넘어갔다. 한편 베트남에 살고 있던 많은 중국인들이 베트남을 떠나 중국으로 도망했으며, 베트남과 중국 간에 전면 분쟁이 발발하였다.

유엔 난민위원회는 거의 100만에 달하는 사람들이 베트남과 캄보디아를 그러나 대부분 베트남을 떠났다고 언급하였다.[36] 국제사회는 인도차이나 반도를 엄습해온 비극의 심각성을 이해하기 시작하였다. 그러나 캄보디아로부터의 피난민들의 이탈(離脫)은 시작과 다름이 없었다.

1978년 12월 25일, 베트남이 캄보디아를 무력 침공하였다. 3주가 지나지 않아 베트남은 프놈펜을 점령했으며, 태국 국경 지역을 제외한 모든 지역을 확보하였다. 당시의 침공은 몇몇 캄보디아 공산주의자들의 초대로 인해 시작되었다. 이들은 폴포트 정권에서 이탈한 자들과 예전의 크메르-베트민들로 구성되어 있었는데, 행 삼린(Heng Samrin)이 이끌고 있었다. 프놈펜이 함락된 지 3일이 되던 날, 삼린은 '캄푸치아 인민공화국(PRK : People's Republic of Kampuchea)'을 선포하였다.

삼린은 혼란의 와중에 있던 캄보디아를 인수하였다. 1979-80년 당시 진행된 국가재건의 첫 단계 도중에는 교육받은 캄보디아 인들이 부족하다는 점으로 인해 어려움이 가중되었다. 그런데, 이는 크메르

---

36) Ibid., p. xli; Becker, op. cit., p. 402-3; Kiljunen, op. cit., p. 25-6.

루주가 시행한 정책의 파괴성을 입증해주는 부분이었다. 그 결과 캄보디아의 대부분 행정이 베트남인들에 의해 이루어졌다.

폴포트 정권이 자행한 모든 형태의 테러가 만천하에 노출되도록 할 목적에서, 베트남은 캄보디아로 국제사회의 언론매체를 초청하였다. 이 같은 방식으로 베트남은 자신에게 가해진 국제사회의 비난의 일부를 모면할 수 있었다.37) 그러나 크메르루주가 전복된 결과로 인해 주민의 많은 부분이 피난민이 되었다. 이들이 피난민이 된 것은 분쟁의 결과 때문 또는 다른 곳에서 보다 나은 생활을 영위할 수 있는 기회를 목격했다는 점 때문이었다. 국제 언론매체의 가장 큰 관심을 불러일으킨 부분은 이 같은 난민 문제였다.

1975년부터 1981년까지의 기간 중에는 대략 85만 명의 피난민(難民)이 있었던 것으로 생각되는데, 이들 중 많은 부분이 1979-1981년의 기간에 발생하였다. 이들의 대부분은 태국-캄보디아 국경에 설치되어 있던 언커크(UNHCR) 캠프에 정착하였다. 그러나 처음 몇 년 동안 태국정부는 캄보디아로 많은 사람들을 강제 송환시켰다. 그 결과 많은 사람이 목숨을 잃었다.38) 이외에도 베트남 자체로부터의 피난민이 있었다. 그 결과 서구의 언론매체는 문제의 출처라며 베트남에 보다 많은 관심을 보였다. 베커(Becker)는 다음과 같이 생생한 내용을 언급하고 있다.

---

37) 예를 들면 1979년 여름 Pilger는 캄보디아에 있었다.

38) Kiljunen, op. cit., pp. 46-47; Hood & Ablin, op. cit., pp.xliv-xlv. 당시 전형적인 난민들이 직면하고 있던 문제들을 알고자 하면 다음을 또한 보시오, Jesser, J., 'The tragedy of the Hmong hill-people of Laos' *Canberra Times*, 11 July 1979, and 'The big fear is of being forced back across the border', *Canberra Times*, 17 July 1979.

베트남-캄보디아 전쟁 그리고 제3차 인도차이나 전쟁에 불을 댕긴 캄보디아·베트남 및 중국 간의 3각 분쟁에 따른 무시무시한 결과를·이해하기 위한 주요 관건은 '보트 피플'들의 이상한 탈주란 문제다.

'보트 피플'들은 하노이 정권에 대해 엄청날 정도의 불만을 품은 사람들이었다. 남지나해는 새로운 정권에 의해 강제로 쫓겨난 베트남인들의 무덤과 다름이 없었다. 무엇보다도 이들이 타고 있던 소형의 배는 전후 베트남의 악정이 폭발했으며, 이 같은 폭발로 인해 하노이가 '벼랑 끝'에 몰려 있다는 수천의 경고를 담고 있는 깃발과 다름이 없었다. 베트남은 화가 났을 뿐더러 중국과 캄보디아에 그리고 아무것도 성공을 거두지 못했다는 점에 두려움을 품었다.……베트남은 아무 것도 성공을 거두지 못했다는 점, 하노이를 주축으로 하는 인도차이나반도 공산주의 블록에 관한 꿈이 성공하지 못하고 있다는 점에 두려움을 느꼈다.[39]

서구 언론매체는 통상 베트남의 시각을 언급하지 않았으며, 베트남을 팽창주의 세력으로 간단히 제시하였다. 1983년경에는 캄보디아의 통치에 참여한 베트남인들의 숫자가 1979년의 경우와 비교해 절반 이하로 줄어들었다.[40] 그럼에도 불구하고, 베트남 출신의 자문 요원들이 지속적으로 역할을 수행하고 있었으며, 15만에 달하는 베트남군이 캄보디아에 상주해 있었다. 이 점에서 삼린 정권은 허수아비 정부로 생각되었다.

---

39) Becker, op. cit., p. 356.
40) Kiljunen, op. cit., pp.26-27.

이 같은 배경에서 1980년대 초반에는 크메르루주 치하의 캄보디아에서 발생한 부분들을 나치독일과 비교해 '새로운 대학살(New Holocaust)'로 지칭하는 경향이 점차 높아졌다. 그러나 당시 발생했던 부분과 관련해 상호 대립되는 성격의 의견이 분분하였다. 이는 당시 상황에 대한 진상 규명을 호소하는 목소리가 아직도 크지 않음을 의미하였다.

1970년대에는 캄보디아에서 발생한 사건들에 대해 또는 당시 상황의 전주곡에 해당하던 부분들에 대해 주요 언론매체가 거의 관심을 기울이지 않았다. 당시 상황 내지는 사건에 관한 분석들은 이념적인 성향을 보였다. 폴포트 정권의 초기 단계에서 폰차우드(Ponchaud)는 "……국민을 학살하는 행위에 대항한 저항의 목소리가 거의 들리지 않고 있다."41)는 점을 의아하게 생각하였다. 그러나 곰(Gome)과 비커리(Vickery)는 엄청난 수준의 캄보디아인이 살상되었다는 주장에 의문을 제기하였다.42) 이들은 크메르루주가 권력을 잡은 이후, 나름의 프로그램(그 과정에서 많은 캄보디아 인이 학살되었음)을 이행하게 되기까지의 상황 조성 과정에서 미국이 수행한 역할을 기술하였다. 베트남전쟁과 관련된 캄보디아의 역사란 관점에서 보면, 미국이 나름의

---

41) Ponchaud, F., *Cambodia : Year Zero*, Holt, Rinehart & Winston, New York, 1977, p193.
42) Gomes, op. cit. Gomes는 언론매체가 인용한 수치의 많은 부분을 일축하고 있는데, 예를 들면 살아남은 캄보디아의 의사들의 수치가 바로 그것이다. 그러나 그는 폴포트 정권이 끼친 효과에 관한 또 다른 판단을 제기하고 있지 않다. 또한 다음을 보시오. Vickery, M., *Cambodia 1975-1982*, George Allen & Unwin, North Sydney, NSW, 1984, p. 185. Vickery는 적어도 수만 명이 사망했음을 인정하고 있다. 그러나 그는 CIA의 판단에 의문을 제기하는 수치를 제시하고 있다. 그럼에도 불구하고, Democratic Kampuchea에 관한 보도에서 관심을 불러 모은 부분이 이들 사망자의 수치란 점을 그는 강조하고 있다.

역할을 수행했음은 분명한 사실이다. 반면에 가디스(Gaddis)는 '비난의 화살'을 북부 베트남에 돌리고자 노력하였다.43)

캄보디아의 역사에 대한 해석은 대립되는 성격의 것이었다. 일반적으로 공산주의와 이념적으로 대립하고 있던 서구 대중을 상대로 하는 언론매체들은 베트남을 악한으로 묘사했는데, 특히 시급한 난민 문제와 관련해 그러하였다. 베트남전쟁 이후의 동남아시아의 변화 상황을 조사한 뉴욕타임지에는 1981년의 캄보디아에 관한 서구의 관점이 요약되어 있다. 뉴욕타임지는 공산주의에 반대한 지역 국가들의 생활수준과 '평화의 상태'가 지속적으로 개선된 반면, 베트남과 캄보디아가 전쟁과 사회적 격변에 휩싸여 있다고 결론지었다.44)

1981년 전반(全般)에 걸쳐, 미국은 크메르루주에 대항해 베트남이 화학무기를 사용하고 있다고 주장하였다. 그 과정에서 미국은 언론매체를 이용하였다. 미국은 자신의 이 같은 주장을 지원해주는 증거를 제시하였다. 그러나 유엔은 베트남의 화학무기 사용을 입증하지도 그리고 부정하지도 못했다.45)

악마로 돌변한 베트남으로 인해 1980년대 당시의 서구 사회, 특히

---

43) Gomes, op. cit.; Gaddis, J.L., *Strategies of Containment*, Oxford University Press, Oxford, 1992, p.337. 미국의 분석가들은 당시 발생한 것들과 관련해 북부 베트남을 비난했는데, 이는 놀랄 일이 아니었다. Gaddis는 중립을 먼저 위배한 국가가 미국이 아니고 북부 베트남이었다고 주장하고 있다. 그는 폴폿의 출현은 1970년 당시의 미군의 침입보다는 남부 베트남에 대한 하노이의 최종적인 승리 때문이었다고 주장하고 있다. 그러나 Gaddis는 침략적이지 않았던 북부베트남의 행위와 비교해 미국의 폭격이 끼친 효과를 고려하고 있지 않은 듯 보인다.

44) *New York Times*, 8 November 1981.

45) *The Times*(London), 23 March 1981, 13 June 1981, 26 October 1981, 27 October 1981; *New York Times*, 1, 11, and 24 November 1981

미국과 영국은 크메르루주에게 훈련 및 원조 관련 지원을 제공해주었다. 이전에 엄청날 정도의 파괴를 자행했음이 분명해진 상황에서조차 미국과 영국은 지속적으로 크메르루주를 지원하였다. 그 결과 지역의 문제가 보다 더 복잡해졌다.46) 사실, 평화적 해결에 관한 1981년의 유엔의 논의에는 선거 이후 폴포트의 복귀를 허용한다는 조건이 포함되어 있었다.47) 이 같은 양보에는 크메르루주에 대한 지원을 통해 국익을 추구한다는 서구의 정책이 반영되어 있었다.

한편 동남아시아 도처에서 공산주의 세력에 대한 지원을 포기하겠다는 베트남의 발언은 미국과 아세안 국가들의 환심을 살 목적의 것이라며 기각되었다.48) 그러나 국익을 추구하고 있던 사람이 베트남인들만은 아니었다.

쇼크로스(Shawcross)가 지적하고 있는 바처럼, 캄보디아에서 발생한 사건은 "……국제사회의 행위란 측면에서 거의 발전이 없음을 단적으로 보여주고 있다."49) 사실 캄보디아에서 발생한 비극은 어느 정도까지는 지역 및 지구적 차원의 경쟁과 대립의 산물이었다. 당시의 비극과 관련된 언론매체의 취재 측면에서의 진정 부족한 부분은 전후 및 좌우 관계를 고려해 보도하지 못했다는 점에 있다. 캄보디아에 관한 '비밀의 장막'을 베트남이 들추어냈을 당시, 즉 캄보디아에서의 잔혹한 행위, 고문에 사용된 도구 그리고 산같이 쌓여 있는 해골들을 폭로했을 당시, 베트남은 언론매체에 이야기 거리를 제공해주었다.50)

---

46) Pilger 1992a, op. cit., pp. 171-202.
47) *New York Times*, 18 July 1981
48) Spragens, J., Jr., 'Why not just say it? National interests still come first.' *Southeast Asia Chronicle*, issue 78, August 1981.
49) Ibid.
50) Pilger 1992a, op. cit., p. 206은 그가 베트남에 의해 초대받았다는 주장이 있

캄보디아에서 자행된 테러에 관한 이미지는 뉴스거리가 되었다. 그러나 이들 이미지로 인해 베트남을 포함해 당시의 상황에 개입했던 국제사회 행위자들의 행위의 동기(動機)가 심층 분석되지 못하는 결과가 초래되었다.

캄보디아는 베트남의 팽창주의에 맞서 대항하기 위한 완충지대(緩衝地帶)로 생각되었다. 그러나 찬다(Chanda)가 주장하고 있는 바처럼, 1970년대와 1980년대 초반에 발생한 '피의 제전(祭典)'을 통해 매우 힘이 미약해졌다는 점으로 인해, 진정한 의미에서 캄보디아는 완충지대가 되지 못했다.51) 그 결과 베트남에 대해 중국, 미국 그리고 아세안국가들은 의혹뿐만 아니라 적개심을 품게 되었다. 또한 서구의 언론매체들이 공식 기관에서 발표하는 노선을 그대로 보도하게 되었다. 크메르루주의 최악의 악정(惡政)이 분명해진 순간에서조차 이들은 이처럼 하였다.

쇼크로스가 지적하고 있는 바처럼, 캄보디아의 이야기는 오늘날 특이하거나 예외적인 경우가 아닌데, 이는 서글픈 일이다.52) 1990년대 당시의 르완다와 보스니아 사례는 이 점을 확인해주고 있다. 또한 이들 사례는 비인간적인 행동으로 간주될 수 있는 부분에 국민이 참여하게 된 이유 그리고 이들 참여를 정치 지도자들이 호소하는 이유와 관련해 심각한 의문을 제기해주고 있다. 캄보디아에서 발생한 비극이 다루어진 것은 또 다른 십 년의 기간 동안 국제사회의 양심에

다고 보도하고 있는데, 그는 이 같은 주장을 강력히 부인하고 있다.
51) Chanda, N., *Brother Enemy : The War after the War*, Collier Books, Macmillan Publishing, New York, 1986, pp. 409-410.
52) Shawcross, W., *The Quality of Mercy : Cambodia, Holocaust and Modern Conscience*, Simon & Schuster, New York, 1984, p. 430.

호소한 결과였다. 이 경우에서조차, 제시된 해결안은 과거의 잘못을 치유하겠다는 도덕적 차원의 결심이 아니고 국제사회의 타협에 기인하고 있는 듯 보인다.

야심적인 임무

시아누크는 자신의 입지를 유지할 목적에서 항상 준비하고 있는 듯 보였다. 그가 캄보디아의 정치적 상황을 매우 잘 읽고 있었음에는 의문의 여지가 없다. 1960년대 초반, 시아누크는 베트남전쟁에서 공산주의자들의 승리를 예견하였다. 그가 이웃의 공산주의 국가인 베트남의 자국 침공을 묵인하고, 베트남군을 캄보디아로부터 몰아내고자 한 미국의 시도를 반기지 않았던 것은 아마도 이 같은 이유 때문이었을 것이다. 그러나 공산주의자들이 득세할 것임을 인정했다는 점이 시아누크가 공산주의자들이 추구하는 바에 공감하고 있었음을 의미하지는 않았다.

1973년, 시아누크는 공산주의자들이 점령하고 있던 캄보디아의 일부 지역을 방문하고는 중국 수상 주은래에게 전쟁이 보다 장기화되면 보다 극단적인 결과가 초래된다는 점을 미 국무장관 헨리 키신저(Henry Kissinger)에게 경고해달라고 요청하였다.53) 그러나 이 같은 그의 경고에 어느 누구도 귀를 기울이지 않았다. 사실 당시 진행되고 있던 사건의 진로 변경이란 측면에서 강구될 수 있었던 부분은 거의 없었을 것이다.54)

---

53) Kiljunen, op. cit., p. 8.

1980년대 초반, 동남아시아 국가들은 베트남에 그리고 캄보디아에 서의 베트남의 팽창주의에 극구 반대하는 입장을 견지하였다.55) 1982 년, 베트남은 캄보디아의 대부분 영토를 통제하였다. 그 과정에서 베 트남은 태국-캄보디아 국경에 기지를 두고 있던 비공산주의 집단뿐 만 아니라 크메르루주의 미약한 수준의 동맹 세력으로부터 저항을 받았다. 명목상으로는 시아누크가 새로운 정치적 집단에 의해 대변되 는 망명정부를 인도했는데, 수적으로 보면 당시의 동맹은 크메르루주 가 주도하였다.56)

캄보디아의 상황은 아세안 국가들이 지원하는 동맹군과 베트남의 지원을 받던 '캄푸치아 인민공화국' 간의 내전으로 발전하였다. 국제 적으로 보면, 당시의 분쟁은 '캄푸치아 인민공화국'에 대한 소련의 지원, 크메르루주에 대한 중국의 지원 그리고 비공산 세력에 대한 미 국의 지원으로 인해 보다 더 복잡해졌다. 당시의 난민 위기로 인해 어느 정도 곤란을 겪고 있던 아세안 국가들57)을 서구사회는 '국방의 최일선'에 해당한다고 생각하였다.

---

54) See Pilger 1992a, op. cit., p. 176. 당시의 폭격으로 인해 캄보디아가 공산주의 자들에 가까워지고 있다는 동일한 결론을 CIA의 판단으로부터 도출할 수 있 었을 것이라고 Pilger는 주장하고 있다.
55) 다음을 보시오. Sihanouk, Prince Norodom, *War and Hope : The Case for Cambodia*, Pantheon Books, New York, 1980. 이제 시아누크는 캄보디아에서 의 전쟁을 반-캄보디아 성격의 것으로 규명하였다. 이 같은 입장으로 인해 그는 크메르루주와 베트남 모두로부터 소원해졌다.
56) 1982년 6월에는 콸라룸푸르(Kuala Lumpur)에 동맹이 결성되었다.
57) 당시의 난민 상황에 관해 알고자 하면 다음을 참조하시오. Rajendran, M., *ASEAN's Foreign Relations : The Shift to Collective Action*, arenabuku sdn. bhd., Kuala Lumpur, 1985, p. 87-130. 태국이 육지로 탈주한 수십만의 캄보디아 인 을 수용한 반면 1980년 초반 말레이시아는 7만에 달하는 베트남의 '보트 피 플'을 수용하였다. 여타 아세안 국가들은 오직 수천 명 정도를 수용하였다.

그 결과 서구 사회는 이들 국가에 많은 원조를 제공해주었다. 소련과 베트남의 연계로 인해 보다 큰 위협이 감지될 당시, 이들 국가는 중국에 대해 오랜 기간 동안 불신을 품고 있었다. 당시 이들은 이 같은 불신도 떨쳐버릴 준비가 되어 있었다. 특히, 중국은 피난민 문제로 가장 많은 고통을 받고 있던 태국을 지원하였다.58)

1983년에는 오스트레일리아에서 정권이 교체되었다. 밥 호크(Bob Hawke) 수상 휘하의 노동당이 권력을 장악하였다. 호크 정부는 베트남전쟁에서의 오스트레일리아의 역할과 관련해 강력한 입장을 취하였다. 또한 호크 정부는 캄보디아 위기의 해결과 관련해 적극적인 역할을 수행하기로 결심하였다. 한편 오스트레일리아 정부는 베트남과의 관계 재개를 추구하였다.

그러나 아세안국가와 미국은 독자적인 행위, 특히 베트남과 쌍무관계를 설정할 목적의 노력은 그 형태에 무관하게 환영하지 않는다는 입장을 보였다. 이 같은 점으로 인해 호크는 캄보디아 문제의 해결을 위한 대안 마련에 초점을 맞추었다.59)

베트남이 캄보디아를 침공한 직후, 아세안 국가들은 캄보디아의 상황에 우려를 표명하였다. 이들은 지역의 지지를 받은 결의안을 유엔에 제출하였다. 1983년, 오스트레일리아는 베트남을 지나치게 일방적으로 비난하고 있으며, 크메르루주 정권 당시 발생한 인권 남용을

---

58) 아세안 국가들의 입장에 관해 완벽히 논의한 자료를 보려면 다음을 참조하시오. Tillman, R.O., *Southeast Asia and Enemy Beyond*, Westview Pressm, Boulder, Colorado, 1987, p. 84-105.

59) 평화과정의 기원에 관한 오스트레일리아의 시각을 보려면 다음을 참조하시오. Evans, G., & Grant, B., *Australia's Foreign Relations in the World of the 1990s*, Melbourne University Press, Melbourne, 1991, p. 206-18.

충분히 거론하고 있지 않다며, 이 결의안에 대한 지원을 철회하였다. 캄보디아에서의 전범(戰犯) 심판을 촉구하는 내용을 포함해 오스트레일리아가 제안한 여타 부분을 베트남은 환영하였다. 그러나 이 같은 조치로 인해 지역의 입지가 약화될 수 있다고 생각한 아세안 국가들은 이를 환영하지 않았다.

적용 가능한 해결안과 관련해 여론이 수렴되기까지는 수년의 기간이 소요되었다. 폴포트와 크메르루주가 권좌에 재차 복귀하지 못하도록 하고, 중립적이고도, 독자적이며 특정 이념에 기울지 않는 미래의 캄보디아를 보장해줄 뿐더러 자유롭고도 공정한 선거와 피난민들의 귀환이 가능한 상황을 보장해주는 협정 아래 캄보디아로부터 베트남군이 철수해야 한다는 점으로 여론이 수렴되었다.60)

크메르루주에 대한 중국의 지원과 관련해 미국이 중국에 압력을 가한 1988년, 정체된 형태의 대립에 '희망의 불빛'이 보이기 시작하였다. 이는 크메르루주의 최고위급 리더에게 정치적 망명을 허용해줄 것임을 암시하는 미확인 자료를 중국이 언론매체에 흘리는 방식으로 이루어졌다.61) 군사적 행위에 개입하기 이전, 특정 상황에 관한 언론매체 환경을 조성할 목적에서 강구되는 조치들에서 이 같은 전략과 유사한 모습이 발견된다. 한편 인도네시아는 대립하고 있던 캄보디아의 정파들 간에 비공식 대화를 주선하였다. 그 결과 자카르타에서는 1988년 7월과 1989년 2월에 2개의 비공식 회합이 있었다. 당시의 회합으로 인해 실질적인 결과가 있었던 것은 아니다.

---

60) Evans & Grant, op. cit., p. 209.
61) Chanda, N., 'Media manipulation', Far Eastern Economic Review, vol. 140, 30 June 1988, p. 28. 다음을 또한 보시오. The Washington Post, 18 June 1988.

그러나 이들 대화로 인해 몇몇 사안들이 분명해졌다. 1989년 1월, 베트남은 동년 9월까지 캄보디아로부터 모든 군사력을 철수시킬 것임을 천명하였다. 이 같은 방식으로 베트남은 이들 대화를 지원하였다. 베트남의 이 같은 결심은 아마도 냉전 종식과 소련으로부터의 경제적 지원이 줄어들 가능성이 있다는 점에 영향 받았을 것이다. 1989년 중반, 프랑스는 캄보디아에 관한 국제회담의 개최를 위한 여건이 조성되었음을 인지하였다. 그 결과 1989년 7월과 8월에는 인도네시아 지휘부와 공동으로 '캄보디아에 관한 파리국제회담(PICC : Paris International Conference on Cambodia)'이 개최되었다. 목표 달성에 근접했던 것은 사실이지만 PICC는 실패로 끝났다.62)

비교적 일정에 맞추어, 베트남은 캄보디아로부터 군사력을 철수시켰다. 그러나 당시의 평화 과정에 도움이 된 것이 아니고, 철수로 인해 캄보디아에서 전투가 재개되고, 외교적 입지가 경색되었다. 국제 여론은 포괄적 성격의 평화적 해결을 적극 지지하고 있었다. 그러나 과도 행정의 구성에 관한 어떠한 형태의 합의점도 도출될 수 없었다. 특히 크메르루주는 관련된 4개 정파 중 하나에 불과하며, 크메르루주의 예전의 지휘부가 참여하지 않을 것이란 점에도 불구하고, 크메르루주의 역할이란 문제를 놓고 적지 않은 난항이 있었다.63)

1989년 11월, 오스트레일리아 외무장관 가레스 에반스(Gareth Evans)는 새로운 형태의 평화 방안을 제기하였다. 에반스가 제기한 방안은 당시 가장 중요한 논쟁 거리였던 '권력 공유'란 사안을 비켜 가는 한

---

62) Evans & Grant, op. cit., p. 209-10. The PICC은 모든 캄보디아 정파들, 아세안 6개국, 유엔 안전보장이사회의 상임이사국, 베트남, 라오스, 오스트레일리아, 캐나다, 인도 그리고 유엔 사무총장의 대표를 불러 모았다.

63) Ibid., p. 210.

편, 크메르루주의 역할을 제한할 목적의 것이었다. 이 같은 목적에서
에반스는 선거를 치르고 캄보디아 정부를 재차 수립하기 이전의 과도
기에 유엔이 캄보디아의 민간 행정에 직접 개입할 것을 요구하였다.
이는 전혀 새로운 개념이 아니었다. 이미 1981년, 시아누크는 유엔의
신탁통치를 제안하였다. 또한 1989년, 미 하원의원 스티븐 솔라즈
(Stephen Solarz)는 중립 성격의 유엔 임시정부란 구체적인 개념을 제시
하였다. 에반스와 그랜트(Grant)에 따르면, 1989년 10월의 자신들의 논
의가 당시 제안에 관한 오스트레일리아의 사고(思考) 형성에 중요한
역할을 하였다.64)

1990년 2월 26-28일의 자카르타에서 있었던 캄보디아에 관한 비공
식 모임 이후, 오스트레일리아는 캄보디아의 평화와 관련된 최종안을
준비하였다. '캄보디아 : 오스트레일리아의 평화제안(Cambodia : an
Australian Peace Proposal)'이란 제목의 제안에는 포괄적인 해결 방안,
캄보디아 임시 행정에서의 유엔의 역할 증대, 선거 관련 조직, 재건
(再建) 그리고 캄보디아의 주권과 중립 보장 등이 거론되어 있었다.65)

아직도 외교적으로 극복해야 할 난관이 없지 않았다. 그러나 1991
년, 폴포트를 지원하던 세력들은 전략적으로 더 이상 의미가 없는 대

---

64) Pilger 1992a, op. cit., p. 200-2를 또한 보시오. Pilger에 따르면 Solarz는 시아
   누크의 강력한 지지자였다. 그는 캄보디아에 관한 미국의 정책을 형성하는
   과정에서 주요 역할을 하였다. 캄보디아에서의 최종 타결이 미국이 그 시점
   이 되었다고 결심한 결과로 인해 있었다는 주장이 있는데, 이는 이 같은 주
   장에 힘을 실어주는 형태의 것이다. Evans & Grant, op. cit., p. 210-1를 또한
   보시오.

65) *Cambodia : an Australian Peace Proposal*, Published by the Department of
   Foreign Affairs and Trade by the Australian Government Publishing Service,
   Canberra, 1990.

립을 전개하고 있던 폴포트에 대해 점차 염증을 품었다.66) 동년 10월, 파리에서는 '캄보디아 분쟁에 관한 포괄적인 정치적 해결(Comprehensive Political Settlement of the Cambodian Conflict)'이란 문서에 관련 요원들이 서명하였다. 또한 '캄보디아에서의 유엔 과도정부(UNTAC : United Nations Transitional Authority in Cambodia)' 수립을 위한 활동에 유엔이 초대를 받았다. 그런데 이는 1991년 8월 31일의 유엔 안전보장이사회 결의안 718(1991년)에 의해 전적으로 지원을 받았다.67)

22,000여 명으로 구성되어 있던 UNTAC의 임무는 유엔이 시도한 것 중에서 가장 야심적인 형태의 평화유지 활동이었다. 20억 달러에 달하는 비용이 소요되었다는 점에서 보면, 이는 또한 가장 고가(高價)의 평화유지 활동 중 하나였다.68) 일반적으로 언론매체는 당시의 평화 해결을 수용했으며, 국제사회의 상호협조란 측면에서 일대 진전에 해당하는 사건으로 UNTAC 임무를 선전하였다. 이 같은 점으로 인해 당시 작전의 정당성은 전혀 문제가 되지 않았다.69)

그러나 열강들의 이해관계로 인해 당시의 노력이 얼룩졌으며, 평화 해결에 도달할 목적으로 양보한 부분에 이의를 제기하는 사람들도 없지 않았다. 당시의 평화 계획을 필저(Pilger)는 '모호하며 음흉한 형태의 것'으로 기술하였다. 대량학살을 언급하지 않았다는 점뿐만 아니라 크메르루주를 나름의 파당으로 재분류할 목적에서 사용된

---

66) Chandler, D.P., *Brother Number One : A Political Biography of Pol Pot*, Allen & Unwin, St Leonards, NSW, 1992, p. 186.
67) *United Nations Peace-keeping Operations Information Notes 1993 : Update No. 2*, p. 55.
68) McMullen and Norton, op. cit., p. 172.
69) 예를 들면 다음을 보시오. *New York Times*, 24 October 1991 and *The Times* (London), 24 October 1991.

'새로운 은어(隱語)'를 그는 주목하였다.

그러나 크메르루주에 의한 대량학살을 언급하면 거의 도움이 되지 않았을 것이다. 특히, 당시의 평화계획에서는 형법의 소급적용(遡及適用)을 금지하였다. 크메르루주는 불기소(不起訴) 처분되었다.[70] 서구 민주국가들의 정부가 다른 곳에 관심을 보이자, 주요 언론매체들 또한 캄보디아 문제에 더 이상 관심을 표명하지 않았다.

크메르루주에 대한 언론매체의 태도

미국과 남부 베트남이 자국을 침입해온 1970년에서 시작해, 미국의 폭격전역(爆擊戰役)과 크메르루주 및 폴포트의 시대를 거쳐, 베트남이 자신들에게 정권을 이양해준 1979-1980년 이후의 내전(內戰)에 이르는 10여 년의 기간 동안, 캄보디아 국민이 파괴와 고통을 겪었음에는 의문의 여지가 없다. 그러나 외부 관찰자들이 기록한 역사는 이들 관찰자의 정치적 편견뿐만 아니라 시각을 반영하는 경향이 있다. 필저와 여타 사람들은 크메르루주가 자행한 부분에 관해 그리고 이들에 의해 지속되는 위협에 관해 분명히 알고 있었다. 당시의 평화과정이 처음부터 절충된 형태의 것이었다고 필저가 주장하게 된 것은 크메르루주의 명예회복이란 문제 때문이었다. 1992년 필저는 다음과 같이 적고 있다.

일 년 전, Observer란 잡지는 다음과 같이 보도하였다. "캄보디아의 평

---

70) Pilger 1992a, op. cit., p. 198.

화과정이 지속적으로 올바로 유지되고 있다면……이는 크메르루주의 억제력 때문일 것이다. 유엔이 이곳에 도착한 이후, 크메르루주의 억제력에는 북부 지역에서의 대규모 차원의 군사적 공세가 포함되어 있었는데, 그곳에서 크메르루주는 이미 통제 지역을 거의 두 배로 늘린 상태였다. 사실 이들에게 트로이목마뿐만 아니라 거부권을 부여해준 평화과정으로 인해 캄보디아의 거의 모든 지역에서 폴포트의 추종자들이 목격되고 있다.71)

최근의 캄보디아 역사에서 크메르루주가 수행한 역할과 관련해서는 논란의 여지가 없지 않다. 그러나 크메르루주와 폴포트에 관한 진실은 거의 해결되지 않았다. 캄보디아에서의 이 문제를 스코트(Scott)는 다음과 같이 기술하였다.

캄보디아인들에게 말을 걸면, 대략 100만 또는 8명 중 1명이 기아·질병 및 처형으로 인해 목숨을 잃은 1975년에서 1979년의 크메르루주의 통치 기간 동안 자신들이 겪은 고통스런 사건들에 관해 듣게 된다. 이들이 전해주는 이야기는 야만적일 뿐더러 슬픔을 자아내는 형태의 것이다. 마찬가지로 여기에는 비극적인 부분이 있는데, 이는 당시의 비극에 관해 책임져야 할 사람을 어느 누구도 분명히 하고 있지 않은 듯 보인다는 점이다. 대부분의 사람이 동의할 수 있는 유일한 답변은 폴포트이다. 모든 잔혹한 행위들이 폴포트의 발아래서 이루어질 수 있던 것인 양 크메르루주 시대는 '폴포트의 시대'가 되었다.

---

71) Pilger, J., 'Peace in our time?', *New Statesman and Society*, 27 November 1992b, p. 10-1.

'폴포트의 시대'로의 크메르루주 시대의 이 같은 변환은 캄보디아에 관한 주제에서 중심적인 부분 중 하나다.……캄보디아 지도자들은 크메르루주 시대를 근대시대의 잔혹상……즉 아시아의 대량학살을 보여주는 기간으로 돌리며 만족해하였다.……이들은 발생한 부분과 발생 이유에 관해서는 진정 관심이 없었다.72)

언론매체들은 당시의 공포(恐怖)에 관해 보도하고 있었다. 그러나 이들은 공포와 관련된 진정한 이야기의 탐구에는 거의 관심을 보이지 않았다. 1970년대 초반, 미국은 크메르루주에 반대하고는 론놀을 지원하였다. 1977년 폰차우드(Ponchaud)는 캄보디아에서의 대량학살과 관련해 세상의 이목을 집중시켰다.73)

그러나 당시 미국은 베트남에 대항하는 과정에서의 전략적 이해관계(利害關係)로 인해 크메르루주를 지원하는 방향으로 이미 이동하고 있었다. 베트남이 캄보디아를 점령한 이후 자신이 관찰한 부분을 필저는 상세 보도하였다. 그는 또한 크메르루주가 자행한 야만적인 행위에 관해 그리고 이들이 서구로부터 받은 원조에 관해 보고들은 바를 보도했다는 점으로 인해 자신이 받은 공격을 상세 설명하였다.74)

필저는 당시 발생한 부분에 관해 분명히 알고 있었다. 그는 폴포트 정권과 폴포트 정권 이후 발생한 부분들을 분명히 하지 않고 얼버무린 쇼크로스 같은 사람들을 비난하였다. 필저에 따르면 쇼크로스는 베트남에 대부분의 비난을 돌리고자 노력하고 있었다. 즉 서구 사회

---

72) Scott, M., 'War and memory', *Far Eastern Economic Review*, vol. 155, 16 April 1992, p. 36-9.
73) Ponchaud, op. cit.
74) Pilger 1992a, op. cit., p. 203-29.

는 베트남을 무뢰한 침략자라며 악마로 표현하고 있었다. 베트남이 캄보디아 사태에 간섭한 이후, 미국의 정책으로 인해 캄보디아는 경제 원조를 전혀 받지 못하게 되었으며, 미국 기업과의 무역도 금지되었다.[75]

고메스(Gomes)[76]와 같은 사람들은 크메르루주와 관련해 일반적으로 사람들이 잘못 알고 있다고 주장하고 있다. 고메스의 관점은 주류들의 관점을 대변하고 있지는 않다. 그러나 당시 사건들에 대한 그의 해석은 다수의 대립되는 견해들을 적어도 수용해야만 하는 이유를 보여주고 있다. 고메스에 따르면, 프놈펜으로부터 캄보디아 주민들을 강제 철수시킨 것은 억압에 따른 행위가 아니고, 굶주림에 떨고 있던 주민들을 먹을 것이 있는 곳으로 이주시킬 목적에서 필요한 조치였다.

고메스에 따르면 크메르루주는 교육받은 엘리트들을 박해하는 정책을 추구하지 않았다. 이것이 아니고 교육받은 캄보디아인들이 크메르루주의 재건 전략에 보다 저항하는 경향이 있었으며, 지역을 이탈해 난민이 되고자 노력했다고 고메스는 주장하였다. 난민들이 캄보디아 주민을 대변하고 있지 않을 가능성이 있다고 고메스는 언급하였다. 이 같은 점에서 고메스는 크메르루주의 잔혹한 행위에 관한 난민들의 보도와 관련해서도 비판적인 견해를 견지하고 있다.

특정 관점을 지원해줄 목적에서 채택될 수 있는 시각이 다수 있을

---

75) Ibid., p. 209-13. Pilger는 미국의 행위를 가장 인도주의적인 것으로 보여주는 사례로 쇼크로스(Shawcross)가 저술한 *"The Quality of Mercy"*란 제목의 책을 인용하고 있다. 서구사회의 인도주의를 좌절시킨 사람은 공산주의자들이라고 쇼크로스는 자신의 책에서 주장하고 있다.

76) Gomes, op. cit.

것이다. 그럼에도 불구하고, 공산주의 근본 원칙에 근거해 새로운 사회를 건설할 당시 크메르루주들이 캄보디아를 지구의 나머지 부분으로부터 고립시키는 전략을 추구했음에는 의문의 여지가 없다. 크메르루주에 의한 3년에 걸친 통치 기간 동안 많은 사람들이 처형되거나 죽었다는 점 또한 분명하다. 한편 서구의 정치적 목표와 부합되었다는 점으로 인해 크메르루주는 서구로부터 직접 및 간접적으로 지원을 받았다.[77]

이 같은 상황으로 인해 서구의 정부들은 크메르루주를 악마로 표현하라고 언론매체들에게 권하기가 쉽지 않았다. 한편에는 베트남이 정권을 탈취한 이후의 캄보디아 상황을 취재한 필저 및 실버(Silber)[78]와 같은 몇몇 사람들의 보도가 있었다. 이들이 전하는 이야기로 인해 크메르루주의 정치적 탄압, 고문 그리고 대량학살에 관한 주장들이 신빙성이 있게 되었다. 또 다른 한편에는 이전에 서구가 크메르루주를 지원했다는 증거가 있었다. 여기에 대해 답변한 사람은 스코트(Scott)였다.

크메르루주의 시기는 폴포트의 시기가 되었으며, 크메르루주의 모든 잔혹한 행위는 당시의 운동을 이끈 리더와 동일시되었다.[79] 크메르루주의 지휘부가 제거되는 경우, 크메르루주에 소속되어 있던 대부분 사람들은 잘못된 요소 및 정책과 거리를 둘 수 있었다. 제한된 형태의 분쟁에서 목격되는 현상이지만, 이는 적국의 국민과 적국의 지

---

77) See Pilger 1992a, op. cit.
78) Silber, I., *Kampuchea : The Revolution Rescued*, Line of March Publications, Oaklands, Calif., 1986. Silber (p. 95)에 따르면 많은 캄보디아 인들은 크메르루주의 귀환 가능성 자체를 소름이 오싹하는 현상으로 바라보았다.
79) Scott 1992. op. cit.

휘부가 일정 거리를 두도록 하는 전략과 유사하였다.

이 같은 입장을 수용해, 언론매체는 폴포트 당시의 캄보디아를 스탈린 당시의 소련이 아니고 히틀러 당시의 독일과 비교하였다.[80] 히틀러와 비교한 결과로 인해 당시의 문제에서 공산주의가 수행한 부분이 배제되었는데[81], 이는 아마도 평화 협정과 관련해 중국과 소련의 지원을 얻어낼 목적에서였을 것이다.

이 같은 태도로 인해 개인적으로 폴포트가 악마가 되었으며, 베트남은 캄보디아를 구원해준 주체로서 명예를 회복할 수 있었다. 크메르루주가 당시의 평화과정에 또 다른 정파의 대표로 참여할 수 있게 된 반면 베트남은 캄보디아로부터 명예롭게 철수할 수 있었다. 대량학살을 언급하는 대신, 다음과 같은 표현이 은유적으로 삽입되었다. "……최근에 있었던 정치 및 관행으로 캄보디아가 복귀하지 않도록 할 필요가 있다."[82]

평화해결을 향한 진전이 이루어지고 있던 1990년, 시아누크는 크메르루주가 원하는 부분 모두에 동의할 것이라고 발언하였다. 그는 다음과 같이 말했다. "크메르루주는 범죄 집단이 아니다. 이들은 진정한 의미에서 애국자다."[83]

크메르루주에 대한 이들 태도에서는 캄보디아 문제에 관한 타협의

---

80) Ibid. 그러나 Pilger은 마르크시즘과 스탈린 이즘 모두와 비교했다고 주장하고 있다. Pilger 1992a, p. 211를 참조하시오

81) Scott 1992. op. cit.

82) 다음을 보시오, 특히 서문과 89페이지를 보시오. *Cambodia : an Australian Peace Proposal*, op. cit.. 또한 Pilger, 1992b, op. cit를 보시오. Pilger는 크메르루주와 관련해 대량학살(Genocide)이란 용어의 사용을 거부했다며 UNTAC의 오스트레일리아 지휘관인 John Sanderson 중장을 비난하였다. Pilger는 대량학살이란 용어를 최근에 유엔이 사용한 바 있다고 지적하였다.

83) Pilger 1992a, op. cit., p. 200.

모습이 보인다. 에반스와 그랜트(Grant)는 다음과 같이 주장하고 있다.

이것이 크메르루주를 효과적으로 고립시키고 무시하는 전략을 단순히
선택하는 문제였다면 강력히 반대를 제기한 사람들이 많지 않았을 것
이다. 그러나 지속적으로 보급물자를 공급받는 한, 특히 중국으로부터
무기, 자금 및 외교적 지원을 받고 있는 한 크메르루주가 효과적으로
고립 및 무시될 수 없으며, 이들의 군사적 영향력을 무력화할 수 없었
는데, 이는 중요한 문제였다.84)

따라서 크메르루주의 지속적인 역할은 캄보디아 외부의 국제사회
행위자들에 의해 결정되었다. 결과적으로 보면, 이는 너무나 힘이 미
약한 관계로 인해 자신을 돌볼 수 없는 자들에게 힘을 주고 이들을
보호해준다는 유엔이 주장하고 있는 새로운 형태의 약속이 아니었다.
'폴포트 시대'가 균형을 유지하도록 한 것은 새로운 형태의 세계 질
서나 인간의 기본권이 아니었다. 크메르루주의 실상이 지구의 시청자
들에게 알려지게 된 것은 독자적 취재 능력이 있던 언론매체 때문이
아니고 구시대의 정치 덕분이었다.

전환기의 캄보디아

유엔 안전보장이사회 결의안 718(1991년)은 캄보디아의 최고국가위
원회(SNC : Supreme National Council)를 전환기 시대 전반에 걸쳐 캄보

---

84) Evans and Grant, op. cit., p. 212.

디아의 주권·독자성 및 통합이 깃들여 있는 유일한 합법적인 집단
으로 그리고 권한의 원천으로 인정하였다. SNC의 위원장은 시아누크
(Norodom Sihanouk) 왕자였다. SNC는 당시의 평화협정에 참여한 캄보
디아의 4개 정당인 민족통일전선(FUNCINPEC : Front uni national pour un
Cambodge independent, neuter, pacifique et coopetatif), 크메르민족해방전선
(KPNLF : Khmer People's National Liberation Front), 캄푸치아 민주정당
(PDK : Party of Democratic Kampuchea) 그리고 캄보디아국가(SOC : the
State of Cambodia)로 구성되어 있었다.[85]

FUNCINPE는 시아누크의 아들인 라나리디(Ranariddh) 왕자가 인도했
는데, 군주제(君主制)를 지지하였다. 반면에 KPNLF는 비공산주의 성격
의 정파였다. PDK는 크메르루주를 대변하였다. 이곳의 군사력은 '캄푸
치아 민주국가 군대(NADK : National Army of Democratic Kampuchea)'로
개칭되었다. SOC는 베트남이 설립한 캄보디아 정부였다. 이곳의 수장
은 훈센(Hun Sen)이었다. 1985년, 훈센은 삼린(Heng Samrin)을 대신해
리더가 되었다. 유엔이 지원한 선거에서 훈센의 정파는 캄보디아인민
정당(CPP : Cambodian People's Party)으로 선거에 참여하였다.

UNTAC는 1992년 2월 19일의 유엔안정보장이사회 결의안 745에
의해 설립되었는데, 이것의 운영 기간은 18개월을 초과할 수 없었다.
이는 1992년 3월 15일에 운영을 시작하였다.

UNTAC가 운영되자마자 어려움이 발생하였다. 파리협정의 서명 이
후 효력을 발휘한 정전(停戰)의 1단계에 이어 6월 13일에는 다양한
전력의 무장을 해제하고, 이들 요원을 귀가(歸家)시키도록 되어 있었

---

85) *United Nations Peace-keeping Operations Information Notes 1993 : Update No.
2*, p. 55.

다. 그러나 6월 13일이 되기도 전에 PDK/NADK가 비협조적인 자세를 보였다.86) 외국군의 철수를 입증하는 문제뿐만 아니라 SNC의 역할과 관련해 PDK는 파리협정을 나름의 방식으로 해석하였다. 또한 PDK는 NADK 통제지역에서의 UNTAC 군사력의 전개를 허용하고자 하지 않았을 뿐더러 군사 능력 및 물자와 관련해 요구된 정보를 제공하지 않았다.87)

1992년 6월에는 UNTAC 전력의 일부분만이 배치되었다. 유엔은 완벽한 전력을 신속히 배치할 능력이 없었다. 이 같은 점으로 인해 유엔에 대한 신뢰의 수준이 크게 떨어졌는데, 앞에서 언급된 문제는 부분적으로는 이 점에 기인할 수 있다.88) 제한된 형태의 분쟁과 관련해 미국은 압도적인 전력을 신속히 배치한다는 전략을 정립한 바 있다. 이 같은 전략에 따른 모든 이점이 상실되었다. PDK와의 관계가 문제로 남아 있었는데, 모든 난제의 책임을 유엔의 실수로 돌릴 수 있는 상황이 아니었다. NADK가 상주하고 있다고 알려진 지역에서 UNTAC 전력이 공격을 받았다.

그 해 말, 유엔은 파리협정을 준수하지 않는다며 PDK를 비난하였다. 뿐만 아니라 유엔은 PDK/NADK에 대한 제재를 촉구하였다. 크메

---

86) 종전이 선포되었음에도 불구하고 1982년 초반 크메르루주는 지속적으로 전투하였으며 기뢰를 부설하였다. 다음을 보시오. *New York Times*, 5 March 1992; *The Times* (London), 8 April 1992.

87) *United Nations Peace-keeping Operations Information Notes 1993 : Update No. 2*, p. 56.

88) Personal Interview, Lieutenant-General John Sanderson (UNTAC Force Commander), Canberra, April 1994. Evans는 또한 신뢰를 구축하고 유엔이 진지하다는 점을 보일 목적에서 분쟁 당사국들이 합의에 도달하는 즉시 신속한 전개를 주장하였다. 다음을 보시오. Evans, G., *Cooperation for Peace*, op. cit., p. 108.

르루주가 당시의 평화과정에 완벽히 참여해야 할 것이란 점을 결코 수용하지 않았으며, NADK란 용어의 사용을 거부했던 언론매체는 공식 노선에서 벗어나 폴포트 휘하의 군사력을 악마로 표현하기 시작하였다.89) 크메르루주에 대해 지속적으로 유화정책을 견지하고 있다며 필저는 유엔을 비난하였다.90) 인권과 관련된 목표들을 추구하는 과정에서 UNTAC가 충분히 공세적이지 않다는 주장이 또한 제기되었다.91) 제한된 형태의 분쟁에서는 작전이 장기간 동안 지연되거나 원래 목표로부터 벗어나고 있다고 생각되는 경우 언론매체가 의문을 제기하게 된다. 이들 진행 사항은 이 같은 제한전의 경우와 유사한 모습을 보이고 있다.

당시의 평화과정과 선거 준비가 지속되어야 한다고 유엔은 결심하였다.92) 그러나 1992년 말, 유엔의 무능력과 관련해 국제 언론매체가 점차 비판적이 되면서 UNTAC는 긴장 상태에 돌입하였다.93) 당시의

---

89) 예를 들면 다음을 보시오. *The Times* (London), 10 November 1992 and 14 November 1992. 크메르루주는 엄청날 정도로 잔혹한 것으로 그리고 폴포트는 스탈린이란 최악의 선생을 따르고 있는 것으로 묘사되었다.

90) Piger, J., 'Black farce in Cambodia', *New Statesman and Society*, 11 December 1992 (1992c), p. 10. Pilger는 무역 제재와 관련해 유엔을 비난하였다. 그러나 동시에 그는 무역 제재로 인해 크메르루주가 평화과정에 복귀할 수 있는 문이 열리게 되었다고 말했다. 여기에 대한 크메르루주의 반응은 일군(一群)의 유엔관료들을 인질로 붙잡는 것임을 그는 주목하였다.

91) *Asia Watch*, vol. 5, no. 14, 23 September 1993, p. 95.

92) *United Nations Peace-keeping Operations Information Notes 1993 : Update No. 2*, p. 56-8.

93) *New York Times*, 18 August 1992를 보시오. 주요 문제 중 하나는 크메르루주가 지속적으로 무장 해제를 거부했다는 점이었다. 1992년 11월경, 캄보디아가 UNTAC에 대해 환멸을 느낀 것으로 사람들은 주장하였다. (*The Times* (London), 26 November 1992). 1993년 초반의 인터뷰에서 시아누크는 UNTAC이 모든 정파들을 소외(疏外)시켰다고 주장하였다. (Chanda, N., 'Sharp words',

상황을 통제할 목적에서, 언론매체 관리와 관련된 전형적인 전략이 이행되었다. UNTAC 소속 요원들은 허락이 없는 상태에서의 언론매체와의 대화가 금지되었다. 또한 일파만파 파장을 일으킬 가능성이 있는 선전문구의 전파를 방지할 목적에서 정당 및 정파의 발간소에 언론매체 통제 장교들이 배치되었다. UNTAC에 관한 우호적이지 못한 기사를 작성했다는 점으로 인해 UNTAC 관리들이 일부 특파원들에게 유엔의 작전을 취재하지 못하도록 했다는 주장이 제기되었다.[94]

1993년 2월, 유엔 사무총장은 선거 준비란 측면에서 UNTAC가 계획대로 일을 진행하고 있다고 안전보장이사회에 보고했다. 그런데 캄보디아의 최고국가위원회, 즉 SNC는 선거 일자를 5월말로 정한 바 있었다. 그러나 그는 또한 PDK뿐만 아니라 최근 구성된 캄보디아정당국가통합(NUCP : National Unity of Cambodia Party)이 선거에 참여하기 위한 공식 등록을 완료하지 않았다고 보고하였다. 선거 직전, PDK는 보안이 충분치 않다는 점에서 SNC 회합에 더 이상 참가할 수 없으며, 프놈펜으로부터 일시적으로 철수하고 있다고 말하였다.[95]

당시의 평화과정을 무산시킬 목적에서 NADK가 테러에 호소하였으며, SOC는 캄보디아인들로 하여금 CPP에 표를 던지도록 강요할 목적에서 국가 도구의 잔여 수단을 활용하는 등 선거 과정에서 몇몇 어려움이 없지 않았다. 또한 CPP는 당시의 선거가 비밀선거가 될 수 없다고 암시하였다.[96] 협박의 정도를 줄일 목적에서 UNTAC는 여론조사

    Far Eastern Economic Review, vol. 156, 4 February 1993, p. 23).
94) Thayer, N., 'Moaners Beware', *Far Eastern Economic Review*, vol. 155, 5 November 1992, p. 27.
95) *United Nations Peace-keeping Operations Information Notes 1993 : Update No. 2*, p.58-9.
96) *New York Times*, 10 May 93.

를 금지시켰다.97) 그러나 일부 사소한 사건들을 제외하면 당시의 선거는 계획대로 평화롭게 진행되었다. 보다 많은 폭력을 기대하고 있던 언론매체 요원들의 입장에서 보면 이는 실망스런 모습이었다.98)

그러나 투표가 시작되기도 전에 긴장이 고조되기 시작하였다. CPP는 선거 측면에서의 반칙에 관해 불만을 늘어놓았다. 초기 계산을 통해 보면, CPP는 1% 차이로 FUNCINPEC의 뒤를 쫓고 있었다. 이들 불만을 보며 SNC는 이들 문제가 해결되기 이전에는 선거 결과를 발표하지 말라고 UNTAC에 요구하였다.99) 선거 결과가 발표되었을 당시 FUNCINPEC가 45% 이상의 득표로 승리한 반면 CPP는 38%의 득표를 얻었다. 잔여 18개 정당들이 나머지 표를 나누어 가졌다. 당시의 선거에는 4백만 이상의 유권자가 참여하였다. 그런데 이는 등록된 유권자의 대략 90%에 달하는 수치였다.100)

선거의 승자인 FUNCINPEC과 라나리디 왕자에게 전권을 부여하라고 요구하는 방식으로 크메르루주는 훈센 정권 소속의 자신의 숙적(宿敵)의 패배를 최대한 이용하였다. 훈센이 '피의 숙청'을 경고하고, 캄보디아 동부지역의 6개 지방의 분리를 천명하는 방식으로 CPP는 반응하였다.101) 라나리디 왕자와 훈센이 권력을 공유하도록 하는 형태의 협상을 통해 문제가 해결되었다.

1993년 4월 27일, 유엔 안전보장이사회는 캄보디아에 관한 유엔 사

97) Heininger, Janet E., *Peacekeeping in Transition*, Twentieth Century Fund Press, New York, 1994, p.111.
98) *The Economist*, 'Stoning the press', vol. 327, 29 May 1993, p. 40.
99) *New York Times*, 1 June 1993; The Australian, 1 June 1993.
100) *United Nations Peace-keeping Operations Information Notes 1993 : Update No. 2*, p. 60.
101) *The Australian*, 9 June 1993 and 11 June 1993.

무총장의 보고를 환영하고는 UNTAC의 철수 계획을 승인하였다. 9월 24일, 국가수반인 시아누크는 새로운 헌법회의가 채택한 헌법을 선포하였다. 캄보디아는 "독립적이며, 주권을 갖고 있을 뿐더러 평화적인 반면 중립적이고 비동맹"102)의 입헌군주 국가가 되었다. 미국의 부시 대통령은 캄보디아에서의 인권과 관련해 황금시대를 예고하는 '국제사회의 일대 승리'103)라며, 캄보디아를 치켜세웠다.

제한된 분쟁에서의 결과를 연상케 하는 것이지만, 이들 주장 모두는 승리를 반향할 목적의 것이었다. 그러나 크메르루주가 아직도 활동하고 있었으며, 기뢰 제거와 같은 몇몇 유엔 지원 프로그램은 더디게 진전을 보이고 있었다. 정치적 타협을 통해 문제를 해결했다는 점이 민주주의 체제의 기능이란 측면에서 전조를 밝게 하지 못하고 있다는 점, 프놈펜을 벗어난 지역의 경우 거의 변한 것이 없다는 점을 오스본(Osborne)은 주목하였다. '지구상에서 가장 부패한 국가'로 캄보디아를 묘사한 시아누크의 발언이 아마도 옳을 것이라고 오스본은 말하였다.104)

결과 : 언론매체의 실패

선거가 실시된 지 3년이 지난 시점, 캄보디아에 관한 평가는 구구

---

102) *United Nations Peace-keeping Operations Information Notes 1993 : Update No. 2*, p. 61.
103) Pilger, J., 'Another UN triumph', *New Statesman and Society*, 21 July 1995, p. 14-5.
104) *The Australian*, 3 August 1993.

각색이다. 그러나 크메르루주가 외국인들을 납치해 살해한 것과 같은 사건들을 제외하면 캄보디아는 언론매체로부터 거의 주목을 끌지 못했다. 심도 있는 수준의 분석이 신문의 표제로 등장한 경우도 거의 없었다.

쇼크로스와 필저는 UNTAC 이전의 캄보디아에서 있었던 사건의 원인과 영향에 관한 상대방의 평가에 비판적이었다. 그 후, 이들은 캄보디아의 지속적인 안정 가능성이 높지 않다는 점에 동의하였다.

1994년 5월, 쇼크로스는 중요한 성과가 있었다는 점을 인정하였다. UNTAC 이전의 캄보디아에는 정치적 테러와 살인이 제도화되어 있었지만, UNTAC로 인해 인권과 '언론의 자유'에 관한 유엔규약들에 캄보디아가 서명하게 되었다는 점을 그는 주목하였다.

쇼크로스는 이제 이들 규약은 캄보디아 정부가 준수할 수 있는 기준이라고 언급하였다. 캄보디아 정부가 강력한 형태의 언론 관련 법을 고려하고 있는 것은 사실이다. 그러나 오늘날 캄보디아는 동남아시아에서 가장 자유로운 형태의 언론매체를 보유하고 있다.105) 결국 이들 기준은 별다른 의미가 없었다. 캄보디아를 주도하고 있던 CPP들이 인권을 남용하고 있음을 쇼크로스는 인정하였다.106)

한편 1994년 후반, 캄보디아 정부는 정부의 실적을 매우 원색적으로 비판한 국내 언론매체들을 탄압하였다. 자신의 모든 행위와 관련해 책임을 지는 바람직한 형태의 언론 문화가 정착되도록 할 목적에

---

105) *The Australian*, 30 May 1994.
106) 유엔은 또한 자국 국민들에 대해 무자비한 수단을 사용하고 있다며 캄보디아 경찰과 군을 비난하였다. *New York Times*, 11 July 1993는 이 같은 잔혹한 행위는 군의 많은 리더들이 크메르루주에서 이탈한 사람들이기 때문이라고 주장하였다.

서 이처럼 하고 있다고 캄보디아 정부는 공식 언급하였다.107)

1979년 베트남은 크메르루주를 무너뜨렸다. 당시 이후의 어느 시점과 비교해도 선거 이후 12개월 동안 크메르루주가 캄보디아 내부로 보다 깊숙이 밀고 들어왔다고 쇼크로스는 보도하였다. 예나 지금이나 캄보디아 군은 효과적이지 않았다. 진짜 군인들에게 월급이 지급되지 않은 반면, 존재하지도 않는 다수의 장교들이 군의 월급 체계에 등록되어 있었는데, 이들의 월급을 부패한 장교들이 착복하였다. 소규모의 캄보디아 군에는 대략 2,000명의 장군이 있었는데, 이들 중 다수는 군인도 아니었다. 이들은 보다 효과적으로 상대방을 협박하고 금품을 탈취할 목적에서 계급을 돈을 주고 구입하였다. "론놀 시절과 마찬가지로 금전과 파벌주의가 정치적 생활을 정의하고 있다."108)고 쇼크로스는 언급하였다.

캄보디아의 미래에 관한 1995년 7월의 필저의 평가는 암울하기조차 하였다. 아직도 크메르루주들이 태국 내부의 대규모 기지로부터 무사히 작전을 수행하고 있었고, 캄보디아 영토의 50% 이상의 지역을 비교적 쉽게 이동할 수 있었다. 이는 1991년, 유엔군의 선두 전력이 도착하기 이전에 이들이 통제한 부분보다 넓은 지역이었다.109)

---

107) Thayer, N., 'The honeymoon's over', *Far Eastern Economic Review*, vol. 157, 25 August 1994, p. 17-8; Hayes, M., 'Stop Press', *Far Eastern Economic Review*, vol. 157, 1 December 1994, p. 21.

108) *The Australian*, 30 May 1994. 공식적인 부패와 관련된 캄보디아의 내부 문제를 보려면 다음을 또한 참조하시오. The *Weekend Australian*, 25-26 November 1995. Shawcross에 따르면, '캄보디아는 크메르루주의 귀환으로 인해 위협받지 않았다. 캄보디아 정부는 자신의 잘못과 관련해 전혀 처벌받지 않은 채 행동하고 있는 듯 보였다. 또한 외부 세계는 더 이상 관심을 보이지 않았다."

109) Pilger 1995, op. cit.

크메르루주가 권좌에 복귀할 수 있다는 주장과 사면(赦免)으로 인해 이들의 힘이 점차 줄어들고 있다는 주장을 사이에 두고 주요 언론매체의 보도가 분열되어 있었다.110) 당시의 평화 해결은 "독립된 주권을 갖고 있으며, 평화로울 뿐더러 중립적이고도 비동맹의" 캄보디아를 건설할 목적의 것이었다. 그러나 필저에 따르면 상황은 다음과 같았다.

캄보디아의 평화와 관련해 태국이 열쇠를 쥐고 있음을 보여주는 보고서를 유엔이 지속적으로 발간하였다.……태국군의 지원이 없는 경우 크메르루주는 뿌리 채 시들어버릴 상황이었다. 그러나 유엔 사무총장 뿐만 아니라 서구 또는 지역의 모든 리더들도 태국 정부를 비난하지 않았으며, 국경 부근과 태국영토에 있던 크메르루주의 기지를 폐쇄하라고 요구하지 않았다.111)

결론

세계의 많은 주요 열강들이 캄보디아의 비극적인 정치사에 일조하였다. 프랑스의 식민주의, 일본의 점령, 베트남전쟁 당시 론놀 군사정부에 대한 미국의 지원, 크메르루주의 대량학살에 대한 중국의 지원 그리고 마지막으로 베트남의 지원을 받던 훈센(Hun Sen) 정부에 대한

---

110) *The Australian*, 16 January 1995, 다음을 또한 보시오. *The Australian*, 30 May 1994.
111) Pilger 1995, op. cit.

소련의 지원이 바로 그것이다.112)

서구사회는 캄보디아에 대한 유엔의 간섭이 캄보디아 국민이 충분히 고통 받았다는 국제사회의 인식과 양심을 반영한 행위였다고 공식적으로 언급하고 있다. 이 같은 발언을 우리는 그대로 받아들일 가능성도 없지 않다. 그러나 캄보디아를 중립국으로 만드는 과정의 저변에 숨어 있던 목표들을 보면 강대국의 이익이 간과되지 않았음을 알게 된다.

또한 크메르루주들을 지속적으로 묵인했다는 점에서 우리는 강대국들이 추구하는 전략목표들로 인해 인도주의 차원의 목표들이 지속적으로 변질될 수 있음을 알게 된다.113) 분쟁이 장기간에 걸쳐 진행되었으며, 국제적 성격의 것이었다는 점으로 인해 캄보디아에서는 언론매체에 대한 조종과 규제가 보다 어려웠다. 이 점을 제외하면 캄보디아 평화과정 전반에 걸친 언론매체의 관리는 제한된 분쟁의 경우와 거의 다름이 없었다.

UNTAC의 계획 수립 과정에서 보안이 유지되지 않았을 가능성도 있다. 결국 이는 수년에 걸쳐 서서히 진행된 협상의 결과였다. 그러나 추구하던 목표와 관련해서는 적어도 어느 정도 보안이 유지되었다. 유엔의 대변인 에릭 폴트(Erick Falt)의 말을 인용해 필저(Pilger)는 다음과 같이 말하고 있다. "당시의 평화과정은 크메르루주의 체면을 회복시켜줄 목적의 것이었음을 이해해야 합니다."114)

---

112) McMullen and Norton, op. cit., p. 172-3
113) Tasker, R., 'Trading charges', *Far Eastern Economic Review*, vol. 157, 28 April 1994, p. 20; and *New York Times*, 19 December 1993.; *New York Times*, 24 October 1991.
114) Pilger 1995, op. cit.

잔혹한 행위를 자행했을 뿐더러 지속적으로 인권을 유린했다는 기록에도 불구하고, 크메르루주가 지속적으로 묵인되었는데, 이 같은 목표만이 이 점을 설명해줄 수 있었다. 크메르루주가 조금이라도 명예를 유지할 자격이 있다고 생각할 서구인은 거의 없을 것이다 그러나 정치적 목적으로 인해, 서구 국가들은 크메르루주의 체면을 유지시켜 주었다.

베트남이 캄보디아를 침공한 이후에나 평화 관련 논의가 진지하게 진행되었다. 이 부분을 통해 우리는 평화과정에 참여한 국가들이 크메르루주를 인정하고 있었음을 잘 알 수 있다. 악마로 돌변한 대상은 크메르루주가 아니고 크메르루주의 대량 학살을 세계가 주목하도록 만든 베트남이었다. 크메르루주에 대한 서구의 지원뿐만 아니라 경제제재, 특히 미국에 의한 일방적인 제재로 인해 불안해진 것은 베트남의 지원을 받고 있던 캄보디아 정부였다. 그럼에도 불구하고, 소련의 지원이 있는 동안 베트남은 캄보디아에서 견딜 수 있었을 것이다.

당시의 상황에 변화를 유발한 부분은 냉전 종식이었다. 지역의 노력을 만장일치로 지지하는 방식으로 열강들은 평화와 관련된 당시의 노력에 정당성을 부여해주었다. 결과가 필연적인 듯 보이자 베트남은 양보 차원에서 철수를 제안하였다.

UNTAC의 전력강화란 측면에서는 숨길 것이 거의 없었다. 유엔군의 전개란 관점에서 보면, 이는 방대한 규모의 전력이었다. 당시 모든 파견 전력들은 자국의 언론매체를 대동하고 있었다. 이들이 수행한 임무는 다양하고 어려웠을 뿐더러 언론매체에 노출될 위험이 있었다. 그러나 자신의 최대 전력을 뒤늦게 배치했다는 점에서 유엔은 이점(利點)을 상실하였다. 이 점으로 인해 평화과정에서 야기될 가능성이 있는 어떠한 문제도 언론매체가 강조하지 못하도록 UNTAC은 고심하였다. 또한 UNTAC은 문제점들을 보도한 언론인들의 입에 재갈을 물리고자 노력했다는 비난을 받았다. 필요한 경우 유엔은 작전의 성공을 보장할 목적에서 언론매체를 규제했는데, 선거 결과를 유보한 경우는 그 중 한 사례다.

마지막으로 평화 계획의 산물 중 많은 부분이 달성되지 않았으며, 기뢰 제거를 포함한 여타 과업은 매우 서서히 진행되었다. 그럼에도 불구하고, 유엔은 캄보디아에서의 선거 결과를 자신들이 추구한 바가 승리했음을 보여준 증거로 선전하였고, 다수의 정파들로 구성되어 있던 정부가 크메르루주의 저항에 직면해 있는 상태에서 철수하였다. 당시 크메르루주는 태국을 통해 서구로부터 지원받고 있었다.

그러나 작전의 군사적 측면이 매우 잘 관리되었다는 점에서 UNTAC의 행위에 관한 언론매체의 논란은 거의 있지 않았다. 선거는 언론매체의 이야기 거리였다. 서구인들이 납치되어 살해될 당시를 제외하면 캄보디아에서 지속되던 투쟁은 언론매체의 이야기 거리가 아니었다.

필저에 따르면

미국과 미국의 우방들이 평화과정을 구축하고 있을 당시 그리고 영국의 마가렛 대처(Margaret Thatcher) 수상이 프놈펜 정부 내부에 크메르루주를 포함시켜 달라고 요구했을 당시 영국의 한 외교관은 Eva Mysliwiec of Oxfam[115]에게 다음과 같이 말했다. "캄보디아는 전략적으로 더 이상 의미가 없다.……이는 희생해도 무방한 대상이다."[116]

---

115) 역자주 : 크메르루주 아래서의 캄보디아의 실상을 폭로한 작가. 그녀는 대량학살의 책임을 물어 크메르루주 리더들을 심판해야 한다고 주장하였다.

이처럼 희생해도 무방한 대상인 캄보디아 사람 그리고 크메르루주에 대한 이들의 느낌은 어떠했는가? 크메르루주 내부의 분열로 인해 1996년에는 예전의 크메르루주 지휘부 중 일부가 캄보디아의 권력에 복귀하도록 해줄 목적의 협상이 타결될 가능성이 있었다. 이코노미스트(Economist)란 제목의 잡지는 다음과 같이 말하였다.

……그 형태에 무관하게 크메르루주가 캄보디아의 정치에 복귀한다는 점에 외국인들의 기분이 언짢을 수 있다. 그러나 상황이 그처럼 되면 외국인들은 캄보디아에서 살 필요도, '평화의 대가'를 지불할 필요도 없다.117)

요약해 말하면 일반적으로 주장되고 있는 바와 달리, 캄보디아의 평화과정에 개입해 있던 정부들과 유엔의 진정한 동기는 이타주의(利他主義)에 입각하지 않았다. 또한 당시의 평화과정은 결코 성공적이지 않았다. 당시의 평화과정에서의 자국 정부와 유엔의 동기를 서구 국민이 이해하지 못했던 주요 이유 중 하나는 언론매체의 취재가 부족했다는 점뿐만 아니라 언론매체의 분석이 부족했다는 점 때문이었다. 몇몇 헌신적인 언론인들이 없지 않았다. 그러나 주로 언론매체는 캄보디아를 잊고자 하였는데, 이는 당시의 상황이 너무나 복잡했다는 점, 언론매체가 복잡한 형태의 당시의 상황을 피하고는 공식 부서에서 제기하는 간단한 노선을 따르기로 결심했다는 점 때문이었다.

---

116) Pilger 1995, op. cit.
117) *The Economist*, reprinted in the *Weekend Australian*, 17-18 August 1996.

제12장
아이티 : 국내 주도의 간섭

냉전 이후에는 공산주의가 몰락하였다. 이 같은 몰락을 서구 사회는 시장경제의 승리를 보여준 증거로 생각하였다. 이제 시장경제 체제가 전혀 제약 받지 않으면서 서구 민주주의 이념을 대동한 채 지구상 곳곳으로 퍼져나갈 것으로 생각되었다. 이것을 우리는 서구 사회의 승리를 대변하는 목소리로 생각할 수 있었다. 그러나 제3세계에는 시장경제 발전에 따른 이점을 비교적 낙관적으로 바라보지 않았을 뿐더러 서구 기업에서 목격되는 '이윤 추구'가 민주주의에 대한 공약(公約)에 우선하는 상황이 있음을 지적할 수 있는 사람이 다수 있었다. 민주주의를 향한 노력의 지원이란 측면에서 서구 사회는 항상 선별적인 자세를 견지했는데, 지금도 그러한 실정이다.

아이티는 전형적인 경우다. 사제(司祭) 출신의 장 버틀란드 아리스티디(Jean-Bertrand Aristide) 대통령은 30여 년 만에 자유롭고도 민주적인 선거를 통해 선출된 대통령이었다. 1991년에는 군사적 수단에 의해 아리스티디 정권이 전복되었다. 그 결과 아메리카국가조직(OAS : Organization of America States)과 몇몇 다국적 감시체계들이 아이티에 대해 금수(禁輸) 조치를 강요하였다.

아메리카국가조직 내부에서 막강한 영향력을 행사하고 있는 미국 은 당시 반응의 비효율성과 관련해 비난받음이 마땅했을 것이다. 아 이티에 투자한 미국인들의 압력에 못이긴 부시 대통령은 가용한 모 든 수단을 강구하지 못했으며, 당시 가해진 미미한 수준의 경제적 제 재를 희석시키는 형태의 조치를 취하였다.[1] 아리스티디는 좌익 성향 의 인민주의(人民主義 : Populism)를 견지하고 있었다. 미국의 입장에 서 보면 이는 바람직하지 않았다. 당시의 미국의 반응에는 아이티 민 주주의에 대한 미 행정부의 공약이 반영되어 있었다.

국제사회 체제의 안정이란 측면에서 보면, 중앙아메리카와 카리브 섬들은 사활적 의미가 있지 않다. 그러나 미국은 그레나다와 파나마 사태에 간섭했으며, 이 지역의 여타 국가들의 정치에 개입하였다. 이 들 개입은 자국의 국익에 부합되는 경우 미국이 상대방 국가에 자신 의 가치관을 강요할 의사가 있음을 보여주고 있다. 당시 미국을 괴롭 히고 있던 부분은 아이티 시골에서의 인권 남용이나 민주주의 전복 에 따른 문제가 아니었다. 당시 미국이 서둘러 행동하게 된 것은 조 잡한 형태의 통나무로 만든 배를 타고 아이티 난민들이 플로리다로 대거 몰려오고 있다는 점 때문이었다.[2]

국제적 관심 사항은 아니었지만 국내적으로 수용 불가능한 난민의

---

1) Ollapally, D., 'The South Looks North : The Third World in the New World Order', *Current History*, vol.92, no. 573, April 1993, p.175-93
2) *New York Times*, 14 January 1993.

문제에 직면하자, 미국은 아이티에서의 헌정질서(憲政秩序) 복귀와 관련된 망명 중인 아리스티디 대통령의 촉구에 반응하였다. 당시의 반응은 제한된 분쟁 유형의 간섭과 관련해 제대로 발전되어 있던 공식을 따르고 있었다.

당시의 작전은 언론매체가 배제된 상태에서, 그리고 보안이 유지된 가운데 계획되었다. 아메리카국가조직과 유엔의 지원으로 인해 작전의 합법성이 확보되었다. 거의 모험이 수반되지 않는 표적(標的)인 아이티에 대항해 신속히 목표를 달성할 수 있도록, 압도적인 형태의 군사력을 전개하기 위한 준비가 진행되었다. 소말리아에서와 마찬가지로, 간섭이 선포되자 언론매체들이 부대에 앞서 해당 지역에 도착하였다. 이번에는 아이티가 미 본토로부터 가까운 곳에 위치해 있다는 점이 언론매체에 도움이 되었다.

당시 군이 수행한 전역(戰役 : Campaign)은 국내의 정치적 사안들과 밀접한 관계가 있었다. 그 결과 언론매체는 일종의 독자성과 권한을 누릴 수 있었다. 그런데 이들 독자성과 권한은 최근의 많은 전역을 특징지은 언론매체에 대한 통제와 대조되는 형태의 것이었다. 그 결과 아이티에서는 제한된 분쟁의 취재에 관한 새로운 전망을 보여준 심도 있는 수준의 취재가 있었다. 결과적으로 시청자들이 아이티 상황에 관해 비교적 균형 있는 시각을 견지할 수 있게 되었다.

전역(戰役)의 배경

아이티는 지구상에서 가장 가난한 국가에 속한다. 아이티는 플로

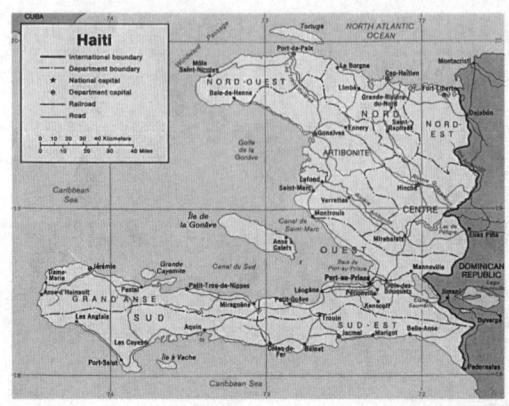

아이티

리다의 남쪽 끝으로부터 베네수엘라의 북쪽에 위치해 있는 트리니다 드(Trinidad)로 뻗어 있는 일련의 섬 중에서 두 번째로 큰 섬이다. 도미니카공화국과 공유하고 있는 이 섬의 서쪽 끝에 위치해 있는 아이티는 대략 11,000평방 마일의 넓이에 해당한다.

  아이티의 인구는 6백6십만을 약간 상회하는데, 이들 중 95%는 흑인이다. 나머지 5%는 다양한 유형의 혼혈이다. 그러나 전통적으로 경제 및 정치적 영향력을 행사해온 것은 이들 소수 집단이다. 아이티의 언어는 프랑스어에 기반을 둔 혼성어이며, 주요 종교는 부두교(voodoo)와 혼합된 로마 가톨릭이다.[3] 아이티의 국민 총생산은 30억 달러를 초과한 적이 없다. 간섭이 진행될 당시 아이티의 군사력은 이민(移民) 문제와 사격 등의 경찰 역할을 수행하고 있던 대략 7,500명의 인력으로 구성되어 있었다. 이들 전력은 6대의 기갑 차량, 9대의 경형 대포, 경형 박격포, 순양함 4척, 전투기 2대, 그리고 여타 수송용

---

3) Kumat, S., *US Intervention in Latin America*, Advent Books, New York, 1987, p.111.

연락기로 무장되어 있었는데, 이들 모두는 프로펠러로 구동되었다.4)

아이티는 서반구에서 식민지 세력으로부터 독립을 쟁취한 두 번째 국가였다. 프랑스가 점령하고 있던 이곳은 소수의 백인 지주계급이 통제하는 형태의 노예에 기반을 둔 경제를 유지하고 있었다. 1791년, 인구의 80%에 달하던 흑인 노예들이 폭동을 일으켰다.5) 거의 10년에 걸친 피비린내 나는 투쟁 끝에 이들은 승리를 거두었다. 1802년, 이곳을 재차 점령할 목적에서 나폴레옹은 4만의 병력을 파견하였다. 그러나 노예로의 복귀를 수용하고자 하지 않던 아이티 인들의 필사적인 저항과 기후 및 질병이 결합되면서, 프랑스군은 2년도 되지 않아 영구 철수하였다.6)

1804년 1월 1일, 아이티는 독립을 선언하였다. 당시 아이티는 황폐해 있었다. 그러나 아이티는 반권위주의와 민족주의가 격렬한 방식으로 결합되는 형태의 브랜드를 구축하였다. 이는 독립선언 당시의 데살린(Dessaline)의 다음과 같은 발언을 통해 과시되었다.

우리는 백인들의 해골(骸骨)을 잉크병으로, 백인의 살을 양피지로 그리고 칼을 펜으로 하여 독립선언문을 작성할 것이다.7)

그러나 정치적 수완뿐만 아니라 경제적 기반구조가 결여되어 있었다는 점으로 인해 아이티는 가난에 찌든 생활을 하였다. 또한 아이티

---

4) *Military Balance 1993/94*, IISS, London 1993, p.187.
5) Knight, F., *The Caribbean : The Genesis of a Fragmented Nationalism*, Oxford University Press, New York 1978, p.148.
6) Ibid., p.156.
7) Morrisby, E., 'Papa Doc', *Quadrant*, vol. xxxvi, no.4, April 1992, p.58.

의 사례를 보며 노예들이 봉기할지 모른다는 점으로 인해, 미국과 국제사회의 여타 국가들이 아이티를 배척하였다. 1825년, 프랑스는 아이티의 독립을 인정하였다. 그러나 값싼 노예 노동을 제외하면 아이티에는 수출해 외화를 벌어올 수단이 거의 있지 않았다. 또한 세월이 지나면서 아이티는 '가난의 늪'으로 보다 깊숙이 빠져들었다.

1898년, 미국-스페인 전쟁에서 승리한 결과로 인해 미국은 푸에르토리코를 확보했으며 실제적으로 쿠바를 통제하였다. 국제사회에 새롭게 등장한 세력인 미국은 카리브 지역을 미국의 영향권으로 생각하였다. 이곳에는 거의 자원이 있지 않았다. 그러나 미국은 자국의 뒤뜰에 해당하는 이 지역을 통제하고 있는 것처럼 인식될 필요가 있었다. 20세기 초반의 30년의 기간 동안, 미국은 이곳에서 30회 이상 간섭하였다.[8] 아이티 또한 미국의 관심을 모았다.

1908년에서 시작해 1915년까지의 기간에는 아이티의 고질적인 문제인 정치적 불안이 보다 악화되었다. 빈번히 교체되는 정권을 유지할 목적에서 미국으로부터 무기를 구입한 결과, 연속적으로 7명의 리더들이 국가를 파산시켰다.[9] 오늘날의 기준에서 보면 이 지역에서의 이 같은 불안에 대한 반응으로 1915년 7월, 미국이 아이티를 침공하였다. 당시 명목상의 이유는 미국 국민의 생명과 재산의 보호였다. 그러나 실제 이유는 전략 및 경제적 성격의 것이었다.

당시 미국은 파나마운하 주변의 전략 지역을 통제하는 과정에 있었다. 또한 윈드워드해협(Windward Passage)[10]을 장악할 수 있는 위치

---

8) Calvert, P. (ed.), *The Central American Security System : North-South of East-West*, Cambridge University Press, Cambridge 1988, p. 40.; Shiv Kumar, V., *US Intervention in Latin America*, Advent Books, New York 1987, p. 111.
9) Knight, op. cit., p.181.

아이티의 거리

란 점으로 인해 미국은 아이티를 구입하고자 노력하였다. 한편 아이티는 미국의 은행에 2,100만 달러의 채무를 갚지 못하고 있었다.[11] 당시 침공의 명목상 목표는 질서를 유지하고, 미국의 투자에 우호적인 환경을 조성하며, 공공사업을 벌이는 것이었다.[12]

그러나 미 해병대가 상륙한 이후, 미국은 허수아비 대통령을 세우고는 침공을 합리화하는 조약에 서명토록 하였다. 그 후 19년 동안, 미 해병대가 그곳에 체류하였다. 당시 해병대는 아이티 주민들의 지속적이고도 점증하는 분노에 직면하였다. 대공황(大恐慌)으로 인해 미국이 내부로 눈을 돌리고, 1933년의 '아메리카 대륙 회담(Inter-American Conference)'에서 루스벨트 대통령이 일방적인 행위를 비난한 이후인 1934년이 되어서야 이들 해병대는 철수하였다.[13]

역사상 미국의 가장 장기간에 걸친 점령에도 불구하고, 미국은 아

---

10) 역자주 : 플로리다주의 Ft. Myers Beach에 위치해 있음.
11) Larmer, B., et al, 'Should We Invade Haiti', *The Bulletin*, 19 July 1994, p.63.
12) Knight, op. cit., p.182.
13) Ibid., p.183.

이티 국민에게 전혀 도움이 되지 않았다. 경제적 측면에서의 개선은 인구 증가율 정도에 머물렀으며, 항구적인 민주주의가 그 기반으로 하는 교육 내지 여타 개혁을 가능케 해줄 목적의 어떠한 노력도 있지 않았다.

미 해병대가 철수하자 아이티는 예전의 부패와 불안정 상태로 회귀하였다. 변화를 촉진할 목적의 최상의 노력도 아이티의 절망적인 상황에 거의 영향을 주지 못했다. 1950년대 당시의 경제 악화로 인해 1957년에는 정치적 위기가 있었다. 프란코이제 두발리에(Francoise Duvalier)가 대통령으로 선출되기 이전에는 1년 동안 4개의 임시정부가 출현해 붕괴되었다. 두발리에는 아이티를 인류 최초의 '검은 공화국'이라고 천명하고는 아이티 국민에게 '흑인 의식'의 각성을 조장하였다.

신속히 권력을 강화한 두발리에는 자신을 종신 통치자로 선언하였다. 그는 모든 자유로운 표현을 금지하고 반대파를 제거하였다. 이 같은 권력의 관건은 사설 경찰이었다. 이들은 테러란 방식으로 주민들을 굴복시켰다.14) 두발리에가 매우 잔혹한 방식으로 통치했음은 1970년까지 100만의 아이티인이 조국을 등지고 해외로 떠났다는 점에서 잘 알 수 있다.

두발리에가 사망한 1971년에도 거의 변한 것이 없었다. 당시 아이티의 리더십은 그의 아들인 장 클라우데(Jean-Claude)로 넘어갔다. 1985년 당시, 아이티는 경제성장이 전무한 가운데 일인당 국민소득이 감소하는 등 라틴아메리카에서 가장 가난한 국가였다.15) 멀지 않은

---

14) Morrisby, op. cit., p.57. US State Department Travel Warning, 3 August 1994.
15) *Haiti : Selected Economic Data*, 1987.

시점에 경제적 몰락이 다가올 것으로 예상되었다. 식량 약탈로 인해 불안이 확산되었다. 1986년 2월, 클라우데는 아이티를 떠나야만 하는 신세가 되었다.

클라우데가 아이티를 떠남에 따른 권력공백을 1987년의 선거 이전에는 군사 임시정부가 메웠다. 이들 선거뿐만 아니라 당시로부터 1년 뒤에 실시된 선거는 폭력으로 점철되었다. 1988년 선거의 승자는 1달도 되지 않아 육군에 의해 제거되었다. 다음해에는 군이 옹립한 대통령이 아브릴(Avril) 대장을 중심으로 한 육군에 의해 전복되었다. 불안의 와중에서 아브릴 자신도 하야(下野)하였다. 아브릴을 대신해 대법원 판사인 파스칼 트로우롯(Ertha Pascal-Trouillot)이 들어섰다.

1990년 12월에는 1,000명 이상의 외국인 감시단이 주목하는 가운데 대통령 선거가 실시되었다. 당시의 선거에서 장 버틀란드 아리스티디(Jean-Bertrand Aristide)가 승리를 거두었다. 그러나 그가 취임하기도 전에 로저 라폰탄트(Roger Lafontant) 박사가 쿠데타를 일으키고는 자신이 대통령이라고 선언하였다. 이전의 쿠데타와 달리 이번에는 국민과 군이 폭동을 일으켰다. 그 결과 과도기 대통령인 트로우롯이 권좌에 복귀하였다.16) 민주주의가 달성 가능한 목표라는 모든 사람의 희망 아래, 1991년 1월 7일에는 아리스티디가 취임을 선서하였다.

미국의 개입

아이티에 대한 미국의 간섭은 아이티 육군이 아리스티디를 두 번

---

16) *The Times* (London), 8 January 1991.

째로 내쫓은 1991년 9월 30일로 거슬러 올라간다. 당시 쿠데타를 주도한 사람은 국방군의 수장인 라오울 세드라(Raoul Cedra) 중장이었다. 당시의 대결을 촉진한 요인은 아리스티디가 군을 해체하고는 자신에게 충성하는 외국에서 훈련받은 보안요원으로 대체하고자 한다는 점이었다.[17] 국제사회가 당시의 쿠데타를 비난하는 가운데, 아리스티디는 베네수엘라로 그리고 그 후 미국으로 망명하였다. 그러나 권력을 장악한 군사정권에 대해 미국과 유엔은 별다른 조치를 취하지 않았다.

그 후 18개월에 걸친 다양한 형태의 외교적 노력에도 불구하고, 미국은 민주적으로 선출된 대통령에게 권력을 돌려주도록 아이티 군을 설득하지 못했다. 인권 남용이 보편화되고, 미국으로 유입되는 난민이 늘어나면서 국제사회의 여론이 악화되었다. 미국은 탈주하고 있던 아이티인들에 대해 강경한 입장을 취했는데, 이들 중 다수는 본국에서의 정치적 탄압을 두려워하고 있었다. 그러나 미국으로 하여금 나름의 조치를 취하도록 한 요소는 난민과 관련된 상황이었다.[18]

마침내 1991년 6월, 군사정권에 대항해 유엔은 아이티에 군수 물품과 석유의 판매를 금지하는 경제적 제재를 강요하였다.[19] 이에 상응한 수준의 금수(禁輸)를 OAS, 즉 아메리카국가조직이 강요했으며, 아이티에 대한 미국과 여타 국가로부터의 원조가 중단되었다. 이들 조치에 따른 효과를 미약한 수준의 아이티 경제가 곧바로 느낄 것임은 자명한 사실이었다.[20]

---

17) *The Times* (London), 1 October 1991.
18) Ollapally, op. cit., p.178.
19) United Nations Security Council Resolution 841 (1993), 16 June 1993; *New York Times*, 17 June 1993.

미국이 나름의 제재를 강요할 당시, 아이티의 군사 지도자는 선거를 통해 선출된 정부를 복귀시킬 목적의 대화에 응하기로 결심하였다. 1993년 7월 3일, 아리스티디와 군 최고사령부 간에 Governors Island 협정이 체결되었다. 이 협정으로 인해 1993년 10월 30일경에는 로버트 말발(Robert Malval)이 수상으로 그리고 아리스티디가 대통령으로 복귀하는 등 민주주의가 복원되었다.[21]

그러나 당시의 협정에 이어 유엔이 자국에 대한 경제적 제재를 해제할 것으로 아이티의 군부가 기대했다면, 이는 오산이었다. 말발이 선서를 준비하고 있다는 점을 고려해, 유엔 안전보장이사회는 석유 금지를 해제할 목적의 투표를 8월말에 실시하기로 결정하였다. 모든 제재는 아이티의 상황이 적법한 절차에 따라 진행되는 모습을 보며 해제될 예정이었다. 군이 권력을 고수함에 따라 말발은 명목상의 대표와 다름이 없게 되었다.

10월 12일, 아리스티디 대통령의 복귀를 준비할 목적에서 유엔의 지원을 받고 있던 200여 명의 미 해병대와 25명의 캐나다 기술자로 구성된 파견대를 태운 미 해군의 할란 카운티(Harlan County) 함정이 포르토프랭스(Port-au-Prince) 항에 입항하고자 하였다. 그러나 아리스티디에 반대하는 시위자들로 인해 이 함정이 입항하지 못하는 사태가 발생하였다. 당시의 시위가 몇몇 보안군에 의해 조직되었음이 분명하였다.[22] 더 이상 신변이 보장되지 않는 관계로 인해 인권 감시 목적의 유엔/OAS 국제민간임무(ICM : International Civilian Mission)가

20) *US State Department Report on Human Rights*, 1993.
21) *US State Department Report on Human Rights in Haiti*, 1993.; New York Times, 4 July 1993.
22) *The Times* (London), 14 October 1993.

아이티로부터 철수해야만 했을 당시, 미국은 재차 충격을 받았다.23)

이들 수모는 소말리아에서의 인명 손실과 지속적인 임무 실패의 와중에서 발생하였다. 당시 CNN/USA Today의 설문조사에 따르면 미국의 클린턴 대통령은 대외업무 처리와 관련해 52%로 지지도가 급락해 있었다. 놀랍게도, 설문에 응한 미국인 중 67%는 미군의 아이티 파병에 동의하지 않았다.24)

10월 14일, 미국은 모든 형태의 제재를 재차 강요하였다. 이틀 뒤, 미국은 금수(禁輸) 조치를 위반하고 있는 것으로 보이는 모든 선박을 정지시켜 조사하라는 명령과 함께 6척의 전함을 파견하였다.25)

아이티 경제가 급속히 악화되었다. 그러나 악화된 이들 상황은 군에 거의 영향을 주지 못했다. 군은 계속해서 Governors Island 협정을 거부하고는 내부의 저항을 무자비하게 진압하였다. 1994년 초에는 보안군에 의해 매달 50명 정도가 사살되었다. 유엔 감시 요원들은 아이티의 지방에서 안전하게 이동할 수 있는 상황이 아니었다.26)

군이 80세 고령의 대법관인 에밀 조나세인트(Emil Jonassaint)를 대통령으로 추대한 5월, 미국의 결심이 확고해졌다.27) 미국과 유엔은 보다 강력한 형태의 경제적 제재로 대응했으며, 이웃 국가인 도미니카공화국은 국경에서의 석유 밀매를 중단하라는 압력을 받았다.28)

보다 많은 아이티 난민들이 수천 마일에 달하는 위험한 항해를 거

---

23) US State Department Briefing, 13 July 1994. ICM은 1994년 1월이 되어서야 되돌아왔다.
24) *The Times* (London), 13 October 1993; The Australian, 14 October 1993.
25) *New York Times*, 14 and 16 October 1993.
26) *New York Times*, 4 April 1994.
27) White House Press Release, 16 May 1994; *Los Angeles Times*, 12 May 1994.
28) *New York Times*, 1 June 1994.

쳐 플로리다로 몰려옴에 따라 미국으로 유입되는 난민의 숫자가 대거 늘어났다. 첫 번째 1주일 동안 미 해안경비대가 5,000여 명의 난민을 생포한 7월, 상황은 절정에 도달했다. 이들 난민 중 많은 사람을 파나마와 여타 카리브 국가로 보내는 방식으로 미국은 어렵고도 정치적으로 난감한 시점에 발생한 난민 관련 위기에 대응하였다.29) 그러나 미국은 무언가 조치를 취해야만 하는 상황에 있었다.

이미 미국은 아이티와의 항공 서비스와 재정(財政) 거래의 중단을 명령한 바 있었다.30) 그 결과 미국은 아이티 정부를 효과적으로 고립시켰으며, 자신이 간섭의 대상이란 메시지를 아이티 정부에 분명히 전달할 수 있었다. 7월말, 미국은 침공을 위한 구체적인 승인을 유엔에 요청하였다.31)

합법성 추구

1993년 10월 이후, 클린턴 행정부는 아이티 문제의 군사적 해결 가능성을 공개적으로 검토하였다.32) '할란 카운티' 함정과 관련된 사건은 간과될 수 없었다. 미국의 대외정책에는 '무장함정을 이용한 외교 (Gunboat Diplomacy)'가 건재해 있었다.

그러나 아이티에 대한 대응은 초강대국인 미국이 자신의 권위를

---

29) *New York Times*, 17 May 1994, 28 June 1994, and 6 July 1994; *The Times* (London), 11 July 1994; US State Department Briefing, 3 August 1994.
30) US State Department Travel Warning, 3 August 1994.
31) *New York Times*, 22 July 1994.
32) *The Australian*, 19 October 1993.

재차 주장하는 것 이상의 형태가 되어야만 하였다. 간섭이 요구될 수밖에 없는 충분한 이유가 있어야만 하였다. 가능하다면 당시의 상황을 미국국민의 이익과 보다 긴밀히 연계시켜주는 형태의 이유가 바람직하였다. 난민 관련 위기가 재차 고조된 몇 달 뒤, 이 같은 이유가 결정되었다. 1993년 5월, 클린턴 대통령은 당시의 상황을 구체적으로 언급하였다. 클린턴은 다음과 같이 말하였다.

……먼저 아이티는 미국의 뒤뜰에 위치해 있습니다. 둘째, 미국 내에는 아이티 출신의 수백만의 미국인이 있습니다. 셋째, 아이티에는 수천 명의 미국인이 있습니다. 넷째, 아이티를 통해 미국으로 마약이 유입되고 있다고 생각됩니다. 다섯째, 우리는 대규모의 아이티 난민이 미국으로 들어올 가능성, 지속적으로 유입될 가능성에 직면해 있습니다.[33]

그럼에도 불구하고, 신중론이 분위기를 주도하였다. 소말리아에서의 교훈, 미 의회의 유보적인 태도뿐만 아니라 미국의 여론을 놓고 볼 때, 즉각적인 행위는 바람직하지 않았다. 그 결과 직접 간섭을 향한 길이 준비되고 있던 1994년 6월과 7월에서조차, 클린턴 대통령은 아이티의 군 리더들에게 적정 수준의 자금을 주는 대가로 권좌에서 물러나라는 유화적인 제안을 하고 있었다.[34]

아이티의 군 리더들이 이들 제안을 거부함에 따라 군사적 대안의 이행 가능성이 보다 높아졌다. 그러나 1989년의 파나마에서와 달리,

---

33) AFP, 20 May 1994.
34) *New York Times*, 20 July 1994.

빌 클린턴 전 미국 대통령

군사적 해결에 대한 미국의 여론이 미온적인 반응을 보였다. 이 점을 고려해보면, 군사적 행위를 위한 합법성 확보가 필요하였다. 이 같은 합법성 확보의 필요성은 지역 및 지구적 차원 모두의 것이었다.

이미 미국은 '아메리카국가조직' 소속 국가들을 상대로 로비를 진행하고 있었다. 브라질에서 있었던 6월의 '아메리카국가조직' 회합에서 미국은 유엔이 강요한 거의 전반적인 무역금지와 관련해 만장일치의 동의를 얻어내었다.35) 미국은 또한 지역 국가들의 의견 규합과 관련된 노력이란 측면에서 성공을 거두었다. 그 결과 미국은 다국적 차원의 군사개입에 서구의 30여 국가가 기꺼이 지원하거나 동참하고자 한다고 주장할 수 있게 되었다.36)

---

35) AAP/Reuters, 7 July 1994.
36) Reuters and *Sydney Morning Herald*, 15 June 1994.

유엔이 보다 폭넓은 형태의 합법성을 제공해주었다. 이 같은 노력은 유엔주재 미국대사인 매들린 올브라이트(Madeleine Albright)에 의해 시작되었다. 1994년 7월, 올브라이트는 민주주의를 회복시킬 목적의 미국이 인도하는 아이티 침공계획(다국적 성격의 유엔 감시 형태)을 제시하였다. 당시의 침공 요청은 미국, 아르헨티나, 베네수엘라, 캐나다 및 프랑스로 구성된 '아이티의 친구'로 지칭된 집단을 대신해 이루어졌다.

이 같은 제안과 관련된 논의가 막후에서 진행되는 동안37), 유엔 안전보장이사회는 아이티 위기의 해결과 관련해 3개 대안을 제시하고 있던 유엔 사무총장의 보고서를 고려하였다. 첫 번째 대안은 유엔 회원국들의 군사력을 이용해 아이티에서의 유엔의 기존 임무를 확대하는 것이었는데, 이들 군사력은 유엔 사무총장이 직접 지휘하도록 되어 있었다. 두 번째 대안은 다국적군으로 하여금 아이티의 질서를 회복하고 아이티를 재건토록 하는 것이었다. 세 번째 대안은 다국적군으로 하여금 질서를 회복하도록 하고는 아이티의 재건을 목적으로 이들 전력을 유엔 평화유지군으로 대체하는 것이었다.38)

첫 번째 대안에 필요한 수준의 군사력 확보가 불가능할 것이란 점, 두 번째 대안에 암시되어 있는 지저분하고도 많은 비용이 소요되는 뒤처리 작업을 어느 회원국도 지원하고자 하지 않을 것이란 점으로 인해 유엔 안전보장이사회는 세 번째 대안을 선택하였다. 또한 세 번째 대안은 미국이 예상한 참여 수준과 조화를 이루고 있었다.

---

37) AFP/AP, 16 July 1994.
38) *Report of the Secretary General on the United Nations Mission th Haiti*, 15 July 1994.

세 번째 대안에 근거한 계획은 소말리아 간섭에서처럼 2단계로 진행될 예정이었다. 1단계에서는 안전하고도 안정된 환경을 확보 및 유지할 목적에서 다국적군의 전개가 있을 예정이었다. 두 번째 단계에서는 유엔으로부터 재정 지원을 받으며, 미국의 지시를 받는 6,000명 정도로 구성된 평화유지 임무로 당시의 간섭이 전환될 예정이었다.

아르헨티나·프랑스·캐나다 및 미국이 지지한 초안 성격의 결의안 문구에서 이들 국가는 아이티의 헌정 질서를 회복하고, 안전과 안정을 복구할 목적의 간섭에 필요한 모든 수단을 사용하는 다국적군의 승인을 요청하였다.[39] 1994년 8월 1일, 유엔 안전보장이사회는 이같은 권고를 수용해, 결의안 940(1994년)을 통과시켰다. 그 결과 당시의 위기를 종료시킬 목적의 아이티에 대한 다국적군 간섭이 인가되었다.

브라질과 중국이 투표에 응하지 않은 반면, 르완다가 불참한 가운데 당시의 결의안은 유엔 안전보장이사회를 12:0으로 통과하였다. 그러나 라틴아메리카의 선도적 국가들이 강력히 반대 의사를 표명하고 나섰다. '폭력의 문제'를 보다 강력한 폭력으로 해결하고자 한다며 브라질이 결의안을 비난한 반면, 쿠바는 쫓아내고자 하는 바로 그 자들에게 미국이 수십 년 동안 무기와 군수물자를 지원해준 바 있다고 주장했는데, 여기에는 어느 정도 타당성이 있었다. 향후 간섭과 관련해 위험한 전례가 될 수 있다며 멕시코는 결의안에 반대하였다.[40]

분명히 말하지만, 멕시코의 주장에는 일리가 있었다. 왜냐하면 유

39) *New York Times*, 1 August 1994.
40) Reuters and *New York Times*, 1 August 1994; *Courier Mail* (Brisbane), 2 August 1994.

엔헌장 2조에서는 유엔 회원국의 내정에 외국이 간섭하지 못하도록 하고 있기 때문이다. 그러나 유엔헌장 7조에서는 국제평화에 위협이 되는 경우 간섭을 허용하고 있다. 걸프전 이후 이라크의 쿠르드족이 처해 있던 난관을 해결해줄 목적의 인도주의 차원의 간섭과 관련된 빌미를 이 조항이 제공해주었다. 안전보장이사회 결의안 688(1991년)에서는 이라크의 쿠르드족 탄압이 이 지역에서의 국제평화와 안전을 위협하고 있다고 결정하였다.

한편 이는 유엔 안전보장이사회 결의안 794(1992년)로 인해 가능해진 소말리아 간섭의 전례가 되었다. 쿠르드족을 보호할 목적의 중재 노력은 걸프전 이후의 안정화 유지에 필요한 행위로 정당화될 수 있었다. 그러나 소말리아 간섭은 국제평화를 위협하는 위기라는 외적인 요인에 근거한 결심 그리고 아마도 편향된 시각에 근거했을 가능성이 있는 결심으로 인해 국가의 주권이 짓밟힌 최초의 경우였다.41)

소말리아 간섭은 주로 서구의 시각에서 위험할 정도의 무정부 상태로 간주되던 상황에서의 질서 회복을 목적으로 유엔이 취한 조치의 결과였다. 소말리아 간섭은 국가 주권에 따른 권리에서 탈피해 인도주의 차원의 사안이 국가의 경계를 초월하는 지구적 성격의 것이란 시각으로 이전하고 있음을 보여준 경우였다. 그러나 소말리아 간섭은 유엔헌장 2조의 법규가 그 의미를 상실하는 환경으로 국가가 몰락해 있었다는 점이 도움이 되었다.

아이티의 경우는 이 같은 경향에서 한발 더 나아갔다. 아이티와 관련해 말하면, 국제평화를 위협하는 요소가 전혀 없었으며, 위협적인

---

41) Roberts, A., 'Humanitarian War : Military Intervention and Human Rights', *International Affairs*, vol. 69, no. 3, 1993, p.440.

인물이 결의안에 전혀 언급되어 있지 않았다. 인도주의 차원에서의 우려가 있을 수 있다. 그러나 이들만으로는 간섭의 정당화에 충분치 않았다. 아이티란 국가가 존재해 있지 않았던 것도 아니다. 유엔 안전보장이사회 결의안 940(1994)에서는 아이티 상황의 '독특성'을 지적하였다. 결의안에서는 인간의 자유를 시스템 차원에서 침해하고, 아이티 난민들이 필사적으로 탈주할 뿐더러 ICM에서 최근 제적되는 등 유엔 안전보장이사회가 "······아이티에서의 인도주의적 상황이 보다 악화되고 있다는 점을 매우 우려하고 있다.······"고 언급하였다.

결의안에서는 이 같은 상황으로 인해 예외적인 반응이 요구된다고 판단하였다.42) 사실 주권국가의 내정에 간섭하지 못한다는 내용의 유엔헌장 제2조는 개개 회원국과 유엔의 관계란 측면에서 근본적인 사항으로 생각되어 왔다. 그런데 이것이 당시의 간섭을 정당화해주는 1회용 상황 해석을 옹호해줄 목적으로 무시되었다.

회고해보면, 간섭이란 방식으로 아이티의 주권을 침해할 수 있는 법적인 근거는 없었던 듯 보인다. 뿐만 아니라 안전보장이사회 결의안 940을 유발한 상황이 미래에 재차 있지 않을 것이라고 믿을 수 있는 이유도 없었던 듯 보인다. 당시의 안정보장이사회에서 소련은 분위기에 순응하는 모습을 보였는데, 이것이 자신이 조지아(Georgia)에서 자유롭게 행동할 수 있도록 하기 위한 조치의 일환이었다는 보도가 있었다.

이 같은 보도와 앞의 사실이 결합되면서, 자국의 국익에 초점을 맞추고 있는 강대국들에 의해 유엔이 재차 조종(操縱 : Manipulate)되었

---

42) UN Security Council Resolution 940 (1994). 다음을 또한 보시오. Evans, op. cit., p. 153.

다는 관점이 신빙성이 있게 되었다.[43] 분명히 말하지만, 당시의 유엔 결의안은 1991년의 쿠데타에 대한 유엔의 최초 반응과 크게 대조되는 형태의 것이다. 오랜 기간 동안 유지해온 불간섭 원칙에 위배된다며, 당시 유엔 안전보장이사회는 아이티 군사정부를 비난하고 있던 결의안을 거부한 바 있다.

특정의 윤리적 가치관 내지는 간단히 말해, 국익이 여타 국가의 주권에 비해 우선한다는 신념 아래, 주요 열강들이 유엔 안전보장이사회에서 자신들의 행위를 정당화하고자 노력하였다. 이 같은 전례(前例)가 설정되는 현상과 관련해 멕시코는 우려를 표명했는데, 여기에는 타당성이 있었다.[44] 그러나 당시 우려를 표명한 국가가 멕시코만은 아니었다.

당시의 간섭과 관련해 지역 및 국제 사회로부터 승인을 얻은 클린턴 대통령은 본국에서 이들 행위의 합법성을 확인할 필요가 있었다. 유엔이 승인했다고 '직접 간섭'을 미 의회가 승인해야 하는 것은 아니라며 상원이 100:0으로 거부하는 등 미국의 상원과 하원 모두는 아이티 간섭에 우려를 표명하였다. 설문에 응한 미국인 중 75%가 미국의 독자적인 침공에 반대하는 등 당시 침공과 관련해 미국의 여론이 분열되었다. 이전의 낙관론에도 불구하고, 개개 국가들에 대한 군사력 파견 독려(督勵)란 측면에서 클린턴은 나름의 어려움을 겪고 있었다. 이 같은 클린턴의 입장에서 보면, 미국 내부에서의 여론 분열은 특히 괴로운 부분이었다.[45]

---

43) Roberts, op. cit., p. 444.
44) Ibid.
45) AFP and *New York Times*, 4 August 1994; Weekend Australian 5 August 1994.

이 같은 상황에서 클린턴은 해상 전력을 아이티로 파견하였다. 그
러나 클린턴은 침공과 관련해 유엔이 부여한 권한은 이행하지 않은
채 유보하였다. 군사력의 사용이 대안인 것은 사실이지만, 당시는 시
기상조라고 그는 판단하고 있었다.46)

9월 중순, 클린턴의 아이티 위기 처리 방식과 관련해 미국국민의
47%가 반대한 반면 31%가 찬성하였다. 군사적 행위에 대한 미국국
민의 지지가 저조했다는 점으로 인해 외교적 수단에 관심이 모아졌
다. 그러나 미국의 의도를 과시할 목적에서 6,000여 명의 미 해병대
와 특수전력을 태운 18척의 전함을 중심으로 한 선봉대가 아이티 해
안에 전개되었다.47) 당시의 전력은 17개 국가로부터 대략 1,500명의
전력을 지원받고 있다고 보도되었는데, 이들은 상황이 분명해지면 아
이티로 들어갈 예정이었다.48)

그 후 밝혀진 사실이지만, 침공 이전에 이미 아이티에서 특수전력
이 활동하고 있었을 뿐더러 심리전 프로그램이 가동되고 있었다. 당
시의 심리전 관련 프로그램은 전단(傳單) 살포와 '민주주의 방송(Radio
Democracy)' 명칭의 아이티 해안에 설치된 방송국의 주파수로 고정되
어 있는 수천의 트랜지스터라디오를 낙하산을 이용해 공중 투하하는
일로 구성되어 있었다.

---

46) *Sydney Morning Herald*, 5 August 1994.
47) CNN, Reuters, and AFP reporting in the *Washington Post* and *The Australian*, 16-18 September 1994.
48) 9월 15일부로 군사력 지원을 약속한 17개 국가는 다음과 같다. Antigua and Barbuda, Argentina, The Bahamas, Bangladesh, Barbados, Belgium, Belize, Bolivia, Dominica, Guyana, Israel, Jamaica, The Netherlands, Panama, St Vincents, Trinidad and the United Kingdom. US State Department and AP, 15 September 1994.

한편, 포르토프랭스 상공을 선회하는 미국의 항공기로부터 아리스티디의 목소리가 방송되었다.49) 20,000여 명 이상의 침공 전력이 아이티로 들어가 수개월 동안 시민 질서를 바로잡을 것이라고 언급하는 등 미 행정부가 간섭 가능성을 외쳐 되었다.50) 클린턴 대통령은 TV 연설을 통해 침공 시점의 임박을 아이티 리더들에게 경고하였다. 클린턴 대통령은 다음과 같이 솔직히 경고하였다. "아이티의 독재자들이 물러나야 할 시점이 되었습니다.⋯⋯지금 떠나지 않으면 우리가 이들을 강제로 권좌에서 물러나게 할 것입니다."51)

점령

유엔 안전보장이사회 결의안 940이 통과된 지 이틀이 지난 시점, 조나세인트(Jonassaint) 대통령은 자국이 포위되어 있다고 언급하였다. 계속해서 섬의 방어를 위해 강력하고도 준엄한 전투를 약속하는 아이티 군사지도자 폴 세드라스(Paul Cedars) 대장의 호전적인 경고가 있었다. 편안한 마음으로 망명하라는 미국의 제안을 거부한 직후 미국 TV에서 행한 연설에서, 세드라스는 아이티 국민이 저항할 것이란 점, 미국이 "⋯⋯내전(內戰)으로 인해 일대 살육"52)에 직면하게 될 것이란 점을 경고하였다.

---

49) Reuters, 18 July 1994.
50) Reuters, reprinted *Sydney Morning Herald*, 16 September 1994.
51) Reuters, 16 September 1994.
52) *New York Times*, 2 August 1994; Reuetrs, AFP, *Weekend Australian*, 17-18 September 1994.

전선(戰線)이 설정되고, 수천의 미군이 침공에 대비하고 있을 당시, 클린턴은 자신이 외교적 차원에서 온갖 노력을 경주했음을 미국국민에게 알려줄 목적의 TV 연설을 하였다. 클린턴의 TV 연설은 군사작전에 대한 미국 내부의 엄청난 수준의 거부감이 잘못된 형태의 것임을 미국국민에게 인식시킬 목적의 것이었다. 아이티 군사지도자들이 권력을 포기하도록 만들 목적에서, 클린턴은 미국 대통령을 역임한 지미 카터(Jimmy Carter), 퇴역대장인 콜린 파월(Colin Powell), 샘넌(Sam Nunn) 상원위원을 아이티에 파견하였다.53)

세드라스가 하야(下野)를 거부하는 가운데 협정 마감 시간이 종료되었다. 워싱턴포스트지에 따르면 마침내

······비암비(Biamby)가 자신들이 협상하고 있던 방으로 걸어 들어와서는 미국의 항공기들이 아이티를 향해 날아오고 있다고 세드라스에게 말해주었다.······미국의 항공기가 아이티로 오고 있음을 비암비가 어떻게 알 수 있었는지에 관한 공식 설명은 없었다. 노스캐롤라이나 주의 포크(Polk) 비행장에서 공수부대 요원들을 태운 항공기의 이륙 모습을 TV 방송국들은 침공을 보여주는 확실한 증거로 이해하고 있었다. 이 같은 TV 방송국들이 뉴스를 흘린 결과로 인해 그 내용이 아이티 군으로 전달되었다고 상원의 행정 관리는 암시하였다.54)

이것으로 충분하였다. 대략 16시간에 걸친 협상 끝에 아이티 군사정권이 자발적인 하야를 결심했는데, 당시는 침공을 목적으로 공정

53) *New York Times*, 16 September 1994 and 17 September 1994.
54) *Washington Post*, 19 September 1994.

및 특수 부대 요원들이 73분 정도 비행한 시점이었다.55) 뉴스 해설위원이 표현하고 있는 바처럼, 당시의 타협으로 인해 "……위험한 상황에서 야밤에 시도되었을 피비린내 나는 그리고 클린턴의 입장에서, 정치적으로 인기가 없는 공세적 성격의 군사작전을 모면할 수 있었다." 또한 당시의 타협으로 인해 의기양양해진 클린턴은 아이티의 민주주의를 회복시킨다는 자신의 목적을 달성했다고 주장할 수 있었다. 당시의 타협은 "……다국적군에 의한 믿을만할 뿐더러 임박한 위협"56) 때문에 이루어졌다고 그는 말했다.

9월 20일, 3,000여 명의 미군이 아이티에 상륙하였다. 세드라스와 그의 고위급 장교들을 연금을 주어 퇴직시켰는데, 이것과 관련해 미국의 납세자들이 1천2백5십만 달러를 지불하였다. 당시의 협상에 따른 사면(赦免)으로 인해 이들 군사지도자는 아이티에 머물 수 있었다. 자신의 주요 정적(政敵)들이 아이티에 머물 수 있도록 해준 미국의 양보에 아리스티디가 씁쓸한 표정을 지었다고 언론은 보도하였다. 자신이 당시의 타협을 지지했다는 공식 발표에 격분해한 반면, 아리스티디는 아이티로 복귀해 복수하지 않을 것이라고 선언하였다.57)

현장에 있던 특파원은 실제 침공 내지는 점령과 관련해 다음과 같이 기술하였다. 이는 "……전쟁 지대가 될 가능성이 있는 곳이라기보다는 일부 통제되지 않은 형태의 야외음악회와 같았다." 일부 사소한

---

55) *New York Times*, 19 and 20 September 1994; *The Australian*, 20 September 1994.
56) *The Australian*, 20 September 1994. 당시의 침공이 미국인들에게 인기 없었다는 점에 관한 유사한 논평이 *New York Times*, 19 September 1994에 거론되어 있다.
57) *Los Angeles Times*, 19 September 1994; *New York Times*, 20 September 1994; *The Australian*, 21 September 1994;

문제를 제외하면, 9월 29일 정오에 수도를 완벽히 점령하는 등 작전은 효율적이고도 평화롭게 진행되었다. 미군을 지휘하던 휴즈 셸턴(Hugh Shelton) 대장은 10월 15일경에 권좌에서 물러나기로 되어 있던 아이티 군사지도자들로부터 전폭적인 협조를 받았음을 확인하였다.58)

당시의 폭력은 아리스티디를 지지하는 세력들에 의한 시위를 단속하는 과정에서 발생하였다. 시위에 이어 경찰서와 군 초소에 대한 약탈이 미국의 묵인 아래 자행되었다. 또한 아이티 군사지도자들의 수행원으로 의심받고 있던 사람들에게 폭도들이 행패를 부렸는데, 이들의 명단이 경찰과 법 이행(Law Enforcement) 부서에 전달되었다.59)

당시 유일한 주요 사건은 젊은 해병 중대장이 아이티 경찰과 교전한 결과로 인해 8명의 아이티인이 사망하고, 2명이 부상한 경우였다. 당시의 사건을 유발한 상황이 무엇이었는지는 분명치 않다. 그러나 당시의 사건을 아이티 군부는 대량 학살이라며 비난하였다.60)

미국의 아이티 간섭에 대한 합법성 부여란 측면에서 영향력을 행사하며 보다 많은 지원을 얻어낼 목적에서, 아리스티디는 미국 정부와 비밀리에 협상하고 있었다. 이 점으로 인해 아리스티디의 귀환이 늦어졌다. 그러나 아이티 저항 세력을 규합할 목적의 노력이 있었다는 일부 소문을 제외하면 아리스티디의 귀환은 무사히 이루어졌다. 대부분의 미군이 6주 이내에 철수하게 되면서, 아리스티디는 아이티의 재건이란 훨씬 어려운 난제를 그리고 유엔은 보안(Security)의 문제를 해결해야만 하였다.

---

58) *Sydney Morning Herald*, 21 September 1994.
59) *The Times* (London)/AFP, reprinted in The Australian, 19 October 1994.
60) *Sydney Morning Herald*, 27 September 1994.

언론매체의 역할

이 같은 간섭의 조직이란 측면에서 오늘날 표준이 된 부분에 근거해, 아이티 작전의 계획단계에서 언론매체가 배제되었다. 또한 외교적 차원에서 상대방에게 의사를 전달할 목적의 전역(戰役)의 일환으로 필요하다고 생각되던 정보들만을 미국 정부는 언론매체에 제공해 주었다. 예를 들면, 실제 간섭 시점으로부터 2달밖에 남아 있지 않던 7월, 클린턴 행정부는 간섭과 공정(空挺) 및 해상 연습의 운영을 위한 근간을 마련하는 한편, 이 같은 의도를 부인할 목적에서 언론매체를 활발히 이용하고 있었다.61)

이전의 전역에서와 마찬가지로, 정보 분야의 세계적 엘리트들 입장에서 그리고 자국의 시청자들 입장에서 아이티 문제가 안건(Agenda)이 되도록 할 능력이 있는 여론 조성자들의 도움을 얻을 목적에서 언론매체가 이용되었다. 여기서 추구한 목표는 아이티 상황과 아이티 군의 리더를 가능한 한 최악의 관점에서 표현하는 반면 미국의 인도주의적 역할을 강조하는 것이었다.62) 이는 자국의 언론매체에 의한 긍정적인 보도를 통해 미국을 지원하도록 전 세계의 정부들에 은근히 압력을 가하는 한편 가능한 침공에 대비해 준비토록 하는 이중효과가 있었다.

당시 언론매체는 군 또는 정부의 통제를 벗어난 상태에서 중요한 역할을 수행하였다. 미국의 국내 정치(예 : 아이티 난민 문제)가 주요

---

61) *New York Times*, 15 July 1994.
62) Wilenz, A. 'Requiem, *The Nation* (New York), vol. 259, no.8. 19 September 1994, p. 260-1.

요인이었으며, 아이티 문제는 언론매체와 미국국민 모두에게 친숙한 사안이었다. 이 점에서 언론매체는 냉정한 관찰자로서의 자신의 전통적인 역할을 십분 발휘할 기회를 갖게 되었다.

맨 처음 클린턴 행정부는 침공 초반 6시간에서 8시간 동안 뉴스를 전혀 보도하지 못하도록 하였다. 그러나 주요 TV 방송국들과의 논의 끝에 클린턴은 입장을 약간 완화하였다. 최종 합의는 "……간섭 시작 이후 1시간 동안, 부대의 상륙지역을 언급하거나 비디오로 묘사하는 행위"63)를 자발적으로 금지하는 등의 형태가 되었다. 실제적 측면에서 보면, 이것 외에 또 다른 제한 사항은 있지 않았다.

언론매체는 아이티에 인력을 대거 파견하고 있었다. 대립이 고조됨에 따라 파견된 언론인의 규모가 늘어났는데, 이들은 미군의 도착을 기다리며 준비하고 있었다. 호텔은 TV 카메라 장비와 인공위성 안테나의 번쩍이는 모습으로 분주했다고 한다.64) 미국에 의한 모든 노력·위협 내지는 호소에 대한 세드라의 반응이 충실히 보도되었다. 제한된 형태의 분쟁에서 예전에 목격된 바 없는 수준으로 상대방 국가의 사고(思考)에 관한 통찰력을 제공해주는 배경 스토리가 또한 보도되었다.

그러나 무엇보다도, 언론매체는 신문 및 전자(電子) 성격의 논설을 통해 자신의 역할을 가장 잘 수행하였다. 국내 정치에서 가장 우선순

---

63) *Washington Post*, 18 September 1994. 아이티 침공 전력이 아이티를 향해 오고 있다는 점을 비암비가 알게 된 배경을 둘러싸고 그 후 몇몇 질문이 제기되었다. 이들 질문을 통해 부대의 안전을 보장할 목적에서 특정 유형의 뉴스 차단이 필요하다는 주장이 설득력이 있게 되었다. 다음을 또한 보시오. *Washington Post*, 19 September 1994.
64) *Courier Mail* (Brisbane), 17 September 1994.

위가 높았던 아이티 관련 사안이 전문성 있는 수준에서 논의 및 고려된 것은 이곳에서였다. 사실 미국에서 아이티 관련 사안은 매우 객관성을 띠고 심도 있게 논의되었다. 그러나 아이티에 보다 많은 관심이 집중되고, 당시 상황에 대한 보도의 충격이 보다 더 컸던 것은 미국의 국내 및 대통령과 관련된 문제 때문이었다. 당시의 언론매체가 미국의 국내정치와 무관한 정도에 비례해 미국 내부에서조차 아이티 문제가 보다 완벽하게 취급되지 않았다.[65]

지구적 차원의 언론매체를 통해, 자신들의 행위에 대한 국내 및 국제사회의 지지를 확보할 목적의 일련의 글들을 미국의 정보기관과 군은 준비하고 있었다. 그런데 이들의 입장에서 보면 이는 일상적인 일이었다. 그 결과 서구 언론매체의 아이티 관련 논평은 일반적으로 부정적인 색채로 일관되었다.

미국의 공식 문서와 발언에는 억압 및 부패란 그리고 거의 항상 불법이란 용어가 등장하였다. 이는 '부랑자 국가'와 같은 용어를 수용하고 있던 언론매체에 그대로 반영되었다. 아이티에 관한 주요 뉴스를 다루는 미국무성의 브리핑은 "……고조되고 있는 인권침해"란 언급으로 인해 미국 대사관과 미국 시민들이 위기에 직면해 있는 듯한 인상을 주었다. 아이티 침공에 비판적인 시각을 견지하고 있던 사람들에게, 미국은 "……민주주의를 거부당한 아이티 국민이 겪는 애처로운 상황과 고통……인권남용과 관련된 지속된 유형"[66]으로 인해 당시의 침공이 필연적이었을 뿐더러 필요했다고 답변하였다.

---

65) Co-authors survey of selected leading US, British and Australian newspapers, and AAP, 1 August-20 September 1994.
66) US State Department spokesman, Mike Curry, Washington 4 August 1994.

아리스티디는 나름의 문제가 있었다. 그러나 마르크스 이론에 심취되어 있는 정신병자일 뿐더러 반미(反美) 성향의 인민주의자(Populist)란 미국의 비난이 바뀌면서 아리스티디는 현대판 마틴 루터 킹(Martin Luther King)으로 묘사되었다.

아리스티디를 정신병자와 살인마로 묘사하고 있던 이전의 CIA 자료는 "……아이티 군이 제공한 잘못된 자료"67)에 근거하고 있다는 주장이 교묘한 방식을 통해 외부로 전달되었다. 또한 언론매체는 미국의 입장과 아리스티디를 지지하는 형태의 메시지로 넘쳐났다. 사회봉사자인 로날드(Ronald)는 "……모든 사람이 그의 복권을 원하고 있다. 이것만이 우리가 재차 숨쉬며 살 수 있는 방안이다."68)고 말했다. 또한 인권과 관련된 아이티 군사정권의 좋지 못한 기록을 강조하고 있던 논문과 뉴스 보도가 있었다. 시리아의 아사드(Assad) 대통령의 명예를 회복시킨 반면 사담 후세인을 악마로 비난한 것과 동일한 현상이지만, 미국이 새롭게 동맹에 포함시킨 도미니카공화국과 아이티 간에는 인권유린(人權蹂躪)이란 측면에서 별다른 차이가 없었다. 그런데, 당시 이 점을 지적하는 언론매체는 전혀 없었다.

한편 당시의 아이티 지휘부는 체계적인 방식으로 악마로 비난을 받았다. 많은 난민이 미국을 향해 몰려오고 있던 1994년 5월, 클린턴 대통령은 "……자국 국민에게 공포와 가난"을 안겨다 주고 있을 뿐더러 민간인 학살을 보다 더 확대하고 있다며, 아이티 군사정권을 비난하였다. 지난 몇 주 동안, 아리스티디 지지자들과 민간인들이 "……처형되고 있을 뿐더러 불구가 되고 있다."69)는 보도를 미 행정

---

67) Ibid.
68) *The Times* (London), 2 August 1994.

부가 접하고 있다고 클린턴은 말했다. 그 후 미국무성은 아이티의 리더들을 '윤리적으로 혐오스런 엘리트'들이라고 몰아세웠다. 이 같은 꼬리표는 언론매체에 적지 않은 호소력이 있었다. 당시로부터 5년 전, 파나마의 노리에가(Manuel Noriega)에 대한 비방을 연상케 하는 공격에서 미 법무성은 세드라스 장군을 "……마약 거래를 통해 금전을 착복한 많은 관리들 중 한 사람"70)으로 표현하였다.

아이티 군에 대한 거의 모든 언급에서는 이들을 흉악범 이상의 나쁜 용어로 지칭하였다. 미국은 또한 이들을 다음과 같이 조롱하였다. 아이티 해군은 "……복장을 보면 전혀 흠잡을 데가 없지만 엔진이 가동되는 함정은 오직 한 척만 보유하고 있다." 헬리콥터가 산산이 부서져 있으며, 7,000여 명으로 구성되어 있는 군의 주요 무장은 "……끝없이 제공되는 150도의 독주(毒酒), Voodoo 사제(司祭)들 ……"이다. 아이티 군은 "……여자와 어린이를 두려워하지 않는다. 이들은 돼지처럼 묶여 있는 사람에게 총을 겨누는 반면 싸우고자 하지 않는다." 익명의 또 다른 출처에 따르면 "……이들은 북소리를 들을 때만 춤을 추고 노래하며……큰소리로 말하고자 한다." 여기서 보도는 도망치는 사람의 모습을 흉내 낼 목적에서 익명의 정보 제공자가 두 손가락을 흔드는 모습을 연출했다고 기술하였다.71)

익명의 아이티 군인인 진(Jean)은 침공이 임박했을 당시인 1994년 9월 19일의 몇몇 오스트레일리아 신문에 게재된 내용을 연상케 하는 발언을 하였다. 오스트레일리아의 '브리스베인 꾸리어 메일(Brisbane

---

69) *The Australian*, 5 May 1994.
70) *Los Angeles Times*, 19 October 1994.
71) *New York Times*, 14 September 1994.

Courier Mail)'에는 다음과 같은 기사가 실려 있었다. "게임은 끝난 것과 다름이 없다.……아이티군은 저항하지 않을 것이다.……진은 다음과 같이 첨언하였다. 먼저 우리는 살길을 찾게 될 것이다.……세드라스 대장 등을 지칭하며, 우리는 이들을 보호하지 않을 것이다."72)

1991년의 걸프전 당시, 미군은 군사적 난관을 미연에 방지할 목적에서 이라크 군의 전력증강에 관한 부풀린 내용의 보고서를 발간하였다. 당시를 연상케 하는 것이지만, 헬리콥터를 이용한 침공 전력의 이동을 위협할 수 있는 열 추적 미사일을 아이티가 은밀히 구입했다는 보고서가 유출되었다.73)

당시의 군사력 전개 도중에는 자신들을 해방시켜주는 사람이라며 아이티인들이 미군을 열렬히 환영하는 것으로 묘사되었다. 오스트레일리아의 신문인 '브리스베인 꾸리어 메일'에는 반 페이지에 걸쳐 다음과 같은 모습이 묘사되었다. "군인들을 환영할 목적에서 손을 흔들며 환호하는 수천의 아이티 인들이 광고판과 담벼락 위로 기어올랐다."74)

신문의 보도 그리고 TV와 같은 전자 매체의 영상에서는 헬리콥터들을 환영할 목적에서 손을 높이 올리고는 미국의 국기를 흔드는 아이티 인들이 주기적으로 묘사되었는데, 이들 보도와 영상의 많은 부분은 군이 제공한 것이었다. 미국의 통제 아래 들어가기 이전의 아이티에서는 미국 국기에 대한 수요(需要)가 많지 않았을 것이다. 이 점

---

72) *Courier Mai* (Brisbane), 19 September 1994.

73) *Sydney Morning Herald*, 19 September 1994, quoting a *US Newsday* report attributed to a secret White House briefing.

74) Story datelined Washington. Reprinted *Courier Mail* (Brisbane), 21 September 1994.

에서 보면, 이들 미국 국기가 침공전력과 함께 아이티로 건너 왔음을 알 수 있는데, 이는 냉소를 자아내는 부분이다.

세드라스의 아이티 체류를 정당화할 필요가 있게 되자, 세드라스는 마약 거래자와 공포를 자행하던 흉악범에서 존경할만한 리더로 복권되었다. 아리스티디에 대항해 쿠데타를 주도하기는커녕, 세드라스가 아리스티디의 목숨을 구해주었다는 주장이 제기되었다.[75] 미국 대통령을 역임한 바 있는 카터(Carter)는 세드라스가 독재자가 아니었으며, 그를 이처럼 지칭함은 잘못된 것이라고 미 하원에서 강변하였다. 소말리아의 아이디디(Aidid)가 군벌에서 정치가로 변신한 것과 동일한 방식으로, 클린턴 대통령은 이 같은 카터의 발언을 지지하였다. 세드라스 대장과 아이티 국민의 심리 상태에 관해 사람들이 잘못 알고 있었던 듯 보였다. 클린턴 행정부의 한 고위급 관료는 세드라스는 자신이 아니고 자신이 아이티를 떠난 결과로 인해 아이티가 내전(內戰)에 돌입하게 되는 상황을 걱정하고 있다고 말했다.[76]

그러나 간섭이 진행되자 아이티의 리더인 세드라스는 보다 틀에 박힌 듯한 방식으로 처리되었다. 세드라스 대장이 자신의 보상금을 놓고 옥신각신하는 것으로 보도되었다. 또한 그는 더 이상 쓸모 없는 존재로 묘사되었다. 미 해병대와의 교전에서 사살된 자들을 위한 장례식(葬禮式)에 세드라스가 참석하였다. 당시의 예식은 많은 사람이 참석하지 않았다는 점, 세드라스와 그의 권위가 고립 및 쇄진되었다는 점으로 인해 비하되었다.[77] 세드라스의 하야를 기념하기 위한 예

---

75) *Los Angeles Times*, *Washington Post*, Reuters. Reprinted in the *Sydney Morning Herald*, 21 September 1994.

76) *Los Angeles Times*, *Washington Post*, Reuters. Reprinted in the *Sydney Morning Herald*, 21 September 1994.

식은 적개심에 쌓인 시청자들이 그를 조롱하고, 조그마한 몸체의 세드라스가 상대방을 인정하지 않는 듯한 육중한 몸체의 셸턴(Shelton) 대장에 의해 압도되는 등 언론매체에 의해 연출된 형태의 것이었다.78) 물러나는 세드라스가 인기가 없다는 점에는 의문의 여지가 없었다. 익명의 출처에 근거한 보도에는 다음과 같이 표현되어 있었다.

······자신의 사임을 선언할 당시, 한 때 무소불위(無所不爲)의 권력을 휘두르던 세드라스가 왜소해 보였다.······국가(國歌)를 연주하는 세드라스 군악대의 트롬본 소리는 즐거움에 들떠 외쳐 되는 5,000여 명에 달하는 군중들의 목소리로 인해 무색해졌다. '건달 및 도둑'이라고 외쳐 되는 군중들의 목소리와 저음의 음성 시스템으로 인해 세드라스의 음성이······맥없이 들렸다.79)

탑승하고 있던 차량을 겨냥해 군중들이 돌을 던지지 못하도록 경고 사격하는 등 미군이 세드라스를 보호해주었다고 보도는 언급하고 있었다. 세드라스의 입장에서 보면 이는 불명예스런 일이었다.

세드라스가 하야(下野)에 동의할 당시에는 그의 추종자인 프라프(FRAPH) 또한 복권되었다. 프라프는 아리스티디와 함께 민주주의를 지지하기로 약속했다고 보도되었다. 그러나 10월 10일에 있었던 민주주의 옹호를 위한 집회에서는 폭탄이 폭발해 5명이 죽고 많은 사람이 부상을 입었다. 당시의 사건과 관련해 사람들은 프라프에게 책임

---

77) AP, *Los Angeles Times*, 12 October 1994.
78) Reuters, *New York Times*, 12 October 1994.
79) Unsourced, *Courier Mail* (Brisbane), 12 October 1994.

을 전가하였다. 프라프의 본부에서 발견되었다는 마약이 터무니없는 사실이란 점에도 불구하고, 그는 재차 '흉악범과 살인 청부업자'로 전락되었다.80)

프라프는 비난받을 수밖에 없는 상황이었다. 왜냐하면 프라프 내지는 세드라스의 지휘를 받지 않는 또 다른 사람이 이 같은 행위를 자행했다고 하면 당시 모여 있던 주민의 거의 대부분이 아리스티디를 지지하는 사람이었다는 공식 노선을 부정하는 것과 다름이 없었기 때문이다. 셀턴 대장에 따르면, '주요 흉악범' 중 4명이 억류되었다. 이들은 "마약 거래자, 외교관, 보안군으로 알려졌다."81)

마찬가지로, 군사정권이 몰락한 이후 발생한 약탈 행위는 억압받은 국민에 의한 응분의 반응으로 묘사되었다. 아이티의 폭도들이 경찰서뿐만 아니라 자신들을 밀고한 것으로 생각되는 사람의 집과 국제 구호기구의 창고를 파괴할 당시, 미군을 중심으로 한 침공 전력은 수수방관하였다.82) 침공 당시의 유일한 주요 교전에서 미 해병대에 의해 사살된 아이티 경찰이 이 같은 약탈을 방지하고자 노력하고 있었음을 보여주는 몇몇 자료가 있다. 그러나 미군 대변인 베리 와일리(Barry Wiley) 대령은 "우리의 해병이 자위권 차원에서 행동했음이 분명하다."83)고 언급하였다.

아리스티디의 귀환으로 인해 낙관주의가 팽배해졌다. 흥미 위주의 한 신문은 행복해하는 아이티인들이 그의 귀환을 준비하며 더렵혀진 도시의 거리를 청소하는 모습을 게재하였다. 환영식에서 미군이 안면

---

80) Unsourced, *Courier Mail* (Brisbane), 5 October 1994.
81) AP, Reuters, *New York Times*, 1 October 1994.
82) AP, Reuters, AFP, 27 September 1994.
83) Reuters, 25 September 1994.

에 미소를 짓고 있는 모습이 방영되었는데, 이번에는 우아한 모습의 셀턴 대장이 아리스티디를 반갑게 맞이하고 있었다. 아리스티디가 본 국으로 귀환하자 세계의 언론매체들이 잠잠해졌는데, 이는 마치 스위치가 갑자기 꺼진 것과 같은 모습이었다. 그 후 있었던 유엔군의 권한이양, 세부 지원 그리고 국가재건 프로그램과 관련해 언론매체에서는 전혀 언급이 없었다.

미국의 군대와 정부는 파나마에서의 교훈을 제대로 터득하고 있었는데, 특히 언론매체가 독자적으로 행동할 뿐더러 정치적 성향을 견지할 가능성이 있는 상황을 다룰 당시 그러하였다. 권한이양이 완료되고, 부대가 성공적으로 철수하자, 언론매체는 자신에게 부여된 역할을 수행하였다. 당시 작전의 장기적인 성공 내지는 가치에 의문을 제기할 수 있는 것들에 관해 보도한다면, 군의 입장에서 언론매체는 더 이상 필요 없는 존재였을 것이다. 언론매체 또한 아이티가 아닌 또 다른 관심 사항을 갖고 있었다.

결론

아이티 전역(戰役)은 유엔의 보호 아래 수행된 제한된 형태의 분쟁이었다. 당시의 분쟁은 이 같은 분쟁에서 오늘날 규범이 된 유형을 준수해 수행되었다.

아이티 침공 계획은 보안이 유지되는 가운데 수립되었다. 아직도 분명치 않지만, 아이티 침공을 위한 계획은 일반적인 우발계획(偶發計劃 : Contingency Plan) 이상의 것이었으며, 별도의 정치적 의식이 있던 기획팀에 의해 수립되었던 듯 보인다. 또 다른 한편에서 보면, 계획수립 당시 군사정권의 3인방에 특히 초점을 맞추면서 아이티 지휘부를 악마로 만드는 과정이 진행되었음이 분명하다. 이외에도 아이티 군이 전반적으로 비하되었다. 파나마의 노리에가는 성도착증(性倒錯症)에 걸려 있다는 비난을 받은 바 있다. 청렴하게 생활하고 있던 세드라를 노리에가와 같은 형태로 깎아 내리는 것이 쉬운 일은 아니었다. 그러나 마약과 연계해 그를 비방하기는 비교적 쉬운 일이었다. 프라프에 대해서도 동일한 전술이 적용되었다. 미군을 중심으로 한 침공 전력을 아이티 국민이 환영해 맞이하도록 할 필요가 있었다. 이점을 고려해, 아이티인 모두가 비난의 대상이란 인식이 전달되지 않도록 각별한 노력이 경주되었다.

침공 이전에 미국 대사관이 아이티 군사정권에 대항해 간첩 행위와 체제 불안 조성 목적의 노력을 지시했다는 믿을 만한 증거가 있다. 장기간에 걸쳐 정보 요원과 특수 전력들이 아이티에 배치되었음을 보여주는 믿을만한 증거가 또한 있다. 보다 폭넓은 의미에서의 유엔의 제재뿐만 아니라 미국에 의한 무역·재정 및 여행 금지와 같은 국제적 수단을 동원해 그리고 경제 및 정치적 제재와 같은 노력을 통해 아이티를 고립시키고자 한 시도가 있었다.

전력 증강 및 배치 도중, 언론매체는 아측의 의도를 전달하고, 가능한 난관을 강조하는 등 이전의 전역(戰役)에서와 동일한 방식으로 이용되었다. 또한 아이티 정권이 직면하게 될 가공할 수준의 미군 전력과 위협을 강조할 목적에서 언론매체가 이용되었다. 이들 모두는 협상 과정에서의 미국의 입지 강화에 도움이 되었다.

통상 목격되는 지연(遲延)이 없는 가운데 Pool System이 이행된 듯 보이는데, 이는 언론매체가 현장에서 기능하고 있었다는 점 때문일 수 있다. 현장에 배치되어 있던 언론매체를 통제할 목적에서 군이 할 수 있는 일은 거의 없었다. 그러나 군은 미국 내부에서 진행되고 있던 엄청난 수준의 정치적 논쟁에 대응한다는 차원에서 군사적 사안에 초점을 맞출 수 있는 일군의 훈련된 기자들이 필요하였다.

요약해 말하면, 아이티는 모험이 따르지 않는 선별된 표적에 대해 미국의 의지를 강요할 목적에서의 군사력 활용 전략을 미국이 준수한 전형적인 경우였다. 이는 경제·외교 및 군사력 측면에서 아이티가 미국 정부의 영향을 많이 받는 소규모의 후진국이었다는 점을 통해 잘 알 수 있다.

한편 아이티를 침공한 미국의 클린턴 행정부는 인도주의 차원에서 보다 심각할 뿐더러 시급한 보스니아의 문제를 집요하게 간과하였다. 아이티 침공과 관련해 미국은 아이티의 인권을 거론했는데, 인권이란 초강대국들이 그 진위를 판단하는 사안이었다. 이처럼 침공의 빌미를 인권으로 확대하는 방식으로 유엔의 정책, 특히도 아이티와 관련된 유엔의 정책을 왜곡시킨 국가가 미국이란 점을 고려해보면 앞의 사실(보스니아의 인권 문제를 집요하게 간과)은 특히도 의미가 있다.

국제사회의 지지를 확보해 유지할 목적에서 미국 정부는 모든 형태의 뉴스 및 정보 기구를 배치하였다. 아이티 침공 전역(戰役)은 미국 내부의 정치적 사안들과 밀접히 연계되어 있었다. 때문에 아이티에서 언론매체는 어느 정도 독자적으로 행동할 수 있었다.

이 같은 측면에서 보면, 언론매체와 관련된 당시의 상황은 최근의 많은 제한된 분쟁을 겨냥한 전역(戰役)에서 목격되는 특질인 군에 대한 언론매체의 의존과 언론매체에 대한 군의 통제란 현상과 배치되었다. 당시의 전역이 정치적 성격의 것이었다는 점, 언론매체가 현장에 비교적 쉽게 접근할 수 있었다는 점 그리고 실제 간섭 이전에 충분한 선행 기간이 주어졌다는 점이 결합되면서 언론매체가 어느 정도 독자적으로 보도할 수 있었다. 뿐만 아니라 이들은 군이 전개한 노력과 관련해 보다 폭넓은 차원에서 비판할 수 있었다. 어느 정도까지는 이것으로 인해 Pool System이 지엽적인 문제로 전락하였다.

국내의 정치적 필요성이 끼친 영향 그리고 이것으로 인해 언론매체가 갖게 된 힘과 권한은 아이티 간섭에 관한 연구에서 부상하는 아마도 가장 흥미로운 부분일 것이다. 이는 언론매체의 조종(操縱 : Manipulation)을 통해, 즉 언론매체를 교묘히 이용하는 행위를 통해 여론을 좌우할 목적에서 미 행정부가 보다 많은 노력을 기울이도록 한 요인인 듯 보인다. 국제무대에서는 성공적이었는지 모르지만 이들 노력은 훨씬 중요한 국내 무대에서는 대부분 먹혀들지 않았다. 따라서 국민의 지지가 있을 것 같지 않은 경우 군사적 전역(戰役)이 추후 단계에서 무산될 수 있음을 아이티 사례는 암시해주고 있다.

최근 몇 년 동안에는 제한된 분쟁에서의 언론매체에 대한 군의 통제와 관련해 점차 비관적인 유형이 목격되었다. 그 와중에서 일말의 낙관론이 출현하고 있는 부분은 바로 이것이다. 국민을 교육시키는 임무를 수행하는 언론매체는 아직도 사안을 결정할 능력을 갖고 있으며, 아마도 제한된 분쟁 내지는 평화유지 전개에 개입할 것인지의 여부에 관한 정치적 판단에 영향을 끼칠 수 있는 능력을 갖고 있을 것이다. 그러나 언론매체는 이 같은 기회를 포착해야 한다. 아마도 이는 아이티 전역이 주는 진정한 메시지일 것이다.

제13장
결론 : 불확실한 미래

오늘날의 언론매체 및 통신 관련 과학기술을 이용해, 우리는 지구 상 곳곳의 사람들에게 상황을 즉각 전파할 수 있게 되었다. 한편 이들 기술이 국내 및 국제 사회의 여론을 조성할 능력이 있다는 점으로 인해 제한된 분쟁과 평화유지를 목적으로 군사력을 전개하는 과정에서 언론매체가 주요 역할을 수행하게 되었다.

지난 몇 년 동안에는 통신 관련 과학기술이 급속히 발전했는데, 이들 기술은 여타 곳의 발전에 영향을 끼치고 있다. 이들 발전으로 인해 향후에는 언론매체의 영향력이 보다 더 증대될 것이다. 이는 보다 많이 교육 받은 시청자들과 언론매체의 정보 전달 능력이 결합되는 경우 특히 그러할 것이다. 오늘날 이들 시청자, 특히 서구사회의 시청자는 언론매체를 통해 문제의 모든 측면이 자신들에게 전달될 수 있기를 기대하고 있다.

정상적으로 진행되는 경우, 이들 발전은 국제사회 내부에서의 분쟁의 보도 및 논의 방식에 지대한 영향을 끼칠 것이다. 오늘날의 지구적 차원의 언론매체가 오락 프로그램을 운영하게 되면서 '주권(主權)의 경계'뿐만 아니라 '문화의 경계'조차 희미해지고 있다.[1] 그러나 제2차 세계대전 이후의 분쟁에 대한 우리의 조사가 보여주고 있는 바처럼, 국가의 군사적 야욕과 관련해 정부는 취재 배제·봉쇄 및 조종(操縱 : Manipulation) 정책의 강요란 방식으로 점차 언론매체를 견제하고 있다.

이 책에 제시되어 있는 논의들은 언론매체와 군의 관계란 문제의 정의에 도움이 되는 다음의 두 가지 사항에 근거하고 있다. 이들 중 첫째는 핵·화생방 및 화학 전쟁에 따른 '상호 확증 파괴(Mutually Assured Destruction)'로 인해 주요 열강들에 의한 미래의 국제적 야심(野心)이 제한된 형태의 분쟁을 통해 달성될 것이란 점이다. 그런데 제한된 분쟁은 많은 국가가 동원되었을 뿐더러 국가생존을 놓고 벌어진 20세기 초반의 세계대전에서 요구되던 국가 전체에 의한 전쟁 관련 노력과 크게 대조되는 형태의 것이다. 두 번째는 제한된 형태의 분쟁에서는 국가생존을 놓고 벌어지는 전쟁에서 적용되던 의무와 책임에서 벗어나 시민들이 나름의 판단에 근거해 의사를 결심할 수 있게 될 것이란 점이다.

전쟁 접근 방식 측면에서의 이들 변화로 인해 분쟁 당시 여론에 보다 많은 비중을 두게 되었으며, 언론매체 입장에서 새로운 형태의 도전이 야기되었다. 제한전 상황에서 시민들은 국가에 대한 무조건적인 의무를 강조하는 애국적인 명령에 더 이상 속박 받지 않게 된다.

---

1) Young, P., 'The Impact of the New High Technology Media on National Sovereignty', *Australian Journalism Review*, vol.12, no. 2, 1993. 2.

국민 또는 국가의 생존에 일반적으로 위협이 되지 않는 가운데, 종종 본토로부터 멀리 떨어진 지역에서 수행되는 제한전과 관련해 정부와 군대는 자신들을 지지하도록 국민을 설득해야 한다.

국민을 설득하는 과정에서는 언론매체가 나름의 역할을 수행하게 된다. 앞에서 언급한 언론매체 입장에서의 도전은 이 같은 점으로 인해 야기되고 있다. 또 다른 한편에서 보면, 전시(戰時) 언론매체를 무시하고 언론매체가 끼치는 영향을 최소화할 목적의 정교한 형태의 언론매체 관리체계가 발전되었는데, 이는 여론의 중요성에 대한 군의 인식 때문이다.2) 정보의 유통을 효과적으로 통제하면 성공적으로 수행된 전쟁과 관련해 바람직하지 못한 부분이 정제된 형태의 해석을 시청자들에게 전달할 수 있게 된다.

오늘날의 언론매체는 상호 분열되어 있을 뿐더러 준비되어 있지 않다. 그 결과 언론매체는 작전보안과 취재 기자의 안전을 보장한다는 그럴듯한 구실에 근거해 군이 설정한 상호 협조적인 협정의 올가미에 걸리게 된다. 그러나 이들 개념(작전보안과 취재 기자의 안전에 관한 개념)은 제대로 정의되어 있지 않다. 뿐만 아니라 이들 개념에 대한 해석은 전적으로 군에 달려 있다.3)

---

2) 이 같은 점을 반영해주는 오늘날의 군사정책을 보고자 하면 다음을 참조하시오. Ad Hoc Media Group letter to Secretary of Defence Dick Cheney, 25 June 1991 (copy courtesy American Society of Newspaper Editors); *Defence Public Information Policy during Periods of Tension and Conflict*, Department of Defence, Australia; *Public Information in Limited Conflict, CLIC Papers*, US JCS Publications; the *Sidle Report*, US Defence Department, August 1984; *A Brief Guide to Public Relations (MODOS12)*, U.K.
3) *Discussion Paper : Relations Between the Media and the Australian Defence Force in Periods of Tension and Hostilities*, covering memo signed by Commodore M.S. Unwin, DPI, dated 29 August 1985. 다음을 또한 보시오. *ACCOR*

서구 민주주의 국가 어디에도 군과 관련해 자신의 의지를 굽히지 않으며, 독자적으로 보도하는 언론매체는 아직 출현하지 않았다. 또한 언론매체는 상호 경쟁해야 한다는 점, 취재 비용, 전문가의 부족 뿐만 아니라 시청자의 기대란 점으로 인해 제약을 받고 있다. 그 결과, 그레나다·파나마 및 걸프전 전역(戰役)에서 목격된 유형의 조종 (操縱 : Manipulation)에 대항해 사용할 수 있는 방어 수단을 언론매체는 거의 구비하고 있지 못하다.4)

언론매체와 국민의 알권리란 측면에서 체면을 세워주는 유일한 부분은 베트남전쟁과 파나마에서의 교훈이다. 다시 말해, 군이 주요 실패에 직면하는 경우, 분쟁이 장기간 진행되는 경우, 언론매체에 대한 면밀히 통제된 형태의 봉쇄가 별다른 의미가 없을 것이란 점이다.

충분한 기간이 주어지는 경우 언론매체는 나름의 지원 및 통제 시스템을 설치해 취재 기자들로 하여금 보다 독립적으로 판단하고, 지구적 차원의 네트워크를 통해 정보를 전파하도록 해야 할 것인데, 이는 전쟁의 형태에 무관하게 적용되는 사실이다. 많은 분쟁 상황에서 이 같은 시스템의 설치에 문제가 없지 않을 것이다. 그러나 장기간 진행되는 분쟁, 사상자가 많이 발생하는 분쟁 그리고 분명한 승리가 보이지 있는 분쟁에서는 뉴스에 대한 대중의 욕구가 보다 간절해질 것이다.

군은 자신에 대한 여론의 지지 철회와 여론의 불만을 두려워하고 있다. 서구 자유 민주주의 국가의 정부와 군이 언론매체를 관리 및

Joining Instructions for Participation in Exercise Kangaroo 86, DPR15/86, October 1986; and the *Sidle Report* (see Office of the Assistant Secretary of Defence (Public Affairs), News Release No. 450/84, 23 August 1984).
4) 이 책에 언급되어 있는 사례 연구들을 보시오.

통제할 목적의 시스템을 개발하게 된 것은 이 같은 이유 때문이다.5) 1991년의 걸프전 당시 콜린 파월(Colin Powell) 대장과 노만 슈워츠코프(Norman Schwarzkopf)는 이 같은 우려(두려움)를 표명하였다. 아이티 침공을 계획할 당시 클린턴 행정부를 제약한 요인은 바로 이 부분이었다.

그러나 이에 대한 반응으로 개발된 새로운 유형의 언론매체 관리 체계뿐만 아니라 이들 체계로 인해 언론매체가 받는 제약을 군과 정부 이외의 어느 곳도 아직 완벽히 이해하고 있지 못한 실정이다.6) 대부분의 우리의 사례 연구를 보면, 제한된 형태의 분쟁에 개입하고 있는 국가의 국민은 '언론의 자유'에 관한 규제, 즉 국민의 알권리에 관한 규제가 전시(戰時) 필요하다는 군의 주장을 수용하는 경향이 있다.

이 같은 상황이 발생하고 있는 것은 전쟁 본질의 변화에 따른 국가에 대한 시민의 책임의 변화란 부분과 관련해 우리가 거의 생각해 본 바가 없기 때문이다. 이 점을 우리는 이 분야에 관한 이론적 논거의 발전을 통해 잘 알 수 있다. 이처럼 전쟁 본질의 변화에 따른 시민의 책임에 관해 우리가 많이 생각해보지 않았던 것은 이론이 통상 실행(Practice)과 비교해 뒤쳐지고 있다는 점에 의해 설명될 수 있다.

지금까지는 사회계약이란 보다 폭넓은 맥락 안에서의 전쟁의 변화된 성격에 관한 이론적인 논의 또한 비교적 없었다. 최근의 사회계약

5) Woodward, B., *The Commanders*, Simon & Schuster, New York, 1991, p. 315; Morris, M., *H. Norman Schwarzkopf : Road to Triumph*, Pan Books, London, 1991, p.167.
6) LaMay, C., Fitzsimon, M., & Sahadi, J. (eds), *The Media At War; The Press and the Persian Gulf Conflict*, Freedom Forum Media Studies Center, New York, 1991, p. 86-97. 또한 이 책의 사례 연구들, 특히 8장을 보시오

관련 문헌(文獻)을 면밀히 조사해보면, 전시(戰時) 모든 것이 국가에 종속된다는 예전의 개념을 국민이 거의 자동적으로 수용하고 있음을 알게 된다.7) 롤스(Rawls)를 제외하면, 개인 또는 국가 생존에 대한 위협을 전제(前提)로 하고 있는 의무로부터 시민을 해방시켜주어, 상황에 따라 시민들이 자유롭게 자신의 입장을 표명할 수 있도록 해준 몇몇 변화 사항들을 면밀히 조사해본 사람이 거의 없는 실정이다.8)

롤스가 중요한 기여를 한 것은 사실이다. 그러나 그의 중심적인 논제는 양심에 근거한 반대란 문제에 초점을 맞추고 있다. 정부 정책의 지지와 관련된 시민의 책임에 변화가 있었다는 점을 이해했을 뿐더러 여론을 놓고 벌어지는 언론매체와의 전투에서의 승리가 중요한 의미가 있음을 인지한 유일한 개체는 군대인 듯 보인다.

뒤늦은 깨우침

대중 언론매체와 시청자가 있는 한 언론매체와 여론의 관계는 존재하였다. 그러나 언론매체와 군의 관계는 3개의 뚜렷이 구분되는 기간에 걸쳐 조성되었다. 이들 관계는 주요 시청자인 주전론(主戰論 : Jingoism)적이고도 민족주의 성향의 시민들에게 대중 언론매체가 주로 자국 군대의 공훈(功勳)을 전달해주던 제국주의 시대에 시작되었다.

---

7) 사회계약 책임 측면에서의 제약 요인으로서 전쟁을 검토한 경우를 보고자 하면 이 책의 1장을 참조하시오

8) Rawls, J., *A Theory of Justice*, Clarendon Press, Oxford, 1972; Parekh, B., Contemporary Political Thinkers, Martin Robinson, Oxford, 1982. 또한 이 책의 1장을 참조하시오.

국가정책에 관해 거의 이의가 없었으며, 일반적으로 전쟁에 관한 보도가 시간 및 공간 측면에서 본국으로부터 멀리 떨어져 있던 당시, 언론매체는 제국주의 전역(戰役)에서 추구하던 군사적 목표에 즉각 위협이 되지 않았다.

19세기 중반의 크림전쟁, 미국의 남북전쟁, 1870년의 보불전쟁과 1904년의 러일전쟁을 망라하는 '전쟁 보도의 황금기'로 지칭되는 두 번째 시기에서 이는 또 다른 문제였다. 이 기간 동안에는 유선통신(有線通信)의 출현으로 인해 언론매체의 취재가 전쟁 수행에 영향을 끼칠 수 있었다. 이 같은 전망과 더불어 보다 신속한 보도에 따른 망령(妄靈)이 제기되었다. 군은 통신 수단에 대한 언론매체의 접근을 제한하고, 공식적인 형태의 보도검열 체제를 정립하는 방식으로 여기에 대응하였다. 또한 언론매체가 직면해야 할 새로운 문제들이 출현하였다. 예를 들면, 근대시대의 전쟁은 멀리 떨어진 다수의 전선(戰線)에서 수행되었다.

제1차 세계대전부터 시작해 제2차 세계대전에 이르는 세 번째 기간에는 전쟁이 국가생존을 놓고 진행되었다. 이들 전쟁에서 언론매체는 정부와 한통속이 되었다. 당시는 애국심이 절대적 기세를 부리던 시절이었다. 제1, 2차 세계대전 사이의 기간에 발생한 분쟁에서 또한 국민이 정부의 전쟁 목표를 기꺼이 수용하는 모습이 목격되었다. 예를 들면, 스페인 내전(內戰)에서는 이전의 애국심과 민족주의가 반대를 일체 불허하는 형태의 이념적 신념으로 대체되었다.[9] 그러나 전

---

9) Orwell G., *Looking Back at the Spanish Civil War*, Mercury Books, London, 1961, p. 211. 또한 다음을 참조하시오. Waugh, E., *Evelyn Waugh in Abyssinia*, Longmans Green, London, 1937.

시(戰時) 정부의 목표를 전적으로 지원함이 예전에 언론매체의 진정한 역할이었다고 군과 정부에 보였다면, 이는 이 같은 상황이 발생하게 된 정치 및 사회적 맥락에 관해 거의 생각해보지 않았기 때문이었다.

이 책의 사례 연구들이 입증해주고 있는 바처럼, 제한된 분쟁의 시대에서 시민의 권리와 책임이 변할 가능성이 있다는 군의 인식은 서서히 부상하였다. 군이 이처럼 인식하게 된 것은 베트남전쟁에서 언론매체가 끼친 영향 때문이었다. 한국전쟁, 인도차이나 분쟁 그리고 알제리 분쟁이란 경고(警告) 성격의 분쟁에도 불구하고, 여론의 중요성, 부상(浮上)하는 통신 관련 과학기술의 능력 그리고 점차 국제화되고 있는 언론매체의 능력은 대부분 간과되었다.

한국전쟁에서는 생존을 놓고 벌어지는 전쟁에서 적용되던 의무로부터 언론이 해방되었다. 당시 이 같은 언론을 다루기 위한 방법에 관한 이론적인 문제가 출현하기 시작하였다. 이 점에도 불구하고, 당시는 여론의 중요성 등 앞에서 언급한 사항들이 간과되었다.10)

프랑스 국민은 언론매체를 통해 자신에게 제기되는 개개 경우의 이점(利點)에 근거해 주로 결심하였다. 결과적으로 프랑스 정부는 인도차이나 반도에서의 전투 수행과 관련해 국민의 의지가 상실되는 현상에 직면했는데, 당시 이들 경고(여론의 중요성 등)는 간과되고 있었다.11) 또한 알제리 분쟁 당시 프랑스는 이들 경고를 간과하였다.

---

10) Knightley, P., *The First Casualty*, Quartet London, 1975, p. 312. Also Personal interview, Dennis Warner, editor *Pacific Defence Reporter*, 17 October 1991.

11) Personal interview, M. Lucien Boz, Directorate of Information (1948-51), Paris, 11 March 1977; Giap, V., *People's War, People's Army*, Foreign Publishing House, Hanoi, 1975, p. 561.

당시는 본국의 많은 국민이 분쟁의 이점을 저울질해 보고는 반대편의 입장을 지지하였다. 그 결과 노골적인 형태의 이견과 폭동이 야기되었다.12)

민주주의 사회에서 발생하는 사건의 보도와 관련해 나름의 권리를 행사하고 있던 자유 언론매체를 영국이 통제하고자 노력할 당시, 북아일랜드에서 이 문제가 훨씬 날카로운 형태로 부각되었다.13) 정부와 군 모두가 놀라고 애통해한 일이지만, 영국과 아일랜드의 대부분 언론매체는 사건에 관한 공식 기관의 입장을 애국적 차원에서 지지한다는 시대에 뒤쳐진 개념을 배격하였다. 더욱이 이들은 정부의 정책과 군의 행위를 높은 수준에서 정밀 조사하였다. 문제가 북아일랜드에서 최종적으로 인지되었을 당시, 여기에 대한 반응은 기만과 부인에 근거한 정책이었다. 이들 정책과 더불어 최후의 수단으로 법적인 제재가 강요되었다. 그런데 이는 오늘날까지도 지속되고 있는 정책이다.14)

---

12) Fanon, F., *The Wretched of the Earth*, Penguin, Harmondsworth, Middlesex, 1965 and Special Operations Research Office, *Casebook on Insurgency and Revolutionary Warfare*, The American University, Washington, 1962. 이 책의 3장을 참조하시오.

13) 역자주 : 저자의 책에는 '북아일랜드 : 고전적인 민주주의의 딜레마(Northern Island : A Classic Democratic Dilemma)'란 장(章)이 포함되어 있음. 역자는 책의 분량 등 몇몇 이유로 인해 이 부분의 번역을 생략하였음.

14) Winchester, S., *In Holy Terror*, Faber & Faber, London, 1974; Dash, L., *A Challenge to Lord Widgery's Report on Bloody Sunday*, Defence and Education Fund of the International League of the Rights of Man, in association with the Council of Civil Liberties, August 1972; and *R v the Justices of the Peace for the County of the City of Londonderry (Ex Parteh Hume and Others)*, unreported, judgement delivered 23 February, 1972 (see *Northern Ireland Legal Quarterly*, vol. 23, no. 2, summer 1972, p. 206-7)

제2차 세계대전 이후 발발한 모든 분쟁은 본국 국민에게 거의 직접 영향을 끼치지 않는 제한된 분쟁의 모습을 보였다. 이들 분쟁에서 언론매체는 국가 또는 애국적 차원의 규제로부터 해방된 상태에서 자신이 목격한 부분을 보도할 수 있었다. 당시 대중은 국가생존과 관련된 책임과 의무 내지는 개인의 생존에 따른 절박성이란 점에 의해 더 이상 규제 받지 않았다. 언론매체 또한 이 같은 시청자들에게 보도하고 있었다. 한편 과학기술의 발전, 무엇보다도 TV가 널리 보급되었다는 점으로 인해 뉴스 취재의 도달 범위와 신속성이 대폭 신장되었다.

종군기자란 개념이 출현하면서, 전쟁 보도와 관련해 군이 누리고 있던 독점에 대항한 언론매체의 도전이 시작되었다. 먼저 군은 이 같은 언론매체의 도전을 부정하고자 노력하였다. 사건에 대한 접근 제한, 직접 및 간접 성격의 보도검열 그리고 정확한 보도임에도 불구하고 부정적 성격이란 점으로 인해 분노를 표명하는 현상은 이들 시절로 거슬러 올라간다.15) 그러나 언론매체 관련 환경이 변하고 있다는 점, 시민들이 새롭게 선거권을 부여받았다는 점으로 인해 이 같은 현상은 지속될 수 없었다.

베트남전쟁 : 촉매

제4장에서 살펴본 바처럼, 베트남전쟁은 '변화의 촉매'에 해당하였

---

15) Knightley, op. cit., p. 4-7; Royle, T., *War Report*, Grafton Books, London, 1989, p. 19.

다. 인류 최초로 정부와 군은 여론에 영향을 끼칠 수 있는, 특히 TV
가 제공해주는 시각 영상의 즉시성과 신뢰성을 통해 영향을 끼칠 수
있는 자유롭게 행동하는 언론매체에 직면하였다.16)

본 연구에 제시되어 있는 사례 분석의 관점에서 보면, 베트남전쟁
은 전쟁 상황이 외부에 공개된 형태의 분쟁으로 분류된다. 베트남전
쟁에 대한 미 행정부의 공약은 베트남 전쟁전구(戰爭戰區)에서의 자
유 민주주의 회복에 근거한 이념적 성격의 것이었다. 또한 미 본토에
서는 헌법 차원에서 '언론의 자유'가 보장되어 있었다.

이 점에서 보면, 미 행정부는 언론매체의 취재를 통제하기 위한 방
안을 거의 갖고 있지 못했다. 베트남에 미군이 전개될 당시, 미국의
거의 모든 가정은 TV를 보유하고 있었다. 군의 입장에서 보면 이 점
이 상황을 보다 더 악화시켰다. 결과적으로, 베트남전쟁은 전쟁 현실
이 본국(미국)의 가정에 극적이고도 화면 형태로 전달된 인류 최초의
'TV 전쟁'이었다.

예전의 전쟁에서 미군은 전통적이고도 애국심에 기반을 둔 형태의
지지를 언론과 대중으로부터 요구할 수 있었다. TV가 여론에 지대한
영향을 끼치는 등 언론 환경에 일대 변화가 있었음에도 불구하고, 미
군은 이처럼 시대에 뒤쳐진 가정에 근거해 베트남 전쟁에 돌입하였
다. 분쟁이 대부분 암암리에 진행되던 예전에는 이 같은 지지가 가능
하였다.

그러나 베트남전쟁에서는 미군의 주둔이 늘어나고, 분쟁에 따른

---

16) Merill, J., *Global Journalism*, Longman, New York, 1983, p. 302-53. 다음을 또
한 보시오. Denton, P., & Woodward, G., *Political Communication in America*,
Praeger, New York, 1985, p. 124-7.

모험의 수준이 높아졌다. 뿐만 아니라 정부가 주장하는 바의 많은 부분이 잘못되었음을 입증할 능력을 구비한 상태에서 언론매체가 점차 비판적이 되었다.

이 같은 상황으로 인해 미 행정부는 전술·전략 및 국가적 차원의 기만에 관한 면밀한 정책을 더 이상 유지할 수 없었다. 군의 공식 성명을 취재 기자들이 신뢰하지 않게 되면서 야전에서 언론매체의 폭로가 시작되었다. 당시 미국 국민들에 대해 미 행정부는 폭넓은 차원에서 기만 행위를 전개하였다. 군의 공식 발표가 신뢰를 상실하게 됨에 따라 야기된 냉소주의와 비판적인 보도가 그 후 이들 기만에 영향을 끼쳤다.17)

그러나 핼린(Hallin)과 테이어(Thayer) 그리고 오늘날에는 미군도 주장하고 있는 바이지만, 언론매체가 국민에게 정보를 제공해준 것은 사실이지만 그 후 있었던 국민의 환멸과 비난을 조장하지는 않았다. 그런데 이는 중요한 사실이었다.18)

당시 지적(知的)인 엘리트들은 국가에 대한 어떠한 형태의 의무에도 속박되어 있지 않은 반면, 상황 이점에 근거해 자유롭게 자신의 의사를 결정할 수 있다고 생각하였다. 당시의 환멸은 이들 엘리트의 의식적인 선택에 주로 기인하였다. 장기간 동안 승리가 목격되지 않자, 당시 분쟁에서 대중은 자국 정부뿐만 아니라 정부가 제기하는 끊임없는 낙관주의에 등을 돌리고 있었다.

---

17) 이 책의 4장을 참조하시오.
18) Hallin, D., *The Uncensored War : The Media and Vietnam*, Oxford University Press, London, 1986, p. 99. 다음을 또한 보시오. Thayer, C., 'Vietnam : A critical analysis', paper delivered to the International Conference on Defence and the Media in Time of Limited Conflict, Brisbane, April 1991.

이들 엘리트의 주장이 점차 대중의 가슴에 스며들었다. 그러나 진실을 밝혀내고, 여론을 강화할 능력이 있는 비판적인 언론매체가 없었더라면, 베트남전쟁을 거부하는 방향으로 여론이 전환되는 과정에서 보다 많은 시간이 소요되었을 것이다.

요약해 말하면, 미국은 여론과 언론매체의 지지에 관한 시대에 뒤쳐진 형태의 기대와 함께 베트남전쟁에 돌입하였다. 얼마 지나지 않아, 미국은 언론매체뿐만 아니라 국가의 지적(知的) 집단의 많은 부분이 나름의 독자적인 자세를 견지한 채 '선택의 자유'를 행사하고자 한다는 점을 발견하였다.

그러나 미군은 언론매체의 취재를 제한하거나 보도 검열할 능력도 그리고 권한도 갖고 있지 않았다. 전술·작전 및 전략이란 전쟁의 모든 수준에서의 기만에 근거한 대응은 전쟁이 장기간 동안 진행되면서 실패로 끝났다. 그 결과, 베트남전쟁에서 승리할 수 없음이 분명해졌다. 그 후 베트남전쟁에서의 미군 개입과 관련해 미국국민이 이의를 제기했는데, 이는 당연한 현상이었다.

베트남전쟁에서 터득되는 분명한 교훈이 하나 있다. 이는 언론매체에 대한 통제 내지는 보도검열 관련 이유가 존재하지 않는 '외부로 노출되어 있는 형태의 분쟁(Open Conflict)'에서 군이 생각할 수 있는 유일한 방안은 승리하는 것이며, 비교적 짧은 기간에 승리해야 한다는 점이다.

포클랜드 : 반응의 시작

베트남전쟁에서 군과 정부는 언론매체를 제대로 통제할 수 없었다. 그 결과 당시는 나름의 문제가 노출되었는데, 이 점이 영국에 의미가 없지 않았다. 언론매체와 관련해 포클랜드에서 유사한 문제를 다루어야 할 시점이 되자, 영국은 전형적인 원정(遠征) 전역(戰役)에 따른 이점을 최대한 누려야 하였다. 원정 전역에서는 정부와 군 모두가 최대한 이용할 수 있는 나름의 이점이 있었다. 그 후 영국 국방장관이 의회에서 시인한 바처럼, 당시는 국민의 알권리를 포함한 모든 것이 전승(戰勝)이란 주요 목표에 예속되었다.19)

언론매체 측면에서 보면, 전승을 목적으로 한 직접 및 간접 성격의 보도검열뿐만 아니라 역정보(Disinformation), 오보(誤報 : Misinformation) 그리고 기만이 사용되었다. 당시는 국가 및 국제 사회의 지지를 확보해 유지할 목적에서의 정보의 전달에 정치적으로 가장 높은 우선순위가 부여되었다. 뿐만 아니라 언론매체의 활동을 규제할 목적의 보도검열 등의 수단을 정부가 정치적 차원에서 지원하였다.20)

그 과정에서 정부와 군이 대부분 성공을 거두었던 것은 다음과 같은 두 가지 요인 때문이었다. 첫째는 정부의 호소에 따른 영국국민의 민족주의 정서(情緒)에 언론매체들이 일반적으로 무비판적으로 반응

---

19) Evidence before the House of Commons Defence Committee, 27 October 1982. 다음을 또한 보시오. Moore, General Sir Jeremy, 'The Falklands war : A commander's view of the Defence/Media interface', paper delivered th the International Conference on Defence and the Media in Time of Limited Conflict, Brisbane, April 1991.

20) Mercer, D., Mungham, G., & Williams, K., *The Fog of War*, Heinemann, London, 1987, p.48-52 and p.210.

했다는 점이다. 둘째는 비교적 단기간 동안 진행된 전역(戰役)에 관한 정보를 면밀히 통제된 방식으로 유통한 결과, 승리의 가능성이 높아지고 결정적인 형태의 승리가 있었다는 점이다.

당시의 전쟁은 비교적 단기간에 종료되었다. 또한 당시의 작전지역은 본국(영국본토)으로부터 멀리 떨어져 있었다. 그 결과 언론매체는 지구적 차원에서의 독자적인 보도를 용이케 하였을 나름의 통신수단을 배치할 수 없었다.

그러나 포클랜드 전역(戰役)에서 승리할 당시 목격되었던 영국국민의 황홀감도 시간이 지나면서 수그러들었다. 그러자 국민의 알권리와 관련해 언론매체에 강요된 당시의 규제를 조사해보아야 한다는 요구가 보편화되었다. 그 결과 언론매체에 가해졌던 규제를 비난하는 형태의 의회의 청문회가 개최되었다.21) 그러나 군은 잘못을 반성하지 않았다. 결과적으로 규제를 완화한 것이 아니고, 언론의 관리와 관련된 기존의 시스템을 보다 정교히 하는 형태의 방안이 강구되었다.22)

미래의 제한된 분쟁은 '폐쇄된 유형(Closed)'의 또는 원정 유형의 전개란 방식으로 이루어질 가능성이 높다. 포클랜드 전역은 이 같은 전역(戰役)의 계획이란 측면에서 기준이 되는 언론매체 통제 유형의 시험장이 되었다. 이는 포클랜드 전역으로부터 도출될 수 있는 주요 결론이다. 당시는 이 같은 '폐쇄된 분쟁'으로 인해 통신과 지원 측면에서 언론매체가 군에 의존하고 있었는데, 이 점을 군은 최대한 이용

---

21) *Report on the Handling of the Press and Public Information during the Falklands Conflict*, (2 vols.), House of Commons Select Committee on Defence, HMSO, London 8 December 1982.

22) *Proposed Working Arrangements with the Media in Time of Tension and War*, Mod, London.

하였다.

마찬가지로, 영국 정부는 앞의 사실로 인한 언론의 공백을 정치적으로 최대한 이용하였다. 예를 들면, 당시는 바람직하지 않은 부분이 면밀히 정제된 형태의 정부의 견해가 시청자들에게 전달되었다. 오늘날에는 제한된 형태의 모든 분쟁을 가능한 한 신속히 종결짓는다는 군사전략(軍事戰略)이 보편화되고 있다. 이 같은 군사전략이 언론매체와 관련된 앞의 전략과 결합되면서 향후에는 국가 및 국제 사회의 지지란 정치적 절박성을 고려해 모든 경우에서 국민의 알권리가 유린(蹂躙)될 것으로 예상되었다.

그레나다와 파나마 : 언론매체 관리 유형

베트남전쟁에서 목격된 언론매체의 배신으로 인해 쓰라린 가슴을 안고 있던 펜타곤은 포클랜드에서 영국이 누렸던 언론매체 통제에 따른 이점(利點)을 곧바로 인지하였다.23) 언론매체와 관련된 그레나다에서의 미국의 전략에 포클랜드에서의 교훈이 곧바로 반영되었다. 그런데 그레나다에서는 상황적으로 원정 전역(戰役)에 따른 이점이 가능하였다.

당시 강구된 수단에는 작전계획 수립 단계와 공격 초기 단계에서의 언론매체 배제가 포함되어 있었다. 뿐만 아니라 언론매체를 더 이상 배제할 수 없는 경우 규제를 강요하였다. 지상에서는 사건을 취재

---

23) 공보 문제에 관한 실무 회의가 ABCS 표준화 과정의 일환으로 1983년에 런던에서 개최된 것으로 보도되고 있다.

할 목적으로의 언론매체의 접근을 지연 및 규제하는 방식의 보도검열이 있었다. 인류 최초로, 당시의 전역에서는 전자적(電子的) 수단을 이용해 통신망을 전파 방해할 수 있었다.24)

작전 시작 며칠 동안의 취약한 기간에 있을 수 있는 정치 또는 군사적 당혹감을 모면할 목적에서, 군과 정부는 이들 언론매체 관리 정책을 의도적으로 설계하였다. 상황이 안정되자, 작전의 성공을 홍보할 목적으로 언론매체의 취재가 허용되었다.25) 한편 당시의 작전을 정당화할 목적에서 군은 자신에게 우호적인 형태의 사전 편집된 내용을 뉴스 네트워크에 배포하였다. 그런데 그 후 밝혀진 것이지만, 언론을 통해 보도된 바와 비교해 당시의 작전은 훨씬 성공적이지 않았다.

당시는 작전보안이 필요하다는 점과 군이 언론인들의 안전을 보장할 능력이 없다는 점에 근거해, 언론매체의 취재를 배제할 목적의 수단이 주로 사용되었다. 그러나 취재를 목적으로 야전에 접근할 수 없었던 반면, 언론매체는 그레나다 정부를 악마로 만드는 과정에서 그리고 그레나다 섬에 있던 미국 학생들의 안녕이 위협받고 있다는 거짓된 사실을 홍보하는 과정에서 최대한 이용되었다.26) 또한 작전의 정당성을 조장하고, 지역 및 국제 사회의 지지를 확보 및 이용할 목적으로 언론매체가 최대한 이용되었다.27)

전쟁에 참전하고 있는 군사력을 보호해야 한다는 애국적인 호소에

---

24) *Washington Post*, 29 October 1983.
25) Personal interview, Admiral Metcalf, Brisbane, April 1991.
26) 미국 학생들의 안전에 관한 배경 지식을 얻고자 하면 다음을 참조하시오. *Grenada : Whose Freedoms?*, Latin American Bureau, London 1984.
27) OECS Statement, 25 October 1983. 다음을 또한 보시오. 'Documents on the Invasion', *Caribbean Monthly Bulletin*, Supplement No 1., October 1983. p.17.

대부분의 미국인이 귀를 기울였다. 여기서 보듯이, 군에 대한 언론매체의 상세 조사를 제한한다는 이 같은 정책은 정치적으로 효과가 있었다. 또한 당시의 작전은 비교적 짧은 기간 동안 수행되었다. 한편, 미국 국민은 언론매체의 자유와 관련된 폭넓은 요구뿐만 아니라 국민의 알권리와 비교해 언론매체에 대한 규제를 보다 중요하게 생각하였다.

그러나 전후 언론 분야의 아우성으로 인해 전시(戰時) 군이 언론매체를 다룬 방식을 펜타곤이 공식 조사하게 되었다. 그 결과 '시들 보고서(Sidle Report)'가 출현하였다.[28] 당시 조사를 담당하고 있던 위원회에 위임된 권한의 한계로 인해, 위원회는 그레나다 침공에 관한 군사적 측면은 조사하지 못했다. 위원회에서는 취재를 목적으로 사건에 접근할 필요가 있다는 언론매체의 주장뿐만 아니라 작전보안과 관련된 군의 요구를 수용하기 위한 방안을 강구하라고 촉구하였다. 그 결과 국민의 알권리를 지원할 목적에서 미군의 향후 전개에 언론매체가 동참해야 하며, 언론매체는 작전보안과 관련된 타당성 있는 요구에 의해서만 제약 받는다는 내용의 권고안이 출현하였다.

그러나 이 같은 권고안뿐만 아니라 권고안으로 인해 출현한 펜타곤 Pool System은 미군의 파나마 전개 당시 전적으로 간과되었다. 이는 언론매체 배제에 따른 정치 및 군사적 이점 때문이었다.

파나마에 관한 사례 연구가 보여주듯이, 당시의 작전에서 군은 언론매체 배제와 관련된 군의 공식 입장을 사전 준비하였다. 1991년에

---

28) *Sidle Report*의 완전한 내용을 보고자 하면 다음을 참조하시오. Office of the Assistant Secretary of Defence (Public Affairs), News Release No. 450/84, 23 August 1984. 다음을 또한 보시오. Chapter 7, 'Grenada : An Emerging Pattern of Control', for a list of the recommendations of the *Sidle Report*.

우드워드(Woodward)가 밝힌 바처럼, 당시는 작전계획을 수립하고 군사력을 전개하는 과정에서 Media Pool 소속의 면밀히 선발된 숙련 요원들을 배제할 목적의 결심이 사전에 있었다.29)

작전 첫날의 상황을 뉴스에서 논평하지 못하도록 할 목적에서, 군사력 전개 관련 발표가 지연되었다. 뿐만 아니라 전투 종료 이전, 언론인들은 파나마에 입국할 수 없었다. 군 요원들이 촬영한 사진을 보면, 전투 첫날에 전역(戰役)이 종료되었으며, 소탕작전만이 남아있는 듯한 인상을 받게 된다. 이 같은 필름을 군은 언론매체에 제공해주었다.30)

당시는 미국국민 내지는 미국에 대한 실질적인 위협이 존재해 있지 않았다. 이 같은 상황에서, 상징성 있는 특정 적(敵)을 악마로 만들 목적으로 언론매체가 재차 이용되었다.31) 이번에는 한 때 미국의 영향력 안에서 움직이던 마누엘 노리에가(Manuel Noriega) 장군이 악마의 대상이 되었다. 당시 군은 정보 유통을 조종할 능력이 있었다. 그 결과 당시는 작전에 대한 국민의 지지가 높은 수준을 유지하였다.

노리에가의 생포가 지연되자 당시의 전역에서는 장기간 지속되는 분쟁에서 목격되는 유형의 특성이 나타나기 시작하였다. 뿐만 아니라 언론매체가 나름의 합당한 역할을 수행할 수 있게 되었다. 파나마에 새로운 정부가 들어서는 등 작전 목표가 달성되자, 언론매체를 규제해야 할 더 이상의 이유는 있지 않았다.

---

29) Woodward, op. cit., p.178.
30) *The Australian*, 29 December 1989. 다음을 또한 보시오. Jaco, C., 'Missing the Action in Panama', *Quill*, November/December 1990; Cloud, S., 'How Reporters Missed the War', *Time Magazine*, January 1990.
31) 이 책의 제7장을 참조하시오.

자유롭게 취재할 수 있게 된 언론매체는 노리에가를 추적하는 과정에서의 적절치 못했던 부분을 곧바로 조명하였다. 또한 이들 언론매체는 작전 수행과 관련해 얻을 수 있던 부분을 얻을 목적에서 나름의 기회를 이용하기 시작하였다. 그 결과 정치 및 군사적으로 심각한 문제가 있던 특정 작전이 외부에 노출되었다.32) 그러나 결과적으로 보면 미국 정부가 추구한 목표는 달성되었다.

한편 분쟁 당시 군이 언론매체에 제공해준 자료로 인해 긍정적인 이미지가 조성되었다. 미국 정부의 입장에서 보면 이는 성공적인 현상이었다. 영국·오스트레일리아 및 캐나다의 군대와 더불어 미군이 제한된 분쟁 상황에 대처할 목적에서 정밀하고도 점차 다듬어진 형태의 언론매체 관리 정책을 시용하고 있었음을 우리는 이들 발전되는 유형을 통해 잘 알 수 있다.

걸프전 : 정치의 우위

1991년 걸프전 당시의 군과 정부의 언론 통제는 포클랜드에서 정립되었으며, 그레나다와 파나마에서 다듬어진 유형을 따랐다. 당시의 유형에는 계획수립 단계에서의 보안 유지, 적을 악마로 만드는 일, 국가 및 국제 사회의 지지 확보를 목적으로 언론매체를 이용하는 일 그리고 작전 초반 단계에서 언론매체를 배제시키는 행위가 포함되어 있었다. 언론매체 통제와 관련해 전후(戰後) 제기된 비판과 관련해 말

---

32) *The Independent*, 2 January 1990; *The Australian*, 2 January 1990. 다음을 또한 보시오. Woodward, B., op. cit., p.195

하면, 군과 정부는 적절한 구실을 들어 발뺌하였다.

걸프전에서의 전쟁 목표는 사우디아라비아 방위에서 쿠웨이트에서의 공세적 행위로 바뀌었다. 당시 언론매체는 군사력 전개를 염두에 둔 계획수립 단계에서 시작해 이 같은 전쟁목표 변경과 관련해 숙고하는 과정에 이르기까지 철저히 배제되었다.33)

한편 국가 및 국제 사회의 지지를 확보할 목적에서 사담을 악마로 만드는 방안이 강구되었는데, 이들 과업에 언론매체가 즉각 투입되었다.34) 군과 행정부 모두는 작전 초반 단계에서 가장 취약한데, 걸프전에서는 또한 이 같은 작전을 언론매체가 취재하지 못하도록 한다는 우리에게 친숙한 유형이 목격되었다.

그러나 이들 방안과 더불어 걸프전에서 군은 통신·운송 및 접근 수단을 통제하는 방식으로 언론매체를 철저히 관리하였다. 이들 통제가 너무나 강력했다는 점으로 인해 실제로는 언론매체에 대한 보도검열이 필요치 않았다. 언론매체에 대한 보도검열은 전송(電送) 수단에 대한 접근 거부와 전송 지연(遲延)이란 방식으로 주로 달성되었다.35) 이들 규제와 더불어 철저히 통제되지 않은 사건 모두에 언론매체가 접근하지 못하도록 하였다.36)

---

33) Woodward, op. cit., p. 169-70. 다음을 또한 보시오. Darwish, A., & Alexander, G., *Unholy Babylon : The Secret History of Saddam's War*, Gollancz, London, 1991, p. 286.

34) 악마화의 증거는 미국과 영국 그리고 오스트레일리아의 선도적인 신문들에서 발견된다. 예를 들면 다음을 참조하시오. *New York Times*, 26 August 1990, 30 September 1990, 6 January 1991 and 2 February 1991; *The Times* (London), 25 July 1990 and 3 March 1991; *The Age* (Melbourne), 13, 16, 22 and 24 January 1991; and *Courier Mail* (Brisbane), 26 January 1991.

35) LaMay et al., op. cit., p.26-33

36) Ibid.

이 같은 규제로 인한 정보 공백을 메울 목적에서 군은 군의 입장에서 바람직한 형태의 정보를 언론매체에 제공해주었다. 전장(戰場)의 언론인들에게 사전에 알려주지 않는 등 신중히 통제된 형태의 브리핑을 통해 제공된 정보에서 시작해, 운용 중인 첨단 무기에 관한 면밀히 정제된 형태의 TV 취재에 이르기까지 보도 자료는 다양하였다.37) 군 장교들에 의한 브리핑에서 느껴지는 신뢰성과 신형 무기의 신비로움이 결합되면서 국내 및 국제 사회 시청자들의 정보 관련 욕구가 충족될 수 있었다.

정보 확보를 목적으로 가용 수단을 이용해 분주히 움직일 수밖에 없었다는 점에서 언론매체는 일종의 수모와 비애감을 느끼지 않을 수 없었다. 군의 이 같은 규제로부터 벗어난 일부 언론인들만이 어느 정도 독자적이고도 비판적으로 상황을 분석할 수 있었다. 한편 이들은 제복을 착용한 브리핑 장교들이 풍기는 높은 수준의 신뢰성에 대항해 자신의 존재를 부각시켜야만 하는 입장이었다.38)

그러나 구체적인 정보가 부족하다는 점으로 인해, 군 외부의 시사 해설자는 제대로 의견을 개진할 수 없었다. 반면에 무기·사정거리(射程距離) 및 전투서열(Order of Battle)에 관해 이미 알려져 있던 사실에 근거한 군사적 판단은 기만과 관련된 공식(公式) 정책으로 인해 웃음거리가 되었다.

영국군 등 주요 동맹군을 따라갔던 언론매체에서도 동일한 유형의 스토리가 목격되었다.39)

---

37) Hallin, D., 'TV's Clean Little War', *Bulletin of the Atomic Scientist*, May 1991.
38) Personal interview, Colonel David Hackworth, defence correspondent, *News Week*, 2 April 1991.
39) O'Connor, T., 'Personal experiences of Australia's public information in war-

걸프전에서의 언론의 취재와 관련된 완벽한 이야기는 아직 나오지 않고 있다. 그러나 언론인들이 공식적으로 토로하는 불만에서는 언론매체의 활동 제한, 이들에 대한 정보 거부, 고의적인 기만에 관한 애처로울 정도의 흔적이 목격된다.[40] 아직도 완벽히 탐구되지 않은 또 다른 문제가 있는데, 이는 정치 및 인종 차원의 로비가 정치에 끼친 영향이란 부분이다.

걸프전 당시 미국과 오스트레일리아에서 유태인들이 전개한 로비는 미래의 제한전 수행에서 주요 요인으로 부상할 수 있는 부분을 암시해주고 있다. 걸프전 이후에는 의회 및 여타 기관이 청문회를 주관하였다. 이들 청문회로 인해 몇몇 보고서가 출현했으며, 전시(戰時) 자신들이 주장했던 낙관적인 전망의 많은 부분을 군이 수정하지 않을 수 없었다. 걸프전에서 위안을 주는 부분이 있다면, 이 같은 점이다.

그럼에도 불구하고, 미군과 미 행정부는 언론매체 관리에 따른 결과에 매우 흡족해하고 있는 듯 보인다. 또한 미 국방성은 유사한 형태의 미래 작전에서 1991년의 걸프전에서와 같은 방식으로 언론매체를 다루어야 할 것으로 생각하고 있다.[41]

언론매체 입장에서 걸프전에 관한 방대한 자료를 보면, 쿠웨이트 해방을 위한 전역(戰役)이 아마도 역사상 가장 적게 보도되었으며, 군

---

time', paper delivered to the International Conference on Defence and the Media in Time of Limited Conflict, Brisbane, April 1991.

40) Draper, T., 'The True History of the Gulf War', *New York Review of Books*, 30 January 1992. p. 38-42.

41) *New York Times*, 6 May 1991. 다음을 또한 보시오. Neil, P., 'Annual Convention of the American Society of Newspaper Editors'.

이 언론을 관리하는 가운데 진행되었음을 알게 된다. 야전의 미군에 의해 미국과 동맹국의 언론인들이 겪어야만 했던 수모(受侮)에 관한 드레이퍼(Draper)의 글에서 우리는 언론매체의 최종 판단을 엿볼 수 있다.42)

평화유지 활동 관련 경험

이미 살펴본 바처럼, 평화유지(Peace Keeping) 활동으로 인해 언론 매체와 군의 관계에 또 다른 차원이 추가되었으며, 언론매체의 역할 이 미지의 영역으로 들어가고 있음은 분명한 사실이다.

언론매체 입장에서 보면, 유엔이 추구하는 목표를 지원하는 과정 에서 국가적으로 많은 노력이 요구되는 경우 국가 및 국제 사회의 이익 간에 균형을 유지하는 문제가 있는데, 이는 일종의 난제에 해당 한다. 본국으로부터 멀리 떨어진 지역에서 군사력을 유지하는 과정에 서는 적지 않은 비용이 소요될 수 있다. 또한 평화유지 활동을 야기 한 환경은 신속한 질서회복과 평화유지 전력의 철수란 측면에서 결 코 도움이 되는 형태가 아니다.43)

제한된 분쟁과 관련해 이미 살펴본 바처럼, 국민에게 직접 영향을

---

42) Draper, op. cit., p. 43.
43) 예를 들면 사이프러스(Cyprus)에 있는 유엔의 평화유지 전력은 그리스와 터키 의 정전(停戰) 라인을 감독하면서 30여 년 동안 일해오고 있다. 이들은 1993 년 10월 14일을 기준으로 1,200여 명의 부대 및 지원 인력을 유지하고 있다. *United Nations Peace-keeping Operations Information Notes 1993; Update No. 2*, p. 7-9.

주지 않는 분쟁의 수행 기간이 길어지거나 분쟁 도중 사상자가 늘어나는 경우, 국가의 정치 및 경제적 목표에 대한 국민의 지지가 철회될 것이다. 동일한 이유로 인해, 예견된 경로에서 평화유지 활동이 이탈하는 경우 군사력 전개 자체가 곧바로 대중의 조사 대상이 될 것이다. 소말리아에서의 유엔의 간섭과 관련된 과정은 이 점을 분명히 보여주고 있다.

일반적으로 미국 국민과 언론매체는 미국의 지원을 받는 소말리아에서의 평화유지 및 평화조성(Peace Making) 활동의 성공 가능성을 낙관하고 있었다. 그러나 1991년의 걸프전에서의 승리로 인해 소규모 분쟁이 '군사력 전시'란 방식으로 해결될 수 있을 것이란 기대가 조성되었다면, 이는 오산이었다. 언론매체는 구호물자 배분 과정에서의 실패로 인해 야기된 인도주의적 차원의 비극으로 소말리아 사태를 조명하였다. 이 같은 이미지는 질서 회복을 목적으로 한 국제사회의 노력이 '제한된 분쟁(Limited Conflict)'으로 비화되면서 곧바로 사라졌다.

자신들의 지원에 대해 서구 국민은 소말리아 국민이 감사해할 것으로 기대하였다. 그런데 이들은 유엔에 대해 증오심을 품고 있을 뿐더러 격렬한 시위를 전개하는 소말리아인들의 모습에 직면하였다. 예기치 못한 많은 인명이 손실되고, 분쟁이 장기화될 조짐이 보이자, 소말리아 간섭에 대한 미국의 여론이 곧바로 악화되었다. 모가디슈 거리에서 소말리아 인들이 미군의 시체를 끌고 다니는 모습이 TV에 방영되자, 미국 국민이 미군의 즉각적인 철수를 요구하게 되었다.

아이티에 대한 간섭 가능성이 제기될 당시 미국은 보다 신중해졌는데, 이는 소말리아에서의 쓰라린 경험 때문이었다. 미국 정부의 조심하는 태도를 미국의 언론매체가 부채질하였다. 그런데 언론매체는 난민(難民) 문제를 중심으로 아이티 문제를 국내의 정치적 안건(Agen-da)으로 각인시켜 놓은 상태에 있었다. 그 결과 아이티 사태는 대중이 주요 사안의 논의에 적극 참여하고, 제한된 분쟁 내지는 평화유지 관련 전개에 관한 정부의 결심에 영향을 끼칠 수 있는 상황이 아직도 있음을 보여주었다.

이 같은 점에서 보면, 아이티 사태는 그레나다 또는 파나마의 경우와 같지 않았다. 침공 전력이 아이티를 향해 1시간 남짓 비행한 순간, 아이티의 군사정권이 항복하였다. 그럼에도 불구하고, 여론으로 인해 미 행정부는 마지막 순간까지 '외교의 문'을 활짝 개방해 놓아야만 하였다.

특정 경우에서 터득한 교훈을 또 다른 경우에 접근하는 과정에서 언론매체가 적용할 가능성도 있다. 그러나 소말리아와 아이티에서의 미국의 경험에서는 언론매체의 충성심은 최우선적으로 국가에 대한 충성심이란 점, 언론매체의 충성심이 국가적 성격인 것은 언론매체 시청자의 충성심이 국제적이기보다는 국가적 성격이란 점 때문임이 단적으로 입증되었다.

그러나 군사적 시각에서 보면, 평화유지 활동에 대한 준비와 제한된 분쟁에 대한 준비 간에는 별다른 차이가 없을 수 있다. 이는 평화유지 내지는 평화조성 노력과 관련해 주요 열강들이 나름의 의사일정(Agenda)을 갖고 있으며, 유엔의 간섭을 예견해 사전에 계획수립을 시작한 경우 특히 그러하다. 소말리아와 아이티에서 미국이 취한 입장에서 우리는 이 점을 분명히 알게 된다.

그레나다 및 파나마에서와 마찬가지로 소말리아에서 미국은 유엔의 행위에 초대받기를 기대하며 철저히 보안을 유지하는 가운데 계획을 수립하였다.44) 이 부분과 관련해 군은 언론에 전혀 귀띔해주지 않았다. 마찬가지로 아이티 작전 당시, 언론매체는 계획수립 단계에서부터 철저히 배제되었다. 언론매체는 외교적 차원에서 상대방에게 의사를 전달할 목적의 전역(戰役 : Campaign)의 일환으로 보도되었으면 하고 정부가 바라는 형태의 정보만 받아볼 수 있었다.

준비 성격의 군사연습과 부대 이동에 근거해, 언론매체는 미군의 간섭 가능성을 많이 추론해볼 수 있다. 그러나 클린턴 행정부가 아이티 사태와 관련해 그러했던 바처럼, 간섭을 승인해주는 결의안을 유엔 안전보장이사회가 통과시키는 그 순간까지 미국 정부는 간섭 가능성을 지속적으로 부인할 가능성이 있다.45)

제한된 분쟁에서와 마찬가지로, 평화유지 활동에서도 간섭을 염두에 둔 계획수립이 진행될 당시, 특정 리더를 악마로 만들 목적으로 언론매체가 이용될 수 있다. 박해받고 있던 소말리아 국민들에게 서구인들은 '연민의 정'을 표현하였다. 국제사회의 관심이 소말리아에 모아지면서, 시아드 바레(Siad Barre) 정권을 전복시킨 시민군들은 이들 서구인에게 적개심의 초점인 '살인 청부업자'가 되었다.46) 한편 바레 정권을 전복시키는 과정에서 시민군의 활동을 조정한 모하메드 아이디디(Mohamed Aidid)는 군벌로 전락하였다.

---

44) Ryan, H., 'A New Diplomacy', *Government Executive*, vol. 25, no.2, February 1993, p. 36-8. 다음을 또한 보시오. Chapter 11, 'Somalia : The Uninvited Intervention'.
45) 예를 들면 다음을 보시오. *New York Times*, 15 July 1994. 아이티 위기를 종료시킬 목적의 다국적 간섭을 합법화한 유엔 안전보장이사회 결의안 840(1994년)은 1994년 8월 1일에 채택되었다.
46) 다음을 보시오. Bonner, R., 'The dilemma of disarmament', *Time*, 28 December 1992, p. 24-5; Washington Post, 7 December 1992.

결과적으로 보면, 악마로 만드는 과정은 모가디슈에서 가장 막강한 군벌인 아이디디를 중심으로 이루어졌다. 또한 그의 이름은 유엔의 간섭에 방해가 되거나 유엔의 간섭을 좌절시키는 모든 부분과 연계되었다.[47] 유엔에 의한 무장(武裝) 간섭 가능성이 고려되자, 아이티의 리더들 또한 악마로 돌변했는데, 그 과정에서 체계적인 방안이 동원되었다. 클린턴 대통령은 "……자국 국민에게 공포와 가난의 굴레"[48]를 안겨다 주었다며, 아이티 정권을 비난하였다. 또한 미국무성은 아이티 군사정권을 '도덕적으로 혐오스런 엘리트'로 지칭하였다. 아이티 군은 주기적으로 흉악범으로 지칭되었고, 군사정권의 리더인 세드라스(Cedras) 장군을 마약 거래로 이득을 챙긴 인물로 언론매체는 묘사하였다.

국제사회의 군사력이 초대받아 상주했다는 점에서 캄보디아의 상황은 소말리아 내지는 아이티의 경우와 달랐다. 또한 캄보디아에서 주요 서구 열강들은 방어해야 할 나름의 입장이 있었다. 미국과 여타 국가들은 베트남군의 캄보디아 주둔을 이념 차원에서 반대하고 있었다. 그 결과 이들 국가는 크메르루주가 자행한 무자비한 형태의 학살을 전술 및 물질적 측면에서 수년 동안 지원하였다.

평화회담이 진지하게 진행될 당시에는 이 같은 실상에 여론이 관심을 기울이지 못하도록 할 목적의 나름의 노력이 전개되었다.[49] 크메르루주의 학정(虐政)으로부터 베트남이 캄보디아를 구원했다고 많은 사람들이 주장할 수 있을 것인데, 이 같은 베트남이 크메르루주에

---

47) Stevenson, J., 'Hope restored in Somalia?' *Foreign Policy*, no. 91, Summer 1993, p. 138-54.
48) *The Australian*, 5 May 1994.
49) See Pilger, J., *Distant Voices*, Vintage, London, 1992, p.171-249.

대신해 악마가 되었다. 당시 미국의 입장은 최근 상황과의 명예롭지
않은 연계를 인정하지 않으면서 주요 열강들이 참여했던 유엔에 의
한 여타 간섭의 경우와 유사하였다.50)

마찰이 비교적 적었다는 점(파리협약을 최종적으로 이행하는 과정에
서 크메르루주가 협조하지 않았다는 점에도 불구하고)으로 인해 '캄보디
아에서의 유엔 과도정부(UNTAC : United Nations Transitional Authority
in Cambodia)'의 배치 도중, 캄보디아는 언론매체로부터 별다른 주목을
받지 못했다. 당시의 군사력 전개 방식에 관해서는 거의 관심이 조명
되지 않았다. 그럼에도 불구하고, 군사력의 대규모 전개가 강조되었다.

부분적으로 이는 캄보디아 내부에서의 이동 도중 언론매체가 직면
했던 어려움 때문이었을 것이다. 아직도 군과 정부가 언론매체를 규
제(規制 : Restriction)하고 있었는데, 당시 진행된 선거의 취재와 관련
해 특히 그러하였다. 그러나 이들 규제는 군의 작전을 보호할 목적이
라기보다는 유권자를 보호하기 위한 것이었다.51) 부정선거(不正選擧)
가 거론되자, 선거 결과의 공표에 관한 규제가 또한 있었다.52)

제한된 분쟁과 관련해 이 책에 언급되어 있는 몇몇 사례와 마찬가
지로, UNTAC의 배치는 최초 주장되었던 바와 비교해 성공적이지 못
했을 가능성이 있다. 그러나 당시의 군사력 전개 과정에서는 뉴스에
보도될 가치가 있을 정도의 주요 어려움은 있지 않았다. 또한 언론매

---

50) 역자주 : 통일된 베트남을 견제할 목적에서 미국은 백여 만의 캄보디아 국민
    을 학살한 크메르루주를 지원했는데, 이는 미국 입장에서 명예롭지 않은 일
    이다.
51) 다음을 보시오. Dobell, G., 'The media's perspective', in *Peacekeeping :
    Challenges for the Future*, H. Smith (ed.), Australian Defence Studies Centre,
    Australian Defence Force Academy, Canberra, 1993, p.41-57.
52) *The Australian*, 1 June 1993.

체는 당시의 상황을 심도 있게 분석하지 않았다.

유엔은 유엔회원국의 국내 문제로 간주될 수도 있는 경우에 대한 초대받지 않은 형태의 간섭뿐만 아니라 평화유지 활동을 새롭게 시도하는 등 나름의 기로(岐路)에 놓여 있다. 이들 중 일부 노력은 제한된 분쟁과 보다 많이 연계되는 특성을 보이고 있다. 그러나 이들 노력 내지는 간섭은 유엔의 지원으로 인해 자동적으로 정당화된다는 이점을 안고 수행된다. 이들 상황에서의 언론매체와 군의 관계는 제한된 분쟁에서의 언론매체 관리와 관련해 부상하고 있는 유형을 따를 것으로 기대된다.

유엔의 기치(旗幟) 아래 작전이 수행되는 경우, 군 또는 정부에 의해 언론의 활동이 봉쇄될 가능성은 높지 않을 것이다. 그러나 사건의 취재를 위한 접근과 통신 측면에서 언론매체가 군에 의존하고 있는 상황에서는 동일한 형태의 규제가 아직도 적용된다.

언론매체는 국제사회의 시청자보다는 자국 국민의 비위를 맞추고자 하는 경향이 있다. 유엔의 입장에서 보면 이는 나름의 문제다. 이는 추구하는 목표 측면에서 군사력 전개가 실패로 끝나는 경우 유엔이 비난받게 되고, 개개 국가가 군사력의 철수를 요구할 것임을 의미한다. 유엔의 무능에 관해 가장 많은 불만을 토로하는 국가가 당시의 군사력 전개를 주도했을 수도 있다. 이 경우에서조차 잘못과 관련해 유엔이 비난을 받고, 군사력 철수를 요구하게 될 것이다.

검토되고 있는 유형

개개 사례 연구들을 전반적으로 요약하고 있는 여기서는 제한된 분쟁 당시 언론매체의 취재 배제 및 봉쇄와 관련해 면밀히 발전되었으며, 정교해진 정책이 열거되어 있다. 이들 정책은 평화유지 및 평화조성 관련 전개에도 어느 정도 적용될 수 있다. 이들 정책은 군사력의 전개 초기에 언론이 군을 상세 조사하지 못하도록 할 목적의 것이다. 이들 정책은 모든 군사적 난관에 따른 정치적 당혹감을 최소화할 목적의 전략에 해당한다. 국민이 군사작전을 지지 및 수용하도록 하려면 해당 군사작전과 관련해 우호적인 이미지가 지속적으로 유지되어야 한다. 이들 정책은 이 같은 목적의 것이다. 작전보안을 유지하고 언론인의 생명을 보호한다는 군사적 이유로 인해, 자유 민주주의 국가의 정부들은 이들 정책을 이행하고 있다. 이들 민주 정부는 이 같은 규제를 기꺼이 수용할 뿐더러 지지하고 있다.

서구 군대는 미래 군사작전의 결과에 영향을 끼칠 가능성이 있는 요인들을 면밀히 연구해왔다. 뿐만 아니라 오늘날에는 전쟁 본질 측면에서 변화가 그리고 사회계약에 근거한 시민의 책임과 의무란 측면에서 변화가 있었다. 이들 언론매체 관리 정책은 이 같은 연구뿐만 아니라 이들 변화된 부분을 군이 수용한 결과로 인해 출현하였다.

그러나 이들 변화를 서구민주 국가의 국민뿐만 아니라 이들에게 정보를 제공해주는 언론매체가 완벽히 이해하고 있지 못한 실정이다. 본 책자의 사례 연구에서 언급되고 있는 분쟁 당시 수행한 여론조사에 따르면, 대부분의 국민은 생존을 놓고 벌어진 애국적 성격의 전쟁에서 목격되던 형태의 규제와 요구사항이 아직도 적용된다고 믿고 있다.

그 결과, 국민은 작전보안을 유지할 목적의 보다 포괄적 성격의 규제를 애국적 차원에서 지지해야 한다는 군 및 정부의 요구에 쉽게 순응하고 있으며, 자국 군을 무조건적으로 지원하고자 하고 있다. 그러나 이는 단기간에 성공적으로 진행되는 제한된 형태의 분쟁에서만 그러하다.53)

대중의 기대에 부응하거나 기대를 반영해야 하는 언론매체 또한 이 같은 요구에 순응하는 경향이 있다. 그 결과, 제한된 기간 동안이나마 국민과 언론매체가 정부와 군의 조종(操縱 : Manipulation)에 취약한 실정이다. 여기서 여론은 승리가 보이지 않는 분쟁 내지는 장기간 지속되는 분쟁에 국민이 직면했을 경우에만 돌변하게 된다.

이 같은 점에서 보면, 취재의 폭과 깊이뿐만 아니라 취재의 즉시성 측면에서 대단한 능력을 보유하고 있는 오늘날의 지구적 차원의 언론매체가 시청자들의 사고(思考)를 쉽게 변환시킬 수 있을 것이다. 그러나 언론매체와 관련된 과학기술이 비교적 원시적 수준을 유지하고 있던 베트남전쟁의 경우를 제외하면, 언론매체는 오늘날의 최신 통신 시스템과 여타의 언론매체 관련 과학기술 능력을 과시할 기회를 갖지 못했다.

오늘날에는 이들 첨단 과학기술에 기반을 둔 언론매체가 자유롭게 활동하게 되는 현상에 대해 관련 요원들이 일종의 두려움을 느끼고 있다. 또한 이들 언론매체로 인해 군과 정부의 입장에서 적대적(敵對的) 성격의 여론이 조성되어 정치적으로 나름의 문제가 야기될 수 있는 상황이다. 오늘날 언론매체의 입에 재갈을 물리고, 제한된 분쟁에

---

53) LaMay et al., op. cit., p. 86-97.

서 여론을 조작할 목적의 정치적으로 지원 받는 군사정책이 출현하게 된 것은 이 같은 이유 때문이다.

1991년의 걸프전과 관련해 뉴스위크지는 이 같은 상황을 다음과 같이 요약하고 있다. "뉴스의 지구화는 전시(戰時) 국가에 대한 국민의 충성심을 저해하는 요소다."[54] 그러나 언론매체가 이 점을 인지했을 당시에는 정부와 군의 언론매체 관리 전략 유형이 확고히 정립되어 있었다.

이들 정책의 전략과 '이론적 근거'는 쉽게 식별 가능하다. 첫째, 분쟁 상황에 관한 언론의 취재를 면밀히 관리할 필요성으로 인해, 이들 작전에 대한 정치적 지시와 군사계획 수립이 점차 단기간에 완료되는 성공적인 전역(戰役)을 전제로 하게 되었다.

그런데 이들 전역은 언론매체를 배제 내지는 봉쇄할 목적의 점차 정교해지는 형태의 정책에 의해 보호받게 된다. 본 연구에서 언급되고 있는 모든 사례에서의 이 같은 언론매체 배제 정책은 취재 배제에 따른 뉴스 공백을 정부에 의한 나름의 해석(정부 및 군 중심의 해석)을 통해 메우기 위한 것이다. 한편 사건에 대한 정부의 해석은 가능한 한 장기간 동안 여론의 지지를 확보해 유지할 목적의 것이다.

둘째, 이 같은 유형이 출현한 모든 사례 연구에서 보면, 앞에서 언급한 정책의 '이론적 근거'는 취재 요원들의 안전과 작전보안이란 두 가지 구실에 근거하였다. 여기서 작전보안은 군사작전의 계획수립과 시행이란 측면에서 타당성 있는 요인이다. 이미 수차례에 걸쳐 언급한 바처럼, 생존을 놓고 벌어지는 전쟁과 관련해 국민은 나름의 의무

---

54) Badsey, S., 'The media war', in Pimlott, J., & Badsey, S. (eds), *The Gulf War Assessed*, Arms & Armour, London, 1992, p. 219.

와 책임을 갖고 있다고 인식되었다. 작전보안을 빌미로 군은 시대에 뒤처진 이 같은 인식을 이용할 수 있었다.

셋째, 지금까지는 작전계획 수립 단계에서의 언론매체 배제 정책과 더불어 선별된 적을 악마로 만드는 과정에서 언론매체를 이용하기 위한 별도의 노력이 있었다. 적이 얼굴이 없는 '테러'로 묘사되었던 북아일랜드의 경우 이 같은 현상, 즉 특정 적을 악마로 만드는 현상은 있지 않았다. 반공(反共)이란 정서에 비추어 볼 때, 아시아의 공산주의가 납득할 만한 적에 관한 미국국민의 개념과 부합되었던 베트남전쟁에서 또한 이 같은 일은 있지 않았다. 아르헨티나 자체가 적으로 간주되었으며, 전쟁의 목적이 포클랜드 섬에 거주하고 있던 영국국민의 해방에 근거하고 있던 포클랜드 분쟁에서 또한 이 같은 현상은 있지 않았다.55)

그러나 그 후의 제한된 분쟁, 즉 아메리카 대륙과 걸프 지역에서, 소말리아의 아이디디, 캄보디아의 폴포트(Pol Pot)와 아이티의 세드라스의 경우는 명목상의 인물을 선정해 악마로 만들 필요가 있었다. 그런데 이는 본국 정부가 느끼는 실제적인 위협이 없다는 점을 보완할 목적에서 필요하였다. 또한 이는 뜻을 같이 하는 동지로서 해방되고 명예 회복될 수 있도록, 상대방 국가 국민을 명목상의 이 같은 악마가 저지른 죄악과 분리해 생각할 필요가 있기 때문이었다.56)

마지막으로 이들 모든 사례 연구에서 변함없이 목격되는 단일의 요인이 있는데, 국가 및 국제 사회의 지지를 확보할 목적에서의, 그

---

55) 이 책의 사례들 참조.
56) 캄보디아는 예외다. 그러나 이는 분쟁보다는 평화과정이었다. 크메르루주를 복원시키고 이들을 평화과정 내부에 유지토록 할 목적에서 악마로 만드는 과정을 역전시킬 목적의 노력이 있었다.

리고 행위의 개입에 필요한 정당성을 확보할 목적에서의 언론매체의 이용이란 부분이 바로 그것이다.57) 그러나 본 책자의 사례 연구들이 보여주고 있는 바처럼, 이 같은 목적의 지원이란 측면에서 언론매체가 군과 정부에 협조하고 있는 반면, 군과 정부는 언론매체를 작전지역으로부터 배제하는 방식으로 반응하고 있으며, 이 같은 경향은 보다 더 심화되고 있다.

취재를 목적으로 언론매체가 사건에 접근하지 못하도록 하는 조치가 어렵거나 충분히 오랜 기간 동안 유지될 수 없는 경우도 있다. 이 경우는 정치적 상황으로 인해 언론매체의 취재를 더 이상 배제할 수 없는 그 시점까지 기자들의 이동을 제한하는 형태의 규제가 적용되었다.

여론의 지지를 이용하고 유지하는 과정에서는 해당 분쟁에 관해 국민들이 긍정적인 인상을 갖도록 함이 중요한 의미가 있다. 군과 정부는 언론매체의 취재 배제로 인해 야기된 뉴스 공백을 군이 메우도록 하는 방식을 선호하고 있다. 그런데 이는 분쟁에 관해 국민들이 좋은 인상을 갖도록 할 목적의 것이다.58)

분쟁 종료 이후에는 군이 언론매체를 다룬 방식에 관해 나름의 조사(아마도 이는 언론매체의 불만에 의해 야기된다.)가 있을 수 있다. 이 같은 조사에 대한 반응으로, 군은 분쟁 당시 자신이 주장한 성공 내지는 승리의 정도를 수정하거나, 이미 뉴스로서 가치를 상실한 특정 부분과 관련해 이전에 자신들이 잘못 알고 있었다고 인정하면 될 것이다.

---

57) 이 책의 사례들 참조.
58) 이 책의 사례 연구인 그레나다. 파나마 그리고 걸프전의 경우를 참조하시오.

분명히 말하지만, 이 같은 유형은 미래의 분쟁에서 군이 언론매체를 다루기 위한 기본 방향일 것이다.

널리 영향을 끼치는 문제

언론매체와 군의 관계란 측면에서의 이들 변화는 언론매체와 군뿐만 아니라 국민의 알권리란 부분에 널리 영향을 끼치고 있다. 사회적 충격을 최소화하는 방안이라며, 정부와 군은 자신의 언론매체 관련 정책을 방어하는 경향이 있다. 이 점에서 보면 이들 변화는 나름의 관심이 요구되는 부분이다.

정부의 입장에서 보면, 작전보안과 취재 기자의 안전을 빌미로 하는 규제는 전적으로 타당성이 있다. 민주적으로 선출된 정부가 군사력을 전개하는 경우 집단 내부에서의 이견의 수준에 무관하게 해당 군이 작전보안을 보장받을 자격이 있다고 정부는 당연히 주장할 수 있을 것이다. 또한 정부는 분쟁을 취재하는 기자가 직면하게 되는 위험의 수준에 관해 가장 잘 조언할 수 있는 부서가 군이란 점을 타당성 있게 주장할 수 있을 것이다.

언론매체에 대한 군의 지원은 작전 관련 요구 사항과 비교해 우선순위가 뒤쳐질 수밖에 없다. 특히 군사력 전개의 초기 단계에서 그리고 군사력 전개에 대항해 상대방이 저항해오는 경우와 재보급 및 의료 철수 당시 그러해야 한다고 군은 주장하고 있다. 이 같은 주장에는 충분히 타당성이 있다. 그레나다와 파나마 전개에서 입증된 바처럼, 절박한 필요가 있지 않은 경우 언론매체와 군의 자발적인 협조에

근거한 협정은 작전보안을 이유로 유린될 수 있다.59)

그 결과 국민의 알권리와 관련해 공언한 정도에 무관하게, 정부와 군사 보좌관(국방장관, 합참의장 및 각군 참모총장을 통상 의미)은 언론 매체의 취재 제한과 봉쇄란 이면의 의사일정을 추진할 목적에서 엄청날 정도의 주장을 전개하게 된다. 원고 전송 장비에 언론매체가 접근하지 못하도록 하거나 원고의 전송을 지연시키는 행위는 작전보안 측면에서 군이 사용할 수 있는 수단이다. 이 같은 간접 성격의 보도 검열이 위력적이란 점으로 인해 직접 성격의 보도 검열이 불필요해 질 수도 있다.60)

본 책에서 거론되고 있는 사례는 오늘날의 언론매체 관리 정책에 따른 군사 및 정치적 이점이 엄청나다는 점을 정부가 인지하고 있음을 보여주고 있다. 그 결과 정부 및 군과 같은 권위 부서는 국민의 알권리에 관해 입에 발린 말을 하는 한편, 언론매체의 통제와 관련된 이면의 의사일정(Agenda)이 언론매체를 다루기 위한 미래의 논의에서 근간이 되도록 할 것이다. 한편 정부는 작전보안을 준수하지 않음에 따라 야기될 수 있는 그리고 위험한 지역에서 취재 요원들을 보호하는 과정에서 야기될 수 있는 모험들을 주목하면서 상호협조와 책임에 따른 부담을 언론매체에 떠넘기고자 할 것이다.

언론매체의 입장에서 보면, 이들 모두는 심각한 의미가 있다. 군은 이들 문제를 인지하고는 통합된 형태의 정책을 정립해놓고 있다. 반면에 이들 사례 연구가 보여주고 있는 바처럼, 언론매체는 상호 분열

---

59) Woodward, op. cit., p. 178.; Davidson, S., *A Study of Politics and the Limitations of International Law*, Aldershot Publishing, Hants, U. K., 1987.

60) LaMay et al., op. cit., pp. 26-33.; Fialka, J., *Hotel Warriors : Covering The Gulf War*, Woodrow Wilson Centre Press, Washington, 1991.

되어 있으며, 준비되어 있지 않을 뿐더러 상호경쟁과 비용부담에 따른 우려로 인해 시달리고 있다. 문제는 바로 이것이다.

CNN과 같은 전문 조직조차 상황에 대비하기보다 상황에 반응하는 경향이 있다. 거의 대등한 수준에서 군과 경합할 수 있을 정도의 전문성 내지는 국방 관련 지식을 보유하고 있는 뉴스 조직은 오늘날 거의 존재하지 않는다. 그레나다와 파나마 분쟁 당시 군이 언론매체에 부과한 규제에 언론매체가 반응하였으며, 1991년의 걸프전 당시 군이 언론매체를 다룬 방식을 비판하는 과정에서 자유근간(Freedom Foundation)과 같은 조직이 나름의 성과를 거둔 바 있다. 그럼에도 불구하고, 주요 민주 국가의 어느 곳에도 조직화되어 있으며, 중앙 집중화되어 있을 뿐더러 전문성이 있는 국방 관련 언론매체 로비 집단은 오늘날 존재하지 않는다.61)

오스트레일리아의 국제국방언론연합(International Defense Media Association)을 제외하면, 군의 독주에 대항할 목적에서 나름의 통합되고도 독립적인 관점을 개진할 수 있는 국제적 성격의 전문 로비 집단은 오늘날 존재하지 않는다.62) 그러나 국방 관련 언론매체의 이익을 대변하는 독자적 성격의 위원회가 있다면 이들은 취재 접근, 보도검열, 전시 및 분쟁 이전의 표현의 자유란 보다 폭넓은 문제가 쉽게 논의되도록 할 수 있을 것이다.

위기 시점까지 방치해두면, 이들 문제는 군과 정부에 의한 언론매

---

61) 오스트레일리아의 경우를 보면 국방 분야를 전담하는 전문 기자를 유지하고 있는 TV 네트워크는 있지 않다. 국가의 신문 매체에는 오직 2명의 국방 전담 전문가가 있으며, 국가 라디오에는 국방 전담 기자가 있지 않다.

62) Network Ten, Canberra Bureau DMAG submission entitled *A Foreign Desk*, 9 July 1988.

체 조종과 정부의 애국심 호소로 길들여진 환경으로 인해 균형 잡힌 논의의 주제가 거의 될 수 없을 것이다. 오늘날에는 군의 정책과 지침에 대한 일관성 있는 형태의 저항이 목격되지 않고 있다. 그 결과 군의 언론매체 규제에 이의를 제기한다는 측면에서, 그리고 국민에게 정보를 제공해줄 언론매체의 책임과 국민의 알권리에 관한 논쟁 확대란 측면에서의 언론매체의 입지가 약화되었다.

언론매체 측면에서 생각할 수 있는 해결안은 이들 변화된 환경을 훨씬 잘 인지하고, 의미 있는 수준의 로비가 가능해지도록 군과 무관한 실체로서 나름의 조직 능력을 개발하는 것이다. 이 같은 실체가 공식적으로 구성된 상호 협조적인 집단들을 대변하는 성격일 수 있다. 그러나 이들은 언론매체의 권리를 보장할 목적의 나름의 입지를 견지하게 될 것이다. 이 같은 입지로 인해 언론매체가 분쟁 취재와 관련해 어느 정도 독자성을 확보할 수도 있을 것이다.

그러나 가장 큰 난제는 국민의 알권리 측면에서 오늘날의 언론매체 관리 정책이 갖는 의미란 부분이다. 제한된 분쟁에서의 언론의 취재가 어느 정도까지 규제 및 왜곡되고 있는지를 대부분의 대중이 모르고 있으며, 높아지고 있는 민주사회에서의 '선택의 자유'를 행사하도록 교육받지 않았다는 점으로 인해 이 같은 난제가 야기되고 있다.

본 사례 연구에서 인용되고 있는 여론조사에 따르면 제2차 세계대전 이후에도 언론매체와 관련된 국민의 태도에 거의 변화가 없다고 한다.63) 군의 배치 시점과 배치 장소에 무관하게, 국가의 군대를 지원할 의무가 있다는 인식이 아직도 널리 퍼져 있는 실정이다. 이 같은 태도는 적을 악마로 만들고, 애국심에 호소하는 방식으로 대중의

---

63) LaMay et al., op. cit., p. xii and p. 86-97.

지지를 확보 및 유지하고자 하는 정부의 노력으로 인해 강화되고 있다. 작전보안과 언론매체 요원의 안전에 관한 요구는 지극히 당연한 것으로 인식될 수 있다. 또한 이들 요구가 있는 경우 국가 사회는 쉽게 반응하는 경향이 있다.

개인 내지는 국가의 생존이 전혀 위협받지 않는 경우, 분쟁에 관한 정부 입장의 지지 여부를 시민은 자유의사에 근거해 결정하게 된다. 그러나 앞의 인식(국가의 군대를 국민이 지원할 의무가 있다는 인식)으로 인해 정부 입장의 지지 여부에 관한 지적(知的)인 논쟁이 비애국적이고도 이념에 기반을 둔 것으로 항상 비하되고 있다.

전반적으로 국민들은 나름의 이해득실에 근거해 분쟁을 판단할 권리와 필요성이 있다는 인식이 결여되어 있는데, 정부는 이 점을 교묘히 이용하고 있다. 정부가 이처럼 국민을 이용하는 과정에서는 동질성 내지는 일치(一致)란 요소에 길들여져 있으며, 사회의 일반적인 여론을 반영하는 경향이 있는 언론매체가 많은 도움이 되고 있다. 언론매체가 보다 객관적인 노선을 따르기로 결심한 경우에서조차, 제한된 분쟁을 염두에 둔 전역(戰役)의 초반에 실시한 여론조사에 따르면, 국민은 보도검열의 강요란 측면에서 정부와 군을 압도적으로 옹호하는 경향이 있다. 경험에 따르면, 정부와 군의 입장에 대항해 상황을 비판적으로 분석하는 언론매체는 시청자가 줄어드는 등의 손해를 보게 된다.64)

---

64) 걸프전 당시 사건들을 균형 있는 시각에서 바라보고자 노력했다는 점으로 인해 오스트레일리아의 국영방송인 ABC는 정부의 진노(震怒)를 산 바 있다. 다음을 참조. *Sydney Morning Herald*, 24 January 1991 and the *Sunday Age* (Melbourne), 10 February 1991. 영국의 BBC가 포클랜드 전역 당시 유사한 비난을 받은 바 있다. 다음을 참조. *The Sun*, 14 May 1982.

이들 주장을 종합해 보면, 국민에게 정보를 제공해줌과 관련된 언론매체의 자유와 국민의 알권리란 측면에서의 미래의 전망은 점차 좋지 않은 듯 보인다. 몇몇 예외가 없지 않지만, 이 같은 주제에 관한 문헌 자료는 거의 없는 실정이다. 롤스(Rawls)를 제외하면 모든 사회계약 이론가들은 국방의 의무와 같은 전시(戰時) '국가의 선(善)'에 모든 권리와 책임이 예속된다는 개념을 수용하고 있다. 전쟁 본질의 변화, 제한된 분쟁, 그리고 평화유지(Peace Keeping) 및 평화조성(Peace Making) 활동의 관점에서 이 문제를 조사해본 사람은 없다.

언론매체 관리 정책의 필요성과 관련해 몇몇 구실을 제시하는 한편, 이 같은 변화된 상황과 관련해 민주주의 정부들은 침묵으로 일관함이 자신에게 도움이 될 것이다. 이는 충분히 이해가 가는 사항이다. 그 결과 민주주의 정부들은 정부와 군이 추구하는 목표를 자동적으로 지지해야 한다는 시대에 뒤쳐진 개념에 아직도 젖어 있는 대중의 지지를 주장하는 한편, 외교적으로 종종 의문스런 목표들을 추구할 수 있는 실정이다.

언론매체 자신은 이들 상황에 관심이 없다고는 말할 수 없지만 준비되어 있지 않은 실정이다. 또한 국민의 지지를 얻지 못하고 있다는 점으로 인해, '언론의 자유'와 국민의 알권리에 관한 사안들을 제기하는 경우 정부는 이 같은 언론매체를 대부분 무시하고 있다. 1991년의 걸프전에서 언론매체가 겪은 수모와 소말리아에서의 군의 완패가 있은 이후인 이 시점에서만이 이 문제가 대학의 주요 연구 대상이 되고 있는 실정이다.

요약해 말하면, 정부가 윤리적으로 우위를 선점하고 있으며, 채찍을 손에 들고 있는 반면, 언론매체는 준비되어 있지 않을 뿐더러 미약한 실정이다. 한편 민주사회의 권리에 대한 국민의 인식이 부족하다는 문제가 있다. 또한 순종적이란 점으로 인해 민주 사회의 국민들은 애국적 차원에서의 지지란 시대에 뒤쳐진 호소에 의존하는 정부의 조종에 취약한 실정이다.

1996년 9월의 걸프만에서 미국은 미사일로 이라크를 3일 동안 공격(이는 '사막의 공격(Desert Strike)'이란 명칭의 작전이었음)하였다. 앞의 문제와 관련해, 당시는 지구 사회의 언론매체가 새로운 유형의 세련성과 독자성을 견지하고 있다는 고무적인 증거가 목격되었다. 당시는 많은 사람들이 인지하고 있는 것 이상으로 1991년의 걸프전에서의 교훈이 수용된 듯 보인다. 선도적인 문필가와 국방 전문가뿐만 아니라 국제 문제 해설위원들이 미국의 공식 노선을 즉각 거부하고, 미국의 군사적 행위와 국내 정치의 연계성에 초점을 맞추는 등, 영국·오스트레일리아 및 유럽 언론매체의 취재 분석에서는 놀라울 정도의 냉소주의가 목격되었다.65)

오스트레일리아(The Australian)지의 국제 문제 편집장인 그레그 세리단(Greg Sheridan)은 당시의 공격에서는 클린턴 대통령의 재선이 아닌 어떠한 형태의 군사적 목표도 찾아볼 수 없다고 언급하였다.66) 여기서 한 걸음 더 나아가, 영국의 사이먼 젠킨스(Simon Jenkins)는 당시의 공격을 혹평하였다. 젠킨스는 다음과 같이 표현하였다.

오늘날의 미국의 대외정책에는 알맹이가 없다. 대전략(Grand Strategy)

---

65) Co-authors content analysis of selected U. K., German and Australian national newspapers (courtesy Mr Andrew Scrimgeour).
66) *The Australian*, 4 September 1996.

은 냉전과 함께 사라져 버렸다. 여기에 대신해 유행을 따르는 사안들
이 들어섰는데, 이들 사안은 국내 소모(消耗)를 목적으로 국가안전보
장회의의 '선반'에서……로비스트들의 요청이 있는 경우 끄집어내어
열어보게 된다. 즉각 이득이 있어 보이지 않는 경우 선반의 문이 곧바
로 닫히게 된다.67)

이 같은 비판적인 노선은 세계적으로 반향되었다. 그런데 그 과정
에서 시사 만화가들이 일조하였다. 이들 중 어떤 사람은 "클린턴 대
통령의 재선(再選)에 도움을 주소서"란 문구가 부착된 이라크로 날아
가는 미사일을 보여주고 있었다.

1991년의 걸프전에서는 선전(宣傳)을 염두에 둔 정부의 전역(戰役)
구상이 있을 정도로 위기가 발전되었다. 그러나 '사막의 공격' 작전
당시는 이 같은 수준으로까지 위기가 발전되지 않았다. 이스라엘이
위협받고 있었다는 점으로 인해, 1991년의 '사막의 폭풍' 작전 당시
는 전쟁에 이의를 제기하는 모든 사람에게 언론매체가 조정된 형태
의 공격을 봇물처럼 전개한 바 있다. 그러나 '사막의 공격' 작전 당시
는 이스라엘에 대한 이 같은 위협도 있지 않았다.

이 같은 점에도 불구하고, 당시 우리는 아마도 최초로 지구적 차원
의 언론매체가 성숙되는 징후를 목격하였다. 다시 말해, 당시의 작전
에서는 국민의 알권리와 관련해 많은 것을 암시해주는 새로운 유형
의 세련미와 목적의식이 목격되었다. 이 같은 점에서 고무적이지 않
은 현상이 있는데, 이는 미국인의 79% 정도가 당시의 미사일 공격을
승인했으며, 73% 정도가 이라크 상황에 관한 클린턴 대통령의 일 처

---

67) *The Times* (London),

리 방식을 전반적으로 지지했다는 점이다.68)

언론매체와 군대 : 미래

전후(戰後) 몇 년 간의 경험을 놓고 보면, 전쟁의 본질에 변화가 있었음을 알게 된다. '상호 확증 파괴'의 가능성으로 인해 예전의 국가적 차원의 주요 대립은 산업화된 세계의 입장에서 보면 너무나 많은 비용이 소요된다. 향후 서구 자유 민주주의 국가들은 제한된 분쟁을 통해 국제사회에서 야욕(野慾)을 추구하게 될 것이다.69)

통제 불가능한 형태의 확전을 모면할 목적에서, 이들 제한된 분쟁은 국가 내지는 국민의 생존에 위협이 되지 않을 정도로 제한될 것이다. 이미 살펴본 바처럼, 이 같은 변화된 환경에서는 전시(戰時) 공동의 이익이란 미명 아래 국가를 위해 거의 모든 권리를 포기하고 국가를 자동적으로 지지하는 것이 아니라, 개인의 판단에 근거해 선택하는 등 국가에 대한 국민의 책임이 크게 줄어들었다. 국가의 생존이 직접 위협받지 않는 상황에서 국민은 분쟁의 이해득실에 근거해 나름의 결심을 하는 등의 여유를 누리게 될 것이다.

국가 및 개인의 생존과 관련해 모든 사람이 위협을 느끼고 있던 시대에 통용되던 자동적인 지지를 더 이상 기대할 수 없다는 점에서, 전쟁 수행을 목적으로 국가는 여론의 지지를 확보해 유지해야 할 것

---

68) *The Australian*, 6 September 1996.
69) 총력전에 소요되는 비용이 방대하다는 점으로 인해 총력전이 사라진 듯 보이는데, 이것이 아이러닉하게 보일 수 있다.

이다. 그 결과 제한된 분쟁을 성공적으로 수행하는 과정에서 여론이 주요 요인이 되었다.

이 같은 변화된 환경에서는 과거와 비교해 언론매체가 훨씬 중요한 역할을 수행하게 된다. 왜냐하면, 생존을 놓고 벌어지던 이전의 전쟁에서 자신들에게 부여된 지원 역할에서 언론매체가 해방되었기 때문이다. 그러나 언론매체는 시련에 대응한다는 측면에서 더디게 반응하였다. 포클랜드·그레나다 및 파나마 분쟁뿐만 아니라 1991년의 걸프전에 관한 언론매체의 취재를 보면, 언론매체가 군중 심리에 기꺼이 합류해 자군의 응원단으로 기능했음을 알게 된다.

이는 어느 정도 이해가 가는 현상인데, 애국적 차원의 지지가 본국 국민의 일반적인 분위기인 경우 특히 그러하다. 그러나 사건에 대한 회고적(回顧的) 성격의 분석을 통해 보면, 그리고 핵 시대 이후에서의 변화된 시민의 책임을 완벽히 이해하지 못한 상태에서 한 것은 사실이지만, 언론매체는 전쟁 본질의 변화에 따른 독자성을 행사하고자 어느 정도 노력한 바 있다.

지구적 차원의 언론매체로 인해 정보의 전파와 교신 측면에서 독자성이 높아지면서 독자적인 판단 및 보도 능력이 강화되었다. 이 같은 독자적 능력으로 인해 언론매체가 군의 규제로부터 해방될 가능성이 높아졌다. 한편 지구화로 인해 국가 및 국제 사회의 여론에 언론매체가 엄청날 정도의 영향을 끼칠 수 있게 되었다.

오늘날에는 평범한 시민들이 디지털 전화와 인터넷을 이용해 자유롭게 정보를 받아볼 수 있게 되었는데, 이는 또 다른 요인이다. 비공식 성격의 이 같은 개인 정보는 공식적인 언론매체 조직을 통해 방송될 당시 국제적으로 주요 파장을 야기할 수 있다. 공보에 대한 군의 접근 방안을 보면, 군이 이들 변화를 장기간 동안 인지해왔음이 분명해진다. 그 결과 제한전 당시 언론을 통제할 목적에서, 군은 새롭고도 점차 정교해지는 언론매체 관리 체계의 개발을 위해 정부와 긴밀히 협조하고 있다.

개개 사례 연구에 관한 분석을 통해, 우리는 작전 수행과 언론매체 통제에 관한 예측 가능한 유형을 발견하게 된다. 유엔의 지지를 받는 작전에 관한 언론매체의 취재를 정부와 군이 규제하기 어려울 수 있다. 이 같은 단서를 제외하면, 이 같은 유형은 제한된 분쟁, 평화유지 및 평화조성 작전 모두에 동일하게 적용된다. 그렇지 않은 경우 이 같은 유형은 지형, 그리고 분쟁 지역이 본토로부터 멀리 떨어진 정도와 같은 요인들에 따라 약간 차이가 있을 것이다. 일반적으로 이 같은 접근 방안은 다음과 같은 순서로 적용될 수 있다.

1. **계획수립 도중에서의 보안 유지.** 이는 일반적인 우발계획(偶發計劃 : Contingency Plan)을 초월하는 형태의 장기적 성격의 비밀 계획에 관한 것이다. 이 같은 계획은 모든 우발계획과 일반적인 참모 자료에 완벽히 접근할 수 있는 한편, 높은 수준의 정치적 입력(入力)을 받는 특정의 정치 및 군사적 집단에 의해 수립될 것이다. 이 같은 집단이 수립해 놓은 군사적 대안들에 관한 지식은 정치적으로 가장 높은 수준으로 국한될 것이다. 한편 군의 주류들의 역할은 시행 관련 역할로 전락될 것이다.

2. **상대방 리더를 악마로 표현.** 정치적 요인으로 인해 군사력의 전개가 억압받는 주민을 위한 것으로 제시되어야 한다면, 정치적 전략

은 선정된 리더를 악마로 만드는 행위를 중심으로 통상 이루어질 것이다. 여기서의 주요 목표는 군사력을 전개하는 국가의 입장에서 '증오의 초점'을 식별해내는 일이다. 두 번째 목표는 군사력이 전개되는 국가의 주요 리더에 대항하는 또 다른 리더 내지는 주민들을 분쟁의 원천, 즉 주요 리더로부터 분리해내는 것이다. 이처럼 하면 안정회복 과정에서 이들 반대 세력을 포함한 보다 폭넓은 집단들에게 나름의 역할을 부여해줄 수 있게 된다.

악마로 만드는 작업은 선정된 리더의 실제 및 가상적 측면 모두에서의 지나친 부분을 강조하는 방식으로 이루어진다. 이는 통상 리더의 사적(私的)인 습관과 인권에 관한 문제를 중심으로 이루어질 것이다. 여기서 '진실'은 별로 문제가 되지 않을 것이다. 또한 리더의 평판 또는 몇몇 경우 리더십 집단의 평판이 좋지 못하도록 만든다는 최우선적인 요구를 충족시키는 과정에서는 지역의 관습 내지는 상황이 고려되지 않을 것이다.

마음에 드는 언론인에게 브리핑되는 배경 자료를 통해, 그리고 해당 정권에 적대감정을 갖고 있는 망명 인사들, 정부 지도자 및 난민들과의 인터뷰란 방식으로 언론매체가 최초로 상황에 개입하게 되는 것은 이 부분에서다. 면밀한 방식으로 왜곡된 브리핑 노트 내지는 논문과 사진이 수반될 것인데, 이들 자료를 언론매체가 받아보게 될 것이다. 공략하고자 하는 언론매체는 국가 및 국제적 성격 모두일 것이다.

여기서 추구하는 전반적인 목표는 지역의 언론매체 리더와 국제사회의 정보 분야 엘리트들을 자극해 이들이 문제의 존재를 인식하도록 하고, 문제가 악마로 표현된 리더 때문이란 점을 이들이 국민들에게 설명하도록 만드는 일이 될 것이다.

3. **공략하고자 하는 정권을 불안하게 만든다.** 상대방 정권을 불안하게 만드는 작업은 경제·정치 또는 외교적 수단을 이용해 설계될 수 있다. 공통적으로 적용 가능한 전략에는 경제적 제재, 경제적 고립화 내지는 본국 및 동맹국에 있는 자산을 동결하는 행위가 포함된다. 공략 대상인 상대방 정권은 권력이 자신의 것이라고 주장하는 망명 요원으로 인해 그리고 공공 불안 조성과 지역 차원의 저항에 대한 아측의 지원으로 인해 보다 더 당혹해질 가능성이 있다. 공략하고자 하는 정권의 처치 곤란과 비합리성을 강조할 목적으로 외교적 수단이 활용될 수 있을 것이다. 이 같은 수단과 더불어 면밀히 등급화된 군사적 반응, 봉쇄 그리고 아마도 비밀스런 방식으로의 정보요원·특수전력 및 공세적 정보자산의 투입이 있을 수 있다.

4. **정당성(합법성)의 추구.** 사안이 주민에게 매우 관심이 있는 문제가 아니면 그리고 직접 관련이 있는 문제가 아닌 경우, 대중의 지지를 추구하는 과정에서 지역의 정치 집단 내지는 유엔의 지지를 확보하고자 노력하게 될 가능성이 있다. 간섭이 예견되는 경우 여타 국가들로 하여금 해당 간섭을 지지토록 하기 위한 노력이 또한 있을 수 있다. 이들 목표는 기존의 차관(借款)을 변상해주거나 추가의 차관 약속과 같은 경제적 유인책, 외교적 차원의 로비 그리고 필요한 경우 정치적 압력을 결합해 사용함으로서 달성될 것이다.

재차 말하지만, 추구하는 대의의 정당성을 설명하는 과정에서 언론매체가 주요 역할을 수행하게 될 것이다. 특정 정부에 압력을 가할 목적에서, 국제사회의 언론매체가 특히 공략 대상이 될 것이다. 이 같은 목적의 대부분 자료는 교전 당사국의 특수 언론매체 조직이 제공해줄 것이다. 이들 조직은 지역의 요구를 고려해 작성된 논문과 선별된 사실들 그리고 인터뷰를 제공해줄 것이다.

   5. **군사력 증강과 전개.** 공략하고자 하는 국가가 경제 및 정치적으로 고립되고, 악마로 묘사된 리더십의 명성(名聲)이 국제적으로 충분히 저하된 경우, 다음 단계로 매우 우수한 전력의 전개가 요구된다. 이는 통상 엄격히 보안을 유지하는 가운데 이루어질 것이다.

   가능한 경우 언론매체를 배제시킬 목적의 몇몇 날조된 구실이 있게 될 것인데, 이는 예전의 유형에 근거하게 될 것이다. 언론매체의 취재 배제는 군사력의 전개가 가장 취약한 작전 초반 몇 시간 내지는 며칠 동안 언론매체의 상세 조사로부터 군이 자유로워지도록 할 목적의 것이다. 그 후 취재가 허용된 몇몇 안 되는 언론매체는 엄격히 봉쇄될 가능성이 매우 높을 것이다.

   이들 수단은 작전보안과 전승(戰勝)을 이유로 정당화될 것이다. 그렇지 않은 경우, 이들 수단은 공략하고자 하는 국가의 고립 정도에 따라 달라질 것이다. 취재를 보다 규제할 목적에서 모든 형태의 Pool System이 이용될 것이다. 또한 Pool을 군이 선별적으로 배치할 능력이 있다는 점이 언론매체의 취재 부족을 군의 입장에서 긍정적인 방향으로 유도할 목적으로 사용될 수 있을 것이다.

   이들 규제와 더불어 군에 의한 사전 편집된 형태의 취재가 늘어날 것인데, 이들 모두는 우호적인 첫인상을 투사하고, 승리와 상호협조의 모습을 강화할 목적의 것이다. 정보의 전파를 지연 내지 거부할 목적에서, 언론매체 관련 통신을 군이 전적으로 통제하고 있다는 점이 이용되는 등, 보도 검열이 적용될 것이다. 이 같은 처리에 따른 언론매체의 모든 불평불만은 분쟁이 종료되는 순간까지 정부가 유보시킬 것이다.

국민에게 매일 같이 직접 브리핑해주는 방식으로 군이 언론매체를 보다 더 무력화시킬 수 있을 것이다.

그 성격상 취재한 뉴스가 작전에 우호적일 수밖에 없는 시점이 되어서야 언론매체의 취재가 자유로워질 것이다. 여기에는 구호(救護)요원 또는 지원 프로그램의 전개를 입회할 목적에서, 간섭을 옹호하는 시위 내지는 새로운 정권의 수립을 입회할 목적에서 언론매체가 항공기를 타고 날아가는 경우가 포함될 것이다. 또한 그 후의 승리 축하 내지는 동맹국 정치 지도자들의 방문을 취재하는 과정에서 언론매체가 도움을 받게 될 것이다.

6. **여파** : 모든 성공적인 형태의 제한된 분쟁 내지는 평화유지 관련 전개에서는 보다 장기적 성격의 과업인 국가재건의 임무를 지원 단체(대부분의 경우 이는 지역의 집단 또는 유엔이다.)에 이관하는 가운데 군사력이 신속히 철수하는 모습이 목격될 것이다. 이 시점에서 언론매체는 고무되지도 그리고 지원 받지도 않을 것이다. 왜냐하면 이 단계에서는 군사력 배치의 공과(功過)를 조사하고, 아마도 작전 이행 과정에서 상황을 오도할 목적으로 사용된 술책(術策)을 발굴해내는 입장에 언론매체가 있을 것이기 때문이다.

이 순간 군은 해당 작전에 대한 모든 형태의 추가 논평을 자제하고자 노력하게 될 것이다. 언급한 사항 중에서 과장(誇張)이 입증된 부분과 마찬가지로 잘못된 관리, 불법 행위 등에 관한 모든 주장을 군이 부인하게 될 것이다. 상황이 더 이상 뉴스거리가 아니며, 국민이 면밀히 조정된 형태의 국가적 차원의 자긍심에 사로잡혀 있다는 점에서, 군의 노력을 비판하기 위한 방안의 강구보다는 언론매체가 국가적 차원의 성공을 강조해야 한다고 군과 정부가 쉽게 주장할 수 있을 것이다.

중요한 문제들이 지식인(知識人) 집단에 의해 분해 및 분석될 것이다. 그러나 이들 문제는 대중 언론매체의 입장에서 나름의 사안이 되지 않을 것이며, 유권자들의 관심을 끌지 못할 가능성이 높다.

과거의 사례를 보면, 긴밀한 형태의 정치 및 군사적 접촉에 관한 이 같은 유형이 미래의 제한된 분쟁과 평화유지 목적의 전개에서 지속적으로 적용될 것이다. 여기서의 유일한 변수는 국내의 정치적 관심 정도 내지는 국제사회의 반대의 정도일 것이다.

이 같은 형태의 조종(Manipulation)에 대응하기 위한 중앙집권화된 통제 내지는 조직이 결여되어 있다는 점뿐만 아니라 일반적으로 준비되어 있지 않다는 점에서 보면, 언론매체 입장에서의 유일한 희망은 군이 분쟁에서 패배하거나 분쟁이 장기간 지속될 수 있다는 점일 것이다. 이 경우 군은 대중적인 열광의 유지가 어려워질 것이다. 이 경우 언론매체는 정치 및 군사적 규제로부터 벗어나, 비판적인 분석을 제시할 목적의 독자적 수단을 사용할 수 있게 될 것이다.

정신 및 물리적인 제약에서 벗어나는 경우, 그리고 분쟁이 본국으로부터 어느 정도 멀리 떨어진 지역에서 수행되는 지에 따라, 군이 강요하는 인위적 장벽은 국제 언론매체의 위력으로 인해 곧바로 잠식될 것이다. 야전부대 내지는 통신 시스템에 대한 접근 통제가 아닌 또 다른 분야에서 군은 무기력할 것이며, 작전보안에 근거한 애국적 호소는 제3국의 언론매체 요원들에게는 별다른 의미가 없을 것이다. 총검을 이용한 강압적인 형태의 보도검열이 있지 않은 경우 취재 요원의 국적에 무관하게, 뉴스가 몇 분 이내에 국제사회의 네트워크로 전송될 것이다.

정보가 지구적 차원의 언론매체 네트워크에 들어가는 경우 세계의 모든 사람들이 뉴스에 접근할 수 있게 될 것이다. 전파를 방해하고, 개인용 인공위성 수신기를 규제하기 이전에는 이들 정보는 간단히 봉쇄될 수 없을 것이다. 이 같은 가혹한 형태의 규제 수단은 제한된 분쟁에서 정치적으로 지속적으로 유지될 수 없을 것이다. 그러나 이 같은 보도 검열을 적용한다고 할지라도 뉴스는 신문, 잡지, 국제 여행객, 구전(口傳) 그리고 보다 중요한 의미가 있지만 인터넷을 통해 전파될 것이다. 결국 시간이란 요소가 해당 작전의 입장에서 적(敵)이 될 것이다.

결론적으로 말하면, 제한된 분쟁의 시대에는 전쟁의 본질에 변화가 있었던 바와 마찬가지로 시민의 책임에 변화가 있었다. 이 같은 변화로 인해 전후(戰後) 몇 년 동안에는 서구 국가들이 개입한 군사 작전에서 여론의 확보가 중요한 의미가 있었다. 이 같은 상황을 정부와 군 모두가 인지하고 있다. 군은 여론을 확보해 유지할 목적의 언론매체 이용 관련 정책을 개발하는 방식으로 이들 상황에 대응하고 있다.

봉쇄와 통제에 관한 이들 정책은 오늘날 확고히 뿌리를 내렸다. 또한 제한된 분쟁의 시대에서 의사결정과 관련된 자유를 주장할 수 있을 정도로 대중을 교육시킬 수 없다면, 그리고 국민에게 정보를 제공해줄 권리와 관련해 언론매체가 나름의 주장을 전개할 수 없다면, 봉쇄와 통제에 관한 이들 정책은 미래의 유형이 될 것이다.

이들 개혁(의사결정과 관련된 자유를 주장할 수 있을 정도로 대중을 교육시키는 등)을 달성하지 못하고, 정부가 제한된 분쟁의 시대에서의 언론매체의 요구에 응답하지 않는 경우, 민주주의 정부 시스템 아래서의 국민의 알권리와 관련된 전망은 지금까지와 마찬가지로 밝지 않을 것이다. 분명히 말할 수 있는 유일한 사항이 있는데, 이는 높은 수준의 통제와 발전된 유형의 언론매체 관리 시스템이 미래에 우리를 기다릴 것이란 점이다.

언론매체와 군대

초판 인쇄 | 2005년 7월 15일
초판 발행 | 2005년 7월 20일

지은이 | Peter Young, Peter Jesser
옮긴이 | 권영근, 강태원
펴낸이 | 이정수
펴낸곳 | 연경문화사

출판등록 제1-995호
121-816 서울시 마포구 동교동 154-19 3층
전화 : (02) 332-3923 팩스 : (02) 332-3928

정가 20,000원
ISBN 89-8298-080-6 03330

* 잘못 만들어진 책은 바꾸어 드립니다.